儒家

DIE LEHREN DES KONFUZIUS

Die vier konfuzianischen Bücher

Chinesisch und Deutsch

Übersetzt und erläutert
von Richard Wilhelm

Mit einem Vorwort
von Prof. Dr. Hans van Ess

ZWEITAUSENDEINS

Lizenzausgabe mit freundlicher Genehmigung
der Wunderkammer Verlag GmbH, Neu-Isenburg 2008
für Zweitausendeins, Postfach, D-60381 Frankfurt am Main

Umschlaggestaltung: Sabine Kauf, Publicontor, Hamburg
Lektorat des chinesischen Textes: Sandra Mikli
Satz: Hain-Team, Bad Zwischenahn
Druck: GGP Media GmbH, Pößneck

Printed in Germany

Dieses Buch gibt es nur bei Zweitausendeins im Versand:
Postfach, D-60381, Frankfurt am Main,
Telefon: (069) 4208000, Fax: (069) 415003.
Internet: www.Zweitausendeins.de, E-Mail: Service@Zweitausendeins.de.
Oder in den Zweitausendeins-Läden in Berlin, Bochum, Bonn, Bremen, Darmstadt, Dortmund, Dresden, Düsseldorf, Erfurt, Essen, Frankfurt am Main, Freiburg, Göttingen, Gütersloh, 2 × in Hamburg, in Hannover, Karlsruhe, Köln, Leipzig, Mannheim, Marburg, München, Neustadt/Weinstraße, Nürnberg, Oldenburg, Stuttgart, Tübingen.

In der Schweiz über buch 2000, Postfach 89, CH-8910 Affoltern a. A.

ISBN 978-3-86150-873-1

INHALT

1 Abschnitte, die keine eigenen Worte des Meisters wiedergeben, sind mit einem * versehen. In einzelnen Abschnitten weicht die traditionelle chinesische Zählweise von der vorliegenden von Richard Wilhelm ab; diese Fälle sind entsprechend in Klammern vermerkt.

DSCHUNG YUNG · MASS UND MITTE

DA HÜO · DIE GROSSE WISSENSCHAFT

MONG DSÏ

Bei nebenstehendem Porträt handelt es sich um das älteste bekannte Bild von Konfuzius. Es ist einem Gemälde von Wu Dau Dsï nachempfunden, einem bedeutenden Maler der Tang-Dynastie (ca. 900 n. Chr.).

宣聖遺像

VORWORT

Wie in der europäischen Geistestradition die Bibel über Jahrhunderte den Status *des* Buches schlechthin eingenommen hat, so sind in China schon seit dem zweiten Jahrhundert vor Christus fünf kanonische Schriften ein Wissensschatz gewesen, der allgemeinverbindlichen Charakter für jeden Gebildeten hatte. Die fünf Schriften waren das *Buch der Wandlungen* (übersetzt von Richard Wilhelm unter dem Titel „I Ging"), das *Buch der Urkunden*, ein Kompendium mit Reden und Ansprachen von Herrschern der frühen chinesischen Dynastien, das *Buch der Lieder*, das über dreihundert Gedichte und Gesänge enthält, die verschiedenen Bücher der Riten, unter denen sich die *Aufzeichnungen über die Riten* (*Liji*) im Laufe der Jahrhunderte den höchsten Rang erkämpfen konnten, sowie die *Frühlings- und Herbstannalen*, eine Chronik des Staates Lu, die Konfuzius (551–479), der aus Lu stammte, auf der Basis älterer Vorlagen verfaßt haben soll. Diese Schriften, an denen Konfuzius sämtliche redaktionelle Arbeiten geleistet haben soll, wurden seit der Zeit der Dynastie Han (207 v. Chr.–220 n. Chr.) umfassend kommentiert. Ihre Kenntnis war für die meisten Beamten Voraussetzung für den erfolgreichen Ein- und Aufstieg in der komplexen Bürokratie des chinesischen Kaiserreiches.

Jedoch enthielten die kanonischen Schriften – die im Westen übrigens häufig als Klassiker bezeichnet werden, wohl weil die ersten Vermittler chinesischer Kultur nach Europa katholische und später protestantische Missionare waren, die den Begriff der „Schrift" für die Bibel reservieren wollten – zumindest auf den ersten Blick wenig philosophisches Gedankengut, aus dem der Leser einen Einblick in die Philosophie und die Morallehre des Konfuzius hätte gewinnen können. Dies stellte über lange Jahrhunderte hinweg kein Problem dar, denn die Kenntnis der Schriften diente vor allem der rhetorischen und weniger der moralischen Schulung von Gelehrten. Andere Lehren scheinen das dadurch entstehende Vakuum ausgefüllt zu haben. Der Buddhismus, der bereits um die Zeitenwende nach China gelangte, und der Daoismus spielten dabei eine besonders wichtige Rolle. Doch das fragile Gleichgewicht zwischen den drei großen Traditionen geriet im chinesischen Mittelalter unmerklich aus dem Lot. Lange Zeit hatte man gesagt, der Konfuzianismus sei auf die äußeren Dinge bezogen und regele vor allem Probleme der diesseitigen Welt, während Buddhismus und Daoismus für die innere Kultivierung des Menschen zuständig seien. Schon unter der Dynastie Tang (618–907 n. Chr.) aber hatte es massive Angriffe auf die ökonomische Macht der buddhistischen Klöster gegeben und im Gefolge davon Versuche, dem Konfuzianismus auch auf geistiger Ebene eine Vorrangstellung zu verschaffen.

Erst unter der Dynastie Song (960–1279) aber begannen konfuzianische Denker, eine eigene Philosophie zu entwerfen, die in ihren Ausdrucksformen an buddhistische Vorbilder erinnerte. Dies bedeutete den Beginn des sogenannten Neokonfuzianismus, den im elften Jahrhundert besonders die fünf Meister Zhou Dunyi, Shao Yong und Zhang Zai sowie die beiden Brüder Cheng Hao und Cheng Yi einleiteten. Das zwölfte Jahrhundert trieb diese Entwicklung weiter voran: Nachdem die militärisch schwachen Song 1127 Nordchina an die Dschurdschen verloren hatten, ein halbnomadisches Volk, das seine Wurzeln in den südsibirischen Wäldern Nordostasiens hatte, setzte ein großes Nachdenken über die Ursachen für die Unterlegenheit ein. Neokonfuzianische Denker schlugen vor, daß eine umfassende Neuorientierung notwendig sei, um die geistige Führerschaft auf der Welt wieder zu erlangen. Der wichtigste dieser Denker war der Philosoph Zhu Xi (1130–1200), der eine große Anhängerschaft um sich scharen konnte, der er nahelegte, daß China rekonfuzianisiert werden müßte. Obwohl Zhu Xi selbst sich mit jeder der kanonischen Schriften sehr detailliert auseinandergesetzt hat, hielt er doch das herkömmliche Curriculum aus fünf kanonischen Schriften mit ihrem Kommentarapparat für zu schwierig und inhaltlich zu wenig aussagekräftig. Deshalb setzte er an den Anfang des von ihm selbst vertretenen Ausbildungsweges ein neues Kompendium: Die *Vier Bücher (si shu)*, die sich zusammensetzten aus den *Gesprächen des Konfuzius* (*Lunyu*), dem *Mengzi*-Text sowie zwei Kapiteln aus den *Aufzeichnungen über die Riten*, nämlich dem „Großen Lernen" (Daxue) und dem „Buch von Maß und Mitte" (Zhongyong). Im Gegensatz zu den fünf kanonischen Schriften lassen sich aus allen vier Büchern grundsätzliche Aussagen des Konfuzianismus ableiten.

Die Gespräche des Konfuzius sind eine Sammlung von Aussprüchen des Konfuzius, die zum Teil aus Dialogsituationen mit seinen Schülern stammen, beziehungsweise von Sentenzen über Konfuzius, welche die Schüler und Enkelschüler machten und offenbar in unterschiedlichen Traditionslinien aufschrieben. Natürlich hat die Forschung ähnlich wie im Falle der Bibel berechtigte Zweifel daran, daß alles, was in den Gesprächen steht, tatsächlich wahre Überlieferung ist, die auf Konfuzius zurückgeht. Zusammengestellt worden sein dürfte der Text erst im zweiten Jahrhundert vor Christus, also mindestens 300 Jahre nach dem Tod des Konfuzius. Manche der Aussagen, die sich in den Gesprächen finden, dürften authentisch sein, andere einen wahren Kern enthalten, darüber hinaus aber ausgeschmückt oder literarisch verändert worden sein. Warum bestimmte Aussprüche sich doppelt oder sogar dreifach in den Gesprächen finden, ist ungeklärt. Wahrscheinlich ist aber, daß die einzelnen Kapitel aus unterschiedlichen Schultraditionen stammen, die sich alle auf Konfuzius zurückführten. Sicherlich gibt es auch Sprüche, die dem Konfuzius nur in den Mund gelegt worden sind, um ihnen mehr Autorität zu verleihen. Die Tendenz dazu, die Liste der Weisheiten des Konfuzius immer länger werden zu lassen, ist übrigens ein Phänomen, das sich nicht nur im traditionellen China, sondern heute auch im Westen findet. Durch die westliche Buch- und Medienlandschaft geistern mittlerweile zahllose Konfuziuszitate, die dem Sachverständigen nur ein Kopfschütteln entlocken können.

Meng Ke, der besser als „Meister Meng“ (Mengzi, lateinisch Mencius) bekannt ist, lebte an der Wende vom vierten zum dritten Jahrhundert vor Christus und war ein Urenkelschüler des Konfuzius. Sein in sieben Doppelkapiteln überliefertes Buch gilt allgemein als wesentlich homogener denn die *Gespräche des Konfuzius*. Auch inhaltlich unterscheidet es sich in vielerlei Hinsicht von ihnen: Der augenfälligste Unterschied, auf den die Konfuzianer der Zeit der Song immer wieder aufmerksam gemacht haben, liegt darin, daß ein ganz zentrales Anliegen des Mengzi darin liegt nachzuweisen, daß das Wesen des Menschen gut ist. In den *Gesprächen* (5.13) findet sich dagegen der explizite Hinweis darauf, daß dies für Konfuzius eben gerade kein Thema war. Der Gegenstand ist von einiger Bedeutung, denn die Erörterung des menschlichen Wesens steht auch im Zentrum des neokonfuzianen Denkens. Der Begriff „Wesen“ (chinesisch: xing) steht im zeitgenössischen buddhistischen Denken gleichzeitig für die Buddhanatur, die der Mensch erkennen muß. Die starke Betonung der mencianischen Erörterungen des Wesens durch die Neokonfuzianer ist also im Zusammenhang mit ihrer Auseinandersetzung mit buddhistischen Lehren zu sehen. Aber auch hinsichtlich anderer Themen stellt der Mengzi-Text eine wichtige Weiterentwicklung der Lehren des Konfuzius dar: Erst in ihm erlangt das Wortpaar von „Menschlichkeit“ (in der Wilhelmschen Übersetzung oftmals „Sittlichkeit“) und „Rechtlichkeit“ (oder „Gerechtigkeit“, „Pflicht“ und ähnliches) die essentielle Wichtigkeit, die sie in allen späteren konfuzianischen Texten eingenommen haben, und erst bei ihm werden die vier oder fünf chinesischen Kardinaltugenden Menschlichkeit, Rechtlichkeit, zeremonielles Betragen und Klugheit, dazu auch die Glaubwürdigkeit als solche zusammengestellt. Die Lehre von den fünf Beziehungen (zwischen Fürst und Untertan, Vater und Sohn, Mann und Frau, Alt und Jung sowie zwischen Freunden), welche über Jahrhunderte das Rückgrat der konfuzianischen Soziallehre gebildet hat, geht ebenfalls erst auf Mengzi und nicht auf Konfuzius zurück.

Das *Große Lernen* und das *Buch von Maß und Mitte* werden heute ebenfalls allgemein in etwa in die Zeit des Mengzi verortet. Bei Zhu Xi bildeten sie aufgrund der Klarheit ihrer Aussagen in dieser Reihenfolge den Anfang des Kompendiums der *Vier Bücher*. Der Text des Großen Lernens beginnt mit der Aufforderung zur Selbstkultivierung und zur Untersuchung der Dinge, die erst dazu führen können, daß Familie und Staat geordnet sind. Damit ist das Programm der *Vier Bücher* bereits formuliert: Letztes Ziel allen Lernens muß sein, ein harmonisches Zusammenleben möglich zu machen. Das *Große Lernen* richtet sich also nach außen und zielt auf die Gesellschaft. *Maß und Mitte* hingegen thematisiert gleich zu Anfang den Weg dazu, wie der einzelne Mensch dieses Ziel sozialer Harmonie erreichen kann, indem er sich auf sich selbst und sein vom Himmel bestimmtes Wesen konzentriert. Wahrhaftigkeit oder Aufrichtigkeit (bei Wilhelm: Wahrheit), das ist die Tugend, durch die es dem Menschen dieser Lehre zufolge möglich ist, mit Himmel und Erde eins zu werden und es damit den weisen Herrschern des chinesischen Altertums gleichzutun, welche bei allen konfuzianischen Denkern maßgebliche Vorbilder allen menschlichen Handelns sind. Wer mit Himmel und Erde in Einklang steht, der erlangt die Fähigkeit, letztlich auch der eigenen Umwelt Gutes zu tun.

Bald nachdem Zhu Xi das Kompendium der *Vier Bücher* zusammengestellt und in seiner Schülergemeinde als primären Unterrichtsstoff verwendet hatte, wurde seine Lehre auch von Seiten des Song-Staates übernommen. Unter der mongolischen Yuan-Dynastie wurde das Curriculum der *Vier Bücher* in der Auslegung des Zhu Xi im Jahr 1314 endgültig zu verbindlichem Grundlagenwissen erklärt. Sogar ausländische Beamte, welche in dieser Zeit der Fremdherrschaft die höchsten Ränge des Staates besetzten, hatten sich mit ihnen zu befassen. Die Stellung als wichtigstes chinesisches Kulturgut sollten die *Vier Bücher* bis zum Ende des Kaiserreiches nicht mehr verlieren. Auch in den Nachbarländern Korea, Japan und Vietnam traten sie einen Siegeszug an. Für ganz Ostasien sind sie deshalb über viele Jahrhunderte hinweg der Kern einer jeden Ausbildung zum Literaten gewesen.

In Europa wurden die *Vier Bücher* durch die Übersetzungsbemühungen jesuitischer China-Missionare ab dem 17. Jahrhundert bekannt. Schon Matteo Ricci (1552–1610), der Begründer der China-Mission, soll eine erste Paraphrase erstellt haben, die allerdings nie gedruckt wurde. Im Jahr 1660 aber erschien in China eine zweisprachige Ausgabe – lateinisch und chinesisch – des „Großen Lernens" sowie der ersten fünf Bücher der *Gespräche des Konfuzius*, die Prospero Intorcetta (1625–1696) erstellt hatte. In den folgenden Jahren fertigte Intorcetta eine Übersetzung des „Buches von Maß und Mitte" an, der auch eine Vita des Konfuzius angehängt war. Schon in den siebziger und achtziger Jahren des siebzehnten Jahrhunderts wurden auf diesen ersten Übersetzungen beruhende Druckfassungen der vollständigen *Gespräche*, des „Großen Lernens" und des „Buches von Maß und Mitte" auch in Europa herausgegeben und fanden rasche Verbreitung. Der *Mengzi*-Text erschien 1711 zum erstenmal in lateinischer Sprache in einer Prager Ausgabe von sechs klassischen chinesischen Büchern, nämlich dem „Großen Lernen", dem „Buch von Maß und Mitte", den *Gesprächen des Konfuzius*, und eben dem *Mengzi*. Die *Vier Bücher* des Zhu Xi waren in diesem monumentalen Werk des Pater Franciscus Noel SJ ergänzt um das klassische Buch der kindlichen Pietät (*Xiaojing*) sowie um eine Einführung in die Grundlagen des Lernens, die von dem Philosophen Zhu Xi selbst stammte.

Mit diesen Werken war der Auftakt für eine umfangreiche Verbreitung der konfuzianischen Grundlagentexte in Europa gesetzt. Philosophen wie Leibniz, Christian Wolff und Voltaire rezipierten und verehrten sie. Auf eine wissenschaftliche Ausgabe aber mußte das Abendland bis ins 19. Jahrhundert warten. James Legge (1815–1897), der schon in jungen Jahren nach Ostasien ausgereist war, lebte von 1843 bis 1873 in Hongkong und leitete dort den Aufbau eines britischen Erziehungswesens und der anglikanischen Mission. Seit 1858 arbeitete er an einer neuen Übersetzung der chinesischen kanonischen Schriften, deren erster Band im Jahr 1861 unter dem Titel *Confucian Analects (Lunyu), the Great Learning (Daxue), and the Doctrine of the Mean (Zhongyong)* in einer zweisprachigen Ausgabe erschien. 1862 folgten dann als Band 2 der „Chinese Classics" in gleicher Form *The Works of Mencius*. Trotz einer Vielzahl neuerer Übersetzungen einzelner kanonischer Schriften gelten die Werke Legges bis heute als sinologischer Standard.

Der Übersetzer der vorliegenden Edition, der 1873 in Stuttgart geborene Richard Wilhelm (1873–1930), reiste nach einem Theologiestudium in Tübingen und Vikariatsstellen in verschiedenen schwäbischen Orten im Jahr 1899 in die neue deutsche Kolonie Qingdao (Tsingtao) aus, wo er sich für zwei volle Jahrzehnte aufhalten sollte. Schon bald nach seiner Ankunft begann er, beeindruckt vom literarischen Reichtum der chinesischen Kultur, neben seiner Missions- und Gemeindetätigkeit mit Übersetzungen der wichtigsten kanonischen Schriften, aber auch anderer klassischer Werke der chinesischen Literatur. Genau wie die Übersetzungen Legges entstanden auch die seinigen in enger Zusammenarbeit mit chinesischen Gelehrten. Diese Tatsache muß bei der Lektüre berücksichtigt werden: Denn obwohl dieses Verfahren garantierte, daß der Text kaum einmal wirklich mißverstanden worden wäre, fanden so natürlich auch persönliche Auffassungen der Gewährsmänner Eingang in die Übersetzung. Zudem ist die Sprache Wilhelms, obwohl er im Laufe seines Lebens immer stärker am Grundgedanken der Christianisierung Chinas zu zweifeln begann, getränkt von einem protestantischen Grundverständnis. Dieses unterlegt den chinesischen Texten an mancherlei Stellen eine religiöse Bedeutung, die das Original nicht aufweist. Einige Probleme, die sich aus dieser Tatsache ergeben, sind an anderer Stelle beschrieben und brauchen deshalb hier nicht noch einmal erörtert werden.[1]

1905 erschienen in der Zeitschrift für Missionskunde und Religionswissenschaften Wilhelms Übersetzungen des „Großen Lernens" sowie einiger Kapitel der *Gespräche des Konfuzius*, 1909 das „Buch von Maß und Mitte". 1910 dann ließ Wilhelm die vollständigen *Gespräche des Konfuzius* folgen, die zweite wichtige Übersetzung dieses Textes in die deutsche Sprache nach der in der ersten Hälfte des 19. Jahrhunderts erschienenen Fassung Wilhelm Schotts. Das Buch *Mengzi* übertrug Wilhelm schon 1913/14. Es erschien 1916 bei Diederichs in Jena. Zahlreiche weitere Übersetzungen aus dem Chinesischen haben Wilhelm zu dem bis heute wichtigsten Vermittler klassischer chinesischer Literatur ins Deutsche werden lassen. Unsterblich gemacht hat ihn wahrscheinlich die deutsche Fassung des *Buches der Wandlungen* (I Ging), die 1967 ins Englische übertragen und dann zu einer Art Bibel der Hippie-Generation wurde. Aber auch seine Arbeit an den umfangreichen Texten der daoistischen Tradition haben ihn berühmt gemacht. Obwohl es mittlerweile zahlreiche andere, wissenschaftlich sicherlich verläßlichere Versionen des Zhuangzi (bei Wilhelm: *Das wahre Buch vom Südlichen Blütenland*) gibt, bleibt die Sprachgewalt Richard Wilhelms unübertroffen. Von allen Übersetzern hat er es am besten vermocht, seinem Leser über die Unterschiede der Kulturen hinweg einen Eindruck davon zu vermitteln, warum dieses Buch über Jahrtausende von Generationen chinesischer Literaten nicht nur aufgrund seines philosophischen Tiefgangs, sondern auch wegen seiner sprachlichen Schönheit gelesen und auswendig gelernt worden ist.

Diese Ausgabe der *Vier Bücher* ist nicht nur deswegen ein Novum, weil sie überhaupt die erste Gesamtausgabe dieses Kanons in deutscher Sprache ist, sondern auch weil sie der deutschsprachigen Fassung den chinesischen Text gegenüberstellt, ein Verfahren, das für Werke europäischer Sprachen weithin praktiziert wird, weil es die Arbeit erheblich erleichtert, das aber für chinesische Texte hierzulande noch kaum Verwendung gefunden hat. Die der Edition zugrundeliegenden Fassungen sind ursprünglich bei Diederichs in Jena erschienen, nämlich die 1921 jeweils bereits in Zweitauflage herausgekommenen *Gespräche* und der Mengzi (Mong-dsi) Text sowie die 1930 kurz nach dem Tod Wilhelms erstmals unter dem Titel *Li Gi. Das Buch der Riten, Sitten und Gebräuche* erschienene Übersetzung großer Teile der *Aufzeichnungen über die Riten*,

1 Siehe dazu mein Nachwort zu *Konfuzius. Gespräche*, dtv und C. H. Beck, München 2005, S. 198f.

deren erste beide Kapitel „Maß und Mitte“ sowie das „Große Lernen“ (Wilhelm: „Die große Wissenschaft“) sind. Vorworte, Fußnoten und Kommentare Wilhelms wurden übernommen. Für den 2005 bei dtv und C. H. Beck erschienenen Band *Konfuzius. Gespräche* hatte ich eine Liste der Abweichungen der Abschnittszählungen erstellt, die Wilhelms Version von der in China allgemein üblichen unterscheiden. Diese Liste wurde in das Inhaltsverzeichnis integriert. Ebenfalls in dem erwähnten Band findet sich eine kurze Literaturliste mit Literaturvorschlägen zu den *Gesprächen*, welche aktualisiert und um einige Titel zu den anderen drei Büchern ergänzt wurde. Im Gegensatz zu dem oben erwähnten Buch wurde für diese Ausgabe beschlossen, im Falle der *Gespräche des Konfuzius* auch die Einleitung Wilhelms sowie sämtliche seiner Kommentare zu übernehmen. Im vorliegenden Band, dem der Gedanke zugrundelag, eine Ausgabe zu erstellen, die nicht nur den nackten Text der *Gespräche* als Leseexemplar reproduziert, sind diese Erklärungen, die nicht selten auf chinesische Kommentare zurückgehen, kursiv unter den eigentlichen Originaltext gesetzt.

Der chinesische Text, der diesem Buch zugrunde liegt, basiert auf den Titeln *Lunyu yizhu, Mengzi yizhu* und *Liji yizhu* von Jin Liangnian und Yang Tianyu, die 2004 im Verlag Shanghai *guji chubanshe* neu erschienen sind.

Frau Sandra Mikli sei herzlich gedankt für die sorgfältige Arbeit bei der Abstimmung von chinesischem und deutschem Text. Ohne sie hätte dieser Band nicht so schnell vorgelegt werden können.

Prof. Dr. Hans van Ess

Professor Dr. Hans van Ess, geboren 1962, hat in Hamburg und Shanghai Sinologie, Philosophie und Turkologie studiert. Nach der Promotion über ein Thema aus dem Bereich der Geistesgeschichte der Han (2. Jh. v. Chr.–2. Jh. n. Chr.) war er als Länderreferent beim Ostasiatischen Verein in Hamburg tätig. Er habilitierte sich mit einer Arbeit zum Neokonfuzianismus des elften Jahrhunderts. Seit 1998 ist er Professor für Sinologie an der Ludwig-Maximilians-Universität in München.

[illegible]

[illegible]

[illegible]

[illegible]

[illegible]

論語

LUN YÜ

GESPRÄCHE

EINLEITUNG

Niemand, der sich mit China beschäftigen will, kann an der Persönlichkeit des Kung (der von den Jesuiten Konfuzius genannt wurde, nach dem chinesischen Kung Fu Dsï, Meister Kung, und diesen Namen in Europa bis heute behalten hat) vorübergehen. Kung ist das historisch gewordene Ideal der überwältigenden Mehrheit des chinesischen Volkes, und niemand kann ein Volk richtig beurteilen, ohne dessen Ideale zu verstehen. Dennoch ist man in Europa weit davon entfernt, zu einer eindeutigen Würdigung dieser Persönlichkeit durchgedrungen zu sein. Im rationalistischen Zeitalter wurde er vielfach aus seiner Umgebung herausgelöst und genoß als weiser und tugendhafter Sittenlehrer, der in mancher Beziehung der damaligen Zeitströmung verwandte Züge zeigte, große Verehrung. Seit China jedoch in neuerer Zeit eine wesentlich ungünstigere Beurteilung in Europa fand, hatte auch sein historisches Ideal darunter zu leiden. Um so mehr, als immer deutlicher erkannt wurde, daß er zu eng mit der ganzen chinesischen Geschichte zusammenhängt, als daß man ihn daraus willkürlich losreißen könnte. Ja, so stark scheinen die Fäden, die ihn auch nach seinen eigenen Aussprüchen mit dem chinesischen Altertum verknüpfen, daß unserer Zeit, die in den Heroen des Menschengeschlechts nur immer nach dem Originalen und Genial-Persönlichen sucht, oft kaum mehr etwas Bemerkenswertes an dem vielverehrten Meister der Chinesen übrig zu bleiben schien. Und nicht vereinzelt sind die Urteile, die den Konfuzianer Menzius, der einige Jahrhunderte nach Kungs Tode eine literarisch überaus geschickte Propaganda für dessen Lehren betrieb, noch über den Meister stellen. Diese Geringschätzung entfernt sich aber ebenso weit von der Wahrheit wie jene frühere Verehrung des individualistisch betrachteten Tugendlehrers. Um die Größe einer historischen Persönlichkeit objektiv festzustellen, muß man alle persönlichen Geschmacksrichtungen zunächst beiseite lassen und nur seine tatsächliche Wirkung in Betracht ziehen. Jede hervorragende Persönlichkeit hat eine ganz bestimmte Auffassung der metaphysischen Gründe des Weltgeschehens. Und dieser Auffassung entsprechend gestaltet sie ihr Leben. Wie in der Musik ein jeder Komponist seinen bestimmten Rhythmus hat, der alle seine Werke einheitlich durchdringt, so hat jeder große Mann eine besondere Rhythmik des Handelns und Erlebens, die sich mehr oder weniger von dem passiven Gelebtwerden der großen Menge unterscheidet. Die Größe einer Persönlichkeit hängt nun einerseits davon ab, wie hoch sich diese Eigenart des Erlebens über das Niveau ihrer Zeit erhebt, und andererseits davon, wie groß ihre Kraft ist, auch andere Menschen in diese neue Art des Lebens hineinzuziehen und so ihr Leben gestaltend zu bestimmen Von diesem Gesichtspunkt aus muß man Kung entschieden als einen der ganz Großen der Menschheit bezeichnen; denn seine Wirkung auf die ganze ostasiatische Welt, zusammen wohl nahezu ein Drittel der Menschheit, hat sich bis heute erhalten, und ebenso ist das sittliche Ideal, das er vertritt, ein solches, das wohl einen Vergleich aushält mit den übrigen Weltreligionen. Und mancher schon, der mit großen Vorurteilen an die intimere Beschäftigung mit ihm heranging, hat sich schließlich das Bekenntnis abringen müssen: Er war doch ein großer Mann.

Der Versuch einer Lösung des Problems der Persönlichkeit Kungs als Faktors der Menschheitsentwicklung wird als notwendige Voraussetzung seine historische Eingliederung in den Zusammenhang des Lebens der chinesischen Rasse haben. Wir fragen daher zunächst: was fand er vor? – dann: was hat er erstrebt? – und weiter: was hat er erreicht? Eine Würdigung dessen, was er an bleibenden Werten dem geistigen Besitz der Menschheit hinzugefügt hat, möge den Abschluß bilden!

Für eine genaue Anschauung der Verhältnisse in der chinesischen Urzeit fehlt zurzeit noch das nötige kritisch gesichtete Quellenmaterial. Allerdings wird man ebenso vorsichtig sein müssen gegenüber einer zu weit gehenden Skepsis, wie gegenüber einer unbesehenen Übernahme des ganzen chinesischen Traditionsstoffs. Es hat eine Zeit gegeben, da man das Vorhandensein einer chinesischen Schrift vor dem Jahr 800 v. Chr. leugnen zu müssen meinte, ja manchen Kritikern war selbst dieses Datum noch zu hoch gegriffen. Neuerdings sind Funde alter, beschriebener Knochen gemacht worden, die seit uralten Zeiten zu Orakelzwecken dienten. Durch diese Funde wurden ganz neue Einblicke in ein altes chinesisches Schriftsystem eröffnet, und es ist keineswegs ausgeschlossen, daß mit der Zeit noch Monumente ans Tageslicht kommen, die die chinesische Urgeschichte in neuem Licht erscheinen lassen. Vielleicht daß dann auch die jetzt noch gänzlich ungeklärte Frage nach dem Ursprung der chinesischen Kultur ihre Antwort findet.

Was uns jetzt an Quellen für die chinesische Urzeit zur Verfügung steht, ist im wesentlichen alles durch die Redaktion Kungs hindurchgegangen. Es sind die fünf kanonischen Schriften der „Urkunden", „Lieder", „Wandlungen", „Annalen des Staates Lu" und der – erst später fixierten – „Riten". Wir haben Anhaltspunkte darüber, daß Kung bei seiner Redaktionsarbeit ziemlich radikal vorgegangen ist. Nicht darum war es ihm zu tun, eine historische Darstellung der Vergangenheit zu geben, sondern er wollte die Geschichte als einen Spiegel für die Zukunft überliefern. Er schrieb die Geschichte nur vom Standpunkt seiner Lehre aus, die er in ihr zusammengefaßt sieht. Ebenso ging er bei der Sammlung der Lieder und Bräuche durchaus kritisch vor.

Immerhin bewegen sich die redaktionellen Änderungen Kungs in ganz bestimmten Bahnen. Er läßt manches ihm unrichtig dünkende weg, rückt anderes in eine neue Beleuchtung; aber wir dürfen das Zutrauen zu ihm haben, daß er den wesentlichen Gehalt der ihm vorliegenden Quellen unangetastet ließ. Als ungünstiges Moment kommt jedoch in Betracht, daß keine der von ihm redigierten Schriften sich in ihrer ursprünglichen Gestalt erhalten hat. Weit mehr als die Bücherverbrennung des Tsin Schï Huang, die von den Chinesen für den Zustand ihrer alten Literatur verantwortlich gemacht wird, sind die allgemeinen Unruhen der auf Kung folgenden Jahrhunderte dafür verantwortlich. Die alte chinesische Welt fiel rettungslos dem Untergang anheim, und als sich aus den Trümmern später die Handynastie erhob und man begann, sich auf die Schätze alter Wissenschaft wieder zu besinnen, da war vieles schon sehr stark mitgenommen vom Sturm der Jahrhunderte. So ist uns denn die ganze alte Literatur nur so überliefert, wie sie aus dem Schutt der Zeiten hervorgezogen wurde.

Trotzdem diese Literatur zum Teil recht bedeutend gelitten hatte, sind uns dennoch in ihr die Richtlinien dessen aufbewahrt, was Kung in der Vergangenheit als Grundlage seiner Arbeit anerkannte Die Heroen der Vergangenheit, die Schöpfer der chinesischen Kultur, die Kung vor Augen stehen, sind sieben an der Zahl: Gott Yau (Erhaben), Gott Schun (Gütig), der Große Yü, der Vollkommene Tang, ferner die drei Begründer der Dschoudynastie: König Wen und dessen zwei Söhne König Wu und der Fürst von Dschou. Wohl geht Kung nicht in jene grauen Urzeiten zurück, die in späteren Geschichtswer ken immer ausführlicher behandelt werden; aber das große Dreigestirn der Kulturschöpfung Yau, Schun und Yü[1], deren Zeit von 2300–2200 v. Chr. angesetzt zu werden pflegt, ist doch wohl auch kaum historisch. Schon daß Yau und Schun den Titel „Gott" tragen – denn die gewöhnliche Übersetzung mit „Kaiser" ist schon durch die Stellung des Wortes vor dem Namen ausgeschlossen – macht bedenklich. Aber auch die Zustände, wie sie unter diesen Herrschern sind und an das goldene Zeitalter anderer Mythen erinnern, finden im Verlauf der Geschichte keine Fortsetzung. Was von Yau, Schun und Yü erzählt wird, kommt aber dennoch in Betracht als Ideal, das Kung von der Vergangen-

1 Es ist nicht ausgeschlossen, daß die später ins höchste Altertum versetzten Gottwesen Fu Hi, Schen Nung und Nü Wa einfach Dubletten von Yau, Schun und Yü sind. Man beachte die große Flut hier und dort, die beide Male durch „Gung Gung" verschuldet ist.

heit besaß und an das er anknüpfen konnte. Die Ideale, die jene Heroen darstellen, sind die Grundlagen einer geordneten Regierung eines ackerbautreibenden Volkes. Was von Yau erzählt wird, bewegt sich durchaus in dieser Richtung. Ein ackerbautreibendes Volk braucht eine geordnete Zeitrechnung, damit die Beschäftigungen der Menschen in Einklang kommen mit dem Naturlauf, gut geordnete Wasserläufe, um Dürre und Überschwemmungen fernzuhalten, und endlich eine Regierung, die sich möglichst wenig durch Eingriffe in das persönliche Leben und Treiben des Volkes bemerkbar macht. So wird denn von Yau außer seiner persönlichen Tugend berichtet, daß er die Himmelserscheinungen in einem Kalender zur Darstellung brachte und in dem von seiner Familie verfolgten, aus ganz einfachen Verhältnissen hervorgegangenen Schun sich einen Gehilfen und Nachfolger herangezogen hat. Doch gelang es ihm noch nicht, der Überschwemmungen Herr zu werden. Dieses Werk vollendete Schun mit Hilfe des Großen Yü, der den sämtlichen Flüssen Nordchinas ihren Lauf anwies. Während Yau mehr mit den Himmelserscheinungen in Zusammenhang steht, ist Schun, der in seiner Jugend Landmann war, mehr mit den irdischen Verhältnissen verknüpft: Ackerbau, Töpferei, Fischfang und Jagd sind Tätigkeiten, die ihm die Legende zuschreibt. Und ähnlich wie Yau, unter Hintansetzung seines unwürdigen Sohns, sein Reich an Schun abgibt, – nachdem, wie taoistische Legenden nicht ohne Bosheit berichten, eine ganze Anzahl taoistischer Heiliger den Thron ausgeschlagen hatten – so wählt auch Schun als seinen Nachfolger den würdigsten seiner Beamten, den Bändiger der Gewässer: Yü. An Yü den Großen schließt sich die erste durch Erbfolge begründete Dynastie, die Hiadynastie an. Im Verlauf der Dynastie folgt auf das goldene Zeitalter jener Herrscher allmählicher Niedergang, bis mit dem letzten Herrscher aus dem Hause Hia, dem ausschweifenden und tyrannischen Giä, die Unmoral einen Gipfel erreicht, der „die Strafe des Himmels" herausfordert. Der Tyrann wird gewaltsam abgesetzt, und der „Vollkommene", Tang, gründet die zweite Dynastie, die sogenannte Schangdynastie, deren Bezeichnung später in Yin umgewandelt wird. Die Gestalt des Tang ist dadurch im chinesischen System bemerkenswert, als wir in ihm den Heiligen als Empörer haben. Nachdem der Tyrann die Berufung des Himmels verscherzt hatte, geht diese auf den würdigeren Gründer einer neuen Dynastie über. An der Zuneigung des Volkes erkennt man, daß er wirklich einen höheren Beruf hat; denn des Volkes Stimme ist Gottes Stimme. Im übrigen übernimmt die neue Dynastie die Einrichtungen der alten unter zeitgemäßen Abänderungen. Auch das bleibt Grundsatz für die Jahrtausende in China: das große Erbe der Vergangenheit, die Summe der Kultur und Autorität kann wohl von einem Haus an das andere übergehen, aber die Tradition bleibt gewahrt, ähnlich wie auf anderem Gebiet im Papsttum. Von dieser theoretischen Erwägung abgesehen zeigt sich die zweite Dynastie ziemlich genau als Dublette der ersten; namentlich der Tyrann, der den Zorn des Himmels herabbeschwört, trägt unverkennbare Familienähnlichkeit mit dem Tyrannen Giä. Er heißt Schou Sin, und seine ausschweifende Gemahlin heißt Da Gi; im übrigen aber ist sein Lebenswandel nur eine Wiederholung der Ausschweifungen und Grausamkeiten des letzten Herrschers der Hiadynastie. Es fehlen zurzeit noch die Mittel, um festzustellen, wie das historische Verhältnis ist, ob es sich um zufällige Übereinstimmung handelt, oder ob der Thronsturz des Giä einfach eine in die Vergangenheit zurückprojizierte Analogie der Ereignisse zur Zeit des Schou Sin ist.

Soweit uns die vorhandenen Urkunden gestatten, uns ein Bild von den Zuständen der alten Zeit zu machen – und außer den konfuzianischen Quellen kommen hier auch taoistische in Betracht, die in mancher Hinsicht den alten chinesischen Zuständen noch näher treten als der eine „Reformation" darstellende Konfuzianismus – scheinen die Verhältnisse recht einfach gewesen zu sein. Selbst der Herrscher, dessen Macht oft übrigens mehr nominell gewesen zu sein scheint, lebte noch keineswegs luxuriös. Manche Schilderungen aus der alten Zeit, besonders in Beziehung auf Yü, geben recht primitive Bilder. Die Wirtschaftsform war agrarisch. Bedeutender als kriegerische Eroberung war friedliche Durchdringung weiter, noch unkultivierter Gebiete. Infolge davon ist die Gesellschaftsstruktur wesentlich von der westlichen verschieden. Im Okzident baute sich die Volksgemeinschaft fast durchweg auf dem Grund der kriegerischen Organisation der wehrfähigen Mannschaft auf. Darum war der Einzelne aus dem Kreis der Krieger Träger selbständigen Rechts innerhalb der Sippen. Der einzelne freie Mann bildete die Zelle der Gesellschaft, die sich je nach den Verhältnissen zur Demokratie oder Militärdespotie weiter entwickeln konnte. Auf alle Fälle waren damit die Grundlagen für eine Entwicklung des Individuums und somit auch für individuelle Religion und individuelle Moral gegeben. Ganz anders in China. Hier steht nicht kriegerische Eroberung, sondern friedliche Durchdringung am Anfang. Schon frühe hören wir von der Einteilung des Landes in Felder, die den einzelnen Familien zur Bebauung übergeben wurden. Die Feldbebauung setzt aber in der Familie ganz von selbst eine kollektivistische Wirtschaftsform voraus. So ergibt sich als Grundzelle des chinesischen gesellschaftlichen Organismus nicht das Individuum, sondern die kommunistische Familie. Es verdient hier hervorgehoben zu werden, daß sich Spuren eines Zustandes der Mutterfolge noch nachweisen lassen, doch scheint die Familie unter der Herrschaft des Vaters schon ziemlich weit zurückzugehen, wenn auch in der fast religiösen

Betonung der väterlichen Autorität noch der Einfluß der Umwandlung der Sippe in die Familie durchklingt. Da aber zur Sicherung und Regelung des Lebens gemeinsame Unternehmungen unter einheitlicher Leitung, wie z. B. die schon erwähnte Flußregulation, notwendig waren, so bildet sich das Familienpatriarchat zum gesellschaftlichen Patriarchat mit dem Fürsten an der Spitze weiter. Wir finden die ethischen, religiösen und naturwissenschaftlichen Verhältnisse des vorkonfuzianischen China durchaus in Übereinstimmung mit den theoretischen Folgerungen, die sich aus diesen Zuständen ziehen lassen. Während in der Ethik des Westens die kriegerische Tugend des Muts und die damit zusammenhängenden Tugenden des Forschungstriebes und Wahrheitssinnes die Keimzelle für die ethische Entwicklung bilden, steht in China die gewissenhafte Einordnung in den Familienorganismus und durch ihn in den Gesellschaftsorganismus obenan, eben weil das die Tugend war, die innerhalb der gegebenen sozialen Verhältnisse am nötigsten und wertvollsten sich erwies. Von hier aus wird uns die Rolle, welche in China die Pietät spielt, ohne weiteres klar, und ebenso klar ist, wie ungerecht eine Beurteilung der chinesischen Kultur sein muß, die, wie das immer wieder geschieht, als Maßstab die auf ganz anderem Boden erwachsenen Prämissen unserer Kultur anlegt.

Dieselben Folgerungen ergeben sich auf religiösem Gebiet. Die Religion hat in China niemals die individuell-selbständige Entwicklung gefunden wie im Westen. Das Altertum kennt Zauber und Divination als wesentliche Züge des Lebens. Namentlich scheint auch die Schrift, die die Bilder der Gegenstände festzuhalten vermochte, als Zaubermittel hoch bewertet worden zu sein. Noch bis auf den heutigen Tag gelten geschriebene Zeichen für etwas einigermaßen Heiliges. Ebenso finden sich Spuren der Zaubermacht des Namens, in dem man Gewalt über das zugehörige Ding besitzt. Aus einer späteren Schicht stammen die Opfer, deren Vollzug als geheimnisvoll mit dem Weltlauf in Zusammenhang stehend betrachtet wurde. Verehrt wird der Gott des Himmels, ferner die Erde, und zwar die Erde (di) als Mutter im Gegensatz zum Himmelsvater, aber auch der männlich gedachte Gott der Ackerkrume (Hou Tu); außerdem die wichtigsten Naturgottheiten, die dem höchsten Gott beim Opfer beigeordnet werden. Daß auch der Ahnenkult in ältere Zeit zurückgeht, ist wohl selbstverständlich. Immerhin dürfte die feste Ordnung des Ahnenkultes erst mit der Dschoudynastie ihren Anfang genommen haben. Die Beschränkung des Kultes des höchsten Gottes auf den Altar bei der Hauptstadt und die Reservierung seines Vollzugs für den Herrscher hat sich, ähnlich wie das Opfer für Jahwe allein in Jerusalem, im Laufe der Zeit immer strenger durchgesetzt. Die Tempel des höchsten Gottes auf den Höhen im Land umher sanken mit der Zeit im Rang. Heute wird der „Nephritherr" darin verehrt, ein für das Volk zurechtgemachtes Surrogat des „lieben Gottes".

Die Begrenzung auf den Gebrauch der staatlich organisierten menschlichen Gesellschaft gibt der Wissenschaft der vorkonfuzianischen Periode ihren bestimmten Charakter. Interesselose Forschung aus bloßer Wißbegier kennt das chinesische Altertum so gut wie gar nicht. Auch das Wissen ist praktisch orientiert. Es ist für die Menschen, die Ackerbau treiben, ein unabweisbares Bedürfnis, daß sie den Verlauf ihrer Tätigkeiten dem Naturverlauf und seinen Gesetzen anpassen, daß die menschlichen Ordnungen sich einfügen in die Weltordnung.

Die Welt ist durch göttliche Vernunft (das Tao) regiert, und diese Prinzipien gilt es zu erforschen, damit der Kreis der menschlichen Tätigkeiten entsprechend gestaltet werden kann. So findet sich schon in ältesten Zeiten eine verhältnismäßig hohe Stufe der astronomischen Beobachtung, um mit ihrer Hilfe den Gang der Jahreszeiten und die entsprechenden Arbeiten des Ackerbaus festzulegen. Die Sorge für den Kalender war denn auch zu allen Zeiten eine wichtige Pflicht der kaiserlichen Regierung; es gab ein kaiserliches Hofamt, dem es oblag, jährlich den Kalender herauszugeben, in dem die geeigneten Tage für alle möglichen Unternehmungen des Lebens angegeben wurden. So suchte man seit urältester Zeit den Naturkräften und ihrer Ordnung durch eine an pythagoräische Lehre erinnernde Zahlensymbolik beizukommen. Der Dualismus der Urkräfte (Licht – Finsternis, männlich – weiblich usw., chinesisch yang yin) sowie die an die Fünfzahl sich anschließende Einteilung alles Bestehenden in Natur- und Menschenwelt (es gibt fünf Farben, fünf geographische Punkte – nämlich Mitte, Süden, Norden, Osten, Westen – fünf Tugenden usw., die alle in einem geheimnisvollen Zusammenhang stehen) bilden einen Hauptbestandteil dieser primitiven Naturphilosophie. Wie nun das chinesische Denken der Welt durch die Kategorie der Zahl beizukommen suchte, so war es andererseits von überaus großer Wichtigkeit, das Erkannte durch Begriffssymbole festzuhalten. Die Schrift, die sich der Sage nach aus geknoteten Stricken und primitiven Bildern der Gegenstände entwickelt hat, galt als etwas Heiliges und ist es, wie schon erwähnt, bis auf diesen Tag geblieben. Ihr Hauptzweck ist ebenfalls der, die rechten religiösen Riten und Gesetze festzuhalten und zu verbreiten. Auch sie war in erster Linie Mittel zur Staatsordnung. Ähnlich verhält es sich mit den übrigen Errungenschaften der Zivilisation, welche die chinesische Überlieferung ins höchste Altertum zurückprojiziert: die Erfindung der Kleidung, des Hausbaus, des Ackerbaus, der Seidenkultur usw. Alles sind technische Errungenschaften, für den unmittelbaren praktischen Gebrauch bestimmt. Daß die Überlieferung als Hüterin dieser Kulturgüter gerade in jenen ältesten Zeiten eine besonders wichtige Rolle spielte, damit das mühsam Erworbene nicht wieder verloren gehe, versteht sich von selbst, ebenso daß sich im Lauf einer jahrhundertelangen Entwicklung viel unzuverlässiges und minderwertiges Material in diese Überlieferung eingeschlichen hatte.

Die Kulturentwicklung hatte es im Wechsel der Dynastien schon damals zur Folge gehabt, daß kein einheitliches Volksbewußtsein mehr existierte, sondern verschiedene Linien geistiger Strömungen sich herausgebildet hatten. Während die eine Linie, die sich im späteren Taoismus fortsetzte, sich mehr an die Traditionen der Schangdynastie hielt, deren bedeutende Männer im Lauf der Jahrhunderte vom Taoismus fast alle deifiziert wurden, zeigen sich ums erste Jahrtausend zu Beginn der Dschoudynastie bereits gewisse Anfänge straffer Organisation der Gesellschaftsordnung, die in Kung und seiner Lehre ihren Abschluß und ihre Vollendung fanden.

Mit der Dschoudynastie kommen wir auf Einflüsse aus dem Westen. Es ist sehr wahrscheinlich, daß diese Dynastie, die Generationen lang mit großer Umsicht an der Befestigung und Ausbreitung ihrer Macht gearbeitet hat, nicht chinesischen Ursprungs ist, sondern von außen her in China eindrang. Noch Menzius nennt – allerdings in bewußtem Paradox – den König Wen, den tatsächlichen Gründer dieser Dynastie, einen Barbaren aus dem Westen. Natürlich weiß die Tradition einen genealogischen Zusammenhang dieser neuen Dynastie mit dem „Ackerbauminister“ Hou Dsi, der dem göttlichen Yau und Schun zur Seite stand, herzustellen. Seine Nachkommen seien zu den Barbaren ausgewandert und von dort später wieder nach China zurückgekehrt. Es erübrigt sich auf diese Tradition einzugehen, um so mehr als wir noch ziemlich gut die einzelnen Etappen verfolgen können, die die neue Dynastie bei ihrem allmählichen Eindringen in China zurückgelegt hat. Es muß eine Art Völkerwanderung gewesen sein, und die Art, wie die eindringenden Barbaren allmählich sich Kultur und Macht in China verschafften, hat ihre Parallele in der Übernahme des römischen Imperiums durch die einrückenden Germanen.

Abgesehen von den früheren Häuptlingen dieser Stämme, von denen einer geschildert wird, wie er zu Pferd – von seiner Frau begleitet – die neuen Wohnsitze für die Seinen aussucht, sind es hauptsächlich drei Männer, die in der konfuzianischen Tradition die Siebenzahl der berufenen Heiligen voll machen: der König Wen, der moralisch den Einfluß der Familie im Reiche durchgesetzt hat, ohne den letzten Schritt der Usurpation zu tun, der König Wu, sein Sohn, der in hohem Alter die kriegerische Aktion gegen den Tyrannen Schou Sin unternommen, und dessen jüngerer Bruder Dan, der Fürst von

Dschou, der für seinen unmündigen Neffen die Regierung führte, und dessen Familie mit dem Heimatstaat des Kung, dem Fürstentum Lu, belehnt wurde.

Durch König Wu und noch mehr durch seinen bedeutenderen Bruder, den Fürsten Dschou, wurden nun neue Lebensordnungen für das ganze Reich geschaffen, die sich wohl den Überlieferungen der guten alten Zeit im allgemeinen anschlossen, bei denen aber auch schon andere Linien in Erscheinung zu treten beginnen, die später durch Kung zum unveräußerlichen Bestand der chinesischen Geistesstruktur gemacht wurden, und zwar ist es vor allem die Familienidee, die in den Mittelpunkt gerückt wird. Die Familie findet ihre Ausgestaltung nicht in der Einzelfamilie, sondern in der mehrere Generationen umfassenden Gesamtfamilie, die bis auf den heutigen Tag in China besteht. Aus der Dschoudynastie scheint die Einrichtung zu stammen, die eine Heirat zwischen Gliedern derselben Sippe[2] verbietet. Monogamie ist in der Weise durchgeführt, daß neben die eine legitime Hauptfrau deren Dienerinnen als Nebenfrauen treten können. Die Einrichtung eines fürstlichen Harems ging hier voran, obwohl sie eigentlich den monogamisch ausgelegten Verpflichtungen zwischen Mann und Frau widerspricht.

Die Ausgestaltung dieser Familienidee in der Praxis führt zum Lehenswesen. Die Dschoudynastie macht das Reich zum Lehensstaat, dessen einzelne Lehen vorzugsweise an Familienglieder vergeben wurden; auch zeigt sich in der Art, wie der verewigte König Wen als Genosse des höchsten Gottes angerufen wird, ein Aufrücken des Ahnenkults neben die Gottesverehrung. Begräbnisbräuche, die bisher sehr zurückgetreten waren, wurden betont, und der Ahnenkult wurde für den Mann aus dem Volk, der als solcher nicht mehr die Berechtigung hat, mit seinem Opfer vor den höchsten Gott zu treten, die religiöse Betätigung schlechthin. Damit hängt zusammen die Aufstellung des Pietätsprinzips als des moralischen Grundverhältnisses, aus dem die anderen Beziehungen erst abgeleitet werden. Eine reiche Ausgestaltung aller Lebensformen nach bestimmten Regeln (Li) ordnete alle Handlungen und schuf den äußeren Ausdruck, ohne den die innere Gesinnung nach antiker Auffassung nicht bestehen kann.

Dieses soziale System, gegründet auf die natürlichsten sozialen Triebe des Menschen, die Familiengefühle, ist ein wundervoll in sich abgeschlossenes Gebilde: der ganze Staat eine erweiterte Familie, die Fürsten oben und das

2 Die sogenannten „100 Familiennamen" scheinen sich aus den alten Sippen entwickelt zu haben. Das chinesische Zeichen für „Familienname" (sing) hat noch heute das Klassenzeichen „Frau". Doch ist die Einteilung in 100 wohl im Anschluß an die patriarchalische Familienbildung entstanden.

Volk unten zusammengehalten von einem starken Gefühl der Zusammengehörigkeit. Das ganze Leben und alle Beziehungen zu Menschen und Göttern geregelt durch feste sittliche Normen, die zugleich der ästhetischen Ausgestaltung nicht entbehren. Eine hoch entwickelte Kunst, entsprechend der Zeitrichtung vorzugsweise Musik, die von psychologisch-systematischen Grundsätzen ausgehend eine harmonische Stimmung des Seelenlebens direkt erstrebte: das ist die Schöpfung der Dschoudynastie. Eine Lebensgestaltung, die gerade mit unserer modernen Zeit der Ausdruckskultur manche Verwandtschaft zeigt, nur daß, entsprechend den primitiveren Verhältnissen, alles einheitlicher, vollendeter in die Erscheinung trat. Eine solche höchste Blüte der Lebensgestaltung, soweit sie allein von den Herrschenden getragen wird, während das gewöhnliche Volk ohne individuelle Ausbildung passiv das Glück genießt, ist aber auf die Dauer nur aufrecht zu erhalten, solange ein hochbedeutender Genius an der Spitze steht. Gerade weil alles auf das freie Verhältnis persönlicher Autorität gestellt war, so mußte der ganze Bau ins Wanken geraten, sobald der Fürst keine Persönlichkeit mehr war, die durch ihr Wesen Autorität ganz von selbst erzeugte. Dieser Verfall blieb denn auch nicht aus. Allmählich lockerten sich die Bande des Feudalsystems; die einzelnen Territorialfürsten suchten sich so viel wie möglich von der Zentralgewalt selbständig zu machen. Schließlich führten die Könige der Dschoudynastie, auf ein verhältnismäßig kleines Stammland beschränkt, nur eine Art Schattendasein, während die Lehensfürsten untereinander mit Ränken und im offenen Krieg um die Hegemonie kämpften, die mit wechselndem Erfolg bald dem einen, bald dem andern zufiel. Dieselbe Erscheinung setzte sich nach unten fort. Während ein Fürst die königliche Autorität offen verachtete, war er oft nicht mehr Herr im eigenen Land, da die vornehmen Adelsgeschlechter, die in einflußreichen Ministerposten waren, die tatsächliche Macht an sich gerissen hatten, wobei es sogar vorkam, daß der eine oder andere Fürst, wenn er ihren Zorn sich zugezogen hatte, landesflüchtig werden mußte. Aber selbst diese Geschlechter genossen ihre Macht nicht ungestört. Es ist eine Reihe von Beispielen bekannt, wo deren Hausbeamte, gestützt auf eine feste Stadt in ihrer Jurisdiktion, sich ihren Brotherren erfolgreich widersetzten. Daß diese allgemeine Usurpation und Anarchie demoralisierend auf die gesamten öffentlichen Zustände einwirken mußte und infolge davon auch unter dem Volk alle sittlichen Bande sich lösten, versteht sich von selbst. Die Zustände waren zur Zeit von Kungs Geburt so zerfahren, daß der Versuch einer Besserung der Verhältnisse aussichtslos erschien. Die staatsmännischen Kreise beschränkten sich auf die Durchführung einer opportunen Realpolitik. Die Grundsätze von der Macht der Moral als Staatspolitik waren in Vergessenheit geraten, der

Einfluß der einzelnen Staaten beruhte auf ihrer Militärmacht, die durch vermehrten Steuerdruck auf einen möglichst hohen Stand gebracht werden sollte. Alles in allem bekommt man von den letzten Zeiten der Dschoudynastie den Eindruck des tiefsten Verfalls. Es war eine Art Weltuntergang einer großen Kultur, der sich langsam, aber sicher vollzog. Eine tiefgreifende Fäulnis hatte alle Kreise durchsetzt, und die alten Grundsätze der Kultur waren in voller Auflösung begriffen. Wie es häufig in solchen Dekadenzzeiten zu sein pflegt, war ein gewisser Schimmer intellektueller Regsamkeit über das Ganze gebreitet. Frech und geistreich wurde an den Einrichtungen der Vergangenheit Kritik geübt. Neue Gesellschaftstheorien wurden erdacht, so namentlich die für Einfachheit und Natürlichkeit unter dem Namen Kommunismus in Europa bekannte des Mo Di. Auf der andern Seite machte sich eine frivole Preisgabe aller Ideale zugunsten des bloßen Auslebens der animalischen Natur geltend, wie sie mit dem Namen Yang Dschu verknüpft ist. Man muß die Schilderungen des Buches Liä Dsï lesen, die ja an sich aus etwas späterer Zeit stammen, aber doch etwa die Zustände zeichnen, wie sie ihre Keime in der Zeit Kung Dsï's hatten.

Gegenüber dieser Not der Zeit hatten die geistig bedeutenden Männer, die die Traditionen des alten Taoismus fortführten, und unter denen Laotse der berühmteste ist, keinen Rat als den, sich aus der Wirrsal der Welt zurückzuziehen und sie ihrem Gang zu überlassen. Bei Laotse war der Grundgedanke der, daß durch das „Nichthandeln" der kranke Organismus der Gesellschaft wieder zur Ruhe und Genesung kommen werde, während andere ihm verwandte Geister schlechthin verzweifelten und unter Preisgabe der bösen Welt ihrer eigenen mystisch-magischen Vervollkommnung lebten. Vertreter solcher Richtungen treten uns besonders im XVIII. Buch der „Gespräche" entgegen. – Das waren die Verhältnisse, die Kung bei seinem Auftreten vorfand.

Kung entstammt einer alten chinesischen Familie, die ihre Anfänge auf das königliche Geschlecht der Yindynastie zurückführte. Der späten Ehe eines alten Mannes mit einem blutjungen Mädchen entsprossen, hat er in frühester Jugend den Vater verloren. Er gehört aber nicht zu den Naturen, die durch äußere Familienverhältnisse wesentlich bestimmt werden. Schon in früher Kindheit regte sich in ihm ein mächtiger Zug zu den heiligen Bräuchen der Vorzeit. Sein liebstes Kinderspiel war es, mit kleinen Gefäßen die Opferriten nachzuahmen, – ein kleiner Zug, der manche Verwandtschaft mit den Jugendspielen anderer Geistesheroen hat; man denke nur an Goethes Puppenspiel! Dieser Zug zum Altertum blieb ihm sein ganzes Leben lang treu. Man kann wohl sagen, daß in ihm das chinesische Lebensideal der alten Zeit Person geworden ist. So finden wir ihn denn vom Erwachen des bewußten Lebens an damit beschäftigt, immer tiefer einzudringen in das Erbe der Vergangenheit. Mit fünfzehn Jahren, sagte er von sich, sei sein Ziel das Lernen gewesen, und im höchsten Alter seufzt er einmal: „Wenn mir noch ein paar Jahre vergönnt wären, um das Studium des heiligen Buches der Wandlungen zu vollenden, so wollte ich es wohl dahin bringen, von großen Fehlern frei zu sein." Dieses gewissenhafte Eindringen in das Ideal des Altertums, dieses Lernen, ohne zu ermüden, dieser Fleiß im höchsten Sinne ist es, was sein Genie ausmacht. Selbstverständlich handelt es sich nicht um eine nur äußerliche Aneignung des Wissensstoffs, sondern mit allen Fasern seines Wesens ist er dabei. Es wird von ihm erzählt, daß, wenn er seinen Blick senkte beim Essen, er in der Schüssel das Bild Yaus sah; und wenn er den Blick erhob, so erblickte er Schun an der Wand. Er selbst klagt einmal: „Ich bin sehr weit heruntergekommen, denn schon seit langer Zeit habe ich den Fürsten von Dschou nicht mehr im Traum gesehen." Diese innere Verwandtschaft mit den alten Idealen gab ihm denn auch die Möglichkeit, das gesamte Wissen seiner Zeit sich anzueignen. Was vor ihm getrennte Gebiete waren, von Spezialisten gepflegt und in der Stille schulmäßig überliefert, das vereinigte er in sich zu einem einheitlichen Ganzen. So konnte es nicht fehlen, daß der Ruf seiner Gelehrsamkeit sich bald ausbreitete und daß sich bald Schüler aus allen Kreisen um ihn sammelten, die er in freiem, persönlichem Verkehr einführte in die Weisheit des Altertums. Das war etwas absolut Neues im damaligen China. Es gab wohl königliche Schulen zur Heranbildung der fürstlichen und adligen Söhne, aber eine private Vereinigung von Lernbegierigen um einen Lehrer hat es vor Kung nicht gegeben. Er freute sich der Freunde, die von fernen Gegenden kamen, und gab ihnen sein Bestes, anfangend mit den Riten und Prinzipien der Moral und vordringend – entsprechend der Begabung und dem Interesse der Zuhörer – zu den tieferen Prinzipien des Weltzusammenhangs, die er mehr esoterisch behandelte.

Aber das war mehr ein Nebenerfolg seines Strebens. Nicht eine Philosophenschule wollte er gründen, sondern das heilige Erbe, das er überkommen hatte, wollte er zur Wahrheit machen in der Welt. Dazu brauchte er einen Fürsten, der auf ihn hörte und geneigt war, seine Prinzipien praktisch durchzuführen. Daß diese Prinzipien imstande wären, die Welt zu erneuern, daran hat er keinen Augenblick gezweifelt. Aber entsprechend der gesamten Überlieferung kam ja das Heil von einem heiligen Fürsten. Ihm selbst war es vom Schicksal nicht vergönnt worden, einen Thron innezuhaben. Vielleicht aber durfte er hoffen, als Ratgeber wenigstens mit einem Herrn zusammen die beiden Seiten des Heiligen auf dem Thron zur Wahrheit zu machen. Hatte doch auch sein innig verehrtes Vorbild, der Fürst von Dschou, nicht selbst an der

Spitze des Reiches gestanden, sondern nur als Berater seines Bruders, des Königs Wu, – und er hatte doch als Vormund von dessen Sohn so Herrliches vollbracht!

Diesem Interesse am Altertum kommt ein Erlebnis entgegen, das die große Wahrheit bestätigt, die uns Goethe mit plastischer Deutlichkeit offenbart: wie dem strebenden Menschen jederzeit vom Schicksal das geboten wird, was seinem Wesen entspricht und was er zu seiner Vervollkommnung braucht.

Als Reisebegleiter eines Zöglings, den sein Vater sterbend an ihn verwiesen hatte, hat er seine erste Reise in die alte Reichshauptstadt Lo (im heutigen Honan) gemacht, von der so manche Sagen überliefert sind. Wenn auch die alte Herrlichkeit der Dschoudynastie längst geschwunden war, so fand er sich doch hier noch in der Umgebung der Überreste jener großen Zeiten, deren Kenntnis er damals schon besaß wie kein Zweiter im Reich. Und so sehen wir ihn mit Eifer und Wißbegier alles in sich aufnehmen, was von der Gegenwart jener Helden und Weisen zeugte, mit denen er selbst in seinen Träumen verkehrte. Er wird wohl ausgelacht wegen seiner Lernbegier, aber er läßt sich nicht irremachen; jeden kleinsten Zug, der ihm aus jenen Zeiten entgegenkommt, eignet er sich an. Es ist einer jener denkwürdigen Augenblicke, da ein Menschheitsgenius mit den Resten der Vergangenheit in unmittelbare Berührung kommt und Fühlung sucht mit dem, was gewesen ist, um seinem eigenen Werk den Platz in der großen Menschheitsentwicklung anzuweisen. Daß für Kung diese Begegnung mit dem Altertum noch ungleich wichtiger sein mußte; als z. B. für Luther seine Reise nach Rom, ergibt sich aus der durchaus positiven Stellung, welche er bewußtermaßen zu den Schöpfern und Begründern dieser Kultur einnahm. Am ehesten könnte man eine Analogie finden mit Goethes römischem Aufenthalt, wo dieser auch sein Wesen in den Geist des Altertums untertaucht, der seinen späteren Werken die Vollendung der Form gegeben hat. In jene Zeit wird auch die bekannte Begegnung mit Laotse verlegt, bei der er so wenig Lob von seinem älteren Kollegen geerntet haben soll. Die Erzählungen über das, was bei dieser Gelegenheit von den beiden chinesischen Weisen eigentlich gesprochen wurde, sind aber wohl durchweg apokryph. Sie tragen zu deutlich den Stempel taoistischer Erfindung, die dem Haupt der philosophischen Rivalenschule gerne etwas am Zeug flicken möchte, als daß sie für historisch unanfechtbar gelten könnten. (Vgl. Legge a. a. O. pag. 65; E. Chavannes, Memoires historiques de Se-Ma Tsien, Paris 1905, Band V, pag. 300 f.)

Von der Hauptstadt des alten Reichs zurückgekehrt, widmete sich Kung aufs neue der Erziehung von Jüngern, die in immer größerer Zahl durch seinen Namen angezogen wurden. Kurz darauf verwickelten sich aber die politischen Verhältnisse in seinem Heimatlande. Einer der Hausbeamten der herrschenden Adelsfamilie hatte die Regierung an sich gerissen, und der Fürst des Landes war genötigt, in einem Nachbarstaate Zuflucht zu suchen. Um einer Anstellung, die vom Usurpator beabsichtigt war, zu entgehen, zog auch Kung es vor, seine Heimat zu verlassen. Sein Weg führte ihn nach Tsi, dem nordöstlichen Nachbarstaate. Dort hörte er zum erstenmal die aus dem hohen Altertum überlieferte Schau-Musik. Er wurde von ihrer Kraft und Reinheit so hingenommen, daß er drei Monate lang den „Geschmack des Fleisches" vergaß. Diese Begeisterungsfähigkeit und Vorliebe für Musik, die er sein ganzes Leben hatte, ist übrigens auch ein Beweis dafür, daß er keineswegs der pedantische Philister war, für den man ihn so häufig hält.

Kungs Name hatte in jener Zeit schon Klang genug, um es dem dortigen Fürsten wünschenswert erscheinen zu lassen, seine nähere Bekanntschaft zu machen. Er hat verschiedene interessante Unterredungen über Staatsangelegenheiten mit ihm geführt. Auch hatte er Lust, ihn in seinen Diensten zu verwenden. Die Sache scheiterte jedoch an den Gegenvorstellungen des Ministers Yän. Kung wollte auch die Politik auf ethische Grundlage gestellt wissen. Yän hielt das für Utopie; Tsi war damals die erste Militärmacht im Lande. So erkaltete dann allmählich das Verhältnis. Der Fürst ließ verlauten, er sei zu alt und könne sich nicht mehr mit Reformplänen abgeben. Man wollte den Weisen aus Lu mit einem Ehrentitel und ausreichendem Einkommen abfinden. Kung war jedoch nicht gewillt, eine solche Sinekure anzunehmen. Er verließ Tsi und kehrte um eine Erfahrung reicher in seine Heimat zurück.

Dort wurde er von den herrschenden Adelsfamilien lebhaft umworben; aber er widerstand allen Versuchungen, in ihre Dienste zu treten, und wartete ruhig, bis seine Zeit gekommen war. Endlich kam es wieder zu einigermaßen geordneten Verhältnissen. Der alte Fürst war gestorben, das Haupt der mächtigsten Lehnsfamilie war ihm im Tode nachgefolgt. Der neue Fürst, der zur Regierung gekommen war, suchte die Dienste seines berühmten Untertanen, indem er ihm zunächst einen Kreis zur Verwaltung übergab. Kung war damals 50 Jahre alt, und nun beginnt die kurze, aber glänzende Zeit, die wir als seine Meisterjahre bezeichnen können, jene Jahre, da er Gelegenheit bekam, zu zeigen, was seine Prinzipien auf dem praktischen Gebiet der Staatsverwaltung zu leisten imstande waren. Es war eine glänzende Rechtfertigung. Es sind uns einzelne Züge aus seiner öffentlichen Wirksamkeit überliefert, die zeigen, mit welcher Umsicht und Energie er in unglaublich kurzer Frist in den verrotteten Verhältnissen, die er antraf, Wandel zu schaffen vermochte. Selbstverständlich tragen diese Überlieferungen in ihren Details legendarische Züge. Sie sind aber als Symptome für den Eindruck zu werten, den seine Wirksamkeit auf das Volksleben gemacht hat. Die hauptsächliche Quelle, aus der wir diese Traditionen übernehmen, sind die sogenannten Gia Yü, die, anfechtbar nach der Art ihrer literarischen Entstehung, immerhin altes Traditionsmaterial enthalten. Als er sein Amt antrat, herrschte Lug und Trug in Handel und Wandel. Das Verhältnis der Geschlechter war mehr als zweideutig, die Straßen waren unsicher. Nach drei Monaten war alles umgewandelt. Der Marktverkehr war musterhaft; all die kleinen Kniffe, womit man sonst die Waren täuschend herausgeputzt hatte, waren abgeschafft, die Beziehungen der Geschlechter waren geregelt, und das ging soweit, daß selbst auf den Straßen Männer und Frauen auf verschiedenen Seiten gingen – die Männer rechts, die Frauen links. Die Sicherheit des Verkehrs war so groß, daß niemand es wagte, verlorene Gegenstände für sich zu nehmen, sondern der Verlierer sie regelmäßig zurückerhielt. Auch die Verwaltungsangelegenheiten waren in bester Ordnung. Die Lasten der Steuern und Frohnden waren der Leistungsfähigkeit entsprechend verteilt. Die Toten wurden in allen Ehren bestattet, doch wurde verhindert, daß der Dienst der Toten auf den Lebenden laste. Aller unnötige Prunk bei Beerdigungen wurde vermieden, die Gräber durften nur auf unfruchtbaren Hügeln angelegt werden, keine Grabhügel wurden aufgeschüttet, keine Totenhaine nahmen dem Lebenden das Brot weg. In wenig Monaten war er soweit, daß, vom Ruf dieses Paradieses auf Erden angezogen, von allen Seiten die Bevölkerung herbeiströmte, um sich dort anzusiedeln, und die Fürsten der Umgegend sich bei Kung in Verwaltungsfragen Rat erholten. Wenn wir auch diese Legenden auf das Maß des Wahrscheinlichen reduzieren müssen, so war doch jedenfalls die Leistung Kungs so hervorragend, daß ihm sein Landesfürst einen Ministerposten übertrug: zuerst in der Verwaltung der öffentlichen Arbeiten, dann in der Justiz. Auch hier hatte er in kurzem glänzende Erfolge zu verzeichnen. Ein Schüler hat ihn einmal gefragt, worauf es in der Verwaltung eines Staates vorzüglich ankomme Er antwortete: „Auf ein tüchtiges Heer, auf Wohlhabenheit des Volks und darauf, daß das Volk Vertrauen zu seinem Herrscher hat." Der Schüler fragte weiter: „Wenn aber nicht alles zu erreichen ist, worauf kann man am ehesten verzichten?" „Auf das Heer", war die Antwort. Als der Schüler noch weiter fragte, antwortete er: „Speise und Trank sind zum Leben notwendig, allein früher oder später muß doch jeder sterben; ohne Vertrauen aber ist es unmöglich, daß ein Staat auch nur einen Tag besteht." Ein anderes Mal fragte ein Schüler beim Anblick einer zahlreichen Bevölkerung, was für sie getan werden müsse, um sie emporzubringen. „Bereichere sie", sprach der Meister. „Und dann?" „Belehre sie." Nach diesen Grundsätzen hat er sein Leben gestaltet. Er hat umfassende Anordnungen über die Ausnutzung des Ackerlandes getroffen und durch Versuche feststellen lassen, welche Pflanzen für die verschiedenen Bodenarten am geeignetsten seien.

Als Justizminister fängt er mit großer Energie an. Ein Vater verklagt seinen Sohn wegen Ungehorsams. Nun ist ja bekanntlich Pietät und Kindlichkeit das Grundprinzip in der Lehre des Konfuzius, und man hätte denken sollen, er werde den pietätlosen Sohn strenge bestrafen. Stattdessen nimmt er Vater und Sohn in Haft, ohne sich mit dem Fall weiter zu beschäftigen. Darüber befragt, gibt er zur Auskunft, daß der Ungehorsam dieses Sohnes mindestens ebensosehr der Fehler des Vaters sei, der es an der nötigen Belehrung habe fehlen lassen. Und erst als der Vater von seiner Klage absteht, läßt er beide frei. Dieses Beispiel erläutert, wenn es auch einem modernen Juristen noch so bedenklich erscheinen mag, die großzügige Art seiner Justiz. Er behielt dabei fortwährend Fühlung mit dem Rechtsbewußtsein des Volks und hat es durch diese pädagogische Handhabung der Gesetze soweit gebracht, daß die schlechten Elemente sich verzogen und die guten zur Ordnung und Besinnung gebracht wurden.

Noch interessanter vielleicht ist die Art seiner diplomatischen Tätigkeit. In der inneren Politik war das größte Übel die Terrorisierung des Fürsten durch die drei vornehmen Adelsgeschlechter. Deren Macht stützte sich vornehmlich auf die befestigten Städte, die sie inne hatten und an deren Mauern alle Wünsche des Fürsten sich brachen. Kung hat in der kurzen Zeit seiner Amtstätigkeit die politischen Verhältnisse so umsichtig auszunutzen gewußt, daß jene Geschlechter sich herbeiließen, ihre Mauern selbst zu schleifen, wodurch natürlich das Ansehen des Fürsten sehr gesteigert wurde.

In ähnlicher Weise erprobt er sich in der äußeren Politik: in der berühmten Zusammenkunft der Fürsten von Lu und Tsi bei Gia Gu. Der Fürst von Tsi erschien umgeben von der barbarischen Leibwache der Leute aus Lai, um den Fürsten von Lu zu überrumpeln und unschädlich zu machen, da ja dessen Ratgeber ein Gelehrter sei, der nichts vom Kriege verstehe. Kung hat die Erwartungen der Feinde bitter enttäuscht, indem er bei der Abreise von dem ganz modernen Grundsatz ausging, daß, wie man im Krieg die Werke des Friedens vorbereiten müsse, so auch für die Erhaltung des Friedens der sicherste Weg sei, wenn man zum Krieg gerüstet ist. Auf seinen besonderen Rat nimmt der Fürst eine militärische Bedeckung mit. Es ist uns eine interessante Schilderung des Zusammentreffens erhalten. Der Empfang war frostig. Dreimal macht der Fürst von Tsi den Versuch, seinen Gegner, den Fürsten von Lu, aus dem Wege zu räumen. Erst läßt er verkleidete Soldaten unter den Tönen der wilden Lai-Musik heranrücken, dann versucht er es mit Schauspielern, endlich sucht er ihn zu einem Gastmahl zu gewinnen, um seine Absichten bei dieser Gelegenheit zu verwirklichen. In allen drei Fällen sieht er sich in seiner Absicht von Kung erkannt, der mit Energie und teilweise unter persönlicher Lebensgefahr seinen Fürsten rettet und mit vollendeter Höflichkeit alle jene hinterlistigen Versuche zurückweist. Das Ergebnis dieser Zusammenkunft ist, daß der Fürst von Tsi dieser Überlegenheit gegenüber sich moralisch geschlagen fühlt und einige strittige Grenzgebiete an Lu herausgibt.

Aber lange sollte diese glänzende Zeit steigender Erfolge nicht dauern. Den Fürsten von Tsi ließen die Erfolge des Nachbarstaates nicht schlafen. Da er erkennen mußte, daß er dem staatsmännischen Geschick des Ministers nicht gewachsen war, so kam er auf eine andere Auskunft. Er sandte dem Fürsten von Lu eine Truppe von Schauspielerinnen zum Geschenk. Das wirkte. Der Fürst und seine Großen konnten sich diesen Genüssen nicht verschließen. Drei Tage wurde kein Hof gehalten, und alle Staatsgeschäfte ruhten, weil man dem Schauspiel zusah. Kung, der unbequeme Warner, wurde beiseite geschoben und auffällig vernachlässigt. Mit blutendem Herzen mußte er erkennen, daß seine Zeit vorüber sei. Er ging.

Und nun beginnen die späten Wanderjahre des Meisters, 13 Jahre lang ist er umhergezogen als Fremdling in den verschiedenen Staaten des damaligen China. Diese ganze Zeit lang suchte er nach Menschen, nach einem Menschen auf dem Thron, der Willensenergie und Beharrlichkeit genug besäße, gemeinsam mit ihm die Ideale der alten Zeit ins Leben einzuführen. Er hat vergebens gesucht. Zwar war er ein Mann von Ruf. Die Fürsten der Staaten, durch die er kam, sandten ihm meist Geschenke und waren gern bereit, mit ihm über dies und das zu reden. Aber weiter kam es nirgends. Hatte je ein Fürst im Sinn, ihn anzustellen, so fand sich sicher ein ungünstiger Beamter, eine lebensfrohe Favoritin, die es zu hintertreiben vermochten. „Ach, ich habe noch niemand gesehen, der die Wahrheit so liebt wie ein hübsches Gesicht!“ ruft er einmal verzweifelt aus. Neben die Lauheit der Fürsten trat der Spott pessimistischer Philosophen, die fernab von dem Getriebe der Öffentlichkeit lebten, und die ihn verhöhnten, daß er noch immer meine, die Welt könne gebessert werden. Verschiedene Mal sieht er sich durch Mißverständnis oder Mißwollen in ernste Lebensgefahr gebracht. Einmal ist er am Verhungern, weil sämtliche Lebensmittel ausgegangen waren. Aber immer hält er sich aufrecht, und er läßt sich auch im tiefsten Unglück den Glauben an seine Bestimmung nicht nehmen. „Ich habe meinen Beruf vom Himmel, was können mir Menschen tun?“ Mit diesem Wort tröstet er seine Jünger, als diese nach einem mißlungenen Anschlag auf sein Leben ihm erschreckt zur eiligen Flucht raten. Auf die Dauer konnte er sich dennoch dem Eindruck nicht verschließen, daß seine Zeit noch nicht gekommen sei. Vorübergehend hat er wohl den Gedanken erwogen, mit dem einen oder anderen energischen Aufrührer, die seine Dienste suchten, gemeinsame Sache zu machen und durch Umsturz des Alten die ideale Ordnung zu begründen. Auch wirft er einmal hin, daß er ins Ausland wolle – da in China kein Boden für seine Lehren sei – um unter den Barbarenstämmen des Nordens und Ostens eine neue Kultur zu gründen. Mehr als flüchtige Gedanken sind diese Stimmungen nie bei ihm geworden; dazu war er innerlich zu fest mit der chinesischen Gesamtkulturentwicklung verbunden, als daß er die Möglichkeit gehabt hätte, ein derartiges Abenteuer zu wagen. Leicht ist ihm die Resignation aber nicht geworden. Er sieht die Not der Zeit, er weiß in sich die Kraft, ihr abzuhelfen, und dennoch fehlt ihm die Möglichkeit, diese Kraft zu entfalten. Da reift in ihm der große Verzicht. Was er während seines Lebens nicht erreichen konnte, das will er als Erbe der Zukunft überliefern. Deshalb steigt in ihm die Sehnsucht auf nach seinen Jüngern. Zu ihnen will er wieder heim, um ihre guten Eigenschaften durch seine Anwesenheit zu vervollkommnen und so in ihnen einen Stamm von Getreuen heranzuziehen, die geeignet wären, seine Lehren dereinst auf die Nachwelt zu bringen. In diesem Zusammenhange kann man auch das Wort verstehen, in dem er es als seinen Beruf bezeichnet, zu beschreiben und nicht schöpferisch tätig zu sein, treu zu sein und das Altertum zu lieben. Endlich, nach langen Jahren in der Fremde, erreicht ihn der ehrenvolle Ruf, in die Heimat zurückzukehren, nachdem ein neuer Fürst dort auf den Thron gekommen war. Dort vollendete er das Werk, das er früher begonnen, und an dem er auch auf seinen Wanderungen immer gearbeitet hatte, die Festigung und Ausbildung der Schüler, die sich um ihn gesammelt. Allmählich wurde es einsam um den alten Mann, seine Schüler traten in ihre Ämter ein, mehrere mußte er auch vor sich ins Grab sinken sehen, so den hoffnungsvollsten von allen, den einzigen, der ihn ganz verstanden hatte, seinen Liebling Yän Hui. Das hat ihm fast das Herz gebrochen und ging ihm näher als selbst der Tod seines Sohnes. Sein Leben erlosch im 72. Jahre nach viel Arbeit, viel Mühe und viel Enttäuschung, aber ohne daß er sich hätte verbittern oder an seinem Ziel irre machen lassen.

In den letzten Jahren nach seiner Rückkehr in die Heimat hat er dann noch das Werk zum Abschluß gebracht, das seinen Namen mit der chinesischen Kultur unauflöslich verbunden hat: die Herausgabe der heiligen Schriften. Um die Bedeutung dieser Arbeit zu verstehen, muß man sich klar machen, daß er wie kein anderer in den Geist der alten Kultur eingedrungen war. Er war sozusagen im Besitz der Pläne dieses hohen und erhabenen Hauses. Er hatte sein Leben lang versucht, die zerfallenen Trümmer an der Hand dieser Pläne vor dem Untergang zu retten. Es ist ihm nicht gelungen. Niemand unter den Herrschenden hat seine Dienste hierfür begehrt. So mußte er den andern Weg einschlagen: Nachdem der alte Bau der chinesischen Kultur nicht mehr zu retten war, mußte man ihn dem Untergang überlassen. Was aber Kung vollbracht hat, das ist die Rettung der Baupläne dieser alten Kultur. Nach diesen Plänen konnte dann seinerzeit beim Erstehen eines neuen Herrschers aus den Ruinen des gesellschaftlichen Zusammenbruchs der Bau der chinesischen Kultur aufs neue errichtet werden.

Bei der Sammlung der Urkunden des Altertums ging er von diesem Gesichtspunkt aus. Es lag ihm nichts daran, eine aktenmäßige Darstellung des zufälligen Geschichtsverlaufs zu geben, nicht ein antiquarisches Interesse war es, das ihn bestimmte, sondern er gab die Urkunden der Vorzeit heraus, in einer Weise, daß daraus die Grundlinien der großen Kulturideen, die ihnen zugrunde lagen, hervorleuchten sollten. Mit diesem, seinem größten Werk schließt seine Lebensarbeit.

Es ist ohne weiteres verständlich, daß es sich für ihn nicht darum handeln konnte, neue Lebensordnungen ausfindig zu machen, vielmehr kam es ihm nur darauf an, die vorhandenen auf spätere, bessere Zeiten zu retten. Wir dürfen daher erwarten, daß er nur die Lebensordnungen der Dschoudynastie mit neuem Leben erfüllte. Das trifft auch durchaus zu. In seinem eigenen Leben war er bestrebt, diesen Lehren nachzuleben. Er hat nichts gelehrt, das er nicht auch in seinem Leben zur Darstellung gebracht hat. Bis in die kleinsten Züge hinein ist sein Leben ein Kunstwerk; darin beruht die Macht seiner Ideen, daß sie nicht bloß Gedanken, sondern Wirklichkeit waren. Die Grundfrage für ihn war die Lösung des Problems: Was ist zu tun, damit das Zusammenleben der Menschen so gestaltet wird, daß es den großen Gesetzen der Weltordnung entspricht und dadurch zum Glück der Gesamtheit führt? Um zwei Brennpunkte bewegt sich dabei alles: die Kultur der Persönlichkeit und die Gesetze des sozialen Lebens. Um die Welt in Ordnung zu bringen, dazu braucht es durchgebildeter Persönlichkeiten an der maßgebenden Stelle. Nur der vornehme Charakter (gündsï, im Text mit: „der Edle" übersetzt) kann wirklich Menschen beherrschen. Das Grundgesetz dieses Charakters ist die Gewissenhaftigkeit (dschung), ein Begriff, den wir mit dem Kantschen Begriff der autonomen Sittlichkeit gleichsetzen dürfen, wenn auch zugegeben werden muß, daß die Form des Ausdrucks einen gewissen Anachronismus enthält. Das Verhältnis zu den andern Menschen ist „die freie Anerkennung ihrer Persönlichkeit, als eines dem eigenen Ich gleichgeordneten Selbstzwecks" (schu, das gewöhnlich fälschlicherweise mit Gegenseitigkeit übersetzt wird.)

Wie sehr Kung von allen eudämonistischen Begründungen entfernt war, geht aus der Stelle hervor, die sich in Lun Yü XV, 1 in Übereinstimmung mit Sima Tsiäns Biographie Kungs findet. Als eines Tages auf der Wanderung infolge von Feindseligkeiten mächtiger Beamten die Lebensmittel so knapp wurden, daß die Begleiter vor Hunger krank wurden und nicht mehr imstande waren, sich zu erheben, da hielt sich Kung immer noch aufrecht, redete und las, spielte die Laute und sang, ohne sich niederschlagen zu lassen. Der Jünger Dsï Lu trat mit der Äußerung lebhaften Mißfallens vor ihn und sprach: „Muß der Weise auch in solches Unglück kommen?" Kungdsï antwortete: „Der Weise erträgt es mit Festigkeit, im Unglück zu sein, aber wenn ein gemeiner Mensch ins Unglück kommt, so kennt er keine Schranken mehr." Dsï Lu errötete. Eine besonders charakteristische Parallelerzählung, die den zugrunde liegenden Gedanken noch deutlicher hervorhebt, findet sich bei dem Philosophen Sün dsï (Han schï wai tschuan, Kap. 7). Dsï Lu fragte, wie es möglich sei, daß der Meister in solches Unglück komme, vorausgesetzt, daß der Satz wahr sei, daß der Himmel den Tugendhaften durch Verleihung von Glück belohne und den Schlechten durch Verhängung von Unglück bestrafe. Kung antwortete: „Erstens dringen die Weisen nicht immer durch in der Welt. Die Geschichte hat das Andenken einer großen Zahl von Männern bewahrt, die durch ihre Tugend berühmt waren und dennoch ein tragisches Ende fanden. Das einzige, worüber der Mensch Meister ist, ist sein eigen Herz. Erfolg oder Mißerfolg hängt von den Umständen ab. Zweitens gibt es viele Fälle, in denen wir Menschen, die sich in verzweifelten Umständen befanden, späterhin zu der höchsten Bestimmung aufsteigen sehen. Man kann daher nicht sagen, daß äußeres Unglück immer ein Übel ist. Es ist häufig nur eine Probe, aus der der Charakter gestählt hervorgeht. Endlich haben die Zeitumstände, unter denen man lebt, einen großen Einfluß auf das Leben des Einzelnen. Wer unter einem weisen Herrscher zu den höchsten Ehren gelangt ist, würde vielleicht zum Tode verurteilt sein, wenn er am Hof eines Tyrannen gelebt hätte. Glück und Unglück sind daher in keiner Weise ein Maßstab für den inneren Wert eines Menschen." Die vollständige sittliche Autonomie geht auch aus einer anderen Stelle hervor, wo es heißt: „Unter Wahrheit der Gedanken ist der Zustand zu verstehen, da auf sittlichem Gebiet Selbsttäuschung ebenso ausgeschlossen ist, wie auf natürlichem, wo jeder sich von einem schlechten Geruch abwendet, zur Schönheit aber sich hingezogen fühlt. Dies ist die wahre Selbstgewißheit. Deshalb achtet der Edle zumeist auf sich, wenn er allein ist, der Gemeine macht vor keiner Schlechtigkeit halt, wenn er unbeobachtet ist; trifft er mit einem Edlen zusammen, so sucht er sich zu verstellen, er verbirgt seine Schlechtigkeit und kehrt seine guten Seiten hervor, aber es nutzt ihm nichts, der andere durchschaut ihn bis auf Herz und Nieren. Das ist der Sinn des Wortes: der wahre Zustand des Innern drückt sich in der äußeren Erscheinung aus;

darum achtet der Edle zumeist auf sich, wenn er allein ist.“ Die Sache liegt tatsächlich so, daß für Kung nichts gut ist, denn allein ein guter Wille; und daß als Triebfeder für den Willen nichts anderes in Betracht kommt, denn allein die erkannte Pflicht.

Beruht nun die eine Seite der konfuzianischen Ethik auf dem denkbar einfachsten Grundverhältnis der absoluten Verpflichtung des Sittengesetzes ohne alle Rücksicht auf äußere Belohnung oder Strafe, so ist auch für das soziale Zusammenleben der Menschen auf ein möglichst einfaches Grundverhältnis zurückgegriffen – die Familie. Innerhalb der Familie haben alle Beziehungen etwas Natürliches, da, sie schon durch die Bande des Blutes gefestigt sind. Die Familie bildet für Kung sozusagen die Zelle, auf der sich der gesamte Staatsorganismus aufbaut. Die menschliche Gesellschaft setzt sich für Kung nicht zusammen aus einzelnen Individuen, die einander unterschiedslos gegenüberstehen, und deren Beziehung höchstens durch utopische Theorien geregelt werden könnte. Er dagegen sieht in der menschlichen Gesellschaft einen fest gegliederten Organismus, in dem jedem Individuum seine bestimmte Stelle zugewiesen ist. Das ist der Sinn der berühmten fünf Beziehungen, die das sittliche Verhalten der Menschen zueinander regeln, der Beziehungen zwischen Vater und Sohn, Mann und Frau, älterem und jüngerem Bruder, Fürst und Beamten, Freund und Freund. Dementsprechend ist für die Ordnung des Zusammenlebens der Menschen in der Welt notwendig, daß zuerst die Familien in Ordnung kommen, auf Grund davon die Territorialstaaten und auf Grund davon endlich das Reich. Alles ist patriarchalisch gedacht, indem der Kaiser der Vater des Reiches ist, wie die Fürsten Landesväter sind und die einzelnen Bürger Familienväter. So rundet sich alles in wohldurchdachter Ordnung, und die so geeinigte Menschheit bildet mit Himmel und Erde zusammen die große Dreiheit der Grundprinzipien.

Jeder Geist braucht seinen Leib, ebenso braucht jede Gesinnung ihren adäquaten Ausdruck. Die Gesinnung der Ehrfurcht und Liebe, die allen diesen menschlichen Beziehungen zugrunde liegt, braucht ihre Form, durch die sie sich äußern kann. Diese rechte Form für die rechte Gesinnung, das chinesische „Li“, wird nicht in ihrer ganzen Tiefe erfaßt, wenn man darin nur Anstandsregeln oder äußere Zeremonien sieht. Diese Formen sind vielmehr moralisch bindend und geben die ästhetische Abrundung und Durchbildung des gesamten Lebens, sie sind Ausdruckskultur im höchsten Sinne des Wortes. Hand in Hand damit muß die Harmonie der gesamten Seelenstimmung gehen, denn nur ein tiefes und zugleich wohlgestimmtes Gemüt ist imstande, in all seinen Äußerungen Maß und Mitte zu treffen, ohne seine Grenzen zu überschreiten oder hinter dem Rechten zurückzubleiben. Diese Harmonie der Seelenstimmungen wird für Kung vorzugsweise erreicht durch die Pflege der Musik, die daher als Abschluß des gesamten Systems eine besonders große Bedeutung hat.

Sein Verhältnis zur Religion ist von dieser Betonung der ethischen Grundlagen des Menschenlebens aus zu verstehen. Er hat nicht die Absicht gehabt, an den überkommenen Religionsvorstellungen etwas zu ändern; er ist weit entfernt davon, der Skeptiker oder Agnostiker zu sein, den man unter Heranziehung einiger mißverstandener Stellen aus ihm hat machen wollen. Daß er mit Vorliebe statt des Ausdrucks Gott den Ausdruck „tiän" (Himmel) anwendet, hat seinen Grund darin, daß in jener Zeit der Ausdruck Gott oder höchster Herrscher in ziemlich weitgehendem Maß mißbraucht worden war. Er hat ein sehr starkes Bewußtsein seiner göttlichen Berufung gehabt, das in Zeiten höchster Not verschiedene Male zum Ausdruck kam Vgl. Lun Yü Buch IX, 5: Als der Meister einst in Kuang in Lebensgefahr war, sprach er: „Ist nicht nach dem Tod des Königs Wen seine Kulturaufgabe mir zugefallen? Hätte der Himmel diese Kultur vernichten wollen, so hätte nicht ich, ein Sterblicher späterer Jahrhunderte, das Verständnis für diese Kultur erreicht. Wenn aber der Himmel diese Kultur nicht verloren gehen lassen will, was können dann die Leute von Kuang mir anhaben?" Zwar hat er nicht gerne über diese höchsten Probleme geredet, aus Furcht vor Profanierung; nur ganz gelegentlich erfahren wir ein Wort, das uns über den mystischen Zug des innersten Wesens, den er mit allen wahrhaft Großen gemein hat, Aufschluß gewährt. Vgl. Lun Yü XIV, 37: Der Meister sprach: „Ach es gibt niemand, der mich kennt!" Dsï Gung erwiderte: „Was heißt das, daß niemand den Meister kennt?" Der Meister sprach: „Ich murre nicht wider den Himmel und grolle den Menschen nicht; ich strebe nach Erkenntnis hier unten, doch dringe ich empor zu dem, was droben ist. Einer ist's, der mich kennt, der Himmel." Wenn er so in einsamem Streben den Problemen der Gotteserkenntnis nachging, so ist klar, daß ihm der abergläubische Kult der Götter der Masse, geboren aus Furcht und Hoffnung, aufs tiefste zuwider sein mußte. Als ihm einmal jemand eine Frage in Beziehung auf Wirkung und Ranghöhe von Laren und Penaten vorlegte, da schnitt er die ganze Erörterung ab mit dem Wort: „Nicht also, sondern wer gegen den Himmel sündigt, der hat niemand, zu dem er beten kann." Vgl. hierzu auch die Stelle Lun Yü II, 24.

Dennoch hat er den Ahnenkult, den er vorgefunden hat, nicht nur bestehen lassen, sondern zusammen mit den Begräbnisriten in den Bereich der höchsten Pflichten der Pietät mit aufgenommen. Es braucht aber kaum gesagt zu werden, daß dieser Ahnenkult von allen niederen animistischen Vorstellungen vollständig frei ist. Er hat es ausdrücklich abgelehnt, über die Beziehungen des Opfernden zum Jenseits eine definitive Behauptung aufzustellen, und hat einen Schüler, der ihn über das Schicksal der Verstorbenen fragte, aufs Leben zurückverwiesen, als das Gebiet, das man zuerst kennen müsse, ehe man sich Gedanken über das Jenseits zu machen brauche. Welchen Sinn hat nun aber der Ahnenkult im konfuzianischen System? Man kann im Zweifel sein, ob man ihn überhaupt zur Religion stellen will, oder ob man ihn nicht besser unter die ethischen Verpflichtungen einreiht. Wie wir gesehen haben, ist die kindliche Ehrfurcht gegenüber den Eltern eine in der menschlichen Natur begründete absolute Verpflichtung. Deswegen muß sie einen adäquaten Ausdruck finden, unabhängig von den zufälligen Verhältnissen des Objekts dieser Ehrfurcht. Ebenso wie ein Sohn auch unwürdigen Eltern gegenüber zu dieser Ehrfurcht verpflichtet ist, in welchem Falle die Ehrfurcht sich zwar verschieden äußern wird, aber dennoch als Gesinnung dieselbe bleibt, so ist der Ahnenkult das Mittel, dieser Ehrfurcht einen entsprechenden Ausdruck zu verschaffen, auch über den Tod der Eltern hinaus, und ein Band zu bilden, das Vergangenheit und Gegenwart innerhalb des Kulturkreises der Menschheit verbindet. Darum hat Kung auch immer wieder betont, daß nicht der äußere Prunk der Begräbnisriten und Ahnenopfer irgendwelchen Wert habe, sondern daß alles von der rechten Gesinnung abhänge. Mit derselben Innerlichkeit hat er auch das gesamte System der Riten und geheiligten gesellschaftlichen Beziehungen zu durchdringen gesucht. Auf Schritt und Tritt begegnen wir Äußerungen, in denen aller Wert auf die rechte Gesinnung gelegt wird und die äußere Form nur als das zweite, weniger wichtige bezeichnet wird. Nichts ist darum verkehrter, als aus der Gewissenhaftigkeit, mit welcher er auch die äußere Form beachtete, ihm den Vorwurf des leeren Formalismus zu machen.

Auf jeden Fall wird man anerkennen müssen, daß die Religion für Kung sozusagen einen ganz andern Ort im Seelenleben des Einzelnen und der Gesamtheit hat als im Christentum oder dem alttestamentlichen Prophetismus. Eine persönliche Beziehung des Einzelnen zu Gott als höchstes Streben liegt ihm vollkommen fern. Er bindet den Einzelnen durchaus an die diesseitige menschliche Gesellschaft. Und für diese Bindung benutzt er die Seelenkräfte, die anderwärts für die Religion frei wurden. Darum kann man wohl sagen, er hat der Religion, als der persönlichen Beziehung der Menschen zu Gott, die Kräfte entzogen und diese Kräfte dazu benutzt, um den Menschen an die Organisation der menschlichen Gesellschaft zu binden. An Stelle der Religion tritt für ihn die religiös betonte Pietät.

Aus dieser Stellung ergibt sich von selbst die wesentlich optimistische Beurteilung des Wesens des Menschen. Wo der Mensch in Beziehung tritt zum Unendlichen, zu Gott, erwacht als Reflex das Bewußtsein des Unzureichenden, der Sünde. Wo dagegen der Blick auf das Diesseits beschränkt bleibt, kann von „Sünde" im religiösen Sinn nicht die Rede sein. So ist denn auch für Kung der Begriff der Sünde etwas Fremdes. Der Mensch ist von Natur gut, und es liegt in der Hand jedes Einzelnen, durch einfachen Willensentschluß die Anlagen seines Wesens zur Entfaltung zu bringen. Alles Nichtgute und Schlechte ist nur ein Stehenbleiben der Entwicklung und kann durch vermehrte Kraftanstrengung überwunden werden. Daher steht er auch der Vergangenheit durchaus positiv gegenüber. Alles, was die Menschheit braucht zu einem Paradies auf Erden, ist in den Prinzipien der heiligen Könige des Altertums schon vorhanden; daher nirgends der Gedanke bei ihm, daß ein neuer Anfang, eine Weiterentwicklung und Überwindung des Vergangenen notwendig sei. Alle Mißstände der Zeit, die er in seinem eigenen Leben zur Genüge kennen gelernt hat, sind zu überwinden durch Reform. Der Erlösungsgedanke liegt ihm fern; es bedarf nur eines Fürsten, der den Idealen des Altertums in seiner Person praktische Wirksamkeit verleiht, und alles wird wieder gut. Sind erst die Menschen in Ordnung, so werden auch Himmel und Erde und der gesamte Naturverlauf in Ordnung kommen. Alle Störungen des Naturverlaufs sind nur Folgen von Unordnungen im Menschenleben, ebenso wie alle Verbrechen unter der Bevölkerung nur Folgen einer mangelhaften Charakterentwicklung in der Person des Herrschenden sind. Auch in diesen Anschauungen liegt letzten Endes eine große Wahrheit. Aber was sozusagen auf der höchsten Stufe idealer Geschichtsbetrachtung seine Berechtigung hat, gewinnt doch ein ganz wesentlich anderes Gesicht mitten im Kampf und Streit der Entwicklung. Wenn wir uns daher fragen: Was hat Kung erreicht? – so darf nicht verschwiegen werden, daß gerade diese optimistische Grundauffassung verschiedene Mißerfolge zu verzeichnen hat.

Schon im Leben Kungs hat sich das deutlich gezeigt. Seine starke und reine Persönlichkeit hat allerdings auf die ihm Nahestehenden einen bleibenden Eindruck gemacht und ihm ein unauslöschliches Recht verschafft in der Geschichte der Menschheit. Aber den Gang der Ereignisse im ganzen konnte er nicht aufhalten, es fand sich kein Platz für ihn, von wo er seine Zeit hätte umgestalten können. Schritt für Schritt mußte er zurückweichen in seinen Hoffnungen, und es läßt sich nicht leugnen, daß er schließlich in einer gewissen Schwermut gestorben ist. Auch nach seinem Tod gingen die Dinge ihren Gang unaufhaltsam weiter, es kam alles, wie es kommen mußte; noch jahrhundertelang dauerte der Verfall der alternden Dschoudynastie, und nicht Kung und seine Lehren haben China umgestaltet und die auseinander fallenden Einzelgebiete wieder vereinigt, sondern ein rücksichtsloser Real-Politiker von der Art Napoleons, der in allen Stücken ungefähr das Gegenteil war von dem, was Kung sich unter einem idealen Fürsten dachte: der berühmte Tsin Schï Huang Ti. Der hat mit militärischer Gewalt die Lehensfürsten beseitigt und aus China einen bürokratischen Beamtenstaat mit absoluter Monarchie gemacht. Und damit hat er – und nicht Kung – der äußeren Gestalt des chinesischen Staates bis in die neueste Zeit sein Siegel aufgedrückt. Das Staatsideal Kungs deckt sich durchaus mit dem Lehensstaat auf der Grundlage der Familienverwandtschaft, wie ihn die Dschoudynastie geschaffen hatte. Dieses Staatsideal ist nicht mehr zur Wirklichkeit geworden, die Geschichte schlug andere Bahnen ein, auch die späteren Dynastien haben daran nichts mehr geändert. Auch eine Reihe seiner sonstigen Anregungen, namentlich auf ethisch-ästhetischem Gebiet sind nicht durchgedrungen. So ist besonders die Musik, auf deren Einfluß zur Erziehung des harmonisch gestimmten Seelengrundes er große Stücke hielt, in den Stürmen und Umwälzungen der kommenden Jahrhunderte verloren gegangen. Die Kontinuität der Tradition wurde unterbrochen, und von der hohen altchinesischen Musik mit ihren Wirkungen hat heutzutage in China niemand mehr eine Ahnung; nur märchenhafte Sagen über ihren Einfluß sind noch erhalten, die an die Orpheussagen des griechischen Altertums gemahnen. Was dagegen heute in China als Musik produziert wird, entstammt ganz anderen Quellen und würde von Kung nicht der Beachtung für wert gehalten werden. Fiel somit ein wesentliches Hilfsmittel zur Ausgestaltung der Innerlichkeit fort, so ist es nur zu verständlich, daß die Innerlichkeit und der Ernst der Gesinnung, die für Kung ein und alles waren, im Lauf der Zeit immer mehr zurücktraten, immer mehr die äußere Form sich in den Vordergrund drängte. Im Zusammenhang damit nahm auch die geistige Weite und Toleranz unter den Anhängern Kungs immer mehr ab, und es wurde nicht vermieden, daß sich auch an seine Persönlichkeit eine starre und unduldsame Orthodoxie im Laufe der Zeiten anschloß, die anders Denkende verfolgte und zu unterdrücken strebte, wenn auch zu ihrer Ehre gesagt werden muß, daß sie doch nie den Gipfel der Intoleranz erreichte, zu dem die christliche Kirche in ihren schlimmsten Zeiten unter Preisgabe ihrer eigenen Prinzipien sich hinreißen ließ. Je mehr die hohe Innerlichkeit des Meisters verloren ging, desto mehr suchte das Volk für seine Gemütsbedürfnisse andere Quellen auf, und ein dichtes Netz von allerlei Aberglauben umstrickte die Gemüter; die Wind- und Wasserlehre, der Gräberkult in seiner heutigen Form, die Anfertigung von Götzenbildern und all die hypnotisch-spiritistischen Zauberlehren, die so lange Zeit charakteristisch für China waren und allen geistigen Fortschritt hemmten, die trotz und entgegen der konfuzianischen Lehre ihren Siegeszug machten. Aber alle diese Mißerfolge dürfen den Blick nicht trüben dafür, daß Kung dennoch einen Erfolg erreicht hat wie wenige der Heroen der Weltgeschichte. Gewiß, der Verfall des alten Bauwerks der chinesischen Kultur ließ sich nicht mehr aufhalten. Die Bedingungen, unter denen zur Hanzeit im dritten Jahrhundert vor Christus eine neue Welt aus den Trümmern zu steigen begann, waren sehr wesentlich verschieden von denen, die Kung vorausgesetzt hatte. Der bürokratisch zentralisierte Staat wurde auch künftig übernommen und durch alle Zeiten mehr oder weniger beibehalten. Infolge davon mußte der von Kung überlieferte Plan sich einige Änderungen in der Durchführung gefallen lassen. Doch bewies sich das Werk Kungs lebensfähig genug, um diese Änderung zu überstehen. Allmählich hob er sich von der Masse der Tagesgrößen immer klarer ab, und es entstand ein neuer Bau, der der chinesischen Kultur Obdach gab. Wiederholt im Lauf der chinesischen Geschichte sind gefährliche Stürme über den stolzen Bau der konfuzianischen Kultur hingegangen. Ja, man darf wohl vermuten, daß selbst die Menschen, die heute in China leben, Rassenelemente in sich tragen, die vom alten Chinesentum wesentlich verschieden sind. Dennoch hat Kungs Werk alle diese Stürme überdauert. Zu einem so gefährlichen Zusammenbruch wie am Ende der Dschouzeit ist es nie wieder gekommen Der Grund davon ist, daß Kung eine wesentlich solidere Basis für die chinesische Kultur geschaffen hat. Die Dschoukultur mußte zugrunde gehen, weil ihre Prämisse, der Heilige auf dem Thron, etwas war, das in einer Dynastie mit Erbfolge notwendig versagen mußte. Kung hat eine breitere Grundlage geschaffen Vor ihm war der Heilige als Herrscher der Träger der Kultur, durch ihn wurde der gebildete Mittelstand in seiner Breite der Träger der Kultur. Hier wurde die öffentliche Meinung erzeugt, der kein Fürst auf die Dauer entgegenarbeiten konnte. Dadurch bekam das Fundament der Kultur, das nun demokratisch gestürzt war, eine so lange Dauer. Man darf sich jedoch nicht vorstellen, daß dieses Durchdringen seiner Lehren kampflos vor sich gegangen sei. Bei seinem Tode hinterließ er eine Reihe von Philosophenschulen, die in kleinlicher Eifersucht sich befehdeten, und von denen jede die reine Lehre des Meisters zu haben vorgab. Allmählich setzte sich dann aber doch die eine Richtung als maßgebend durch, welche, von dem treuesten und hingebendsten Schüler des Meisters, Dsong Schen, begründet und von dem genialen Enkel Kungs, Dsï Sï, fortgeführt, in Mong Ko (Menzius) ihren begabtesten Propagandisten gefunden hat. Dadurch war zunächst innerhalb der Schule eine gewisse Einheit der Tradition gesichert. Hand in Hand damit ging eine Auseinandersetzung mit den andern Philosophenschulen. Man darf nie vergessen, daß Kung nicht der alleinige und vollständige Zusammenfasser des chinesischen Altertums war. Im Taoismus liegen Seiten des altchinesischen Wesens vor, die noch über Kung zurückführen. Die konfuzianische Schule war eben nur eine unter den vielen Philosophenschulen der Zeit, von denen neun sich einen besonderen Namen gemacht haben. Namentlich der Dialektiker Mong machte es sich zur Aufgabe, durch Disputation in Kontroversen mit Andersdenkenden der guten Sache zum Sieg zu verhelfen. Es ist seiner Redekunst auch gelungen, eine ganze Reihe bedeutender Denker dauernd als schwarze Schafe zu brandmarken. Doch war dieser Sieg auch mit gewissen Nachteilen verbunden. Die große, freie Art des Meisters, der seine Wahrheit niemand aufdrängte, sondern nur dem mit Interesse und Verständnis Suchenden stufenweise erschloß, wich unter den Händen des eifrigen Reisepredigers einer logisch durchgearbeiteten, dogmatisch gefärbten Schullehre.

Seine schwerste Probe hatte der Konfuzianismus zu bestehen im Kampf mit dem Zäsarismus des Tsin Schï Huang. Einer solchen, auf Realpolitik gegründeten Despotennatur mußte das ethische Staatsideal des Konfuzianismus, das weit mehr die Pflichten der Herrschenden betont als ihre Rechte, prinzipiell zuwider sein. So ist es denn begreiflich, daß Tsin Schï Huang mit Feuer und Schwert gegen die Bücher des Konfuzianismus und seine Anhänger vorgegangen ist. Dennoch hat der Fürst letzten Endes nichts erreicht; an dem charaktervollen Widerstand der Gelehrten, die auch den Tod für ihre Überzeugung nicht scheuten, scheiterte das Machtgebot des Einzelnen. Die Dynastie verschwand schon nach der zweiten Generation, und die neu aufkommende Handynastie ließ es sich von Anfang an angelegen sein, den Meister und seine Anhänger in ihre alten Ehrenrechte einzusetzen. Die verbrannten Schriften wurden teils in einzelnen Exemplaren wiedergefunden, teils auf Grund mündlicher Tradition neu zusammengestellt, teils auch nach Bedarf fabriziert. Das Andenken des gewalttätigen Gegners auf dem Throne aber wurde von den Literaten für Jahrhunderte verfemt.

Weitere Auseinandersetzungen, namentlich mit dem von Süden her nach China importierten Buddhismus, brachten eine fortgehende Gedankenarbeit, die in der Sungdynastie von dem berühmten Gelehrten Dschu Hi zu einem gewissen Abschluß geführt wurde, nicht ohne Aufnahme verschiedener buddhistischer Gedankenlinien in die konfuzianische Schulphilosophie. Nachdem noch unter der Mingdynastie, namentlich durch Wang Schou Jen, eine von Dschu Hi abweichende, mehr historisch-kritische Richtung sich geltend machte, die besonders im japanischen Konfuzianismus bis auf den heutigen Tag großen Einfluß hat und von hier aus neuerdings auf China zurückzuwirken beginnt, ist von den ersten Kaisern der Mandschudynastie Dschu His Interpretation als autoritativ bezeichnet worden. Unter dem Kaiser Kiän Lung wurde der revidierte Text der dreizehn als klassisch bezeichneten Schriften auf steinernen Tafeln im Konfuziustempel zu Peking eingegraben, der seitdem durch kaiserlichen Befehl als maßgebend festgelegt ist.

Die hohe Verehrung, die Kung durch die Mandschudynastie gezollt wurde und die soweit ging, daß er beim großen Opfer als Genosse des höchsten Gottes verehrt wurde, hat nun neuerdings eine schwere Gefahr für ihn gebracht.

Mit der Mandschudynastie brach auch die Verehrung Kungs in Trümmer. Sein Tempel verfällt. Keine Opfer werden ihm mehr gebracht. Die Literaten haben sich zum Teil anderen Idealen zugewandt, zum Teil stehen sie einflußlos abseits. Es scheint, als sei für den Konfuzianismus wieder eine ähnlich gefährliche Zeit gekommen wie die des Tsin Schï Huang. Ja, gewissermaßen ist heute die Gefahr noch größer. Denn was zusammengebrochen ist, ist nicht wie damals nur ein Glied im großen Zusammenhang, vielmehr sind die gesamten Grundlagen erschüttert. Der Fürst ist beseitigt und damit die notwendige Form des konfuzianischen Staates. Denn man mag sagen, was man will: auf eine Republik läßt sich die konfuzianische Staatslehre nicht aufpfropfen. Aber die Auflösung geht weiter. Die gesellschaftliche Struktur kommt ins Wanken. Die Familie, in der die wichtigsten Beziehungen der konfuzianischen Lehre wurzeln, ist in einer radikalen Umgestaltung individualistischer Art begriffen. Allerdings werden neuerdings wieder von den Autoritäten Versuche gemacht, die Stellung Kungs zu heben. Mit dem bisherigen Radikalismus kommt man nicht weiter. Doch die konfuzianische „Kirche", die in der Gründung begriffen ist und vom Christentum manche Formen geborgt hat, ist jedenfalls etwas prinzipiell anderes als was Kung gewollt.

Die Frage ist nun: Wird Kungs System die Wirren des heutigen Tages überdauern? Oder wird es untergehen in der Umwandlung der alten chinesischen Welt? Für alle Fälle ist es der Mühe wert, diesen Versuch der Menschheitsorganisation zu retten zu einer Zeit, da unmittelbare Anschauung seine Kenntnis noch ermöglicht; denn es handelt sich um eine der wichtigsten Erscheinungen in der Menschheitsgeschichte.

Fragen wir uns zum Schluß, was Kung Dauerndes geschaffen hat, so ist wichtiger als alle kunstvoll verschlungenen Linien seines Gedankengebäudes das persönliche Moment, das uns in ihm entgegentritt. Kurz gesagt: Es ist die Souveränität der sittlichen Persönlichkeit, die uns an ihm imponiert. Diese Unabhängigkeit von allen äußeren Gesichtspunkten wie Lohn und Strafe, die ruhige Klarheit, die sich von allem Abergläubischen und Verzerrten besonnen zurückhält, diese Energie des Forschens, die unermüdlich einzudringen sucht in die Wahrheiten des Lebens, diese abgerundete Einheit, die konsequent der inneren Gesinnung in allen Äußerungen den rechten Ausdruck zu geben sucht, – das alles sind Momente, die ihn über seine Zeit wie überhaupt jedes zeitlich beschränkte Niveau emporheben und seinem Beispiel Kraft verleihen. Kung ist eine Natur, die unserem Kant in vielen Stücken wesensverwandt ist, soweit man einen praktischen Politiker mit einem wissenschaftlichen Forscher überhaupt vergleichen kann. Dieses Vorbild hat denn auch immer wieder in der chinesischen Geschichte seine Nachahmer gefunden, die charaktervoll und unentwegt im Strudel der Ereignisse dastanden und auch unter ungünstigen Verhältnissen den Mut zur energischen Vertretung der Wahrheit und Gerechtigkeit fanden. Aber auch unter den Grundsätzen, die er für das Zusammenleben der Menschen aufgestellt hat, sind manche, die bis auf den heutigen Tag noch nicht Allgemeingut geworden sind, so der Grundsatz, daß sich Menschen dauernd nur beherrschen lassen durch die Macht einer sittlich ausgebildeten Persönlichkeit, nicht durch äußeren Zwang der Gesetze. Dem zur Seite steht der andere Grundsatz, daß die gesamte staatliche Ordnung auf natürlichen Grundtatsachen des menschlichen Wesens beruhen muß. Die sittliche Grundlage der gesamten Politik wird trotz allen Schwierigkeiten und der temporären Unmöglichkeit ihrer Durchführung so lange als ein forderndes Ideal vor der menschlichen Gesellschaft stehen, bis sie auf irgendwelche Weise ihren wahrheitsgemäßen Ausdruck gefunden hat.

Über das Alter der Lun Yü

Die Gespräche des Kung Fu Dsï oder Lun Yü stammen in ihrer heutigen Gestalt – abgesehen von einigen späteren Textvarianten – aus der Hand des Dschong Hüan (Dschong Kang Tschong), der von 127–200 n. Chr. lebte. Er stammte aus Kaumi bei Kiautschou und hat den späteren Teil seines Lebens im Lauschan bei Tsingtau verbracht. Für seine Redaktion des Textes lagen ihm drei Quellen vor. Die eine stammte aus dem Staate Lu. Sie enthielt – ebenso wie die heutige Ausgabe – zwanzig Bücher. Liu Hiang, der im ersten Jahrhundert v. Chr. im Auftrag des Kaiserlichen Hofes die alten, neu ans Tageslicht gekommenen Bücher zu begutachten hatte, sagt über diese Quelle, deren Überlieferer im ersten vorchristlichen Jahrhundert er namentlich aufführt, daß sie lauter gute Worte des Meisters Kung enthalte, die seine Schüler im Gedächtnis behalten haben. Die zweite Quelle waren die Lun Yü aus dem Staate Tsi, für deren Überlieferung ebenfalls eine Reihe von Namen angegeben werden. Sie enthielten zweiundzwanzig Bücher und waren, wie es scheint, wesentlich ausführlicher als die Quelle von Lu. Sie scheinen jedoch eine spätere Traditionsschicht darzustellen. Wir können uns eine ungefähre Vorstellung davon machen, wenn die Tradition richtig ist, daß das sechzehnte Buch im wesentlichen aus der Rezension von Tsi stammt. Die einzelnen Worte sind nicht eingeleitet mit dem Satz „Der Meister sprach", sondern mit „Meister Kung sprach." Alle diese Abschnitte, die sich übrigens nicht nur im sechzehnten Buch finden, zeigen deutliche stilistische Verschiedenheiten. Wo es sich um

Gespräche handelt, ist die Situation mehr ausgemalt. Die Worte selbst sind sprachlich glatter. Mehrere Worte sind häufig zusammengefaßt und unter Zahlenreihen subsumiert. Es sind zu manchen dieser zusammengefaßten Äußerungen die einzelnen Bestandteile noch getrennt vorhanden. Alles in allem ist der Befund der Tsi-Rezension so, daß man es nur billigen kann, daß sie bei der endgültigen Redaktion erst in untergeordneter Linie berücksichtigt worden ist. Nun gibt es noch eine Quelle, die auf den ersten Blick das meiste Zutrauen zu verdienen scheint: die sogenannten „alten Lun Yü". Als nämlich im Jahre 150 v. Chr. der damalige Fürst von Lu seinen Palast erweitern wollte, beabsichtigte er zu diesem Zweck das noch erhaltene Wohnhaus Kungs abreißen zu lassen. Allein eine wunderbare Musik ertönte, die ihn so erschreckte, daß er von dem Vorhaben abstand. In einer der Mauern aber fand sich ein Exemplar des Buchs der Urkunden (Schu Ging), der Gespräche (Lun Yü) und des Buchs von der Ehrfurcht (Hiau Ging). Diese Werke waren in alten kaulquappenähnlichen Zeichen geschrieben, die kein Mensch lesen konnte, bis sie ein Nachkomme des Meisters, der Gelehrte Kung An Guo, entzifferte und herausgab. Diese Ausgabe schloß sich im allgemeinen an die Rezension von Lu an, nur war das letzte Buch in zwei geteilt (Bei „Dsï Dschang fragte" begann das einundzwanzigste Buch, so daß diese Ausgabe zwei Bücher mit dem Titel „Dsï Dschang" enthielt: Buch XIX und XXI). Außerdem standen Buch VI und X an anderer Stelle.

Merkwürdigerweise blieb diese Entdeckung gänzlich unbeachtet. Es dauerte Jahrhunderte, ehe sich ein chinesischer Gelehrter darauf einließ. Erst Mo Ying, der Lehrer des Dsong Hüan, hat die alten Lun Yü wieder aufgenommen. Nun hat ja die Art der Auffindung, die sehr stark an den Fund des Deuteronomiums in Jerusalem erinnert, etwas an sich, das einen gewissen Verdacht nahe legt. Auch mit den „Kaulquappenzeichen" hat es eine eigene Bewandtnis. Die alte chinesische Schrift, wie sie uns auf Orakelknochen, Bronzen und den Steintrommeln in Peking zugänglich ist, hat keineswegs die Form von Kaulquappen. Vielleicht ist die Bezeichnung Kaulquappenzeichen ein Ausdruck, der ursprünglich überhaupt nicht chinesische Zeichen meinte, sondern Keilschriftzeichen, die auf irgendeine Weise nach China gekommen sein mögen. Auch ist recht schwer glaublich, daß die alte Schrift, die bis zur Zeit Tsin Schï Huangs im Gebrauch war, in der kurzen Spanne von einem halben Jahrhundert gänzlich unlesbar geworden sein sollte. Da es sich aber in den alten Lun Yü um eine Rezen sion handelt, die mit der Rezension von Lu ziemlich übereinstimmte, so können wir die Frage auf sich beruhen lassen, obwohl es natürlich sehr wertvoll wäre, wenn man eine bezeugte Spur des Vorhandenseins einer schriftlichen Sammlung von der Tsindynastie besäße, da die Bezeugung der Quelle von Lu nicht über die Handynastie hinaufgeht.

Was nun die Abfassung eines Werkes mit Namen Lun Yü „Gespräche des Meisters" anlangt, so sind wir imstande, die Tradition, nach der das Werk von den Schülern des Meisters nach dessen Tode niedergeschrieben sei, positiv zu widerlegen. Nicht nur findet sich in unseren Lun Yü eine Stelle (Buch VIII, 3 und 4), wo der Tod des Schülers Dsong Schen berichtet wird und ein Beamter (Mong Ging) mit seinem posthumen Namen genannt wird, der fünfzig Jahre nach Kungs Tod noch lebte, – das ganze Buch XIX enthält keinen einzigen Ausspruch von Kung, sondern führt unzweideutig in die Zustände der Schulen ein, die seine Jünger nach seinem Tode gegründet. Aber auch die Auskunft, daß die Schüler der Schüler die Lun niedergeschrieben haben, ist unhaltbar.

Man wird sich die Sache wohl so vorzustellen haben, daß Worte des Meisters sich durch mündliche Tradition Generationen lang fortgepflanzt haben, ohne schriftlich gesammelt zu werden. Man macht sich von der Kraft und Treue mündlicher Traditionen im allgemeinen in Europa wenig Begriff, wogegen in China sich das Auswendiglernen großer Texte bis in die neueste Zeit erhalten hat. Wir finden einzelne in den Lun Yü enthaltene Worte in der späteren Literatur bis herab auf Mong Dsï zitiert. Aber die Art des Zitierens läßt erkennen, daß kein geschlossenes Werk mit dem Titel Lun Yü vorlag. Die Worte werden als Worte Kungs zitiert, ohne eine schriftliche Quelle zu nennen. Ganz in derselben Weise werden andere Worte, die sich in Lun Yü nicht finden, als Worte des Meisters erwähnt. Auf der andern Seite wird in Mong Dsï ein Wort, das in Lun Yü als vom Meister gesprochen steht, dem Mong Dsï zugeschrieben. Kurz, man kann mit Sicherheit behaupten, daß zur Zeit des Mong Dsï die Lun Yü noch nicht bestanden. Viel wahrscheinlicher ist es, daß sie erst im Anschluß an das Werk des Mong Dsï entstanden sind. Nachdem die Gespräche des Mong Dsï von seinen Schülern aufgezeichnet vorlagen, lag der Gedanke nah, auch eine ähnliche Sammlung der Gespräche Kungs herauszugeben. An Material teils mündlicher Tradition, teils in andern Werken (besonders Li Gi, Da Hüo, Dschung Yung) vorhanden, fehlte es nicht. Ja, wir haben noch heute außer den Lun Yü so viele Äußerungen Kungs verzeichnet, daß daraus noch im neunzehnten Jahrhundert eine sehr interessante Sammlung konfuzianischer Gespräche unter dem Titel „Kung Dsï Dsï Yü", die in einer Sammlung von philosophischen Werken erschien, sich hat zusammenstellen lassen.

Daß die Lun Yü nicht zu den alten Werken chinesischer Literatur gehören, beweist auch der Umstand, daß sie nicht unter den fünf Klassikern (Ging) stehen, sondern unter den erst in neuerer Zeit als Schriften zweiten Ranges rezipierten vier Schriften (Schu). Wir werden daher bei aller Anerkennung dessen, daß sie gutes, zuverlässiges Material enthalten, zu dem Schluß kommen müssen, daß sie ihre heutige Gestalt erst in der Handynastie erhalten haben.

學而 – 論語

1.

子曰：“學而時習之，不亦說乎？有朋自遠方來，不亦樂乎？人不知而不慍，不亦君子乎？”

2.

有子曰：“其為人也孝弟，而好犯上者，鮮矣；不好犯上，而好作亂者，未之有也。君子務本，本立而道生。孝弟也者，其為仁之本與！”

BUCH I – HÜO ERL

1. Glück in der Beschränkung

Der Meister sprach: „Lernen[1] und fortwährend üben: Ist das denn nicht auch befriedigend? Freunde haben, die aus fernen Gegenden kommen: Ist das nicht auch fröhlich?
Wenn die Menschen einen nicht erkennen, doch nicht murren: Ist das nicht auch edel?“

Das Glück besteht in der Möglichkeit, seine Prinzipien durchführen zu können. Aber das hängt nicht von uns ab. Es gibt aber auch ein Glück für den, dem das alles versagt ist. Das Erbe der Vergangenheit sich anzueignen und es ausübend zu besitzen: das gewährt auch Befriedigung. Wenn dann der wachsende Ruhm aus fernen Gegenden Jünger herbeiführt: das ist auch Freude. Von der Welt sich verkannt zu sehen, ohne sich verbittern zu lassen: das ist auch Seelengröße.

2. Ehrfurcht als Grundlage der staatlichen Ordnung

Meister Yu[2] sprach: „Daß jemand, der als Mensch pietätvoll und gehorsam ist, doch es liebt, seinen Oberen zu widerstreben, ist selten. Daß jemand, der es nicht liebt, seinen Oberen zu widerstreben, Aufruhr macht, ist noch nie dagewesen. Der Edle pflegt die Wurzel; steht die Wurzel fest, so wächst der Weg. Pietät und Gehorsam: das sind die Wurzeln des Menschentums.“[3]

1 Das chinesische Wort *hsüo*, das gewöhnlich mit „lernen“ übersetzt wird, ist im Munde Kungs zu verstehen als Studium der Prinzipien der richtigen Lebensführung im Hinblick auf ihre praktische Anwendung. Es ist die Aneignung des überlieferten Kulturerbes, die zur Ausbildung der Persönlichkeit notwendig ist. Rein theoretisches Wissen getrennt von ethischer Bedeutung gibt es für Kung nicht. (Vgl. Giles a. a. O. p. 53.) Die im Text erwähnten Stadien entsprechen dem eigenen Lebensgang des Meisters.

2 Yu Jo, ein direkter Schüler und Landsmann Kungs. Nur von ihm und dem Schüler Dsong Schen wird in Lun Yü als „Meister“ gesprochen.

3 Das chinesische Wort jen ist eines der schwierigsten, aber auch wichtigsten. Es bezeichnet subjektiv Humanität im Sinn unserer klassischen Zeit, die Entfaltung dessen, was man sein muß, um Mensch im vollen Sinn heißen zu können. Man kann es oft fast mit der neutesta-

3.

子曰：“巧言令色，鮮矣仁！”

4.

曾子曰：“吾日三省吾身：為人謀而不忠乎？與朋友交而不信乎？傳不習乎？”

Meister Yu sprach: „Wer sich pietätvoll dem Familienorganismus einordnet, der wird schwerlich ein politischer Oppositionsmann sein. Wer sich von politischer Opposition fernhält, der wird sicher kein Empörer. Ein umsichtiger Regent wird daher im Familiengefühl die Wurzel der staatlichen Ordnung pflegen. Ist diese Wurzel gesund, so durchwächst von ihr aus Prinzip der pietätvollen Unterordnung das gesamte Staatswesen; denn die Ehrfurcht ist die Grundlage aller sozialen Ordnung."

3. Der Schein trügt

Der Meister sprach: „Glatte Worte und einschmeichelnde Mienen sind selten vereint mit Sittlichkeit."

Diplomatische Gewandtheit und konventionelles Wesen sind unvereinbar mit wirklicher Güte des Charakters.

4. Tägliche Selbstprüfung

Meister Dsong[4] sprach: „Ich prüfe täglich dreifach mein Selbst: Ob ich, für andere sinnend, es etwa nicht aus innerstem Herzen getan; ob ich, mit Freunden verkehrend, etwa meinem Worte nicht treu war; ob ich meine Lehren etwa nicht geübt habe."

Meister Dsong (das hauptsächliche Schulhaupt nach Kungs Tode) sprach: „Ich prüfe mich täglich in dreifacher Hinsicht: ob ich übernommene Verpflichtungen gewissenhaft ausgeführt habe; ob ich im Verkehr mit Freunden immer Wort gehalten habe; ob ich die Lehren, die ich anderen gab, selbst auch befolgt habe."

mentlichen ... gleichsetzen. Es ist im folgenden der Einheitlichkeit wegen fast durchweg mit „Sittlichkeit" übersetzt.

4 Vgl. Anm. 2.

5.

子曰："道千乘之國：敬事而信，節用而愛人，使民以時。"

6.

子曰："弟子入則孝，出則弟，謹而信，汎愛眾，而親仁。行有餘力，則以學文。"

5. Regentenspiegel

Der Meister sprach: „Bei der Leitung eines Staates von 1000 Kriegswagen[5] muß man die Geschäfte achten und wahr sein, sparsam verbrauchen und die Menschen lieben, das Volk benutzen entsprechend der Zeit."[6]

Auch eine Großmacht läßt sich nach ganz einfachen Prinzipien in geordnetem Zustand halten: Sorgfältigste Erledigung aller Arbeiten und Zuverlässigkeit, Sparsamkeit in den Mitteln und Interesse für die Menschen; bei der Verwendung der Untertanen zu öffentlichen Leistungen: Rücksicht auf die Verhältnisse, in denen sie sich befinden.

6. Moralische und ästhetische Bildung der Jugend

Der Meister sprach: „Ein Jüngling soll nach innen kindesliebend, nach außen bruderliebend sein, pünktlich und wahr, seine Liebe überfließen lassend auf alle und eng verbunden mit den Sittlichen. Wenn er so wandelt und übrige Kraft hat, so mag er sie anwenden zur Erlernung der Künste."[7]

Die Jugenderziehung muß im engsten Familienkreise einsetzen durch Pflege der Ehrfurcht den Eltern gegenüber. Diese Ehrfurcht hat sich dann allmählich auszudehnen und zu erweitern in ein bescheidenes Betragen gegenüber erfahrenen und älteren Persönlichkeiten. Die wichtigsten Eigenschaften bei der Ausbildung des persönlichen Charakters sind Pünktlichkeit und Zuverlässigkeit. Im Verkehr mit anderen ist auf eine arglose, freie Sympathie mit allen Menschen Gewicht zu legen, während der intime Anschluß auf Leute von moralischer Haltung sich zu

---

5 Dem Kaiser des ganzen Reichs unterstanden zusammen 10.000 Kriegswagen. Je eine Stadt hatte einen Kriegswagen zu stellen, ein Staat mit 1000 Kriegswagen hatte daher 1000 Städte und gehörte zu den größten Staaten in der damaligen Welt des Ostens.

6 Die Untertanen hatten Frondienste zu leisten für den Bau von Wällen, Wegen usw. Dabei sollte der Einzelne nicht länger als drei Tage herangezogen werden, und zwar zu einer Zeit, da die Arbeiten des Landbaus nicht beeinträchtigt wurden.

7 Außer den literarischen Studien kommen für eine vollkommene Bildung noch in Betracht die sechs „freien Künste": Riten, Musik, Bogenschießen, Wagenlenken, Schreiben, und Mathematik. Charakteristisch ist, wie Kung die moralische Ausbildung als allgemein notwendige Grundlage betont, während er die intellektuelle und ästhetische Bildung als fakultativ behandelt. Auch ein Beitrag zur Richtigstellung des Vorurteils, daß die Konfuzianische Doktrin sich auf Heranziehung einer bloß formell geschulten Literatenkaste beschränke!

7.

子夏曰：“賢賢易色，事父母能竭其力，事君能致其身，與朋友交言而有信。雖曰未學，吾必謂之學矣

8.

子曰：“君子不重則不威，學則不固。主忠信。無友不如己者。過則勿憚改。”

beschränken hat. Auf dieser Grundlage sittlicher Erziehung mag sich bei besonderer Begabung höhere wissenschaftliche und ästhetische Bildung aufbauen.

7. Wer ist gebildet?

Dsï Hia[8] sprach: „Wer die Würdigen würdigt[9], so daß er sein Betragen ändert, wer Vater und Mutter dient, so daß er dabei seine ganze Kraft aufbietet, wer dem Fürsten dient, so daß er seine Person drangibt, wer im Verkehr mit Freunden so redet, daß er zu seinem Worte steht: Wenn es von einem solchen heißt, er habe noch keine Bildung, so glaube ich doch fest, daß er Bildung hat."

Dsï Hia sprach: „Wer sich durch die Verehrung für große Männer dazu bestimmen läßt, ihrem Beispiel praktischen Einfluß auf sein tägliches Leben zu geben; wer seinen Eltern dient aus allen seinen Kräften und im Dienst des Fürsten treu ist bis zum Tod; wer sich den Freunden gegenüber durch sein gegebenes Wort unbedingt gebunden fühlt; solch ein Mann mag vielleicht nicht viel Büchergelehrsamkeit besitzen, aber ich behaupte doch, daß er wirklich gebildet ist."

8. Kultur der Persönlichkeit

Der Meister sprach: „Ist der Edle nicht gesetzt, so scheut man ihn nicht. Was das Lernen betrifft, so sei nicht beschränkt. Halte dich eng an die Gewissenhaften und Treuen. Mache Treu und Glauben zur Hauptsache. Habe keinen Freund, der dir nicht gleich ist. Hast du Fehler, scheue dich nicht, sie zu verbessern."

Für einen Gelehrten ist ein gesetztes, ernstes Wesen von großer Wichtigkeit. Er erwirbt sich dadurch die achtungsvolle Anerkennung der anderen Menschen. In seiner wissenschaftlichen Arbeit hat er sich von aller beschränkten Einseitigkeit fern zu halten. Bei der Wahl des intimen Verkehrs halte man sich an gewissen-

8 Dsï Hia ist die literarische Bezeichnung des Schülers Bu Schang, der im Verlauf des Buches noch häufig erwähnt wird.

9 Die gewöhnliche Übersetzung: Wer seinen Geist von der Liebe zur weiblichen Schönheit abwendet und ebenso aufrichtig der Liebe zu den Würdigen zuwendet (s. Legge a. a. O. pag. 140), ist beeinflußt durch die Stelle Lun Yü Buch IX, 17 und grammatisch unmöglich. Eine andere Übersetzung: „Wer Würdigkeit wichtig und die Schönheit leicht nimmt". Vgl. Mau Gi Ling.

9.

曾子曰："慎終追遠，民德歸厚矣。"

10.

子禽問於子貢曰："夫子至於是邦也，必聞其政，求之與？抑與之與？"子貢曰："夫子溫、良、恭、儉、讓以得之。夫子之求之也，其諸異乎人之求之與？"

hafte und wahre Menschen und bleibe von Minderwertigen fern. Hat man einen Fehler gemacht, so suche man ihn nicht mit falscher Scham zu beschönigen, sondern gestehe ihn offen ein und mache ihn wieder gut.

9. Pflege der Vergangenheit als Regierungsgrundsatz

Meister Dsong sprach: „Gewissenhaftigkeit gegen die Vollendeten[10] und Nachfolge der Dahingegangenen: so wendet sich des Volkes Art zur Hochherzigkeit."

Der Philosoph Dsong sprach: „Dadurch, daß ein Fürst die dankbare Verehrung für die Vergangenheit auch in den äußeren Formen, in denen diese Gesinnung ihren Ausdreuck findet, gewissenhaft pflegt, wird es ihm möglich sein, sein Volk dahin zu beeinflussen, daß es sich nicht in der Sucht nach materiellem Gewinn verliert, sondern daß ein liberaler Sinn für die geistigen Güter lebendig wird."

10. Die rechte Art, von anderen Aufschluß zu erlangen

Dsï Kin[11] fragte den Dsï Gung und sprach: „Wenn der Meister in irgendein Land kommt, so erfährt er sicher seine Regierungsart: Bittet er oder wird es ihm entgegengebracht?" Dsï Gung sprach: „Der Meister ist milde, einfach, ehrerbietig, mäßig und nachgiebig: dadurch erreicht er es. Des Meisters Art zu bitten: ist sie nicht verschieden von andrer Menschen Art zu bitten?"

Der Jünger Dsï Kin fragte den Jünger Dsï Gung: „Immer wenn unser Meister auf seinen Wanderungen durch einen fremden Staat kommt, ist er in kurzer Zeit über den Stand seiner öffentlichen Angelegenheiten im klaren. Wie kommt er zu dieser Kenntnis? Fragt er nach den Verhältnissen oder wird es ihm von den Betreffenden aus freien Stücken mitgeteilt?" Gung antwortete: „Der Meister hat eine ganz besondere Art, das Vertrauen der Leute zu gewinnen, so daß sie ihm in ihre Verhältnisse Einblick gewähren: er ist milde in seinem Urteil, wohlwollend in sei-

10 Nach den chinesischen Kommentaren ist damit gemeint die Sorge für die Beerdigungsbräuche, und mit der „Nachfolge" der Dahingegangenen der regelrechte Vollzug der Ahnenopfer. Der zugrundeliegende Gedanke ist, daß eine wirkliche Kultur nur dadurch bestehen kann, daß sie ihre Wurzel im Erbe der Väter nicht preisgibt.

11 Vgl. XVI, 13; XIX, 25.

11.

子曰：“父在，觀其志；父沒，觀其行；三年無改於父之道，可謂孝矣。”

12.

有子曰：“禮之用，和為貴。先王之道斯為美，小大由之。有所不行，知和而和，不以禮節之，亦不可行也。”

nem Reden, höflich in seinem Betragen, anspruchslos in seinem Auftreten und unaufdringlich in seiner Art, sich zu geben: kurz, er stellt sein eigenes Ich in den Hintergrund; das ist das Geheimnis seines Erfolgs.“

11. Merkmale echter Pietät

Der Meister sprach: „Ist der Vater am Leben, so schaue auf seinen Willen. Ist der Vater nicht mehr, so schaue auf seinen Wandel. Drei Jahre lang nicht ändern des Vaters Weg: das kann kindesliebend heißen.“

Um zu erkennen, wie weit ein Mensch der idealen Forderung der Ehrfurcht gegen die väterliche Autorität entspricht, muß man, so lange sein Vater noch lebt und auf seine äußere Handlungsweise bestimmenden Einfluß auszuüben vermag, seine innere Willensrichtung beobachten. ist der Vater tot und der Sohn in seinen Handlungen durch keine äußere Gewalt gehemmt, dann kann man ihn in seinem Betragen beobachten. Weicht er drei Jahre lang nicht ab von seines Vaters Wegen, dann besitzt er wirklich die Gesinnung wahrer Ehrfurcht in sich selbst.

12. Freiheit und Form

Meister Yu sprach[12]: „Bei der Ausübung der Formen ist die (innere) Harmonie die Hauptsache. Der alten Könige Pfad ist dadurch so schön, daß sie im Kleinen und Großen sich danach richteten. Dennoch gibt es Punkte, wo es nicht geht. Die Harmonie kennen, ohne daß die Harmonie durch die Form geregelt wird: das geht auch nicht.“

Der Philosoph Yu sprach: „Um mit richtigem Takt in allen Verhältnissen das Geziemende zu tun, ist notwendige Vorbedingung eine harmonische Seelenverfassung. Diese Übereinstimmung zwischen dem Gemüt und den äußeren Formen ist das Anziehende an den Prinzipien der Heroen des Altertums. Im Kleinen wie im Großen findet sich bei ihnen diese Harmonie. Diese harmonische Seelenstimmung allein ist aber ihrerseits auch nicht ausreichend. Wenn die innere Stimmung nicht durch den Rhythmus fester Formen geregelt wird, so hat sie nicht den nötigen Halt.“

12 Vgl Anmerkung 2. Zur Sache vgl. Dschung Yung I, 4.

13.

有子曰：“信近於義，言可復也；恭近於禮，遠恥辱也；因不失其親，亦可宗也。”

14.

子曰：“君子食無求飽，居無求安，敏於事而慎於言，就有道而正焉，可謂好學也已。”

15.

子貢曰：“貧而無諂，富而無驕，何如？”

13. Vorteil der Zurückhaltung

Meister Yu sprach: „Abmachungen müssen sich an die Gerechtigkeit halten, dann kann man sein Versprechen erfüllen. Ehrenbezeugungen müssen sich nach den Regeln richten, dann bleibt Schande und Beschämung fern. Beim Anschluß an andre werfe man seine Zuneigung nicht weg, so kann man verbunden bleiben."[13]

Der Philosoph Yu sprach: „Man soll nie mehr Versprechen, als was sich mit Recht und Billigkeit verträgt; dann kann man stets Wort halten. Man soll sich bei seinen Ehrenbezeugungen immer in den Grenzen des Geziemenden halten, so erspart man sich Selbsterniedrigung und Beschämung. Man soll sich nur an solche Leute eng anschließen, bei denen man nicht befürchten muß, seine Zuneigung wegzuwerfen, so kann man immer durch gegenseitige Hochschätzung mit ihnen verbunden bleiben."

14. Wonach der Philosoph trachtet

Der Meister sprach: „Ein Edler, der beim Essen nicht nach Sättigung fragt, beim Wohnen nicht nach Bequemlichkeit fragt, eifrig im Tun und vorsichtig im Reden, sich denen, die Grundsätze haben, naht, um sich zu bessern: der kann ein das Lernen Liebender genannt werden."

Das Streben des höheren Menschen geht nicht auf die Außenwelt, auf Sattessen und bequeme Wohnung, sondern auf eigene moralische Vollkommenheit; deshalb ist er in seinen Handlungen sorgfältig und vorsichtig im Reden. Er strebt nach der Gemeinschaft mit Menschen von moralischer Erfahrung, um durch sie sich zum Rechten weisen zu lassen. Auf diese Weise zeigt sich das wirkliche Bildungsstreben.

15. Fortschritt im Ertragen von Armut und Reichtum

Dsï Gung sprach: „Arm ohne zu schmeicheln, reich ohne hochmütig zu sein: wie ist das?"

13 Der Schlußsatz ist gänzlich unverständlich. Die Kommentare zeigen daher die größte Abweichung. Wir geben die herkömmliche Auslegung wieder.

子曰：“可也。未若貧而樂，富而好禮者也。”子貢曰：“《詩》云：‘如切如磋，如琢如磨。’其斯之謂與？”子曰：“賜也，始可與言詩已矣！告諸往而知來者。”

16.

子曰：“不患人之不己知，患不知人也。”

Der Meister sprach: „Es geht an, kommt aber noch nicht dem gleich: arm und doch fröhlich sein, reich und doch die Regeln lieben."
Dsï Gung sprach: „Ein Lied sagt:

Erst geschnitten, dann gefeilt,
Erst gehauen, dann geglättet.
Damit ist wohl eben das gemeint?"

Der Meister sprach: „Sï, anfangen kann man, mit ihm über die Lieder zu reden. Sagt man die Folgerung, so kann er den Grund finden."

Dsï Gung sprach: „Was ist von einem Menschen zu halten, der in der Armut sich von kriechendem Schmeichlersinn und im Reichtum von hochmütiger Einbildung fernzuhalten weiß?"
Der Meister sprach: „Er geht an, aber noch höher ist es zu werten, wenn einer inmitten der Armut die Freude an der Wahrheit sich wahrt und inmitten des Reichtums sich selbst in der Zucht hält."
Dsï Gung sprach: „Diese Stufenfolge moralischer Vervollkommnung ist ja auch wohl im Liederbuch[14] angedeutet, wo es heißt:
Erst geschnitten, dann gefeilt, Erst gehauen, dann geglättet.
Da sprach der Meister: „Ja, mein Sï[15], du bist reif genug, daß ich mich über das Liederbuch mit dir unterhalten kann; denn wenn man eine Richtung moralischer Entwicklung zeigt, so findest du das zugrunde liegende allgemeine Gesetz heraus."

16. Verkanntsein und Kennen

Der Meister sprach: „Nicht kümmere ich mich, daß die Menschen mich nicht kennen. Ich kümmere mich, daß ich die Menschen nicht kenne."

14 Schi Ging, Buch I, 5, 1, bezieht sich dort auf König Wu. S. Übersetzung von V. v. Strauß: Schi-King, aus dem Chinesischen übersetzt und erläutert von V. von Strauß. Heidelberg 1880, pag. 128.

15 Vorname des Dsï Gung. – Ein Kabinettstück aus dem Umgang Kungs mit seinen Schülern. Das Wort des Dsï Gung bezieht sich auf sein eigenes Leben: er war arm gewesen, ohne schmeichlerisch zu sein, und war reich geworden, ohne hochmütig zu sein. Dafür will er sich vom Meister eine gute Zensur holen. Der aber durchschaut ihn und hält ihm sofort ein höheres Ideal vor für weiteres Streben. Dsï Gung aber zeigt sich darin als des Meisters würdiger Schüler, daß er sofort auf dessen Gedanken eingeht und ihn mit einer Stelle aus der „Schrift" belegt. Darüber freut sich dann der Meister, und nun erteilt er ihm ein aufrichtiges Lob.

為政 – 論語

1.

子曰：“為政以德，譬如北辰，居其所而眾星共之。”

2.

子曰：“詩三百，一言以蔽之，曰‘思無邪’。”

3.

子曰：“道之以政，齊之以刑，民免而無恥；道之以德，齊之以禮，有恥且格。”

BUCH II – WE DSCHONG

1. Der Polarstern (Macht der Persönlichkeit)

Der Meister sprach: „Wer kraft seines Wesens[1] herrscht, gleicht dem Nordstern. Der verweilt an seinem Ort und alle Sterne umkreisen ihn."

Wie die Sonne nur durch die Überlegenheit ihrer Anziehungskraft die Planeten in ihre Bahnen zwingt, so herrscht der Genius nur durch die immanente Schwerkraft seiner Persönlichkeit ohne alle Vielgeschäftigkeit.

2. Das Liederbuch (Ein reines Herz)

Der Meister sprach: „Des Liederbuchs[2] dreihundert Stücke sind in dem einen Wort befaßt: Denke nicht Arges!"

3. Gesetz und Geist bei der Staatsregierung

Der Meister sprach: „Wenn man durch Erlasse leitet und durch Strafen ordnet, so weicht das Volk aus und hat kein Gewissen. Wenn man durch Kraft des Wesens leitet und durch Sitte ordnet, so hat das Volk Gewissen und erreicht (das Gute)."

Eine bürokratische Regierung, die durch amtliche Vorschriften und Erlasse wirken will und durch Strafandrohungen eine gewisse äußere Ordnung aufrecht erhält, wird nur erreichen, daß sich im Volk Methoden ausbilden, die Gesetze zu umgehen, ohne daß sich irgendjemand ein Gewissen daraus macht. Wirklicher

---

1 Das chinesische Wort de, das in der Regel mit „Tugend" übersetzt wird, hat in Wirklichkeit eine weit umfassendere Bedeutung. Die chinesischen Kommentare erklären es: Was die Wesen erhalten, um zu entstehen, zu leben, heißt „de". Es schließt das ganze Wesen der Persönlichkeit und die Macht, die von einer Person ausgeht, mit ein. Zuweilen könnte man es am besten mit „Geist" oder „Leben" übersetzen. Vgl. Buch des Alten vom SINN und LEBEN, wo es durchgehend mit LEBEN übersetzt ist.

2 Dh. des „Schi Ging". Sachlich vgl. Matth. 22, 37–40.

4.

子曰：“吾十有五而志于學，三十而立，四十而不惑，五十而知天命，六十而耳順，七十而從心所欲，不踰矩。”

5.

孟懿子問孝。子曰：“無違。”樊遲御，子告之曰：“孟孫問孝於我，我對曰‘無違’。”樊遲曰：“何謂也？”子曰：“生，事之以禮；死，葬之以禮，祭之以禮。”

Einfluß wird nur dadurch möglich, daß man in inneren Kontakt mit der Volksseele kommt und durch Herausbildung fester Sitten und Gewohnheiten die äußere Ordnung sichert. Dadurch wird erreicht, daß das Volk Ehrgefühl und Achtung bekommt. (Diese Lesart geht auf ein Monument aus der Han zeit zurück.)

4. Stufen der Entwicklung des Meisters

Der Meister sprach: „Ich war fünfzehn, und mein Wille stand aufs Lernen, mit dreißig stand ich fest, mit vierzig hatte ich keine Zweifel mehr, mit fünfzig war mir das Gesetz des Himmels kund, mit sechzig war mein Ohr aufgetan, mit siebzig[3] konnte ich meines Herzens Wünschen folgen, ohne das Maß zu übertreten."

Der Meister sprach: „Im Alter von fünfzehn Jahren erwachte in mir das Interesse an der Wissenschaft. Mit dreißig Jahren hatte sich mein Charakter im allgemeinen gefestigt. Mit vierzig Jahren hatte ich Zweifel und innere Unklarheiten überwunden. Mit fünfzig Jahren hatte ich einen Einblick gewonnen in die ewigen Gesetze des Weltgeschehens. Mit sechzig Jahren hatte ich die Fähigkeit erworben, aus den Äußerungen anderer Menschen ihr Wesen intuitiv zu erkennen. Mit siebzig Jahren endlich war ich soweit, daß meine Neigungen nirgends mehr mit der Pflicht kollidierten."

5. Über die Kindespflicht. I: Nicht übertreten

Der Freiherr Mong J fragte nach (dem Wesen) der Kindespflicht. Der Meister sprach: „Nicht übertreten." Als Fan Tschi hernach seinen Wagen lenkte, erzählte es ihm der Meister und sprach: „Freiherr Mong J befragte mich über die Kindespflicht und ich sprach: „Nicht übertreten." Fan Tschi sprach: „Was heißt das?" Der Meister sprach: „Sind die Eltern am Leben, ihnen dienen, wie es sich ziemt, nach ihrem Tod sie beerdigen, wie es sich ziemt, und ihnen opfern, wie es sich ziemt."[3a]

Einer der mächtigsten Großen des Staates Lu, der Freiherr Mong J, fragte den Meister, worin die Erfüllung der Kindespflicht bestehe. Er bekam die Antwort:

3 Kung starb im Alter von 72 Jahren.

3a Der letzte Satz ist in Mong Dsï III. A. 2 als Wort des Dsong Dsï zitiert.

6.

孟武伯問孝。子曰：“父母唯其疾之憂。”

„Im Nichtübertreten." Ohne sich nach dem Sinn dieses Rätselwortes genauer zu erkundigen, entfernte sich der Frager. Als aber einige Zeit darauf ein dem Freiherrn nahestehender Schüler, Fan Tschi, mit dem Meister zusammen eine Ausfahrt machte, benutzte dieser die Gelegenheit, um die Frage aufzuklären Er erzählte nämlich seinem Schüler, daß Mong J bei ihm gewesen sei und nach dem Wesen der Kindespflicht gefragt habe, worauf er die Antwort gegeben habe: sie bestehe im Nichtübertreten. Der Schüler erkundigte sich darauf nach dem Sinn dieser Antwort, worauf der Meister ihm denselben erklärte: daß nämlich der Kindespflicht ein über alle Zufälligkeiten erhabenes Sittengesetz zugrunde liege, das keinen Raum für persönliche Zu- oder Abneigungen lasse, vielmehr kategorisch fordere; nicht nur verlange es, daß man den Eltern zu deren Lebzeiten diene, sondern es reiche sogar über den Tod der Eltern hinaus und verlange, daß der letzte Dienst der Beerdigung ihm entsprechend vollzogen und daß selbst über das Grab hinaus das Andenken der Verstorbenen durch die festgesetzten Zeremonien geehrt werde.[4]

6. Über Kindespflicht. II: Krankheit

Der Freiherr Mong Wu fragte nach (dem Wesen) der Kindespflicht. Der Meister sprach: „Man soll den Eltern außer durch Erkrankung keinen Kummer machen."

Der Sohn des im vorigen Abschnitt genannten Freiherrn Mong J, namens Mong Wu, fragte ebenfalls nach dem Wesen der Kindespflicht. Der Meister antwortete: „Die Kindespflicht besteht darin, daß wir alles tun, was in unserer Macht steht, um den Eltern jeden Anlaß zum Kummer über uns zu ersparen, so daß wir nur etwa durch Erkrankung und solche Dinge, die nicht in unserer Hand stehen, unsern Eltern Sorge bereiten können."

4 Auch hier ein Beispiel für die Methode Kungs. Er sucht durch seine Antwort immer den Fragenden zum Denken anzuregen. Bei dem vornehmen Mong J ist ihm das nicht gelungen. Der zog sich mit der halbverstandenen Antwort zurück ohne weiter zu fragen. So muß der Meister einen indirekten Weg gehen, indem er Frage und Antwort seinem Schüler Fan Tschi erzählt. Der geht auf seine Intention ein und fragt weiter, so daß der Meister seine Erklärung anbringen kann Da Fan Tschi mit Mong J bekannt war, so war es sicher, daß die Antwort an ihre rechte Adresse kam. Vgl. übrigens den Ausspruch des Dsong I, 9. – Die kategorische, über alle Zufälligkeiten erhabene Forderung der Pietät liegt in dem Wort „i li" „wie es sich ziemt" ausgedrückt. Vgl. die Einleitung über diesen Punkt.

7.

子游問孝。子曰：“今之孝者，是謂能養。至於犬馬，皆能有養；不敬，何以別乎？”

8.

子夏問孝。子曰：“色難。有事弟子服其勞，有酒食先生饌，曾是以為孝乎？

7. Über Kindespflicht. III: Ehren, nicht bloß Nähren

Ds Yu fragte nach (dem Wesen) der Kindespflicht. Der Meister sprach: „Heutzutage kindesliebend sein, das heißt (seine Eltern) ernähren können. Aber Ernährung können alle Wesen bis auf Hunde und Pferde herunter haben. Ohne Ehrerbietung: Was ist da für ein Unterschied?"

Der Jünger Dsï Yu fragte nach dem Wesen der Kindespflicht. Da antwortete der Meister: „Heutzutage sieht man die Kindespflicht nur in der Erfüllung der Äußerlichkeit, daß man sei ne Eltern mit Nahrung versieht. Aber man füttert schließlich auch seine Hunde und Pferde. Wenn man den Eltern nicht Ehrfurcht entgegenbringt, so besteht zwischen der Behandlung der Eltern und der der Haustiere kein wesentlicher Unterschied."[5]

8. Über Kindespflicht. IV: Betragen

Dsï Hia fragte nach (dem Wesen) der Kindespflicht. Der Meister sprach: „Der Gesichtsausdruck ist schwierig. Wenn Arbeit da ist und die Jugend ihre Mühen auf sich nimmt; wenn Essen und Trinken da ist, den Älteren den Vortritt lassen: kann man denn das schon für kindesliebend halten?"

Der Jünger Dsï Hia fragte nach dem Wesen der Kindespflicht. Der Meister antwortete: „Die Schwierigkeit bei ihrer Erfüllung besteht in einem fortdauernd rücksichtsvollen und freundlichen Betragen, daß man es vermeidet, sich im Laufe der Jahre in seinen Manieren den Eltern gegenüber gehen zu lassen. Was man sonst unter der Erfüllung der Kindespflicht versteht, daß die Kinder die Mühen der Arbeit für ihre Eltern auf sich nehmen, daß sie ihnen ihren Besitz zur Verfü-

5 Nicht unerwähnt darf bleiben, daß eine alte und im chinesischen Wesen wohlbegründete Auffassung der Stelle dahin geht, daß zu übersetzen wäre: „Heutzutage sieht man die Erfüllung der Kindespflicht darin, daß man seine Eltern ernährt. Aber bis auf Hunde und Pferde herab können selbst die Haustiere zur Ernährung ihres Herrn beitragen. Wenn man den Eltern keine Ehrfurcht entgegenbringt, steht man in seinen Leistungen nicht höher als diese Haustiere." Diese Erklärung würde die dem chinesischen Empfinden sogar als hypothetischer Vergleich anstößige Zusammenstellung der Eltern mit den Haustieren umgehen. Der japanische Kommentar Lun Yü Dschong, der sonst sehr vorurteilslos ist, zieht diese Version vor, während Ku Hung Ming sich für die im Text gegebene Übersetzung entscheidet.

9.

子曰：“吾與回言終日，不違如愚。退而省其私，亦足以發。回也，不愚。”

10.

子曰：“視其所以，觀其所由，察其所安。人焉廋哉？人焉廋哉？”

gung stellen und für ihren Lebensunterhalt sorgen: das alles sind nur die selbstverständlichen Voraussetzungen.“[6]

9. Merkmal des Verständnisses

Der Meister sprach: „Ich redete mit Hui[7] den ganzen Tag; der erwiderte nichts, wie ein Tor. Er zog sich zurück und ich beobachtete ihn beim Alleinsein, da war er imstande, (meine Lehren) zu entwickeln. Hui, der ist kein Tor.“

Der Meister sprach: „Man könnte Yän Hui für einen Menschen ohne selbständige Interessen halten, wenn man mit ihm spricht: er hört schweigend zu und macht weder Einwürfe noch stellt er weiterführende Fragen. Wenn man ihn aber nachher beobachtet, so sieht man an der Art, wie er das Gehörte selbständig entwickelt, daß er durchaus in den Geist der Sache eingedrungen ist.“

10. Menschenkenntnis: Worauf man sehen muß

Der Meister sprach: „Sieh, was einer wirkt, schau, wovon er bestimmt wird, forsche, wo er Befriedigung findet: Wie kann ein Mensch da entwischen?“

Um einen Menschen wirklich kennen zu lernen, muß man ihn unter drei verschiedenen Gesichtspunkten beobachten. Zuerst muß man die Wirkungen in Betracht ziehen, die von seiner äußeren Tätigkeit ausgehen. Das ist am leichtesten, läßt aber auch am wenigsten bindende Schlüsse zu. Wichtiger und schwieriger ist es, die psychologischen Motive festzustellen, von denen er in seinem Handeln bestimmt wird. Um einen Menschen aber seinem Wesen nach kennen zu lernen, ist auch das letzte und schwierigste noch nötig: daß man ihn erkennt, wie er an

6 Die Übersetzung mußte auch hier sich für die eine Richtung in der chinesischen Kommentarliteratur entscheiden. Der Ausdruck (se nan) „Der Gesichtsausdruck ist schwierig“ wird verschieden gedeutet. Es fragt sich, ob der Gesichtsausdruck der Eltern oder der der Kinder gemeint ist. Im letzten Falle ergibt sich der überwiegend angenommene Sinn, den wir oben gegeben, im ersteren bestände die Schwierigkeit im fortwährenden Achten auf die Mienen der Eltern, daß man immer ihren Stimmungen entgegenkommt. Die vier Abschnitte über Kindespflicht ergänzen sich gegenseitig und zeigen, wie Kung die herkömmlichen, mehr äußerlichen Moralforderungen zu vertiefen und zu verinnerlichen sucht.

7 Der Lieblingsjünger Kungs, der seine Ahnentafel im Konfuziustempel dem Meister zunächst hat.

11.

子曰："溫故而知新，可以為師矣。"

12.

子曰："君子不器。"

13.

子貢問君子。子曰："先行其言，而後從之。

sich ist. Das einzige Hilfsmittel hierzu ist, zu beobachten, wie und wo er sich wohl fühlt, was seine moralische Lebensluft ist.

11. Ein guter Lehrer. Altes und Neues

Der Meister sprach: „Das Alte üben und das Neue kennen: dann kann man als Lehrer gelten."

Vergleiche Matth. 13, 52: Darum gleicht ein Lehrer, der für das Himmelreich geschickt ist, einem Hausherrn, der aus seinem Schatze Altes und Neues hervorbringt.

12. Der Edle. I: Selbstzweck

Der Meister sprach: „Der Edle ist kein Gerät."[8]

Es ist unvereinbar mit der Würde des höheren Menschen, sich als bloßes Werkzeug für die Zwecke andrer gebrauchen zu lassen. Er ist Selbstzweck.

13. Der Edle. II: Worte und Taten

Ds Gung fragte nach dem (Wesen des) Edlen. Der Meister sprach: „Erst handeln und dann mit seinen Worten sich danach richten."[9]

Als Dsï Gung den Meister fragte, welcher Zug am bezeichnendsten für einen vornehmen Charakter sei, antwortete dieser: daß einer seine Prinzipien erst selbst praktisch zur Ausführung bringt, bevor er sie lehrhaft entwickelt.

8 Die herkömmliche Erklärung ist: Der höhere Mensch ist nicht spezialistisch-einseitig, nur für eine bestimmte Verwendung geeignet, sondern hält sich den universalen Überblick offen, so daß er diese oder jene Beschäftigung ergreifen mag, je nach den Erfordernissen des Augenblicks. Obige Erklärung ist der Anregung des genannten japanischen Kommentars zu verdanken.

9 Dieser Abschnitt macht viele Mühe infolge der Interpunktion, nach der es wörtlich heißen müßte: Erst seine Worte zu Taten machen und dann sich danach richten. Alles wird glatt, wenn man die Interpunktion um zwei Zeichen zurücksetzt, wie oben geschehen.

14.

子曰：“君子周而不比，小人比而不周。”

15.

子曰：“學而不思則罔，思而不學則殆。”

16.

子曰：“攻乎異端，斯害也已！”

14. Der Edle. III: Universalität

Der Meister sprach: „Der Edle ist vollkommen und nicht engherzig. Der Gemeine ist engherzig und nicht vollkommen."

Schon durch die Weite seines inneren Horizonts scheidet sich der vornehme Charakter von der Masse. Seine Interessen sind umfassend, aufs Ganze gerichtet, während die geistige Kapazität der Massenmenschen nicht über den engsten Partei- und Familienkreis hinausgeht.

15. Lernen und Denken (Begriff und Erfahrung)

Der Meister sprach: „Lernen und nicht denken ist nichtig. Denken und nicht lernen ist ermüdend."[10]

Die von der Vergangenheit überkommenen Begriffe sich aneignen, ohne sie mit eignem Gedanken- und Erfahrungsinhalt zu füllen, führt zu totem Formalismus; umgekehrt hat es aber auch seine Gefahren, losgelöst von den gesicherten Resultaten der überlieferten Wissenschaft bloßen abstrakten Gedankengängen zu folgen.

16. Irrlehren

Der Meister sprach: „Irrlehren anzugreifen, das schadet nur."

Die Wahrheit ist in sich übereinstimmend, während irreleitende Systeme notwendig an Inkonsequenzen kranken. Darum ist es am besten, man läßt derartige Systeme an ihren eignen Inkonsequenzen zugrunde gehen. Jede Polemik bringt nur Verwirrung und macht den Schaden größer.[11]

10 Vgl. Kant. Erfahrung ohne Begriffe ist blind, Begriffe ohne Erfahrung sind leer.

11 Dieses schweigende Vorübergehen an gewissen Dingen, die man nicht angreifen darf ohne Nachteil, ist ein schöner Zug der geistigen Reinlichkeit des Meisters. Die Schüler haben ihn freilich darin nicht mehr verstanden; so kommt es, daß sie den Satz entweder so aufgefaßt: Man soll nicht verkehrte Lehren studieren, oder aber ganz des Gegenteil herausgebracht haben: Verkehrte Lehren anzugreifen tut ihnen Abbruch (ist also löblich!). Der erklärende Zusatz über die Inkonsequenz der verkehrten Lehren und die Konsequenz der Wahrheit stammt aus den chinesischen Kommentaren.

17.

子曰：“由！誨女知之乎？知之為知之，不知為不知，是知也。”

18.

子張學干祿。子曰：“多聞闕疑，慎言其餘，則寡尤；多見闕殆，慎行其餘，則寡悔。言寡尤，行寡悔，祿在其中矣。”

17. Das Wissen

Der Meister sprach: „Yu,[12] soll ich dich das Wissen lehren? Was man weiß, als Wissen gelten lassen, was man nicht weiß, als Nichtwissen gelten lassen: das ist Wissen."

Der Meister rief den Schüler Dsï Lu, der etwas oberflächlich war, zu sich heran und sprach zu ihm: „Die Vorbedingung für alles wirkliche Wissen ist ein präzises Unterscheidungsvermögen für die Grenze zwischen dem, was man wirklich weiß, und dem, was man bloß meint. Das, was man weiß, als sichere Grundlage festzuhalten und das Übrige weiterer Forschung vorbehalten, das ist die Methode, um zu wirklichem klaren Wissen zu gelangen."[13]

18. Wie man eine Lebensstellung erwirbt

Dsï Dschang wollte eine Lebensstellung erreichen. Der Meister sprach: „Viel hören, das Zweifelhafte beiseite lassen, vorsichtig das Übrige aussprechen, so macht man wenig Fehler. Viel sehen, das Gefährliche beiseite lassen, vorsichtig das Übrige tun, so hat man wenig zu bereuen. Im Reden wenig Fehler machen, im Tun wenig zu bereuen haben: darin liegt eine Lebensstellung."

Der Schüler Dsï Dschang wollte lernen, auf welche Weise man sich eine gesicherte Lebensstellung verschaffen könne. Der Meister antwortete: „Um eine Stellung im Leben zu erreichen, dazu ist es notwendig, daß man sich einen reichen Wissensstoff erwirbt, das so gewonnene Material kritisch sichtet und taktvoll von den gesicherten Resultaten Gebrauch macht. Dadurch vermeidet man in seinen Worten Entgleisungen. Ebenso wichtig ist es, sich eine ausgebreitete Erfahrung der verschiedenen Möglichkeiten des Handelns zu verschaffen, Handlungen mit gefährlichen Konsequenzen zu vermeiden und im Übrigen mit Besonnenheit und Überlegung vorzugehen. Dadurch vermeidet man bei seinen Handlungen Übereilung. Wenn man im Reden von Taktlosigkeiten und im Handeln von Übereilun-

12 Dschung Yu, literarische Bezeichnung Dsï Lu, ist ebenfalls ein Jünger aus dem nächsten Kreise Kungs. Wenn man Yän Hui mit Johannes vergleichen kann, so könnte man Dsï Lu mit Petrus in Parallele stellen.

13 Die klare Scheidung zwischen Wissen und Nichtwissen ist ebenfalls ein Grundsatz der Reinlichkeit des Denkens, der als Motto über die ganze Arbeit unseres Kant gesetzt werden kann.

19.

哀公問曰：“何為則民服？”孔子對曰：“舉直錯諸枉，則民服；舉枉錯諸直，則民不服。”

20.

季康子問：“使民敬、忠以勸，如之何？”子曰：“臨之以莊則敬，孝慈則忠，舉善而教不能，則勸。”

gen sich fernzuhalten versteht, so ist einem sowohl eine Stellung im Leben als auch eine Lebensstellung sicher."[14]

19. Fügsame Untertanen

Fürst Ai fragte und sprach: „Was ist zu tun, damit das Volk fügsam wird?" Meister Kung entgegnete und sprach: „Die Geraden erheben, daß sie auf die Verdrehten drücken[15]: so fügt sich das Volk. Die Verdrehten erheben, daß sie auf die Geraden drücken: so fügt sich das Volk nicht."

Ai, der Landesfürst Kungs, fragte diesen, was zu tun sei, um das Volk fügsam zu machen. Kung erwiderte: „Wenn man aufrichtige und starke Charaktere in die maßgebenden Positionen bringt, daß sich auch die moralisch Minderwertigen ihnen beugen müssen, wird man Zustände schaffen, die die öffentliche Meinung befriedigen. Wenn man aber moralisch Minderwertigen Einfluß läßt, so daß die anständigen und geraden Menschen unter ihrem Druck existieren, erregt man notwendig den Unwillen der Bevölkerung."

20. Das Beispiel der Herrschenden

Freiherr Gi Kang fragte: „Das Volk zur Ehrfurcht und Treue zu bringen durch Ermahnungen: Was ist davon zu halten?"
Der Meister sprach: „Sich (zum Volk) herablassen mit Würde: dadurch bekommt (das Volk) Ehrfurcht; kindliche Ehrfurcht und Menschenliebe (zeigen): dadurch wird es treu. Die Guten erhöhen und die Unfähigen belehren: so wird das Volk ermahnt."

Der Freiherr Gi Kang, eines der einflußreichen Familienhäupter, die die öffentliche Gewalt im Staate Lu an sich gerissen hatten, fragte den Meister, was man sich davon zu versprechen habe, wenn man das Volk durch amtliche Verwarnungen zum Respekt vor der Regierung und zur Loyalität anhalte. Der Meister ant-

---

14 Wir haben das chinesische Wort lu mit Lebensstellung übersetzt, was am besten den Doppelsinn wiedergibt. Der Jünger strebt nach Anstellung. Der Meister führt ihn darauf, daß nicht das äußere Amt das Begehrenswerte ist, sondern die Unanfechtbarkeit der Lebenshaltung.

15 Vgl. XII, 22. Es liegt wohl ein Gleichnis vor von einem Tischler, der das krumme Holz durch das gerade zurechtpresst.

21.

或謂孔子曰："子奚不為政？"子曰："《書》云：'孝乎惟孝、友于兄弟，施於有政。'是亦為政，奚其為為政？"

wortete: „Wenn die regierenden Kreise in ihrem Verkehr mit dem Volk die Würde des Benehmens zu wahren wissen, so werden sie sich ganz von selbst Respekt verschaffen. Wenn sie in ihrem sozialen Leben selbst die richtige Gesinnung entfalten, so wird das Volk durch ihr Beispiel so beeinflußt werden, daß Loyalität die Öffentlichkeit beherrscht. Die entsprechende Heranziehung der Tüchtigen und Guten zu amtlicher Tätigkeit und die Belehrung der Unfähigen ist die beste Art, Warnung und Vermahnung an das Volk gelangen zu lassen."

21. Abweisung eines lästigen Fragers (Staatsregierung und Hausregierung)

Es redete jemand zu Meister Kung und sprach: „Weshalb beteiligt sich der Meister nicht an der Leitung (des Staates)?"
Der Meister sprach: „Wie steht im ‚Buch'[16] von der Kindespflicht geschrieben? Kindliche Ehrfurcht und Freundlichkeit gegen die Brüder, das muß man halten, um Leitung zu üben. Das heißt also auch Leitung ausüben. Warum soll denn nur das (amtliche Wirken) Leitung heißen?"

Es fragte einst jemand den Meister, warum er sich nicht aktiv an der Staatsregierung beteilige. Der Meister antwortete: „Nach den Prinzipien des Altertums ist die staatliche Organisation nur eine besondere Form des sozialen Zusammenlebens der Menschen überhaupt, für die dieselben Grundsätze gelten wie in dem engeren Kreise der Familie. Wer aber dies soziale Prinzip in seiner Urerscheinung innerhalb des Familienlebens pflegt, der sorgt eben dadurch zugleich für die Herstellung von Zuständen, wie sie die Staatsregierung als Ziel erstrebt. Man muß daher keineswegs eine amtliche Stellung innehaben, um das soziale Zusammenleben im Staatsorganismus fördern zu können."

16 Im „Buch" (Schu Ging) Abschnitt IV, 21, 1 heißt die Stelle, die aus einer Belehnungsurkunde aus der Dschoudynastie ist, wörtlich übersetzt: „Der König sprach ungefähr: Tschun Tschen, du hast Tugend, Pietät und Ehrfurcht Kindliche Ehrfurcht und Freundlichkeit gegen die Brüder kann ausgedehnt werden auf die Regierung, darum befehle ich Dir, das Gebiet dieser östlichen Hauptstadt zu leiten. Beachte es!" Es liegt hier auch wieder ein freies und nicht genaues Zitat aus den alten Schriften vor, wie in Lun Yü zuweilen. Vielleicht lassen sich mit der Zeit noch sehr interessante Schlüsse aus diesen Zitaten auf die Textbeschaffenheit der chinesischen Klassiker ziehen.

22.

子曰：“人而無信，不知其可也。大車無輗，小車無軏，其何以行之哉？”

23.

子張問：“十世可知也？”子曰：“殷因於夏禮，所損益，可知也；周因於殷禮，所損益，可知也；其或繼周者，雖百世可知也。”

22. Unaufrichtigkeit macht unbrauchbar: Der Wagen ohne Deichsel

Der Meister sprach: „Ein Mensch ohne Glauben: ich weiß nicht, was mit einem solchen zu machen ist. Ein großer Wagen ohne Joch, ein kleiner Wagen ohne Kummet, wie kann man den voranbringen?“

Der Glaube ist für das Vorankommen des Menschen so un umgänglich nötig wie die Zugvorrichtung für den Wagen. Ein Wagen, der kein Joch hat, an dem Pferde oder Ochsen ziehen können, kommt nicht vorwärts. Ebenso kann man einem Menschen nur dann vorwärts helfen durch die Wahrheit, wenn man auf seiner Seite im Glauben einen Anknüpfungspunkt hat.[17]

23. Hundert Generationen zu kennen (Sub specie aeternitatis)

Dsï Dschang fragte, ob man zehn Zeitalter wissen könne. Der Meister sprach: „Die Yindynastie beruht auf den Sitten der Hiadynastie; was sie davongenommen und dazugetan, kann man wissen. Die Dschoudynastie beruht auf den Sitten der Yindynastie. Was sie davongenommen und dazugetan, kann man wissen. Eine andere Dynastie mag die Dschoudynastie fortsetzen, aber ob es hundert Zeitalter wären, man kann wissen (wie es gehen wird).“

Dsï Dschang fragte einmal, ob man die Zukunft auf zehn Generationen hinaus wissen könne. Der Meister antwortete: „Wenn man die historische Vergangenheit, wie sie in den geschichtlichen Dokumenten zugänglich ist, sorgfältig erforscht, so kann man gewisse feste Gesetze des Weltgeschehens daraus abstrahieren. Es gibt eine Grundlage von unveränderlichen ethischen Gesetzen, die für jede menschliche Gesellschaftsform gültig sind, daneben gibt es ein Prinzip der Entwicklung, das die Ursache ist, daß alle Dinge in einem bestimmten Kreislauf der Erscheinungen sich ändern. Aus dem Faktor der Konstanz in den Grundverhältnissen und dem Faktor der Entwicklung in den sekundären Verhältnissen

17 Der japanische Kommentar, der die Stelle übrigens verschieden auffaßt, macht die sehr gute Bemerkung, daß der Unterschied zwischen Kung und Menzius, der ja so vielfach auf Kosten Kungs in Europa geschätzt wird, eben darin bestehe, daß letzterer auch Ungläubige zu überzeugen suche, was seinen Worten den Charakter des Advokatischen gebe, während der Meister selbst alles auf den Glauben gestellt und darum bei seinen Jüngern so großen Erfolg erzielt habe.

24.

子曰：“非其鬼而祭之，諂也。見義不為，無勇也。”

setzt sich der Geschichtsverlauf zusammen. Und diese Gesetze historischen Geschehens bleiben dieselben durch alle Zeiten hindurch."[18]

24. Religion und Moral

Der Meister sprach: „Andern Geistern als den eigenen (Ahnen) zu dienen, ist Schmeichelei. Die Pflicht sehen und nicht tun, ist Mangel an Mut."

Das Andenken der eigenen Ahnen durch Opfer zu ehren, ist eine von allen eudämonistischen Erwägungen unabhängige Verpflichtung.[19] *Abgesehen von dieser religiösen Pflicht geistige Mächte durch Opfer zu seinen Gunsten zu stimmen suchen, um auf diese Weise übernatürlichen Schutz und Hilfe zu erschleichen, ist schmeichlerische Kriecherei. Außer den religiösen Verpflichtungen gibt es auch moralische Verpflichtungen den Mitmenschen gegenüber. Sich einer solchen klar erkannten Pflicht aus Rücksicht auf die eigne Sicherheit oder Bequemlichkeit zu entziehen trachten, ist unwürdige Feigheit.*

18 Um auf den in der Umschreibung gegebenen Sinn zu kommen, der auf den ersten Blick kaum in der wörtlichen Übersetzung zu erkennen ist, muß man die chinesischen Kommentatoren beiziehen. Auch hier wieder bewährt sich Kung, indem er die ganze Frage aus einer Frage der Mantik oder Astrologie zu einer Frage der geschichtsphilosophischen Betrachtung erhebt.

19 Auch diese Ergänzung des Textes, zu der übrigens der betreffende Abschnitt der Einleitung herangezogen werden kann, entstammt den chinesischen Kommentatoren.

八佾 – 論語

1.

孔子謂季氏：“八佾舞於庭，是可忍也，孰不可忍也？”

BUCH III – BA YI

Dieses Buch handelt hauptsächlich von den Riten und Zeremonien, die bei der Regierung in Ausübung kommen. Da es viele historische Beziehungen hat, ist die Durcharbeitung des Stoffes nicht immer leicht. Umgekehrt gibt es dem aufmerksamen Beobachter vielen Stoff für die richtige Einordnung Kungs in den historischen Verlauf des chinesischen Geisteslebens. Der in dem Buch wiederholt ausgesprochene Gedanke ist, daß alle äußere Form nur dann Sinn hat, wenn ihr ein adäquater Inhalt zur Seite steht. So müssen auch alle Riten und Religionsbräuche Ausfluß der entsprechenden religiösen Gesinnung sein, wenn sie Wert haben sollen. Im übrigen wenden sich die einzelnen Abschnitte gegen Luxus, Anmaßung und Überfeinerung der Zeit und weisen auf die Einfachheit und Strenge des Altertums als Vorbild.

1. Usurpatorenbrauch. I: Acht Reihen

Meister Kung[1] sagte von dem Freiherrn Gi, in dessen Haustempel acht Reihen (von Tempeldienern) die heiligen Handlungen ausführten: „Wenn man das hingehen lassen kann, was kann man dann nicht hingehen lassen?“

Die Familie Gi, ein dem Fürstenhaus von Lu verwandtes Geschlecht, hatte bei den Ahnenopfern in ihrem Familientempel zur Ausführung der Zeremonien acht Reihen von Tempeldienern in Gebrauch, eine Zahl, die nur dem Kaiser selbst zustand. Kung machte darauf aufmerksam, daß darin eine so starke Anmaßung liege, daß, wenn der Fürst das hingehen lasse, er auch auf alle möglichen Konsequenzen auf politischem Gebiet gefaßt sein müsse.

1 Daß hier und sonst an manchen Stellen statt des einfachen „Der Meister sprach“ der Name Kung genannt ist, läßt darauf schließen, daß der Passus mehr exoterischer Natur ist, sei es, daß Kung in Beziehung zu Fernstehenden (und zwar mit Höhergestellten) vorgeführt wird, sei es, daß die Stelle einer anderen Traditionsschicht entstammt.

2.

三家者以雍徹。子曰：“‘相維辟公，天子穆穆’，奚取於三家之堂？”

3.

子曰：“人而不仁，如禮何？人而不仁，如樂何？”

2. Usurpatorenbrauch. II: Yung-Ode

Die drei Familien ließen unter den Klängen der Yung-Ode[2] (die Opfergeräte) abräumen. Der Meister sprach: „‚Die Vasallen dienen, der Sohn des Himmels schaut würdevoll darein.' Welchen Sinn haben diese Worte in der Halle der drei Familien?"

Ebenso hatten die drei vornehmen Familien Gi, Mong, Schu Sun es eingeführt, daß unter den Klängen des Feiergesangs, mit dem der Begründer der Dschoudynastie, König Wu, seinem Vater König Wen opferte, bei ihren Ahnenopfern die Opfergeräte abgeräumt wurden. Kung machte auf das Lächerliche dieser Anmaßung aufmerksam, da in diesem Feiergesang vom Himmelssohn und den Vasallen die Rede ist, die bei den Opfern der Beamten eines Kleinstaats natürlich leere Fiktion waren.

3. Religion und Kunst ohne Sittlichkeit

Der Meister sprach: „Ein Mensch ohne Menschenliebe,was hilft dem die Form? Ein Mensch ohne Menschenliebe, was hilft dem die Musik?"

Wo der rechte Geist der Sittlichkeit fehlt, da helfen alle religiösen Formen und alle frommen Lieder nichts. (Denn Religion und Musik sind nur zu verstehen als äußerer Ausdruck einer inneren Herzensverfassung und sind für sich allein nur leere Schale).

---

2 Die Ode lautet in der Übersetzung von Victor von Strauß, Heidelberg 1880, folgendermaßen:

Einträchtig sind sie hergekommen
Und nahten ehrerbietig schon;
Der Fürsten Beisein soll ihm frommen;
Voll Andacht ist der Himmelssohn.
„Da ich den großen Stier dir weihe,
Und sie beim Opfer nehmen teil,
Verklärter Vater, o verleihe
Mir, deinem treuen Sohne, Heil!
An Geist und Weisheit warst du Mann
Und warest Fürst in Krieg und Frieden;
Hast Ruh' dem hohen Himmel dann
Und deiner Nachkunft Glanz beschieden;
Warst meiner greisen Brau'n Berater,
Und reichlich segnetest du mich.
So ehr' ich dich, erhabner Vater,
Und ehre, würd'ge Mutter, dich."

4.

林放問禮之本。子曰："大哉問！禮，與其奢也，寧儉；喪，與其易也，寧戚。"

5.

子曰："夷狄之有君，不如諸夏之亡也。"

6.

季氏旅於泰山。子謂冉有曰："女弗能救與？"對曰："不能。"

4. Das Wesen der Formen

Lin Fang fragte nach der Wurzel der Formen. Der Meister sprach: „Ja, das ist eine wichtige Frage. Bei den Formen des Verkehrs ist wertvoller als Prunk die Einfachheit. Bei Trauerfällen ist wertvoller als Leichtigkeit die Trauer."

Ein sonst unbekannter Mann aus Lu, namens Lin Fang, fragte, was den Regeln für den sozialen Verkehr eigentlich für ein Prinzip zugrunde liege. Der Meister antwortete: „Das ist eine überaus wichtige Frage, für deren Beantwortung als Fingerzeig der Umstand dienen mag, daß man diesem Prinzip näher steht, wenn man sich bei festlichen Veranstaltungen in den Grenzen der Sparsamkeit hält, als wenn man es auf möglichsten Prunk anlegt, und ebenso, wenn man bei Todesfällen sich vom Schmerz überwältigen läßt, als wenn man die Sache zu leicht nimmt."[3]

5. Die Barbaren und das Reich

Der Meister sprach: „Der Zustand der Barbarenstaaten, die ihre Fürsten haben, ist nicht wie der Zustand unseres großen Reiches, das keine hat."

Die wilden Stämme im Osten und Norden gehorchen ihren Häuptlingen und haben Sinn für Autorität; sie gleichen in diesem Stück nicht unserem herrlichen großen Reich, in dem alle Autorität vernichtet ist.[4]

6. Man kann die Gottheit nicht betrügen

Freiherr Gi opferte dem Taischan, und der Meister sagte zu Jan Yu und sprach: „Kannst du ihn nicht davor bewahren?" Er erwiderte: „Ich kann es nicht" Der

3 Die Antwort Kungs läßt erkennen, wie sehr er die Innerlichkeit des Gefühlslebens wichtig nimmt, sogar auf Kosten der äußeren Form. Dies geht so weit, daß man den chinesischen Kommentatoren sichtlich eine große Mühe anmerkt, die Stelle unterzubringen in dem Schema vom „goldenen Mittelweg", das sich die Schule bald gemacht hat.

4 Unsre Übersetzung folgt der Erklärung Dschu His. Vergleiche dazu die Art, wie Tacitus in seiner Germania den Römern einen Spiegel vorhält. Sprachlich fast noch näher liegt die Deutung: „Die Barbaren, obwohl sie Fürsten haben, kommen China trotz seiner Anarchie noch nicht gleich."

子曰：“嗚呼！曾謂泰山，不如林放乎？”

7.

子曰：“君子無所爭，必也射乎！揖讓而升，下而飲，其爭也君子。”

Meister sprach: „Ach, in eurem Reden vom Taischan gleicht ihr nicht Lin Fang."

Der (obengenannte) Freiherr Gi kam einmal auch auf den Gedanken, dem Geist des Berges Taischan ein prächtiges Opfer darzubringen. Kung sagte, als er davon hörte, zu seinem Schüler Jan Yu, der Hausbeamter im Dienst jener Familie war:„Kannst du ihn nicht vor dieser Geschmacklosigkeit bewahren?" Der Schüler verneinte es. Da sprach Kung: „Ihr seid in euren Ansichten von dem Geist des Taischan noch nicht einmal so weit wie Lin Fang[5] [der nach dem Sinn, der solchen Feierlichkeiten zugrunde liegt, mich gefragt hat]."

7. Der Gebildete und die Konkurrenz: Bogenschießen

Der Meister sprach: „Der Edle kennt keinen Streit. Oder ist es beim Bogenschießen vielleicht notwendig? Da läßt er mit einer Verbeugung dem andern den Vortritt beim Hinaufsteigen. Er steigt wieder herab und läßt ihn trinken. Er bleibt auch im Streit ein Edler."

Ein gebildeter Mann hält sich von allen Konkurrenzstreitigkeiten fern. Man könnte höchstens das Wettschießen anführen, wo es ohne Konkurrenz nicht abgeht. Aber auch da läßt er sich von keiner Leidenschaftlichkeit hinreißen. Er macht seinem Gegner eine Verbeugung und läßt ihm den Vortritt auf den Schießstand. Nachdem er geschossen, tritt er ebenso höflich wieder zurück und läßt den besiegten Gegner den Becher leeren. So zeigt er sich auch beim Wettstreit als Gebildeter.[6]

---

5 Die obige Übersetzung ist nur ein Versuch, mit dem an sich kaum verständlichen Text zurechtzukommen Korruption des Textes ist sehr wahrscheinlich. Der Taischan ist der berühmteste der in der alten Literatur Chinas erwähnten fünf Berge (Taischan in Schantung, Hongschan in Hunan, Huaschan in Schensi, Hongschan in Tschih und Sungschan in Honan). Es werden ihm seit ältester Zeit die höchsten Opfer, die nur der Kaiser vollziehen konnte, dargebracht. Er wird noch heute als Herr des Totenreiches allgemein verehrt.

6 Der vorliegende Abschnitt hat einen Anflug feinen Humors und zeigt, daß Kung keineswegs ein so pedantischer Bücherwurm war, wie er als Inbegriff aller grauen Theorie vor unserem Gemüte zu stehen pflegt. Aus diesem Ausspruch geht hervor, daß zu den Künsten, die der Gebildete üben muß, auch das Bogenschießen gehört. Körperliche Vorzüglichkeit muß Hand in Hand gehen mit der geistigen: das ist das Ideal des Edeln, das sich insofern mit dem griechischen Ideal berührt. Beim Bogenschießen war es in alter Zeit Sitte, daß von einer Tribüne aus geschossen wurde. Der Sieger hatte das Recht, den schlechteren Schützen ein Quantum Wein zuzudiktieren, das sie zur Strafe trinken mußten: ein Brauch, der in unserm

8.

子夏問曰：“‘巧笑倩兮，美目盼兮，素以為絢兮。’何謂也？”子曰：“繪事後素。”曰：“禮後乎？”子曰：“起予者商也！始可與言詩已矣。”

8. Über das Liederbuch

Dsï Hia fragte und sprach: „Was bedeutet die Stelle:

Ihres schelmischen Lächelns Grübchen,
Ihrer schönen Augen Blinken
Macht schlichtes Weiß zur schönsten Zier?"

Der Meister sprach: „Beim Malen setzt man zuletzt die weißen Stellen auf." Der Schüler sprach: „Also sind die Formen des Benehmens das letzte." Da sprach der Meister: „Wer mir behilflich ist (meine Gedanken herauszubringen), das ist Schang. Mit dem kann man anfangen über die Lieder zu reden."

Der Jünger Dsï Hia fragte einst den Meister über den Sinn der Stelle aus einem alten Lied, wo von einer fürstlichen Braut die Rede ist, die im einfachen Reisekleid ihrem Bräutigam entgegenfährt, deren Schönheit aber so lebhaft wirkt, daß sie in ihrem einfachen weißen Kleid so bezaubernd aussieht, wie andre in gestickten Festgewändern. Der Meister antwortete darauf: „Beim Bemalen der Festgewänder setzt man ja auch zuletzt die weißen Umrisslinien auf." Der Schüler dachte einen Augenblick nach und sagte: „Das bedeutete also, aufs moralische Gebiet übertragen, daß die äußere Form das letzte ist, das dem Charakter den letzten, höchsten Schliff der Vollkommenheit gibt." Da sprach der Meister erfreut: „Du gibst mir da einen guten Gedanken, mein Freund, mit dir kann man sich mit Gewinn über die Lieder unterhalten."[7]

---

modernen Studentenleben seine Parallele hat. Die Meinung dieses Ausspruchs ist, daß der Edle, während er im Leben allen kleinlichen Streitereien den Rücken kehrt, im Bewußtsein des eigenen Werts, der durch keine Konkurrenz gehoben oder verringert wird, sich an den ritterlichen Übungen beteiligt, aber auch hier als Edler, indem er ganz selbstverständlich auch in diesen Dingen das Beste leistet und mit vollendeter Grazie den Gegner abführt.

7 Die Stelle ist ein wahres Kreuz für die Kommentatoren, Dschu Hi an der Spitze, der, um einen Sinn herauszubringen, schließlich den Wortlaut umdrehte und den „weißen Grund" zum „Auftragen der Farbe" als zuerst notwendig erscheinen läßt. Wieder andre reden von weißer Schminke, die auf das Gesicht der Schönen mit Gewinn aufgetragen werde usw. Was zunächst den Sinn der Stelle des Liedes anlangt, so wird alles klar, wenn man das Original zur Hand nimmt (Schi Ging I, V, III, 2., wo übrigens die letzte Zeile ausgefallen ist). Dort heißt es zum Beginn des Liedes, daß die Schöne über ihrem Prachtgewand ein einfaches Reisekleid getragen habe, so daß die „Schlichtheit als höchster Schmuck" keine Schwierigkeiten macht. Den Gedankenfortschritt des Gesprächs hoffen wir oben unter Festhaltung der grammatikalischen Unterlage richtig gegeben zu haben. Schang ist der Vorname des Dsï Hia.

9.

子曰：“夏禮，吾能言之，杞不足徵也；殷禮，吾能言之，宋不足徵也。文獻不足故也，足則吾能徵之矣。”

9. Verfall der Kenntnis des Altertums

Der Meister sprach: „Die Riten der Hiadynastie könnte ich beschreiben, aber die Gi sind nicht imstande, meine Worte zu bestätigen. Die Riten der Yindynastie könnte ich beschreiben, aber die Sung sind nicht imstande, meine Worte zu bestätigen. Der Grund dafür ist, daß ihre literarischen Urkunden und Gelehrten nicht mehr auf der Höhe sind. Wenn sie auf der Höhe wären, so könnte ich mich auf sie berufen."[8]

Kung schloss sich in seinen Anschauungen hauptsächlich an die staatlichen Einrichtungen der Dschoudynastie an, während er die beiden vorhergehenden Dynastien Hia und Yin (Schang) nicht so sehr berücksichtigte. Den Grund für dieses Verhalten gab er an, indem er sprach: „Ich persönlich bin wohl imstande, mir eine Anschauung von den staatlichen Einrichtungen der Hia- und Yindynastie zu bilden. Aber die Nachkommen der Hiadynastie, die heute noch in dem kleinen Fürstentum Gi sitzen, sind nicht imstande, wirkliche Beweise für meine Anschauungen zu liefern. Ebenso lassen sich die Einrichtungen der Yindynastie nicht durch deren Nachkommen in Sung urkundlich belegen. Der Grund für diesen Mangel an historischer Dokumentation ist, daß die literarischen Urkunden und die Gelehrten nicht auf der Höhe sind. So bleibt alles subjektiven Vermutungen überlassen, während ich meine Behauptungen belegen könnte, wenn die historischen Monumente in Ordnung wären."

8 Der vorliegende Abschnitt, der in seiner aus dem Zusammenhang gerissenen Gestalt schwer verständlich ist, wird deutlicher durch Beiziehung der Parallelstelle Dschung Yung XXVIII: Der Meister sprach: Ein Tor, der geneigt ist, sich auf sein eignes Urteil zu verlassen; ein Mann aus niederem Stande, der geneigt ist, sich selbst Autorität anzumaßen; ein Mann, der geboren ist in unseren Tagen und zurückkehrt zu den Wegen des Altertums: solche Leute bringen sich nur ins Unglück. Außer dem Reichsoberhaupt hat niemand ein Recht, die Riten zu ordnen, die Maße zu bestimmen, die Schriftzeichen festzusetzen. Heutzutage haben im ganzen Reiche alle Wagen die gleichen Räder, alles Geschriebene dieselben Zeichen, alles Benehmen dieselben sittlichen Gesetze. Wenn nun ein Mensch den Thron innehat, aber nicht die nötige Kraft des Geistes besitzt, so soll er es nicht wagen, Änderungen in den Riten und in der Musik vorzunehmen. Ebenso wenn einer die Kraft des Geistes hat, aber nicht die höchste Autorität, so kann er es auch nicht wagen, Änderungen in den Riten und in der Musik vorzunehmen. Der Meister sprach: Wenn ich über die Riten der Hia-Dynastie rede, so sind die [Nachkommen dieser Dynastie im gegenwärtigen Staate] Gi nicht imstande, meine Worte zu bestätigen. Ich habe die Riten der Yin-Dynastie studiert, die noch heutzutage bei den Nachkommen dieser Dynastie in Sung in Übung sind. Ich habe die Riten der [gegenwärtigen] Dschou-Dynastie studiert, die heute in Gebrauch sind, und ich folge [den Formen] der Dschou-Dynastie.

10.

子曰："禘自既灌而往者，吾不欲觀之矣。"

11.

或問禘之說。子曰："不知也。知其說者之於天下也，其如示諸斯乎！"指其掌。

10. Das große Opfer in Lu

Der Meister sprach: „Beim großen Opfer (für den Ahn der Dynastie) mag ich vom Ausgießen der Libation an nicht mehr zusehen."

Der Meister sprach: „Wenn man in Lu das große Opfer für den Ahn der Dynastie darbringt, so mag ich vom Ausgießen der Libation an, wodurch der Geist, dem geopfert wird, veranlaßt wird, herabzukommen, nicht mehr zusehen (denn das Unwürdige der Form verletzt mich)."

11. Die geheimnisvolle Bedeutung des großen Opfers für die Regierung

Es fragte jemand nach der Bedeutung des großen Opfers (für den Ahn der Dynastie). Der Meister sprach: „Weiß nicht. Wer davon die Bedeutung wüßte, der wäre imstande, die Welt zu regieren, – so leicht wie hierher zu sehen!" Dabei deutete er auf seine flache Hand.

Es fragte jemand nach der Bedeutung des großen Opfers für den Ahn der Dynastie. Der Meister sprach: „Ich kenne die Bedeutung davon nicht. Wer imstande wäre, die ganze Bedeutung dieser heiligen Handlung zu erfassen, der hätte dadurch so tiefe Blicke in die geheimnisvolle Ordnung der Welt und die überirdischen Beziehungen ihrer Kräfte gewonnen, daß er die Welt regieren könnte mit einer Leichtigkeit als läge sie auf seiner flachen Hand ihm vor Augen."[9]

---

9 Der Text ist nicht ganz einwandfrei. Wir haben zu seiner Rekonstruktion die parallele Stelle in Dschung Yung XIX, 6 und die alten Erklärungen dazu herangezogen. Zur Sache vergleiche die Entzückung Fausts beim Anblick des Zeichens des Makrokosmos:

Ich schau in diesen reinen Zügen
Die wirkende Natur vor meiner Seele liegen …
Wie alles sich zum Ganzen webt!
Eins in dem andern wirkt und lebt!
Wie Himmelskräfte auf und nieder steigen
Und sich die goldnen Eimer reichen!
Mit segenduftenden Schwingen
Vom Himmel durch die Erde dringen,
Harmonisch all das All durchklingen!

Für die antike Vorstellung ist die Opferzeremonie mit ihren verschiedenen Handlungen das symbolische Abbild kosmischer Verhältnisse von unmittelbarer Realität. Wer den geheimen Sinn dieser Handlungen versteht, hat eben damit den Einblick in jene kosmischen Verhältnisse, der eine rechte Regierung der Menschen ermöglicht.

12.

祭如在，祭神如神在。子曰：“吾不與祭，如不祭。”

13.

王孫賈問曰：“與其媚於奧，寧媚於灶，何謂也？”子曰：“不然，獲罪於天，無所禱也。”

12. Ernst im Verkehr mit den Überirdischen

Er opferte [den Ahnen] als in ihrer Gegenwart. Er opferte den Göttern als in ihrer Gegenwart. Der Meister sprach: „Wenn ich bei der Darbringung meines Opfers nicht anwesend bin, so ist es, als habe ich gar nicht geopfert."

Man soll den Ahnen opfern andächtig als in ihrer Gegenwart. Man soll den Geistern der himmlischen und irdischen Naturordnungen opfern andächtig als in der Gegenwart dieser Geister. Mit Beziehung darauf hat der Meister das Wort gesprochen: „Wenn ich durch irgendeinen Umstand verhindert bin, mein Opfer persönlich darzubringen und mich durch einen andern vertreten lassen muß, so habe ich das Gefühl, als hätte ich gar nicht geopfert."

13. Der Majordomus[10]

Wang Sun Gia fragte und sprach: „Was ist der Sinn des Sprichworts: Man macht sich eher an den Herdgeist als an den Geist des inneren Hauses?" Der Meister sprach: „Nicht also; sondern wer gegen den Himmel sündigt, hat niemand, zu dem er beten kann."

---

10 Die Szene spielte sich wohl nach dem Besuch Kungs bei der Fürstin Nan Dsï von We ab, an dem ja auch Dsï Lu Anstoß nahm (vgl. VI, 26). Wang Sun Gia vermutete wohl, daß Kung durch den Einfluß der Nan Dsï ein Amt erhalten wollte, und deutete ihm an, daß der Weg über ihn, den Minister, korrekter sei. Der „Geist des Hauses" deutet auf Nan Dsï, der „Herdgeist" auf Wang Sun Gia. Der Geist des Hauses, der seinen Sitz in der Südwestecke des Gebäudes hat, scheint eine Gottheit zu sein, die in ältester Zeit verehrt wurde und dem römischen Lar entspricht, dessen Verehrung aber offenbar schon zu Kungs Zeit wesentlich zurückgegangen war. Der Herdgeist oder Küchengott, dessen Verehrung vielleicht auf Einflüsse des persischen Feuerdienstes zurückzuführen ist, ist noch heute eine der populärsten Gottheiten Chinas. Namentlich am 25. des letzten Monats, wenn er in den Himmel steigt und Bericht erstattet über die Hausbewohner, wird ihm eifrig geopfert und Honig auf die Lippen gestrichen, damit er nur Freundliches aussage. Der Weise schneidet aber alle die Beziehungen, die der Frager im Sinne hat, ab mit dem Hinweis auf die sittliche Verantwortung, die der Mensch dem höchsten Wesen gegenüber hat, vor der alle solche Spitzfindigkeiten in nichts zusammensinken. Die Szene ist zugleich einer der Höhepunkte in der Religionsgeschichte, wo die unmittelbaren Forderungen des Gewissens mit elementarer Gewalt hervorbrechen, und tritt in dieser Beziehung würdig dem Ausspruch des alttestamentlichen Propheten zur Seite (Micha 6, Vers 8): „Er hat dir gesagt, Mensch, was recht ist! Und was fordert Jahwe von dir, außer recht tun, Liebe üben und demütig wandeln vor deinem Gott?"

14.

子曰："周監於二代，郁郁乎文哉！吾從周。"

15.

子入大廟，每事問。或曰："孰謂鄹人之子知禮乎？入大廟，每事問。"子聞之曰："是禮也。"

Der ehrgeizige Majordomus des Staates We wollte sich die Anerkennung Kungs erschleichen, indem er ihm ein Gleichnis vorlegte und sprach: „Wie kommt es doch, daß die Leute dem tätigen Herdgott viel eifriger mit Opfern dienen als dem in Dunkel wohnenden Hausgeist?“ Allein Kung schnitt ihm das Wort ab mit dem Appell an sein Gewißen: „Nicht also! Weit über diesen Spitzfindigkeiten steht der Ernst des Lebens. Wer gegen Gott im Himmel sündigt, der hat niemand, zu dem er beten kann.“

14. Kulturfortschritt

Der Meister sprach: „Die Dschoudynastie, sieht auf zwei Dynastien zurück. Ihre ganze Bildung ist daher verfeinert. Ich schließe mich der Dschoudynastie an.“

Der Meister sprach: „Die Gründer unserer gegenwärtigen Dynastie hatten bei Einrichtung ihrer staatlichen Ordnungen den Vorteil, daß sie sich die guten und üblen Erfahrungen der beiden vorangegangenen Dynastien zunutze machen konnten. Daher diese ausgedachte Verfeinerung in allen Ordnungen des Lebens. Das ist der Grund, warum ich mich in meinen Anschauungen der Dschoudynastie anschließe.“[11]

15. Gewissenhaftigkeit in der Religion

Als der Meister das königliche Heiligtum betrat, erkundigte er sich nach jeder einzelnen Verrichtung. Da sprach jemand: „Wer will behaupten, daß der Sohn des Mannes von Dsou die Religion kennt, da er sich beim Betreten des großen Tempels erst nach jeder einzelnen Verrichtung erkundigt?“ Der Meister hörte es und sprach: „Das eben ist Religion.“

Als Kung das königliche Heiligtum betrat, in welchem dem Begründer des regierenden Hauses in Lu, dem berühmten Dschou Gung, mit königlichen Ehren geopfert wurde, erkundigte er sich beim Zeremonienmeister erst sorgfältig nach jeder einzelnen Verrichtung. Da sprach jemand: „Wer will nun noch behaupten, daß der junge Mensch da die Religion versteht, da er doch nach allem erst fra-

11 Dieser Abschnitt gehört, wie aus Dschung Yung hervorgeht, mit Abschn. 9 zusammen. Vgl. die dortige Anm.

16.

子曰："射不主皮，為力不同科，古之道也。"

17.

子貢欲去告朔之餼羊。子曰："賜也，爾愛其羊，我愛其禮。"

gen muß?" Der Meister hörte es und sprach: „Gerade dadurch, daß ich mich über alles noch einmal vergewissere, beweise ich ja meine Religion."[12]

16. Geschicklichkeit, nicht rohe Kraft. Die Zielscheibe

Der Meister sprach: „Beim Bogenschießen kommt es nicht darauf an, durch die Scheibe durchzuschießen, weil die Körperkraft der Menschen verschieden ist. So hielt man's wenigstens in alter Zeit."

Der Meister sprach: „Das Bogenschießen ist eine Übung in der Eleganz der Bewegung und in der Sicherheit der Hand. Deswegen kommt es nicht darauf an, daß man durch die Zielscheibe durchschießt. Denn man kann nicht verlangen, daß alle Leute über gleich große Körperkräfte verfügen. So wenigstens hielt man es in alter Zeit."

17. Das Opferschaf

Dsï Gung wollte, daß das Opferschaf bei der Verkündigung des neuen Mondes abgeschafft würde. Der Meister sprach: „Mein lieber Sï, dir ist es leid um das Schaf, mir ist es leid um den Brauch."

Der Jünger Dsï Gung wollte, daß das Opferschaf, das als kümmerlicher Rest der ursprünglich feierlichen Zeremonie der Verkündigung des neuen Monds noch übrig geblieben war, auch vollends abgeschafft würde. Der Meister aber wehrte dem und sprach: „Die materielle Ersparnis, die man durch die Beseitigung dieses Brauches erzielen würde, hebt den idealen Nachteil lange nicht auf, der dadurch entstünde, wenn mit dem äußeren Ausdruck im Opfer auch der Gedanke der religiösen Gebundenheit der menschlichen Ordnungen an die großen Naturordnungen verloren ginge."

---

12 Der Vorgang fällt in die Anfangszeit Kungs. Der „Mann von Dsou" ist Kungs Vater Schu Liang Ho, der in Dsou (Schantung) Beamter war.

18.

子曰："事君盡禮，人以為諂也。"

19.

定公問："君使臣，臣事君，如之何？"孔子對曰："君使臣以禮，臣事君以忠。"

20.

子曰："關雎，樂而不淫，哀而不傷。"

18. Verkannte Gewissenhaftigkeit im Fürstendienst

Der Meister sprach: „Wenn man heutzutage im Dienst des Fürsten alle Gerechtigkeit erfüllt, so halten es die Leute für Schmeichelei."

Der Meister sprach: „Die Anmaßung der Vasallen und die Nichtachtung des Fürsten ist heutzutage so schlimm, daß, wenn man nicht in den allgemeinen Ton einstimmt, sondern dem Fürsten mit der Ehrerbietung begegnet, die ihm gebührt, man das allgemeine Mißtrauen auf sich zieht, als erstrebe man durch Kriecherei geheime Sondervorteile."

19. Fürst und Beamte

Fürst Ding fragte, wie ein Fürst seine Beamten behandeln und wie die Beamten ihrem Fürsten dienen sollen. Meister[13] Kung entgegnete und sprach: „Der Fürst behandle den Beamten wie es die Sitte verlangt, der Beamte diene dem Fürsten wie es sein Gewissen verlangt."

Der Fürst Ding von Lu fragte den Meister Kung, wie sich die gegenseitigen Pflichten des Fürsten und seiner Beamten zueinander verhalten. Meister Kung sprach: „Die Hauptaufgabe bei der Regulierung des Verhältnisses fällt dem Fürsten zu. Er muß sich in dem Umgang mit seinen Beamten an die festen Regeln der Ressorts halten unter Fernhaltung aller persönlichen Nebenbeziehungen. Auf diese Weise wird er es erreichen, daß seine Beamten von niedriger Spekulation auf seine persönlichen Schwächen sich frei machen und sachliche Gewissenhaftigkeit den Dienst beherrscht."

20. Maß im Ausdruck der Empfindung

Der Meister sprach: „Das Guan Dsü[14] Lied ist fröhlich, ohne ausgelassen zu sein, ist sehnsuchtsvoll, ohne das Herz zu verwunden."

---

13 Vgl. Anmerkung 1 zum vorliegenden Buch.

14 Das erste Lied im Schi Ging, nach Strauß' Übersetzung a. a. O. pag. 65–66 folgendermaßen lautend:

Ein Entenpaar ruft Wechsellaut,
Auf Stromes Insel hat's gebaut.
Still, sittsam ist die reine Maid,

21.

哀公問社於宰我。宰我對曰：“夏后氏以松，殷人以柏，周人以栗，曰使民戰栗。”子聞之曰：“成事不說，遂事不諫，既往不咎。”

21. Noli tangere

Fürst Ai erkundigte sich bei Dsai Wo über [die alten Bräuche in betreff des] Erdaltars. Dsai Wo erwiderte und sprach: „Die Herrscher aus dem Hause Hia pflanzten Föhren darum, die Leute der Yindynastie Zypressen, die Leute der Dschoudynastie aber Zitterpappeln[15], wohl um die Untertanen zittern zu machen." Der Meister hörte es und sprach: „Über Taten, die geschehen sind, ist es umsonst zu sprechen. Bei Taten, die ihren Lauf genommen haben, ist es umsonst zu mahnen; wollen wir, was vorüber ist, nicht tadeln."[16]

Des hohen Fürsten würd'ge Braut.
Seerosen schwimmen mannigfalt,
Und links und rechts durchfährt man sie.
Still, züchtig ist die reine Maid;
Wach und im Schlaf begehrt' er sie.
Und fand er nicht, die sein Begehr,
Wach und im Schlaf gedacht' er der,
Ach wie so sehr, ach wie so sehr!
Und wälzt' und wand sich hin und her.
Seerosen schwimmen mannigfalt,
Und links und rechts wir langen sie.
Still, sittsam ist die reine Maid,
Und Laut' und Harf' empfangen sie.
Seerosen schwimmen mannigfalt,
Und links und rechts wir pflücken sie.
Still, sittsam ist die reine Maid,
Und Glock' und Pauk' entzücken sie.

15 Das Wortspiel von „Zitterpappel" und „zittern" ist frei wiedergegeben. Im Chinesischen ist der Baum die Kastanie (li), welches Wort mit dem Zeichen für li „Schrecken" gleichklingt.

16 Der Fürst Ai von Lu erkundigte sich bei dem Schüler Tsai Wo über die alten Bräuche in betreff des Erdaltars. Der Schüler suchte in umständlicher Erklärung der verschiedenen von den verschiedenen Dynastien gepflanzten Bäume sein Licht leuchten zu lassen, wobei er bei dem Baum der Dschoudynastie noch eine Bemerkung machte, daß es auf die Einschüchterung des Volkes dabei abgesehen gewesen sei. Der tiefere Grund für den Tadel des Meisters, den dieser in die Worte eines alten Zitats kleidet, ist wohl, daß es sich nicht nur um eine gleichgültige Torheit handelte, sondern das Wort vom „Zittern" des Volks eine sehr unerwünschte Folge auf den Fürsten haben konnte; denn alte Sagen von Hinrichtungen an jenen Altären waren noch im Umlauf, wohl letzte Reste von früheren Menschenopfern: Vergangenheitsbilder, die besser nicht heraufbeschworen werden, sondern unerwähnt unter dem Schleier der Jahrhunderte verhüllt bleiben mögen. Vgl. übrigens Abschn. 9 und 14.

22.

子曰："管仲之器小哉！"或曰："管仲儉乎？"曰："管氏有三歸，官事不攝，焉得儉？""然則管仲知禮乎？"曰："邦君樹塞門，管氏亦樹塞門；邦君為兩君之好，有反坫，管氏亦有反坫。管氏而知禮，孰不知禮？"

23.

子語魯大師樂。曰："樂其可知也：始作，

22. Verschwendung und Anmaßung als Zeichen beschränkten Charakters (Guan Dschung)

Der Meister sprach: „Guan Dschung war doch im Grunde ein beschränkter Geist." Jemand sprach: „War Guan Dschung zu einfach?" [Der Meister] sprach: „Guan hat sich den prächtigen San Gui Palast[17] gebaut, und für jede einzelne Verrichtung hatte er einen besonderen Angestellten. Wie kann man da behaupten, daß er einfach war?" „Aber dann verstand sich Guan Dschung wohl besonders gut auf die Etikette?" [Der Meister] sprach: „Die Landesfürsten haben das Vorrecht, eine Schutzwand vor ihrem Palasttor zu errichten. Guan hatte dieselbe Schutzwand vor seinem Tor. Die Landesfürsten pflegen bei ihren Zusammenkünften besondere Kredenztische zu benutzen, Guan benutzte ebenfalls einen solchen Kredenztisch. Wenn Guan sich auf die Etikette verstand, wer versteht sich dann nicht auf Etikette?"

Der Meister sagte von dem Staatsmann Guan Dschung, der eine Generation zuvor dem Fürsten Huan von Tsi (dem Militärstaat nördlich von Lu) die Hegemonie in China verschafft hatte und dessen Verdienste er im übrigen voll anerkannte (vgl. Buch XIV, 17. 18), daß er trotz seiner staatsmännischen Erfolge in seiner Politik keine großen Gesichtspunkte gehabt habe, weshalb er auch nur die Hegemonie des Staates Tsi durchzusetzen vermochte, ohne die gesamten öffentlichen Zustände in China in Ordnung zu bringen.

Daß diese Beschränktheit ein Mangel an Genialität war und nicht etwa bewußter Verzicht auf zu großartige Projekte infolge weiser Selbstbeschränkung auf das Nächste, geht aus der verschwenderischen Pracht hervor, die er in seinem Privatleben zeigte, wo von keiner Selbsteinschränkung die Rede war. Ebensowenig kann man als den Grund für seine Beschränkung auf das Allernächste die Erwägung bezeichnen, daß er unter Berücksichtigung der Etikette dem nominell regierenden König der Dschoudynastie nicht zu nahe treten wollte; denn in seinem Privatleben ließ er sich verschiedene Anmaßungen königlicher Vorrechte im Gesellschaftsverkehr zuschulden kommen.

23. Der rechte Vortrag der Musik

Der Meister redete mit dem Musikmeister von Lu über Musik und sprach: „Man kann wissen, wie ein Musikstück ausgeführt werden muß. Beim Beginn

17 Nach älteren Kommentaren: „Guan hat drei Hauptfrauen gehabt."

翕如也；從之，純如也，皦如也，繹如也，以成。”

24.

儀封人請見。曰：“君子之至於斯也，吾未嘗不得見也。”從者見之。出曰：“二三子，何患於喪乎？天下之無道也久矣，天將以夫子為木鐸。”

25.

子謂韶，“盡美矣，又盡善也。”謂武，“盡美矣，未盡善也”。

26.

子曰：“居上不寬，為禮不敬，臨喪不哀，吾何以觀之哉？”

muß es zusammenklingen. Bei der Durchführung müssen in harmonischer Weise die einzelnen Themen herausgehoben werden in fließendem Zusammenhang bis zum Ende."

24. Der Grenzwart

Der Grenzwart von J[18] bat [beim Meister] eingeführt zu werden, [indem] er sprach: „Wenn ein großer Mann hier durchkommt, wurde es mir noch nie versagt, ihn zu sehen." Darauf wurde er eingeführt. Als er herauskam, sprach er: „Meine Freunde, was seid ihr traurig, als wäre alles aus? Die Welt war lange ohne Wort Gottes; nun gebraucht der Himmel euren Meister als Glocke."

25. Klangschönheit und Formvollendung in der Musik

Der Meister sprach von der Schau-Musik: „Sie erreicht die höchste Klangschönheit und ist auch in ihrem technischen Aufbau[19] vollkommen." Von der Wu-Musik sagte er: „Sie steht an Klangschönheit ebenso hoch, aber ist in ihrer Form nicht so vollkommen."[20]

26. Die rechte Gesinnung das Wichtigste

Der Meister sprach: „Hervorragende Stellung ohne Großartigkeit, Religionsübung ohne Ehrfurcht, Erledigung der Beerdigungsbräuche ohne Herzenstrauer: solche Zustände kann ich nicht mit ansehen."

---

18 J ist der Grenzplatz des Staates We, wohin sich Kung begab, als er infolge der Intrigen, die den Herrscher von Lu umsponnen hatten, sich aus seiner amtlichen Stellung zurückziehen mußte. Die Szene fällt in den Anfang der langen Wanderzeit Kungs.

19 Die Schau-Musik ist die Musik des Kaisers Schun, des halb sagenhaften Nachfolgers des Kaisers Yau aus dem chinesischen goldenen Zeitalter. Es ist dieselbe Musik, die Kung beim ersten Anhören so bewegte, daß er Essen und Trinken darüber vergaß (vgl. Buch VII, 13). Die Wu-Musik ist die Musik des Königs Wu, des energischen und kriegerischen Begründers der Dschoudynastie.

20 Wir haben mit dem japanischen Kommentar die Schönheit der Musik als Klangschönheit und die Güte als Vollkommenheit der technischen Struktur, nicht als moralische Güte gedeutet.

里仁 – 論語

1.

子曰：“里仁為美。擇不處仁，焉得知？”

2.

子曰：“不仁者不可以久處約，不可以長處樂。仁者安仁，知者利仁。”

BUCH IV – LI JEN

Das vierte Buch handelt in seinen ersten Abschnitten von einem der wichtigsten Begriffe der konfuzianischen Lehre, dem „jen". Der Begriff hängt zusammen mit dem Begriff „jen" „Mensch", ja der Begriff „Mensch" wird in dem Werk „Dschung Yung" direkt zur Erklärung herangezogen. Auf die Verwandtschaft der Begriffe deutet ferner die häufige Verwechslung der Zeichen gerade in Lun Yü. Gewöhnlich wird das Wort übersetzt mit „Menschlichkeit", „Humanität", „Wohlwollen", „Vollkommenheit". Es sind das alles Übersetzungen, die möglich sind nach vorausgegangener Definition. „Menschlichkeit" hat aber eine etwas andre Klangfarbe, ebenso „Humanität"; deshalb haben wir, um einen möglichst umfassenden Begriff, der sich gleichzeitig in adjektivischer und substantivischer Form brauchen läßt, den Ausdruck „sittlich", „Sittlichkeit" gewählt. Es liegt darin das „sozial Bedingte, das mit der weiteren Entwicklung sich erweitert zum Ideal der gerecht-liebevollen Behandlung der Nebenmenschen im Sinn der möglichsten Förderung der Menschheit im eigenen und fremden Ich" (vgl. Eisler, Wörterbuch der philosophischen Begriffe, Berlin 1904, II, pag. 371). Diese Definition deckt sich genau mit dem chinesischen Begriff.

1. *Gute Nachbarschaft*

Der Meister sprach: „Gute Menschen machen die Schönheit eines Platzes aus. Wer die Wahl hat und nicht unter guten Menschen wohnen bleibt, wie kann der wirklich weise [genannt] werden?"[a]

2. *Seelenfrieden*

Der Meister sprach: „Ohne Sittlichkeit kann man nicht dauernde Bedrängnis ertragen, noch kann man langen Wohlstand ertragen. Der Sittliche findet in der Sittlichkeit Frieden, der Weise achtet die Sittlichkeit für Gewinn."

a Nach Mong Dsï II. a. 7 wäre zu übersetzen: „Die schönste Lebensstellung ist eine, durch die man am Gesamtwohl arbeitet. Töricht, wer ohne Not eine Lebensstellung ergreift, in der er nicht zum Wohl der Menschen wirken kann."

3.

子曰："唯仁者能好人，能惡人。"

4.

子曰："苟志於仁矣，無惡也。"

5.

子曰："富與貴是人之所欲也，不以其道得之，不處也；貧與賤是人之所惡也，不以其道得之，不去也。君子去仁，惡乎成名？君子無終食之間違

Das wahre Glück des Menschen besteht nicht in dem, was ihm von der Außenwelt geboten wird, sondern ganz allein in der inneren freien Übereinstimmung mit dem Sittengesetz. Diese Übereinstimmung gibt den wahren Seelenfrieden, darum ist es wahre Weisheit, nach dieser Seelenverfassung zu trachten. Ohne diesen inneren Halt ist es gar nicht möglich, sich in der Außenwelt zurechtzufinden; man ist dem ziellosen Spiel äußerer Zufälle wie Glück und Unglück preisgegeben und hält es in keiner Lage lange aus.

3. Die Kunst des Liebens und Hassens

Der Meister sprach: „Nur der Sittliche kann lieben und hassen."

Nur das sittliche Vernunftgesetz ist auch imstande, den Zu- und Abneigungen eine vernünftige, über die zufällige persönliche Anziehung und Abstoßung erhabene Richtung zu geben, indem ein sittlicher Charakter die Menschen liebt und haßt, wie sich selbst: das heißt, das Gute an ihnen liebt und das Böse an ihnen haßt.

4. Ein guter Wille überwindet das Böse

Der Meister sprach: „Wenn der Wille auf die Sittlichkeit gerichtet ist, so gibt es kein Böses."

Das Böse läßt sich nicht beseitigen durch Kampf und Reue, sondern allein durch die positive Zuwendung des Willens zu dem höchsten Ideal des Vernunftgesetzes. Durch dieses positive Vorwärtsstreben wird allmählich das Nichtgute und Unvollkommene ganz von selbst überwunden.

5. Das Ideal und das Leben

Der Meister sprach: „Reichtum und Ehre sind es, was die Menschen wünschen; aber wenn sie einem unverdient zuteil werden, so soll man sie nicht festhalten. Armut und Niedrigkeit sind es, was die Menschen hassen; aber wenn sie einem unverdient zuteil werden, so soll man sie nicht loszuwerden suchen. Ein Edler, der von der Sittlichkeit läßt, entspricht nicht dem Begriff (des Edlen). Der Edle übertritt nicht während der Dauer einer Mahlzeit die

仁，造次必於是，顛沛必於是。”

6.

子曰：“我未見好仁者，惡不仁者。好仁者，無以尚之；惡不仁者，其為仁矣，不使不仁者加乎其身。有能一日用其力於仁矣乎？我未見力不足者。蓋有之矣，我未之見也。

[Gesetze der] Sittlichkeit. In Drang und Hitze bleibt er unentwegt dabei, in Sturm und Gefahr bleibt er unentwegt dabei."

Das Bedürfnis nach Glück und die Furcht vor Unglück sind natürliche Eigenschaften, die jeder Mensch hat. Aber man soll sich in seinem Verhalten im Glück und Unglück nicht durch diese niedermenschlichen eudämonistischen Erwägungen bestimmen lassen. Unverdientes Glück gewaltsam festzuhalten oder unverdientes Unglück gewaltsam beseitigen zu wollen, ist vom höheren Standpunkt aus nicht der Mühe wert, weil beides für die sittliche Würde eines Menschen vollständig gleichgültig ist. Was aber der sittliche Mensch nicht verlieren darf, ohne daß er dem Wesen dieses Begriffs widersprechen würde, das ist die vollkommene Übereinstimmung des Willens mit dem Ideal. Diese Übereinstimmung des Willens ist überzeitlich. Sie wird nicht beeinflußt durch die äußeren Lebensbetätigungen oder die psychologischen Stimmungen. Sie steht hoch über diesem wirren Getriebe der Gedanken.

6. Pflicht und Neigung

Der Meister sprach: „Ich habe noch niemand gesehen, der das Sittliche liebt und das Unsittliche haßt. Wer das Sittliche liebt, dem geht nichts darüber. Wer das Unsittliche haßt, dessen Sittlichkeit ist so stark, daß nichts Unsittliches seiner Person sich nahen kann Wenn einer einen Tag lang seine ganze Kraft an das Sittliche setzen will: ich habe noch keinen gesehen, dessen Kraft dazu nicht ausreichte. Vielleicht gibt es auch solche, aber ich habe noch keinen gesehen."

Es gibt wenige oder keine Menschen, deren natürliche Neigung mit den sittlichen Forderungen der praktischen Vernunft übereinstimmte. Diese Übereinstimmung würde bedeuten, daß die sittlichen Forderungen die einzige Triebfeder des Handelns wären und daß die Kraft dieser Sittlichkeit so stark wäre, daß unsittliches Handeln auch als bloße Möglichkeit ausgeschlossen wäre. Dennoch ist die Übereinstimmung des Willens mit dem Ideal keine Unmöglichkeit, denn es gibt erfahrungsgemäß keinen Menschen, dessen Wille nicht stark genug wäre, wenigstens einen Tag lang dem Ideal treu zu bleiben. (Falls es Menschen von dieser untermoralischen Stufe geben sollte, so können sie jedenfalls außer Betracht bleiben). Was aber empirisch möglich ist für die Zeit eines Tages, das muß prinzipiell überhaupt möglich sein: den moralischen Willen zur einzigen Triebfeder zu machen.

7.

子曰：“人之過也，各於其黨。觀過，斯知仁矣。”

8.

子曰：“朝聞道，夕死可矣。”

9.

子曰：“士志於道，而恥惡衣惡食者，未足與議也。”

10.

子曰：“君子之於天下也，無適也，無莫也，義之與比。”

7. Psychologie der Verfehlungen

Der Meister sprach: „Die Überschreitungen eines jeden Menschen entsprechen seiner Wesensart. Dadurch daß man seine Überschreitungen sieht, kann man einen Menschen erkennen."

Auch die Abweichungen von der Norm entsprechen der Wesensart eines Menschen. Einen (guten) Menschen erkennt man auch noch aus den Überschreitungen, die er sich unbewußt zu schulden kommen läßt.

8. Das Beste in der Welt

Der Meister sprach: „In der Frühe die Wahrheit vernehmen und des Abends sterben: das ist nicht schlimm."

Andere Übersetzung: „Wenn ich eines Morgens vernähme, daß die Welt in Ordnung sei, würde ich ohne Bedauern am selben Abend zum Sterben bereit sein."

9. Falsche Scham

Der Meister sprach: „Der Gebildete richtet sein Streben auf die Wahrheit; wenn einer aber sich schlechter Kleider und schlechter Nahrung schämt, der ist noch nicht reif, um mitzureden."

Bei der Ausbildung der Persönlichkeit muß der Wille auf ewige Wahrheiten gerichtet sein. Wer noch von der gemeinen Not des Lebens gebändigt wird, ist noch nicht fähig, in jenen Dingen mitzureden.

10. Sine ira et studio

Der Meister sprach: „Der Edle hat für nichts auf der Welt eine bedingte Voreingenommenheit oder eine unbedingte Abneigung. Das Rechte allein ist es, auf dessen Seite er steht."

11.

子曰：“君子懷德，小人懷土；君子懷刑，小人懷惠。”

12.

子曰：“放於利而行，多怨。”

13.

子曰：“能以禮讓為國乎？何有？不能以禮讓為國，如禮何？”

11. Edles und gemeines Streben

Der Meister sprach: „Der Edle liebt den inneren Wert, der Gemeine liebt das Irdische; der Edle liebt das Gesetz, der Gemeine sucht die Gunst.“[1]

Eine andere Übersetzungsmöglichkeit ist:
Steht der Sinn des Fürsten auf inneren Wert, so steht der Sinn des niederen Volks auf sein Land; steht der Sinn des Fürsten auf Strafen, so steht der Sinn des niederen Volks auf Gunst.

12. Nachteil der Selbstsucht

Der Meister sprach: „Wer bei seinen Handlungen immer auf Vorteil aus ist, zieht sich viel Groll zu.“

Vgl. „Wer sein Leben gewinnt, der wird es verlieren.“

13. Wesen und Schein

Der Meister sprach: „Wer durch Ausübung der Moral seinen Staat regiert, was [für Schwierigkeiten] könnte der haben? Wer aber nicht durch Ausübung der Moral den Staat regiert, was nützt dem die Moral?“

Die Fürsten des Altertums haben die Beziehungen der Menschen untereinander in feste moralische Formen gebracht, um vermöge dieser Formen das soziale Zusammenleben der Menschen im Staate zu ordnen. Das Wesen dieser Formen besteht jedoch in der richtigen nachgiebigen und ehrerbietigen Gesinnung. Ein

---

1 Der Passus macht Übersetzungsschwierigkeiten; einmal ist der Ausdruck für „Irdisches“, eigentlich „Erde“, „Land“, in diesem Sinne so ungebräuchlich, daß Ku Hung Ming die Emendation „we“ „Stellung“ vorschlägt. Dann aber steht der zweite Satz: Der Edle liebt das „Strafgesetz“ in direktem Widerspruch zu Buch II, 3, wo das „Strafgesetz“ als minderwertige Stufe der Regierung gegenüber der „Geisteskraft“, dem „inneren Wert“ gestellt ist. Der japanische Kommentar bietet die in Spalte II gegebene Übersetzung, die durch die Übersetzung von gündsi mit „Fürst“ und siau jen mit „niedres Volk“ und die Art der logischen Verbindung einen guten Sinn herstellt; doch muß gesagt werden, daß im Lun Yü die obligate Gegenüberstellung von gündsi und siau jen gewöhnlich den Sinn von „edel“ und „gemein“ hat.

14.

子曰："不患無位，患所以立；不患莫己知，求為可知也。"

15.

子曰："參乎！吾道一以貫之。"曾子曰："唯。"子出。門人問曰："何謂也？"曾子曰："夫子之道，忠恕而已矣。"

Fürst, der diese Gesinnung hat und jeden seiner Beamten auf seinem Platze würdigt und seine Leistung anerkennt, der wird in den vom Altertum überkommenen Formen einen so starken Halt finden, daß ihm die Durchführung der staatlichen Ordnung ganz leicht fallen wird. Wenn aber ein Fürst, ohne das Wesen der rechten Gesinnung nur den Schein äußerer Formen benutzen will, um sein Reich in Ordnung zu bringen, der wird an der inneren Unwahrhaftigkeit seines Beginnens notwendig scheitern, aber er darf sich nicht über die Unwirksamkeit der moralischen Formen beklagen, denn er hat sich mit seinem ganzen Unternehmen auf ein Gebiet begeben, mit dem er nichts zu schaffen hat.

14. In deiner Brust sind deines Schicksals Sterne

Der Meister sprach: „Nicht das soll einen bekümmern, daß man kein Amt hat, sondern das muß einen bekümmern, daß man dafür tauglich werde. Nicht das soll einen bekümmern, daß man nicht bekannt ist, sondern danach muß man trachten, daß man würdig werde, bekannt zu werden."

Vgl. Buch I, 1 und 16.

15. Die Summe der Lehre

Der Meister sprach: „Nicht wahr, Schen,[2] meine ganze Lehre ist in Einem befaßt." Meister Dsong sprach: „Ja." Als der Meister hinaus war, fragten seine Schüler und sprachen: „Was bedeutet das?" Meister Dsong sprach: „Unsres Meisters Lehre ist Treue[3] gegen sich selbst und Gütigkeit gegen andre: darin ist alles befaßt."

2 Dsong Schen war, nächst dem früh verstorbenen Lieblingsschüler Yän Hui, derjenige unter den Jüngern Kungs, der am meisten in des Meisters Lehre eingedrungen ist. Von Natur wenig begabt, hat er diesen Mangel durch ehernen Fleiß und pietätvolle Anhänglichkeit auszugleichen gewußt. Er ist der Hauptfortsetzer der Lehre Kungs. Hier zeigt er ein tieferes Verständnis als die übrigen Jünger, indem er die Andeutung des Meisters sofort versteht.

3 „Treue gegen sich selbst" und „Gütigkeit gegen andre" ist die versuchte Wiedergabe der Begriffe „dschung" und „schu". Wie unzureichend die Übersetzung mit „Loyalität" und „Gegenseitigkeit" ist, darüber vgl. L. Giles, The Sayings of Confucius, London 1907, pag. 69, 118, 91 und Ku Hung Ming a. a. o. passim. In Wirklichkeit haben wir hier einfach den Kantschen kategorischen Imperativ, sowohl nach seiner formalen Seite als sittliche Autonomie (dschung) als auch nach der praktischen Seite, daß jeder Mensch als Selbstzweck zu behandeln ist (shu), in die antike Ausdrucksweise übertragen vor uns. Vgl. Kant, Met. d. Sitten.

16.

子曰：“君子喻於義，小人喻於利。”

17.

子曰：“見賢思齊焉，見不賢而內自省也。”

18.

子曰：“事父母幾諫。見志不從，又敬不違，勞而不怨。”

16. Wes das Herz voll ist

Der Meister sprach: „Der Edle ist bewandert in der Pflicht, der Gemeine ist bewandert im Gewinn."

Vgl. Abschn 11.

17. Anziehendes und warnendes Beispiel

Der Meister sprach: „Wenn du einen Würdigen siehst, so denke darauf, ihm gleich zu werden. Wenn du einen Unwürdigen siehst, so prüfe dich selbst in deinem Innern."

Vgl. Buch I, 4; Buch VII, 21.

18. Kindespflicht. I: Vorhalte

Der Meister sprach: Den Eltern dienend darf man ihnen in zarter Weise Vorstellungen machen. Wenn man aber sieht, daß sie nicht gewillt sind, darauf zu hören, so soll man fortfahren, ehrerbietig sich zu fügen, und auch die schwersten Anstrengungen ohne Murren tragen."[4]

WW. IV, 227: „Handle so, daß du die Menschheit sowohl in deiner eignen Person als in der Person eines jeden andern jederzeit zugleich als Zweck, niemals bloß als Mittel brauchst."

4 Die oben wiedergegebene Auffassung würde sich darauf beschränken, daß die Kinder den Eltern Vorhalte wegen Überlastung mit Arbeit machen. Eine andere Auffassung geht weiter. Wenn man aber sieht, daß sie nicht gewillt sind, darauf zu hören, so soll man fortfahren, ehrerbietig zu sein, ohne sich von seinem Vorsatz abbringen zu lassen." Interessant ist der freiere Standpunkt Kungs gegenüber der späteren Orthodoxie der Schule, die einfach dekretiert: Es kommt überhaupt nicht vor, daß die Eltern im Unrecht wären (vgl. Das heilige Edikt des Kaisers Kang Hi, Kap. 1).

19.

子曰：“父母在，不遠遊。遊必有方。”

20.

子曰：“三年無改於父之道，可謂孝矣。”

21.

子曰：“父母之年，不可不知也。一則以喜，一則以懼。”

19. Kindespflicht. II: Reisen

Der Meister sprach: „Solange die Eltern leben, soll man nicht in die Ferne ziehen. Und wenn man nach auswärts geht, so soll man einen bestimmten Wohnort wählen.“[5]

Zu Lebzeiten der Eltern soll man sich immer zu ihrer Verfügung halten und deshalb keine so weiten Reisen unternehmen, daß man nicht auf ihren Wunsch sofort zur Stelle sein kann. Ebenso soll man seine Eltern immer genau über seinen Aufenthaltsort auf dem laufenden erhalten, damit sie einen jederzeit, wenn sie es wünschen, rufen lassen können.

20. Kindespflicht. III: Pietät

Der Meister sprach: „Wer drei Jahre lang nicht abweicht von seines Vaters Wegen, kann kindesliebend genannt werden.“

Vgl. Buch I, 11.

21. Kindespflicht. IV: Alter der Eltern

Der Meister sprach: „Die Jahre der Eltern darf man nie vergessen: erstens, um sich darüber zu freuen, zweitens, um sich darüber zu sorgen.“

Ein pietätvoller Sohn muß das Alter seiner Eltern immer im Sinne haben, um sich darüber freuen zu können, daß sie so lange leben, und um mit verdoppelter Sorge ihrer Altersschwäche zur Hilfe zu kommen.

5 In diesem Punkte zeigt sich trotz aller anerkennenswerten Rücksicht doch eine gewisse Gebundenheit der jüngeren Generation an die vorangehende. Von wie weittragender Folge das sein kann, zeigt die Praxis. Auch der höchste und für den Staat notwendigste Beamte muß sich nicht nur beim Tode der Eltern 3 Jahre (oder wenigstens 27 Monate) aus der Öffentlichkeit zurückziehen, sondern auch zu Lebzeiten der Eltern immer ihnen zur Verfügung stehen. Daß die moderne Zeit auch hier Wandel schafft, zeigen die chinesischen Auslandskommissare und die Fälle, daß besonders wichtige Beamte durch kaiserlichen Befehl von der vorgeschriebenen Trauerzeit dispensiert werden.

22.

子曰：“古者言之不出，恥躬之不逮也。”

23.

子曰：“以約失之者，鮮矣。”

24.

子曰：“君子欲訥於言，而敏於行。”

25.

子曰：“德不孤，必有鄰。”

22. Vom Schweigen

Der Meister sprach: „Die Alten sparten ihre Worte; denn sie schämten sich, mit ihrem Betragen hinter ihren Worten zurückzubleiben."

Vgl. Buch II, 13.

23. Segen der Beschränkung

Der Meister sprach: „Die durch Beschränkung verloren haben, sind selten."

Die Unannehmlichkeiten, welche die Beschränkung notwendig mit sich bringt, werden dadurch aufgewogen, daß durch die Beschränkung eine Konzentration der Kräfte hervorgerufen wird, die so stark wirkt, daß man in der Regel imstande sein wird, die Absichten, die man hegt, zur Ausführung zu bringen.

24. Langsam zum Reden

Der Meister sprach: „Der Edle liebt es, langsam im Wort und rasch im Tun zu sein."[6]

25. Geistesgemeinschaft

Der Meister sprach: „Innerer Wert bleibt nicht verlassen; er findet sicher Nachbarschaft."

6 Nach einem alten chinesischen Kommentar stammen die Abschnitte 15–24 aus der Schule des Dsong Dsï. Sie entsprechen ganz dem vorsichtigen, etwas ängstlichen Sinn dieses gewissenhaftesten aller Epigonen. Auf diese Weise gewinnt man zugleich einen Einblick in die Komposition des Werks, auch erklärt sich daraus die Wiederholung Abschn 20. Später wurde im Anschluß an Abschn. 1 der entsprechende Abschn. 25 ans Ende des Buches gesetzt. Abschn 26 ist späterer Zusatz aus der Schule Dsï Yus.

26.

子游曰：“事君數，斯辱矣，朋友數，斯疏矣。”

26. Wider die Aufdringlichkeit

Dsï Yu sprach: „Im Dienst des Fürsten bringen lästige Vorwürfe Ungnade. Zwischen Freunden führen lästige Vorwürfe zu Entfremdung."

公冶長 – 論語

1.

子謂公冶長，“可妻也。雖在縲絏之中，非其罪也”。以其子妻之。子謂南容，“邦有道，不廢；邦無道，免於刑戮”。以其兄之子妻之。

BUCH V – GUNG YÄ TSCHANG

Dieses Buch enthält hauptsächlich gelegentliche Bemerkungen Kungs über Leute seiner Bekanntschaft und aus der Geschichte. Es ist sehr interessant, weil es den Meister im Kreis der Seinen, ungezwungen über dies und jenes redend zeigt, während er doch bei allem, was er sagt und tut, die höchsten Prinzipien im Hintergrund hat, von denen ein Licht auch auf scheinbar Nebensächliches und Gleichgültiges ausstrahlt. Ähnlich wie Goethe in seinen Gesprächen mit Eckermann, plaudert der chinesische Weise über diesen und jenen Menschen und gewährt dabei zugleich manchen Einblick in tiefere ethische Zusammenhänge des Lebens überhaupt.
Die Art dieser leichteren Konversation macht die Doppelübersetzung in zwei Spalten für die meisten Abschnitte überflüssig.

1. Verheiratungen

Der Meister sagte von Gung Ye Tschang: „Man kann ihm eine Frau zur Ehe geben; obwohl er in Banden liegt, ist es doch nicht seine Schuld." So gab er ihm seine Tochter zur Frau. Der Meister sagte von Nan Yung: „Wenn das Land wohl geleitet ist, so wird er nicht beiseite gesetzt werden. Wenn das Land schlecht geleitet ist, so wird er wenigstens Bestrafung und Hinrichtung zu vermeiden wissen." Und so gab er ihm die Tochter seines älteren Bruders zur Frau.[1]

---

1 Von dem Schwiegersohn des Kung, Gung Ye Tschang, ist nicht viel mehr bekannt, als daß er arm, aber ehrbar war. Nan Yung, dem er die Tochter seines älteren Bruders (des frühzeitig verstorbenen Krüppels Kung Mong Pi) zur Frau gab, kommt auch an einer andern Stelle in Lun Yü vor (Buch XI, 5), und zwar ebenfalls mit Beziehung auf seine Verheiratung. Er soll mit der in Lu so einflußreichen Familie Mong verwandt und sehr reich gewesen sein. Aus den beiden Verheiratungen geht gerade in ihrer Zusammenstellung hervor, daß Kung weder auf besondere Begabung (beide Männer spielen keine hervorragende Rolle im konfuzianischen Schülerkreis) noch auf äußere Glücksumstände (Gung Ye Tschang war im Gefängnis, Nan Yung in den besten Verhältnissen) entscheidenden Wert legte, sondern allein auf einen einfachen, soliden Charakter. Von Gung Ye Tschang geht übrigens eine sehr interessante Sage zur Begründung seiner unschuldigen Gefangenschaft, die sich in den älteren Kommentaren mit Vorbehalt wiedergegeben findet, während sie von den Sungkommentatoren unterdrückt ist. Gung Ye Tschang habe die Tiersprachen verstanden. Als er einst von dem Staate We nach Lu gewandert sei, habe er das Krächzen der Vögel gehört: Am klaren Bache gibts Menschenfleisch zu fressen, laßt uns hinfliegen! Kurz darauf sei er einer alten Frau begegnet, die weinte, weil ihr Sohn seit mehreren Tagen von Hause weg und sicher verunglückt

2.

子謂子賤，“君子哉若人！魯無君子者，斯焉取斯？”

2. Bildender Umgang

Der Meister sagte von Dsï Dsiän: Ein Edler in der Tat ist dieser Mann! Wenn es in Lu keine Edlen gäbe, wie hätte dieser dieses erreicht?“

Der Meister sagte von Dsï Dsiän, einem Schüler: Dieser Mann hat wirklich einen hohen Grad von Bildung. Das ist zugleich ein Beweis, daß es im Staate Lu noch Leute von feinerer Bildung gibt; denn ohne intimen Verkehr mit solchen Leuten hätte er nicht diese Stufe[2] erreichen können.“

---

sei, ohne daß sie seinen Leichnam finden könne. Gung Ye Tschang erzählte ihr, was er von den Vögeln gehört, und richtig fand sie an dem Bach den Leichnam Ihres Sohnes. Als sie die Geschichte dem Bürgermeister mitteilte, wurde der argwöhnisch, daß Gung Ye Tschang der Mörder sei, und ließ ihn ins Gefängnis setzen, um zu sehen, ob er wirklich die Vogelsprache verstehe. Siebzig Tage saß er im Gefängnis, da hörte er eines Tages die Vögel vor dem Fenster zwitschern und lachte. Der Gefängniswärter berichtete darüber an den Beamten, daß es in der Tat scheine, als verstehe der Gefangene die Vogelsprache; denn er habe gelacht, als er die Vögel zwitschern gehört. Nun mußte er erzählen. Er sagte: die Vögel haben sich benachrichtigt, daß ein Kornwagen umgefallen sei und der Ochse ein Horn abgebrochen habe. Sicher könne man nicht alles wieder aufsammeln und so bleibe für sie auch noch manches Körnlein übrig. Als man erfahren, daß es sich so verhielt, und er noch andre Proben seines Wissens abgelegt, sei er freigegeben worden. – Vgl. hierzu die Siegfriedsage, die ein ganz ähnliches Motiv kennt.

2 Das Wesen dieses Mannes erhellt aus einer kleinen Geschichte, die sich über ihn findet: Er hatte die Verwaltung des Bezirks Schan Fu übertragen bekommen. Während seiner Amtsführung spielte er die Laute und blieb ruhig in seiner Wohnung; dennoch waren die Zustände in Ordnung. Nach ihm kam ein anderer Schüler Kungs, namens Wu Ma Ki (vgl. VII, 30) an den Posten. Der ging an die Arbeit, wenn noch die Sterne am Himmel waren, und ging zurück, wenn die Sterne schon wieder leuchteten, und gönnte sich Tag und Nacht keine Ruhe, sondern war überall selbst auf dem Posten. Das Resultat seiner Amtsführung war dasselbe wie bei seinem Vorgänger: es gelang ihm auch eben nur, die Zustände in Ordnung zu halten. Da fragte er ihn nach der Ursache. Dsï Dsiän sprach: „Ich verlasse mich bei meiner Amtsführung auf tüchtige Menschen, du verläßt dich nur auf deine eigene Kraft. Sich nur auf eigene Kraft in allen Stücken verlassen zu müssen, ist mühsam Menschen verständig auszuwählen, auf die man sich verlassen kann, erleichtert den Betrieb.“ – Diese Fähigkeit zu regieren, ohne alle Vielgeschäftigkeit, nur dadurch, daß man die rechten Leute an den rechten Platz stellt, das sogenannte „Wu We“, ist ein Ideal, das schon in dem alten Herrscher Schun (zu Beginn der chinesischen Geschichte) von Kung bewundert wird. Vgl. VIII, 18. 20; XII, 22; XV, 4.

3.

子貢問曰："賜也何如？"子曰："女器也。"曰："何器也？"曰："瑚璉也。"

4.

或曰："雍也，仁而不佞。"子曰："焉用佞？禦人以口給，屢憎於人。不知其仁，焉用佞？"

5.

子使漆雕開仕。對曰："吾斯之未能信。"子說。

3. Bestrafte Eitelkeit

Dsï Gung fragte und sprach: „Und wem ist Si gleich?“ Der Meister sprach: „Du? du bist ein Gerät.“ Er sprach: „Was für ein Gerät?“ Er sprach: „Eine geschliffene Opferschale.“

Dsï Gung wollte die Gelegenheit wieder benutzen, um auch ein Lob für sich zu ernten (vgl. I, 15) und fragte, welche Stufe er erreicht habe. Der Meister erwiderte ihm lächelnd: „Du bist noch nicht so weit, um als selbständige Persönlichkeit in Betracht zu kommen, du kannst nur etwas leisten, wenn du von andern verwandt wirst (vgl. II, 12).“ „Und wozu kann ich verwandt werden?“, fragte der Schüler. „Zu großen Feierlichkeiten und Opferfesten; denn an guten Formen fehlt es dir nicht“, antwortete begütigend der Meister.

4. Güte und Redegewandtheit

Es sprach jemand: „Yung ist sittlich, aber nicht redegewandt.“ Der Meister sprach: „Wozu braucht's Redegewandtheit? Wer den Leuten immer mit seiner Zungenfertigkeit entgegentritt, zieht sich stets nur Abneigung von den Menschen zu. Ob er sittlich ist, weiß ich nicht, aber wozu braucht's der Redegewandtheit?“

Es sagte jemand von dem Schüler Jan Yung (genannt Dschung Gung, der einen schlimmen Vater hatte, aber selbst ganz anders war als jener, nämlich gutmütig und ungewandt vgl. VI, 4): „Er ist ein guter Kerl, aber er hat keine Gewandtheit im Reden.“ Der Meister erwiderte ärgerlich: „Was fange ich mit eurer Redegewandtheit an? Wer den Leuten immer mit seiner Zungenfertigkeit widerspricht, der erreicht es nur, daß er sich allgemein mißliebig macht. Ob er wirklich als guter Charakter bezeichnet werden kann, das will ich nicht entscheiden, aber daß Zungenfertigkeit nichts mit Güte des Charakters zu tun hat, das ist ganz sicher.“

5. Vorsicht bei Übernahme eines Amtes

Der Meister wollte dem Tsi-Diau Kai ein Amt übertragen. Er erwiderte und sprach: „Ich kann dies[3] hier noch nicht glauben.“ Der Meister war erfreut.

3 Nach einer in Gia Yü (Schulgespräche) überlieferten Tradition war Tsi-Diau Kai eben mit der Lektüre des Schu Ging (Buch der Urkunden) beschäftigt, und seine Antwort bezog sich auf die darin enthaltenen Lehren.

6.

子曰："道不行，乘桴浮于海。從我者其由與？"子路聞之喜。子曰："由也好勇過我，無所取材。"

7.

孟武伯問："子路仁乎？"子曰："不知也。"又問。子曰："由也，千乘之國，可使治其賦也，不知其仁也。"

Der Meister wollte dem Schüler Tsi-Diau Kai, der gute Fähigkeiten hatte, ein seinen Fähigkeiten entsprechendes Amt übertragen. Der Schüler aber erwiderte: „Ich fühle mich dazu noch nicht reif, da ich in betreff der Regierungsprinzipien mit mir noch nicht im klaren bin. Ich möchte mich aber nicht auf die Praxis einlassen, ehe ich einen festen theoretischen Standpunkt in diesen Fragen mir erworben habe." Der Meister freute sich über diese klare und großzügige Gesinnung.

6. Das Floß der Wahrheit

Der Meister sprach: „Die Wahrheit hat keinen Erfolg. Ich muß wohl ein Floß besteigen und über die See fahren. Wenn mich einer dabei begleitet, so ist es wohl Yu." Dsï Lu hörte es und freute sich. Der Meister sprach: „Yu ist wohl mutiger als ich, aber es fehlt ihm die Überlegung, um das Material für das Floß zu beschaffen."[4]

7. Verschiedene Brauchbarkeit[5]

Der Freiherr Mong Wu fragte, ob Dsï Lu sittlich vollkommen sei. Der Meister sprach: „Ich weiß es nicht" Noch weiter befragt, antwortete der Meister: „Man kann den Yu brauchen zur Leitung des Militärwesens selbst in einem Staate mit 1000 Kriegswagen.[6] Aber ob er sittlich vollkommen ist, das weiß ich nicht."

4 Eine Zurechtweisung des mutigen, zufahrenden Dsï Lu. Der Meister klagt über die Zustände im Reich und fügt bei: wenn man gute Zustände finden wolle, so müsse man sie schon im Meer, etwa auf den Inseln der Seligen suchen. Er sieht dabei seine Jünger an, und wie er vom Reisen, von Gefahr redet, da blitzt es wohl in den Augen Dsï Lus auf, und der Meister fügt lächelnd bei: Dsï Lu wäre wohl am ehesten imstande mitzugehen. Dsï Lu nimmt das für bare Münze, ist Feuer und Flamme über diese Anerkennung seiner Tapferkeit und will sofort mit. Da weist ihn der Meister darauf, wie sein Mut einmal wieder mit seinem Urteil durchgebrannt sei.

5 Diese Beurteilung der drei Schüler Dsï Lu (Dschung Yu), Jan Kiu, Dsï Hua (Gung-Si Tschi) hat ihre Parallele in Buch XI, 25, wo die betreffenden ihres Herzens Wünsche sagen, die genau mit dem, was der Meister hier über ihre Verwendbarkeit aussagt, übereinstimmen Der Abschnitt ist übrigens ein Beweis, wie sparsam Kung mit dem Prädikat „jen" (Sittlichkeit, moralische Güte) umgeht. Der Minister Mong gebraucht das Wort wohl mehr gedankenlos im Sinn von brauchbar. Kung weist diesen Gebrauch zurück und, indem er die Fähigkeiten der Schüler darlegt, lehnt er ab, etwas über die Stufe der Sittlichkeit, die sie erreicht haben, zu sagen.

6 Staat mit 1000 Kriegswagen ist ein Lehnsstaat erster Ordnung (etwa Lu).

“求也何如？”子曰：“求也，千室之邑，百乘之家，可使為之宰也，不知其仁也。”“赤也何如？”子曰：“赤也，束帶立於朝，可使與賓客言也，不知其仁也。”

8.

子謂子貢曰：“女與回也孰愈？”對曰：“賜也何敢望回。回也聞一以知十，賜也聞一以知二。”子曰：“弗如也！吾與女弗如也。”

9.

宰予晝寢。子曰：“朽木不可雕也，糞土之牆不可杇也，於予與

„Und wie steht es mit Kiu?“ Der Meister sprach: „Kiu? In einem Bezirk von 1000 Familien[7] oder einem Haus mit 100 Kriegswagen kann man ihn zur Leitung der inneren Angelegenheiten brauchen. Aber ob er sittlich vollkommen ist, weiß ich nicht.“ „Und wie steht es mit Tschi?“ Der Meister sprach: „Tschi ist brauchbar, mit dem Gürtel gegürtet[8] bei Hofe stehend den Verkehr mit Besuchern und Gästen zu führen. Aber ob er sittlich vollkommen ist, weiß ich nicht“

8. Erziehung zur Bescheidenheit

Der Meister sagte zu Dsï Gung: „Du oder Hui, wer von euch beiden ist weiter?“ Er erwiderte: „Wie könnte ich wagen auf Hui zu blicken! Hui, wenn der Eines hört, so weiß er zehn Wenn ich Eines höre, so weiß ich zwei.“ Der Meister sprach: „Du kommst ihm nicht gleich. Ich und du, wir sind ihm darin nicht gleich.“[9]

9. Tadel

Dsai Yü[10] verweilte am hellen Tage in seinem Schlafzimmer. Der Meister sprach: „Faules Holz kann man nicht schnitzen. Eine Wand aus schlechtem Lehm läßt sich nicht streichen. Dieser Yü da! Was soll man ihm überhaupt

7 Bezirk von 1000 Familien entspricht einer Leistung von 100 Kriegswagen, eine größere Grafschaft innerhalb eines Lehnsstaats (etwa der Bereich der Familien Gi, Mong, Schu- Sun).

8 Festgewand.

9 Vgl. I, 15; V, 3, 11 usw. Auch hier ist die beabsichtigte Lehre an den begabten, aber von Einbildung nicht freien Schüler klar. Durch Vergleiche mit dem „unerreichbaren“ Jünger Yän Hui, „den der Meister liebhatte“, soll Dsï Gung zum Bewußtsein seiner eignen Unzulänglichkeit kommen Der Jünger besitzt Selbsterkenntnis genug, dies anzuerkennen, und der Meister tröstet ihn, indem er sich ebenfalls an natürlicher Auffassungsgabe als hinter Yän Hui zurückstehend bekennt. Wir folgen dabei dem Kommentator Bau aus der Hanzeit (50 p.C.). Die gewöhnliche Erklärung des letzten Passus: „Ich gebe dir zu, daß du ihm nicht gleichkommst“ hat in ihrer Ironie etwas Verletzendes und würde die Kritik Wang Tschungs in Lun Heng (ed A. Forge, London 1907, pag. 398) einigermaßen rechtfertigen. (Über Yän Hui vgl. XI, 2, Anm)

10 Wang Tschung a.a.O. beschäftigt sich auch mit dieser Stelle und findet den Tadel unverhältnismäßig. Der japanische Kommentar gibt einen guten Ausweg, indem er nachweist, daß es sich nicht um einfaches Schlafen bei Tag handelt, sondern um einen Aufenthalt im Schlafzimmer während der Studienzeit, der nach den Regeln des Altertums verpönt war. Das zweite „Der Meister sprach“ wird von den meisten Kommentaren gestrichen, ist aber wohl eher ein Zeichen dafür, daß ein aus andrer Quelle stammender Ausspruch hierher versetzt wurde. Über Dsai Yü vgl. XI, 2. Anm.

何誅。”子曰：“始吾於人也，聽其言而信其行；今吾於人也，聽其言而觀其行。於予與改是。“宰予晝寢。子曰：“朽木不可雕也，糞土之牆不可杇也，於予與何誅。”子曰：“始吾於人也，聽其言而信其行；今吾於人也，聽其言而觀其行。於予與改是。”

10.

子曰：“吾未見剛者。”或對曰：“申棖。”子曰：“棖也慾，焉得剛？”

11.

子貢曰：“我不欲人之加諸我也，吾亦欲無加諸人。”子曰：“賜也，非爾所及也。”

12.

子貢曰：“夫子之文章，可得而聞也；夫子之言性與天道，不可得而聞也。”

noch Vorwürfe machen!“ Der Meister sprach: „Früher stand ich so zu den Menschen: Wenn ich ihre Worte hörte, so glaubte ich an ihre Taten. Jetzt stehe ich so zu den Menschen: Ich höre ihre Worte, und dann sehe ich nach ihren Taten. Durch Yü kam ich dazu, diese Änderung vorzunehmen.“

10. Stärke und Sinnlichkeit

Der Meister sprach: „Ich habe noch keinen Menschen von wirklicher Charakterstärke gesehen.“ Es erwiderte jemand: „Schen Tschang“[11]. „Der Meister sprach: „Tschang ist der Sinnlichkeit unterworfen. Wie könnte er stark sein?“

11. Ideal und Wirklichkeit

Dsï Gung sprach: „Was ich nicht mag, daß die Leute mir zufügen, das mag ich auch ihnen nicht zufügen.“ Der Meister sprach: „Mein Si, diese Stufe hast du noch nicht erreicht.“[12]

12. Exoterisches und Esoterisches

Dsï Gung sprach: „Des Meisters Reden über Kultur und Kunst kann man zu hören bekommen. Aber die Worte des Meisters über Natur und Weltordnung kann man nicht (leicht) zu hören bekommen.“[13]

---

11 Ein wenig bekannter Schüler.

12 Das, was der Meister an den Worten Dsï Gungs zu tadeln hat, ist die Art, wie er das Prinzip des kategorischen Imperativs in seiner negativen Form ausspricht: nicht als ethische Forderung, sondern als Beschreibung seines sittlichen Zustandes, daß er gar nicht das Verlangen habe, andere nicht als Selbstzweck zu behandeln. Er antizipiert eine Übereinstimmung von Pflicht und Neigung, die seinem sittlichen Zustand noch nicht entspricht. Über das Prinzip, das hier ausgesprochen ist, vergleiche auch Dschung Yung (Maß und Mitte) XIII, 3, wo es lautet: „Was du nicht liebst, daß dir angetan wird, das tue auch nicht andern an.“ Also imperativischer Ausdruck! Die Erwägungen, die hier angestellt zu werden pflegen über das Zurückbleiben des negativen chinesischen Ideals hinter dem positiven christlichen, sind vollständig müßig, da die positive Seite in der Stelle in Dschung Yung unmittelbar im Zusammenhang als – wenn auch von Kung noch nicht erreichtes, so doch erstrebtes – Ideal bezeichnet wird. Vgl. auch XV. 23.

13 Der Ausspruch Dsï Gungs wird von den Kommentaren so aufgefaßt, daß es ein Ausdruck der Freude ist, nachdem es dem Dsï Gung einmal gelungen war, einen Einblick in die tieferen Lehren des Meisters, die er nicht jedem offenbarte, zu gewinnen. Worüber der Meister

13.

子路有聞，未之能行，唯恐有聞。

14.

子貢問曰：“孔文子何以謂之文也？”子曰：“敏而好學，不恥下問，是以謂之文也。”

15.

子謂子產，“有君子之道四焉：其行己也恭，其事上也敬，其養民也惠，其使民也義。”

13. Gründlichkeit

Wenn Dsï Lu eine Lehre vernommen, die er noch nicht auszuführen vermochte, so fürchtete er sich nur davor, noch andre Lehren zu vernehmen.

14. Bescheidenheit beim Erwerben von Kenntnissen

Dsï Gung fragte und sprach: „Weshalb ist Kung Wen Dsï der ‚Weise' (Wen) genannt worden?" Der Meister sprach: „Er war rasch [von Begriff] und liebte zu lernen; er schämte sich nicht Niedrige zu fragen; das ist der Grund, warum er der ‚Weise' genannt wird."

Der Schüler Dsï Gung fragte, warum der Minister Kung vom Staate We, von dessen Taten nicht durchaus Günstiges zu berichten war, dennoch den Ehrentitel „der Weise", der ihm bei seinem Tode verliehen wurde, verdient habe. Der Meister sprach: „Er vereinigte geniale Auffassungsgabe und wissenschaftliches Interesse. Dieses Interesse gab ihm eine gewisse Größe der Gesinnung, die ihn Standesunterschiede übersehen ließ, wo ihm die Möglichkeit der Erweiterung seiner Kenntnisse geboten war. Mag er im übrigen gewesen sein, wie er will, diese Eigenschaft genügte, um ihn des Titels ‚der Weise' würdig zu machen."

15. Hervorragende Charakterseiten

Der Meister sagte von Dsï Tschan, daß er vier Eigenschaften eines Edlen gehabt habe: In seinem persönlichen Leben war er ernst, im Dienst des Fürsten war er ehrfurchtsvoll, in der Sorge für die Nahrung des Volks zeigte er Gnade, in der Verwendung des Volks Gerechtigkeit.[14]

---

oft sprach, das waren die praktischen Berufsfragen. Die letzten Weltanschauungsprobleme waren Kung zu heilig, um viel darüber zu reden.

14 Man vergleiche zu dem, was Kung hier über seinen persönlichen Freund, den Minister Gung-Sun Dsï-Tschan vom Staate Dschong sagt, die entsprechenden Abschnitte im Dso Dschuan (dem Kommentar zu den Frühlings- und Herbstannalen): In Dschong war die Sitte aufgekommen, daß die Leute sich in den Dorfschulen versammelten, um Regierungsangelegenheiten zu besprechen. Man machte Dsï Tschan Mitteilung davon, damit er dagegen einschreiten könne. Aber er weigerte sich und sagte: „Wenn die Leute morgens und abends sich das Vergnügen gönnen, in den Schulen sich zu versammeln, um die Vorzüge und Fehler der Regierung zu besprechen, so kann ich von ihren Reden nur lernen. Was sie gut finden, werde ich beibehalten; was sie schlecht finden, werde ich bessern." Ein Zeichen für

16.

子曰："晏平仲善與人交，久而敬之。"

17.

子曰："臧文仲居蔡，山節藻梲，何如其知也？"

16. Verkehr mit Menschen

Der Meister sprach: „Yän Ping Dschung versteht es, mit Menschen umzugehen. Auch nach jahrelangem Verkehr genießt er noch die Hochachtung der Leute."[15]

17. Die Schildkröte

Der Meister sprach: „Dsang, der ‚Weise' bewahrte eine Schildkröte in einem Hause, dessen Säulen mit geschnitzten Darstellungen von Bergen und dessen Balken mit Schilfgräsern geziert waren. Was ist denn dabei für eine Weisheit?"[16]

---

seine Gnade und Gerechtigkeit dem Volke gegenüber sind die Lieder, die über ihn in Umlauf waren. Er begann nämlich mit einer strengen Durchführung der öffentlichen Ordnung und einem neuen Steuersystem, wodurch er sich so unbeliebt machte, daß die Fuhrknechte auf den Straßen sangen: „Er raubt uns unsere Kleider, er nimmt uns unsere Felder; wer den Dsï Tschan umbringt, der hat mich auf seiner Seite." Nach drei Jahren war die Stimmung so umgeschlagen, daß die Leute sangen: „Ich habe Kinder, Dsï Tschan lehrt sie; ich habe Felder, Dsï Tschan pflanzt sie; wenn Dsï Tschan stürbe, wer sollte sein Erbe sein?" – Es ist außerdem sein Verdienst, daß der kleine Staat Dschong zwischen den beiden großen und kriegerischen Nachbarstaaten Dsin und Tschu durch kluge und zurückhaltende Politik sich aufrecht halten konnte. Vgl. XIV 9, 10.

15 Wir folgen hier der älteren Lesart, die im zweiten Satz das Wort „jen" Menschen noch einmal hat. Die gegenwärtige, wie es scheint, weniger gute Lesart würde lauten: „Auch bei langem Verkehr bleibt er respektvoll." Yän Ping Dschung, Minister im Staate Tsi, war ein politischer Gegner Kungs, dessen Anstellung er hintertrieben hat. Dennoch sollen die beiden in freundschaftlichen Beziehungen gelebt haben.

16 Der „weise" Dsang war in Lu ein angesehener hoher Beamter. Er hatte eine große Schildkröte, wie sie in alter Zeit zum Wahrsagen benützt wurden, und holte sie alle 3 Jahre hervor, um Orakel zu holen. Damit überschritt er jedoch seine Kompetenz; denn eine so große Schildkröte durften nur die Lehnsfürsten selbst halten, während sich die Beamten mit kleineren begnügen mußten. Manche Kommentare trennen hier und fahren fort: sein Haus hatte geschnitzte Berge auf den Säulen und Schilfgrasdarstellungen auf den Dachbalken. Auch das war ein Vorrecht des kaiserlichen Ahnentempels. Dieser Erklärung nach würde der Fehler des „weisen" Dsang in seiner Anmaßung liegen, und seine mangelnde Weisheit wäre Mangel an Kenntnis der Etikette. Dadurch würde der Abschnitt in enge Beziehung gesetzt zu dem über Guan Dschung III, 22. Andre sehen den Vorwurf in der abergläubischen Geheimniskrämerei mit der Schildkrötenschale. Interessant ist übrigens, daß sich im Li Gi VIII 1, 19. 20. 23 Bemerkungen über Guan Dschung, Yän Ping Dschung und Dsang Wen Dschung finden, die Parallelen zu dem hier erwähnten bieten: Guan Dschung hatte geschliffene Opferschalen und (kaiserlich) rote Bänder an seiner Festmütze. Er hatte geschnitzte Berge auf den Säulen seines Hauses und Schilfgrasdarstellungen auf den Dach-

18.

子張問曰：“令尹子文三仕為令尹，無喜色；三已之，無慍色。舊令尹之政，必以告新令尹。何如？”子曰：“忠矣。”曰：“仁矣乎？”曰：“未知，焉得仁？”“崔子弑齊君，陳文子有馬十乘，棄而違之。至於他邦，則曰：‘猶吾大夫崔子也。’違之。之一邦，則又曰：‘猶吾大夫崔子也。’違之。何如？”子曰：“清矣。”曰：“仁矣乎？”曰：“未知。焉得仁？”

18. Die Sittlichkeit ist schwer zu erkennen

Dsï Dschang fragte und sprach: „Der Kanzler Dsï Wen wurde dreimal in das Amt des Kanzlers (von Tschu) berufen, ohne sich darüber erfreut zu zeigen. Er wurde dreimal abgesetzt, ohne sich darüber mißvergnügt zu zeigen. Außerdem machte er sich zur Pflicht, seinen Nachfolger in das Amt einzuführen. Wie ist er zu beurteilen?“ Der Meister sprach: „Er war gewissenhaft.“ Auf die Frage, ob er als sittlicher Charakter bezeichnet werden könnte, sagte er: „Ich weiß es nicht, ob er sittlich genannt werden kann.“ – [Der Schüler fuhr fort:] „Als der General Tsui[17] seinen Herrn, den Fürsten von Tsi, ermordete, da ließ der edle Tschen Wen, obwohl er 10 Viergespanne besaß, seine Habe im Stich und wanderte aus. Er kam in ein anderes Land, da sprach er: ‚Hier sind sie geradeso wie unser General Tsui‘ und wanderte aus. Er kam noch in ein Land und sprach abermals. ‚Hier sind sie geradeso wie unser General Tsui‘ und wanderte aus. Wie ist er zu beurteilen?“ Der Meister sprach: „Er war rein.“ Auf die Frage, ob er als sittlicher Charakter bezeichnet werden könne, sagte er: „Ich weiß es nicht, ob er sittlich genannt werden kann.“

balken. Ein Gebildeter nennt das übertrieben. Yän Ping Dschung opferte seinen Ahnen die Schulter eines Ferkels, nicht groß genug die Opferschale auszufüllen, und kam in gewaschenen Kleidern und abgetragenem Hut zu Hofe. Ein Gebildeter nennt das knickerig. Meister Kung sprach. „Was weiß Dsang Wen Dschung von der Etikette? Als Hia Fu Gi die Ordnung der fürstlichen Ahnentafeln beim Opfer störte, hat er ihn nicht daran gehindert. Er hat ferner dem Hausgeist ein Brandopfer gebracht. Nun ist aber der Hausgeist ein Geist, dem die alten Weiber opfern, ein bißchen Essen auf einem Teller, ein bißchen Wein in einer Flasche.“ (Vgl. zu dem Hausgeist Lun Yü III, 13. Man begreift dann um so eher die schroffe Abweisung, die Kung dem Majordomus von We zuteil werden ließ, der ihn mit solchen Altweibergöttern belästigte).

17 Der General Tsui, der im Staate Tsi einen überaus einflußreichen Posten hatte, verliebte sich in die Frau eines Vornehmen, die er heiratete. Doch fand der regierende Fürst Dschuang ebenfalls Gefallen an der Schönen und benutzte die Zeit der Abwesenheit Tsuis auf seinen Kriegszügen zu Besuchen bei dessen Frau. Der obenerwähnte Tschen Wen machte dem General Mitteilung davon, und dieser ermordete aus Rache seinen Fürsten und riß die Regierung an sich, indem er einen neuen Fürsten nach seiner Wahl ernannte Yän Ping Dschung, der damals auch schon ein Amt in Tsi hatte, tat, als ob er verreiste, um nichts mit der Sache zu tun zu haben. In Wirklichkeit hielt er sich bei geschlossener Haustür zu Hause auf, bis das Wetter vorüber war. Tschen Wen verließ demonstrativ das Land. Auch der Staatsarchivar remonstrierte, indem er in die Annalen schrieb, Tsui habe seinen Fürsten ermordet. Tsui ließ ihn hinrichten. Ebenso seine zwei Brüder, die ihm im Amt folgten und die Behauptung aufrecht hielten. Erst als der dritte Bruder Energie genug hatte, die Behauptung der andern zu wiederholen, ließ Tsui die Sache passieren.

19.

季文子三思而後行。子聞之，曰："再，斯可矣。"

20.

子曰："甯武子邦有道則知，邦無道則愚。其知可及也，其愚不可及也。"

21.

子在陳曰："歸與！歸與！吾黨之小子狂簡，斐然成章，不知所以裁之。"

22.

子曰："伯夷、叔齊不念舊惡，怨是用希。"

19. Überlegungen

Von Gi, dem „Weisen", hieß es, daß er alles erst dreimal überlege, ehe er sich zum Handeln entschließe. Der Meister hörte davon und sprach: „Wenn er auch nur zweimal sich die Sachen überlegt, so ist es schon gut."

20. Torheit noch schwerer als Weisheit

Der Meister sprach: „Der Freiherr Ning Wu war weise, solange Ordnung im Lande herrschte. Als Unordnung im Lande aufkam, benahm er sich töricht. In seiner Weisheit können andre ihn erreichen. In seiner Torheit aber ist er unerreichbar."[18]

21. Sorge für die Nachwelt

Der Meister sprach in Tschen: „Ich muß heim! Ich muß heim! Meine jungen Freunde zu Hause sind enthusiastisch und großartig. Sie sind bewandert in allen Künsten. Aber sie wissen noch nicht sich zu mäßigen."[19]

22. Vergeben

Der Meister sprach: „Be J und Schu Tsi[20] gedachten nicht alter Fehler; darum blieben sie frei von Groll."

---

18 Ning Wu war ein Beamter im Staate We (660–635 a. C.). Solange der Staat in Ruhe war, zeigte er sich weise und verständig in Erfüllung seiner Pflichten. Später kamen die Unruhen über das Reich, die mit dem Hervortreten des Staates Dsin zusammenhingen. Der Herzog Wen von We wurde im Laufe dieser Unruhen vertrieben, und Ning Wu, anstatt sich „weise" fern vom Schuß zu halten, nahm ruhig den Vorwurf der Torheit auf sich und folgte seinem Fürsten ins Exil. Dort gelang es ihm, durch seine scheinbare Torheit sich und seinen Fürsten zu retten.

19 In Tschen kam Kung zur Überzeugung, daß seine Lehre in der Mitwelt keine allgemeine Anerkennung finden werde. Deshalb steigt in ihm die Sehnsucht auf nach seinen Jüngern. Zu ihnen will er wieder heim, um ihre guten Eigenschaften durch seine Anwesenheit zu vervollkommnen und so in ihnen einen Stamm von Getreuen heranzuziehen, die geeignet wären, seine Lehren dereinst auf die Nachwelt zu bringen.

20 Be J und Schu Tsi sind zwei Prinzen aus dem Ende der Yindynastie. Als der Vater dem Jüngeren die Nachfolge auf dem Thron zugesagt hatte, weigerte sich dieser, seinen älteren

23.

子曰："孰謂微生高直？或乞醯焉，乞諸其鄰而與之。"

24.

子曰："巧言、令色、足恭，左丘明恥之，丘亦恥之。匿怨而友其人，左丘明恥之，丘亦恥之。"

25.

顏淵、季路侍。子曰："盍各言爾志？"子路曰："願車馬、衣輕裘，

23. Der entlehnte Essig

Der Meister sprach: „Wer will behaupten, daß We-Schong Gau[21] ehrlich sei? Als einst jemand ihn um Essig bat, da entlehnte er selber erst bei seinem Nachbar, um ihn hergeben zu können."

24. Ohne Falsch sein

Der Meister sprach: „Glatte Worte, einschmeichelnde Mienen, übertriebene Höflichkeit – solcher Dinge schämte sich Dso Kiu Ming[22], ich schäme mich ihrer auch. Seinen Ärger verhehlen und mit seinem Feinde freundlich tun – dessen schämte sich Dso Kiu Ming, ich schäme mich dessen auch."

25. Herzenswünsche

Yän Yüan (Yän Hui) und Gi Lu (Dsï Lu) standen zu des Meisters Seite, da sprach er: „Nun sage mir einmal jeder seine Herzenswünsche." Dsï Lu begann: „Ich möchte Pferd und Wagen und leichtes, kostbares Pelzwerk zum Anzie-

---

Bruder zu verdrängen. Ebenso weigerte sich der ältere Bruder, das Recht des jüngeren zu verkürzen. Schließlich zogen sie sich beide in die Verborgenheit zurück und ließen das Reich dahinten. Als später König Wu, der Gründer der Dschoudynastie auftrat, wandten sie sich gegen ihn, und als er Sieger blieb, verhungerten sie freiwillig auf dem Schouyangberg, um das Brot der neuen Dynastie nicht essen zu müssen. Obwohl sie demnach auf der gegnerischen Seite der von Kung so hoch verehrten Dschoudynastie stehen, ist Kung über sie stets des Lobes voll.

21 We-Schong Gau war vielleicht ebenso wie We Schong Mou (XIV, 34) ein Mann aus der Jugendbekanntschaft des Kung. Es ist hier wohl ein Scherzwort überliefert. Der Jemand, der den Essig entlehnte, war wohl Kung selbst, und der Vorwurf der Unehrlichkeit ist natürlich lange nicht so ernst gemeint, wie humorlose Kommentatoren im Detail ausführen (vgl. übrigens Anm zu XVI, 8).

22 Es ist eine offene Frage, wer eigentlich Dso Kiu Ming ist. Die Frage wird um so komplizierter, als das bekannte Geschichtswerk Dso Dschuan, das etwa denselben Zeitpunkt umfaßt, wie die von Kung revidierten „Frühlings- und Herbstannalen" und das von W. Grube, wenn auch wohl mit Unrecht, direkt für Kungs Werk erklärt wurde, denselben unbekannten Verfasser hat. Wenn der hier genannte Dso Kiu Ming und der Verfasser des Dso Dschuan dieselbe Person ist, so muß er wohl ein jüngerer Zeitgenosse Kungs sein. Andre behaupten, Dso Kin Ming sei ein Lehrer der Vorzeit. Sachlich ist bemerkenswert die Abneigung Kungs gegen alle Heuchelei. Bei der Beurteilung des chinesischen Nationalcharakters ist es wichtig, auch solche Stellen zu berücksichtigen. Diese Art ist auch heute noch nicht ganz ausgestorben in China (vgl. I, 3).

與朋友共。敝之而無憾。”顏淵曰：“願無伐善，無施勞。”子路曰：“願聞子之志。”子曰：“老者安之，朋友信之，少者懷之。”

26.

子曰：“已矣乎！吾未見能見其過而內自訟者也。”

27.

子曰：“十室之邑，必有忠信如丘者焉，不如丘之好學也。”

hen. Ich wollte es mit meinen Freunden gemeinsam benützen, und wenn sie es mir verdürben, so wollte ich nicht böse werden." Yän Yüan sprach: „Ich möchte mich nicht meines Guten rühmen und möchte nicht andere für mich bemühen." – Darauf sprach Dsï Lu: „Nun möchten wir auch gern des Meisters Wünsche hören." Der Meister sprach: „Den Alten möchte ich Frieden geben, mit Freunden möchte ich in Treuen verkehren, die Kleinen möchte ich herzen."[23]

26. Selbstanklage ist selten

Der Meister sprach: „Es ist alles aus! Ich habe noch keinen gesehen, der seine eignen Fehler sehen und innerlich sich selbst verklagen könnte."[24]

27. Bescheidenheit des Meisters

Der Meister sprach: „In einem Dorf von zehn Familien gibt es sicher Leute, die an Gewissenhaftigkeit und Wahrhaftigkeit mir gleich sind; warum sollten sie nicht auch in der Liebe zum Lernen mir gleich sein?"[25]

---

23 Eines der berühmtesten Stücke der chinesischen Literatur (vgl. dazu die Parallele XI, 25). Von der Grundlage der Selbstlosigkeit bauen sich die Ideale der drei, stufenweise höhersteigend auf. Bei Dsï Lu ist die Selbstlosigkeit auf äußere Gütergemeinschaft gerichtet. Bei Yän Hui geht die Freigebigkeit über in innere Bescheidenheit. Der Meister endlich läßt das eigene Ich ganz auf der Seite. Seine Gedanken gehen nur darauf, daß jeder Mensch die Behandlung finde, deren er bedarf: die Alten Ruhe, die Männer Freundschaft, die Kinder liebende Sorge. Über Yän Hui und Gi Lu vgl. XI, 2 Anm.

24 Es ist interessant, wie hier ein Ausdruck, der in der christlichen Terminologie bis zur Sinnlosigkeit abgegriffen ist: die „Selbstanklage", in grauem Altertum mit der vollen Frische eines Gleichnisses (es ist derselbe Ausdruck wie bei der gerichtlichen Klage gebraucht) sich losringt als ein erstes Aufblitzen einer Welt der Innerlichkeit und Reflexion („Zwei Seelen wohnen, ach, in meiner Brust.").

25 Das Fragewort ist zum zweiten Teil gezogen, weil auf diese Weise die grammatikalische Struktur klarer wird und auch der Sinn gewinnt. Die andre Version: „In jedem Dorf dürfte es Menschen geben, die an Treu und Glauben mir gleich sind; das einzige, was ich vor ihnen voraus habe, ist meine Liebe zum Lernen", klingt bei aller Bescheidenheit doch etwas trivial. In unserem Sinn wäre das Wort etwa gesprochen zur Aufmunterung für die Jünger, daß sie nicht an der Möglichkeit des Erfolgs verzweifeln dürfen, da, was Kung selbst erreicht, auch jeder andre zu erreichen imstande sei.

雍也 – 論語

1.

子曰："雍也可使南面。"仲弓問子桑伯子，子曰："可也簡。"仲弓曰："居敬而行簡，以臨其民，不亦可乎？居簡而行簡，無乃大簡乎？"子曰："雍之言然。"

BUCH VI – YUNG YÄ

Der Inhalt dieses Buches ist dem des fünften verwandt. Es zeigt ebenfalls den Meister hauptsächlich im Verkehr mit seinen Jüngern. Es ist daher ebenso wie das letzte wertvoll, um das Milieu kennen zu lernen, in dem sich der chinesische Weise bewegt hat, sowie die Schwierigkeiten, mit denen er im Kreis seiner Schule zu kämpfen hatte, und die Erfolge, die er erzielt hat. Der Schluß erhebt sich dann wieder zu weiteren, prinzipiellen Ausblicken.

1. Fürstentugend

Der Meister sprach: „Yung[1], den kann man brauchen, um mit südlich gewandtem Gesicht (einen Staat zu beherrschen).“ Dschung Gung fragte in betreff von Dsï Sang Be Dsï. Der Meister sprach: „Er geht; er ist großartig.“ Dschung Gung sprach: „In seiner Gesinnung sorgfältig sein und in seiner Handlungsweise großartig beim Verkehr mit seinem Volk, das mag wohl gehen. Aber in seiner Gesinnung großartig sein und in seiner Handlungsweise großartig sein: ist das nicht zuviel Großartigkeit?“ Der Meister sprach: „Yungs Worte sind richtig.“

Der Meister erwähnte einst, daß der Jünger Jan Yung imstande wäre, als Fürst einen Staat zu regieren. Der betreffende Jünger, der sich offenbar durch die Andeutung geschmeichelt fühlte, fragte im Anschluß daran, wie sich sein Freund, (der sonst unbekannte) Dsï Sang Be Dsï zum Fürsten eigne. Der Meister erwiderte, dieser habe zum mindesten eine fürstliche Tugend, daß er nicht kleinlich sei, sondern etwas Freies, Großzügiges in seinem Wesen habe. Der Jünger knüpfte daran eine theoretische Erörterung, offenbar halb im Vorgefühl seiner neuen Würde: daß die Großartigkeit der äußeren Handlungsweise im Verkehr mit den Untertanen sehr löblich sei, wenn eine gewissenhafte Sorgfalt die Grundlage der Gesinnung bilde. Wenn dagegen Gesinnung und Handlungsweise aufs Großartige gerichtet seien, dann führe die Großartigkeit zu weit. Der Meister billigte liebevoll auch diesen Ausspruch.

1 Vgl. Buch V 4; Buch VI, 4.1

2.

哀公問：“弟子孰為好學？”孔子對曰：“有顏回者好學，不遷怒，不貳過。不幸短命死矣！今也則亡，未聞好學者也。”

3.

子華使於齊，冉子為其母請粟。子曰：“與之釜。”請益。曰：“與之庾。”冉子與之粟五秉。子曰：“赤之適齊也，乘肥馬，衣輕裘。吾聞之也，君子周急不繼富。”原思為之宰，與之粟九百，辭。子曰：“毋！以與爾鄰里鄉黨乎！”

2. Zeichen des Bildungsstrebens

Der Fürst Ai fragte, wer unter den Jüngern das Lernen liebe. Meister Kung entgegnete und sprach: „Da war Yän Hui: er liebte das lernen. Er übertrug nie seinen Ärger, er machte keinen Fehler zum zweitenmal. Zum Unglück war seine Zeit kurz und er ist gestorben. Nun habe ich keinen mehr (wie ihn). Ich habe von keinem mehr gehört, der so das Lernen liebte.

Der Fürst Ai vom Staate Lu fragte einst, welcher von den Jüngern am meisten nach Ausbildung der Persönlichkeit strebe. Meister Kung erwiderte: „Ich hatte nur einen Schüler, der wirklich ein allumfassendes Interesse an seiner Ausbildung hatte: Yän Hui. Er hatte es so weit gebracht, daß er nie einen andern eine üble Laune fühlen ließ und daß er vor Wiederholung eines einmal erkannten Fehlers sicher war. Unglücklicherweise war ihm kein langes Leben beschieden. Seit er gestorben ist, habe ich noch keinen andern unter meinen Jüngern gefunden, der wirklich ein selbständiges Interesse an seiner Bildung hätte.“

3. Besoldungsfragen

Dsï Hua[2] hatte einen Auftrag in Tsi zu besorgen. Meister Jan bat für dessen Mutter um Getreide. Der Meister sprach: „Gib ihr ein Fu.“ Er bat um mehr. Da sprach er: „Gib ihr ein Yü.“Meister Jan gab ihr fünf Bing. Der Meister sprach: „Als Tschï nach Tsi aufbrach, hatte er ein Gespann von fetten Pferden und war gekleidet in leichtes Pelzwerk. Ich habe gehört: der Edle hilft dem Bedürftigen, aber fügt nicht dem Reichen noch mehr zu.“
Yüan Sï[3] ward angestellt als Stadthauptmann (Der Meister) gab ihm 900 Maß Getreide. Er lehnte ab. Der Meister sprach: „Nicht also! Du magst sie ja verwenden, um sie in deiner Nachbarschaft und Umgebung zu verteilen.“

Zur Zeit als Kung in seinem Heimatstaat Lu als Justizminister war, wurde der Schüler Dsï Hua nach dem Nachbarstaate Tsi gesandt, um einen Auftrag zu erledigen. Sein Mitschüler Jan ergriff die Gelegenheit, den Meister um Getreide für die in Lu zurückbleibende Mutter des Abgereisten zu bitten. Der Meister sprach:

2 Der Schüler Gung Si Tschi mit dem Beinamen Dsï Hua war von Natur etwas prachtliebend; vgl. V, 7. Jan Dsï ist der ebendort und öfters genannte Jan Kiu.

3 Yüan Sï mit dem Namen Hiän war bekannt wegen seines Strebens nach Wahrheit, verbunden mit großer Sorglosigkeit in Beziehung auf weltliche Vorteile.

4.

子謂仲弓曰：“犁牛之子騂且角，雖欲勿用，山川其舍諸？”

„Gib ihr 6 ½ Scheffel." Das schien dem Schüler Jan Dsï zu wenig, und er verlangte mehr; da bewilligte der Meister 16 Scheffel. Der Schüler Jan Dsï wollte nun von sich aus den Meister korrigieren und ließ der Mutter auf eigne Verantwortung 800 Scheffel aus den staatlichen Getreidespeichern geben. Hatte der Meister schon eine ganz ausgesprochene Absicht gehabt, indem er die bewilligten Getreidebeträge so niedrig bemessen hatte, so konnte er diese eigenwillige Ignorierung seiner Intentionen nicht ungerügt hingehen lassen. Er sprach: „Der Schüler Dsï Hua hat bei seiner Abreise nach Tsi in seinem Gefährt sowohl als in seiner Kleidung einen auffallenden Luxus zur Schau getragen, so daß eine außerordentliche Bewilligung einer Reiseentschädigung durchaus unangebracht ist; denn soviel ich weiß, ist es wohl Pflicht eines anständigen Menschen, Bedürftige zu unterstützen, nicht aber den Luxus der Reichen noch zu mehren."
Daß dabei keine Knickerigkeit des Meisters im Spiel war, beweist die andre Geschichte, wohl ebenfalls aus der Zeit der öffentlichen Wirksamkeit des Meisters. Er hatte den Schüler Yüan Si zum Stadthauptmann in seiner Heimatstadt gemacht und ihm das ordnungsmäßige Gehalt von 900 Maß Getreide bewilligt. Als der Schüler ablehnen wollte, daß er Bezahlung erhalte, nahm der Meister diese Ablehnung nicht an, mit dem Hinweis, daß, wenn er das Getreide nicht für seinen eignen Bedarf nötig habe, er es zu wohltätigen Zwecken in seiner Umgebung verwenden könne.[4]

4. Individueller Wert

Der Meister redete von Dschung Gung und sprach: „Wenn das Junge einer fleckigen Kuh rot und wohlgehörnt ist, ob einer auch es nicht zu brauchen wünscht, sollten es darum die Berge und Flüsse verschmähen?"

Der Meister gebrauchte mit Beziehung auf den Jünger Dschung Gung[5]*, der, weil er einen schlechten Vater hatte, viel Anfechtung zu erdulden hatte, ein Gleichnis und sprach: „Wenn das Junge einer fleckigen Kuh selbst rot und wohlgehörnt ist, so mögen vielleicht die Menschen Bedenken tragen, es als Opfer darzubringen, doch werden die Geister der Berge und Flüsse ein solches Opfer nicht verschmähen."*

4 Vgl.: „Der Arbeiter ist seines Lohnes wert."
5 Vgl. Buch V, 4, VI, 1 zur Persönlichkeit des Dschung Gung. Hier haben wir auch den Schlüssel, warum Kung diesen Schüler (VI, 1) so besonders liebevoll und nachsichtig behandelt. – Zu dem Gleichnis sei bemerkt, daß z. Zt. der Dschoudynastie nur rote, fehlerfreie Rinder als Opfertiere zugelassen waren. Alles Fleckige galt als unrein.

5.

子曰：“回也，其心三月不違仁，其餘則日月至焉而已矣。”

6.

季康子問：“仲由可使從政也與？”子曰：“由也果，於從政乎何有？”曰：“賜也，可使從政也與？”曰：“賜也達，於從政乎何有？”曰：“求也，可使從政也與？”曰：“求也藝，於從政乎何有？”

5. Nur der Anfang ist schwer

Der Meister sprach: „Mein Hui[6], wessen Herz drei Monate lang nicht von der Sittlichkeit abweicht, der wird dann in (seinem) übrigen (Leben) (alle) Monate und Tage sie zu erreichen vermögen."

6. Brauchbarkeit im Staatsdienst

Der Freiherr Gi Kang fragte in Beziehung auf Dschung Yu, ob man ihn im Staatsdienst brauchen könne. Der Meister sprach: „Yu ist entschieden. Im Staatsdienst tätig zu sein: was (für Schwierigkeiten) könnte das für ihn haben?" Er sprach: „Und Sï, kann man den im Staatsdienst brauchen?" Er antwortete: „Sï ist durchdringend. Im Staatsdienst tätig zu sein: was (für Schwierigkeiten) könnte das für ihn haben?" Er sprach: „Kiu, kann man den im Staatsdienst brauchen?" Er antwortete: „Kiu ist geschickt. Im Staatsdienst tätig zu sein: was (für Schwierigkeiten) könnte das für ihn haben?"[7]

Einer der leitenden Staatsmänner des Staates Lu, der bekannte Freiherr Gi Kang, erkundigte sich bei Kung nach dreien seiner Schüler und deren Befähigung für den Staatsdienst. Der Meister sagte von allen dreien, daß sie geistige Qualitäten besitzen, die sie reichlich begabt für staatliche Tätigkeit erscheinen lassen. Der erste, nach dem jener gefragt, der mutige Dsï Lu, sei durch seine energische Entschiedenheit in Erledigung schwieriger Fragen ausgezeichnet, der zweite, Dsï Gung, durch seine überlegene und eindringende Intelligenz, während der dritte, Jan Kiu, durch praktische Begabung hervorrage.

---

6 Wir ziehen diese Übersetzung, nach der dieser Ausspruch eine Ermunterung für den Lieblingsjünger Yän Hui ist, der herkömmlichen vor, nach der es hieße: „Hui! Sein Herz wich drei Monate lang nicht ab von der Sittlichkeit; die übrigen haben sie etwa für einen Monat oder Tag erreicht, das ist alles." – Ganz abgesehen, daß dieses pharisäische Rechnen mit Zeiten nicht im Geiste Kungs ist, so spricht auch die Form für unsere Auffassung. Die Anrede Hui ye usw. findet sich häufig. Die Konstruktion von „Ki sin san yüo bu we jen" findet sich u. a. Buch I. 2 in unserem Sinn. Über Hui vgl. XI, 2 Anm.

7 Vgl. die ähnliche Szene in V, 7, wo Mong Wu sich ebenfalls über drei Schüler, Dsï Lu, Jan Kiu und Dsï Hua (statt wie hier Dsï Gung) erkundigt. Tatsächlich traten von den genannten später Dsï Lu und Jan Kiu in die Dienste der Gi-Familie über (vgl. die Szene III, 6, wo Jan Kiu im Dienste der Gi-Familie sich befindet, ein Beweis zugleich, daß die Lun Yü rein aphoristisch, ohne historische Rücksichten angeordnet sind).

7.

季氏使閔子騫為費宰。閔子騫曰：“善為我辭焉。如有復我者，則吾必在汶上矣。”

8.

伯牛有疾，子問之，自牖執其手，曰：“亡之，命矣夫！斯人也而有斯疾也！斯人也而有斯疾也！”

7. Zurückhaltung von Min Dsï Kiän

Der Älteste der Familie Gi wollte Min Dsï Kiän[8] als Stadthauptmann von Bi (Fe) anstellen. Min Dsï Kiän erwiderte (dem Boten): „Lehne es auf höfliche Weise für mich ab. Wenn nochmals einer kommen sollte, um mich zu bitten, so werde ich bis dahin sicher über den Wenfluß sein."

8. Hartes Los (Be Niu)

Be Niu war krank. Der Meister fragte nach ihm und ergriff durch das Fenster seine Hand und sprach: „Er geht uns verloren. Es ist Fügung. Solch ein Mann und hat solch eine Krankheit! Solch ein Mann und hat solch eine Krankheit!"

Der Schüler Be Niu litt an einer tödlichen ansteckenden Krankheit, infolge deren er niemand zu sich ließ[9], um Ansteckung zu vermeiden. Der Meister kam, um nach ihm zu fragen, und ergriff durch das Fenster die Hand des Kranken; dann sprach er seufzend: „Wir werden ihn verlieren; wir können nichts machen; denn es ist Gottes Wille. Aber warum gerade solch ein Mann eine solche Krankheit bekommen muß!"

---

8 Der Jünger Min Dsï Kiän spielt in den Lun Yü an verschiedenen Stellen eine sehr bedeutende Rolle (vgl namentlich Buch XI, 2, 12. 13, wo namentlich die Bezeichnung Meister Min auffällt), während sonst nicht viel von ihm bekannt ist. Seine Zurückhaltung erklärt sich daraus, daß er mit der Usurpatorenfamilie Gi nichts zu tun haben wollte. Daher diese überaus bestimmte Absage mit der Drohung, falls man ihn nicht in Ruhe lasse, außer Landes nach Tsi (der Wenfluß ist nördlich von Lu im Staate Tsi) zu gehen, um dem Einfluß der Familie Gi sich zu entziehen. Wie Kung selbst in der Sache gedacht hat, geht aus der Stelle XI, 24 hervor, wo er sich dem Dsï Lu gegenüber, der den Dsï Gau mit der Stelle betraut hatte, aufs schärfste aussprach. Bi ist das heutige „Fe Hien" in Schantung; das Zeichen wird ganz gleich geschrieben, aber die Aussprache der Literaten ist in den klassischen Schriften durchgängig „Mi" (oder korrekter „Bi"), nicht „Fe".

9 Dies die plausibelste Erklärung. Andre Kommentatoren sehen eine gegenseitige Höflichkeitserweisung in dem Vorgang. Der Schüler habe das Bett an die Südwand rücken lassen, um seinen Meister mit dem Gesicht nach Süden sehen zu lassen, wie es bei fürstlichen Besuchen üblich war, eine Ehrung, die Kung dadurch vermieden habe, daß er das Zimmer gar nicht betreten habe, sondern durch das Fenster nach dem Kranken gesehen. Das sind denn doch zu viel Umstände angesichts des Todes! – Jan Be Niu gehört übrigens auch zu den 4 Schülern, die durch ihre moralische Qualität ausgezeichnet waren; außer ihm Yän Hui, Min Dsï Kiän, Dschung Gung vgl. Buch XI, 2.

9.

子曰：“賢哉，回也！一簞食，一瓢飲，在陋巷。人不堪其憂，回也不改其樂。賢哉，回也！”

10.

冉求曰：“非不說子之道，力不足也。”子曰：“力不足者，中道而廢。今女畫。”

11.

子謂子夏曰：“女為君子儒，無為小人儒。”

9. Fröhlichkeit in Armut (Yän Hui)

Der Meister sprach: „Hui war doch wirklich ein guter Mensch! Eine Holzschüssel voll Reis, eine Kürbisschale voll Wasser, in einer elenden Gasse. Andre Menschen hätten es in einer so trostlosen Lage gar nicht ausgehalten. Aber Hui ließ sich seine Fröhlichkeit nicht rauben."[10] Hui war doch wirklich ein guter Mensch!"

10. Vorzeitiger Verzicht (Jan Kiu)

Jan Kiu sprach: „Nicht daß ich des Meisters Lehre nicht liebte, aber meine Kraft reicht nicht aus dafür." Der Meister sprach: „Wem seine Kraft nicht ausreicht, der bleibt auf halbem Wege liegen, aber du beschränkst dich ja von vornherein selber."[11]

11. Zweck der Wissenschaft (Dsï Hia)

Der Meister sagte zu Dsï Hia und sprach: „Sei du als Edler ein Gelehrter und nicht als Gemeiner ein Gelehrter."

Der Meister sprach zu dem Jünger Dsï Hia[12]*, der besonders durch seine literarische Bildung hervorragte: „Sei du beim Studium auf große Gesichtspunkte bedacht und nicht auf äußere Vorteile, wie sie dem Streber winken."*

10 Das Charakteristische an dem Lieblingsjünger ist, daß in einer Lage, die andere gar nicht aushielten, er noch nicht einmal seine Freudigkeit verliert. Er hat in diesem Stück das Ideal erreicht, das Kung Buch I, 15 dem Dsï Gung vorhält.

11 Jan Kiu, einer der begabtesten Schüler, namentlich auf praktischem Gebiet (vgl. VI, 6), hat durch seine konnivente Moral doch häufig das Mißfallen des Meisters erregt; er war einer jener Realpolitiker, die im Ernstmachen mit moralischen Forderungen nur Utopismus erblicken. Der Meister gibt ihm hier die Antwort, die ihm gebührt. Vgl. über Jan Kiu XI, 2, Anm.

12 Vgl. über die besondere Art der Begabung Dsï Hias Buch XI, 2, wo er mit dem im folgenden Abschnitt genannten Dsï Yu (Yän Yän, nicht zu verwechseln mit Jan Kiu!) zusammen genannt ist.

12.

子游為武城宰。子曰："女得人焉爾乎？"曰："有澹臺滅明者，行不由徑。非公事，未嘗至於偃之室也。"

13.

子曰："孟之反不伐，奔而殿。將入門，策其馬，曰：'非敢後也，馬不進也。'"

14.

子曰："不有祝鮀之佞而有宋朝之美，難乎免於今之世矣！"

12. Wie ein Beamter seine Leute kennen lernt

Dsï Yu war Stadthauptmann in Wu Tschong. Der Meister sprach: „Hast du Menschen gefunden –?“ Er sprach: „Da ist Tan-Tai Miä-Ming[13]; der wandelt nie auf Nebenwegen, und wenn es sich nicht um öffentliche Angelegenheiten handelt, ist er noch nie in mein Amtshaus gekommen.“

13. Stolze Bescheidenheit

Der Meister sprach: „Mong Dschï Fan war fern von Prahlerei. Als er (nach einer verlornen Schlacht) auf der Flucht zuhinterst war und im Begriff war ins Stadttor einzureiten, da trieb er sein Pferd an und sprach: ‚Es ist nicht mein Mut, daß ich zuhinterst bin; mein Pferd läuft nicht.‘“[14]

14. Was einen Fürsten retten kann

Der Meister sprach: „Wer nicht die Redegabe des Priesters To hat und hat die Schönheit Dschaus von Sung, der wird schwerlich der Welt von heute entgehen.“

Der Meister sprach: „Ein Fürst kann sich durch die Schwierigkeiten der gegenwärtigen Zeitläufte nur retten, wenn er einen Mann zur Seite hat von der Redegabe des Priesters To, nicht dadurch, daß er in seiner Umgebung nur Leute von

13 Tan-Tai Miä-Ming soll von so ungünstigem Äußeren gewesen sein, daß Kung ihn nicht als Schüler aufnahm, weil er aus seiner Physiognomie auf moralische Minderwertigkeit schloß. Hier erkundigt er sich, ob Dsï Yu „Menschen“ gefunden habe, wohl mit Rücksicht auf Tan-Tai. Kung hat später seinen physiognomischen Mißgriff offen eingestanden.

14 Eine Szene aus den Kriegen, die zu Kungs Zeit tobten. Kung hat ein anerkennendes Wort für die stolze Bescheidenheit des Mong Dschi Fan, der dem Lob der Zuschauer durch diesen Streich entgehen wollte. Der alte Legge kann hier die Bemerkung nicht unterdrücken: „But where was his virtue in deviating from the truth? And how could Confucius commend him for doing so? These questions have never troubled the commentators …“ Die Worte sind überaus bezeichnend für den Standpunkt Legges. Er hat übrigens mit dem letzten Satz nicht ganz recht. Ein chinesischer Kommentar beschäftigt sich mit der Frage und kommt auf die Auskunft, daß Mong die Wahrheit gesprochen habe und sein Pferd tatsächlich nicht gelaufen sei. So habe er nur unverdientes Lob abwenden wollen. Damit würde selbst wohl Rev. Legge sich haben einverstanden erklären können. Die Schlacht soll im 11. Jahre des Fürsten Ai stattgefunden haben gegen die Truppen des Staates Tsi.

15.

子曰：“誰能出不由戶？何莫由斯道也？”

16.

子曰：“質勝文則野，文勝質則史。文質彬彬，然後君子。”

äußerer Körperschönheit hat, wie sie Prinz Dschau von Sung besaß. Die Welt von heute verlangt Talente in der Umgebung eines Fürsten, nicht äußere Reize.“[15]

15. Das Tor des Lebens

Der Meister sprach: „Wer kann hinausgehen, es sei denn durch die Tür; warum doch wandeln die Menschen nicht auf diesem Pfade?“

16. Das Gleichgewicht zwischen Gehalt und Form

Der Meister sprach: „Bei wem der Gehalt die Form überwiegt, der ist ungeschlacht, bei wem die Form den Gehalt überwiegt, der ist ein Schreiber. Bei wem Form und Gehalt im Gleichgewicht sind, der erst ist ein Edler.“

Das Ideal einer ausgebildeten Persönlichkeit beruht auf einer gleichmäßigen gegenseitigen Durchdringung einer ursprünglichen Stärke des moralischen Wesens und des ästhetischen Geschmacks. Wo Stärke des Wesens vorhanden ist, aber ohne diesen Geschmack, da haftet allen Äußerungen der Persönlichkeit etwas Hartes und Rauhes an. Wo aber der innere Gehalt einer einseitigen ästhetischen Geschmacksbildung aufgeopfert wird, da entsteht der Typus des geckenhaften Literatentums.[16]

15 Der Abschnitt bezieht sich auf das Beispiel des Fürsten Ling von We. Sowohl To als Dschau waren in seiner Umgebung. Zur Zeit als einer der großen Fürstenkongresse stattfand (Dso Dschuan Ding Gung 4. Jahr), nahm der Fürst Ling auf Rat seines Ministers den Oberpriester To mit, „da es vermutlich komplizierte Verhandlungen geben werde, die To mit seiner Beredtsamkeit am besten schlichten könne.“ To brachte denn durch langwierige Reden es auch zustande, daß seinem Herrn, der auf Kosten des Fürsten von Tsai benachteiligt werden sollte, der Vortritt vor jenem bewilligt wurde. – Dschau war ein durch seine Schönheit berühmter Prinz von Sung, der mit seiner Halbschwester, der berüchtigten Nan Dsï (vgl. Lun Yü VI, 26), in verbrecherischem Umgang stand. Als Nan Dsï den Fürsten Ling von We geheiratet hatte, setzte sie es durch, daß der Gemahl den schönen Prinzen an seinen Hof zog, mit dem sie ihren verbrecherischen Verkehr fortsetzte. Der Kronprinz, der davon hörte, wollte darauf seine Mutter umbringen lassen. Sie entdeckte jedoch den Anschlag, und der Kronprinz wurde vertrieben (vgl. Dso Dschuan, 14. Jahr des Ding Gung).

16 Vgl. Schillers hierauf bezügliche Ausführungen z. B. „Über die ästhetische Erziehung des Menschen“, 13. Brief, Schluß, oder die Bemerkungen W. von Humboldts über Kultur der Sinnlichkeit, ästhetische Moral usw. (vgl. Wilh. v. Humboldt, Universalität, E. Diederichs 1907, pag. 54, 60 usw.)

17.

子曰："人之生也直，罔之生也幸而免。"

18.

子曰："知之者不如好之者，好之者不如樂之者。"

19.

子曰："中人以上，可以語上也；中人以下，不可以語上也。"

17. Aufrichtigkeit als Lebensprinzip

Der Meister sprach: „Der Mensch lebt durch Geradheit. Ohne sie lebt er von glücklichen Zufällen und Ausweichen."

Das Leben des Menschen beruht auf der ihm von Gott verliehenen Kraft des Geistes. Wer diesem Geiste untreu wird, der muß sein Leben fristen durch glückliche Zufälle und Umgehung der moralischen Weltordnung.[17]

18. Stufen der intellektuellen Bildung

Der Meister sprach: „Der Wissende ist noch nicht so weit wie der Forschende, der Forschende ist noch nicht so weit wie der heiter (Erkennende)."

Es gibt drei Grade der intellektuellen Ausbildung. Der unterste Grad besteht in der bloßen Kenntnisnahme des überlieferten Stoffes. Diese Kenntnis kann aber auch äußere Gründe, wie Rücksicht auf Stellung und Gewinn, haben. Darum steht höher als bloßes Wissen das Forschen aus eigenem Interesse an der Sache. Aber dieses Interesse, solange es noch einseitig ist, ist dem Wechsel der Stimmungen unterworfen. Darum steht am höchsten das heitere, innerlich beruhigte Erkennen der Objekte.[18]

19. Esoterik der Wissenschaft

Der Meister sprach: „Wer über dem Durchschnitt steht, dem kann man die höchsten Dinge sagen. Wer unter dem Durchschnitt steht, dem kann man nicht die höchsten Dinge sagen."

---

17 Wir haben im Anschluß an Han Yü die Korrektur des Zeichens dschi „gerade" in de „Geisteskraft" vorgenommen Die Zeichen sind in der alten Schreibweise sehr ähnlich Auf diese Weise gelang es, einen befriedigenden Sinn herzustellen. Die alte Übersetzung (Legge): „Der Mensch ist geboren für Aufrichtigkeit. Wenn ein Mensch seine Aufrichtigkeit verliert und doch lebt, so ist sein dem Tode Entkommen der Erfolg eines reinen Glückszufalls" hat zuviele interne Schwierigkeiten, als daß sie annehmbar wäre.

18 Bei dieser Stufe muß man unwillkürlich an den alten Goethe und seine naturwissenschaftlichen Studien denken.

20.

樊遲問知。子曰："務民之義，敬鬼神而遠之，可謂知矣。"問仁。曰："仁者先難而後獲，可謂仁矣。"

Man soll den Menschen nicht ein Wissen zumuten, für das sie nicht reif sind. Nur wer über dem allgemeinen Durchschnitt steht, ist fähig, einen Blick zu tun in die höchsten Geheimnisse der Erkenntnis. Den niederen Geistern kann solche Erkenntnis nur schaden. Vgl. V, 12.

20. Weisheit und Sittlichkeit. I

Fan Tschï fragte, was Weisheit sei. Der Meister sprach: „Seiner Pflicht gegen die Menschen sich weihen, Dämonen und Götter ehren und ihnen fern bleiben, das mag man Weisheit nennen."
Er fragte, was Sittlichkeit sei. Er sprach: „Der Sittliche setzt die Schwierigkeit voran und den Lohn hintan: das mag man Sittlichkeit nennen."

Der Schüler Fan Tschï fragte nach dem Wesen der Weisheit. Da antwortete der Meister: „Die Weisheit besteht wohl vor allem darin, daß man seine Pflicht den Menschen gegenüber kennt und wichtig nimmt und daß man den höheren Mächten, die unser Leben umgeben, Ehrfurcht zollt und den gebührenden Abstand von ihrer überragenden Stellung innehält." – Der Schüler fragte weiter nach dem Wesen der Sittlichkeit. Da antwortete der Meister: „Wahre Sittlichkeit zeigt sich darin, daß die Haupttriebfeder zur Anstrengung aller Kraft die zu überwindenden Schwierigkeiten bilden und der Gedanke an Lohn oder Erfolg keinen bestimmenden Einfluß auf unsre Handlungsweise auszuüben vermag."[19]

19 Dieser Ausspruch gehört wohl mit zu den meistzitierten Worten Kungs. Fast immer sieht man darin einen Beweis für agnostische Ablehnung aller Beziehungen zu höheren Wesen. Daß dieser Gedanke in der atheistisch-skeptischen Richtung des späteren Konfuzianismus einen maßgebenden Einfluß hatte, läßt sich nicht leugnen, und seit diese Richtung orthodox wurde, hat sich diese Geistesverfassung – die sich mit dickstem Aberglauben übrigens sehr wohl verträgt – ganz allgemein ausgebreitet. Der Sinn Kungs liegt aber doch wohl mehr in der von uns angedeuteten Richtung, daß es sich für den Menschen geziemt, respektvoll Abstand zu halten von den höheren Mächten und alle familiäre Aufdringlichkeit zu vermeiden. – Bei dem Ausspruch über die Sittlichkeit ist beachtenswert, wie die Ausschaltung aller eudämonistischen Motive als Charakteristikum wahrer Sittlichkeit bezeichnet wird.

21.

子曰："知者樂水，仁者樂山；知者動，仁者靜；知者樂，仁者壽。"

22.

子曰："齊一變，至於魯；魯一變，至於道。"

23.

子曰："觚不觚，觚哉！觚哉！"

21. Weisheit und Sittlichkeit. II

Der Meister sprach: „Der Wissende freut sich am Wasser, der Fromme („Sittliche") freut sich am Gebirge. Der Wissende ist bewegt, der Fromme ist ruhig; der Wissende hat viele Freuden, der Fromme hat langes Leben."

Die auf Erkenntnis und Beeinflussung der Außenwelt gerichteten Naturen finden ihr Symbol in dem stets wechselnden, fließenden Wasser. Ein in sich ruhendes vollkommenes Gemüt findet sich wieder in der erhabenen Gebirgswelt, die, ohne sich zu rühren, tausenden von Wesen das Leben gibt. Denn jene praktischen Naturen sind ihrem Wesen nach aktiv, während das beschauliche Gemüt in sich ruht. Darum erleben jene, wenn ihre Tätigkeit unter den Menschen von Erfolg begleitet ist, viele Freuden, während diese durch ihre harmonische Natur ein hohes Alter erreichen.

22. Stufen des Verfalls

Der Meister sprach: „Wenn Tsi reformiert würde, so könnte es soweit kommen wie Lu. Wenn Lu reformiert würde, so könnte es auf den rechten Weg kommen."

Der Meister sprach: „Der militärische Staat Tsi (der im Norden Schantungs lag) würde nach einer durchgreifenden Staatsreform auf den Standpunkt gebracht werden können, auf dem der Staat Lu (in Südschantung) jetzt schon sich befindet (dank des fortdauernden historischen Einflusses des großen Fürsten Dschou). Wenn der Staat Lu eine durchgreifende Reform durchmachen würde, so könnte er das Ideal eines nach den Vorbildern des Altertums wohl regierten Staates erreichen."

23. Falsche Benennungen

Der Meister sprach: „Eine Eckenschale ohne Ecken: was ist das für eine Eckenschale, was ist das für eine Eckenschale!"

Der Meister hielt sich darüber auf, daß ein Opfergefäß, das früher eckig gewesen war, aber im Lauf der Zeit abgerundet hergestellt zu werden pflegte, noch immer mit der alten Bezeichnung genannt wurde, die dem Wesen nun gar nicht mehr

24.

宰我問曰："仁者，雖告之曰：'井有仁焉。'其從之也？"子曰："何為其然也？君子可逝也，不可陷也；可欺也，不可罔也。"

25.

子曰："君子博學於文，約之以禮，亦可以弗畔矣夫！"

26.

子見南子，子路不說。夫子矢之曰："予所否者，天厭之！天厭之！"

entsprach: Ein Gleichnis für die Zustände der damaligen Zeit, die auch nichts mehr mit den Einrichtungen der guten alten Zeit gemein hatten als den bloßen Namen. Diese Begriffsverwirrungen waren nach Kung einer der schlimmsten Übelstände, da ohne adäquate Begriffe der Mensch der Außenwelt hilflos und machtlos gegenübersteht.[20]

24. Dumme Gutmütigkeit

Dsai Wo fragte und sprach: „Wenn ein sittlich-guter Mensch auch nur sagen hörte, es sei ein sittlicher Mensch im Brunnen, so würde er wohl sofort nachspringen." Der Meister sprach: „Wozu denn das? Ein Edler würde hingehen, aber nicht hineinspringen. Man kann ihn belügen, aber nicht zum Narren haben."[21]

25. Selbsterziehung

Der Meister sprach: „Ein Edler, der eine umfassende Kenntnis der Literatur besitzt und sich nach den Regeln der Moral richtet, mag es wohl erreichen, Fehltritte zu vermeiden."

Eine ausgebreitete intellektuelle Bildung, die sich die Kulturerrungenschaften der Vergangenheit aneignet, und eine strenge moralische Selbstzucht sind die Mittel, durch die man seinen Charakter so veredeln kann, daß er eine gewisse innere Festigkeit erlangt, die vor plumpen moralischen Mißgriffen und groben Geschmacklosigkeiten sicherstellt.

26. Verkehr mit einer verrufenen Fürstin

Der Meister besuchte die Nan Dsï. Dsï Lu war mißvergnügt. Der Meister verschwor sich und sprach: „Habe ich unrecht gehandelt, so möge der Himmel mich hassen, so möge der Himmel mich hassen."

---

20 Vgl. hierzu die Abhandlung von Dr. O. Franke über die „Richtigstellung der Bezeichnungen."

21 Der Abschnitt ist schwer verständlich. Auch scheint der Text nicht sicher festzustehen. Man merkt es, daß Dsai Wo offenbar der Gebrandmarkte unter den Schülern Kungs ist; man traute ihm offenbar, wie es scheint, nicht viel Gutes zu.

27.

子曰：“中庸之為德也，其至矣乎！民鮮久矣。”

28.

子貢曰：“如有博施於民而能濟眾，何如？可謂仁乎？”子曰：“何事於仁，必也聖乎！堯舜其猶病諸！夫仁者，己欲立而立人，己欲達而

Der Meister hatte sich bei seinem Aufenthalt im Staate We genötigt gesehen, die Frau des Fürsten Ling, die berüchtigte Nan Dsï, zu besuchen. Der Jünger Dsï Lu war darüber mißvergnügt. Der Meister aber berief sich auf sein gutes Gewissen und schwor einen Eid, wenn er unrecht gehandelt habe, möge der Himmel ihn strafen.[22]

27. Maß und Mitte

Der Meister sprach: „Maß und Mitte sind der Höhepunkt menschlicher Naturanlage. Aber unter dem Volk sind sie seit lange selten."

Ein recht gestimmtes, zugleich starkes und mildes Gemüt ist die schönste Frucht der menschlichen Natur. Aber sie ist selten unter den Menschen schon seit langer Zeit.[23]

28. Das Wesen der Sittlichkeit

Dsï Gung sprach: „Wenn einer dem Volke reiche Gnade spendete und es vermöchte, die gesamte Menschheit zu erlösen, was wäre ein solcher? Könnte man ihn sittlich nennen?" Der Meister sprach: „Nicht nur sittlich, sondern göttlich wäre der zu nennen. Selbst Yau und Schun waren sich mit Schmerzen (der Schwierigkeit davon) bewußt. Was den Sittlichen anlangt, so festigt er andere, da er selbst wünscht gefestigt zu sein, und klärt andre auf, da er selbst

22 Dieser Besuch bei Nan Dsï fällt in die Zeit, als eben der Kronprinz von We vertrieben worden war, weil er, aufgebracht von Spottliedern, die er auf der Straße hatte singen hören, seine Mutter hatte töten lassen wollen (vgl. Buch VI, 14). Das mag wohl ein Grund mehr gewesen sein für Dsï Lus Mißvergnügen. Über die Unterredung selbst, der sich Kung anfangs zu entziehen suchte, aber ohne Erfolg, hat Ssï Ma Tsien eine idyllische Schilderung, nach der es bei der Audienz durchaus dezent zugegangen ist. Vgl. Einleitung, Kung in We. Seine Anstellung in We war übrigens nicht von langer Dauer.

23 „Von zwei ganz hohen Dingen: Maß und Mitte redet man am besten nie. Einige wenige kennen ihre Kräfte und Anzeichen, aus den Mysterienpfaden innerer Erlebnisse und Umkehrungen: sie verehren in ihnen etwas Göttliches und scheuen das laute Wort. Alle übrigen hören kaum zu, wenn davon gesprochen wird, und wähnen, es handele sich um Langeweile und Mittelmäßigkeit: Jene etwa noch ausgenommen, welche einen anmahnenden Klang aus jenem Reich einmal vernommen, aber gegen ihn sich die Ohren verstopft haben. Die Erinnerung macht sie nun böse und aufgebracht." Nietzsche, Menschliches, Allzumenschliches II, 230.

達人。能近取譬，可謂仁之方也已。”

wünscht aufgeklärt zu sein. Das Nahe als Beispiel nehmen können (nach sich selbst die anderen zu beurteilen verstehn), das kann als Mittel zur Sittlichkeit bezeichnet werden.“

Der Jünger Dsï Gung, der sich gern mit moralischen Fragen beschäftigte[24]*, fragte den Meister: „Wenn ein Mensch als Herrscher es vermöchte, sein Volk durch reiche Segenspenden zu beglücken und alle Menschen von Leid zu erlösen: Kann ein solcher Mensch sittlich genannt werden?“ Der Meister sprach: „Um dieses Ziel zu erreichen, genügen die Kräfte eines gewöhnlichen Menschen nicht, dazu ist ein Mensch nötig, der von Gott inspiriert mit göttlicher Autorität und Kraft des Geistes die Weltverhältnisse umzugestalten vermag. Dieser Zustand ist im Lauf der gesamten Geschichte noch nie erreicht worden. Auch die hervorragendsten Genies des goldenen Zeitalters, die Herrscher Yau und Schun, sind sich in diesem Stück noch ihrer Schwäche mit Schmerzen bewußt gewesen. Sittlichkeit dagegen ist etwas, das keiner übermenschlichen Kräfte bedarf, sondern das jedem Menschen zu erreichen möglich ist. Das Prinzip der Sittlichkeit ist aber nichts mehr und nichts weniger als die rechte Gesinnung, die allen Egoismus abstreift und ein allgemein gültiges Gesetz des Handelns aus dem eignen Innern ableitet, das dahin lautet, daß der andre in seiner moralischen und intellektuellen Entwicklung ebenso gefördert werden muß, wie man selbst gefördert zu werden wünscht.“*

24 Vgl. Buch V, 11.

述而 – 論語

1.

子曰："述而不作，信而好古，竊比於我老彭 。"

BUCH VII – SCHU ERL

Während die letzten zwei Bücher sich mit Aussprüchen Kungs über Schüler und Zeitgenossen beschäftigten, gibt das 7. Buch hauptsächlich Äußerungen über den Meister, teils von ihm selbst, teils von andern. Dieses biographische Moment ist der Grund, warum es bei der Redaktion hinter die beiden vorangehenden gestellt wurde.

1. Resignation

Der Meister sprach: „Beschreiben und nicht machen, treu sein und das Altertum lieben: darin wage ich mich mit unserem alten Pong zu vergleichen."

Der Meister sprach[1]*: „Gott hat es nicht gewollt, mir eine Stellung unter den Menschen zu geben, in der ich in aktiver Weise die Kulturarbeit des Altertums hätte*

1 Wir haben hier eines der meistzitierten Worte des Kung, das gewöhnlich dazu verwendet wird, um Kung als Zeugen dafür anzurufen, daß er lediglich als Überlieferer des Alten in Betracht komme. Dennoch ist diese Deutung keineswegs unanfechtbar, da der Begriff „machen" eine ganz bestimmte Bedeutung hat, die wir oben zum Ausdruck zu bringen suchten: es heißt nämlich in diesem Zusammenhang eine selbsttätige Neugestaltung der staatlich sozialen Ordnungen, der „Li" und der Musik. Diese Neugestaltung ist aber nach chinesischen Begriffen an ganz bestimmte Vorbedingungen geknüpft, wie u. a. aus der in der Anmerkung zu III, 9 zitierten Stelle aus Dschung Yung XXVIII, 2 hervorgeht. Die sozial-ethischen Gesetze für das Zusammenleben der Menschen können nämlich nur von einem Herrscher fortgebildet werden, der außerdem den Genius und die Begabung dazu hat. Ein Herrscher ohne diesen Genius darf nicht schöpferisch vorgehen, damit nichts Verkehrtes geschieht, das die von Gott bestimmte Harmonie stören könnte, aber ebenso hat selbst ein Genie, das aber nicht die äußere Autorität besitzt, nicht das Recht, Neuerungen zu planen, weil ohne die Macht, sie allgemein durchzuführen, nur Unordnung entstünde. Kung ist daher in diesem Ausspruch weit davon entfernt, sich als Epigonen zu bezeichnen. Er drückt nur die Resignation aus, daß es ihm nicht von Gott beschieden war, das, was in ihm lebte, auszuführen. Daher auch sein ganzes Leben lang die Bemühungen, irgendwo einen Herrscher zu finden, der geneigt wäre, seine Lehren zu befolgen. Dies ist die Tragik des Kung. Man muß sich in diese orientalische Anschauungsweise versetzen, die keine Autorität rein sittlicher Art – wie etwa in der Geschichte des europäischen Mittelalters die Kirche – kennt, sondern in welcher Religion, Ethik und Staat ein ungetrenntes Ganzes bilden. Ebenso muß man beachten, daß die ganze chinesische Kultur eine einheitliche Weiterarbeit an den Kulturgrundlagen des Altertums bedeutet. Es gibt Zeiten des Rückgangs und der Blüte. Aber es ist kein Riß da in der Entwicklung des chinesischen Geistes. Daher darf man die Probleme,

2.

子曰：“默而識之，學而不厭，誨人不倦，何有於我哉？”

fortführen können. So bleibt mir nichts übrig, als die Ideale auszusprechen, ohne sie als Herrscher verwirklichen zu können. Aber ich halte treu an ihnen fest, und mein Interesse gehört jenen Männern, die in jahrhundertelanger Arbeit vieler Generationen den Grund gelegt zu unserer Kultur. Dieses Erbe der Vergangenheit auf die kommenden Geschlechter zu bringen, wo vielleicht einmal ein Fürst mit göttlichem Beruf erscheint, um es in der Staatsregierung anzuwenden: in dieser Stellung zwischen den Zeiten fühle ich mich unserem alten Pong[2] verwandt."

2. Der Geist der Wissenschaft

Der Meister sprach: „Schweigen und so erkennen, forschen und nicht überdrüssig werden, die Menschen belehren und nicht ermüden: was kann ich dazu tun?"[3]

Der Meister sprach: „Die tiefsten Erkenntnisse erreicht man nur durch höchste Sammlung des Geistes. Worte reichen nicht hinunter in diese letzten Gründe, nur eine intuitive Erleuchtung hilft zum Verständnis. Wer diese Erfahrung einer alle Worte hinter sich lassenden Intuition einmal gemacht hat, der hat dann ganz von selbst den rechten Forschungstrieb, der sich durch keine Schwierigkeiten abschrecken läßt, bis er das erstrebte Verständnis erreicht. Daraus entwickelt sich dann auch die Begabung, andere einzuführen in das Wissen, ohne zu ermüden. Dieser Geist der Wissenschaft ist aber etwas, das einem nicht von außen mechanisch beigebracht werden kann. Er muß von selbst ohne allen Zwang in einem Menschen entstehen."

---

die das Auftreten Jesu der Menschheit gestellt, gar nicht als Maßstab an das Leben der orientalischen Kultur anlegen, wenn man nicht schiefe Anschauungen bekommen will.

2 Wer der „alte Porig" eigentlich ist, läßt sich nicht feststellen Die einen sehn darin Lau Dsï, andere Pong Dsu, der 700–800 Jahre gelebt haben soll: der chinesische Methusalah. Wieder andre einen nicht näher bekannten Mann aus der Zeit der Yindynastie.

3 Die letzten Worte sind sehr schwer. Dschu Hi erklärte den Abschnitt wieder für einen Ausdruck der Bescheidenheit Kungs: „das sind alles Dinge, die ich nicht kann." Aber diese Anschauung widerspricht der ganzen Selbstbeurteilung Kungs (vgl. z.B. Buch VII, 33). Gerade das sind die Dinge, die er für sich in Anspruch nimmt. Wir haben die Worte nach entsprechenden Parallelstellen übersetzt und glauben damit auch hier dem Sinne näher gekommen zu sein (vgl. Ma SW Wen Tung Band II, VII, pag. 19–21). Möglich ist auch die Deutung Dschongs: „Wen gibt es, der mit mir gemeinsam diese Richtung pflegt?"

3.

子曰："德之不脩，學之不講，聞義不能徙，不善不能改，是吾憂也。"

4.

子之燕居，申申如也，夭夭如也。

3. Betrübnis über die Unvollkommenheit des Menschen

Der Meister sprach: „Daß Anlagen nicht gepflegt werden, daß Gelerntes nicht besprochen wird, daß man seine Pflicht kennt und nicht davon angezogen wird, daß man Ungutes an sich hat und nicht imstande ist, es zu bessern: das sind Dinge, die mir Schmerz machen.“[4]

Der Meister sprach: „Die geistigen Anlagen im Menschen sind ein Geschenk des Himmels, der Mensch hat die Aufgabe, diese Anlagen so zu pflegen, daß sie sich entfalten können, sonst gehen auch die verheißungsvollsten Anlagen zugrunde. Wissenschaftliche Erkenntnis wird nur dadurch zum geistigen Eigentum, daß sie allseitig diskutiert wird; bloß mechanisch gelernter Wissensstoff bleibt tot und wertlos. Die Pflicht kann nur dadurch Gerechtigkeit in der Welt erzeugen, daß die Menschen von ihr angezogen werden, sonst wird jede versäumte Pflicht eine verlorene Gelegenheit zum Vorwärtskommen der Menschheit. Rückständigkeiten und Mängel werden nur dadurch unschädlich, daß sie verbessert werden, sonst werden sie zu habituellen Eigenschaften, die den Menschen hinabziehen. Deswegen macht es mir den größten Schmerz, solche verpaßte Gelegenheiten des Fortschritts mit ansehen zu müssen.“

4. Der Meister im Privatleben

Wenn der Meister unbeschäftigt war, so war er heiter und leutselig.

Vgl. X, 1.-5.

4 Auch dieser Ausspruch ist von Dschu Hi als Ausdruck übermäßiger Bescheidenheit des Meisters gedeutet worden: Ich betrübe mich, daß ich meine Anlagen nicht pflege ...“ usw., wobei dann, um direkten Widersinn zu vermeiden, das Wort „ich betrübe mich“ in „ich bin besorgt, daß nicht“ abgemildert wurde. Die Deutung kommt daher, daß die Stelle fälschlich in Analogie gesetzt ist mit dem Ausspruch des Dsong Schen Buch I, 4, statt mit dem Ausspruch des Meisters in Buch IX, 21, was um so mehr nahe liegt, als gerade Buch IX viele Parallelaussprüche zu Buch VII hat. Wir sind mit unsrer Auffassung den älteren Kommentatoren gefolgt.

5.

子曰：“甚矣吾衰也！久矣吾不復夢見周公。”

6.

子曰：“志於道，據於德，依於仁，游於藝。”

7.

子曰：“自行束脩以上，吾未嘗無誨焉。”

5. Der Traum

Der Meister sprach: „Es geht abwärts mit mir, seit langer Zeit habe ich nicht mehr im Traum den Fürsten Dschou gesehen!“[5]

6. Vierfacher Weg der Bildung

Der Meister sprach: „Sich das Ziel setzen im Pfad, sich klammern an die guten Naturanlagen, sich stützen auf die Sittlichkeit, sich vertraut machen mit der Kunst.“

Eine vollkommene harmonische Bildung kann man nur dadurch erreichen, daß man ein einheitliches Lebensziel sich steckt. Dieses Ziel, das als Triebfeder unseren Willen beeinflußt, muß eine objektive Begründung haben in dem Vernunftgesetz. Dabei muß man, was immer unser Wesen an Ansätzen zu individueller Bildung enthält, ergreifen und kräftig auszubilden suchen. So entwickelt sich eine zuverlässige sittliche Gesinnung, die man in allen Fällen befragen muß. Diese moralische Ausbildung wird vollendet durch eine ästhetische Allseitigkeit der Interessen.

7. Pädagogische Grundsätze. I: Bezahlung

Der Meister sprach: „Von denen an, die ein Päckchen Dörrfleisch anbrachten, habe ich noch nie einen von meiner Belehrung ausgeschlossen.“

Der Meister sprach: „Ich mach bei meinem Unterricht keinen Unterschied zwischen Arm und Reich. Wenn einer auch nur die allergeringste Gabe darbringt, um

5 Der Fürst Dschou, der Sohn des Königs Wen und Bruder des Königs Wu, gehört zu den Begründern der Dschoudynastie. Er wurde von seinem Bruder als Lehnsfürst des Staates Lu eingesetzt, daher die exempte Stellung, die der an sich kleine Staat auch später bewahrt hat. Er war für Kung das hochverehrte Vorbild, das ihm im Wachen und im Traum immer vor Augen stand. Vielleicht war gerade der Umstand, daß der Fürst Dschou, ohne selbst auf dem Thron zu sitzen, so großen Einfluß ausüben konnte, ein Grund mehr für Kung, sich ihm verwandt zu fühlen. Im Alter, als er seine Hoffnungen allmählich zerrinnen sah, als er so resignierte Worte sprach wie das in Lun Yü VII, 1, da hörten auch die Träume vom Fürsten Dschou auf, daher hier diese Klage.

8.

子曰："不憤不啟，不悱不發，舉一隅不以三隅反，則不復也。"

9.

子食於有喪者之側，未嘗飽也。於是日哭，則不歌。

dadurch zu zeigen, daß es ihm um die Sache zu tun ist, so ist er mir willkommen."

8. Pädagogische Grundsätze. II: Selbsttätigkeit des Schülers

Der Meister sprach: „Wer nicht strebend sich bemüht, dem helfe ich nicht voran, wer nicht nach dem Ausdruck ringt, dem eröffne ich ihn nicht. Wenn ich eine Ecke zeige, und er kann es nicht auf die andern drei übertragen, so wiederhole ich nicht."[6]

Der Meister sprach: „Ich befolge aufs bestimmteste den Grundsatz, daß ich die Wahrheit niemand aufzudrängen suche. Denn die Wahrheit läßt sich nicht mechanisch von außen her einem Menschen beibringen. Wer kein selbständiges Interesse dafür hat und strebend sich bemüht, dem ist nicht zu helfen auf dem Weg des Fortschrittes. Ebenso muß der Schüler sich erst selbst an den Schwierigkeiten einer Sache versucht haben und gerungen haben um den rechten Ausdruck des Gedankens, ehe er in der Situation ist, daß man ihm die Lösung gibt. Die Anwendung eines Grundsatzes auf andere Gebiete als das Durchgesprochene muß der Lernende selbst zu machen imstande sein. Kann er es nicht, so hat eine Wiederholung auch keinen Wert."

9. Weine mit den Weinenden

Der Meister, wenn er an der Seite eines Mannes in Trauer aß, aß sich nicht satt. Wenn der Meister an einem Tage geweint hatte, so sang er an demselben Tage nicht.

Wenn der Meister zufällig mit einem Manne, der in tiefer Trauer um Vater oder Mutter war, zusammen eine Mahlzeit einnahm, so legte er sich beim Essen eine

6 Das sind Grundsätze für die Verkündigung der Wahrheit, die sich bei allen wahrhaft Großen finden. Nur wer aus der Wahrheit ist, versteht die Stimme der Wahrheit. Leider ist dieser Grundsatz schon durch Menzius, der predigend umherreiste und andre Philosophenschulen durch logische Beweise zu überzeugen versuchte, außer Kurs gekommen Vielleicht ist das gerade der Grund, warum Menzius den meisten Europäern so gut gefällt. Denn daß in Europa die stillwirkende Kraft der Wahrheit nicht allgemein gilt, versteht sich in den Zeiten des Schulzwangs von selbst. Diese Kraft erfordert Zeit und Geduld.

10.

子謂顏淵曰："用之則行，舍之則藏，唯我與爾有是夫！"子路曰："子行三軍，則誰與？"子曰："暴虎馮河，死而無悔者，吾不與也。必也臨事而懼，好謀而成者也。"

taktvolle Zurückhaltung auf. Ebenso nahm er einen Kondolenzbesuch so ernst, daß er an demselben Tag, an dem er einen gemacht, nicht wieder sang.

10. Gelassenheit

Der Meister sagte zu Yän Hui und sprach: „Wenn gebraucht, zu wirken, wenn entlassen, sich zu verbergen: nur ich und du verstehen das."
Dsï Lu sprach: „Wenn der Meister drei Heere zu führen hätte, wen würde er dann mit sich nehmen?"
Der Meister sprach: „Wenn einer mit der bloßen Faust einem Tiger zu Leibe rückt, über den Fluß setzt ohne Boot und den Tod sucht ohne Besinnung: einen solchen würde ich nicht mit mir nehmen, sondern es müßte einer sein, der, wenn er eine Sache unternimmt, besorgt ist, der gerne überlegt und etwas zustande bringt."

Der Meister sprach zu seinem Lieblingsjünger Yän Hui: „Der Wert des Menschen hängt nicht von seinen Taten, sondern von seinem Wesen ab. Der Mensch muß daher über seinen Taten stehen. Für den, der das erkannt hat, macht es daher prinzipiell keinen Unterschied aus, ob er einen einflußreichen Posten hat oder nicht. Bekommt er einen solchen Posten, so wird er seine Kräfte wirken lassen und wird dann selbstverständlich auch etwas Rechtes zustande bringen. Verliert er die Stellung, so hängt er sein Herz nicht daran, sondern zieht sich mit derselben Ruhe in die Verborgenheit zurück, ohne unglücklich zuwerden. Diese gelassene Erhabenheit über die äußere Situation ist eine Gesinnung, die wir beide gemeinsam haben."
Der tapfere Dsï Lu wollte, als er das hörte, nicht zurückbleiben und auch ein Lob aus des Meisters Munde ernten, deshalb begann er: „Wenn aber der Meister das Kriegsheer einer Großmacht zu führen hätte, wen würde er dazu gebrauchen?"
Der Meister aber bemerkte die Absicht und entgegnete: „Sicher nicht einen tollkühnen, wagehalsigen Menschen, der sich unbesonnen in alle Gefahren stürzt und sein Leben für nichts in die Schanze schlägt, sondern einen, der imstande ist, sich bei allem, was er unternimmt, zum voraus Rechenschaft zu geben über die damit verbundenen Schwierigkeiten, und der durch vorsichtiges Abwägen aller Umstände fähig ist, das Unternommene auch wirklich durchzuführen."

11.

子曰："富而可求也，雖執鞭之士，吾亦為之。如不可求，從吾所好。"

12.

子之所慎：齊，戰，疾。

13.

子在齊聞韶，三月不知肉味。曰："不圖為樂之至於斯也！"

11. Die Jagd nach dem Glück

Der Meister sprach: „Wenn der Reichtum [vernünftigerweise] erjagt werden könnte, so würde ich es auch tun, und sollte ich mit der Peitsche in der Hand dienen; da man ihn aber nicht erjagen kann, so folge ich meinen Neigungen."

Der Meister sprach: „Die Erwerbung von Reichtum ist etwas, das ein anständiger Mensch in unserer Zeit[7] *nicht in der Hand hat. Für den, der sich keiner unerlaubten Mittel bedienen will, hängt in dieser Hinsicht alles vom Zufall ab. Wenn es nicht so wäre, so könnte ich vielleicht auch die Verpflichtung fühlen, mich danach umzutun und einen wenn auch ganz untergeordneten Posten zu übernehmen. So aber bleibe ich mit gutem Gewissen bei dem, wozu mein Herz mich zieht."*

12. Vorsicht

Die Umstände, bei denen der Meister besondere Vorsicht übte, waren Fasten, Krieg und Krankheit.[8]

13. Die Macht der Musik

Als der Meister in Tsi sich mit der Schaumusik[9] beschäftigte, da vergaß er drei Monate lang den Geschmack des Fleisches. Er sprach: „Ich hätte nicht gedacht, daß die Musik eine solche Höhe erreichen könne."

7 Vgl. Buch VIII, 13.

8 Es handelt sich hier um Vorkommnisse im Leben, bei denen das körperliche Leben einer besonderen Aufmerksamkeit bedarf, damit es nicht durch Vernachlässigung unnötigen Gefahren ausgesetzt werde.

9 Die Schaumusik war die zu Kungs Zeit in dem Staate Tsi noch bekannte alte chinesische Musik. Sie wird dem Kaiser Schun zugeschrieben. Über ihre Schönheit vgl. Buch III, 25. Der tiefe Eindruck, den Kung von ihr erhielt, zeigt uns deutlich, daß die Musik im chinesischen Altertum etwas ganz anderes war als im heutigen China, wo sie eine recht untergeordnete Rolle spielt. Die – heute vollständig verloren gegangene – alte chinesische Musik gab eine Vermittlung des geistigen Wesens ihres Urhebers. So bringt die Schaumusik das Wesen des alten Herrschers Schun dem Kung vor die Seele in unmittelbarem Verständnis. Der Abschnitt ist daher mit dem Träumen von dem Fürsten von Dschou verwandt.

14.

冉有曰："夫子為衛君乎？"子貢曰："諾。吾將問之。"入，曰："伯夷、叔齊何人也？"曰："古之賢人也。"曰："怨乎？"曰："求仁而得仁，又何怨。"出，曰："夫子不為也。"

14. Indirekte Frage[10]

Jan Yu sprach: „Ob der Meister für den Fürsten von We ist?" Dsï Gung sprach: „Gut, ich werde ihn fragen." Darauf ging er hinein und sprach: „Was waren Be J und Schu Tsi für Menschen?" [Der Meister] sprach: „Es waren Würdige des Altertums." [Der Schüler] fragte weiter: „[Waren sie mit ihrem Lose] unzufrieden?" [Der Meister] sprach: „Sie erstrebten Sittlichkeit und erlangten sie. Was [hätten sie] unzufrieden [sein sollen]?" Der Schüler ging hinaus und sprach: „Der Meister ist nicht für ihn."

Als der Meister auf seinen Wanderungen in We war, wo der Fürst seinen vertriebenen Vater vom Lande fernehielt, da vermuteten die Leute, der Meister wolle ihn in diesen Bemühungen unterstützen. Das kam dem Jünger Jan Yu zu Ohren, der fragte seinerseits den Dsï Gung. Dieser versprach, vom Meister selbst eine Antwort zu erlangen. Er ging hinein und fragte den Meister über Be J und Schu Tsi, zwei Brüder aus alter Zeit, die in edlem Wettstreit beide auf den Thron verzichteten und schließlich in die Wildnis flohen. Der Meister sprach: „Sie waren Heroen des Altertums." Der Schüler fragte noch weiter: „Waren sie niemals mit ihrem Los unzufrieden?" Der Meister sprach. „Sie strebten in ihrem ganzen Leben dem Ideal der vollkommenen Sittlichkeit nach. Durch ihren gegenseitigen Verzicht haben sie dieses Ideal erreicht. Damit aber waren sie über alle Unzufriedenheit erhaben." Nun hatte der Jünger des Meisters Sinn erfaßt und sagte dem andern, der draußen gewartet hatte: „Der Meister ist nicht auf Seiten des Fürsten von We."

10 Der Grund für diese indirekte Art zu fragen liegt in dem Umstand, daß gerade zu jener Zeit der Meister im Gebiet von We war. Eine direkte Kritik der Thronverhältnisse hätte daher den Gesetzen des Dekorums widersprochen. Daher mußte Dsï Gung eine Methode anwenden, die es dem Meister möglich machte, an der Hand eines historischen Vorfalls sein Urteil abzugeben. Was die Zustände in We anlangt, so vgl. zunächst die Anmerkung zu Buch VI, 14. Der Fürst Ling hatte, nachdem sein Sohn das Land verlassen, sterbend seinen Enkel als Fürsten eingesetzt. Nach seinem Tod kam der Vertriebene zurück und wollte die Regierung antreten, wurde aber von dem neuen Herrscher, seinem eignen Sohn, mit Waffengewalt ferngehalten. In die Wirren, die aus diesen Verhältnissen entsprangen, fällt der gegenwärtige Abschnitt. Über Be J und Schu Tsi, die vielgerühmten Helden vgl. die Anmerkung zu Buch V, 22. Ihr Verhalten war gerade das Gegenteil von dem des Fürsten von We, und indem Kung es nicht nur billigte, sondern sogar bewunderte, sprach er sein Urteil über den Fürsten.

15.

子曰：“飯疏食飲水，曲肱而枕之，樂亦在其中矣。不義而富且貴，於我如浮雲。”

16.

子曰：“加我數年，五十以學易，可以無大過矣。”

17.

子所雅言，詩、書、執禮，皆雅言也。

15. Das Glück eine ziehende Wolke

Der Meister sprach: „Gewöhnliche Speise zur Nahrung, Wasser als Trank und den gebogenen Arm als Kissen: auch dabei kann man fröhlich sein; aber ungerechter Reichtum und Ehren dazu sind für mich nur flüchtige Wolken.“[11]

16. Das Buch des Wandels

Der Meister sprach: „Wenn mir noch einige Jahre vergönnt wären, daß ich das Buch des Wandels fertig[12] studieren könnte, so möchte ich wohl wenigstens grobe Verfehlungen zu vermeiden imstande sein.“

17. Themen der Lehre

Was der Meister mit besonderer Sorgfalt besprach, waren die Lieder, die Geschichte, das Halten der Riten. Das alles besprach er mit Sorgfalt.

Der Meister wandte sich mit besonderer textkritischer Sorgfalt der Herstellung eines einwandfreien Kodex der alten Lieder, der Geschichte und der überkommenen religiösen und politischen Gebräuche zu. Alle die in dieser Richtung vorhandenen Urkunden suchte er in korrektem Wortlaut sicherzustellen.[13]

---

11 Vgl. dazu Abschn 11. Die zugrundeliegende Auffassung ist, daß in ungeordneten Zeiten der Reichtum und die Anerkennung keineswegs dem Würdigen zuteil werden, wie das in normalen Zeiten der Fall ist. Das wahre Glück besteht aber auch gar nicht in diesen äußeren Dingen, sondern in der inneren Übereinstimmung mit dem Vernunftgesetz.

12 Im Text heißt es: „Wenn mir noch einige Jahre vergönnt wären, so würde ich (mit?) fünfzig das „Buch des Wandels“ studieren.“ Nach den einen Kommentatoren ist dieser Ausspruch gegen Ende der vierziger Jahre getan und sie ziehen als Beleg herbei die Stelle: „Mit 50 erkannte ich die Gesetze des Himmels“ (Buch II, 4). Dschu Hi nimmt eine Korruption an, deren Verbesserung dem obigen Text zugrundeliegt. Das von Kung erwähnte „Buch des Wandels“ J Ging ist wohl dasjenige chinesische Buch, das die ältesten Bestandteile enthält. Es ist eigentlich ein Buch der Wahrsagung. Die der Wahrsagung zugrunde liegenden Prinzipien beziehen sich auf die Einrichtung der Natur, den Zusammenhang und die Entwicklung der Angelegenheiten des Menschenlebens und das Verhältnis von Mensch und Welt. Es ist überaus schwer verständlich, und die Chinesen finden jede Wahrheit hineingeheimnißt. Kungs esoterische Lehren beruhen hauptsächlich auf seinen Prinzipien. Er hat es in seinem Alter so oft gelesen, daß der Einband dreimal erneuert werden mußte. Der eine der Anhänge des jetzt vorhandenen J Ging wird ihm zugeschrieben.

13 Auf Grund der Han-Kommentatoren, die das Zeichen ya dschong setzen; gegen Dshu Hi, der erklärt: „die gewöhnlichen Gesprächsthemen des Meisters waren Lieder, Geschichte und Zeremonien.“

18.

葉公問孔子於子路，子路不對。子曰：“女奚不曰，其為人也，發憤忘食，樂以忘憂，不知老之將至云爾。”

19.

子曰：“我非生而知之者，好古，敏以求之者也

20.

子不語怪，力，亂，神。

18. Wer ist Kung?

Der Fürst von Schä[14] fragte den Dsï Lu über Kung Dsï. Dsï Lu gab ihm keine Antwort. Der Meister sagte [nachher]: „Warum hast du nicht einfach gesagt: Er ist ein Mensch, der in seinem Eifer [um die Wahrheit] das Essen vergißt und in seiner Freude [am Erkennen] alle Trauer vergißt und nicht merkt, wie das Alter herankommt."

19. Die Quelle von des Meisters Wissen

Der Meister sprach: „Ich bin nicht geboren mit der Kenntnis (der Wahrheit); ich liebe das Altertum und bin ernst im Streben (nach ihr)."

Der Meister sprach: „Ich besitze keine intuitive Erkenntnis der Wahrheit, die mir von Geburt an eigen wäre. Was ich erreicht habe, das verdanke ich meinem Interesse für das Altertum und meinem heißen Bemühen, einzudringen in den Geist seiner Lehren."[15]

20. Schweigendes Vorübergehen

Der Meister sprach niemals über Zauberkräfte und widernatürliche Dämonen.[16]

---

14 Schä lag im (südlichen) Staate Ts'chu, dessen Fürst den Königstitel usurpiert hatte, weshalb die Minister Fürsten hießen.

15 Dieser Abschnitt ist überaus charakteristisch für Kung. Seine Genialität liegt nicht in einem besonders glänzenden oder originalen Geistesleben, sondern in seiner moralischen Willensenergie und seinem Interesse an den Fragen des sozialen Zusammenlebens der Menschen. Diese Geistesstruktur stellt ihn in die Reihe der Männer wie unser Kant, dessen Genialität ja auch sozusagen latent war, da sie auf Gebieten zum Ausdruck kam, die man für gewöhnlich von genialischer Betätigung ausgenommen meint. Andrerseits zeigt der Satz aufs deutlichste, wie verkehrt es ist, Kung mit Jesus in irgendeine Parallele bringen zu wollen.

16 Dieses Vermeiden des Wunderbaren und Seltsamen entspringt bei Kung nicht einem kalten Skeptizismus. Aber diese Dinge lagen außer seinem Weg, der ein Weg der reinen Menschlichkeit war, die durch das hypnotische Hinstarren auf die Erscheinungen des Dämonischen nur verwirrt werden kann. Er ist hierin mit Goethe gleichgesinnt, der Faust mitten im unheimlichen Wirken dunkler Mächte das stolze Wort sprechen läßt:

Er wandle so den Erdentag entlang, Wenn Geister spuken, geh' er seinen Gang. –

21.

子曰："三人行，必有我師焉。擇其善者而從之，其不善者而改之。"

22.

子曰："天生德於予，桓魋其如予何？"

21. Überall Lehrer zu finden

Der Meister sprach: „Wenn ich selbdritt gehe, so habe ich sicher einen Lehrer. Ich suche ihr Gutes heraus und folge ihm, ihr Nichtgutes und verbessere es.“

Wer ernstlich um die Kultur seiner Persönlichkeit bemüht ist, der braucht nicht wegen eines Lehrers besorgt zu sein. Das tägliche Leben bietet ihm, wo er geht und steht, Belehrung. Ist er auch nur mit ein paar Menschen zusammen, so kann er durch psychologische Beobachtung ihr Gutes und Minderwertiges herausfinden: das Gute, um es ins eigne Leben zu übertragen, das Schlechte, um es selber besser zu machen.

22. Gottvertrauen

Der Meister sprach: „Gott hat den Geist in mir gezeugt was kann Huan Tui mir tun?“

Der Meister kam auf seiner Wanderung einmal durch den Staat Sung. Dort ruhte er mit seinen Schülern unter einem großen Baume und übte mit ihnen die heiligen Gebräuche ein. Diese Gelegenheit ergriffen die Sendlinge eines dem Meister übelwollenden Beamten von Sung, Huan Tui, und suchten den Meister zu töten, indem sie den Baum fällten. Die Jünger, erschrocken, rieten zur eiligen Flucht; der Meister aber blieb gelassen. Er wußte sein Leben in einer höheren Hand; er war sich bewußt, daß, da er einen gottgewollten Beruf habe, ihm Menschen nichts anhaben könnten.

Was den Text anlangt, so muß eine ähnliche Korrektur vorgenommen werden wie Jesaja 9, 6. Legge übersetzt noch im Anschluß an Dschu Hi: „Extraordinary things, feats of strength, disorder and spiritual beings.“ Das ist aber nicht wahr: Über Kraftanstrengung redet der Meister sehr häufig (vgl. nur z.B. VI, 10, I, 6 u.a.). Revolution und staatliche Unordnung findet sich in seinem Geschichtswerk Tschun Tsiu beschrieben, und auch über geistige Wesen findet sich manche Äußerung. Das Ganze vereinfacht sich durch die oben vorgenommene Zusammenziehung der zwei Begriffspaare. Es findet sich übrigens auch bei einem chinesischen Kommentator unsere Auffassung vertreten.

23.

子曰："二三子以我為隱乎？吾無隱乎爾。吾無行而不與二三子者，是丘也。"

24.

子以四教：文，行，忠，信。

25.

子曰："聖人，吾不得而見之矣；得見君子者，斯可矣。"子曰："善人，吾不得而見之矣；得見有恆者，斯可矣。亡而為有，虛而為盈，約

23. Offenheit

Der Meister sprach: „Meine Kinder, ihr denkt, ich habe Geheimnisse? Ich habe keine Geheimnisse vor euch. Mein ganzer Wandel liegt offen für euch, meine Kinder. So ist es meine Art."

Da der Meister nicht jederzeit über alles sprach, sondern die tieferen Lehren nur denen unter seinen Schülern mitteilte, die durch Interesse und Begabung für ihre Auffassung sich reif erwiesen hatten (vgl. VII, 8), so bildete sich das Gerücht, daß der Meister, wie es zu jener Zeit allgemein üblich war, die esoterischen Geheimnisse seiner Lehre nicht mitteile. Der Meister aber sprach: „Das ist nicht meine Art, Geheimnisse vor euch zu haben. Wenn ich euch auch jetzt noch nicht alles sagen kann, da ihr's noch nicht tragen könnt, so liegt doch mein Wandel offen vor euch da. Es gibt keinen Moment, wo ich mich etwa vor euch zurückzöge, um Sachen zu treiben, die ihr nicht wissen dürft."

24. Unterricht in den Elementen

Der Meister lehrte vier Gegenstände: die Kunst, den Wandel, die Gewissenhaftigkeit, die Treue.

Der Meister bezweckte mit seiner Lehre eine allseitige persönliche und soziale Ausbildung seiner Schüler. Daher führte er sie ein in die literarische Überlieferung der Vergangenheit und die dort überlieferten ästhetischen Grundsätze, er lehrte sie handeln nach den Gesetzen der Moral. Er lehrte sie die Autonomie des sittlichen Menschen als Grundlage der Gesinnung und die Pflicht der Treue und Wahrheit als Grundlage des Verkehrs mit andern. Das waren alles klar bestimmte und leicht zu verstehende Gegenstände, die zur Einführung geeignet waren und in der Tat auch das Wichtigste im Leben umspannten.

25. Auf der Suche nach Menschen

Der Meister sprach: „Einen Gottmenschen zu sehen, ist mir nicht vergönnt; wenn es mir vergönnt wäre, einen Edlen zu sehen, dann wäre es schon gut. Einen guten Menschen zu sehen, ist mir nicht vergönnt; wenn es mir vergönnt wäre, einen Beharrlichen zu sehen, wäre es schon gut. Aber nicht haben und tun als habe man, leer sein und tun als sei man voll, in Verlegenheit sein und

而為泰，難乎有恆矣。”

26.

子釣而不綱，弋不射宿。

27.

子曰：“蓋有不知而作之者，我無是也。多聞

tun als lebe man herrlich und in Freuden: auf diese Weise ist es schwer, beharrlich zu sein.“

Der Meister sprach: „Um die Welt zu regieren, dazu brauchte es eigentlich eines Gottmenschen auf dem Thron, der den heiligen Königen des Altertums gliche. Meines Herzens tiefster Wunsch wäre es, einen solchen zu treffen und in seinem Dienste mit Hand anzulegen an dem großen Werk. Doch ich weiß, dieser Wunsch bleibt mir versagt. Ich wollte schon zufrieden sein, wenn ich auch nur einen edlen Fürsten fände; denn auch mit ihm zusammen ließe sich schon etwas tun. Aber geschweige einen edlen Fürsten, nicht einmal einen Menschen von Talenten ist es mir vergönnt, auf meinem Lebensweg zu treffen. Ich wollte mich begnügen, wenn ich einen beharrlichen und energischen Mann fände, der eine Sache wirklich auch durchzuhalten imstande ist. Aber in unsrer Zeit, wo sich die verschiedenen Höfe an leerer Prachtentfaltung gegenseitig überbieten und sich gegenseitig Sand in die Augen zu streuen suchen, während doch die gesamten Zustände nur ein glänzendes Elend sind, da ist nicht einmal zu hoffen, einen solchen Mann unter den Fürsten zu finden.“

26. Fischfang und Jagd

Der Meister fing Fische mit der Angel, aber nie mit dem Netz; er schoß Vögel, aber nie, wenn sie im Neste saßen.[17]

27. Erst wägen, dann wagen

Der Meister sprach: „Es mag auch Menschen geben, die, ohne das Wissen zu besitzen, sich betätigen. Ich bin nicht von der Art. Vieles hören, das Gute da-

17 Auch dieser kleine Zug ist charakteristisch für Kung. Zu Opferzwecken war es unter Umständen Pflicht, Tiere zu jagen, da ein selbstgejagtes Tier eine höhere Ehrerbietung bezeugt, als ein auf dem Markt gekauftes. In der Art, wie Kung jagte, kommt auch seine vornehme Gesinnung zum Ausdruck. Die Jagd hat es nicht auf Massenvertilgung des Wilds abgesehen; daher beim Fischen das Vermeiden der großen Stricknetze, die über den ganzen Fluß gespannt waren und alles fingen, was des Weges kam, und bei der Vogeljagd das Vermeiden des Abschießens wehrloser, brütender Vögel. Auch in diesen Kleinigkeiten zeigt sich eine Kultur des Geschmacks, die derselben Geistesrichtung entspringt wie das Verhalten in wichtigen Lebensfragen.

擇其善者而從之，多見而識之，知之次也 。”

28.

互鄉難與言，童子見，門人惑 。子曰：“與其進也，不與其退也，唯何甚！人潔己以進，與其潔也，不保其往也 。“

von auswählen und ihm folgen, vieles sehen und es sich merken: das ist wenigstens die zweite Stufe der Weisheit.“

Der Meister sprach: „[Die öffentliche Tätigkeit verlangt eigentlich, wenn sie wirklich einen Einfluß nach der guten Seite hin ausüben will, genial begabte Menschen, die intuitiv das Richtige treffen.][18] Allerdings mag es auch Personen an leitenden Stellen geben, die ganz ohne Sachkenntnis sich mit der Regierung befassen. Zu diesen Unverantwortlichen gehöre ich nicht. Ich suche mir durch ausgebreitetes Studium Kenntnisse zu sammeln, die ich auf ihre Brauchbarkeit prüfe und von denen ich das geeignet Befundene praktisch verwende, ebenso suche ich durch umfassende Beobachtungen mir Erfahrungen zu eigen zu machen, die ich nachher verwerten kann. Dieses diskursive Wissen kommt zwar der genialen Intuition nicht gleich, ist aber wenigstens der nächstbeste Weg, sich die für eine öffentliche Wirksamkeit nötige Weisheit zu erwerben.“

28. Weitherzigkeit

Die Leute von Hu Hiang waren schwierig im Gespräch. Ein Knabe (aus jener Gegend) suchte den Meister auf. Die Jünger hatten Bedenken. Der Meister sprach: „Laßt ihn kommen, heißt ihn nicht gehen! Warum wollt ihr so genau sein? Wenn ein Mensch sich selbst reinigt, um zu mir zu kommen, so billige ich seine Reinigung, ohne ihm seine früheren Taten vorzurücken.“

Die Leute von Hu Hiang waren bekannt als roh und schwer zugänglich für höhere Bildung. Ein Knabe aus jener Gegend kam einmal zum Meister, und der Meister ließ ihn vor. Darüber verwunderten sich die Jünger. Der Meister aber sprach: „Laßt ihn doch zu mir kommen und wehret ihm nicht. Damit, daß ich ihn vor mich lasse, drücke ich ja nur meine Anerkennung aus darüber, daß er gekommen ist; über sein sonstiges Benehmen während seiner Abwesenheit soll damit nichts gesagt sein. Wenn einer kommt wie dieser Junge, frischgewaschen und ge-

18 Der in Klammern stehende Passus ist aus den sonstigen Äußerungen Kungs zum vorliegenden Thema ergänzt. Er ist insofern zum Verständnis notwendig, weil der Schlußsatz: „Dies ist die zweite Stufe der Weisheit“ einen derartigen Gedanken über die höchste Stufe implicite voraussetzt. Zur Sache vergleiche man die Anmerkungen zu VII 1 und III, 9. Wir haben auch diese Stelle auf die öffentliche Regierungstätigkeit bezogen und nicht wie Bau Hiän auf literarische Produktion oder wie Dschu Hi auf die Handlungen im allgemeinen, da die Verwandtschaft mit Dschung Yung XXXVIII zu auffallend ist, als daß sie übersehen werden könnte. Vgl. II, 18.

29.

子曰：“仁遠乎哉？我欲仁，斯仁至矣。”

30.

陳司敗問昭公知禮乎？孔子曰：“知禮。”孔子退，揖巫馬期而進之，曰：“吾聞君子不黨，君子亦黨乎？君取於吳為同姓，

reinigt, um bei mir vorgelassen zu werden, so freue ich mich über sein Interesse am Guten, das er durch diese Vorbereitungen an den Tag legt. Ich lasse ihn seinen früheren Wandel nicht entgelten."

29. Die intelligible Macht des Willens zur Sittlichkeit

Der Meister sprach: „Ist denn die Sittlichkeit gar so fern? Sobald ich die Sittlichkeit wünsche, so ist diese Sittlichkeit da."

Die Sittlichkeit erscheint dem Blick als etwas Großes und Fernes und schwer zu Erreichendes. Aber was alle Überlegungen nicht näher bringen: der einfache Akt des Willens macht die Sittlichkeit möglich und wirklich.

30. Versuchung

Der Justizminister des Staates Tschen fragte, ob der Fürst Dschau [von Lu] ein Mann sei, der die Regeln des Anstandes kenne. Meister Kung sprach: „Ja, er kennt die Regeln des Anstandes." Als Meister Kung sich zurückgezogen hatte, machte der Minister eine Verbeugung vor dem Jünger Wu Ma Ki, daß er herankomme, und sprach: „Ich habe doch immer gehört, der Edle sei kein Schranz; aber es scheint, zuweilen ist der Edle doch auch ein Schranz. Euer Fürst hat eine Prinzessin aus dem Staate Wu geheiratet, die mit ihm denselben Familiennamen[19] trug, so daß er selbst für nötig fand, sie einfach die Fürstin

19 Die regierende Familie von Wu war ebenso wie die von Lu direkt mit dem königlichen Hause der Dschoudynastie verwandt (vgl. VIII, 1 Anmerkung 1); beide hatten den Familiennamen Gi. Während man sonst bei der Ankunft der Braut den Familiennamen außer dem Namen des Staates, von dem sie kam, zu nennen pflegte in der öffentlichen Bekanntgabe an das Volk, hatte es der Fürst Dschau in diesem Fall für besser gehalten, den Familiennamen der Braut ganz zu unterdrücken und sie einfach als Prinzessin zu bezeichnen, da es in China bis auf den heutigen Tag als grober Verstoß gegen den Anstand gilt, wenn man eine Frau desselben Familiennamens heiratet. Dieses Vertuschungssystem des Fürsten hatte in den Nachbarstaaten wohl noch mehr Hohn herausgefordert. Daher der mephistophelische Spott, mit dem der Minister den Kung vor seinem eignen Jünger zu treffen sucht Kung hatte die irreführende Antwort zunächst gegeben, um sich seines Fürstenhauses anzunehmen und keinen Vorwurf auf den Fürsten Dschau kommen zu lassen. Bezeichnend ist, daß dieser Satz eingeleitet ist nicht mit dem gewöhnlichen „Der Meister sprach", sondern mit dem Wort „Kung Dsï sprach", was sonst bei Anekdoten steht, die aus andern Quellen stammen als den Überlieferungen der Jünger. – Schön ist der Zug, wie Kung den Vorwurf ohne Gegenwehr auf sich sitzen läßt; damit deckt er den Fürsten vor Verunglimpfung. Über den Schüler Wu Ma Ki vgl. Anm. zu V, 2.

謂之吳孟子。君而知禮，孰不知禮？”巫馬期以告。子曰：“丘也幸，苟有過，人必知之。”

31.

子與人歌而善，必使反之，而後和之。

32.

子曰：“文，莫吾猶人也。躬行君子，則吾未之有得。”

von Wu [unter Weglassung des Familiennamens Gi] zu nennen. Wenn dieser Fürst Anstand hat, dann weiß ich nicht, wer keinen hat." – Der Jünger Wu Ma Ki hinterbrachte die Sache dem Meister. Der Meister sprach: „Fürwahr, glücklich bin ich zu nennen: Wenn ich Fehler mache, so bemerken die Menschen sie sicher."

31. Gesang und Begleitung

Wenn der Meister mit einem Mann zusammen war, der sang und es gut machte, so ließ er ihn sicher wiederholen und sang das zweitemal selber mit.[20]

32. Theorie und Praxis

Der Meister sprach: „Was die literarische Ausbildung anlangt, kann ich es durch Anstrengung wohl andern gleichtun. Aber [die Stufe] eines Edlen, der in seiner Person [seine Überzeugungen] in Handeln umsetzt, habe ich noch nicht erreicht."[21]

Der Meister sprach: „Was meine theoretischen Kenntnisse anlangt, so kann ich bei ernster Anspannung meiner Kräfte es wohl jedem andern Menschen darin gleichtun; aber das andre Problem: die Gedanken umzusetzen in die Wirklichkeit eines vollständig konsequenten Lebens nach den höchsten Idealen der Persönlichkeit: das habe ich noch nicht praktisch gelöst."

---

20 Daß Kung sich ein Musikstück, das ihm gefiel, wiederholen ließ, ist ohne weiteres verständlich. Nach europäischen Begriffen weniger das Mitsingen. Es bedeutet ein Eindringen in den Geist des Stücks und eine Aneignung. Man darf nur nie vergessen, daß im antiken China die Musikstücke nicht so bequem in Noten aufgezeichnet waren wie heute, sondern die Musik pflanzte sich im wesentlichen durch persönliche Tradition weiter.

21 Der Passus ist nicht ganz leicht. Namentlich hat der japanische Kommentar durch eine leichte Konjektur einen Sinn herausgebracht, der von dem obigen, dem sonst ziemlich allgemein rezipierten, bedeutend abweicht: Der Meister sprach: „Es ist ein Sprichwort: „Durch Anstrengung kann der Mensch es jedem gleichtun." Aber auf einem Punkt scheint diese Anstrengung zu versagen: Noch nie habe ich einen Menschen getroffen, der, wirklich ein Edler, imstande wäre, die Prinzipien durch sein persönliches Leben zu verwirklichen."

33.

子曰："若聖與仁，則吾豈敢？抑為之不厭，誨人不倦，則可謂云爾已矣。"公西華曰："正唯弟子不能學也。"

34.

子疾病，子路請禱。子曰："有諸？"子路對曰："有之。誄曰：'禱爾于上下神祇。'"子曰："丘之禱久矣。"

33. Genialität und Fleiß

Der Meister sprach: „Was Genialität und Sittlichkeit anlangt: wie könnte ich wagen [darauf Anspruch zu machen]; nur, daß ich ohne Überdruß danach strebe und andre lehre, ohne müde zu werden: das mag wohl vielleicht gesagt werden." Gung Si Hua[22] sprach: „Ganz recht; das eben können wir Jünger nicht lernen."

Nachdem Kung wohl von irgend jemand gerühmt worden war, daß er mit genialer Intuition immer das sittlich Richtige tue, lehnte er dieses Lob ab mit den Worten: „Ich wage nicht im entferntesten, Anspruch darauf zu erheben, daß ich durch geniale Intuition die Gebote der Sittlichkeit in meinem Leben zu verwirklichen imstande wäre. Mein Weg ist einfach, immer strebend mich zu bemühen, ohne zu erlahmen, und andre desgleichen zu lehren, ohne müde zu werden. Dieses Arbeiten und nicht Verzweifeln ist es, was ich als meine Art bezeichnen könnte." Der Jünger Gung Si Hua bemerkte darauf: „Eben darin besteht die Genialität; denn das gerade ist es, was unnachahmlich für uns ist."

34. Über das Gebet

Der Meister war schwer krank. Dsï Lu bat, für ihn beten lassen zu dürfen. Der Meister sprach: „Gibt es so etwas?" Dsï Lu erwiderte und sprach: „Ja, es gibt das. In den Lobgesängen heißt es: ‚Wir beten zu euch, ihr Götter oben und ihr Erdgeister unten.'" Der Meister sprach: „Ich habe lange schon gebetet."[23]

22 Über den Jünger Gung Si Hua vergleiche V, 7.

23 Das Wort Kungs ist nicht ganz eindeutig. Jedenfalls ist es so zu verstehen, daß Kung das Wortgeplapper der Gebetslitaneien ablehnt. Dsï Lu versteht die zart andeutende Zurechtweisung, die in der Frage liegt, nicht und bringt eine Belegstelle – unglückseligerweise dazu eine aus einer Totenlitanei – in der von Gebeten zu Göttern und Geistern die Rede ist. Kung zieht sich danach auf das „Betet ohne Unterlaß" des Paulus, d. h. die fortdauernde Beziehung zum höchsten Wesen, zurück. Gerade je fester er von seinem göttlichen Beruf und der speziellen göttlichen Vorsehung, die über seinem Leben waltete, überzeugt war (vgl. VII, 22), desto weniger versprach er sich von den Gebetslitaneien als äußerlichem Brauch.

35.

子曰：“奢則不孫，儉則固。與其不孫也，寧固。”

36.

子曰：“君子坦蕩蕩，小人長戚戚。”

37.

子溫而厲，威而不猛，恭而安。

35. Das kleinere Übel

Der Meister sprach: „Verschwendung führt zu Unbotmäßigkeit. Sparsamkeit führt zu Ärmlichkeit. Aber immer noch besser als Unbotmäßigkeit ist die Ärmlichkeit.“[24]

Wenn in einem Staatswesen der Luxus überhand nimmt, so werden die Untertanen anspruchsvoll und werden sich schließlich auch der staatlichen Autorität nicht mehr fügen. Beschränktheit der Lebensverhältnisse hat den Nachteil, daß eine gewisse Ärmlichkeit in allen Verhältnissen zutage tritt, die in ihrer Kleinlichkeit den frischen Zug des Lebens hemmt. Aber diese Ärmlichkeit ist schließlich mehr nur ein Schönheitsfehler, während die Untergrabung der staatlichen Autorität eine dringende Gefahr ist.

36. Der Edle und der Gemeine: Seelenruhe und Sorgen

Der Meister sprach: „Der Edle ist ruhig und gelassen, der Gemeine ist immer in Sorgen und Aufregung.“

Der höhere Mensch hat einen Einblick in die göttliche Notwendigkeit alles Geschehens, daher ist er immer gelassen und ruhig. Für die kleinen Geister hängt immer alles vom unsicheren Zufall des Augenblicks ab, daher kommen sie nie aus Sorgen und Aufregungen heraus.

37. Des Meisters Charakter

Der Meister war in seinem Wesen mild und doch würdevoll. Er war Ehrfurcht gebietend und doch nicht heftig. Er war ehrerbietig und doch selbstbewußt.

24 Vgl. Buch III, 4.

泰伯 – 論語

1.

子曰："泰伯，其可謂至德也已矣！三以天下讓，民無得而稱焉。"

BUCH VIII – TAI BE

Das Buch VIII enthält 21 Abschnitte, von denen sich der erste und die vier letzten mit großen Männern der Vorzeit beschäftigen. Abschnitt 3–7 enthalten Äußerungen und Anekdoten aus dem Leben des Jüngers Dsong Schen, der hier auch wieder das Ehrenprädikat „Dsï" (Meister) erhält, was auf die Herkunft dieses Traditionsstoffes aus seiner Schule schließen läßt. Die übrigen elf Abschnitte enthalten Aussprüche Kungs über Themen der Charakterbildung, Staatsregierung und des Studiums.

1. Verborgene Verdienste

Der Meister sprach: „Tai Be: von ihm kann man sagen, daß er die höchste Tugend erreicht hat. Dreimal verzichtete er auf das Reich, und das Volk kam nicht dazu, ihn darum zu loben."

Der Meister sprach: „Von dem ältesten Sohn des Ahns des Herrscherhauses Dschou kann man sagen, daß er den Höhepunkt der Charakterbildung erreicht hat. Er hatte die Möglichkeit, die Herrschaft über das Reich in seine Hand zu bekommen. Aus moralischen Erwägungen hat er darauf verzichtet, ebenso wie er auf das väterliche Fürstentum zugunsten seines jüngsten Bruders verzichtet und sich zu den Barbaren des Südens zurückgezogen hat. Das alles tat er, ohne irgendwelches Aufheben davon zu machen. Er verschwand stillschweigend, so daß nicht einmal der Ruhm seines Edelmuts ihm zuteil wurde, weil das Volk von seiner heroischen Resignation gar nichts erfuhr."[1]

1 Während des Verfalls der Yindynastie war im Westen des Reiches die Familie Gi immer mehr emporgekommen, so daß sie schließlich daran denken konnte, das Erbe der Vergangenheit anzutreten. Der in der Geschichte als Tai Wang bezeichnete Fürst hat zum erstenmal den Gedanken erwogen. Sein ältester Sohn und präsumptiver Nachfolger, der hier genannte Tai Be, war jedoch aus Gründen der Loyalität dagegen. Da er außerdem bemerkte, daß sein Vater sich mit dem Gedanken trug, seinen jüngeren Bruder als Nachfolger einzusetzen, damit dessen Sohn, der damals schon bedeutende Tschang (der nachmalige König Wen) später an die Regierung käme, da benützte er die Gelegenheit, ohne seinem Vater offen zu widersprechen, sich in aller Stille zu entfernen. Er ging südwärts und sammelte dort die barbarischen Stämme von Wu unter seiner Regierung zu einem blühenden Staatswesen. Seine Familie wurde später bei der Begründung der Dschoudynastie mit diesem Staate Wu belehnt. Das ist der Grund, warum das Herrscherhaus in Wu denselben Namen führte wie

2.

子曰："恭而無禮則勞，慎而無禮則葸，勇而無禮則亂，直而無禮則絞。君子篤於親，則民興於仁；故舊不遺，則民不偷。"

2. Unvollkommenheit guter Gesinnung ohne Takt

Der Meister sprach: „Ehrerbietung ohne Form wird Kriecherei, Vorsicht ohne Form wird Furchtsamkeit, Mut ohne Form wird Auflehnung, Aufrichtigkeit ohne Form wird Grobheit.
Wenn der Fürst seine Verwandten hochhält, so wird das Volk sich entwickeln zur Sittlichkeit; wenn er seine alten Freunde nicht vernachlässigt, so wird das Volk nicht niedriggesinnt."

Auch die besten inneren Eigenschaften verlangen, um zur Geltung kommen zu können, den richtigen Takt, der alle Formen mäßigt und vor Übertreibungen schützt. Zu den besten Eigenschaften der Menschen gehören: Ehrfurcht, Vorsicht, Mut und Aufrichtigkeit. Aber sie alle werden zu schlimmen Fehlern ohne das heilsame Maß der Regel. Ohne dieses Maß kann man sich nicht genugtun in übertriebener Unterwürfigkeit, wenn man seine Ehrfurcht zeigen will, und verliert so seine Würde. Vorsicht ohne Maß wird kleinliche Ängstlichkeit, während Mut ohne die Schranken des Taktgefühls zu staatsgefährlicher Unbotmäßigkeit wird und Aufrichtigkeit überall durch unbedachte Rücksichtslosigkeit Streit und Hader anrichtet.
Um aber im Volk diese Kulturhöhe zu verbreiten, dazu hat der Herrscher ein sicheres Mittel. Die Formen der Kultur entwickeln sich nämlich aus dem Sinn für das, was dem menschlichen Wesen entspricht (Sittlichkeit, Humanität) und dem Gefühl für Billigkeit und Gerechtigkeit. Um diese Gesinnung, welche die Wurzel aller höheren Kultur ist, im Volk großzuziehen, dazu muß der Fürst in seinem eignen Leben mit dementsprechenden Prinzipien Ernst machen. Dadurch, daß er Nächstenliebe zeigt seinen Verwandten gegenüber und dem Volk so den Anblick eines intrigierenden Fürstenhauses erspart, bewirkt er durch sein Beispiel, daß der Familiensinn, die Grundlage aller humanen Sittlichkeit, geweckt wird. Dadurch, daß er sich nicht undankbar zeigt gegen verdienstvolle Beamte, sondern ihnen dauernd sein Vertrauen schenkt, wird im Volk der Egoismus zurücktreten und einer billigen Rücksichtnahme auf andere weichen. Herrscht diese humane und rücksichtsvolle Gesinnung im Volk, so ist eine wirkliche Kultur möglich, die allen Lebensäußerungen jenen verfeinerten Ausdruck verleiht und alle Maßlosigkeiten verhindert.[2]

---

das Haus der Fürsten von Lu, die von dem Fürsten Dschou, dem Sohn Wen Wangs, abstammten und daher ebenfalls Gi hießen (vgl. VII, 30).

2 Zu dieser Umschreibung wurde die Parallelstelle Dschung Yung XX, 5ff. beigezogen, durch die der innere Zusammenhang vollständig geklärt wird. Legge kommt auf die Vermutung,

3.

曾子有疾，召門弟子曰：“啟予足！啟予手！《詩》云‘戰戰兢兢，如臨深淵，如履薄冰。’而今而後，吾知免夫！小子！”

4.

曾子有疾，孟敬子問之。曾子言曰：“鳥之將死，其鳴也哀；人之將死，其言也善。君子所貴乎道者三：動容貌，斯遠暴慢矣；正顏色，斯近信矣；出辭氣，斯遠鄙倍矣。籩豆之事，則有司存。”

5.

曾子曰：“以能問於不能，以多問於寡；有若無，

3. *Vorsicht im Leibesleben*

Meister Dsong war krank. Da rief er seine Schüler zu sich und sprach: „Deckt meine Füße auf, deckt meine Hände auf (und sehet, daß sie unverletzt sind). Im Liede heißt es: ‚Wandelt mit Furcht und Zittern, als stündet ihr vor einem tiefen Abgrund, als trätet ihr auf dünnes Eis.‘ Nun und immerdar ist es mir gelungen, meinen Leib unversehrt zu halten[3], o meine Kinder.“

4. *Das Schwanenlied*

Meister Dsong war krank. Da kam der Freiherr Mong Ging und fragte (nach seinem Befinden). Meister Dsong redete und sprach also: „Wenn der Vogel am Sterben ist, so ist sein Gesang klagend; wenn der Mensch am Sterben ist, so sind seine Reden gut. Drei Grundsätze sind, die ein Fürst hoch halten muß: In seinem Benehmen und allen Bewegungen halte er sich fern von Rohheit und Nachlässigkeit, er ordne seinen Gesichtsausdruck, daß er Vertrauen einflößt, er bemühe sich bei allen seinen Reden sich fernzuhalten von Gemeinheit und Unschicklichkeit. Was dagegen die Opfergefäße (und derartige spezielle Fachkenntnisse) anlangt, so gibt es dafür berufene Beamte.“[4]

5. *Yän Huis Demut*

Meister Dsong sprach: „Begabt sein und doch noch von Unbegabten lernen; viel haben und doch noch von solchen lernen, die wenig haben; haben als hät-

daß eine Äußerung Dsongs (s. die nächsten Abschn.) schon hier angehängt sei. Eine Verwandtschaft mit I, 9 ist ja wohl da.

3 Der Leib, der von den Eltern unversehrt überkommen ist, soll gewissenhaft geschont werden, damit er keinen Schaden nimmt. Das ist auch eine Forderung der Pietät. Der zugrunde liegende Gedanke ist das Verantwortlichkeitsgefühl dem Leib als einem anvertrauten Gut gegenüber. Die Furcht der heutigen Chinesen vor aller körperlichen Verstümmelung, die sich besonders in der Abneigung gegen ärztliche Operationen oft zeigt, hat z. T. hierin ihren Grund, z. T. allerdings auch in der später gebildeten Vorstellung, daß der Mensch im Hades genau den Leib im Abbild hat, den er bei seinem Tode in Wirklichkeit hatte.

4 Der Sinn ist: Der Fürst hat sich nicht um Detailfragen zu kümmern, dafür sind Beamte mit Fachkenntnissen da. Seine Aufgabe ist, durch seine Person in allen ihren Äußerungen zu imponieren. Das verschafft ihm die Anerkennung. Vgl. was Kung über Yau und Schun sagt VIII 1, 8, 19.

實若虛，犯而不校，昔者吾友嘗從事於斯矣。”

6.

曾子曰：“可以託六尺之孤，可以寄百里之命，臨大節而不可奪也。君子人與？君子人也。”

7.

曾子曰：“士不可以不弘毅，任重而道遠。仁以為己任，不亦重乎？死而後已，不亦遠乎？”

8.

子曰：“興於詩，立於禮。成於樂。”

te man nicht, voll sein als wäre man leer; beleidigt werden und nicht streiten: einst hatte ich einen Freund, der in allen Dingen so handelte."[5]

6. Treue eines fürstlichen Vormunds

Meister Dsong sprach: „Wem man einen jungen verwaisten (Fürsten) anvertrauen kann, und wem der Befehl über einen Großstaat übergeben werden kann, und wer auch gegenüber von großen Dingen sich nichts rauben läßt: ist das ein edler Mensch? Das ist ein edler Mensch!"[6]

7. Die schwere Last und der weite Weg

Meister Dsong sprach: „Ein Lernender kann nicht sein ohne großes Herz und starken Willen; denn seine Last ist schwer, sein Weg ist weit. Die Sittlichkeit, die ist seine Last: ist sie nicht schwer? Im Tode erst ist er am Ziel: ist das nicht weit?"

8. Poesie, Formen, Musik

Der Meister sprach: „Wecken durch die Lieder, festigen durch die Formen, vollenden durch die Musik."

Die höhere Kultur hat eine gewisse Entwicklungsfolge in jedem Menschen. Erst muß das geistige Interesse geweckt werden. Das geschieht durch die Beschäfti-

5 Eine elegische Erinnerung Dsong Schens an seinen Mitjünger, den früh verstorbenen Liebling des Meisters, Yän Hui. – Über Dsong Schen vgl. übrigens I, 4.

6 Dieses Beispiel eines uneigennützigen Erziehers eines jungen Fürsten, der seinem jungen Herrn die Treue wahrt, ist charakteristisch für das Ideal des Edeln, wie es sich in der Konfuzianischen Schule ausgebildet hat. Diese junge Waise wird im Chinesischen als „6 Hand" hoch bezeichnet, was nach anderen Quellen, besonders Li Gi, 15 Jahre bedeutet. Der Großstaat ist ein Staat von 100 Li im Quadrat, nach unsern Begriffen nicht groß, da ein Li etwa einem halben Kilometer entspricht, nach Menzius V. Teil II, II, 6 das Territorium der Fürsten, während die Hausmacht des Kaisers durch ein Gebiet von 1000 Li repräsentiert wird. „Gegenüber von großen Dingen sich nichts rauben lassen" ist wohl nach der wahrscheinlichsten Auslegung soviel wie „auch unter äußeren Schwierigkeiten seinem Entschluß treu bleiben". Man beachte übrigens den stilistischen Unterschied dieser etwas elegischen, nicht unpoetischen Äußerungen Dsong Sehens von den prägnanten Äußerungen Kungs selbst.

9.

子曰：“民可使由之，不可使知之。”

10.

子曰：“好勇疾貧，亂也。人而不仁，疾之已甚，亂也。”

gung mit der Poesie; denn diese spiegelt das weite Leben mit all seinen bunten Formen wieder und gibt dadurch Anregung zur Gestaltung des eignen Lebens. Diese Gestaltung des Lebens wird gefestigt durch die Kenntnis der rechten Ausdrucksform in allen Lebenslagen. Durch die Vertrautheit mit dieser Lebenskunst entwickelt sich eine Sicherheit des Taktes, die dem Leben gewachsen ist. Die letzte Vollendung gewinnt der Kulturmensch durch die Musik, weil durch sie nicht nur Ideen und Handlungen, sondern auch die Gefühle selbst in harmonische Verfassung kommen.

9. Fides implicita

Der Meister sprach: „Das Volk kann man dazu bringen, (dem Rechten) zu folgen, aber man kann es nicht dazu bringen, es zu verstehen.“[7]

Die große Masse kann durch eine gute Regierung dazu gebracht werden, daß sie die Segnungen der Kultur genießt, aber nicht dazu, daß sie sich Rechenschaft gibt über die Prinzipien, die dieser Kultur zugrunde liegen.

10. Gründe des Umsturzes

Der Meister sprach: „Wenn einer Mut liebt und die Armut haßt, so macht er Aufruhr; wenn ein Mensch nicht sittlich ist, und man haßt ihn zu sehr, so macht er Aufruhr.“

Der Umsturz hat verschiedene Ursachen. Wenn sich Menschen von energischem Temperament in gedrückten Umständen befinden und den Druck der Lage pein-

7 Vgl. den Satz Friedrichs des Großen: „Alles für das Volk, nichts durch das Volk.“ Es ist kein bornierter Absolutismus, der dieser Anschauung zugrundeliegt, sondern einfach die Konstatierung eines Tatbestands. Daß Kung vor der Souveränität des Volks in ihrem tiefsten Sinn Respekt hatte, geht aus einem andern Ausspruch von ihm hervor: „Den Volkswillen soll man aufrichtig achten.“ Der Volkswille ist aber nicht, was Herr A und Herr B sagt, sondern der Herrschende muß in innerer Fühlung mit der Volksseele stehen, um ihn instinktiv zu erkennen. Er liegt in dem Gebiet des Unbewußten. Eben deshalb kann durch einen starken Charakter dieses Unbewußte so beeinflußt werden, daß es das Richtige trifft, nicht aber ins Bewußtsein erhoben werden. Wo dagegen jeder einzelne ein Recht hat, entscheidend mitzureden, da gibt es nur Verwirrung. Diese Auffassung Kungs findet gegenwärtig bei der Reformpartei z. T. heftigen Widerspruch, und man kann in ihren Kreisen die schärfsten Urteile über ihn lesen.

11.

子曰：“如有周公之才之美，使驕且吝，其餘不足觀也已。”

12.

子曰：“三年學，不至於穀，不易得也。”

lich empfinden, so kommt es zum Umsturz. Eine ebenso große Gefahr aber bedeuten die Menschen von schlechtem Charakter, die auf Abneigung und Zurücksetzung stoßen: die wenden sich ebenfalls dem Umsturz zu. Die Mittel zur Bekämpfung des Umsturzes liegen in der Erkenntnis seiner Ursachen. Man darf aufstrebende Klassen nicht daran verhindern, sich vom Druck ihrer Lage zu befreien; ebenso muß man ein schroffes, liebloses Vorgehen gegen sittlich minderwertige Charaktere vermeiden, um sie nicht selbst dem Umsturz in die Arme zu treiben.

11. Talente ohne moralischen Wert

Der Meister sprach: „Wenn einer die Schönheit der Talente des Fürsten Dschou[8] hat, aber bei ihrer Anwendung hochfahrend und knickerig ist, so ist das übrige keines Blickes wert."

Wenn ein Fürst auch die glänzendsten Geistesgaben besäße, aber sich in seinen Regierungsmaßregeln hochfahrend und knickerig zeigt, so wird er sicher nichts bemerkenswertes leisten. Denn durch seinen Hochmut entfremdet er sich die Vornehmen, durch seine Knickerigkeit entfremdet er sich die Geringen. Das Geheimnis der Regierung aber besteht darin, daß man durch moralische Qualitäten die Zuneigung der Untertanen gewinnt. Sind die Herzen einem Fürsten entfremdet, so hilft ihm alle intellektuelle Fähigkeit nichts.

12. Häufigkeit des Brotstudiums

Der Meister sprach: „Drei Jahre lernen, ohne nach Brot zu gehen, das ist nicht leicht zu erreichen."

Die meisten Menschen treiben die Wissenschaft nur als Mittel zur Erreichung äußerer Zwecke. Daß einer drei Jahre lang studiert, ohne daß er praktische Resultate, die für Amt und Einkommen verwertbar sind, erreicht hätte, weil seine Interessen höheren Zielen der Wahrheitserkenntnis zugewandt sind, kommt selten vor.[9]

8 Über den Fürsten Dschou vergleiche die Anmerkung zu VII, 5.

9 Kung An Guo erklärt das Wort „gu", das hier nach Dschu Hi mit „Brot-Einkommen" wiedergegeben ist, als „Gut". Dann würde es heißen: „Daß einer drei Jahre lernt, ohne das Gute

13.

子曰："篤信好學，守死善道。危邦不入，亂邦不居。天下有道則見，無道則隱。邦有道，貧且賤焉，恥也；邦無道，富且貴焉，恥也。"

14.

子曰："不在其位，不謀其政。"

13. Charakterbildung und ihr Verhältnis zur Welt

Der Meister sprach: (1.) „Aufrichtig und wahrhaft, bis zum Tode treu dem rechten Weg: (2.) ein gefährdetes Land nicht betreten, in einem aufständischen Land nicht bleiben: wenn auf Erden Ordnung herrscht, dann sichtbar werden, wenn Unordnung herrscht, verborgen sein. (3.) Wenn in einem Lande Ordnung herrscht, so ist Armut und Niedrigkeit eine Schande; wenn in einem Lande Unordnung herrscht, dann ist Reichtum und Ansehen eine Schande."

Die Grundlage der Charakterbildung ist unbedingte Wahrhaftigkeit des ganzen Wesens und unbedingte Entschlossenheit, bis zum Tode getreu auf dem Prinzip des Guten zu beharren. Für einen Menschen mit dieser Gesinnung sind der Welt gegenüber gewisse Vorsichtsmaßregeln nötig. Wenn er seinen Charakter unbefleckt erhalten will, so darf er sich auf gewisse Welthändel gar nicht einlassen und kann sich in Zeiten des Umsturzes und der Anarchie unter Umständen genötigt sehen, seinen Wohnplatz zu verändern. Er ist gänzlich frei von aller Ruhmsucht; ob er vor der Welt einen Namen bekommt oder nicht, ist ihm gleichgültig. Wenn die öffentlichen Verhältnisse in einem Zustand sind, daß ein gedeihliches Wirken möglich ist, dann wird er sich in der Öffentlichkeit zeigen. Sind die Verhältnisse aber so unklar, daß keine reine Wirksamkeit möglich ist, so wird er sich vor der Welt verborgen halten. Er kann sich mit dem Bewußtsein beruhigen, daß es wohl eine Schande ist, ruhmlos ins Grab zu steigen, wenn die Verhältnisse eine Wirkung zum gemeinen Besten ermöglicht hätten, daß es aber andrerseits eine ebenso große Schande ist, durch Paktieren mit den niedrigen Instinkten der Menschen sich mit Gewalt eine Position zu erringen und berühmt zu werden.[10]

14. Gegen Kamarillawirtschaft

Der Meister sprach: „Wer nicht das Amt dazu hat, der kümmere sich nicht um die Regierung."

zu erreichen, kommt selten vor." Die Deutung scheint aber grammatikalisch gezwungen; vollends die andre: „Daß einer drei Jahre lernt, ohne es zu einer einkömmlichen Stelle zu bringen, kommt selten vor", ist Kungs ganz unwürdig.

10 Der Zusammenhang des Abschnitts macht einige Schwierigkeit. Der japanische Kommentar sieht in den zwei ersten Versen Zitate aus alter Zeit. Legge bezweifelt die Echtheit zum mindesten des Kontexts.

15.

子曰："師摯之始，關雎之亂，洋洋乎！盈耳哉。"

16.

子曰："狂而不直，侗而不愿，悾悾而不信，吾不知之矣。"

Mit der Ordnung im Staatsleben ist es unvereinbar, daß die Tätigkeit der kompetenten Beamten durch unverantwortliche Ratgeber gekreuzt werde. Ein richtiges Gefühl der Verantwortung kann nur dann aufkommen, wenn jeder sich streng innerhalb seines Umkreises von Pflichten hält (vgl. XIV, 27).

15. Der Kapellmeister Dschï und das Guan Dsü Lied

Der Meister sprach: „Als der Kapellmeister Dschï sein Amt antrat, da kamen die vollen Versschlüsse des Guan Dsü Liedes zu mächtiger Wirkung. Wie füllten sie das Ohr!“[11]

16. Schatten ohne Licht

Der Meister sprach: „Zugreifend und doch nicht gradeaus, unwissend und doch nicht aufmerksam, einfältig und doch nicht gläubig: mit solchen Menschen weiß ich nichts anzufangen.“

Bei der Erziehung hat man es selten mit vollkommenem Menschenmaterial zu tun. Vorzüge und Fehler des Charakters hängen eng zusammen. Aber eben das macht auch die Erziehung von jungen Leuten mit fehlerhafter Veranlagung nicht hoffnungslos; denn jedem. Fehler steht eine Tugend gegenüber. Aber wenn nun Leute kommen, die zwar die für den Erzieher schwierigen Charakterseiten alle haben, aber ohne die guten Seiten, die zufahrend sind, aber doch die Gradheit vermissen lassen, die unwissend sind und dazuhin noch unaufmerksam und unbescheiden, die einfältig sind und trotzdem den Worten des Lehrers keinerlei Glauben schenken: solchen Leuten gegenüber weiß man nicht was anfangen um sie zu erziehen.

11 Wir bekennen, daß wir bei unsrer mangelhaften Kenntnis der alten chinesischen Musik nicht imstande sind, zwischen den divergierenden Kommentaren eine Entscheidung zu treffen; wir haben „luan“ mit Dschu Hi als „volltönender Versschluß“ aufgefaßt, da es entschieden ein technischer Ausdruck zu sein scheint. Vgl. III, 23, wo der Kapellmeister von Kung Instruktionen erhält, und III, 20, wo die Musik zum Guan Dsü Lied, dem ersten Stück des Schiking, besprochen wird. Ku Hung Ming nimmt das „shi“, Anfang, statt zu dem Kapellmeister Dschi (= sein Amt antrat) zum folgenden und übersetzt: der Anfang und Schluß des Liedes. Grammatikalisch schwer zurechtzulegen!

17.

子曰：“學如不及，猶恐失之。”

18.

子曰：“巍巍乎！舜禹之有天下也，而不與焉。”

17. Das Geheimnis des Lernens

Der Meister sprach: „Lerne, als hättest du's nicht erreicht, und dennoch fürchtend, es zu verlieren."

Das Wahrheitsuchen ist von einem fortwährenden seelischen Spannungszustand begleitet. Man sieht immer das Ziel erst vor sich, so daß man sich nie im Besitz der Wahrheit fühlen kann. Dabei muß man dennoch in Furcht und Zittern stehen, sie könnte verloren gehen. Es ist der Ausblick nach oben und unten, nach den noch nicht erreichten Gipfeln und nach den schon überwundenen Stufen, der diese Wechselstimmung erzeugt.

18. Die heiligen Herrscher des Altertums. I: Schun und Yü

Der Meister sprach: „Erhaben war die Art, wie Schun und Yü den Erdkreis beherrschten, ohne daß sie etwas dazu taten."[12]

12 Die alten Herrscher, die an der Spitze der chinesischen Kultur standen und ins Halbdunkel der Sage gehüllt sind, heißen Yau, Schun und Yü (vgl. VI, 28). Die noch unsicherer bezeugten Herrscher aus der grausten Vorzeit Fu Hi, Schen Nung, Huang Di und die zwischen ihnen liegenden unbedeutenden Namen beschäftigten sich der Überlieferung nach mehr mit den Grundlagen der Kultur: Jagd, Fischfang, Haustiere, die ersten Anfänge der Schrift und der sozialen Institutionen der Familie (Übergang vom Matriarchat zum Patriarchat?) unter Fu Hi; Ackerbau, Pflug, Medizinpflanzen, Märkte unter Schen Nung; kriegerische Ausrüstung, Zeitrechnung, Anfänge der Musik und Färberei (Malerei), Töpferei, Wagen und Schiffe, Tempelbau, Tauschmittel (Geld), Seidenzucht unter Huang Di. Die für diese Perioden, die den „kulturhistorischen Entwicklungsstufen" der Herbartschen Schule merkwürdig gut entsprechen, angesetzten Zeiten reichen von 2800–2350. Natürlich alles ganz unsicher. Mit Yau (2353–2256!), Schun (2256–2205) und Yü (2205–2197) beginnen die Einrichtungen der höheren Kultur. Und zwar hat Yau in allem den Grund gelegt. Er ist daher für Kung der unerreichte Schöpfer der gesamten Kultur. Die Übereinstimmung der sozialen Ordnungen mit den Prinzipien des Naturlaufs, der Weltvernunft, die für die ganze chinesische Kultur charakteristisch ist, geht auf ihn zurück. Er hat die Ordnungen des moralisch-ästhetischen und wirtschaftlichen Lebens geschaffen, die von seinen beiden Nachfolgern Schun und Yü, die beide unter ihm zunächst Beamte waren, zur Ausführung kamen (vgl. den folgenden Abschnitt). Er hat bei seinem Tod das Reich nicht seinem Sohn hinterlassen, sondern „dem Würdigsten", eben dem Schun, der es seinerseits wieder an Yü übertrug. Erst Yü hat in seinem Sohn einen Nachfolger bekommen.
Der Sinn von Abschnitt 18 liegt nicht ganz eindeutig. Es kann heißen: „Schun und Yü kamen auf den Thron, ohne daß sie sich darum bemühten" oder „ohne daß sie ihr Herz daran hängten" oder „ohne daß sie etwas anderes zu tun hatten, als die von Yau überkommenen Prinzipien auszuführen." Es ist in unserer Übersetzung versucht worden, sie diesen verschiedenen Erklärungsmöglichkeiten anzupassen.

19.

子曰："大哉，堯之為君也！巍巍乎！唯天為大，唯堯則之。蕩蕩乎！民無能名焉。巍巍乎！其有成功也；煥乎，其有文章！"

20.

舜有臣五人而天下治。武王曰："予有亂臣十人。"

19. Die heiligen Herrscher des Altertums. II: Yau

Der Meister sprach: „Groß wahrlich ist die Art, wie Yau Herrscher war. Erhaben: Nur der Himmel ist groß, nur Yau entsprach ihm. Unendlich: Das Volk konnte keinen Namen finden. Erhaben war die Vollendung seiner Werke, strahlend waren seine Lebensordnungen."

Yau zeigte die wahre Herrschergröße. Er legte den Grund der Kultur für alle Zeiten; denn er richtete sich in seinen Einrichtungen nach den ewigen göttlichen Weltgesetzen und brachte so das Leben der Menschheit in Harmonie mit dem Weltganzen. So überragend war seine Größe, daß sie wie Gottes Größe die Begriffe der Menschen überstieg und er scheinbar ganz in den Hintergrund trat. Auf diese Weise brachte er die wirtschaftliche Neuschöpfung hervor, indem er durch Yü die Wasserläufe regulieren ließ und so erst die Möglichkeit eines gesicherten Lebens schuf. Yüs Name wurde dabei gepriesen, er selbst verschwand hinter seinem Werk. So vollendete er die moralische und ästhetische Sozialordnung durch Lebensordnungen und Musik. Schuns Name ist mit diesen Schöpfungen verknüpft, die Yaus Genie ins Leben rief und die das Licht der Kultur erst aufleuchten ließen, das leuchtet bis auf den heutigen Tag. Diese Art, Werke und Lebensordnungen von ewiger Notwendigkeit zu schaffen, deren Lebensfähigkeit sich gleichsam ganz von ihm loslöste und ihnen selbständiges Dasein verlieh, das ist die überragende Größe des Schöpfers unsrer Kultur.

20. Die heiligen Herrscher des Altertums. III: Yau, Schun, Wu, Wen[13]

Schun hatte an Beamten fünf Männer, und der Erdkreis war in Ordnung. König Wu sprach: „Ich habe an tüchtigen Beamten zehn Menschen.

13 Der Abschnitt ist in seiner jetzigen Gestalt vollständig unverständlich, so sehr, daß sogar Legge an Korruption des Textes denkt. Auch sprachliche Indizien sprechen dafür. Wir machen zu seiner Übersetzung folgende Konjektur. Die späteren Interpolationen setzen wir in eckige Klammern.

1. Die Blüte der Zeiten von Yao und Schu

Der Meister (Kung) sprach: „Genies sind schwer zu finden. Ist das nicht ein wahres Wort? Die Zeiten, da Yau und Schun sich die Hand reichten, sind eben dadurch (sc. durch das Zusammentreffen überragender Genies) so blühend."[1. Interpolation: Schun hatte 9 Minister, und der Erdkreis war in Ordnung.] [2. Interpolation, aus „Dso Dschuan" zitiert: König Wu sprach: „Ich habe an tüchtigen Beamten zehn Männer."] [3. Interpolation, nachgestellt: Doch war eine Frau darunter, so daß es im ganzen nur neun Männer waren.]

孔子曰："才難，不其然乎？唐虞之際，於斯為盛。有婦人焉，九人而已。三分天下有其二，以服事殷。周之德，其可謂至德也已矣。"

21.

子曰："禹，吾無間然矣。菲飲食，而致孝乎鬼神；惡衣服，而致美乎黻冕；卑宮室，而盡力乎溝洫。禹，吾無間然矣。"

Meister Kung sprach: „Genies sind schwer zu finden: ist das nicht ein wahres Wort? Die Zeit des Zusammentreffens von Yau (Tang) und Schun (Yü) ist dadurch so blühend." Doch war eine Frau darunter, so daß es im ganzen nur neun Männer waren.
„Von den drei Teilen des Erdkreises zwei zu besitzen und dennoch dem Hause Yin treu zu bleiben; das war die Tugend des Gründers des Hauses Dschou. Von ihm kann man sagen, daß er die höchste Tugend erreicht hat."

21. Die heiligen Herrscher des Altertums. IV: Yü

Der Meister sprach: „An Yü kann ich keinen Makel entdecken. Er war sparsam in Trank und Speise, aber er war fromm vor Gott. Er trug selbst nur schlichte Kleidung, aber (beim Gottesdienst) war er in Purpur und Krone zugegen. Er wohnte in einer geringen Hütte, aber er verwandte alle Mittel auf die Regulierung der Gewässer. An Yü kann ich keinen Makel entdecken."[14]

---

2. Die Tugend des Königs Wen

(Der Meister sprach:) „Zwei Dritteile des Reiches hatte er, und er benützte (seine Autorität) nur dazu, um die (im Verfall begriffene) Yindynastie zu stützen: das ist die Tugend von Dschou (sc. König Wen, dem Begründer des Hauses Dschou). Von ihm kann man sagen, daß er die höchste Tugend erreicht hat."
Auf diese Weise wird alles klar. Es ist auch verständlich, daß zu der Äußerung Kungs über Yau und Schun die Erklärung beigefügt wurde, daß Schun 5 Minister hatte Es sind das: Yü (öffentliche Arbeiten), Dsï (Ackerbau), Hiä (Unterricht), Gau Yau (Justiz), Be J (Forst und Steppen). Daß ein Späterer die Äußerung des Königs Wu über seine 10 „Minister" dazubrachte, erklärt sich daraus, daß das doch noch mehr waren als Schuns fünf. Ein noch Späterer hat um der Akribie willen beigesetzt, daß Wu eigentlich nur 9 Männer von Bedeutung hatte, da unter den 10 genannten die Königin J Giang war, die die Hauptstadt verwaltete. Der zweite Abschnitt bezieht sich auf den Vater des Königs Wu, den König Wen; denn König Wu hat ja eben die Yindynastie gestürzt, hat also nicht den Gipfel der Vollkommenheit wie sein Vater. Der letzte Satz stimmt wörtlich mit VIII, la.

14 Dieser Abschnitt verteidigt die große Einfachheit Yüs, der vom Pflug zum Thron aufgestiegen war. Es wird von ihm erzählt, daß er unter dem Essen sich oft zehnmal von Bittstellern unterbrechen ließ und daß er beim Waschen des Morgens dreimal sein Haar provisorisch aufstecken mußte, um Geschäfte zu erledigen. Ihm wird die Flußregulierung in der nordchinesischen Ebene zugeschrieben. Er zuerst hat dem gelben Fluß ein festes Bett gegeben, zurzeit als er sintflutartig alles überschwemmte. Während dieser Zeit kam er im Laufe von vielen Jahren dreimal an seinem Haus vorbei, ohne zum Hineingehen Zeit zu finden. – Der Sinn unsres Abschnitts ist nun, daß Yü bei aller persönlichen Sparsamkeit es nicht an der Sorge für andre und für das öffentliche Wohl habe fehlen lassen. Er war sparsam gegen sich selbst aber freigebig gegen Götter.

子罕 – 論語

1.

子罕言利，與命，與仁。

2.

達巷黨人曰：“大哉孔子！博學而無所成名。”子聞之，謂門弟子曰：“吾何執？執御乎？執射乎？吾執御矣。”

BUCH IX – DSÏ HAN

Die ersten 15 Abschnitte des Buches enthalten Äußerungen über die Persönlichkeit Kungs teils von ihm selbst, teils von andern, teils endlich Gespräche und Wechselreden. Mit dem 16. und 17. Abschnitt, die elegische Äußerungen des Meisters über den Fluß der Dinge und die menschliche Verblendung enthalten, geht der Text zu allgemeineren Themen über, die hauptsächlich das Gebiet des Studiums berühren. Der letzte, 30. Abschnitt ist in seiner jetzigen Form zweifelhaft. Bemerkenswert sind die mancherlei Parallelstellen zu Buch VII.

1. Esoterisches: Lohn, Wille Gottes, Sittlichkeit

Worüber der Meister selten sprach, war: der Lohn, der Wille Gottes, die Sittlichkeit.

Etwas, was der Meister nur den vorgeschrittensten Schülern gegenüber erwähnte, war: Der Lohn, der der Gerechtigkeit immanent zukommt. Denn diese Übereinstimmung zwischen Tugend und Lohn wird in ihrer Reinheit getrübt, wenn man seine Reflexion auf die zweite Seite, den Lohn, richtet; dadurch kommt zu leicht ein utilitaristischer Gesichtspunkt in die Handlungsweise und zerstört ihren moralischen Wert. Daher hielt der Meister mit seinen Äußerungen über dieses Thema zurück. Ebenso über die göttliche Weltordnung und die vollkommene Sittlichkeit, weil das ebenfalls Gebiete sind, deren letzte Erkenntnis nur den Eingeweihten zusteht, während sie den Draußenstehenden nur schaden kann.

2. Genie und Talente. I: Der Mann aus Da Hiang

Ein Mann aus der Gegend von Da Hiang sprach: „Meister Kung ist gewiß ein großer Mann und hat ausgebreitete Kenntnisse, aber er hat nichts Besonderes getan, das seinen Namen berühmt machen würde."

Der Meister hörte das und sprach zu seinen Jüngern also: „Was könnte ich denn (für einen Beruf) ergreifen? Soll ich das Wagenlenken ergreifen oder soll ich das

3.

子曰：“麻冕，禮也；今也純，儉。吾從衆。拜下，禮也；今拜乎上，泰也。雖違衆，吾從下。”

Bogenschießen ergreifen? Ich denke, ich muß wohl das Wagenlenken ergreifen".[1]

3. Mode und Sinn

Der Meister sprach: „Ein leinener Hut ist eigentlich dem Ritual entsprechend. Heutzutage benutzt man seidene. Es ist sparsam, so richte ich mich nach der Allgemeinheit. Unten (an den Stufen der Halle) sich zu beugen, ist eigentlich dem Ritual entsprechend. Heutzutage macht man die Verbeugung oben. Doch das ist anmaßend, deshalb – ob ich auch von der Allgemeinheit abweiche, ich richte mich nach (dem Ritual der Verbeugung) unten."

Der Meister sprach: „Bei festlichen und zeremoniellen Anlässen ist durch das Ritual der Dschoudynastie eine aus Leinenfäden kompliziert zusammengesetzte Kopfbedeckung vorgeschrieben. Heutzutage benützt man ganz allgemein eine einfache seidene Kopfbedeckung. Das ist eine sinngemäße Neuerung; denn es bedeutet eine Ersparnis; darum richte ich mich in diesem Stück unbedenklich nach der Mode.
Bei fürstlichen Mahlzeiten ist durch das Ritual vorgeschrieben, daß, wenn der Fürst den Wein anbietet, man unterhalb der Halle eine Verbeugung macht, um zu danken. Gegenwärtig ist es allgemein üblich, daß man sich das Hinuntersteigen spart und seine Verbeugung einfach oben macht. Das ist jedoch anmaßend. Deshalb frage ich nicht danach, ob ich gänzlich unmodern erscheine, und richte mich nach wie vor nach der guten alten Sitte."

1 Das Scherzwort Kungs anläßlich der Äußerung des Unbekannten, der bei aller Größe Kungs spezielle Taten und Talente vermißt, die sich statistisch nachweisen lassen, zeigt den Gegensatz der Standpunkte unter den Menschen, den auch Schiller im Auge hat in dem bekannten Wort, daß edle Naturen mit dem bezahlen, was sie sind, Gemeine mit dem, was sie tun. Vgl. hierzu noch Abschnitt 6 dieses Buches.
Die Künste des Wagenlenkens und Bogenschießens gehörten zu den ritterlichen Übungen der damaligen Zeit und zwar zu den vorbereitenden „trivialen" Kenntnissen. Lionel Giles a. a. O. p. 87 übersetzt die Einleitung: „Als der Meister durch eine Seitenstraße kam, rief ein Mann aus der Gegend." Das ist dem Wortlaut nach durchaus möglich, nur ist beinahe unglaublich, daß keiner der chinesischen Kommentatoren auf diese frappant einfache Lösung gekommen wäre, wenn nicht eine feste Tradition vorgelegen hätte.

4.

子絕四：毋意，毋必，毋固，毋我。

5.

子畏於匡。曰："文王既沒，文不在茲乎？天之將喪斯文也，後死者不得與於斯文也；天之未喪斯文也，匡人其如予何？"

4. Negative Tugenden

Der Meister war frei von vier Dingen: Er hatte keine Meinungen, keine Voreingenommenheit, keinen Starrsinn, keine Selbstsucht.

Der Meister lebte in der Wahrheit. Er wollte nichts anderes als den großen Zusammenhang der Kulturüberlieferung in seiner Zeit leuchten lassen; deshalb hatte er nie eine Privatmeinung, vielmehr war sein ganzes Denken in stetem Zusammenhang mit den Prinzipien der Wahrheit, in deren Dienst er stand. Er wollte nichts erzwingen, vielmehr richtete er sich in allen Dingen nach den Gesetzen der Vorsehung, die er in seinem Leben fand. Es gab für ihn keine Unmöglichkeiten, vielmehr blieb er in seinem ganzen Leben beweglich, zu tun, was die Verhältnisse erforderten. Es gab für ihn kein „Ich" in dem Sinn, daß er seine Persönlichkeit in den Vordergrund gestellt hätte. Vielmehr tauchte er ganz unter in seinem Beruf.

5. Gottvertrauen

Als der Meister in Kuang[2] gefährdet war, sprach er: „Da König Wen nicht mehr ist, ist doch die Kultur mir anvertraut? Wenn der Himmel diese Kultur vernichten wollte, so hätte ein spätgeborner Sterblicher sie nicht überkommen Wenn aber der Himmel diese Kultur nicht vernichten will: was können dann die Leute von Kuang mir anhaben?"

Als der Meister auf seinen Wanderungen in Kuang bedroht wurde, sprach er zu seinen Jüngern: „Seid unbesorgt. Es handelt sich gar nicht um meine Person, es handelt sich um Gottes Sache. Seit die heiligen Herrscher des Altertums nicht mehr sind, ist ihre Wahrheit und die darauf begründete Kultur zum erstenmal mir wieder geoffenbart worden. Wenn es Gottes Wille wäre, diese Kultur untergehen zu lassen, so würde ich, durch so viele Jahrhunderte von jenen Zeiten getrennt, überhaupt nicht eingedrungen sein in diese Welt der Wahrheit. Da es also Gottes

2 Vgl. VII, 22. Dieser Vorfall in Kuang wird vor den in VII, 22 erwähnten gesetzt, unmittelbar, nachdem Kung Lu verlassen hatte (vgl. zu der Auffassung seines Berufs die Äußerung des Torwächters von J III, 24). Der Grund der Gefährdung des Meisters war ein Mißverständnis. Die Bewohner von Kuang waren von dem Usurpator Yang Hu (vgl. XVII, 1) schwer bedrückt worden und sannen auf Rache. Kung glich diesem im Gesicht und hatte zudem denselben Wagenlenker, weshalb er von den Leuten mit ihrem Feind verwechselt wurde und fünf Tage unter großer Lebensgefahr gefangen gehalten wurde. – Über König Wen vgl. VIII. 20.

6.

大宰問於子貢曰：“夫子聖者與？何其多能也？”子貢曰：“固天縱之將聖，又多能也。”子聞之，曰：“大宰知我乎！吾少也賤，故多能鄙事。君子多乎哉？不多也。”

牢曰：“子云，‘吾不試，故藝’。”

7.

子曰：“吾有知乎哉？無知也。有鄙夫問於我，空空如也，我叩其兩端而竭焉。”

Wille nicht ist, daß diese Wahrheit untergeht, so brauchen wir uns vor menschlichen Zufälligkeiten nicht zu fürchten."

6. Genie und Talente. II: Der Minister

Ein Minister[3] fragte den Dsï Gung und sprach: „Ist euer Meister nicht ein Genie? Wie zahlreich sind seine Talente!" Gung sprach: „In der Tat, wenn ihm der Himmel Gelegenheit gibt, wird er sich als Genie beweisen; außerdem hat er viele Talente."

Der Meister hörte es und sprach: „Woher kennt mich denn der Minister? Ich hatte eine harte Jugend durchzumachen, deshalb erwarb ich mir mancherlei Talente. Aber das sind Nebensachen. Kommt es denn darauf an, daß der Edle in vielen Dingen Bescheid weiß? Nein, es kommt gar nicht auf das Vielerlei an."

Lau sprach: „Der Meister pflegte zu sagen: Ich habe kein Amt; deshalb kann ich mich mit der Kunst beschäftigen."

7. Der Meister und sein Wissen

Der Meister sprach: „Ich hätte (geheimes[4]) Wissen? Ich habe kein (geheimes) Wissen. Wenn ein ganz gewöhnlicher Mensch mich fragt, ganz wie leer, so lege ich es von einem Ende zum andern dar und erschöpfe es."

Der Meister sprach: „Ihr denkt, ich hätte geheimes Wissen, das ich für zu gut halte, um andern Anteil daran zu gönnen? Solches Wissen besitze ich nicht. Was ich weiß, das steht jedem zur Verfügung, der danach verlangt. Wenn ein ganz gewöhnlicher Mensch, ohne jede Vorkenntnisse, mich über etwas fragt, so setze ich

3 Da Dsai ist der Titel des Premierministers, wie er in den Staaten Wu und Sung üblich war. Über den Jünger Dsï Gung vgl. XI, 2. Er hat das Gefühl, daß etwas an der Argumentation nicht richtig ist. Daher nennt er die Talente des Meisters als etwas zu seinem Genie hinzukommendes. Die Übersetzung stützt sich auf den japanischen Kommentar. Die traditionelle Erklärung heißt: „Der Himmel hat ihm freigebig die Annäherung an die Heiligkeit verliehen", wodurch aber eine Unebenheit entsteht zwischen „freigebig" und „Annäherung". Unsere Übersetzung ist in Übereinstimmung mit VII, 1. Das kommentarartig beigefügte Zitat am Schluß stammt von einem sonst wenig bekannten Schüler Kin Lau, gen. Dsï Kai.

4 Dieser Zusatz („geheimes" Wissen) geht auf den Kommentar Ho Yäns zurück. Er ist hier akzeptiert, da er dem ganzen Abschnitt erst Zusammenhang verleiht und sicher auf guter Tradition beruht

8.

子曰："鳳鳥不至，河不出圖，吾已矣夫！"

9.

子見齊衰者、冕衣裳者與瞽者，見之，雖少必作；過之，必趨。

ihm von Anfang bis zu Ende alles auseinander und verschweige ihm nichts, was ich darüber weiß. – Die Vorbedingung ist nur das Interesse auf Seiten des Lernenden; wo dieses Interesse und das aus diesem Interesse erwachsende Verständnis nicht erwartet werden kann, da ist es zwecklos, Belehrungen aufzudrängen. Daher der Schein, als ob ich das Wissen für mich zurückhalten wolle."

8. Kein Zeichen

Der Meister sprach: „Der Vogel Fong[5] kommt nicht, aus dem Fluß kommt kein Zeichen: Es ist aus mit mir!"

Der Meister sprach: „Aus alten Zeiten ist uns die Kunde überliefert, daß heilige Phönixvögel kamen und ihren Ruf ertönen ließen, daß geheime Zeichen ans Licht kamen auf dem Rücken der heiligen Schildkröte des gelben Flusses. Das waren Zeichen, daß ein heiliger Herrscher auf Erden weilte, der die Welt mit machtvoller Hand regierte. Diese Zeiten sind vorüber. Kein Zeichen vom Himmel deutet auf das Erscheinen eines solchen Herrschers. So gibt es denn für mich keinen Platz auf Erden, wo ich wirken könnte. Ich muß meine Hoffnung begraben."

9. Ehrfurcht vor Rang und Unglück

Wenn der Meister jemand in Trauer sah, jemand im Hofgewand oder einen Blinden: so stand er bei ihrem Anblick auf, auch wenn sie jünger waren; mußte er an ihnen vorbei, so tat er es mit raschen Schritten.

5 Die Sage vom Vogel Fong, dem heiligen Wundervogel, geht zurück auf die Zeiten des Königs Schun, in dessen Halle er sich zeigte, und des Königs Wen, unter dem er auf dem Berge Gi gehört wurde. Das Zeichen aus dem Fluß geht wohl auf die heiligen Schildkröten, die geheime Zeichen auf dem Rücken trugen und unter den Königen Schun und Yü im gelben Fluß gesehen wurden. Was Kung mit diesen Anspielungen sagen will, ist aus der obigen Umschreibung ohne weiteres klar. Es ist von Legge eine ebenso kurzsichtige als übelwollende Bemerkung: Confucius indorses these fahles.

10.

顏淵喟然歎曰：“仰之彌高，鑽之彌堅；瞻之在前，忽焉在後。夫子循循然善誘人，博我以文，約我以禮。欲罷不能，既竭吾才，如有所立卓爾。雖欲從之，末由也已。”

11.

子疾病，子路使門人為臣。病閒，曰：“久矣哉！由之行詐也，無臣而為有臣。吾誰欺？欺天乎？且予與其死於臣之手也，無寧死於二三子之手乎？且予縱不得大葬，予死於道路乎？”

10. Das Ideal und der Schüler[6]

Yän Jüan seufzte und sprach: „Ich sehe empor, und es wird immer höher, ich bohre mich hinein, und es wird immer undurchdringlicher. Ich schaue es vor mir, und plötzlich ist es wieder hinter mir. Der Meister lockt freundlich Schritt für Schritt die Menschen. Er erweitert unser Wesen durch (Kenntnis der) Kultur, er beschränkt es durch (die Gesetze des) Geziemenden. Wollte ich ablassen, ich könnte es nicht mehr. Wenn ich aber alle meine Kräfte erschöpft habe und glaube es schon erreicht, so steht es wieder klar und fern. Und wenn ich noch so sehr ihm folgen möchte, es ist kein Weg dahin!"

11. Der Meister im Sterben

Der Meister war auf den Tod krank. Dsï Lu[7] traf Veranstaltungen, daß die Jünger (beim Todesfall und beim Begräbnis) als Minister funktionieren sollten. Als die Krankheit etwas nachließ, sprach (der Meister). „Immer macht der Yu unaufrichtige Geschichten! Keine Minister zu haben, und tun, als hätte ich welche: wen wollen wir denn damit betrügen? Wollen wir etwa den Himmel betrügen? Und (meint ihr denn, ich möchte) in den Händen von Ministern sterben und nicht vielmehr in den Armen meiner getreuen Jünger? Und wenn ich auch kein fürstliches Begräbnis bekomme, so sterbe ich ja doch auch nicht auf der Landstraße."

---

6 Zu diesen Erfahrungen des Lieblingsjüngers Yän Yüan (= Yän Hui) vgl. die Schillerschen Verse aus dem Gedicht „Der Pilgrim":

Vor mir liegt's in weiter Leere,
Näher bin ich nicht dem Ziel.
Ach, kein Steg will dahin führen.
Ach, der Himmel über mir
Will die Erde nie berühren,
Und das Dort wird niemals Hier.

7 Über den tüchtigen, etwas zufahrenden Dsï Lu vgl. u.a. XI, 2, VII, 34 und IX, 26. Mit Rücksicht auf die hohe Stellung, die Kung zeitweise im Staate Lu innegehabt hatte, will Dsï Lu dem Meister die Ehre eines fürstlichen Begräbnisses zuteil werden lassen. Der Meister steht über diesen Dingen, die heute China mit einem dichten Netz von Aberglauben überzogen haben. Er legt keinen Wert auf leeren Pomp. Dennoch ist er dem Schicksal der äußeren Verherrlichung nicht entgangen, und je tiefer seine Lehre sank und verkümmert wurde in äußeren Formalismus, desto höher wurde er in den Himmel gehoben und mit Weihrauchduft beräuchert. – So ging es, so geht es noch heute.

12.

子貢曰：“有美玉於斯，韞匵而藏諸？求善賈而沽諸？”子曰：“沽之哉！沽之哉！我待賈者也。”

13.

子欲居九夷。或曰：“陋，如之何！”子曰：“君子居之，何陋之有？”

14.

子曰：“吾自衛反魯，然後樂正，雅頌各得其所。”

12. Der Edelstein

Dsï Gung[8] sprach: „Wenn ich hier einen schönen Nephrit habe, soll ich ihn in einen Kasten stecken und verbergen oder soll ich einen guten Kaufmann suchen und ihn verkaufen?"
Der Meister sprach: „Verkaufe ihn ja! Verkaufe ihn ja! Aber ich würde warten auf den Kaufmann."

13. Die Barbaren

Der Meister äußerte den Wunsch, unter den neun Barbarenstämmen des Ostens zu wohnen.[9] Jemand sprach: „Sie sind doch so roh; wie wäre so etwas möglich!" Der Meister sprach: „Wo ein Gebildeter weilt, kann keine Rohheit aufkommen."

14. Reform der Musik

Der Meister sprach: „Nachdem ich von We nach Lu zurückgekehrt[10] war, da wurde die Musik in Ordnung gebracht. Die Festlieder und Opfergesänge kamen alle an ihren rechten Platz."

---

8 Über Dsï Gung vgl. XI, 2 und Anmerkung 3 des vorliegenden Buches. Er konnte es nicht mit ansehen, daß der Meister ohne Amt blieb, statt sich bei einem Fürsten der Zeit einen einflußreichen Posten zu besorgen und so seinen Lehren Erfolg zu verschaffen. Das legt er ihm im Gleichnis nahe. Der Meister antwortet im Gleichnis und erklärt seine Zurückhaltung. Das Wort, das mit Kaufmann übersetzt ist, wird auch mit „Preis" übersetzt. Der mehrfach genannte japanische Kommentar belegt aber die erste Bedeutung.

9 Die Barbaren des Ostens (J) sind in der Gegend des heutigen Ostschantung zu suchen. Es erübrigt sich, auf die Berichte über ihre verschiedenen Farben, von denen die Kommentatoren zu erzählen wissen, einzugehen. Der ganze Ausspruch Kungs ist einer jener Ausbrüche der Verzweiflung, daß er zur Tatenlosigkeit und Erfolglosigkeit in China verurteilt sei. Die kulturstolze Bemerkung des Ungenannten, daß mit China die Welt des möglichen Wohnens aufhöre, weist er mit weitem Blick für das Menschenwesen zurück. Die Menschennatur ist allenthalben so, daß sie dem Edeln sich beugt und ihm entsprechend sich umgestaltet. Vgl. V, 6 und III, 5, wo er eine sehr vorurteilslose Würdigung dieser Stämme gibt.

10 Kung kehrte im 11. Jahr des Fürsten Ai von seinen Wanderungen nach Lu zurück (vgl. V, 21). Es war in seinem 69. Lebensjahre, fünf Jahre vor seinem Tode. Hier ein kurzes Resumé über seine Tätigkeit auf musikalischem Gebiet. Die beiden Abteilungen „Festlieder" (Ya) und „Opfergesänge" (Sung) gehören zum heutigen Schiking (Liederbuch). Gewiß ist, daß die ca. 300 Stücke des heutigen Schiking auf Kung zurückgehen. Wie weit seine Tätigkeit

15.

子曰："出則事公卿，入則事父兄，喪事不敢不勉，不為酒困，何有於我哉？"

16.

子在川上，曰："逝者如斯夫！不舍晝夜。"

15. Der Geist der Lebenskunst

Der Meister sprach: „Nach außen dem Fürsten und Vorgesetzten dienen, nach innen dem Vater und älteren Bruder dienen, bei Trauerfällen gewissenhaft alle Gerechtigkeit erfüllen, [bei Festen] sich vom Wein nicht überkommen lassen: was kann ich dazu tun?“[11]

Die wahre Lebenskunst hat nur der erreicht, der in allen Situationen Takt besitzt und auf diese Weise ganz von selbst sich richtig benimmt. Dieser Takt wird ihn leiten in der Öffentlichkeit bei seinem amtlichen Verkehr mit Fürsten und Vorgesetzten. Dieser feine Takt ist aber ebenso nötig im häuslichen Kreise im Verkehr mit Eltern und Brüdern. Dieser selbe Takt gibt den Ernst der Gesinnung, der in Trauerfällen den Heimgegangenen die letzten Liebespflichten gewissenhaft widmet. Durch diesen Takt, der die Schranken des Geziemenden kennt, wird man bewahrt, sich vom Rausch der Festfreude und des Weins überwältigen zu lassen. Aber wie gesagt: dieser Takt ist etwas, das im Menschen selber leben muß. Er kann ihm nicht mechanisch von außen beigebracht werden.

16. Der Fluß

Der Meister stand an einem Fluß und sprach: „So fließt alles dahin wie dieser Fluß ohne Aufhalten Tag und Nacht!“

in dessen Herstellung ging, ob sie sich auf sachgemäße Auswahl aus einem schon vorhandenen Sammelwerk beschränkte oder, was wahrscheinlicher ist, überhaupt die erste systematische Aufzeichnung des gesichteten Materials mündlicher Tradition war, läßt sich mangels der nötigen Quellen nicht sicher entscheiden.

11 Für die Übersetzung vgl. VII, 2. Dschu Hi kommt selbstverständlich auch hier mit seiner bekannten Verlegenheitsauskunft von des Meisters Bescheidenheit. Es scheint auch den Übersetzern, die sich in solchen Fällen meist sklavisch an Dschu Hi halten unter Vernachlässigung der älteren Kommentatoren, entgangen zu sein, welche Geschmacklosigkeit es im Munde Kungs wäre, wenn er sich nicht einmal so viel Selbstbeherrschung zugestände, daß er sich vor ganz gewöhnlicher Betrunkenheit sicher fühlt.
Im vierten Glied (sich vom Wein nicht überkommen lassen) fehlt im Text der Ausdruck „bei Festen“ der dem Ganzen erst die rechte Beleuchtung gibt. Schon der Rhythmus erfordert diese Konjektur (nach außen – nach innen; bei Trauerfällen – bei Festen). Solche offenbaren Auslassungen finden sich ja auch sonst in Lun Yü.
Was die beiden ersten Sätze anlangt, so vergleiche dazu 1, 6.

17.

子曰："吾未見好德如好色者也。"

18.

子曰："譬如為山，未成一簣，止，吾止也；譬如平地，雖覆一簣，進，吾往也。"

17. Himmlische und irdische Liebe

Der Meister sprach: „Ich habe noch keinen gesehen, der moralischen Wert liebt ebenso, wie er die Frauenschönheit liebt.“

Das Interesse des Fürsten kann nicht auf zweierlei Dinge gleichzeitig gerichtet sein, er kann nicht gleichzeitig seine Neigung Menschen von moralischer Tüchtigkeit zuwenden, die seinen Staat zu reformieren imstande wären, und dabei doch seine privaten Liebesaffären wichtig nehmen. Es scheint jedoch, als ob letzteres bei den meisten Fürsten vorgehe.[12]

18. Stillstand und Fortschritt: Der Berg

Der Meister sprach: „Nehmt zum Vergleich einen Hügel, der fertig ist bis auf einen Korb Erde; bleibt es dabei, so bedeutet es für mich einen Stillstand. Nehmt zum Vergleich den ebenen Grund, es mag erst ein Korb Erde aufgeworfen sein; geht es weiter, so bedeutet es für mich einen Fortschritt.“

Im Buch der Urkunden[13] *heißt es: „Wenn du nicht in kleinen Dingen gewissenhaft bist, so wird in der Folge dein ganzes moralisches Selbst in großen Dingen Schaden nehmen. Häuft man einen Hügel auf von neun Faden Höhe, so kann unter Umständen das Werk unvollendet bleiben aus Mangel an einem Korb Erde.“*
Der Meister bemerkte dazu: „Der geistige Stillstand oder Fortschritt hat nichts zu tun mit der in der Vergangenheit schon geleisteten Arbeit. Das geistige Leben ist etwas Überzeitliches und darum immer Gegenwärtiges und kann nur an der Gegenwart gemessen werden. Hat man z. B. den Hügel schon fertig, und es fehlt nur noch ein Korb Erde, und hört dann auf, so ist es Stillstand; hat man eben erst angefangen und erst einen Korb aufgeschüttet und macht weiter, so ist es Fort-

12 Sï Ma Tsiän verlegt dieses Wort in die kurze Zeit des zweiten Aufenthalts in We, dessen Fürstin die berüchtigte Nan Dsï war (vgl. VI, 26). Man schien am Hof in We ein gewisses Interesse an seiner Anwesenheit zu haben und ihn festhalten zu wollen. Als er aber eines Tags zu einer Ausfahrt mitgenommen wurde, da fuhr der Fürst mit Nan Dsï voran, der Meister mußte im nächsten Wagen hinterherfahren. Der Meister soll dann die obige Bemerkung gemacht und das Land verlassen haben.

13 Schu Ging IV, 5, 9, im Abschnitt von den „Hunden von Lü“. Man muß die Stelle beiziehen, da der vorliegende Abschnitt wohl einfach eine Art Kommentar Kungs zu der Stelle ist. Sachlich kommt als Vergleich in Betracht die Stellung Jesu zu Pharisäern und Zöllnern. Ku Hung Ming bringt eine Stelle aus Wilhelm Meister bei, die aber nicht recht in den Zusammenhang hereinpaßt.

19.

子曰："語之而不惰者，其回也與！"

20.

子謂顏淵，曰："惜乎！吾見其進也，未見其止也。"

21.

子曰；"苗而不秀者有矣夫！秀而不實者有矣夫！"

22.

子曰："後生可畏，焉知來者之不如今也？四十、五十而無聞焉，斯亦不足畏也已。"

schritt. So ist es auch im geistigen Leben. Die Bewegung nach vorwärts bedeutet den Fortschritt, ganz einerlei, wie viel oder wie wenig schon erreicht ist. Und das Aufhören des Strebens bedeutet den Stillstand und geistigen Tod, ganz einerlei, auf welcher Stufe der Leistungen er eintritt."

19. Beharrlichkeit [Yän Hui]

Der Meister sprach „Wenn man mit ihm sprach, niemals zu erlahmen: das war Huis Art!"

20. Beständiger Fortschritt [Yän Hui]

Der Meister sagte in Beziehung auf Yän Yüan: „Ach, ich habe ihn (immer) fortschreiten sehen, ich habe ihn nie stillstehen sehen!"

21. Blüten ohne Früchte

Der Meister sprach: „Daß manches keimt, das nicht zum Blühen kommt, ach, das kommt vor! Daß manches blüht, das nicht zum Reifen kommt, ach, das kommt vor!"

22. Ehrfurcht vor dem kommenden Geschlecht

Der Meister sprach: „Vor dem spätergeborenen Geschlecht muß man heilige Scheu haben. Wer weiß, ob die Zukunft es nicht der Gegenwart gleichtun wird? Wenn einer aber vierzig, fünfzig Jahre alt geworden ist, und man hat noch nichts von ihm gehört, dann freilich braucht man ihn nicht mehr mit Scheu zu betrachten."[14]

---

14 Legge zieht hier die Geschichte bei von Luthers Schullehrer Trebonius, der seine Schüler immer durch Hutabnehmen grüßte, weil solche darunter seien, aus denen Gott eines Tages Bürgermeister, Kanzler, Doktoren und Magister machen werde. –
Der Zusatz Kungs von dem Fünfzigjährigen ist nicht ohne Humor. Die Scheu vor der Jugend ist übrigens in China bis auf den heutigen Tag weit verbreitet, namentlich vor der studierenden Jugend. Das geht so weit, daß die studierende Jugend gegenwärtig das ganze öffentliche Leben in einer Weise terrorisiert, wie das, abgesehen von Rußland, in Europa ganz undenkbar ist.

23.

子曰：“法語之言，能無從乎？改之為貴。巽與之言，能無說乎？繹之為貴。說而不繹，從而不改，吾末如之何也已矣。”

24.

子曰：“主忠信，毋友不如己者，過則勿憚改。”

25.

子曰：“三軍可奪帥也，匹夫不可奪志也。”

26.

子曰：“衣敝縕袍，與衣狐貉者立，而不恥者，其由也與？‘

23. Zustimmung und Tat

Der Meister sprach: „Worte ernsten Zuredens: wer wird denen nicht zustimmen? Aber worauf es ankommt, das ist Besserung [des Lebens]. Worte zarter Andeutung: wer wird die nicht freundlich anhören? Aber worauf es ankommt, das ist ihre Anwendung [auf die Praxis]. Freundliches Anhören ohne Anwendung, Zustimmung ohne Besserung: was kann ich damit anfangen?“[15]

24. Treu und Glauben

Der Meister sprach: „Mache Treu und Glauben zur Hauptsache, habe keinen Freund, der dir nicht gleich ist. Hast du Fehler, scheue dich nicht, sie zu verbessern.“

Wörtliche Wiederholung der zweiten Hälfte von 1, 8.

25. Die Macht des Kleinsten

Der Meister sprach: „Einem Heer von drei Armeen kann man seinen Führer nehmen; dem geringsten Mann aus dem Volk kann man nicht seinen Willen nehmen.“

Es ist ein großer Unterschied, mit wem man es zu tun hat. Die bloße Menge, wenn sie ohne eignes Urteil einem Führer folgt, ist nicht wichtig. Man kann ihr den Führer nehmen, und sie ist willenlos. Wo es sich aber um einen entschlossenen Willen handelt, da muß man vorsichtig sein. Hier endet die Macht auch des mächtigsten Herrschers seinem geringsten Untertan gegenüber.

26. Dsï Lus Lob und Tadel

Der Meister sprach: „Mit einem ärmlichen hänfenen Rock bekleidet zu sein und an der Seite von andern zu stehen, die kostbares Pelzwerk tragen, ohne sich zu schämen: das bringt Yu fertig.

15 Vgl. das Gleichnis Jesu von den beiden Brüdern, Matth. 21, 28–31.

不忮不求，何用不臧？’”子路終身誦之。子曰：“是道也，何足以臧？”

27.

子曰：“歲寒，然後知松柏之後彫也。”

28.

子曰：“知者不惑，仁者不憂，勇者不懼。”

„Der keinem schadet, nichts begehrt,
Wie tät' er nicht, was gut und recht?"[16]

Dsï Lu sang darauf die Strophe dauernd vor sich hin. Der Meister sprach: „Dieser Weg allein führt aber noch nicht bis zur Vollkommenheit."

27. Im Winter

Der Meister sprach: „Wenn das Jahr kalt wird, dann erst merkt man, daß Föhren und Lebensbäume immergrün sind."

In gewöhnlichen Zeiten unterscheidet sich der begabte Streber äußerlich oft nicht so sehr von dem überlegenen Charakter. Er ist anstelliger, läßt sich leichter verwenden, aber – er ist nicht wetterhart.

28. Der dreifache Sieg

Der Meister sprach: „Weisheit macht frei von Zweifeln, Sittlichkeit macht frei von Leid, Entschlossenheit macht frei von Furcht."

Drei übermächtige Feinde bedrohen das Menschenleben, die im eignen Innern sind. Nicht äußere Not und Mißgeschick an sich sind es, was den Menschen zugrunde richtet, sondern nur ihre Wirkung auf die Seele. Die ungeordnete Fülle der Eindrücke der Außenwelt bringt den Intellekt in Verwirrung. Die Berührung mit widrigen Verhältnissen und Menschen bringt das Leid in das Gemüt, der überwältigende Eindruck der Abhängigkeit von unberechenbaren Mächten lähmt den Willen durch die Furcht. Aber der Mensch hat in sich die Kraft, die Herrschaft in seinem Innern zu erlangen und die verwirrenden Eindrücke von außen her so zu ordnen, daß ihre Wirkungen ihm nicht mehr schaden können. Er hat die Wissenschaft, durch die er den Stoff der Erfahrung gestaltet, so daß vor ihrem Licht die verwirrenden Unklarheiten verschwinden. Er hat die Sittlichkeit, die ihn über die engen Schranken des kleinen Ichs hinaushebt, so daß er sein Leid vergißt in dem großen Weltzusammenhang. Er hat die Erziehung des Willens zur Entschlossenheit, die vom klar erfaßten Ziel sich durch keine Furcht und kleinlichen Bedenken abbringen läßt.

16 Der Vers steht im Schïking I, III, 8, 4. Über Dsï Lu vgl. II, 17 u. a.

29.

子曰：“可與共學，未可與適道；可與適道，未可與立；可與立，未可與權 。”

30.

“唐棣之華，偏其反而 。豈不爾思？室是遠而 。”子曰：“未之思也，夫何遠之有？”

29. Genossen auf dem Lebensweg

Der Meister sprach: „Manche können mit uns gemeinsam lernen, aber nicht gemeinsam mit uns die Wahrheit erreichen. Manche können mit uns gemeinsam die Wahrheit erreichen, aber nicht gemeinsam mit uns sich festigen. Manche können gemeinsam mit uns sich festigen, aber nicht gemeinsam mit uns (die Ereignisse) abwägen."

Wer sich im Leben weiterentwickelt, wird manche Genossen finden, die gemeinsam mit ihm eine Zeitlang weitermachen, aber zurückbleiben, wenn er neuen Stufen zustrebt. Dieses Abschiednehmen von Zurückbleibenden ist das Los der Vorwärtsschreitenden. In der Jugend, wenn wir das Ziel erst suchen und lernen, da haben wir viele Genossen. Aber viele von ihnen wenden sich hier schon ab und streben andern Zielen zu. Aber doch gibt es noch eine ganze Anzahl, die gemeinsam mit uns die Erkenntnis der Wahrheit sich als Ziel gesetzt. Doch abermals bleiben viele zurück, wenn es sich darum handelt, die erkannte Wahrheit zum festen Grund des Lebens zu machen, die Wahrheit durchzusetzen im Leben. Doch auch in diesen Bemühungen haben wir noch einige Genossen. Aber wie viele unter ihnen werden uns noch treu bleiben, wenn es sich nicht mehr nur um Vertretung allgemeiner Prinzipien handelt, sondern um individuelles Verständnis der Menschenschicksale, gemessen an den ewigen Ordnungen Gottes?

30. Fernes Gedenken

„Die roten Kirschenblüten
Schließen der Kelche Rand.
Wie wollt' ich dein nicht gedenken
Fern, ach, im Heimatland!"

Der Meister sprach: „Das ist noch kein wirkliches Gedenken. Was könnte dem die Ferne tun?"[17]

17 Die Verse stammen aus einem Lied, das im heute in China vorhandenen Schï Ging nicht steht. Wir haben uns in der Übersetzung an die alten Kommentatoren angeschlossen, die allerdings den ganzen Abschnitt allegorisch erklären und mit dem vorhergehenden zusammennehmen. Jedenfalls scheint der Sinn der Bemerkung Kungs etwas mit dem Abschnitt VII, 29 verwandt zu sein.

鄉黨 – 論語

1.

孔子於鄉黨，恂恂如也，似不能言者。其在宗廟朝廷，便便言，唯謹爾。

BUCH X – HIANG DANG

Dieses Buch unterscheidet sich von allen früheren dadurch, daß es den Meister nur von der Seite seines Privatlebens (und seiner offiziellen äußeren Tätigkeit) zeigt. Es bringt viel interessantes, wenn auch mehr zeitgeschichtliches, als biographisches Material bei und nimmt etwa dieselbe Stellung ein wie die Kantbiographien von Jachmann und Wasiansky. Äußerlich charakteristisch ist, daß Kung in dem ganzen Buch nur einmal als „der Meister" bezeichnet wird, sonst allenthalben als „Meister Kung" oder „der Edle". Das legt den Gedanken nahe, daß dieses Buch aus einer anderen Quelle stammt als die übrigen. Dafür spricht ohnehin die ganze Art der Erzählung, die ganze biographisch-porträtierende Beschreibung, sowie schon äußerlich der Umstand, daß das ganze Buch ursprünglich einen einzigen Abschnitt bildete und erst später in 17 Abschnitte aus Rücksichten des praktischen Gebrauchs eingeteilt wurde. Es existieren sorgfältige Spezialwerke über das Buch. Die minutiöse Detailschilderung berührt den Europäer fremdartig, doch darf man nicht vergessen, daß daran z. T. das spezifisch-chinesische Kolorit, das zunächst ungewohnt erscheint, die Hauptschuld trägt. Die chinesischen Kommentatoren sind im Gegenteil entzückt über diese Details, die den Meister so deutlich vor Augen malen. Wichtig ist das Buch als Beleg dafür, wie sorgfältig Kung auf Übereinstimmung zwischen Theorie und Praxis seines Lebens gehalten hat, auch hierin charakterverwandt mit Immanuel Kant Die Authentizität großer Abschnitte unterliegt jedoch schweren kritischen Bedenken.

1. Kungs Redeweise zu Haus und bei Hofe

Meister Kung war in seinem Heimatorte in seinem Wesen voll anspruchsloser Einfachheit, als könnte er nicht reden. Im Tempel[1] und bei Hofe dagegen sprach er fließend, aber mit Überlegung.

1 Der fürstliche Ahnentempel war nicht nur für Opfer und gottesdienstliche Riten bestimmt. Vielmehr fand der Empfang fremder Gesandten und überhaupt der feierliche diplomatische Verkehr im Tempel, vor dem Angesicht der Ahnen statt. Daher war Redegewandtheit nötig.

2.

朝，與下大夫言，侃侃如也；與上大夫言，誾誾如也。君在，踧踖如也。與與如也。

3.

君召使擯，色勃如也，足躩如也。揖所與立，左右手。衣前後，襜如也。趨進，翼如也。賓退，必復命曰："賓不顧矣。"

4.

入公門，鞠躬如也，如不容。立不中

2. Verkehr mit Beamten und Fürsten

Bei Hofe[2] sprach er mit den (ihm gleichgeordneten) Ministern zweiten Rangs frei und ungezwungen, mit den Ministern ersten Grades präzis und sachlich. Wenn der Fürst eintrat, war er in seinem Benehmen ehrfurchtsvoll, doch gefaßt.

3. Bei Staatsbesuchen

Wenn ihn der Fürst zum Empfang eines Gastes befahl, so wurde seine Miene ernst, und seine Schritte waren geschwind. Bei den Verbeugungen vor den nebenstehenden Beamten wandte er die zum Gruß erhobenen Hände nach links und rechts. Seine Kleidung blieb dabei vorn und hinten in Ordnung. (Beim Geleiten der Gäste) eilte er voran und (seine Arme waren) in leichter Schwingung. Nachdem der Gast sich zurückgezogen, machte er stets die Meldung: „Der Gast sieht sich nicht mehr um.“[3]

4. Während der Audienz

Wenn er durch das Palasttor trat, so beugte er sich, gleich als ob er kaum hindurch käme. Beim Stehen vermied er den Platz gegenüber von der Mitte des

2 Es handelt sich hier um die regelmäßigen täglichen Audienzen. Vor Sonnenaufgang versammelten sich die Minister vor dem Tor. Die Bekannten fanden sich zusammen Kung benahm sich frei und ohne Präsumption, da die offizielle Handlung noch nicht begonnen. Den herrschenden Adelsgeschlechtern, seinen Vorgesetzten, gegenüber benahm er sich seiner Stellung entsprechend. Bei Sonnenaufgang erschien der Fürst, um die Audienz zu eröffnen. Da verstummte das Gespräch. Die Beamten hatten zu huldigen. Wichtig ist dabei nach chinesischer Auffassung ebensosehr die Entfaltung der nötigen Ehrfurcht, als die Fassung, die vor aller unschönen Hast oder Kriecherei bewahrt. Vgl. jedoch Anmerkung 4.

3 Bei den Staatsbesuchen der Fürsten wurde in China großes Zeremoniell beobachtet. Kam der Gast an, so hatte er 90 Schritte westlich vor dem Palasttore vom Wagen zu steigen und durch einen Kordon von Beamten sich mit dem ihn am Tor der Ahnenhalle erwartenden Wirt zu verständigen. Auf beiden Seiten wurden hierzu drei Stufen von Beamten ausgesucht, die, in bestimmten Abständen voneinander stehend, unter Verbeugungen nach rechts und links (beim Empfang und Weitergeben der Nachricht) die Verständigung der Fürsten vermittelten Kung hätte seinem Amt entsprechend eigentlich nur den zweiten Rang der Gastempfänger einnehmen sollen. Er scheint jedoch wegen seiner Erfahrung auf diesem Gebiet zum wichtigen ersten Rang, der eigentlich den höchsten Adelsgeschlechtern zustand, berufen worden zu sein. Nachdem der Zweck des Besuchs auf diese Weise kund war, kam der eigentliche Empfang. Beim Abschied hatte der Wirt so lange am Tor zu warten, bis der Gast sich nicht mehr umsah. Vgl. Anmerkung 4.

門，行不履閾。過位，色勃如也，足躩如也，其言似不足者。攝齊升堂，鞠躬如也，屏氣似不息者。出，降一等，逞顏色，怡怡如也。沒階趨，翼如也。復其位，踧踖如也。

5.

執圭，鞠躬如也，如不勝。上如揖，下如授。勃如戰色，足縮縮，如有循。享禮，有容色。私覿，愉愉如也。

Tors, beim Durchschreiten (des Tors) trat er nicht auf die Schwelle. Wenn er am (leeren, äußeren) Thron vorbeikam, so wurde seine Miene ernst, und seine Schritte waren geschwind, er redete im Flüsterton. Er hielt sorgfältig den Saum seines Kleides empor, wenn er zur Audienzhalle hinaufstieg. Er beugte sich und hielt den Atem an, gleich als wagte er nicht Luft zu schöpfen. Wenn er (von der Audienzhalle wieder herauskam und) die erste Stufe herabgestiegen war, so löste sich die Spannung in seinen Zügen, und er hatte einen heiteren Ausdruck. Unten an den Stufen angekommen, eilte er vorwärts (und seine Arme waren) in leichter Schwingung. So kehrte er an seinen Platz zurück mit ehrfurchtsvollem Gesichtsausdruck.

5. Benehmen bei diplomatischen Missionen

Wenn er das Zepter (seines Fürsten) zu tragen hatte, so beugte er sich, gleich als sei er nicht fähig (es zu tragen). Er hob es nicht höher, als man die Hand zum Gruß erhebt (in Augenhöhe), und senkte es nicht tiefer, als man die Hand beim Überreichen einer Gabe ausstreckt (in Brusthöhe). Seine Miene war ernst und devot, seine Schritte waren langsam und gemessen. Beim Überreichen der Geschenke hatte er ein mildes Wesen. Bei der Privataudienz war er freundlich und heiter.[4]

4 Die freundschaftliche Übersendung von Geschenken zwischen den Höfen ging in drei Audienzen, die an drei aufeinanderfolgenden Tagen stattfanden, vor sich. Am ersten Tag fand die offizielle Beglaubigung des Gesandten durch Vorweisen des fürstlichen Nephritzepters statt. Am zweiten Tag die Überreichung der Staatsgeschenke, und am dritten Tag überreichte der Gesandte in einer Privataudienz persönliche Geschenke.
Die Abschnitte 1–5 gehören sprachlich eng zusammen; sie entstammen wohl sicher derselben Quelle. Diese Quelle ist nicht im Kreis der Schüler zu suchen wegen der Bezeichnung „Kung Dsï" an der Spitze, während in der Schulüberlieferung immer nur „der Meister" steht. Was die Kritik dieser Abschnitte anlangt, so fällt auf, daß in allen gar nichts Individuelles von Kung berichtet wird. Vielmehr ist es eine peinlich genaue Übertragung der alten vorgeschriebenen Riten auf seine Person. Es ist aber auch eine Reihe innerer Bedenken vorhanden.
a) Seine *Heimat.* Es läßt sich nicht feststellen, ob damit die Gegend von Küoli gemeint ist, die offiziell diesen Namen trägt, da Kung dort geboren ist, oder Küfu, wohin er später gezogen ist. Die Zeit, in die diese Bemerkung paßte, müßte daher entweder die Zeit vor seinem 22. Jahre sein, während welcher er sich in Küoli aufhielt, oder aber die von seinem 69. Jahr bis zu seinem Tod, der mit 72 Jahren eintrat. Die übrige Zeit seines Lebens verbrachte er auf Wanderungen außerhalb seines Heimatstaates oder im Staatsdienst. In keine der genannten Zeiten paßt die Zusammenstellung von Abschnitt 1 ihrer ganzen Färbung nach so recht hinein.

6.

君子不以紺緅飾。紅紫不以為褻服。當暑，袗絺綌，必表而出之。緇衣羔裘，素衣麑裘，黃衣狐裘。褻裘長。短右袂。狐貉之厚以居。去喪，無所不佩。非帷裳，必殺之。羔裘玄冠不以弔。吉月，必朝服而朝。

6. Kleiderregeln

Der Edle nahm kein Blaurot oder Schwarzrot zum Kleiderausputz. Gelbrot und violett nahm er nicht (einmal) für seine Hauskleider. In der heißen Zeit trug er ungefütterte, gazeartige linnene Gewebe, aber beim Ausgehen zog er immer noch ein Kleidungsstück darüber an. Dunkelbraune Kleidung trug er zusammen mit schwarzem Lammpelz, ungefärbte Kleidung mit Rehpelz, gelbe Kleidung mit Fuchspelz. Zu Hause trug er lange Pelzkleider, woran der rechte Ärmel kurz war. Er trug immer Nachthemden, die anderthalb Körperlängen hatten. Beim Aufenthalt zu Hause gebrauchte er dicke Fuchs- oder Dachspelze. Außer bei Trauerfällen trug er sämtliche Nephritschmuckstücke. Außer bei den ungenähten Opfergewändern hatte er immer nach der Figur genähte Kleider. Schwarzen Lammpelz und dunkle Kopfbedeckung trug er nicht, wenn er Trauerbesuche machte. Zum Monatsanfang zog er Galakleidung an und stellte sich bei Hofe vor.[5]

---

b) In Abschnitt 3 findet sich die schon erwähnte Schwierigkeit, daß Kung die Rolle des obersten Gastempfängers bekleidet, die ihm seinem Rang nach gar nicht zukommt. Zudem ist im zweiten Satz vorausgesetzt, daß er am mittleren Platz steht, da er nach rechts und links seine Verbeugungen macht

c) Die Hauptschwierigkeit ist jedoch, daß Abschnitt 3 und 5 sich auf Vorgänge beziehen, die nicht stattgefunden haben. Dschu Hi hat die Gewissenhaftigkeit, den Kommentar Dschaus zu zitieren: „Kung Dsï war Beamter in LΙı vom 9. bis zum 13. Jahr des Fürsten Ding, wo er nach Tsi ging. In dieser Zeit fand durchaus kein fürstlicher Besuchsaustausch statt, so daß zu vermuten ist, daß die beiden Abschnitte „Vom Empfang der Gäste“ und „Wenn er das Zepter trug“ nur die gewöhnlichen Belehrungen Kungs über diese Zeremonien enthalten.“ Nun hat ja allerdings wenigstens eine Zusammenkunft der Fürsten von Lu und Tsi in Gia Gu stattgefunden, bei der Kung anwesend war, und die in den „Schulgesprächen“ (Gia Yü) sehr plastisch erzählt wird (vgl. die biographische Einleitung). Aber wir sehen da Kung in ganz andrer Weise tätig: nicht als sklavisches Modell der alten Bräuche, sondern als überlegenen Staatmann, der die Staatszeremonien benützt, um die Anschläge des Fürsten von Tsi zu hintertreiben.

Wir können aus diesen Gründen nicht umhin, die Abschnitte 1–5 als unhistorisch zu bezeichnen. Sie sind eine nachträgliche mechanische Übertragung des Kanons der Zeremonien auf das Leben Kungs. Das Bild Kungs verliert übrigens keineswegs durch Beseitigung dieser pedantischen Züge.

5 Auch dieser Kleiderparagraph scheint eine einfache Übertragung der zur Zeit Kungs üblichen Gebräuche für die höheren Beamten (dies hier nach den Hankommentaren der Sinn von „der Edle“) auf seine Person zu sein. Was die Farben anlangt, so gibt es in China 5 Grundfarben: Dunkelblau, Karminrot (Purpur), Weiß, Schwarz, Gelb. Die Mischfarben (zweiten Rangs) sind: Blau mit Gelb: Grün; Karmin mit Weiß: Ziegelrot; Weiß mit Blau: Kobaltblau; Schwarz mit Karmin: Violett; Gelb mit Schwarz: Dunkel- braun. Die oben genannte Farbe Blaurot ist Blau mit einem rötlichen Schimmer, Schwarzrot ist dreimal in Rot und zweimal in Schwarz gefärbt. Der Kleiderausputz ist der Kragen und die Säume der Ärmel.

7.

齊，必有明衣，布。必有寢衣，長一身有半。齊，必變食，居必遷坐。

8.

食不厭精，膾不厭細。食饐而餲，魚餒而肉敗，不食。色惡，不食。臭惡，不食。失飪，不食。不時，不食。割不正，不食。不得其醬，不食。肉雖

7. *Das Fasten*

Beim Fasten hatte er immer reine Kleider von Linnen. Beim Fasten änderte er immer die Speise und verließ seinen (gewöhnlichen) Aufenthaltsplatz.[6]

8. *Das Essen*

Beim Essen verschmähte er es nicht, auf Reinigung (des Reises zu halten), beim Hackfleisch verschmähte er es nicht, auf Feinheit (zu halten). Reis, der verdorben war und schlecht, Fisch, der alt, und Fleisch, das nicht mehr frisch war, aß er nicht. Was eine schlechte Farbe hatte, aß er nicht. Was einen schlechten Geruch hatte, aß er nicht. Was nicht richtig gekocht war, aß er nicht. Was nicht der Zeit entsprach, aß er nicht. Was nicht richtig geschlachtet war oder nicht die richtige Sauce hatte, aß er nicht. Wenn das Fleisch auch

---

Die Farben wurden vermieden nach einigen Kommentatoren, weil beim Fasten bzw. Trauern getragen. Gelbrot und Violett sind als Mischfarben nicht einwandfrei (vgl. XVII, 18). Außerdem nach Dschu Hi hauptsächlich von Frauen und Kindern getragen. Die Sommerkleider sind aus Puerariafasern, ähnlich dem heutigen Grasleinen, sehr durchsichtig, oft gazeartig. Nach älteren Kommentaren war es beim Ausgehen überhaupt üblich, ein Oberkleid anzuziehen. Dschu Hi verändert den Sinn: Unter der dünnen Kleidung trug er eine Weste, damit man den Körper nicht durchsah. Bei den amtlichen Kleidern mußte Pelz und Stoff in der Farbe harmonieren. Dunkelbraun mit schwarzem Lammpelz wurde bei kaiserlichen Audienzen getragen; Weiß mit dem Pelz des weißlichen Rehkalbs bei Landestrauer und gewissen Opfern; Gelb mit Fuchs bei Staatsvisiten. Die häusliche Kleidung war auf Wärme und Bequemlichkeit eingerichtet, da es in China keine Ofenheizung gibt. Der rechte Ärmel etwas kürzer, um die Arbeit nicht zu hindern. Für das Nachthemd haben die späteren Kommentatoren keinen Sinn mehr. Kung An Guo macht Bettlaken daraus, andere Fastenkleider. – Nephritgegenstände, deren Klang musikalisch wirkte, trug man stets am Gürtel. Nur bei Trauerfällen war alles, was an Musik usw. erinnerte, verpönt. Über die Vorstellung bei Hof am Neumond vgl. III, 17. Die Audienz war längst vor Kungs Zeit abgeschafft worden, und wenn er auch die Reste des Brauchs zu erhalten wünschte als Zeichen vergangener Zeit, so ist doch nicht anzunehmen, daß er durch monatliche Demonstrationen die Audienzen gewaltsam wieder einführen wollte. Da Weiß die Trauerfarbe in China ist, ist es bei Kondolationsbesuchen taktvoll, auch in Pelz und Kopfbedeckung nicht von der Trauerfarbe abzuweichen; daher kein (schwarzer) Lammpelz und kein dunkler Hut.

6 Das Fasten ist die dem Opfer vorangehende Reinigung. Um den Göttern zu begegnen, muß man rein sein, rein in der Speise und rein im äußeren Leibesleben. Kung An Guo bezieht die oben erwähnten linnenen Kleider auf die Kleidung beim Reinigungsbade. Das Fasten war nicht Enthaltung von sämtlicher Nahrung, sondern nur von Alkohol und „unreiner" Nahrung. Dschu Hi nimmt den Abschnitt aus dem letzten Paragraphen über die Nachtkleidung hier herein. Die Hankommentare nehmen den ersten Satz des vorliegenden Paragraphen zum vorherigen, den zweiten zum folgenden. Vgl. Matth, 6, 16–18.

多，不使勝食氣。惟酒無量，不及亂。沽酒市脯不食。不撤薑食。不多食。祭於公，不宿肉。祭肉不出三日。出三日，不食之矣。食不語，寢不言。雖疏食菜羹，瓜祭，必齊如也。

9.

席不正，不坐。

10.

鄉人飲酒，杖者出，斯出矣。

viel war, ließ er es nicht den Geschmack des Reises verdecken. Nur im Weintrinken legte er sich keine Beschränkung auf, doch ließ er sich nicht von ihm verwirren. Gekauften Wein und Dörrfleisch vom Markt genoß er nicht. Er hatte stets Ingwer beim Essen. Er aß nicht viel. Wenn er beim fürstlichen Opfer anwesend war, behielt er (den ihm zugewiesenen Anteil an) Fleisch nicht über Nacht. Opferfleisch ließ er nicht länger als drei Tage liegen. Was über drei Tage alt war, das wurde nicht gegessen. Beim Essen diskutierte er nicht. Im Bett redete er nicht. Wenn er auch nur einfachen Reis und Gemüsesuppe und Gurken hatte, so brachte er doch ehrfurchtsvoll ein Speiseopfer dar.[7]

9. Die Matte

War die Matte nicht gerade, so setzte er sich nicht.[8]

10. Dorffeste

Wenn die Dorfgenossen zusammen tranken und die Alten[9] aufbrachen, so brach er auf.

---

7 Auch hier haben wir eine Reihe Speiseregeln, wie sie für die gebildeten Stände zu Kungs Zeit allgemein üblich waren und vorzugsweise die Hygiene der Ernährung zum Ziel hatten. Gerade hierin ist in China ein großer Rückgang eingetreten, da diese Regeln so ziemlich Punkt für Punkt mißachtet werden. Die meisten der Regeln bedürfen für Europäer keiner weiteren Erklärung. Was das Opferfleisch bei den fürstlichen Opfern anlangt, so bekam jeder Teilnehmer ein Stück zugewiesen, das aus Ehrfurcht vor den Göttern nicht liegen gelassen werden durfte. Der darauf folgende Satz wird gewöhnlich von Privatopfern verstanden, bei denen das Fleisch so viel war, daß es nicht an einem Tag aufgegessen werden konnte. Auch hier war aus Rücksicht auf die Geister möglichste Eile not (Der japanische Kommentar sieht in diesem Satz einen in den Text verschleppten Kommentar). Vgl. hierzu die jüdischen Opferriten. Beim Essen keine wissenschaftlichen Erörterungen: vgl. dazu Kant (bei A. Hoffmann, J Kant, pag. 213). Das Speiseopfer vor jeder Mahlzeit entspricht dem christlichen Tischgebet. Ein paar Reiskörner werden gespendet zum dankbaren Gedenken an die Begründer des Ackerbaus.

8 Nach Dschu Hi und anderen ist der Sinn. Da der Meister in allen Dingen Ordnung liebte, so ließ er auch in kleinen Dingen keine Unordnung zu. Die alten Kommentare beziehen die Korrektheit auf die Beschaffenheit der Matte, deren Schichten nach dem Rang abgestuft waren. Der japanische Kommentar bezieht es, um Kung von Pedanterie freizusprechen, unter Hinweis auf Abchn. 13 ebenso wie den ganzen Abschn. 8 auf die Fastenzeit.

9 Die Alten, wörtlich: „Die Stabträger“. Nach der Sitte trug man mit 50 Jahren einen Stab als Stütze zu Hause, mit 60 in der Öffentlichkeit, mit 70 bei Hofe usw.; hier sind die 60jährigen gemeint. Sie hatten den Vortritt.

鄉人儺，朝服而立於阼階。

11.

問人於他邦，再拜而送之。康子饋藥，拜而受之。曰："丘未達，不敢嘗。"

12.

廄焚。子退朝，曰："傷人乎？"不問馬。

Wenn die Dorfgenossen den Reinigungsumzug[10] hielten, so kleidete er sich in Hoftracht und stellte sich auf die östliche Treppe seines Hauses.

11. Boten[11]

Wenn er jemand mit Grüßen in einen Nachbarstaat sandte, so verneigte er sich zweimal vor ihm und geleitete ihn.
Freiherr Kang sandte ihm Medizin. Er empfing sie mit einer Verbeugung und sprach: „Ich kenne ihre Wirkung nicht, deshalb wage ich nicht, sie zu kosten."

12. Der Stallbrand

Einst brannte sein Stall. Der Meister[12] kam von Hofe zurück und fragte: „Ist auch nicht etwa ein Mensch verletzt?" Er fragte nicht nach (dem Verlust an) Pferden.

10 Der Reinigungsumzug zur Vertreibung der Pestgeister fand dreimal im Jahre statt; der zur Winterzeit wurde vom Volk als Mummenschanz betrieben. Man zog in Bärenfellen und mit Speeren unter Gebrumm umher, um die Pestgeister zu schrecken. Dieser Umzug ist hier gemeint. Der Grund für Kungs Verhalten wird verschieden gedeutet. Nach den Hankommentaren stellte er sich vor der Ahnenhalle auf, um die Ahnengeister vor Unfug zu schützen. Nach den Späteren suchte er auch die zum Narrenzug ausgeartete alte Sitte noch zu ehren und empfing das Volk mit größter Feierlichkeit.

11 Es war sonst für Beamte nicht üblich, mit dem Ausland zu verkehren. Kung machte eine Ausnahme. Seine Höflichkeit gegen den Boten war eine Ehrung für den, dem die Botschaft galt. Freiherr Kang ist der auch sonst (vergl. II, 20;VI,6) genannte Minister Gi Kang von Lu. Es war nicht Sitte Medizin als Geschenk zu schicken, da die Geschenke aus Höflichkeit beim Empfang gekostet werden mußten und die Medizinen häufig giftig waren. Kung nimmt das Geschenk an und gibt die Erklärung, warum er es nicht kostet, so daß er nicht als unhöflich erscheint.

12 Der einzige Abschnitt des Buchs, in dem der Ausdruck „der Meister" vorkommt, während im Vorangehenden wnigstens Kungs Selbstbezeichnung Kiu (oben mit ich wiedergegeben) erscheint. Beide scheinen zuverlässige Erinnerung zu enthalten.

13.

君賜食，必正席先嘗之；君賜腥，必熟而薦之；君賜生，必畜之。侍食於君，君祭，先飯。疾，君視之，東首，加朝服，拖紳。君命召，不俟駕行矣。

14.

入太廟，每事問。

15.

朋友死，無所歸。曰：“於我殯。”

13. Ehrungen durch den Fürsten[13]

Wenn der Fürst ihm eine Speise sandte, so rückte er die Matte gerade und kostete sie zuerst. Wenn der Fürst ungekochtes Fleisch sandte, so ließ er es kochen und brachte es (seinen Ahnen) dar. Wenn der Fürst ein lebendes Tier sandte, so hielt er es lebend. Wenn er vom Fürsten zum Essen befohlen war und der Fürst die Dankspende dargebracht hatte, kostete er alle Speisen zuerst.
Wenn er krank war und der Fürst ihn besuchte, so legte er sich mit dem Kopf nach Osten, legte die Hofkleidung über sich und zog den Gürtel darüber. Wenn ihn der Fürst (zu Hof) befahl, so wartete er nicht, bis angespannt war, sondern ging zu Fuß voran.

14. Im königlichen Heiligtum[14]

Wenn er das königliche Heiligtum betrat, erkundigte er sich nach jeder einzelnen Verrichtung.

15. Verhältnis zu Freunden[15]

Wenn ein Freund gestorben war, der keine Angehörigen hatte, so sprach er: „Überlaßt es mir, ihn zu begraben."

---

13 Wie sich aus Abschn. 11 Anm. ergibt, war es Sitte, die übersandten Speisen sofort zu kosten, auch wenn sie nicht zur Zeit des Essens ankamen. Rohes Fleisch ließ man kochen und brachte es den Ahnen dar, um die Gabe dadurch zu ehren. Das gekochte Fleisch konnte nicht den Ahnen dar gebracht werden, weil es möglicherweise schon den fürstlichen Ahnen geopfert war. Lebende Tiere wurden gefüttert, wohl weniger aus Menschlichkeit, wie Dschu Hi meint, als um sie bis zur Zeit der wichtigen Opfer aufzubewahren. An der fürstlichen Tafel wäre es taktlos gewesen, das fürstliche Tischgebet (siehe Abschn. 8), das sonst jeder für sich vollzog, nicht als für alle geleistet anzuerkennen. Das Kosten der Speisen war Aufgabe der Diener. Durch das Kosten der Speisen brachte man zum Ausdruck, daß man nicht wage, sich als Gast zu fühlen. Die Lage des Kranken bei einem fürstlichen Besuch mußte so sein, daß der Fürst mit dem Gesicht nach Süden sehen konnte, wenn er nach dem Kranken sah (vgl. die eine mögliche Erklärung von VI, 8, Anm)

14 Wiederholung eines Teils von III, 15.

15 Die Freunde ohne Angehörigen, für deren Begräbnis Kung sorgte, waren aus andern Staaten, da in seiner Heimat in China jeder jemand hat, der für sein Begräbnis aufkommt- Die Verbeugung vor dem von Freunden gesandten Op ferfleisch galt nicht der Gabe, deren Größe auf Kung eben keinen Eindruck macht, sondern den Geistern, von deren Opfer es ein Teil war.

朋友之饋，雖車馬，非祭肉，不拜。

16.

寢不尸，居不容。見齊衰者，雖狎，必變。見冕者與瞽者，雖褻，必以貌。凶服者式之。式負版者。有盛饌，必變色而作。迅雷風烈，必變。

17.

升車，必正立執綏。車中，不內顧，不疾言，不親指。

Wenn ein Freund ihm etwas schenkte, und waren es selbst Pferde und Wagen: wenn es nicht Opferfleisch war, so machte er keine Verbeugung.

16. Das Äußere. Benehmen[16]

Im Bett lag er nicht (steif wie) ein Leichnam. Im täglichen Leben war er nicht formell.
Wenn er jemand in Trauer sah, so änderte er (seinen Gesichtsausdruck), auch wenn er ein guter Bekannter war. Wenn er einen in Hofkopfbedeckung oder einen Blinden sah, so benahm er sich höflich, auch wenn er ihnen oft begegnete.
Einen Leichenzug grüßte er (wenn er selbst im Wagen fuhr) durch (Verbeugung bis zur) Querstütze. Ebenso begrüßte er die (Leute, welche die) Volkszählungslisten trugen.
Wenn er bei einem reichen Mahl (zu Gaste) war, so änderte er seinen Ausdruck und erhob sich.
Bei einem plötzlichen Donnerschlag oder einem heftigen Sturm änderte er stets (seinen Gesichtsausdruck).

17. Im Wagen

Wenn er den Wagen bestieg, stand er gerade und hielt das Handseil. Im Wagen sah er nicht nach innen, sprach nicht hastig und deutete nicht mit dem Finger.

16 Der erste Satz heißt wörtlich: Im Schlaf(zimmer?) nicht Leichnam. Die traditionelle Deutung ist die im Text gegebene. Andre erklären: In seinem Schlafzimmer saß er nicht starr und steif wie ein Toter. Die Ausdrucksweise ist jedenfalls merkwürdig. Der Abschnitt über das zeremonielle Verhalten gegen Freunde, Beamte und Blinde (Musiker?) ist aus IX, 9 frei wiederholt. „Auch wenn er ihnen oft begegnete“: so nach den chinesischen Kommentaren; wörtlich: im Hauskleid, was Legge und Ku hung ming akzeptieren, Couvreur übersetzt: quamvis in loco non publico. – Die Ehrerbietung gegen die Leidtragenden vom Wagen aus ist nur ein Spezialfall der ebengenannten. Die Volkszählungslisten mit den Namen der Bewohner des Reichs waren ehrwürdig selbst für den Fürsten, denn sein Gottesgnadentum offenbarte sich durch die Zuneigung der Herzen des Volks. Ein tiefer Respekt vor dem Volk als solchem ist daher Grundzug der chinesischen Staatsidee. – In dem Donner und Sturmwind hörte man die Stimme des Herrn“, daher geziemte sich Ehrfurcht. Vgl. Psalm 29.

18.

色斯舉矣，翔而後集。曰：“山梁雌雉，時哉！時哉！”子路共之，三嗅而作。

18. Die Fasanenhenne[17]

„Ein Anblick, und es steigt empor,
Es fliegt umher und läßt sich wieder nieder."

Er sprach: „Auf der Bergbrücke eine Fasanenhenne. Zu ihrer Zeit! Zu ihrer Zeit!"
Dsï Lu brachte sie dar. Er roch dreimal und erhob sich.[18]

17 Die Fasanenhenne ist das Kreuz aller Erklärer und Übersetzer. Die chinesischen Kommentare nehmen Korruption des Textes an, und man wird sich dabei beruhigen müssen. Die Verse am Anfang sollen ähnlich wie die im letzten Abschnitt des vorigen Buchs aus einem apokryphen Stück der Lieder stammen.

18 Die Szene im Wald gleichsam als Erklärung zu dem Zitat: Ein Seufzer Kungs, daß die Vögel unter dem Himmel ihre Zeit finden, zu der sie sich niederlassen können, nachdem sie umhergeflattert, während er ruhelos umhergetrieben werde. Dsï Lu würde das mißverstanden haben und (nach den Hankommentaren) den Vogel als zeitgemäßes Wild gefangen und zubereitet haben. Aber der Meister hatte keinen Appetit zu dieser Speise. Er beroch sie ein paarmal und erhob sich.
Eine andere Erklärung wäre, daß Dsï Lu auf die Fasanenhenne zugegangen wäre, diese dreimal mit den Flügeln geschlagen und sich erhoben habe.
Der rätselhafte Paragraph ist ein würdiger Schluß des rätselhaften Buches, das im ganzen und einzelnen dem Kritiker so manche ungelöste Frage darbietet.

先進 – 論語

BUCH XI – SIÄN DSIN

Dieses Buch enthält eine Reihe von wirklichen Gesprächen des Meisters mit seinen Jüngern. Es zeigt ihn im Verkehr mit den Seinen. Dabei zeigt sich eine ganz spezielle Richtung. Dsong Schen, der sonst so viel genannte und als orthodox anerkannte Fortsetzer der Lehren Kungs, tritt in diesem Buch ganz zurück; in der Aufzählung der wichtigsten Jünger XI, 2 ist er übergangen, ebenso wie Dsï Dschang, der in Buch XIX eine dem Dsï Hia gegenüber etwas oppositionelle Stellung einzunehmen scheint. In Verlauf des Buches kommt nur eine etwas wenig schmeichelhafte Bemerkung über Dsong Schen vor (Abschn 17), während Dsï Dschang in Abschn. 15 und 17 nicht eben lobend erwähnt wird. Dagegen tritt neben Yän Hui, dessen Platz unbestritten bleibt, eine andre Gestalt in den Vordergrund, Min Dsï Kiän, der sogar einmal ausdrücklich den Ehrentitel „Meister“ erhält. Das läßt darauf schließen, daß zum mindesten ein Teil des überlieferten Stoffs der Schule dieses Jüngers entstammt, der sonst in der Überlieferung sehr zurücktritt. Min Dsï Kiän wird außer im vorliegenden Buch nur in Buch VI, 7 genannt. Das ist vielleicht nicht zufällig, da einerseits auch einige andere sonst wenig genannte Jünger, wie Be Niu (nur VI, 8 und XI, 2), Gung Si Hua (V, 7; VI, 3; XI, 15. 21. 25; VII, 33), Dschung Gung (VI, 1. 4; XI, 2; XII, 2; XIII, 2), in den beiden Büchern mehr oder weniger deutlich sich abheben, anderseits auch stofflich manche Parallelstellen (vgl. XI, 6 mit VI, 2; XI, 23 mit VI, 6) sich finden. Jedenfalls steht das Buch XI literarisch sehr hoch, wie ein Vergleich der beiden Genreszenen V, 25 und XI, 25 auf den ersten Blick ergibt. Was dort stammelnd angedeutet ist, ist hier mit vollendeter Kunst in Durchbildung der Situation und Individualisierung der einzelnen Persönlichkeiten zum Ausdruck gebracht. Der ganze Ton des Buchs ist freier und fließender als der oft fast ängstlich gewissenhafte des Kreises um Dsong Schen. Herkömmlicherweise beginnt es den zweiten Teil der „Gespräche“.

1.

子曰：“先進於禮樂，野人也；後進於禮樂，君子也。如用之，則吾從先進。”

2.

子曰：“從我於陳、蔡者，皆不及門也。”德行：顏淵，閔子騫，冉伯牛，仲弓。言語：宰我，子貢。政事：冉有，季路。文學：子游，子夏。

1. Alte und neue Zeit[1]

Der Meister sprach: „Die früheren Geschlechter waren in Kultur und Musik rohe Menschen, die späteren Geschlechter sind in Kultur und Musik gebildet. Wenn ich (diese Dinge) auszuüben habe, so folge ich den früheren Geschlechtern."

Der Meister sprach: „Wir sind uns in unseren Tagen mit Stolz bewußt, wie weit wir es gebracht haben in der Verfeinerung der gesamten Kultur und in der Vervollkommnung der Kunst, und so sehen wir mit einem etwas geringschätzigen Mitleid herab auf die Zeiten der Großväter, die die Formen der Kultur und die Ausdrucksmöglichkeiten in der Kunst erst mühsam schaffen mußten und daher an Glätte und Gewandtheit so weit zurückstehen hinter unsrer fortgeschrittenen Zeit. Und dennoch muß ich gestehen, daß ich mich gegebenenfalls an die Art der alten Zeiten halte."

2. Die Jünger der Wanderzeit

Der Meister sprach: „Von denen, die mir folgten in Tschen und Tsai, kommt keiner mehr zu meiner Tür."
Ethisch hochstehend waren: Yän Yüan, Min Dsï Kiän, Jan Be Niu, Dschung Gung; rhetorisch begabt waren Dsai Wo und Dsï Gung; politisch tätig waren: Jan Yu und Gi Lu; ästhetisch und literarisch begabt waren: Dsï Yu und Dsï Hia.[2]

---

1 Es ist fraglich, welche Zeiten mit der „alten" und der „neuen" Zeit gemeint sind. Die Hankommentare nehmen die „alte" Zeit als die Zeit der Uranfänge der chinesischen Kultur und die „neue" Zeit als die der drei ersten Dynastien. Das ist wahrscheinlich falsch, da Kung sich wieder holt auf den Boden der Kultur der Dschouzeit als der höchsten stellt (vgl. III, 14). Vielmehr ist die „alte" Zeit die schöpferische Periode der Dschoudynastie und die „neue" Zeit die Gegenwart Kungs, da die Masse äußerer Pracht den Geist der Kultur zu ersticken drohte (vgl. V, 17 und die Bräuche der drei Adelsgeschlechter in Lu; Buch III u.a.). Worin Kung die Wurzel der Kultur sieht, spricht er ja oft ganz deutlich aus (vgl. III, 4).

2 Die Anspielung auf Tschen und Tsai bezieht sich auf ein Erlebnis aus Kungs Wanderzeit. Etwa in seinem 62. Lebensjahre war Kung mit seinen Jüngern aus dem Staate Tschen in den Staat Tsai gewandert. Die Beamten von Tschen, die fürchteten, er werde sich in den großen südlichen Staat Tschu begeben und dessen König bei seinen Unternehmungen gegen Tschen unterstützen, ließen ihn militärisch gefangen setzen, bei welcher Gelegenheit der Meister und seine Schüler sieben Tage lang von Nahrungszufuhr abgeschnitten waren. (Vgl. XV, 1, wo von dem hier genannten Ereignis die Rede ist, und VII, 30, wo aus dem Benehmen des Ministers von Tschen aufs deutlichste dessen feindliche Abneigung spricht.)

Die an diesen Ausspruch sich anschließende Aufzählung der zehn „Philosophen“ und vier „Fakultäten“ ist natürlich kein Ausspruch Kungs, sondern ein Kommentar zu der vorgegangenen Äußerung. Warum Dsong Schen fehlt, bleibt unaufgeklärt (wenn man nicht die Herkunft des Buchs aus anderer Quelle als Grund annehmen will). Die genannten Jünger sind:
1. *Yän Hui* (literarischer Name: Dsï Uran) aus dem Staate Lu; der Lieblingsjünger, der in den ärmlichsten Verhältnissen sich dennoch fröhlich zeigte. Er war 30 Jahre jünger als Kung und wurde in früher Jugend sein Schüler; mit 29 Jahren soll sein Haar weiß geworden sein, mit 32 Jahren starb er.
2. *Min Sun* (literarischer Name: Dsï Kiän) aus Lu, 15 Jahre jünger als Kung (nach Gia Yü 50 Jahre jünger). Besonders durch seine Pietät ausgezeichnet. Aus seiner Jugend wird erzählt, daß er eine Stiefmutter hatte, welche ihn ihren beiden eigenen Söhnen gegenüber stets zurücksetzte. Im Winter habe sie seine Kleider nur mit Schilf, statt mit Watte, gefüttert. Einst hatte er im kältesten Wetter seinen Vater im Wagen zu führen. Vor Frost erstarrt, ließ er die Zügel fallen. Sein Vater, der Nachlässigkeit vermutete, schlug mit dem Stock nach ihm. Da platzten die Nähte seines dürftigen Gewandes, und die Schilfblüten stoben heraus. Dadurch kam der Vater hinter die Grausamkeit der Stiefmutter und wollte sie in seinem gerechten Zorn verstoßen. Der kleine Sohn aber legte Fürbitte ein mit den Worten: „Wenn die Mutter dableibt, hat nur ein Kind Frost zu dulden, wenn sie weg ist, sind wir alle drei verlassen.“ Durch diese rührende Fürbitte bewegt, wurde selbst die Stiefmutter bekehrt und benahm sich von da ab freundlich auch gegen ihr Stiefkind. Diese Geschichte ist als eines der 24 Beispiele kindlicher Pietät in ganz China bekannt. Das Grab des Min Dsï Kiän ist bei Tsinanfu. Bemerkenswert ist, daß er nie mit dem Vornamen genannt wird, sondern – auch in des Meisters Mund! – mit seinem literarischen Namen oder (XI, 12) sogar Meister Min, was sonst nur noch bei Dsong Schen und Yu Jo vorkommt, die auffallenderweise beide hier fehlen.
3. *Jan Gong* (Be Niu) aus Lu, 7 Jahre jünger als Kung. Als Kung Minister in Lu wurde, bestimmte er Be Niu zu seinem Nachfolger als Beamter von Dschung du. Er starb an einer aussatzartigen Krankheit, während der der Meister ihn besuchte. Vgl. VI, 8.
4. *Jan Yung* (Dschung Gung), Verwandter von No. 3, 29 Jahre jünger als Kung. Sein Vater war wegen seiner Schlechtigkeit berüchtigt, aber der Meister ließ es den Sohn nicht entgelten.
5. *Dsai Yü* (Dsï Wo) aus Lu. Er hatte eine scharfe Zunge. Während der Reisezeit tritt er besonders hervor bei der Begegnung des Meisters mit dem König von Tschu (unmittelbar nach dem Mißgeschick in Tschen). Der König von Tschu wollte dem an ihn abgesandten Dsai Wo einen elfenbeingeschmückten Wagen für den Meister mitgeben. Das lehnte Dsai Wo ab mit der Begründung, der Meister sehne sich nach nichts anderem, als Tugend und Recht zu Ehren zu bringen. Wenn er einen Fürsten fände, der dazu geneigt wäre, würde er selbst zu Fuß gern kommen und brauche keinen solch kostbaren Wagen. – Als Kung dann mit dem König von Tschu bekannt geworden war, wollte dieser ihn anstellen. Doch scheiterte die Anstellung an der Remonstration des Ministers von Tschu, Dsï Sï, der auf die Gefahr hinwies, einem Mann mit so vorzüglichen Jüngern zur Seite, wie Kung sie habe, eine Macht anzuvertrauen, durch die er sich zum Herrn des ganzen Reiches machen könnte. Unter den Schülern, die am königlichen Hof nicht ihresgleichen haben, wird neben Dsï Gung, Yän Hui, Dsï Lu als vierter Dsai Wo genannt, ein Beweis, daß er einen gewissen Eindruck auf Außenstehende machte. In Lun Yü kommt er ziemlich schlecht weg und erscheint da sozusagen als enfant terrible der konfuzianischen Schule. Er hatte später in Tsi eine Anstellung, wobei er sich jedoch in nutzlose Sachen einließ, die zur Ausrottung seiner Verwandtschaft führten.
6. *Duan Mu Tsï* (Dsï Gung) aus dem Staate We. Ebenfalls nicht durch innere Qualitäten hervorragend, doch bekannt durch seine schönen Worte. Er trauerte nach dem Tode des Meisters noch drei Jahre länger als die übrigen Schüler an seinem Grabe. Die übrigen Schüler

[illegible]

[illegible]

Der Meister sprach: „Die Zeiten wechseln und die Menschen. Einst auf meinen Wanderungen war ich auch in den schlimmsten Tagen von Getreuen umgeben, die die Gefahren mit mir teilten. Wo sind sie hin? Teils gestorben, teils im Amt, teils in ihrer Heimat, aber keiner ist mehr um mich."

---

wollten ihn nach des Meisters Tod zum Haupt der Schule machen, was er allerdings bescheiden ablehnte, ebenso wie auch andere Vorschläge von fremden Fürsten, die für ihn zum Teil recht schmeichelhaft waren. Von Hause aus arm, gelangte er durch kommerzielle Unternehmungen zu großem Reichtum. Er war überaus begabt und von rascher Auffassung.

7. *Jan Kiu* (Dsï Yu) verwandt mit Be Niu und Dschung Gung (No. 3 und 4) und etwa ebenso alt wie der letztere. Er war bekannt wegen seiner Gewandtheit und seiner ausgebreiteten Kenntnisse. Er war später Beamter im Dienst der Familie Gi von Lu, während welcher Zeit der Meister manches an ihm auszusetzen hatte. Seinem Einfluß ist die Zurückberufung Kungs in seinen Heimatstaat zuzuschreiben.

8. *Dschung Yu* (Dsï Lu oder Gi Lu) aus Lu, neun Jahre jünger als Kung. Er ist bekannt wegen seiner Energie, die oft an Ungezügeltheit streifte. Seine ganze Art tritt uns entgegen in der Geschichte seiner ersten Begegnung mit Kung. Kung fragte ihn, was er am meisten liebe. „Mein langes Schwert", war die Antwort. Kung erwiderte, wenn er zu seiner Befähigung noch die Resultate des Studiums hinzufügen würde, so würde er sich sehr vervollkommnen können. „Was kann mir das Lernen nützen?" fragte Dsï Lu. „Dort der Bambus ist gerade und nie gebogen worden. Man kann ihn abschneiden und sogar eine Nashornhaut damit durchbohren." „Ja, aber wenn man ihn mit einer stählernen Spitze und mit Federn versieht, wird er dann nicht noch tiefer eindringen?" Darauf verneigte sich Dsï Lu und bat, als Schüler angenommen zu werden. Er war gleichzeitig mit Jan Kiu im Dienst der Familie Gi. Später, als der Meister in We die Anstellung abgelehnt hatte, weil der Sohn den Thron gegen seinen eignen Vater innehatte (vgl. Lun Yü XIII, 3), da blieb Dsï Lu in We zurück, während Kung auf Jan Kius Veranlassung nach seiner Heimat ehrenvoll zurückberufen wurde. Dsï Lu behielt auch den jungen Dsï Gau in amtlicher Stellung in seiner Nähe. Kung war mit der ganzen Sache nicht recht einverstanden (vgl. XI, 24), da er die Dsï Lu drohenden Gefahren voraussah (vgl. XI, 12). Es kam auch so, wie Kung es gefürchtet. Eine Revolution brach in We aus. Dsï Gau zog sich rechtzeitig zurück, aber Dsï Lu wollte seinen Herrn nicht verlassen, und als die Sache zum offenen Kampf kam, fand er im Getümmel seinen Tod. Der Meister weinte sich die Augen wund, daß er auch diesen Schüler noch überleben mußte. Im selben Jahre noch starb auch Kung.

9. *Yän Yän* (Dsï Yu, nicht zu verwechseln mit No. 7). Er war 45 Jahre jünger als Kung und stammte aus dem Staate Wu im Süden, der damals nicht zu China gehörte. Der Meister drückte sich bei seiner Ankunft sehr erfreut darüber aus, daß seine Lehre den Weg nach Süden finde. Als er Beamter von Wu Tschonq war, reformierte er die Bevölkerung durch Musik und Zeremonien, wofür ihn der Meister lobte.

10. *Bu Schang* (Dsï Hia). Er war 45 Jahre jünger als Kung und vermutlich aus dem Staate We. Er erreichte ein sehr hohes Alter und zeichnete sich aus durch seine Belesenheit und Genauigkeit in den äußeren Formen. Er gründete nach des Meisters Tod eine Schule in seinem Heimatstaat, die mit der Schule des (hier nicht genannten) Dsï Dschang in beständiger Fehde lebte (vgl. Buch XIX). Er war ohne größere Gesichtspunkte nur auf das Detail gerichtet.

3.

子曰："回也非助我者也，於吾言無所不說。"

4.

子曰："孝哉閔子騫！人不間於其父母昆弟之言。"

5.

南容三復白圭，孔子以其兄之子妻之。

6.

季康子問："弟子孰為好學？"孔子對曰："有顏回者好學，不幸短命死矣！今也則亡。"

3. Yän Huis Auffassungsgabe

Der Meister sprach: „Hui hilft mir nicht. Mit allem, was ich sage, ist er einverstanden (so daß sich nie eine Diskussion entspinnen kann)."

4. Min Dsï Kiäns Pietät

Der Meister sprach: „Gehorsam wahrhaftig ist Min Dsï Kiän![3] Damit sagen die Leute nichts anderes als seine eigenen Eltern und Brüder."

5. Nan Yungs Besonnenheit und ihr Lohn

Nan Yung wiederholte häufig das Lied vom weißen Zepterstein. Meister Kung gab ihm die Tochter seines älteren Bruders zur Frau.[4]

6. Welcher ist der Größte unter den Jüngern?

Der Freiherr Gi Kang fragte, wer unter den Jüngern das Lernen liebe. Meister Kung entgegnete und sprach: „Da war Yän Hui, der liebte das Lernen. Zum Unglück war seine Zeit kurz, und er ist gestorben. Jetzt gibt es keinen mehr."[5]

---

3 Auffallend ist, wie schon bemerkt, die Bezeichnung Min Dsï Kiän im Munde des Meisters, der sonst von seinen Jüngern nur mit ihrem Rufnamen spricht. Der japanische Kommentar sucht die Sache so zurechtzulegen, daß Kung hier einen allgemein gehörten Ausspruch der Leute über den Jünger zitiere und hinzufüge, daß dieses Lob nicht unverdient sei, da es mit den Äußerungen seiner Familienmitglieder nur übereinstimme Die Auskunft ist immerhin erwägenswert, wenn auch im allgemeinen der betreffende Kommentar viel zu viel mit Zitaten operiert. Über die Pietät Min Dsï Kiäns vergleiche die letzte Anmerkung.

4 Über Nan Yung vgl. V, 1, wo ebenfalls seine Verheiratung erwähnt wird. Das Lied vom weißen Zepterstein steht Schï Ging III; 3; 2, 5. Die Zeilen heißen:

> „Ein Flecken in einem weißen Nephritzepter kann weggeschliffen werden;
> Einen Flecken in der Rede kann man nicht beseitigen."

Die Beherzigung dieser Worte ist ein Zeichen für die vorsichtige Zurückhaltung Nan Yungs.

5 Eine Wiederholung aus VI, 2, wo dieselbe Frage dem Fürsten Ai gegenüber noch ausführlicher beantwortet ist.

7.

顏淵死，顏路請子之車以為之槨。子曰："才不才，亦各言其子也。鯉也死，有棺而無槨。吾不徒行以為之槨。以吾從大夫之後，不可徒行也。"

8.

顏淵死。子曰："噫！天喪予！天喪予！"

9.

顏淵死，子哭之慟。從者曰："子慟矣。"曰："有慟乎？非夫人之為慟而誰為！"

10.

顏淵死，門人欲厚葬之，子曰："不可。"門人厚葬之。子曰："回也視予猶父也，予不得視猶子也。非我也，夫二三子也。"

7. Rücksicht auf die Lebenden

Als YänYüan gestorben war, bat Yän Lu um des Meisters Wagen, um dafür einen Sarkophag zu beschaffen. Der Meister sprach: „Begabt oder unbegabt: jedem steht doch sein Sohn am nächsten. Als (mein Sohn) Li starb, hatte er einen Sarg, aber keinen Sarkophag; ich kann nicht zu Fuß gehen, um einen Sarkophag zu kaufen. Nachdem ich ein öffentliches Amt bekleidet habe, geht es nicht an, daß ich zu Fuß gehe.“[6]

8. Gottverlassenheit

Als Yän Yüan starb, sprach der Meister: „Wehe, Gott verläßt mich, Gott verläßt mich.“[7]

9. Des Meisters Tränen um Yän Hui

Als Yän Hui starb, brach der Meister in heftiges Weinen aus. (Die Schüler in) seiner Umgebung sagten: „Der Meister ist zu heftig.“ Der Meister sprach: „Klage ich zu heftig? Wenn ich um diesen Mann nicht bitterlich weine, um wen sollte ich es dann tun?“

10. Yän Huis Beerdigung

Als Yän Yüan gestorben war, wollten die Jünger ihn prächtig beerdigen. Der Meister sagte, sie sollten es nicht tun. Aber die Jünger beerdigten ihn prächtig. Der Meister sprach: „Hui hat mich immer wie einen Vater behandelt; mir war es nicht vergönnt, ihn wie meinen Sohn zu behandeln. Aber nicht an mir lag es, sondern an euch, ihr meine Jünger.“[8]

6 Yän Lu ist der Vater von Yän Hui (Yän Yüan) und war ebenfalls Kungs Schüler. Da die Familie zu arm war, um einen Doppelsarg, wie er zu einem Begräbnis ersten Rangs gehörte, kaufen zu können, stellt er das obige Ansinnen an Kung. Kung war prinzipiell gegen jeden Beerdigungsluxus (vgl. IX, 11 und XI, 10), deshalb auch diese Ablehnung. Eine historische Schwierigkeit ergibt sich daraus, daß nach Gia Yü und Schï Gi Yän Hui einige Jahre vor Kungs Sohn Li starb. Lun Yü verdient jedoch den Vorzug.

7 Eine Bestätigung für Kung, daß seine Lehre nicht nach der Art der alten heiligen Könige sich werde durchsetzen lassen. Der Himmel hat ihn nicht zum Herrscher bestimmt.

8 Vgl. Anmerkung 6.

11.

季路問事鬼神。子曰：“未能事人，焉能事鬼？”敢問死。曰：“未知生，焉知死？”

12.

閔子侍側，誾誾如也；子路，行行如也；冉有、子貢，侃侃如也。

11. Tod und Leben

Gi Lu[9] fragte über das Wesen des Dienstes der Geister. Der Meister sprach: „Wenn man noch nicht den Menschen dienen kann, wie sollte man den Geistern dienen können!"
(Dsï Lu fuhr fort): „Darf ich wagen, nach dem (Wesen) des Todes zu fragen?"
(Der Meister) sprach: „Wenn man noch nicht das Leben kennt, wie sollte man den Tod kennen?"

Dsï Lu fragte nach dem Wesen des Ahnendienstes. Der Meister sprach: „Es ist ein müßiges Unterfangen, sich auf theoretische Erörterungen über die metaphysische Art der Beziehungen der Gegenwart zur Vergangenheit einzulassen. Was durch den Ahnendienst seinen äußeren Ausdruck findet, das ist die Gesinnung der Ehrfurcht, welche schlechthin für den Menschen Pflicht ist. Aus dieser Ehrfurcht der Gesinnung entspringt das rechte Verhalten gegen die lebenden Autoritäten. Dieselbe Gesinnung, weil schlechthinige Pflicht, zeigt sich auch über das Grab hinaus, weil eine ewige Wahrheit nicht von zeitlichen Bedingungen beeinflußt werden kann. Wer aber seine Eltern nicht ehrt, die er siehet, wie kann der den Ahnen dienen, die er nicht sieht?"
Dsï Lu fragte weiter über das Wesen des Todes. Der Meister vermied auch hierauf eine direkte Antwort, indem er sprach: „Unsere Aufgabe ist es, das Erforschliche zu erforschen und das Unerforschliche ruhig zu verehren. Das Leben ist ein Gebiet, von dem wir unsere Kenntnis durch Erfahrung erweitern können, während die Zustände nach dem Tod jenseits der Grenze wissenschaftlicher Erkenntnis liegen. Deshalb ist es unsre Pflicht, uns zunächst an das Gegebene zu halten: das Leben, und die Erkenntnis der jenseitigen Dinge so lange zurückzustellen, bis sich uns die entsprechenden Erfahrungen darbieten".[10]

12. Im Kreis der Seinen

Meister Min stand zu seiner Seite mit ruhigem, gesetztem Gesichtsausdruck, Dsï Lu blickte mutig drein, Jan Yu und Dsï Gung offen und frei.

---

9 Über Gi Lu oder Dsï Lu vgl. Anmerkung zu Abschnitt 2.

10 Eine der meistzitierten Stellen, aus der für gewöhnlich skeptische Zurückhaltung Kungs gegen alle religiösen Fragen erschlossen wird. Mit Unrecht. Es handelt sich nur um die unbedingt nötige wissenschaftliche Reinlichkeit, damit nicht transzendente Spekulationen das Gebiet der Wissenschaft beeinflussen. Interessant ist auch die Verschiebung der Fragestellung vom intellektuellen aufs moralische Gebiet.

子樂。"若由也，不得其死然。"

13.

魯人為長府。閔子騫曰："仍舊貫，如之何？何必改作？"子曰："夫人不言，言必有中。"

14.

子曰："由之瑟奚為於丘之門？"門人不敬子路。子曰："由也升堂矣，未入於室也。"

15.

子貢問："師與商也孰賢？"子曰："師也過，商也不及。"曰："然

Der Meister freute sich. (Doch sprach er:) „Dieser Yu (Dsï Lu) wird einmal nicht eines natürlichen Todes sterben.“[11]

13. Urteile über die Jünger. I: Min Dsï Kiän. Das lange Schatzhaus

Die Leute von Lu bauten das lange Schatzhaus (neu). Min Dsï Kiän sprach: „Wie wäre es, wenn man das alte erhalten würde? Warum muß man durchaus ein andres bauen?“ Der Meister sprach: „Dieser Mann redet selten, aber wenn er redet, trifft er (das Rechte).“[12]

14. Urteile über die Jünger. II: Dsï Lus Lautenspiel

Der Meister sprach: „Die Laute Yus, was hat sie in meinem Tor zu tun?“ Da achteten die Jünger den Dsï Lu gering. Der Meister sprach: „Yu ist immerhin zur Halle emporgestiegen, wenn er auch die inneren Gemächer noch nicht betreten hat.“[13]

15. Urteile über die Jünger. III: Dsï Dschang und Dsï Hia. Zu wenig und zu viel

Dsï Gung fragte: „Schï oder Schang, wer ist besser?“ Der Meister sprach: „Schï geht zu weit, Schang bleibt zurück.“ (Dsï Gung) sprach: „Dann ist also wohl

11 Über die Einzelnen vgl. Anmerkung 2, wo auch der Beleg zu finden ist, daß Kung mit seiner Voraussage des gewaltsamen Todes von Dsï Lu Recht behalten hat.

12 Das „lange Schatzhaus“ kommt in Dso Dschuan als Wohnung des Fürsten Dschau vor. Der Zusammenhang ist nicht ganz klar. Nach den Kommentaren soll die Berechtigung der Äußerung Min Dsï Kiäns, die an sich keineswegs nach profunder Weisheit klingt, darin liegen, daß er eine Belästigung des Volkes durch Frondienste vermieden wissen wollte.

13 Nach den Gia Yü war das Lautenspiel Dsï Lus mit kriegerischem Geist erfüllt, es offenbarte eine Lust zu töten, die Kung verletzte. Den alten Berichten nach muß die alte chinesische Musik sehr genau die Seelenzustände ausgedrückt haben, und Kung hatte ein besonderes Verständnis für ihre Deutung. – Als die andern Jünger den Dsï Lu aber diesen Tadel empfinden ließen, nimmt sich Kung seiner an und erkennt seine überragende Begabung und seine Kenntnisse, denen nur die letzte harmonische Vollendung fehle, an.

則師愈與？”子曰：“過猶不及。”

16.

季氏富於周公，而求也為之聚斂而附益之。子曰：“非吾徒也。小子鳴鼓而攻之，可也。”

17.

柴也愚，參也魯，師也辟，由也喭。

Schï der Überlegene." Der Meister sprach: „Zu viel ist grade so (falsch) wie zu wenig."[14]

16. Urteile über die Jünger. IV: Jan Kiu im Dienst

„Der Freiherr Gi ist reicher als die Fürsten Dschous, und Kiu sammelt für ihn die Steuern ein und vermehrt seine Habe", sprach der Meister, „das ist kein Jünger von mir. Meine Kinder, ihr möget die Trommel schlagen und ihn angreifen."[15]

17. Urteile über die Jünger. V. Dsï Gau, Dsong Schen, Dsï Dschang, Dsï Lu

Tschai ist töricht, Schen ist beschränkt, Schï ist eitel, Yu ist roh.[16]

---

14 Schï = Duan Sun (Dsï Dschang); Schang ist Bu Schang (Dsï Hia), die, wie aus Buch XIX hervorgeht, nach Kungs Tode in Schulfehden lebten (vgl. Anmerkung 2). Hier werden sie beide verurteilt.

15 Über Jan Kiu vgl. Anmerkung 2. Die Bemerkung war nicht so schlimm gemeint. War es doch Jan Kiu gewesen, der Kungs Rückberufung nach Lu durchgesetzt hatte. Die Lektion galt weit mehr dem Freiherrn Gi als seinen Beamten (vgl. auch XI, 23). Dschou Gung hier nicht gleich dem bekannten Bruder König Wus, sondern allgemein die kaiserlichen Vasallen (im Unterschied zu deren Beamten).

16 Diese Aussprüche über die Jünger klingen sehr hart, fast mehr wie lieblose Äußerungen der Mitschüler oder deren Nachfolger, als wie Urteile des Meisters. Bezeichnenderweise fehlt auch das: „Der Meister sprach", das die Hankommentare dadurch ergänzen wollen, daß sie den Satz mit dem folgenden zusammennehmen, wodurch das: „Der Meister sprach" in ähnlicher Weise in die Mitte käme wie in Abschn 16. Zum Ausgleich muß man jedenfalls solche Äu ßerungen wie IV, 6 heranziehen. – Tschai ist Gau Dsï Gau, der Abschn 24 genannt ist, ebenso wie in Anmerkung 2 unter Dsï Lu. Man erzählt von ihm, daß er um seinen verstorbenen Vater drei Jahre lang Blut geweint habe, daß er keinem Insekt etwas zu Leide getan habe und so gewissenhaft gewesen sei, daß er auch selbst auf der Flucht vor Räubern keinen Seitenweg eingeschlagen habe, u. dgl. mehr. Solche Dinge machen allerdings das obige Urteil verständ lich. Schen ist der bekannte Dsong Schen, der fleißige und gewissenhafte, aber unbegabte Überlieferer der Lehren Kungs. Schï ist der Anm. 2 wenigstens erwähnte, Abschn. 15 und 19 vorkommende Dsï Dschang. Yu endlich ist der tapfere Dsï Lu. Im allgemeinen sind die Urteile durchaus richtig, wenn auch in ihrer Isolierung nicht gerade liebevoll.

18.

子曰：“回也其庶乎，屢空。賜不受命，而貨殖焉，億則屢中。”

19.

子張問善人之道。子曰：“不踐跡，亦不入於室。”

18. Urteile über die Jünger. VI: Yän Hui und Dsï Gung. Schätze im Himmel und auf Erden

Der Meister sprach: „Hui, der wird es vielleicht (erreichen). Er ist stets leer. Sï hat nicht die Bestimmung empfangen, und seine Güter mehren sich. Wenn er etwas plant, so (gelingt es ihm) stets zu treffen."

Der Meister sprach: „Yän Hui steht der Wahrheit am nächsten. In seinen Lebensverhältnissen gehört er zu den Armen. In seinem Wesen ist er demütig und frei von Eitelkeiten. Dsï Gung gehört nicht zu den Auserwählten, aber seine Güter mehren sich fortgesetzt, und was er plant, das gelingt."[17]

19. Talent und Genie

Dsï Dschang fragte über den Pfad des „guten Menschen". Der Meister sprach: „Er wandelt nicht in den Spuren anderer, hat auch nicht die inneren Gemächer betreten."

Dsï Dschang fragte nach dem Wesen des Talentes im Unterschied vom Genie. Der Meister sprach: „Wer Talent hat, kann selbst etwas produzieren. Aber trotz dieser über den Durchschnitt hervorragenden Begabung trennt ihn doch noch ein weiter Abstand von dem Kreise der inneren Berufenen, die intuitiv die Wahrheit erkennen wie die heiligen Könige des Altertums[18]*, da ihm der Zusammenhang mit der Tradition und der Kulturüberlieferung fehlt."*

17 Der Abschnitt ist nicht leicht zu erklären. Die Kommentare weichen stark voneinander ab. Der Grundton der Beurteilung scheint ein ähnlicher zu sein wie in Schillers „Teilung der Erde". Hier der hochgesinnte Idealist, der in die tiefsten Wahrheiten eindringt, aber äußerlich zu den Armen – auch geistlich Armen – gehört, und dort der Mann des praktischen Erfolgs, der sich in der Welt einzurichten versteht.

18 Der „gute Mensch", nach dessen Prinzipien Dsï Dschang fragt, ist, wie aus VII, 25 u. a. hervorgeht, ein festgeprägter, sozusagen technischer Begriff, nicht in der vagen Bedeutung von moralisch gut schlechthin oder „gutveranlagt, aber ohne Wissen", wie Dschu Hi will, sondern unserem „Talent" im Gegensatz zu „Genie" am ehesten entsprechend, wie ja auch aus den Ausführungen im Text klar wird. Daraus ergibt sich auch, daß man den Ausdruck: „Er hat die inneren Gemächer nicht betreten" nach Analogie von Abschn. 14 als Unvollkommenheit auffassen muß, nicht, wie es von manchen Übersetzern geschieht, = er hält sich frei von aller Parteisucht.
Die alten Kommentare nehmen den folgenden Abschnitt in die Definition des „guten Menschen" mit herein und erklären: „Ein solcher ist in seinen Worten ehrlich und wahr, in sei-

20.

子曰："論篤是與，君子者乎？色莊者乎？"

21.

子路問："聞斯行諸？"子曰："有父兄在，如之何其聞斯行之？"冉有問："聞斯行諸？"子曰："聞斯行之。"公西華曰："由也問聞斯行諸，子曰'有父兄在'；求也問聞斯行諸，子曰'聞斯行之'。赤也惑，敢問。"子曰："求也退，故進之；由也兼人，故退之。"

20. Gehalt der Rede

Der Meister sprach: „Worte: sind sie ehrlich und wahr? Ist, der sie spricht, ein Edler? Oder ist er (nur) äußerlich anständig?"

Man darf sich durch die Worte eines Menschen nicht blenden lassen. Es kommt alles darauf an, daß auch wirklich die Persönlichkeit dahinter steht. Je nachdem dies der Fall ist oder nicht, kann dieselbe Rede das Zeichen eines Charakters sein oder aber ein Zeichen dafür, daß der Redende es versteht, durch geschickt gewählte Äußerungen bewußtermaßen auf einen bestimmten Eindruck hinzuarbeiten.

21. Individuelle Behandlung (Dsï Lu und Jan Kiu)

Dsï Lu fragte, ob er (die Lehren), die er gehört, sofort in die Tat umsetzen solle. Der Meister sprach: „Du hast doch noch Vater und Bruder (auf die du Rücksicht nehmen mußt). Wie kannst du da alles Gehörte sofort ausführen?"
Jan Yu fragte (ebenfalls), ob er (die Lehren), die er gehört, sofort in die Tat umsetzen solle. Der Meister sprach: „Ja, hast du etwas gehört, so handle auch danach."
Gung Si Hua (hatte beides mit angehört und) sprach: „Yu fragte, ob er das Gehörte sofort ausführen solle. Da sprach der Meister: ‚Du hast doch noch Vater und Bruder.' Kiu fragte, ob er das Gehörte sofort ausführen solle. Da sprach der Meister: ‚Hast du etwas gehört, so handle auch danach.' Ich bin deshalb im Unklaren und erlaube mir, um Aufschluß zu bitten." Der Meister sprach: „Kiu ist zögernd, deshalb muß man ihn antreiben; Yu hat einen Überschuß an Tatendrang, deshalb muß man ihn zurückhalten."

---

nem Handeln ein Edler, in seinem Benehmen korrekt." Dabei wird die Frageform als Bescheidenheit ausgelegt. Diese Erklärung ist gezwungen.
Eine andere Übersetzung von Abschnitt 20 ist: „Wenn über einen nur anerkennend und billigend geurteilt wird: ist das dann ein Edler oder einer, der sein Äußeres geschickt zu meistern versteht?"

22.

子畏於匡，顏淵後。子曰："吾以女為死矣。"曰："子在，回何敢死？"

23.

季子然問："仲由、冉求可謂大臣與？"子曰："吾以子為異之問，曾由與求之問。所謂大臣者：以道事君，不可則止。今由與求也，可謂具臣矣。"曰："然則從之者與？"子曰："弑父與君，亦不從也。"

24.

子路使子羔為費宰。子曰："賊夫人之子。"子路曰："有

22. Bescheidenheit

Als der Meister in Kuang in Gefahr war, blieb Yän Yüan zurück. Der Meister sprach. „Ich dachte schon, du seiest umgekommen." Da sprach er: „Solange der Meister am Leben ist, wie könnte ich da wagen zu sterben?"[19]

23. Strenges Urteil

Gi Dsï Jan[20] fragte über Dschung Yu (Dsï Lu) und Jan Kiu (Jan Yu), ob man sie als bedeutende Staatsmänner bezeichnen könne. Der Meister sprach: „Ich dachte, der Herr würde etwas Außerordentliches zu fragen haben; nun ist es nur die Frage nach Yu und Kiu. Wer den Namen eines bedeutenden Staatsmannes verdient, der dient seinem Fürsten gemäß der Wahrheit; wenn das nicht geht, so tritt er zurück. Was nun Yu und Kiu anlangt, das sind einfach Angestellte." Da sprach jener: „Dann folgen sie also (in allen Stücken)?" Der Meister sprach: „Bei einem Vatermord oder Fürstenmord werden sie doch nicht folgen."

24. Notwendigkeit geistiger Reife

Dsï Lug[21] stellte den Dsï Gau als Beamten des Kreises Bi (Fe) an. Der Meister sprach: „Du verdirbst das Menschenkind." Dsï Lu sprach: „Da hat er eine Be-

---

19 Über die Situation in Kuang vgl. IX, 5. Yän Hui war wohl zurückgeblieben, um dem Meister den Rücken zu decken, und hatte offenbar dabei in großer Gefahr gestanden, wie aus Kungs besorgten Worten beim Wiedersehen hervorgeht. In überaus zarter Weise verhüllt Yän Hui seine Verdienste in einen Ausdruck der kindlichen Anhänglichkeit an den geliebten Meister. Er lenkt bescheiden die Aufmerksamkeit von sich ab. Eine Bestätigung der Gesinnung, die er V, 25 ausgesprochen hat.

20 Gi Dsï Jan war der Sohn des Hauptes der in Lu beinahe allmächtigen Familie Gi. Kung, weist hier die versuchte An näherung dieses skrupellosen und ehrgeizigen Menschen zurück, indem er sich zugleich ziemlich schroff über die beiden Jünger ausdrückt, die im Dienst der Familie standen. (Man beachte die geringschätzige Einleitung und die Wendung: ein Staatsmann dient seinem Fürsten – die beiden standen ja nicht im Dienst des Fürsten, sondern in Privatdiensten). Der Schlußsatz, daß die beiden sich an ei nem Vater- oder Fürstenmord trotz allem nicht beteiligen werden, ist zugleich eine Warnung an den Menschen, der sich in der Tat mit solchen Plänen trug.

21 Dieses Wort fällt ziemlich in dieselbe Zeit wie das letzte. Es zeigt Kung ebenfalls in ziemlich gereizter Stimmung, namentlich als ihm Dsï Lu mit dem bildenden Einfluß der Praxis kommt. Über Dsï Gau vgl. Abschn 17. Er war damals noch jung und unerfahren und ohne die für einen so verantwortungsvollen Posten nötige Reife. Über Bi vgl. Anm 8 zu Buch VI.

民人焉，有社稷焉。何必讀書，然後為學？”子曰：“是故惡夫佞者。”

25.

子路、曾皙、冉有、公西華侍坐。子曰：“以吾一日長乎爾，毋吾以也。居則曰：‘不吾知也！’如或知爾，則何以哉？”子路率爾而對曰：“千乘之國，攝乎大國之間，加之以師旅，因之以饑饉；由也為之，比及三年，可使有勇，且知方也。”夫子哂之。“求！爾何如？”對曰：“方六七十，如五六十，求也為之，比及三年，可使足民。如其禮樂，以俟君子。”“赤！爾何如？”對曰：“非曰能之，願學焉。宗廟之事，如會同，端章甫，願為小相焉。”“點！爾何如？”鼓瑟希，鏗爾，舍瑟而作。對曰：“異乎三子者之撰。”子曰：“何傷乎？亦各言其志也。”曰：“莫春者，春服既成。冠者五六人，童子六七人，浴乎沂，風乎舞雩，詠而歸。”夫子喟然歎曰：“吾與點也！”三子者出，曾皙後。曾皙曰：“夫三子者之言何如？”子曰：

völkerung (zu regieren) und den Göttern des Landes und des Korns zu opfern – warum muß man denn nur immer hinter Büchern sitzen, um sich zu bilden?" Der Meister sprach: „[Diese Menschen haben doch immer eine Ausreden Das ist's, warum ich diese zungenfertige Art nicht leiden kann."

25. Herzenswünsche

Dsï Lu, Dsong Si, Jan Yu und Gung Si Hua saßen (mit dem Meister) zusammen. Da sprach der Meister: „Obwohl ich ein paar Tage älter bin als ihr, so nehmet mich nicht so. Ihr sagt immer: ‚Man kennt uns nicht.' Wenn euch nun ein (Herrscher) kennen würde (und verwenden wollte), was würdet ihr dann tun?"
Dsï Lu fuhr sogleich heraus: „Wenn es ein Reich von tausend Streitwagen gäbe, das eingeklemmt wäre zwischen mächtigen (Nachbar-)Staaten, das außerdem von großen Heeren bedrängt wäre und überdies unter Mangel an Brot und Gemüsen litte: wenn ich es zu regieren hätte, so wollte ich es in drei Jahren soweit gebracht haben, daß (das Volk) Mut hat und seine Pflicht kennt." Der Meister lächelte. „Und Kiu, was sagst du?" (Jan Kiu) antwortete: „Ein Gebiet von 60 bis 70 Meilen im Geviert, oder sagen wir 50–60 Meilen im Geviert: wenn ich das zu regieren hätte, so getraute ich mir wenigstens, es in drei Jahren soweit zu bringen, daß das Volk genug zu leben hat. Was die Pflege der Kultur und Kunst betrifft, die muß ich einem besseren Manne nach mir überlassen."
„Und Tschï, was sagst du?" (Gung Si Hua) antwortete: „Ich sage nicht, daß ich es schon kann, aber lernen möchte ich es: im kaiserlichen Ahnentempel und bei kaiserlichen Audienzen im Festgewand und Barett wenigstens als niedriger Gehilfe zu dienen, das ist mein Wunsch."
„Diän, was sagst du?" Dsong Si verlangsamte sein Lautenspiel, ließ die Laute verklingen und legte sie beiseite. Dann stand er auf und sprach: „Ach (meine Wünsche) sind verschieden von den Plänen dieser drei Freunde." Der Meister sprach: „Was schadet es? Ein jeder soll seines Herzens Wünsche aussprechen." Da sagte er: „Ich möchte im Spätfrühling, wenn wir die leichteren Frühlingskleider tragen, mit fünf oder sechs erwachsenen Freunden und ein paar Knaben im Flusse baden und im heiligen Hain des Lufthauchs Kühlung genießen. Dann würden wir ein Lied zusammen singen und heimwärts ziehen." Der Meister seufzte und sprach: „Ich halte es mit Diän."
Die drei andern Jünger gingen hinaus, nur Dsong Si blieb zurück. Dsong Si sprach: „Was bedeuten die Worte der drei Jünger?" Der Meister sprach: „Es

“亦各言其志也已矣。”曰：“夫子何哂由也？”曰：“為國以禮，其言不讓，是故哂之。”“唯求則非邦也與？”“安見方六七十如五六十而非邦也者？”“唯赤則非邦也與？”“宗廟會同，非諸侯而何？赤也為之小，孰能為之大？”

sprach eben jeder seines Herzens Wünsche aus, nichts weiter." „Und warum lächelte der Meister über Dsï Lu?" – „Um ein Reich zu regieren, braucht es Takt. Seine Worte aber waren nicht bescheiden, darum lächelte ich über ihn." „Dann hat also Jan Kiu nicht von der Regierung eines Staates gesprochen?" – „Gewiß; denn wo gäbe es ein Gebiet von 60–70 oder 50–60 Meilen im Geviert, das nicht ein Staat wäre?" – „Und hat Gung Si Hua nicht auch von einem Staat gesprochen?" – „Gewiß; denn im kaiserlichen Ahnentempel und bei kaiserlichen Audienzen – wer hat außer den Landesfürsten dabei etwas zu tun? (Er sagte zwar bescheidener Weise nur, daß er als niedriger Gehilfe dabei dienen wolle, aber) wenn ein Mann wie Tschï niedriger Gehilfe ist, wer sollte dann der Leiter sein?"[22]

22 Dieses Schlußstück des 11. Buches gehört zu den literarisch wertvollsten und lebensvollsten Stücken des ganzen Werkes. Ein Vergleich mit ähnlichen Stücken wie V, 25, wo Dsï Lu und Jan Yu ihres Herzens Wünsche aussprechen, oder VI, 6, wo im Gespräch mit dem Freiherrn Gi der Meister die hier erwähnten Neigungen der drei Jünger als ihre besonderen Begabungen bezeichnet, zeigt den großen Unterschied in der Kompositionsweise innerhalb der Lun Yü. Schon im Stil zeigt sich ein enormer Abstand. Gegenüber der oft unbeholfen archaischen Ausdrucksweise andrer Stücke findet sich hier ein fein abgewogener Stil und eine dramatische Gruppierung, die an manche Stellen platonischer Dialoge erinnert. Namentlich die an Böcklinsche Frühlingsbilder gemahnende Phantasie Dsong Sis ist hervorragend.
Die einzelnen Personen des Gesprächs sind alle an anderen Orten schon erschienen, außer Dsong Si (Diän), welcher der Vater Dsong Schens war.

顏淵 – 論語

1.

顏淵問仁。子曰："克己復禮為仁。一日克己復禮，天下歸仁焉。為仁由己，而由人乎哉？"顏淵曰："請問其目。"子曰："非禮勿視，非禮勿聽，非禮勿言，非禮勿動。"顏淵曰："回雖不敏，請事斯語矣。"

BUCH XII – YÄN YÜAN

Die 24 Abschnitte dieses Buches handeln meist von Gegenständen prinzipieller Art. Es bildet so eine Ergänzung des XI., mehr persönlich gearteten Buches. Für die Kenntnis der konfuzianischen Ethik und Weltanschauung ist es besonders ergiebig. Bemerkenswert ist, daß die Abschnitte dieses Buches überwiegend Dialogform haben. Möglicherweise läßt sich hieraus ein Schluß auf die Quelle ziehen.

1. Sittlichkeit. I: Schönheit

Yän Yüan fragte nach (dem Wesen) der Sittlichkeit. Der Meister sprach: „Sich selbst überwinden und sich den Gesetzen der Schönheit zuwenden[1]: dadurch bewirkt man Sittlichkeit. Einen Tag sich selbst überwinden und sich den Gesetzen der Schönheit zuwenden: so würde die ganze Welt sich zur Sittlichkeit kehren. Sittlichkeit zu bewirken, das hängt von uns selbst ab; oder hängt es etwa von den Menschen ab?"
Yän Yüan sprach: „Darf ich um Einzelheiten davon bitten?"
Der Meister sprach: „Was nicht dem Gesetz der Schönheit entspricht, darauf schaue nicht; was nicht dem Gesetz der Schönheit entspricht, darauf höre nicht; was nicht dem Schönheitsideal entspricht, davon rede nicht; was nicht dem Schönheitsideal entspricht, das tue nicht." Yän Yüan sprach: „Obwohl meine Kraft nur schwach ist, will ich mich doch bemühen, nach diesem Wort zu handeln."

1 Ku Hung Ming a. a. O. bemerkt treffend: „Der erste Teil ist die Selbstverleugnung Goethes:
Und solang du das nicht hast,
Dieses Stirb und Werde,
Bist du nur ein trüber Gast
Auf der dunkeln Erde.
Der zweite Teil ist das gebietende Ideal der Kunst (1i) der Griechen und Italiener, das, wie Goethe sagt, in sich selbst Religion ist." Wir geben den Begriff oben mit Schönheit wieder, was dem Sinn hier am nächsten kommt Legge erklärt: „It is not here ceremonies. Chu Hi defines it: ‚the specific divisions and graces of heavenly principle or reason.'" Was er sich darunter denkt, bleibt sein Geheimnis.

2.

仲弓問仁。子曰："出門如見大賓，使民如承大祭。

Yän Yüan brachte das Gespräch auf die Sittlichkeit. Der Meister sprach: „Um die Menschheit dazu zu bringen, daß sie den Gesetzen höchster Sittlichkeit aus freiem Willen gehorcht, muß man als Herrscher bei der eigenen Person beginnen mit Zurückdrängen alles Unkultivierten und Wilden in dem eigenen Selbst und mit der Durchbildung des ganzen Lebens nach dem Ideal der Schönheit. Durch diese Schönheit wird der Sittlichkeit der Weg gebahnt. Wenn jemand es fertig brächte, auch nur für einen Moment dieses Ideal des höchsten Kunstwerkes in sich zur Wirklichkeit zu machen, dann wäre die Erlösungstat vollbracht und im Prinzip der Weg gefunden, die ganze Welt so zu beeinflussen, daß sie durch die Anschauung der so in Schönheit erscheinenden Sittlichkeit sich dem Guten zuwendete.

Die Erreichung dieses Zieles hängt daher nur von uns selbst ab: davon nämlich, daß es uns gelingt, die höchste Sittlichkeit in der höchsten Schönheit zur Erscheinung zu bringen, keineswegs von den Menschen, die wir beeinflussen wollen. Sowie wir einmal die Kraft gefunden haben, um sie zu bewegen, so können sie gar nicht anders, als dieser Kraft gehorchen."

Yän Yüan fragte nach der Art, wie sich diese Schönheit im einzelnen verwirklichen lasse. Der Meister antwortete: „Es ist hierzu wichtig, daß man der Außenwelt gegenüber sich so verhält, daß nichts Unschönes auf uns Einfluß gewinnen kann: Beherrschung und bewußte Direktion der Rezeptivität; andererseits sollen wir in Wort und Tat keine Äußerung unserer eignen Natur zulassen, die unschön ist: Beherrschung und bewußte Direktion der Aktivität."

2. Sittlichkeit. II: Ehrfurcht und Nächstenliebe

Dschung Gung[2] fragte nach (dem Wesen) der Sittlichkeit. Der Meister sprach: „Trittst du zur Tür hinaus, so sei wie beim Empfang eines geehrten Gastes. Gebrauchst du das Volk, so sei wie beim Darbringen eines großen Opfers. Was

2 Über Dschung Gung vgl. XI, 2. Die mit dem vorigen Abschnitt gleichartige Antwort des Schülers geht wohl auf den Redaktor zurück, der durch diese Gemeinsamkeit die beiden Abschnitte als zusammengehörig bezeichnen wollte: Im Abschn. 1 die Sittlichkeit als Schönheit der Persönlichkeit, hier als moralische Beziehung zu anderen Menschen. – Ehrfurcht und Liebe sind hier als die Grundgesinnung der Sittlichkeit bezeichnet. Daß die Liebe hier den negativen Ausdruck findet, darf nicht irre führen. Das ist eine Eigentümlichkeit der chinesischen Sprachstruktur im allgemeinen, die häufig die absolute Bejahung durch doppelte Verneinung ausdrückt. Der Sinn des Satzes ist einfach der, daß der Nächste als ein dem eignen Selbst gleichgeordneter Selbstzweck zu behandeln ist. Er ist daher himmelweit verschieden von dem utilitarischen „Was du nicht willst, das man dir tu', das füg' auch keinem andern zu."

己所不欲，勿施於人。在邦無怨，在家無怨。”仲弓曰：“雍雖不敏，請事斯語矣。”

3.

司馬牛問仁。子曰：“仁者其言也訒。”曰：“其言也訒，斯謂之仁已乎？”子曰：“為之難，言之得無訒乎？”

du selbst nicht wünschest, das tue nicht den Menschen an. So wird es in dem Land keinen Groll (gegen dich) geben, so wird es im Hause keinen Groll (gegen dich) geben."
Dschung Gung sprach: „Obwohl meine Kraft nur schwach ist, will ich mich doch bemühen, nach diesem Wort zu handeln."

Dschung Gung brachte ebenfalls das Gespräch auf die Sittlichkeit. Ihm gegenüber definierte der Meister ihr Wesen folgendermaßen: „Die Sittlichkeit im Verkehr mit anderen Menschen beruht auf der Ehrfurcht als Grundgesinnung. Im ganzen öffentlichen Leben soll man diese Ehrfurcht zeigen und jeden Menschen wie einen geehrten Gast behandeln. Diese Ehrfurcht muß sich auch nach unten hin, dem gewöhnlichen Volk gegenüber, bewähren. Nimmt man die Dienste des Volks in Anspruch, so geschehe es als in der Gegenwart Gottes mit frommer Scheu, die allen Hochmut im Keim erstickt.
Außer der Ehrfurcht als formalem Prinzip der Gesinnung gibt es als Triebfeder für die Handlungsweise die Maxime der praktischen Vernunft, die (negativ ausgedrückt) lautet: Was du selbst als Unrecht in dir empfinden würdest, das füge keinem Menschen zu. Auf diese Weise muß man bemüht sein, in der Öffentlichkeit sowohl wie im engsten Kreise allen berechtigten Anlaß zur Unzufriedenheit mit uns aus dem Weg zu räumen."

3. Sittlichkeit. III: Gründlichkeit

Sï Ma Niu[3] fragte nach (dem Wesen) der Sittlichkeit. Der Meister sprach: „Der Sittliche ist langsam in seinen Worten." Er antwortete: „Langsam in seinen Worten sein: das heißt Sittlichkeit?" – Der Meister antwortete: „Wer beim Handeln die Schwierigkeiten sieht: kann der in seinen Worten anders als langsam sein?"

Sï Ma Niu wollte ebenfalls Belehrung über die Sittlichkeit haben. Ihm antwortete der Meister mit Überlegung: „Den sittlichen Menschen erkennt man daran, daß ihm das Reden Mühe macht." Überrascht gab der Schüler zurück: „Redeschwie-

3 Sï Ma Niu, der in Lun Yü nur in diesen drei aufeinander folgenden Abschnitten vorkommt, war ein Eingeborner des Sungstaates, der gerne und viel redete. Er war in beständiger Aufregung wegen seines Bruders Huan Tui (vgl. VII, 22), der Kung aufs äußerste feindlich gesinnt war, und dem zu entgehen Sï Ma Niu sich zur Lebensaufgabe gemacht hatte. Dieser Persönlichkeit sind denn die Belehrungen des Meisters über Sittlichkeit und höheres Menschentum angepaßt.

4.

司馬牛問君子。子曰："君子不憂不懼。"曰："不憂不懼，斯謂之君子已乎？"子曰："內省不疚，夫何憂何懼？"

rigkeiten haben: das soll Sittlichkeit sein?“ Aber der Meister fuhr fort: „Die Sittlichkeit ist nicht etwas, worüber man geistreich konversieren kann. Es liegt ein furchtbarer Ernst in ihren Forderungen. Es handelt sich um nichts Geringeres, als um Erzeugung von Realitäten inmitten einer widerstrebenden Welt. Wer einmal einen Blick getan hat in die Schwierigkeiten dieses Kampfes: dem mag das gewandte Reden wohl vergehen.“

4. Der Edle ist frei von Schwermut und Angst

Sï Ma Niu fragte nach dem (Wesen des) Edlen. Der Meister sprach: „Der Edle ist ohne Trauer und ohne Furcht.“ Er sprach: „Ohne Trauer und ohne Furcht sein: *das* heißt ein Edler sein?“ – Der Meister sprach: „Wenn einer sich innerlich prüft, und kein Übles da ist, was sollte er da traurig sein, was sollte er fürchten?“

Sï Ma Niu brachte das Gespräch auf die Charaktereigenschaften, die für den höheren Menschen bezeichnend seien. Der Meister antwortete: „Im Grunde erkennt man den höheren Menschen ohne weiteres daran, daß er erhaben ist über Schwermut und Angst.“ Der Jünger, von dieser Antwort überrascht, gab seinem Erstaunen Ausdruck. Da erklärte sich der Meister noch weiter: „Angst und Schwermut ist doch nur dann möglich, wenn der Mensch in seinem eignen Wesen verkehrte Willensrichtungen hegt, die ins Verderben führen müssen. Wenn nun eine gewissenhafte Selbstprüfung ergibt, daß unser Wesen frei von solchen Krankheiten ist, so wüßte ich nicht, wo sonst noch ein Grund zur Schwermut oder Angst liegen sollte für den, der die Bedingungen seines Glücks allein in sich selbst trägt.“[4]

4 Diese psychologisch feine und großartige Auffassung erinnert an das Schleiermachersche Wort am Schluß des I. Monologs: „Beginne darum schon jetzt dein ewiges Leben in steter Selbstbetrachtung; sorge nicht um das, was kommen wird, weine nicht um das, was vergeht: aber sorge, dich selbst nicht zu verlieren, und weine, wenn du dahintreibst im Strome der Zeit, ohne den Himmel in dir zu tragen.“

5.

司馬牛憂曰：“人皆有兄弟，我獨亡。”子夏曰：“商聞之矣：死生有命，富貴在天。君子敬而無失，與人恭而有禮。四海之內，皆兄弟也。君子何患乎無兄弟也？”

6.

子張問明。子曰：“浸潤之譖，膚受之愬，不行焉。可謂明也已矣。

5. Trost[5]

Sï Ma Niu war betrübt und sprach: „Alle Menschen haben Brüder, nur ich habe keinen." Dsï Hia sprach: „Ich habe gehört: Tod und Leben haben ihre Bestimmung, Reichtum und Ansehen kommen vom Himmel. Der Edle ist sorgfältig und ohne Fehl: im Verkehr mit den Menschen ist er ehrerbietig und taktvoll: so sind innerhalb der vier Meere alle seine Brüder. Warum sollte der Edle sich bekümmern, daß er keine Brüder hat?"

Derselbe Sï Ma Niu klagte einst auch dem Dsï Hia sein Leid mit den Worten: „Alle Menschen haben einen festen Halt im Schoß ihrer Familie, nur ich bin einsam und bruderlos." Hia tröstete ihn: „Wir wissen, daß die äußeren Lebensschicksale nicht in unserer Hand stehen, sondern von der Vorsehung nach höheren Gesichtspunkten geordnet sind. Darum ist es sinnlos, gegen das Schicksal zu murren, vielmehr ist es die Pflicht des Gebildeten, aus seinem Schicksal das Beste zu machen. Unsre Sache ist es, durch Sorgfalt und Tadellosigkeit der persönlichen Lebensführung, durch Ehrerbietung und Takt im Verkehr mit andern uns als höhere Menschen zu beweisen. Diese Tugenden sind es, welche jenes unsichtbare Band von Mensch zu Mensch schlingen, daß man mit jedem Gleichgesinnten auf der ganzen Welt sich brüderlich vereint wissen darf. Das hebt uns dann hinaus über die Schwierigkeiten, die uns die leiblichen Brüder bereiten."

6. Klarheit des Geistes

Dsï Dschang fragte nach (dem Wesen) der Klarheit. Der Meister sprach: „Auf wen langsam durchsickernde Verleumdungen und durch die Haut dringende[6] Klagen nicht wirken, den kann man als klar bezeichnen. Auf wen langsam

5 Dieser Abschnitt ist überaus interessant, da er beweist, daß auch auf dem Boden des Konfuzianismus Ansatzpunkte vorhanden sind für das Verständnis jener höheren Gemeinschaft unter den Menschen, welche umfassender ist als die Bande der Bluts- und Familiengemeinschaft. – Über den Grund zu Sï Ma Nius Klage vgl. Anm. 3. Über Dsï Hia siehe Anm. zu XI, 2. – Die vier Meere sind nach antikchinesischer Auffassung die Grenzen der Welt, entsprechend dem hellenischen ωκεανος.

6 Der Ausdruck (wörtlich: „mit der Haut empfangen") wird verschieden gedeutet. Nach den einen sind es überraschende Behauptungen, die wie eine Hautwunde schmerzen und daher das Urteil trüben, nach andern ist das allmähliche Ansammeln des Schmutzes auf der Haut der Vergleichspunkt. Korruption des Textes scheint nicht ausgeschlossen. Möglicherweise schließt sich die Frage des Jüngers an eine Stelle aus dem Schuking an; das würde den Zusatz mit „weitblickend" erklären.

浸潤之譖膚受之愬不行焉，可謂遠也已矣。”

7.

子貢問政。子曰：“足食。足兵。民信之矣。”子貢曰：“必不得已而去，於斯三者何先？”曰：“去兵。”子貢曰：“必不得已而去，於斯二者何先？”曰：“去食。自古皆有死，民無信不立。”

durchsickernde Verleumdungen und durch die Haut dringende Klagen nicht wirken, ja, den kann man als weit (blickend) bezeichnen."

Dsï Dschang fragte, wie geistige Klarheit erworben werden könne. Der Meister sprach: „Die geistige Klarheit und der geistige Weitblick besteht einfach darin, daß man sich die Selbständigkeit des Urteils wahrt gegenüber den unbedeutenden und unmerklichen Beeinflussungen jener Leute, die nach dem Grundsatz: ‚Es bleibt immer etwas hängen' unentwegt und leise ihre Behauptungen wiederholen, bis sie schließlich durch die lange Gewohnheit den Schein einer selbstverständlichen Wahrheit gewinnen."

7. Staatsregierung. I: Vertrauen

Dsï Gung[7] fragte nach (der rechten Art) der Regierung. Der Meister sprach: „Für genügende Nahrung, für genügende Wehrmacht und für das Vertrauen des Volkes (zu seinem Herrscher) sorgen." Dsï Gung sprach: „Wenn man aber keine Wahl hätte, als etwas davon aufzugeben: auf welches von den drei Dingen könnte man am ehesten verzichten?" (Der Meister) sprach: „Auf die Wehrmacht." Dsï Gung sprach: „Wenn man aber keine Wahl hätte, als auch davon eines aufzugeben: auf welches der beiden Dinge könnte man am ehesten verzichten?" (Der Meister) sprach: „Auf die Nahrung. Von alters her müssen alle sterben; wenn aber das Volk keinen Glauben hat, so läßt sich keine (Regierung) aufrichten."

Der Jünger Dsï Gung, der verschiedene Male amtliche Anstellungen hatte, fragte nach den wichtigsten Gesichtspunkten, die man bei der Regierung zu beobachten habe. Der Meister sprach: „Das erste muß sein, für den Wohlstand der Bevölkerung zu sorgen. Das nächste muß sein, die innere Entwicklung nach außen hin durch ein schlagfertiges Heer zu schützen. Das dritte muß sein, daß das Volk Vertrauen zur Regierung gewinnt, was eben durch die gewissenhafte Durchführung der ersten beiden Maßregeln ermöglicht wird." Der Jünger stellte darauf einige Fragen, durch die er sich darüber aufzuklären suchte, ob dieser zeitlichen Reihenfolge der Regierungsmaßnahmen auch die Wichtigkeit der einzelnen Ziele entspreche. Das Resultat der Antworten des Meisters war, daß dies nicht der Fall sei. Die unentbehrliche Voraussetzung einer jeden Regierung sei vielmehr, daß sie eine solche Fühlung mit dem Volksbewußtsein habe, daß ihr von seiten der

7 Über Duan Mu Tsi (Dsï Gung) vergleiche Anmerkung zu XI, 2, No. 6.

8.

棘子成曰：“君子質而已矣，何以文為？”子貢曰：“惜乎！夫子之說，君子也。駟不及舌。文猶質也，質猶文也。虎豹之鞟，猶犬羊之鞟。”

Regierten unbedingtes Vertrauen entgegengebracht werde. Jeder weitere Ausbau des Staates hängt von dieser Grundlage ab, ist also ihr gegenüber von sekundärer Bedeutung.

8. Kern und Schale

Gi Dsï Tschong sprach: „Dem Edlen kommt es auf das Wesen an und sonst nichts. Was braucht er sich um die Form zu kümmern?" Dsï Gung sprach: „Bedauerlich ist die Rede des Herren über den Edlen. Ein Viergespann holt die Zunge nicht ein. Die Form ist Wesen, das Wesen ist Form. Das von Haaren entblößte Fell eines Tigers und Leoparden ist wie das von Haaren entblößte Fell eines Hundes oder Schafs."

Ein hoher Beamter des Staates We namens Gi Dsï Tschong äußerte einmal im Gespräch mit dem Jünger Dsï Gung: „Ein Gebildeter sieht auf das Wesen und auf sonst nichts, die äußere Form hat für ihn keine Bedeutung." Dsï Gung hielt mit seinem Tadel nicht zurück. Er äußerte: „Es ist sehr bedauerlich, daß sie sich in dieser Weise über das Wesen der Bildung ausgesprochen haben. Solche übereilten Worte lassen sich nachträglich nicht mehr ungesprochen machen. In Wirklichkeit ist Form und Wesen gar nicht zu trennen, die äußere Erscheinung ist ein notwendiges Attribut des Wesens. Gerade die äußere Erscheinung ist es ja, was den Gebildeten von der großen Masse unterscheidet. Diese Formen sind wie die Zeichnung eines Tiger- oder Leopardenfells. Die ist auch nur äußerlich. Kratzt man aber die Haare ab, so ist, was bleibt, nicht mehr zu unterscheiden von einem abgeschabten Hunde- oder Ziegenfell.[8]

8 Die Antinomie von „Ding an sich und Erscheinung" hat in den verschiedensten Formen das chinesische Denken beschäftigt, namentlich in der praktischen Ausprägung zwischen Naturanlage und Charakter, wobei die konfuzianische Anschauung im allgemeinen die ist, daß der gebildete Charakter die zeitlich spätere Vollendung der Naturanlage ist. Der Ausspruch Dsï Gungs hier leugnet den Unterschied von Kern und Schale schlechthin (vgl. auf anderm Gebiet Goethes Gedichte: *Allerdings* und *Ultimatum*, Gott und Welt, drittletztes und vorletztes Stück). Außer auf dem praktischen Gebiet kommt die Antinomie auch zum Austrag auf begrifflich-logischem Gebiet. Die Kämpfe zwischen Nominalisten und Realisten haben ihr getreues Widerspiel im alten China (vgl. Franke, Über die chinesische Lehre von den Bezeichnungen, Leiden 1906, wo viel wertvolles Material zu dieser Frage zusammengestellt worden ist). Vgl. VI, 16.

9.

哀公問於有若曰："年饑，用不足，如之何？"有若對曰："盍徹乎？"曰："二，吾猶不足，如之何其徹也？"對曰："百姓足，君孰與不足？百姓不足，君孰與足？"

10.

子張問崇德、辨惑。子曰："主忠信，徙義，崇德也。愛之欲其生，惡之欲其死。既欲其生，又欲其死，是惑也。"

9. Volkswohlstand und Staatswohlstand

Fürst Ai fragte den Yu Jo und sprach: „Dies Jahr ist Teuerung, die Bedürfnisse lassen sich nicht decken. Was ist zu tun?" Yu Jo entgegnete und sprach: „Warum nicht den allgemeinen Zehnten durchführen?" (Der Fürst) sprach: „Mit zwei Zehnten habe ich noch immer nicht genug. Was soll man da mit dem einfachen Zehnten anfangen?" Er entgegnete und sprach: „Wenn die Untertanen genug haben, von wem bekäme der Fürst nicht genug? Wenn die Untertanen nicht genug haben, von wem bekäme der Fürst genug?"

Der Fürst Ai von Lu fragte den Jünger Yu Jo, was sich tun lasse, um die Staatseinkünfte, die infolge einer Teuerung hinter dem erforderlichen Mindestmaß zurückgeblieben seien, zu erhöhen. Yu Jo schlug vor, einfach zu dem seit Aufrichtung der Dschoudynastie üblichen Steuersatz von einem Zehntel des landwirtschaftlichen Ertrags zurückzukehren. Der Fürst hielt das zunächst für ein Mißverständnis und machte darauf aufmerksam, daß im Staate Lu schon (seit Fürst Süan 609 bis 591) zwei Zehnten erhoben würden, die immer noch nicht ausreichten. Yu Jo vertrat darauf das Prinzip, daß die einzige Quelle für ausreichende Staatseinkünfte der allgemeine Volkswohlstand sei. Daher sei es Pflicht einer weitsichtigen Regierung, unter allen Umständen, selbst unter zeitweiligem Verzicht auf erhöhte Abgaben den Volkswohlstand so zu fördern, daß im Volk Wohlhabenheit herrsche. Wenn das der Fall sei, würden sich ganz von selbst auch immer die nötigen Mittel für öffentliche Zwecke finden, so daß sich dieses System der Mäßigkeit auf die Dauer bezahlt mache, während rigorose Überbelastung des Volks wohl für den Moment Mehreinnahmen schaffe, sich aber auf die Dauer notwendig rächen müsse.[9]

10. Aus Dunkelheit zum Licht. I

Dsï Dschang fragte, wie man sein Wesen erhöhen und Unklarheiten unterscheiden könne. Der Meister sprach: „Treu und Glauben zur Hauptsache machen, der Pflicht folgen: dadurch erhöht man sein Wesen. Einen lieben und wünschen, daß er lebe; einen hassen und wünschen, daß er sterbe: also wünschen, daß einer lebe, und wieder wünschen, daß einer sterbe,

9 Yu Jo ist der Jünger, der in Buch I, 2. 12. 13 als „Meister Yu" eingeführt ist. Fürst Ai von Lu regierte von 494–468. In seinem 12. und 13. Jahr waren Heuschreckenplagen und auswärtige Kriege, was wohl zu der oben erwähnten Teuerung Anlaß gab.

11.

齊景公問政於孔子。孔子對曰："君君，臣臣，父父，

das ist Unklarheit." ‚Wahrlich nicht um ihres Reichtums willen. Einzig nur um ihrer Besonderheit willen.' (Die beiden letzten Zeilen sind ein Zitat aus Schi Ging II, 4, 4, 3 das keinen Sinn im Zusammenhang gibt und nach Tschongs Kommentar, dem die meisten andern folgen, zu XVI, 12 gehört, wo ein Zitat ausgefallen ist.)

Der Jünger Dsï Dschang fragte, auf welche Weise man seinen Charakter entwikkeln und die Unklarheiten des eigenen Wesens aufhellen könne. Der Meister sprach: „Die Entwicklung und Erhöhung des Charakters wird erreicht durch unbedingte Gewissenhaftigkeit und Wahrheit und freie Unterwerfung unter das, was Pflicht ist. Die inneren Unklarheiten und Dunkelheiten des eigenen Wesens verschwinden von selbst, sowie man sie nur einfach ins Auge faßt. Das Gemütsleben der meisten Menschen wird beherrscht von blinden Sympathien und Antipathien. Je nach der Sympathie oder Antipathie, die uns beherrscht, wünschen wir andern Leben oder Tod. Aber man darf sich nur einmal überlegen, was das heißt: Leben zu fördern suchen und auf der andern Seite wieder Leben zu vernichten trachten, um zu erkennen, daß ein solcher Gemütszustand in dumpfer Unklarheit befangen ist. Ein klarer Standpunkt läßt sich also nur erreichen, wenn man sich durch Vernunft frei macht von der Beeinflussung des niederen Trieblebens."[10]

11. Staatsregierung. II: Soziale Ordnung als Grundlage des Staatswesens

Der Fürst Ging von Tsi fragte den Meister Kung über die Regierung. Meister Kung sprach: „Der Fürst sei Fürst, der Diener sei Diener; der Vater sei Vater, der Sohn sei Sohn." Der Fürst sprach: „Gut fürwahr! Denn wahrlich, wenn der Fürst nicht Fürst ist und der Diener nicht Diener; der Vater nicht Vater und der

10 Die Übersetzung der Stelle macht ziemliche Schwierigkeiten. Die erste Hälfte ist ja ohne weiteres klar durch den Vergleich mit I, 8. Die Überwindung der Unklarheiten fassen wir entsprechend der Parallelstelle XII, 21 als Freiheit von der Beeinflussung blinder Triebe auf. Auf einen ähnlichen Gedanken kommt schließlich auch die sehr freie Übersetzung Ku Hung Mings hinaus, während der japanische Kommentar erklärt: Wenn man einen liebt, so soll man konsequent nur sein Leben wünschen. Wenn man einen haßt, so soll man konsequent nur seinen Tod wünschen. In dieser Konsequenz sich irre machen lassen und einem Menschen bald das Leben, bald den Tod wünschen, das ist Unklarheit. Diese Konsequenz der Leidenschaft ist sehr japanisch, ob aber im Sinne Kungs, das mag billig bezweifelt werden.

子子。”公曰：“善哉！信如君不君，臣不臣，父不父，子不子，雖有粟，吾得而食諸？”

12.

子曰：“片言可以折獄者，其由也與？”子路無宿諾。

Sohn nicht Sohn: obwohl ich mein Einkommen habe, kann ich dessen dann genießen?“

Der Fürst Ging vom Staate Tsi fragte Kung um Rat in Sachen der Staatsregierung. Kung erwiderte, daß die unerläßliche Vorbedingung für ein geordnetes Staatswesen eine feste Ordnung der sozialen Beziehungen sei, so daß vom Fürsten an bis zum letzten Bürger jeder den seiner sozialen Stellung entsprechenden Pflichten nachkomme. Der Fürst stimmte diesem Wort aus ganzem Herzen zu unter Andeutung der Schwierigkeiten, die ihm aus der sozialen Unordnung in seinem Staate trotz äußeren Wohlstandes erwuchsen.[11]

12. Dsï Lus Lob

Der Meister sprach: „Nach einem einzelnen Wort einen Prozeß entscheiden, das konnte Yu.“
Dsï Lu schlief nie über einem (gegebenen) Versprechen.

Um einen Prozeß zu entscheiden, ist es in der Regel nötig, erst sorgfältig beide Parteien anzuhören, um dann nach genauer Abwägung aller Umstände die Entscheidung zu treffen.[12]
Der Meister sagte aber von Dsï Lu, daß er einen so entwickelten Wahrheitssinn habe, daß er nur eine Partei zu hören brauche, um sofort den Tatbestand richtig zu erfassen.

11 Es war im letzten Jahre des Fürsten Dschau, der von Lu vertrieben nach dem Nachbarstaat Tsi flüchtete, als Kung in seinem 35. Lebensjahr (516 v. Chr.) nach Tsi sich begab. Damals war Tsi äußerlich noch in voller Blüte, aber innerlich unter derselben sozialen Unordnung leidend wie Lu. Ein Minister namens Tschen hatte die gesamte Gewalt usurpiert. Daher die Zustimmung des alten Fürsten zu den Worten Kungs und die versteckte Klage über seine Not nicht lange nachher wurde er von eben jenem Tschen ermordet, ein evidenter Beweis für Kungs Scharfblick. Vgl. XVI, 12.

12 Diese Einleitung stammt aus den alten Kommentaren. Dschu Hi faßt die Stelle so auf, das Dsï Lu imstande gewesen sei, „mit einem halben Wort“ einen Prozeß zu schlichten, weil beide Parteien ihm so vertrauten, daß er nicht fertig zu sprechen brauchte, um ihre Zustimmung zu haben. – Die Promptheit Dsï Lus gegebenen Versprechungen gegenüber ist ein Zusatz der Redaktoren zur Illustration des Gesagten.

13.

子曰："聽訟，吾猶人也，必也使無訟乎！"

14.

子張問政。子曰："居之無倦，行之以忠。"

15.

子曰："君子博學於文，約之以禮，亦可以弗畔矣夫！"

16.

子曰："君子成人之美，不成人之惡。小人反是。"

13. Prozesse entscheiden und Prozesse verhüten

Der Meister sprach: „Im Anhören von Klagesachen bin ich nicht besser als irgend ein anderer. Woran mir aber alles liegt, das ist, zu bewirken, daß gar keine Klagesachen entstehen.“[13]

14. Staatsregierung. III: Unermüdliche Gewissenhaftigkeit

Dsï Dschang[14] fragte nach (dem Wesen) der Staatsregierung. Der Meister sprach: „Unermüdlich dabei sein und gewissenhaft handeln.“

Als der Jünger Dsï Dschang einst fragte, worauf es bei der Regierungstätigkeit hauptsächlich ankomme, antwortete der Meister: „Man muß bei der Sache bleiben und die Sache wichtig nehmen, ohne durch die Länge der Zeit sich abstumpfen zu lassen und in die bloße Routine zu verfallen. Bei der Erledigung der äußeren Geschäfte ist eine gewissenhafte innere Beteiligung wichtig, um einem toten Schematismus zu entgehen.“

15. Selbsterziehung

Der Meister sprach: „Wer eine umfassende Kenntnis der Literatur besitzt und sich nach den Regeln der Moral richtet, der mag es wohl erreichen, Fehltritte zu vermeiden.“

Wiederholung von VI, 25.

16. Einfluß auf andere

Der Meister sprach: „Der Edle befördert das Schöne der Menschen und befördert nicht das Unschöne der Menschen. Der Gemeine macht es umgekehrt.“

---

13 Das hier gebrauchte Wort „sung“ bedeutet Zivilprozeß, während im letzten Abschnitt der Ausdruck „yü“ = Strafsache gebraucht wurde.

14 Über Dsï Dschang vergleiche die Anmerkung zu XI, 2. Dschu Hi bemerkt sehr fein zu der Stelle: „Das Ende sei wie der Anfang, das Äußere sei wie das Innere.“

17.

季康子問政於孔子。孔子對曰："政者，正也。子帥以正，孰敢不正？"

18.

季康子患盜，問於孔子。孔子對曰："苟子之不欲，雖賞之不竊。"

Ein vornehmer Charakter hat auf seine Umgebung einen erhöhenden Einfluß, indem er nur durch die verborgenen Wirkungen seines Wesens alles Gute und Schöne, das in den Menschen oft schlummert, hervorlockt und zu seiner Verwirklichung mithilft, wogegen das Unschöne der Menschen in seiner Gegenwart sich zurückzieht und verbirgt. Die Wirkungen eines gemeinen Menschen sind gerade entgegengesetzte.

17. Staatsregierung. IV: Die Person des Herrschenden

Freiherr Gi Kang[15] fragte den Meister Kung nach (dem Wesen) der Regierung. Meister Kung sprach: „Regieren heißt recht machen. Wenn Eure Hoheit die Führung übernimmt im Rechtsein, wer sollte es wagen, nicht recht zu sein?"

Der leitende Staatsmann des Staates Lu, Gi Kang, fragte Kung um Rat über die beste Art, die Regierung zu handhaben. Kung erwiderte: „Regieren heißt nichts anderes als das Volk in Ordnung halten. Die wirkliche Ordnung läßt sich aber nicht rein äußerlich durchführen. Der Geist der Ordnung muß zuerst in der Person des Regierenden zum Ausdruck kommen. Sowie das der Fall ist, wird es sich ganz von selbst im Staate durchsetzen."

18. Das Volk richtet sich nach der Person, nicht nach den Worten

Freiherr Gi Kang war in Sorge wegen des Räuberunwesens und fragte den Meister Kung. Meister Kung entgegnete: „Wenn Eure Hoheit es nicht wünscht[16], so wird, ob selbst Belohnung darauf gesetzt würde, niemand rauben."

Freiherr Gi Kang wandte sich in seiner Verlegenheit wegen des in Lu überhandnehmenden Räuberunwesens an Kung um Rat. Dieser erwiderte: „Das Ausschlaggebende ist die wirkliche Gesinnung des Herrschenden, nicht seine Meinungsäußerungen und Verordnungen. Wenn der Herrschende allem Raub tatsächlich abgeneigt ist, so kann er in seinen Verordnungen Belohnungen für

15 Gi Kang ist der schon oft genannte Minister von Lu, der seine Macht durch Usurpation zuungunsten seines Neffen erworben hatte. Kung läßt an Deutlichkeit nichts zu wünschen übrig in seinen Antworten.

16 Die herkömmliche Erklärung: „Wenn du nicht habgierig wärst" … wäre nicht nur eine Plumpheit, die im Gespräch mit einem Minister für Kung schlechthin ausgeschlossen ist, sondern wie aus dem nächsten Abschnitt hervorgeht, ist diese Übersetzung („habgierig sein" statt: „wünschen") auch grammatisch unzulässig.

19.

季康子問政於孔子曰：“如殺無道，以就有道，何如？”孔子對曰：“子為政，焉用殺？子欲善，而民善矣。君子之德風，小人之德草。草上之風，必偃。”

den Raub aussetzen, und doch hält sich das Volk davon fern." (Die negative Anwendung konnte sich der Minister leicht selbst abstrahieren.)

19. Staatsregierung. V: Wind und Gras

Freiherr Gi Kang fragte den Meister Kung nach (dem Wesen) der Regierung und sprach: „Wenn man die Übertreter tötet, um denen, die auf rechtem Wege wandeln, zu helfen: wie wäre das?" Meister Kung entgegnete und sprach: „Wenn Eure Hoheit die Regierung ausübt, was bedarf es dazu des Tötens? Wenn Eure Hoheit das Gute wünscht, so wird das Volk gut. Das Wesen des Herrschers ist der Wind, das Wesen der Geringen ist das Gras. Das Gras, wenn der Wind darüber hinfährt, muß sich beugen."

Freiherr Gi Kang fragte Kung, ob es nicht unter Umständen im Interesse einer durchgreifenden Besserung der Verhältnisse liegen könne, mit der Todesstrafe nicht zu sparen, um zugunsten der ruhigen Bürger unter den gefährlichen Elementen gründlich aufzuräumen. Kung war damit jedoch nicht einverstanden, sondern betonte, daß eine gute Regierung auf die Todesstrafe verzichten könne. Die Persönlichkeit des Herrschers übe einen so unbedingten geistigen Einfluß auf das Volk aus, daß sich sein Wille mit automatischer Sicherheit durchsetze, wie das Gras sich beugt, wenn der Wind darüber hinfährt."[17]

---

17 Was Kung in den Abschnitten 17–19 dem Minister Gi Kang ausführt über die Macht des geistigen Wesens der Herrschenden, ist zwar *polemisch* gewandt, da er in der Persönlichkeit des Usurpators, der zudem seinen eigenen Neffen um seine Stellung betrogen, den Hauptgrund für die Unordnung im Staate sieht. Daher auch der sarkastische Humor in Abschnitt 18. Aber trotz dieser polemischen Form haben wir es mit genuinen Gedanken der konfuzianischen Staatslehre zu tun. Diese Gedanken von der überragenden Macht der Persönlichkeit haben einen bestechenden Reiz, wie sie denn auch z.B. bei Emerson wiederkehren. Im großen betrachtet, haben sie auch eine unbedingte Wahrheit, obwohl sich durch das Zusammenwirken und noch häufiger Gegeneinenderwirken der vielerlei Einflüsse übermächtiger Persönlichkeiten das Bild im Lauf der Geschichte nur zu häufig trübt. Merkwürdigerweise kommt in China bis auf den heutigen Tag dieses Verhältnis zwischen Herrscher und Volk noch ungetrübter zum Ausdruck als anderswo. – Was Kung speziell über die Vermeidbarkeit der Todesstrafe sagt, ist sicher wahr. Wie sich dazu die Geschichte aus seiner Amtstätigkeit verhält, nach der er ohne Prozeß einen einflußreichen Intriganten, namens Shau, hinrichten ließ, um dadurch Ruhe zu bekommen (vgl. Gia Yü), bleibt fraglich. Faber macht in seinem Artikel über Konfuzianismus (Chicago Religious Congress) dem Kung den Vorwurf der Inkonsequenz. Wir sind eher geneigt, die Stelle in Gia Yü, das ohnehin viel zweifelhaftes Material enthält, für unhistorisch zu halten.

20.

子張問："士何如斯可謂之達矣？"子曰："何哉，爾所謂達者？"子張對曰："在邦必聞，在家必聞。"子曰："是聞也，非達也。夫達也者，質直而好義，察言而觀色，慮以下人。在邦必達，在家必達。夫聞也者，色取仁而行違，居之不疑。在邦必聞，在家必聞。"

20. Bedeutung und Berühmtheit

Dsï Dschang fragte: „Wie muß ein Gebildeter sein, um durchdringend zu heißen?“ Der Meister sprach: „Was verstehst du denn unter durchdringend?“ Dsï Dschang erwiderte: „In der Öffentlichkeit berühmt sein und zu Hause berühmt sein.“ Der Meister sprach: „Das ist Berühmtheit, nicht Durchdringen. Ein bedeutender Mann ist seinem Wesen nach gerade und liebt Gerechtigkeit. Er prüft die Worte und durchschaut die Mienen. Er ist ängstlich darauf aus, sich zu demütigen vor den Menschen. Ein solcher ist in der Öffentlichkeit durchdringend und zu Hause durchdringend. Ein berühmter Mann aber hält sich im Äußeren an die Sittlichkeit, aber übertritt sie in seinem Handeln. Er verharrt (in seinem Selbstbewußtsein) ohne Bedenken. Ein solcher ist in der Öffentlichkeit berühmt und zu Hause berühmt.“

Der Jünger Dsï Dschang fragte, wie man seine amtliche Laufbahn einrichten müsse, um durchzudringen. Der Meister sprach: „Was verstehst du denn unter durchdringen?“ Als der Jünger erwiderte: „Wenn man überall von jemand hört, einerlei, ob er in einer amtlichen Stellung sich befindet oder sich ins Privatleben zurückgezogen hat“, da wies ihn der Meister mit den Worten zurecht: „Was du da als durchdringende Bedeutung bezeichnest, ist in Wirklichkeit nur Tagesberühmtheit. Um durchdringende geistige Bedeutung zu erlangen, muß einem eine innerliche Geradheit wesentlich zu eigen sein, man muß frei von allem persönlichen Egoismus nur das allgemeine Interesse im Auge haben. Im Verkehr muß man nicht nur die Äußerungen der Menschen sorgfältig abwägen, sondern ebenso ihr ganzes Benehmen psychologisch beurteilen. Daneben muß man sich ängstlich vor allem Hochmut hüten und ehrlich bestrebt sein, auch von Niedrigstehenden sich etwas sagen zu lassen. Auf diesem Wege erreicht man durchdringende Bedeutung, ganz einerlei, ob man in der Öffentlichkeit oder im Privatleben steht. Um aber die Berühmtheit des Tages zu erlangen, muß man in allen seinen Äußerungen die Fahne der Religion und Moral hochhalten, wenn man auch in seinen Handlungen dagegen verstößt. Ferner ist nötig ein dickfelliges Selbstbewußtsein, das sich durch nichts irre machen läßt und dadurch auch bei andern einen Zweifel gar nicht aufkommen läßt. Wer auf diese Weise die Trommel zu rühren versteht, der wird im Handumdrehen ein berühmter Mann, sowohl in der Öffentlichkeit als auch im Privatleben“.[18]

18 Dsï Dschang, der in seinen Aspirationen ziemlich äußerlicher Art war (vgl. II, 18), erhält hier wieder einmal eine recht deutliche Belehrung. Charakteristisch ist, wie hier [ganz ähnlich wie in II, 18] der Begriff des Gutes, das Dsï Dschang erstrebt, von Grund aus umge-

21.

樊遲從遊於舞雩之下，曰：“敢問崇德、脩慝、辨惑。”子曰：“善哉問！先事後得，非崇德與？攻其惡，無攻人之惡，非脩慝與？一朝之忿，忘其身，以及其親，非惑與？”

21. Aus Dunkelheit zum Licht. II

Fan Tschï wandelte (mit dem Meister) unter dem Regenaltar; er sprach: „Darf ich fragen, wie man sein Wesen erhöhen, seine geheimen Fehler bessern und Unklarheiten unterscheiden kann?“ Der Meister sprach: „Das ist eine gute Frage! Erst die Arbeit, dann der Genuß: wird dadurch nicht das Wesen erhöht? Seine eignen Sünden bekämpfen und nicht die Sünden der andern bekämpfen: werden nicht dadurch die geheimen Fehler gebessert? Um des Zorns eines Morgens willen seine eigne Person vergessen und seine Angehörigen in Verwicklungen bringen, ist das nicht Unklarheit?“

Fan Tschï wandelte mit dem Meister allein im heiligen Hain am Regenaltar. Da benutzte er die Einsamkeit zu einer vertrauensvollen Aussprache und begann: „Darf ich fragen, auf welche Weise man seinen Charakter entwickeln, die geheimen Fehler bessern und die Unklarheiten des eigenen Wesens aufhellen kann?“ Der Meister entgegnete, sein Vertrauen ermunternd: „Das ist eine gute Frage! Die Entwicklung des Charakters wird erreicht durch die Sachlichkeit unserer Interessen, daß man in allen Dingen vor allem darauf sieht, was geleistet werden muß, und diesen Erwägungen den persönlichen Vorteil unterordnet. Um seine geheimen Fehler zu bessern, dazu bedarf man der Unbefangenheit, die bereit ist, den Grund des Übels in der eigenen Person anzuerkennen, und der mutigen Entschlossenheit, gegen das Böse in sich selbst anzugehen, anstatt, wie es üblich ist, die Schuld immer nur bei andern zu suchen. Hat man diese Gesinnung, so wird es an Gelegenheiten, das verborgene Übel ans Licht zu bringen, von selbst nicht fehlen. Jeder Konflikt, in den wir mit andern kommen, kann uns dazu helfen. Die Unklarheiten haben ihren Ursprung im niederen Triebleben, so daß man sich z. B. im Zorn des Augenblicks hinreißen läßt zu Handlungen, die nicht nur für die eigne Person, sondern unter Umständen selbst für die Angehörigen von den schlimmsten Folgen sein können. Diesen blinden Mächten widerstehen: dadurch wird man von den Unklarheiten des eigenen Wesens frei.“

---

wandelt wird. Hier wie dort der Doppelsinn in dem neu gewonnenen Begriff; hier das „Durchdringen“, das ebensowohl das Durchsetzen der eigenen Ziele als die durchdringende Erkenntnis und die daraus erwachsende geistige Bedeutung bezeichnen kann (vgl. dazu auch 1, 16).

22.

樊遲問仁。子曰：“愛人。”問知。子曰：“知人。”樊遲未達。子曰：“舉直錯諸枉，能使枉者直。”樊遲退，見子夏。曰：“鄉也吾見於夫子而問知，子曰，‘舉直錯諸枉，能使枉者直’，何謂也？”子夏曰：“富哉言乎！舜有天下，選於衆，舉皋陶，不仁者遠矣。湯有天下，選於衆，舉伊尹，不仁者遠矣。”

22. Sittlichkeit und Weisheit

Fan Tschï[19] fragte nach (dem Wesen) der Sittlichkeit (Menschlichkeit). Der Meister sprach: „Menschenliebe". Er fragte nach (dem Wesen) der Weisheit. Der Meister sprach: „Menschenkenntnis". Fan Tschï begriff noch nicht; da sprach der Meister: „Dadurch, daß man die Geraden erhebt, daß sie auf die Verdrehten drücken, kann man die Verdrehten gerade machen." Fan Tschï zog sich zurück. Er sah Dsï Hia und sprach: „Vor kurzem war ich bei dem Meister und fragte nach (dem Wesen) der Weisheit. Der Meister sprach: ‚Dadurch, daß man die Geraden erhebt, daß sie auf die Verdrehten drücken, kann man die Verdrehten gerade machen.' Was bedeutet das?" Dsï Hia sprach: „Das ist ein reiches Wort! Schun hatte das Reich, er wählte unter allen und erhob Gau Yau, da verschwanden die Unsittlichen. Tang hatte das Reich, er wählte unter allen und erhob J Yin, da verschwanden die Unsittlichen."

Der Jünger Fan Tschï fragte einst, was der Kernpunkt der Sittlichkeit sei. Der Meister antwortete: „Die wahre Sittlichkeit oder Menschlichkeit besteht eben darin, daß man die Menschen liebt." Fan Tschï fragte weiter, worin die Weisheit bestehe. Der Meister antwortete: „Auch die Weisheit hat ihr höchstes Objekt im Menschen: sie ist Menschenkenntnis." Fan Tschï verstand den Sinn dieser Antworten noch nicht; da erklärte sich der Meister genauer: „Auf Grund dieser Menschenkenntnis höherer Art kann man durch richtige Verteilung der geeigneten Persönlichkeiten es so weit bringen, daß auch minderwertige Menschen brauchbar werden. Man muß nur die aufrichtigen und starken Charaktere in die maßgebenden Positionen bringen, damit sie Gelegenheit haben, die Minderwertigen wirksam zu beeinflussen."
Fan Tschï, dem die Sache noch immer nicht klar war, zog sich zurück, ohne eine weitere Frage zu wagen. In seiner Verlegenheit suchte er Rat bei Dsï Hia, dem er den Inhalt seines Gesprächs mit dem Meister wiederholte. Dsï Hia erfaßte die Sache sofort und sprach: „Das ist ein Wort von weitreichender Anwendungsmöglichkeit. Wenn wir die Weisheit der Herrscher des Altertums[20] er-

19 Über Fan Tschi vgl. II, 5, VI, 20. Die letztere Stelle namentlich hat in ihrem Thema und dessen Beantwortung viele Verwandtschaft mit diesem und dem folgenden Abschnitt, was textkritisch vielleicht von Bedeutung ist, zumal da sich auch sonst noch Parallelstellen zu Buch VI im XI. und XII. Buch finden, die möglicherweise zusammengehören. Ähnlich wie wir in XI, 25 eine Einbeziehung der äußeren Umgebung haben, so auch hier. Der heilige Hain beim Regenaltar ist derselbe, von dem Dsong Si dort schwärmt.

20 Der Jünger Dsong Schen sprach: „Für den Gebildeten sind in der Regel gemeinsame ästhetische Richtungen der Anknüpfungspunkt eines freundschaftlichen Verhältnisses. Auf die

23.

子貢問友。子曰：“忠告而善道之，不可則止，無自辱焉。”

24.

曾子曰：“君子以文會友，以友輔仁。”

forschen, so ergibt sich, daß ihre große Weisheit eben darin bestand, daß sie die richtigen Leute herauszufinden verstanden und diese Leute in die maßgebenden Positionen brachten. Dadurch erreichten sie es, daß die gesamten Zustände sich aufs günstigste entwickelten und die moralisch Minderwertigen verschwanden."

23. Freundschaft

Dsï Gung fragte nach (dem Wesen) der Freundschaft. Der Meister sprach: „Man soll sich gewissenhaft ermahnen und geschickt (zum Guten) führen. Wenn es nicht geht, so halte man inne. Man muß sich nicht selbst der Beschämung aussetzen."

Dsï Gung fragte, wie man mit Freunden verkehren solle. Der Meister sprach: „Das Wesen der Freundschaft beruht auf unbedingter Aufrichtigkeit. Sieht man an seinem Freund einen Fehler, so hat man die Pflicht, ihn gewissenhaft darauf aufmerksam zu machen. Die Freundschaft soll dazu dienen, daß man sich gegenseitig auf liebevolle Weise im Guten fördert. Aber man darf nicht zum pedantischen Moralprediger werden. Sieht man, daß unsere Anregungen auf Widerstand stoßen, so halte man sich taktvoll zurück und überlasse es dem gesunden Verstande des andern, selbst zur Besinnung zu kommen. Sonst setzt man sich nur Beschämungen aus, und die Freundschaft geht in die Brüche."

24. Zweck der Freundschaft

Meister Dsong sprach: „Der Edle begegnet seinen Freunden durch die Kunst und fördert durch seine Freunde seine Sittlichkeit."

Schun ist der schon mehrfach genannte Nachfolger des Kaisers Yau. Gau Yau ist sein hervorragendster Minister außer Yü, der ihm später nachfolgte. Tang ist der Begründer der Schangdynastie, welche die von Yü begründete Hiadynastie ablöste. Der Minister J Yin nimmt als Kurator des jungen Nachfolgers von Tang, seines Enkels Tai Gia, eine ähnliche Stellung ein wie später nach der Begründung

---

Dauer muß jedoch die Freundschaft auch eine gegenseitige Förderung auf ethischem Gebiet mit sich bringen, wenn sie diesen Namen verdienen soll."

der Dschoudynastie der Bruder König Wus, Dschou Gung. Auch hier wieder eine der frappanten Parallelen beim Anfang der beiden Dynastien Schang und Dschou; auf die Ähnlichkeit des Charakters der zwei Tyrannen, welche den Abschluß der beiden vorangehenden Dynastien bilden, wurde schon oben hingewiesen.

子路 – 論語

1.

子路問政。子曰："先之，勞之。"請益。曰："無倦。"

2.

仲弓為季氏宰，問政。子曰："先有司，赦小過，舉賢才。"

BUCH XIII – DSÏ LU

Dieses Buch, welches 30 Abschnitte enthält, steht dem letzten ziemlich nahe. Es beschäftigt sich hauptsächlich mit Fragen der Regierung und der persönlichen Charakterbildung. Bemerkenswert ist, daß der Staat We eine ziemlich große Rolle spielt (vgl. die Abschnitte 3, 7, 8. 9).
We war der Platz, wo der Schüler Yüan Hiän, nach dem das nächste Buch genannt ist, nach des Meisters Tod lebte. Zugleich der Heimatsstaat von Dsï Gung. Möglich, daß hier ein Anhaltspunkt für die Quelle liegt.

1. Staatsregierung. I: Der Regent als Erster im Dienen

Dsï Lu fragte nach (dem Wesen) der Regierung. Der Meister sprach: „(Dem Volk) vorangehen und es ermutigen.“[1] Er bat um weiteres. (Der Meister) sprach: „Nicht müde werden.“

Als Dsï Lu um Auskunft bat über das Wesentliche bei der Regierung, da antwortete der Meister: „Alles kommt darauf an, daß der Regent sich das Regieren nicht leicht macht, sondern daß er aktiv die Leitung übernimmt und das Volk dadurch ermutigt, seinem Beispiel zu folgen.“ Dsï Lu schien mit dieser Auskunft noch nicht zufrieden und bat um weitere Ratschläge. Er bekam die Antwort, daß, was weiter nötig sei, nur eben in der unermüdlichen Konsequenz bei Durchführung dieser Grundsätze bestehe.

2. Staatsregierung. II: Wider das persönliche Regiment

Dschung Gung[2] war Hausbeamter der Familie Gi und fragte nach (dem Wesen) der Regierung. Der Meister sprach: „Habe an erster Stelle die zuständigen Beamten, verzeih kleine Fehler, wähle Leute von Charakter und Talent.“ Er

1 Das Wort „lau“ geben Legge und die meisten Kommentatoren mit „Anstrengung“ wieder, wodurch die Übersetzung unnötig erschwert wird. Im vierten Ton heißt „lau“ ermutigen, belohnen, was vorzüglich in den Zusammenhang paßt; vgl. Mong Dsï III, A, 4, 8.

2 Über Dschung Gung vgl. XI, 2, Anmerkung und besonders VI, 4, dessen Schluß wörtlich mit dem vorliegenden Abschnitt übereinstimmt, wenn auch dort die Beziehungen ganz andere sind.

曰：“焉知賢才而舉之？”曰：“舉爾所知。爾所不知，人其舍諸？”

3.

子路曰：“衛君待子而為政，子將奚先？”子曰：“必也正名乎！”子路曰：“有是哉，子之迂也！奚其正？”子曰：“野哉由也！君子於其所不知，蓋闕如也。名不正，則言不順；言不順，則事不成；事不成，則禮樂不興；禮樂不興，則刑罰不中；刑罰不中，則民無所措手足。故君子名之必可言也，言之必可行也。君子於其言，無所苟而已矣。”

sprach: „Wie weiß ich, welche (Leute) Charakter und Talent haben, daß ich sie wähle?" (Der Meister) sprach: „Wähle die, so du weißt. Die, so du nicht weißt: werden die Menschen auf sie verzichten?"

Dschung Gung fragte den Meister um Rat in Beziehung auf die Grundsätze der Regierung, zur Zeit als er ein Amt im Dienst der Familie Gi innehatte. Der Meister sprach: „Die größte Gefahr ist, alles selber machen zu wollen; vielmehr soll der Regent in allen Detailfragen den zuständigen Instanzen die Initiative lassen. Kleine menschliche Schwächen muß man übersehen, aber um so strenger darauf halten, daß die Leute, die man an der Hand hat, zuverlässig und ihrer Aufgabe gewachsen sind." Als der Schüler danach fragte, wie man solche Leute ausfindig machen könne, erwiderte der Meister, daß man nur einmal einen Anfang zu machen brauche mit den tüchtigen Menschen, die man kenne. Dann werden schon ganz von selber auch solche tüchtige Menschen, die man noch nicht kannte, von den andern empfohlen werden.

3. Staatsregierung. III: Richtigstellung der Begriffe

Dsï Lu sprach: „Der Fürst von We wartet auf den Meister, um die Regierung auszuüben. Was würde der Meister zuerst in Angriff nehmen?" Der Meister sprach: „sicherlich die Richtigstellung der Begriffe." Dsï Lu sprach: „Darum sollte es sich handeln? Da hat der Meister weit gefehlt! Warum denn deren Richtigstellung?" Der Meister sprach: „Wie roh du bist, Yu! Der Edle läßt das, was er nicht versteht, sozusagen beiseite. Wenn die Begriffe nicht richtig sind, so stimmen die Worte nicht; stimmen die Worte nicht, so kommen die Werke nicht zustande; kommen die Werke nicht zustande, so gedeiht Moral und Kunst nicht; gedeiht Moral und Kunst nicht, so treffen die Strafen nicht; treffen die Strafen nicht, so weiß das Volk nicht, wohin Hand und Fuß setzen. Darum sorge der Edle, daß er seine Begriffe unter allen Umständen zu Worte bringen kann und seine Worte unter allen Umständen zu Taten machen kann. Der Edle duldet nicht, daß in seinen Worten irgend etwas in Unordnung ist. Das ist es, worauf alles ankommt."[3]

---

3 Diese Episode fällt ins Jahr 484 oder 485 v. Chr., als der Meister im Begriff war, nach langen Wanderungen in seinen Heimatstaat zurückzukehren. In We, wo Dsï Lu inzwischen Anstellung gefunden hatte, hätte sich ihm vor Torschluß noch Gelegenheit zu öffentlicher Wirksamkeit geboten. (Über Dsï Lus Anstellung in We und sein Ende da selbst vgl. Anmerkung zu XI, 2. Der Meister ist aber von den dortigen Verhältnissen, die den sozialen Grundforderungen strikt widersprachen, so wenig erbaut, daß er eine Revision aller

[illegible]

[illegible]

[illegible]

[illegible]

[illegible]

[illegible]

Dsï Lu machte dem Meister Mitteilung, daß der Fürst des Staates We sich mit dem Gedanken trage, ihn mit der Leitung des Staates zu betrauen, und fragte, wo er in diesem Fall mit etwaigen Reformen einsetzen würde. Der Meister sprach: „Was vor allem nötig ist, ist, daß man alle Dinge beim rechten Namen nennen kann." Dsï Lu äußerte sich ziemlich absprechend über diese Äußerung des Meisters. Dieser verwies ihm zunächst seinen Mangel an bescheidener Zurückhaltung, dann fuhr er fort: „Wenn in einem Staate faule Stellen sind, die eine Verwirrung der Begriffe verursachen, so ist ein energisches, klares Wort eine Unmöglichkeit. Dadurch wird aber eine durchgreifende Regierungstätigkeit verhindert. Und die daraus entspringende öffentliche Unordnung läßt keine Äußerung der wahrhaften geistigen Kultur aufkommen, denn die Verlogenheit dringt ein auch in Religion und Kunst. Ohne diese Geisteskultur ist aber auf der andern Seite eine gerechte Justizverwaltung unmöglich, und dadurch entsteht eine allgemeine Unsicherheit und Beunruhigung des öffentlichen Lebens. Darum ist für einen charaktervollen Mann eine unerläßliche Vorbedingung alles Wirkens, daß seine Begriffe alle so beschaffen sind, daß er sie aussprechen kann, und daß seine Worte so sind, daß er sie in Taten umsetzen kann. Das ist nur möglich bei unbedingter Genauigkeit und Wahrheit."

Verhältnisse von Grund aus als die einzige Bedingung wirklicher Reform erkennt. Über die Verhältnisse in We vgl. die Anmerkungen zu VI, 14 und VII, 14. Der Kronprinz Kuai Wai hatte sich infolge eines mißglückten Mordversuchs auf die Fürstin Nan Dsï genötigt gesehen, nach Sung zu fliehen. Nach dem Tode des alten Fürsten Ling wurde durch Nan Dsï der Sohn des Kuai Wai, namens Dscho, als Fürst eingesetzt, der die Sohnesopfer für seinen Großvater Ling darbrachte, während sein Vater Kuai Wai mit Waffengewalt von dem Versuch, die Herrschaft an sich zu reißen, abgehalten wurde und als Feind des Landes bezeichnet wurde. Dies die Verwirrung der Bezeichnungen, die ein Vertuschen der wirklichen Verhältnisse zur beständigen Notwendigkeit machte und dadurch den Staat in Unordnung stürzte. Wir haben oben in der Umschreibung diese wirkliche Meinung Kungs (vgl. auch XII, 11) vielleicht noch etwas deutlicher zum Ausdruck gebracht, als unmittelbar in den Worten liegt. Denn als große Aufgabe der Regierung wer auch prinzipiell in jenen Zeiten die Ordnung der geistigen Begriffswelt anerkannt, vgl. XX, 3 und namentlich die wichtige Stelle Dschung Yung XXVIII, 2, wo die Ordnung der (schriftlich fixierten) Begriffe zu den Hauptaufgaben eines berufenen Herrschers gerechnet wird (vgl. die Übersetzung dieser Stelle in der Anmerkung zu Lun Yü III, 9). Diese „Richtigstellung der Begriffe", ein philosophischer terminus technicus des chinesischen Altertums, hat viel Diskussion unter den Kommentatoren hervorgerufen. Die ganze Materie ist erschöpfend behandelt in dem schon mehrfach zitierten Aufsatz von O. Franke über die chinesische Lehre von den Bezeichnungen.

4.

樊遲請學稼，子曰：“吾不如老農。”請學為圃。曰：“吾不如老圃。”樊遲出。子曰：“小人哉，樊須也！上好禮，則民莫敢不敬；上好義，則民莫敢不服；上好信，則民莫敢不用情。夫如是，則四方之民襁負其子而至矣，焉用稼？”

5.

子曰：“誦詩三百，授之以政，不達；使於四方，不能專對；雖多，亦奚以為？”

4. Staatsregierung. IV: Keine technischen Spezialkenntnisse erforderlich

Fan Tschï bat um Belehrung über den Ackerbau. Der Meister sprach: „(In diesem Stück) bin ich nicht so (bewandert) wie ein alter Bauer." Darauf bat er um Belehrung über den Gartenbau. (Der Meister) sprach: „Darin bin ich nicht so bewandert wie ein alter Gärtner." Fan Tschï ging hinaus. Da sprach der Meister: „Ein beschränkter Mensch ist er doch, dieser Fan Sü. Wenn die Oberen die Ordnung hochhalten, so wird das Volk nie wagen, unehrerbietig zu sein. Wenn die Oberen die Gerechtigkeit hochhalten, so wird das Volk nie wagen, widerspenstig zu sein. Wenn die Oberen die Wahrhaftigkeit hochhalten, so wird das Volk nie wagen, unaufrichtig zu sein. Wenn es aber so steht, so werden die Leute aus allen vier Himmelsrichtungen mit ihren Kindern auf dem Rücken herbeikommen. Was braucht man dazu die Lehre vom Ackerbau!"[4]

5. Theorie und Praxis[5]

Der Meister sprach: „Wenn einer alle dreihundert Stücke des Liederbuches auswendig hersagen kann, und er versteht es nicht, mit der Regierung beauftragt, (seinen Posten) auszufüllen oder kann nicht selbständig antworten, wenn er als Gesandter ins Ausland geschickt wird: wozu ist (einem solchen Menschen) alle seine viele (Gelehrsamkeit nütze)?"

4 Gegenüber Fan Tschï, der vom Meister über volkswirtschaftliche Spezialkenntnisse Auskunft haben wollte, um dadurch seinem Amt besser vorstehen zu können, betont dieser: Die dilettantische Beschäftigung mit solchen Fachfragen führt zu nichts. Darin kommt man doch nie dem nächsten besten Bauern gleich. Als Fan Tschi stutzig wird und weggeht, da läßt er ihm in seiner Weise indirekt die Lehre zukommen, daß zum Gedeihen eines Landes nichts weiter erforderlich sei, als daß Regent und Volk wirkliche Fühlung miteinander haben. Diese Fühlung wird aber erreicht dadurch, daß der Regierende die großen Grundsätze der sozialen Ordnung hochhält. Für die Spezialfragen der Lebensführung sorgt die Bevölkerung dann schon von selbst. Bemerkenswert ist es, daß unter den Philosophenschulen des chinesischen Altertums auch eine agrarische Richtung war, die unter Berufung auf den alten, sagenhaften Ackerbau-Kaiser Schen Nung die Agrikultur als Grundlage der Staatswissenschaft proklamierte. Es ist sehr wohl möglich, daß die schroffe Ablehnung Fan Tschïs weniger diesem selbst gilt, als jener ganzen Philosophenrichtung. Auch sonst finden wir in Lun Yü im Verborgenen Auseinandersetzungen mit anderen Zeitphilosophien. Vgl. XX, 3.

5 Vgl. dazu Buch II, 2, wo die moralische Quintessenz des Liederbuches genannt ist. Hier wird auf den Wert dieser Sammlung von „Volksliedern und Chorälen" für die Menschenkenntnis und darausfolgende Gewandtheit des Benehmens in allen Lebenslagen hingewiesen. Wissen, nicht angewandt, ist tot.

6.

子曰：“其身正，不令而行；其不正，雖令不從。”

7.

子曰：“魯衛之政，兄弟也。”

8.

子謂衛公子荊，“善居室。始有，曰：‘苟合矣。’少有，曰：‘苟完矣。’富有，曰：‘苟美矣。’”

9.

子適衛，冉有僕。子曰：“庶矣哉！”冉有曰：

6. Die Person des Herrschenden[6]

Der Meister sprach: „Wer selbst recht ist, braucht nicht zu befehlen: und es geht. Wer selbst nicht recht ist, der mag befehlen: doch wird nicht gehorcht."

7. Urteil über zwei zeitgenössische Staaten[7]

Der Meister sprach: „Die Herrscher von Lu und We sind Brüder."

8. Anpassung an die Umstände[8]

Der Meister sagte von dem Prinzen Ging von We, daß er gut hauszuhalten verstehe: „Als er anfing etwas zu haben, sprach er: ‚Wenn ich's nur beisammen halte!' Als er etwas mehr hatte, sprach er: ‚Wenn es nur für alles reicht.' Als er reichlich hatte, sprach er: ‚Wenn es nur schön verwandt wird!'"

Der Meister äußerte sich über den Prinzen Ging aus dem regierenden Haus von We, daß er hauszuhalten verstehe, indem er ohne Verschwendung und Übertriebenheit immer seiner finanziellen Lage entsprechend sich eingerichtet habe: im Anfang auf Sparen bedacht, dann auf ausreichende Deckung aller Bedürfnisse und endlich, als sein Reichtum gesichert war, auf ästhetischen Schmuck des Lebens. In dieser schlichten Sachlichkeit lag sein Vorzug.

9. Staatsregierung. V: Zeitfolge der Ziele

Der Meister fuhr durch We. Jan Yu lenkte (den Wagen). Der Meister sprach: „Wie zahlreich ist (das Volk)!" Jan Yu sprach: „Wenn es so zahlreich ist, was könnte man noch hinzufügen?" (Der Meister) sprach: „Es wohlhabend ma-

---

6 Allgemeiner Ausdruck der Wahrheit, die in Buch XII, 18, 19, unter persönlicher Beziehung auf den Minister Gi ausgesprochen ist. Es ist das eine der Grundlehren der konfuzianischen Staatstheorie.

7 Der Begründer des Staates Lu war der bekannte Dschou Gung, der Bruder des ersten Königs der Dschoudynastie, Wu. Das Fürstentum We wurde einem andern Bruder, Kang Shu, übertragen. Dieses brüderliche Verhältnis der Fürsten ist für Kung ein Bild für die Übereinstimmung in ursprünglicher Blüte und späterem Verfall, der sich in beiden Staaten zeigte.

8 Der Passus hat einige Schwierigkeit. Dschu Hi sieht darin eine erhabene Geringschätzung des Besitzes.

“既庶矣。又何加焉？”曰：“富之。”曰：“既富矣，又何加焉？”曰：“教之。”

10.

子曰：“苟有用我者。期月而已可也，三年有成。”

11.

子曰：“善人為邦百年，亦可以勝殘去殺矣。誠哉是言也！”

chen.“ (Jan Yu) sprach: „Und wenn es wohlhabend ist, was kann man noch hinzufügen?“ (Der Meister) sprach: „Es bilden.“[9]

10. Selbstbeurteilung

Der Meister sprach: „Wenn nur jemand wäre, der mich verwendete! Nach Ablauf von zwölf Monden sollte es schon angehen, und nach drei Jahren sollte alles in Ordnung sein.“[10]

11. Erfolg des Talentes

Der Meister sprach: „(Es gibt ein Wort): ‚Wenn tüchtige Menschen hundert Jahre ein Land leiten würden, so könnte man mit den Verbrechen fertig werden ohne Todesstrafe.‘ Das ist ein wahres Wort.“

Der Meister sprach: „Das Sprichwort hat recht, das sagt, daß es einer hundertjährigen Aufeinanderfolge von Talenten bedürfe, um allmählich so weit zu kommen, daß man mit den Verbrechen fertig werden könne auch ohne Anwendung der Todesstrafe.“[11]

---

9 Über Jan Yu oder Jan Kiu vgl. Anm. zu XI, 2. Interessant ist die Vergleichung dieser Stelle mit XII, 7. Während dort die Wichtigkeit der Ziele ins Auge gefaßt wurde und dabei das geistige Band zwischen Fürst und Volk als das wichtigste festgehalten wird, handelt es sich hier um die empirische Reihenfolge der volkswirtschaftlichen Maßregeln. Es ist ein Zeichen der Besonnenheit Kungs, daß er die materiellen Vorbedingungen der höheren Kulturverbreitung vorangehen läßt. Ganz ähnlich, wie im Vater Unser die Bitte ums tägliche Brot allen Bitten um geistige Güter vorangeht.

10 Dieser Ausspruch muß ebenfalls mit VII, 1 und ähnlichen zusammengehalten werden. Es ist das Bedauern dessen, der die Kraft in sich fühlt, die Nöte der Zeit zu bessern, ohne die Gelegenheit zum aktiven Eingreifen zu finden.

11 Abschnitt 11 und 12 behandeln wieder den Unterschied in der Wirksamkeit eines Talents, das – außerhalb der Tradition und ohne Fühlung mit den göttlichen Ordnungen der Vergangenheit – immerhin einige äußere Erfolge zu erreichen vermag, und dem berufenen Genius, der wirklich erlösend wirken kann. Vgl. das in der Anm zu VII, 25 Gesagte.

12.

子曰：“如有王者，必世而後仁。”

13.

子曰：“苟正其身矣，於從政乎何有？不能正其身，如正人何？”

14.

冉子退朝。子曰：“何晏也？”對曰：“有政。”子曰：“其事也。如有政，雖不吾以，吾其與聞之。”

12. Erfolg des berufenen Genius[12]

Der Meister sprach: „Wenn ein König käme, so wäre nach einem Menschenalter die Sittlichkeit erreicht."

Dem stellte der Meister ein anderes Wort gegenüber: „Wenn aber ein gottgesandter Genius als Herrscher käme, der würde es schon nach einem Menschenalter dahin gebracht haben, die Herzen der Menschen zum Guten zu bekehren."

13. Selbstbeherrschung die Grundlage der Regierung

Der Meister sprach: „Wer sich selbst regiert, was sollte der (für Schwierigkeiten) haben, bei der Regierung tätig zu sein? Wer sich selbst nicht regieren kann, was geht den das Regieren von andern an?"[13]

14. Nebenregierung

Meister Jan kam vom Hofe zurück. Der Meister sprach: „Warum so spät?" Er erwiderte: „Es gab Regierungsarbeit." Der Meister sprach: „Es wurden wohl Geschäfte (gemacht). Wenn es Regierungsarbeit gab, so hätte ich, obwohl nicht im Dienst, doch sicher davon gehört."[14]

12 Vergleiche hierzu die „messianischen Weissagungen" des Alten Testaments. Der ganzen Antike steht der von Gott berufene Fürst als Hoffnung vor Augen, wenn die Welt zum Guten kommen soll.

13 Vgl. Abschn 6 des vorliegenden Buchs. Auch hier ist dasselbe Wort, das dort mit „recht" übersetzt ist, nur verbal gebraucht. Am besten würde es mit „richten" und das „bei der Regierung tätig sein", mit „Richter sein" übersetzt, wenn nicht beide Worte im Neudeutschen eine zu spezifizierte Bedeutung gewonnen hätten.

14 Auffallend ist hier die Bezeichnung „Meister Jan". Gemeint ist Jan Kiu (XI, 2 Anm.), der im Dienst der Familie Gi stand. Kung sucht mit dieser sarkastischen Bemerkung die Verletztheit darüber zu verdecken, daß er, obwohl zurückgerufen in seinen Heimatsstaat, bei den aktiven Regierungsmaßregeln auffallend vernachlässigt wurde.

15.

定公問：“一言而可以興邦，有諸？”孔子對曰：“言不可以若是其幾也。人之言曰：‘為君難，為臣不易。’如知為君之難也，不幾乎一言而興邦乎？”曰：“一言而喪邦，有諸？”孔子對曰：“言不可以若是其幾也。人之言曰：‘予無樂乎為君，唯其言而莫予違也。’如其善而莫之違也，不亦善乎？如不善而莫之違也，不幾乎一言而喪邦乎？”

15. Das Geheimnis der Blüte und des Untergangs der Staaten

Fürst Ding[15] fragte: „Mit einem Wort des Staates Blüte befassen: kann man das?" Meister Kung erwiderte: „Ein Wort kann so weit nicht reichen. Doch gibt es ein Wort der Leute: ‚Herrscher sein ist schwer, Kanzler sein nicht leicht.' Wenn man die Schwierigkeit des Herrscherberufs kennt, ist dann nicht ein Wort nahe daran, des Staates Blüte zu befassen?"
(Fürst Ding) sprach: „Mit einem Wort des Staates Untergang befassen: kann man das?" Meister Kung erwiderte: „Ein Wort kann soweit nicht reichen. Doch gibt es ein Wort der Leute: ‚Es freut mich nicht, ein Fürst zu sein, außer wenn in seinen Worten mir niemand widerspricht.' Wenn er tüchtig ist, und niemand ihm widerspricht: dann ist es ja auch ganz gut; wenn er (aber) nicht tüchtig ist, und niemand ihm widerspricht: ist dann nicht ein Wort nahe daran, des Staates Untergang zu befassen?"

Fürst Ding fragte den Meister Kung, ob die Prinzipien, durch die ein Staat zur Blüte gebracht werden könne, sich in eine Formel fassen ließen. Dieser erwiderte: „Dieses Geheimnis läßt sich mit Worten nicht erschöpfend ausdrücken, doch gibt es immerhin ein Sprichwort: ‚Herrscher sein ist schwer, Kanzler sein nicht leicht.' Was in diesem Wort gemeint ist, daß nämlich der Herrscher seine Stellung in erster Linie unter dem Gesichtspunkt der damit verbundenen Verantwortlichkeit auffassen soll, das kommt einem adäquaten Ausdruck jenes Geheimnisses doch sehr nahe."
Der Fürst fragte weiter, ob in ähnlicher Weise auch die Prinzipien des Verfalls auf ein Wort gebracht werden können. Unter demselben Vorbehalt verwies ihn der Meister Kung auf ein anderes Sprichwort: ‚Es freut mich nicht, Fürst zu sein, außer wenn mir niemand in seinen Worten widerspricht' (Suprema lex regis voluntas). *Solang ein Fürst das Rechte trifft, so ist es ja ganz gut, wenn niemand widerspricht; wenn er aber Fehler macht und nicht auf Widerstand stößt: so sind das Verhältnisse, die den Ruin des Staates notwendig herbeiführen."*

15 Fürst Ding von Lu regierte von 509–495, vgl. III, 19. Er ist der Fürst, in dessen Regierungszeit Kungs öffentliche Anstellung in Lu fällt. Der vorliegende Abschnitt sollte dem Fürsten das Gewissen schärfen.

16.

葉公問政。子曰："近者說，遠者來。"

17.

子夏為莒父宰，問政。子曰："無欲速，無見小利。欲速，則不達；見小利，則大事不成。"

18.

葉公語孔子曰："吾黨有直躬者，其父攘羊，而子證之。"孔子曰："吾黨之直者異於是。父為子隱，子為父隱，直在其中矣。"

16. Staatsregierung. VI: Nach ihren Früchten

Der Fürst von Schä fragte nach dem Wesen der Regierung. Der Meister sprach: „Wenn die Nahen erfreut werden und die Fernen herankommen."

Der Fürst von Schä fragte, was zu einer guten Regierung gehöre. Der Meister sprach: „Eine gute Regierung sorgt dafür, daß die eignen Untertanen sich wohl und beruhigt fühlen, so daß selbst von auswärts die Leute angezogen werden."[16]

17. Staatsregierung. VII: Dauernder Erfolg[17]

Dsï Hia war Beamter von Gü Fu und fragte nach der (rechten Art der) Regierung. Der Meister sprach: „Man darf keine raschen (Erfolge) wünschen und darf nicht auf kleine Vorteile sehen. Wenn man rasche Erfolge wünscht, so (erreicht man) nichts gründliches; wenn man auf kleine Vorteile aus ist, so bringt man kein großes Werk zustande."

18. Aufrichtigkeit und Pietät

Der Fürst von Schä redete mit Meister Kung und sprach: „Bei uns zulande gibt es ehrliche Menschen. Wenn jemandes Vater ein Schaf entwendet hat, so legt der Sohn Zeugnis ab (gegen ihn)." Meister Kung sprach: „Bei uns zulande sind die Ehrlichen verschieden davon. Der Vater deckt den Sohn und der Sohn deckt den Vater. Darin liegt auch Ehrlichkeit."

---

16 Die Furcht vor Übervölkerung, die heute so manchem Soziologen zu schaffen macht, ist der klassischen Zeit in China vollständig fremd. Es gehörte zu den wichtigsten Regierungsmaßregeln, durch Heranziehung einer ausreichenden Bevölkerung die Produktivkraft der Landesgebiete zu steigern (vgl. Abschn. 4 und 9). Man kann übrigens ganz durchgängig beobachten, daß eine in aufsteigender Linie sich bewegende Rasse niemals durch Übervölkerung zu leiden hat. Es finden sich im entscheidenden Augenblick immer Mittel und Wege, neue Nahrungsquellen zu erschließen. Man vergleiche die Entwicklung Deutschlands in den letzten Jahrzehnten. Schließlich, ist noch kein Staat an Übervölkerung zugrunde gegangen, wohl aber am Gegenteil. – Über den „Fürsten" von Schä vgl. VII, 18.

17 Das Wort ist natürlich in erster Linie für Dsï Hias penible und kleinliche Art bestimmt (vgl. XI, 2 Anm.). Doch geht es über den historischen Anlaß hinaus und gibt Gesichtspunkte für eine großgedachte Regierungsweise überhaupt. – Gü Fu war ein Platz im Westen des Staates Lu.

19.

樊遲問仁。子曰："居處恭，執事敬，與人忠。雖之夷狄，不可棄也。"

Der Fürst von Schä hob im Gespräch Kung gegenüber die Ehrlichkeit der Bevölkerung des Staates Tschu hervor. So ehrliche Menschen gebe es, daß sie ohne Bedenken vor Gericht Zeugnis ablegten gegen ihren eignen Vater, wenn dieser sich auch nur ein geringes Vergehen habe zuschulden kommen lassen. Kung entgegnete, daß der chinesische Begriff von Ehrlichkeit davon verschieden sei. Zwischen Vater und Sohn sei das höchste moralische Band das der Liebe und Ehrfurcht. Innerhalb dieses Rahmens nur haben sich die anderen Tugenden zu entfalten. Diese Beziehungen verlangen aber ein gegenseitiges Füreinandereintreten und Zudecken der Fehler und Schwächen vor der Außenwelt. In dieser Treue liege auch Ehrlichkeit, die sich vor jener lieblosen formalen Ehrlichkeit nicht zu schämen brauche.[18]

19. Sittlichkeit: Ehrfurcht und Gewissenhaftigkeit

Fan Tschï fragte nach (dem Wesen) der Sittlichkeit. Der Meister sprach: „Wenn du (allein) weilst, sei ernst, wenn du Geschäfte besorgst, sei ehrfürchtig, wenn du mit andern verkehrst, sei gewissenhaft. Selbst wenn du zu den Barbaren des Ostens oder Nordens kommst, darfst du dieses (Betragen) nicht verlassen."

18 Eine überaus interessante Auseinandersetzung, die für das Verständnis des konfuzianischen Geistes von besonderem Wert ist; denn ein großer Teil der abfälligen Urteile und der Verkennung, welche sich China besonders von englischen und amerikanischen Missionaren gefallen lassen muß, kommt von der abstrakten Auffassung der Ehrlichkeit *à tout prix* her, die als Maßstab an alle Äußerungen des moralischen Lebens gelegt wird. Nun ist Ehrlichkeit eine Tugend, die auch von Kung überaus hochgeschätzt wird, aber für das Verhältnis von Vater und Sohn ist sie nicht das konstituierende Moment. Hier tritt die Pietät an erste Stelle, die das Verhalten bestimmt. In diesem Punkt steht Kung übrigens genau auf demselben Standpunkt wie Plato in dem Dialog Euthyphron, wie Martin (W. A. P. Martin, The Lore of Cathay, New York 1901, pag 106 ff.) sehr richtig nachweist. An dieser Stelle vergleiche man auch die weitere Ausführung darüber, wie nach Menzius die Kollision der Pflichten zwischen Ehrlichkeit und Pietät dadurch zu schlichten ist, daß der Sohn unter Anerkennung des Rechts sich zu dessen Sühne für den Vater aufzuopfern hat. Dieser Begriff der unbedingten Treue ist in dem germanischen Verhältnis zwischen Herrn und Mannen auch zum Ausdruck gekommen. Er ist überhaupt die Grundlage für eine sozialgegliederte Gesellschaftsordnung. Wieviel Doktrinarismus in den Vorwürfen steckt, die z.B. auch Legge aus diesem Anlaß Kungs Auffassung macht, geht daraus hervor, daß ja selbst im europäischen Rechtsleben die nahen Verwandten das Zeugnis gegen ihre Angehörigen verweigern können, ohne daß es jemand anstößig finden würde.

20.

子貢問曰："何如斯可謂之士矣？"子曰："行己有恥，使於四方，不辱君命，可謂士矣。"曰："敢問其次。"曰："宗族稱孝焉，鄉黨稱弟焉。"曰："敢問其次。"曰："言必信，行必果，硜硜然小人哉！抑亦可以為次矣。"曰："今之從政者何如？"子曰："噫！斗筲之人，何足算也。"

Fan Tschï fragte, was man tun könne, um die Sittlichkeit auszubreiten. Der Meister sprach: „Man muß bei der eignen Person beginnen. Auch in unbewachten Momenten, wenn man unbeschäftigt ist, darf man sich nicht gehen lassen. Hier muß der Ernst der Gesinnung erwachsen, den man ins Leben hinausnimmt, so daß man alles, was man tut, mit Ehrfurcht als göttlichen Beruf ausführt, und daß alle Beziehungen zu andern Menschen unter dem selbstgewählten Gesetz des Gewissens stehen. Diese Lebenshaltung ist schlechthin verpflichtend, gänzlich unabhängig davon, mit was für Menschen man es zu tun hat. Sie ist auch über alle nationalen und sonstigen Schranken erhaben.“[19]

20. Verschiedene Stufen von Gebildeten

Dsï Gung fragte und sprach: „Wie muß einer sein, um ihn einen Gebildeten nennen zu können?“ Der Meister sprach: „Wer in seinem persönlichen Benehmen Ehrgefühl hat, und wer, entsandt in die vier Himmelsrichtungen, dem Auftrag seines Fürsten keine Schande macht, den kann man einen Gebildeten nennen.“ (Dsï Gung) sprach: „Darf ich fragen, was die nächste Stufe ist?“ (Der Meister) sprach: „Wen seine Verwandten gehorsam nennen, und wen seine Landsleute brüderlich nennen.“ (Dsï Gung) sprach: „Darf ich fragen, was die nächste Stufe ist?“ (Der Meister) sprach: „Wer sein Wort unter allen Umständen hält, wer seine Arbeiten unter allen Umständen fertig macht; solche Leute mögen hartköpfige[20] Pedanten sein, dennoch stehen sie vielleicht auf der nächsten Stufe.“ (Dsï Gung) sprach: „Und zu welcher (Klasse) gehören die Regierenden von heute?“ Der Meister sprach: „Ach, Männer des Scheffels und des Eimers, wie wären sie es wert, mitgezählt zu werden!“

---

19 Dreimal hat Fan Tschï nach dem Wesen der Sittlichkeit gefragt: VI, 20; XII, 21 und hier. Die chinesischen Kommentatoren halten die vorliegende Stelle für die zeitlich früheste, VI, 20 für die zweite und XII, 21 für die letzte. Es fragt sich, ob mit Recht, und ob überhaupt eine Möglichkeit für solche Anordnungen, die natürlich nur systematischen Erwägungen entspringen, vorhanden ist. Sachlich ist außerdem heranzuziehen die Antwort an Dschung Gung XII, 2.

20 „Hartköpfige Pedanten“ wörtlich: „klirrend wie Steine“, und beschränkte Menschen: „Männer des Scheffels und des Eimers“. Scheffel und Eimer sind Werkzeuge zum Messen der Abgaben. Der mit „Eimer“ übersetzte Ausdruck bedeutet ein Bambusgefäß, das einen Scheffel (Dou) und 2 Schong enthält. Zu vergleichen ist II, 12. Gemeint ist ebensowohl die rein äußerliche Routine als hier auch noch besonders das Rufsammeln von Privatgewinn. Über Dsï Gung vgl. XI, 2 Anmerkung.

21.

子曰："不得中行而與之，必也狂狷乎！狂者進取，狷者有所不為也 。"

Dsï Gung fragte, welche Eigenschaften erforderlich seien, um zur geistigen Aristokratie gezählt werden zu können. Der Meister antwortete: „Wer zu den leitenden Kreisen gehören will, der muß in seinem persönlichen Auftreten auf Ehre halten, bei diplomatischen Missionen irgendwelcher Art muß er seiner Aufgabe gewachsen sein, so daß er seine Regierung zu vertreten vermag, ohne einen Makel auf sie kommen zu lassen." Dsï Gung fragte nach der nächstfolgenden Stufe und bekam zur Antwort, daß hier diejenigen Männer in Betracht kommen, die, obwohl nicht hervorragend begabt, doch wenigstens sich eines tadellosen moralischen Rufs erfreuen, wie er gewissenhafter Befolgung der Pflichten eines guten Sohnes und ruhigen Bürgers entspringt. Dsï Gung fragte darauf noch weiter. Der Meister antwortete, daß die Klasse der querköpfigen Pedanten, sofern sie wenigstens zuverlässig seien und konsequente Arbeiter, immerhin noch in Betracht käme. Als Dsï Gung noch immer keine Antwort bekam, in die er die Staatsdiener der damaligen Zeit unterzubringen vermochte, fragte er gerade heraus, was von diesen zu halten sei. Der Meister seufzte und gab zur Antwort, daß diese Leute gar nicht in Betracht kämen als Staatsmänner, weil sie eben nur routinierte Geldmacher seien.

21. Wer ist zum Jünger geschickt?

Der Meister sprach: „Wenn ich keine (Leute) finde, die in der Mitte wandeln, um mit ihnen zu sein, so will ich wenigstens (Leute) von Enthusiasmus und Entschiedenheit. Die Enthusiasten schreiten fort und sind aufnahmefähig. Die Entschiedenen haben Grenzen, die sie nicht überschreiten."

Der Meister sprach: „Schüler zu finden mit allseitig ausgeglichenen Anlagen, ist schwer. Kann ich keine solchen finden, so will ich mich unter den aktiv veranlagten Naturen an die enthusiastischen Choleriker halten und unter den passiven Naturen an die vorsichtig zurückhaltenden Phlegmatiker. Die ersteren haben wenigstens die Fähigkeit, sich zu entwickeln und dargebotene Wahrheiten sich anzueignen, die letzteren sind wenigstens vor gewissen moralischen Entgleisungen absolut sicher."[21]

21 Man wird durch diesen Abschnitt an V, 21 erinnert, wo Kung im Staate Tschen nach Hause verlangt, um seine enthusiastischen Schüler auf den rechten Weg zu bringen. Die Leute der ersten, vollkommenen Art finden ihre Verkörperung in Yän Hui. Offenbar ist daher dieser Abschnitt nach dessen Tod gesprochen. Leute vom cholerischen Typ sind Dsï Lu und seinesgleichen, Leute des vorsichtig zurückhakenden phlegmatischen Typs Dsong Schen und die ihm ähnlichen.

22.

子曰："南人有言曰：'人而無恆，不可以作巫醫。'善夫！""不恆其德，或承之羞。"子曰："不占而已矣。"

23.

子曰："君子和而不同，小人同而不和。"

22. Fluch der Unbeständigkeit

Der Meister sprach: „Die Leute im Süden haben ein Sprichwort, das heißt: ‚Ein Mensch, der nicht beständig ist, der ist nicht geeignet, um Zauber oder Heilkunst zu betreiben.' Das ist ein wahres (Wort)!"
(Im Buch der Wandlungen steht:) „Wer nicht beständig macht seinen Geist, der wird Beschämung empfangen."
Der Meister sprach: „Man beschäftigt sich nicht mit der Prophezeiung, das ist es."

Der Meister zitierte ein Sprichwort, das in den Südstaaten im Volk umging: „Ein Mensch, der nicht beständig ist, dem hilft auch kein Zauber und keine Heilkunst" und billigte seinen Sinn.
(Für das folgende läßt sich eine eindeutige Sinnangabe nicht aufstellen.)[22]

23. Der Edle und der Gemeine im Umgang mit andern

Der Meister sprach: „Der Edle ist friedfertig, aber macht sich nicht gemein. Der Unedle macht sich gemein, aber ist nicht friedfertig."

Es ist ein Zeichen geistiger Vornehmheit, im Verkehr mit andern in harmonischer Weise die Naturen gegenseitig zu ergänzen, ohne die feine Grenze einer reservierten Zurückhaltung jemals zu überschreiten. Die Massenmenschen sind überall im Augenblick intim, ohne jedoch imstande zu sein, es zu wirklicher Harmonie im Verkehr zu bringen.[23]

---

22 Dieser Passus scheint in Unordnung zu sein. Er besteht aus zwei verschiedenen Teilen, die nur durch das gemeinsame Thema verbunden sind. Der erste berichtet eine zustimmende Bemerkung Kungs über ein südchinesisches Sprichwort. Dieses Wort selbst wird verschieden erklärt. Dschu Hi versteht es so, daß die Unbeständigen sich nicht einmal zu Zauberern und Ärzten eignen. Die Mehrzahl der übrigen Kommentatoren verstehen es passiv, daß für einen Unbeständigen der Zauber und die Medizin nicht anwendbar seien, weil seine Unbeständigkeit keinen Anhaltspunkt dafür biete. Der zweite Passus zitiert eine Stelle aus dem J Ging mit einer völlig dunkeln, auch von Dschu Hi aufgegebenen Bemerkung Kungs. Ku Hung Ming macht einen Versuch, durch andere Auffassung des Worts für prophezeien, wahrsagen: „sich anmaßen", den Sinn herauszubekommen. „Darum ist es besser, sich gar nicht erst Tugend (Geist) anzumaßen." Unsere Übersetzung ist ungefähr in der Richtung von Legge und Couvreur.

23 Was Ku Hung Ming zu VII, 37 zitiert, wo von Kungs persönlichem Auftreten die Rede ist, paßt recht gut auch hierher:

24.

子貢問曰："鄉人皆好之，何如？"子曰："未可也。""鄉人皆惡之，何如？"子曰："未可也。不如鄉人之善者好之，其不善者惡之。"

25.

子曰："君子易事而難說也：說之不以道，不說也；及其使人也，器之。小人難事而易說也：說之雖不以道，說也；及其使人也，求備焉。"

24. Die Liebe und der Haß der Andern[24]

Dsï Gung fragte und sprach: „Wen seine Landsleute lieben, wie ist der?“ Der Meister sprach: „Das sagt noch nichts.“ „Wen seine Landsleute alle hassen, wie ist der?“ Der Meister sprach: „Auch das sagt noch nichts. Besser ist's, wenn einen die Guten unter den Landsleuten lieben und die Nichtguten hassen.“

25. Dienst und Gunst

Der Meister sprach: „Der Edle ist leicht zu bedienen, aber schwer zu erfreuen. (Sucht man) ihn zu erfreuen, aber nicht auf dem (rechten) Weg, so freut er sich nicht, aber in seiner Verwendung der Leute berücksichtigt er ihre Fähigkeiten. Der Gemeine ist schwer zu bedienen, aber leicht zu erfreuen. (Sucht man) ihn zu erfreuen, wenn auch nicht auf dem (rechten) Weg, so freut er sich, aber in seiner Verwendung der Leute sucht er Vollkommenheit.“

Ein geistig bedeutender Mensch wird andern ihr dienstliches Verhältnis zu ihm leicht machen, doch ist es schwer, seine Gunst zu erringen. Wollte man auf streberische Weise durch unrechtmäßige Mittel es versuchen, sich bei ihm in Gunst zu setzen, so wird man ihn solchen Versuchen gegenüber vollständig unempfindlich finden. Aber im Dienst verlangt er von seinen Untergebenen nicht mehr, als ihrer Kapazität entspricht. Ein beschränkter Mensch läßt sich zwar leicht gewinnen, aber er ist ein schwieriger Vorgesetzter. Sucht man seine Gunst, so nimmt er es mit den Mitteln, die der Betreffende verwendet, nicht so genau. Aber im Dienst verlangt er das Unmögliche auf rücksichtslose Weise.

Beseligend war ihre Nähe,
Und alle Herzen wurden weit;
Doch eine Würde, eine Höhe
Entfernte die Vertraulichkeit.
(Vgl. Schiller, D. Mädch. a. d. Fremde.)

24 Dieser Abschnitt, sowie die beiden folgenden stehen in einem gewissen Zusammenhang mit Abschn. 23. Zum vorliegenden Passus ist zu vergleichen XV, 27, wo Kung sich über denselben Gegenstand ausspricht. Vgl. auch XI, 20. Anm.

26.

子曰：“君子泰而不驕，小人驕而不泰。”

27.

子曰：“剛毅、木訥，近仁。”

28.

子路問曰：“何如斯可謂之士矣？”子曰：“切切、偲偲、怡怡如也，可謂士矣。朋友切切、偲偲，兄弟怡怡。”

26. Stolz und Hochmut

Der Meister sprach: „Der Edle ist stolz, aber nicht hochmütig. Der Gemeine ist hochmütig, aber nicht stolz."

Geistige Bedeutung ist untrennbar verbunden mit einem ruhigen Selbstbewußtsein, das von jeder Überhebung des eigenen Ichs frei ist, während der unbedeutende Mensch aus mangelnder innerer Sicherheit wohl Hochmut zur Schau tragen kann, aber nicht jene sichere Ruhe besitzt, die zu ihrer Anerkennung nicht erst der anderen bedarf.

27. Günstige Naturveranlagung

Der Meister sprach: „Feste Entschlossenheit, verbunden mit einfacher Wortkargheit, steht der Sittlichkeit nahe."

Ein festes und entschlossenes Wesen, das frei ist von Heuchelei und nicht viele Worte macht, das ist die Veranlagung, welche am leichtesten dazu kommt, die Sittlichkeit zu erreichen.[25]

28. Eigenschaften des Gemüts, die dem Gebildeten wesentlich sind

Dsï Lu fragte und sprach: „Wie muß einer sein, um ihn einen Gebildeten nennen zu können?" Der Meister sprach: „Einer, der solide, gründlich und freundlich ist, den kann man einen Gebildeten nennen. Als Freund solide und gründlich, als Bruder freundlich."

Dsï Lu fragte, welche Eigenschaften erforderlich seien, um zur geistigen Aristokratie gezählt werden zu können. Der Meister sprach: „Wer zu den leitenden Kreisen gehören will, der muß ein solides, stetiges Wesen haben, muß in seinen

25 Die Sung-Kommentatoren sowie Legge trennen die Eigenschaften. „Die Festen, die Ausdauernden, die Einfachen, die Vorsichtigen sind der Sittlichkeit nahe." Sehr richtig macht der japanische Kommentator darauf aufmerksam, daß diese Worte in Analogie zu I, 3 verstanden werden müssen, wo die gegenteilige Gemütsverfassung angegeben ist und wo auch vier Ausdrücke zur Charakterisierung eines Gesamtzustandes verwandt werden. Vgl. übrigens IV, 22. 24.

29.

子曰："善人教民七年，亦可以即戎矣。"

30.

子曰："以不教民戰，是謂棄之。"

Äußerungen auf Gründlichkeit und Genauigkeit halten und in seinem ganzen Benehmen milde und gütig sein. Die Solidität und Gründlichkeit wird sich namentlich im Verkehr mit Freunden zu zeigen haben, die Milde und Gütigkeit im Kreise seiner Familie.“[26]

29. Volkserziehung und kriegerische Tüchtigkeit[27]

Der Meister sprach: „Wenn ein tüchtiger Mann ein Volk sieben Jahre lang erzieht, so mag er es auch benutzen, um die Waffen zu führen.“

30. Mangel der Volkserziehung rächt sich im Krieg

Der Meister sprach: „Ein Volk ohne Erziehung in den Krieg führen, das heißt, es dem Untergang weihen.“

26 Dieser Abschnitt behandelt dasselbe Thema wie Abschnitt 20. Die Antwort hier ist ganz entschieden auf Dsï Lu und sein fahriges und wohl nicht immer feines Wesen zugeschnitten. Interessant ist der Ausdruck „Schï“, der mit „Gebildeter“ übersetzt wurde. Die geistige Aristokratie ist in China ohne weiteres auch an der staatlichen Leitung der Gesellschaft beteiligt, darum kann dieser Ausdruck ebensowohl den Gebildeten, den „gentleman“ bedeuten, als den Staatsmann und Beamten. Die Schenschi (Gürtel tragende Gebildete) sind die hervorragende Klasse der literarisch gebildeten Gentry, die noch heute in China den entscheidenden Einfluß ausübt.

27 Mit sieben Jahren ist wohl gemeint, daß immerhin eine längere moralische Erziehung nötig ist, ehe der Zusammenhalt und die Disziplin in einem Volk erreicht ist, die für einen Krieg unerläßliche Vorbedingungen sind. Vgl. Abschnitte 10, 11, 12 des gegenwärtigen Buchs.

憲問 – 論語

1.

憲問恥。子曰：“邦有道，穀；邦無道，穀，恥也. “

BUCH XIV – HIÄN WEN

Dieses Buch, mit seinen 47 Abschnitten das längste der ganzen Sammlung, wird von verschiedenen chinesischen Kommentatoren einem unmittelbaren Schüler Kungs, dem Yüan Hiän (literarische Bezeichnung Dsï Sï), zugeschrieben. Als Beweis dafür wird angeführt, daß der erste Abschnitt des Buches mit dem Vornamen des genannten Schülers beginnt, was sonst, wenn die Schüler redend eingeführt werden, nie der Fall ist. Sonst werden sie zum mindesten mit Geschlechts- und Rufnamen, häufig mit ihrer literarischen Bezeichnung, zuweilen als „Meister" eingeführt. Nur als Selbstbezeichnung oder im Munde des Lehrers ist der bloße Vorname üblich. Der Inhalt des Buchs würde dazu stimmen; denn neben verschiedenen prinzipiellen Äußerungen sind auch eine Reihe von Urteilen des Meisters über Männer der Geschichte und Zeitgenossen überliefert. Außerdem auch verschiedene persönliche Anekdoten aus dem Privatleben Kungs, die auf eine vertrautere Quelle zurückzugehen scheinen. Über die Person des Yüan Hiän ist nicht sehr viel bekannt, nicht einmal, ob er aus dem Staate Lu oder aus Sung war, läßt sich sicher feststellen. Nach des Meisters Tod zog er sich nach We zurück, wo er unbekümmert um den Weltlauf in stiller Zurückgezogenheit an seiner persönlichen Kultur arbeitete. Eine charakteristische Geschichte wird von dem taoistischen Philosophen Dschuang Dsï über ihn erzählt. Dsï Gung, der sich in hoher amtlicher Stellung befand, sprach in pompöser Weise bei ihm vor. Yüan Hian empfing ihn in ärmlicher, zerrissener Kleidung. Dsï Gung fragte ihn darauf, ob er übel dran sei, worauf er antwortete: „Ich habe gehört, daß, wer kein Geld hat, arm sei; wer aber die Wahrheit sucht und nicht imstande ist, sie zu finden, übel dran sei." Auf diese Antwort hin habe Dsï Gung sich verlegen zurückgezogen. (Legge a. a. O. 185 f.) Wir haben schon beim letzten Buch darauf hingewiesen, daß gewisse Beziehungen zum Staate We sich dort finden. Es ist vielleicht nicht zufällig, daß das vorliegende Buch sich direkt anschließt. Möglicherweise gibt dieser Umstand einen Fingerzeig für die Komposition der beiden Bücher.

1. Schande

Hiän fragte (was) Schande (sei). Der Meister sprach: „Ist ein Land auf rechter Bahn, (so habe man sein) Einkommen. Ist ein Land nicht auf rechter Bahn, (und man genießt dennoch ein amtliches) Einkommen das ist Schande."

2.

克、伐、怨、欲不行焉，可以為仁矣？”子曰：“可以為難矣，仁則吾不知也。”

Hiän fragte, wessen man sich zu schämen habe. Der Meister sprach: „In geordneten Staatsverhältnissen ist es recht und billig, durch eine amtliche Tätigkeit seinen Lebensunterhalt zu erwerben. sind aber die öffentlichen Verhältnisse so, daß Ungerechtigkeit am Ruder ist, dann dennoch in amtlicher Stellung seinen Lebensunterhalt zu verdienen: das ist es, dessen man sich zu schämen hat."[1]

2. Das Schwierige ist darum noch nicht sittlich[2]

„Herrschsucht, Prahlerei, Groll, Begierde nicht gehen lassen: das kann für sittlich gelten." Der Meister sprach: „Das kann für schwierig gelten, ob sittlich: das weiß ich nicht."

Es hatte irgend jemand die Theorie aufgestellt, daß die Sittlichkeit darin bestehe, jede Äußerung egoistischer Triebe zu unterlassen. Der Meister urteilte darüber, daß eine solche Handlungsweise zwar schwer sei, daß sie aber noch nicht genüge, um die Sittlichkeit eines Menschen daraus zu erkennen; denn für die ethische Beurteilung kommen überhaupt keine bloßen Äußerlichkeiten, am wenigsten rein negative Unterlassungen in Betracht, sondern die innere Gesinnung.

1 Dschu Hi und nach ihm die europäischen Übersetzer fassen die Stelle so auf, daß es hieße: „Ist ein Land in Ordnung, dann nur an das Einkommen zu denken unter Vernachlässigung der sachlichen Pflichten: das ist Schande. Ist ein Land nicht in Ordnung, dann an Einkommen überhaupt noch denken zu wollen und um des Einkommens willen in amtlicher Stellung zu bleiben: das ist auch Schande." Damit wird aber der Ausdruck „Einkommen", der allein im Texte steht, zu sehr gepreßt. In der oben gebotenen Übersetzung schließen wir uns der alten Erklärung Kung An Guos an. Im übrigen läßt sich die ganze Sache einfach erklären, wenn man nach Analogie von VIII, 13, 3 in der ersten Zeile ein „nicht" sich ausgefallen denkt. Dann hieße es: *„In einem wohlgeordneten Lande kein Einkommen zu haben, oder in einem ungeordneten Lande Einkommen zu haben: das ist Schande."* Ein solcher Textdefekt erklärt sich nicht nur aus dem sprachlichen Bild des Satzes ohne weiteres, sondern wird besonders dadurch nahegelegt, daß im folgenden Abschnitt zum Anfang sicher einige Wörter ausgefallen sind. Im übrigen vergleiche man VI, 3, wo Yüan Hiän vom Meister wegen Ablehnung des Gehalts korrigiert wird.

2 Zu Beginn des Abschnitts fehlt, wie schon erwähnt, eine einführende Bemerkung. Die einen Kommentatoren nehmen den Abschnitt mit dem vorangehenden zusammen. Dschu Hi sieht darin eine Frage Yüan Hiäns. Der letzteren Auffassung widerspricht jedoch, daß der erste Satz nicht in Frageform, sondern in Aussageform steht, und daß Kung auf eine Frage nach dem Wesen der Sittlichkeit (eine solche sehen die Sungkommentatoren in dem Satz) nicht mit einem einfachen „ich weiß nicht" geantwortet hätte. Wir müssen in dem Satz wohl den Lehrsatz eines – asketisch gerichteten Philosophen der Zeit sehen. Das stimmt dazu, daß auch in Abschnitt 36 eine Auseinandersetzung mit taoistischen Lehren vorliegt.

3.

子曰：“士而懷居，不足以為士矣。”

4.

子曰：“邦有道，危言危行；邦無道，危行言孫。”

5.

子曰：“有德者，必有言。有言者，不必有德。仁者，必有勇。勇者，不必有仁。”

3. *Der Mann muß hinaus ...*

Der Meister sprach: „Ein Gebildeter, der es liebt, (zu Hause) zu bleiben, ist nicht wert, für einen Gebildeten zu gelten."[3]

Wer sich zu den leitenden Kreisen rechnen will, darf nicht aus eigner Bequemlichkeit hinter dem Ofen sitzen bleiben wollen, er muß ins Leben hinein, wenn er seinen Namen verdienen will.

4. *Wort und Tat in guter und böser Zeit*

Der Meister sprach: „Wenn das Land[4] auf rechter Bahn ist, mag man) kühn in seinen Worten sein und kühn in seinen Taten. Wenn das Land nicht auf rechter Bahn ist, (soll man) kühn in seinen Taten sein, aber vorsichtig in seinen Worten."

Wenn die öffentlichen Zustände gesund sind, so kann man in Worten sowohl wie in Taten etwas riskieren, weil die Zustände so sicher sind, daß jede ängstliche Spionage von selbst wegfällt. Sind dagegen die öffentlichen Zustände ungesund, so bleibt die Pflicht bestehen, in seinen Taten kühn und rücksichtslos einzugreifen, wo man ein Unrecht abstellen kann, aber was die Worte anlangt, so tut man besser, seine Meinung für sich zu behalten, um sich nicht durch unüberlegte Äußerungen unnützer Weise in Gefahr zu bringen.

5. *Ausdruck und Innerlichkeit*

Der Meister sprach: „Wer Geist hat, hat sicher auch das (rechte) Wort, aber wer Worte hat, hat darum noch nicht notwendig Geist. Der Sittliche hat sicher auch Mut, aber der Mutige hat noch nicht notwendig Sittlichkeit."

---

3 Es ist noch heute eine bezeichnende Sitte in China, daß man bei der Geburt eines Knaben einen Bogen über der Tür aufhängt, mit dem man vier Pfeile nach allen Himmelsgegenden abschießt als Symbol für das Hinaustreten des Knaben ins Leben. Vgl. auch XIII, 20. Dschu Hi denkt hier an etwas ähnliches wie I, 14. Das ist aber nicht berechtigt. Dort ist vom „Edlen" die Rede, hier (wie in XIII, 20) von einem Angehörigen der leitenden Kreise. Zudem müßte man den Sinn „Bequemlichkeit der Wohnung lieben" in das Wort „bleiben, wohnen" erst hineinlesen. Richtiges Auseinanderhalten der verschiedenen Stellen ist oft ebenso wichtig wie richtiges Heranziehen der verwandten.

4 Wir haben es hier mit einer Regel besonnener Lebensklugheit zu tun, die sich allenthalben bewährt.

6.

南宮適問於孔子曰："羿善射，奡盪舟，俱不得其

Ein Mann von geistiger Bedeutung des Wesens findet sicher auch Worte, die Eindruck machen. Darum wäre es aber doch verkehrt, von eindrucksvollen Worten immer auf geistige Bedeutung zu schließen. Die Sittlichkeit der Gesinnung bedingt notwendig Mut in ihrer Ausübung, darum ist aber noch lange nicht der Mut ein Zeichen von Sittlichkeit.[5]

6. Nicht Macht, sondern Geist ererbt das Erdreich

Nan Gung Go[6] fragte den Meister Kung und sprach: „J war tüchtig im Bogenschießen, Au konnte ein Schiff ziehen. Alle beide fanden nicht ihren (natürli-

5 Legge bemerkt hier in der Anmerkung sehr richtig: „A translator is puzzled to render jen dschê (unsere Übersetzung: ‚der Sittliche') differently from yu de dschê (unsere Übersetzung: ‚wer Geist hat')." Selbstverständlich ist das nicht leicht, wenn man „de" immer mit „Tugend" und „jen" immer mit „Menschentugend, Wohlwollen" übersetzt. Ganz abgesehen davon, daß man dann auch nicht versteht, was Tugend mit Worten zu tun hat, weshalb Legge so schön übersetzt: „The virtuous will be sure to speak correctly." Wer ist nun hier der Philister?

6 Die Persönlichkeit Nan Gung Gos ist nicht sicher zu identifizieren. Nach Kung An Guo ist er ein vornehmer Beamter von Lu, nach Dschu Hi wäre er identisch mit Nan Yung (V, 1), der übrigens auch aus den herrschenden Kreisen in Lu stammte. Der Text hier spricht eher für einen Kung übergeordneten Beamten, als für seinen Schüler und Schwiegerneffen. J (Hou J) war Minister zurzeit der Hiadynastie unter dem Kaiser Tai Kang 2188 v. Chr. Da der Kaiser sich um die Regierung nicht kümmerte und stets auf der Jagd war, benutzte Hou J die Gelegenheit, ihm die Rückkehr abzuschneiden und selbst die Zügel der Regierung in die Hand zu nehmen, wenn er auch der Form nach einen Bruder des vertriebenen Kaisers auf den Thron erhob (2159). Dessen Sohn Di Siang, der 2146 den Thron bestieg, hat er jedoch wieder vertrieben und die Macht usurpiert, bis er von seinem Minister Ran Dscho – wie es heißt, aus Eifersucht wegen seiner Gewandtheit im Bogenschießen – getötet wurde. Sein Leichnam wurde gekocht und seinem eignen Sohne vorgesetzt, der jedoch den Tod dieser schrecklichen Mahlzeit vorzog. Ran Dscho nahm darauf die Witwe J's zur Frau. Ein Sohn ihrer Ehe war dann der ebenfalls im Text genannte Au, der wegen seiner großen Körperkraft berühmt war, mit der er sogar ein bei fallender Flut auf dem Lande sitzengebliebenes Schiff ins Wasser zurückschieben konnte. Er ermordete auf Veranlassung seines Vaters den Kaiser Siang (diese Tat wird von manchen Hou J zugeschrieben). Nach 40 Jahren wurde er jedoch zusammen mit seinem Bruder von einem nachgeborenen Sohn des ermordeten Kaisers Siang, namens Shau Kang, hingerichtet, als dieser die Herrschaft an das rechtmäßige Kaiserhaus der Hiafamilie zurückbrachte (2079 v. Chr.). Die historische Zuverlässigkeit all dieser Angaben ist natürlich zweifelhaft. Es spielt sehr viel rein sagenhafter Stoff in jenen Zeiten mit, der noch nicht kritisch gesichtet ist. Über Yü den Großen vgl. die Anmerkungen zu VIII, 18 und 21. Yü hat die berühmte erste Regulation des Hoangho nach harter, neunjähriger Arbeit durchgeführt. Die Sage geht, daß er bei dieser Arbeit persönliche Mühsal so wenig gescheut habe, daß er sich dabei die Haare von den Beinen gescheuert und kein einziges Mal sein Haus betreten habe, obwohl er im Vorbeigehen zuweilen die Stimme seines

死然；禹稷躬稼，而有天下。”夫子不答，南宮適出。子曰：“君子哉若人！尚德哉若人！”

7.

子曰：“君子而不仁者有矣夫，未有小人而仁者也。”

chen) Tod. Yü und Dsï bestellten eigenhändig das Feld und doch bekamen sie das Reich.“ Der Meister antwortete nicht. Nan Gung Go ging hinaus. Der Meister sprach: „Ein Edler wahrlich ist dieser Mann, die Kraft des Geistes schätzt wahrlich dieser Mann.“

Nan Gung Go, der zu den einflußreichsten Kreisen im Staate Lu gehörte, legte dem Meister Kung ein Gleichnis vor und sprach: „Wir wissen aus der Geschichte des Altertums von Männern, die außerordentliche Macht und Körperkraft besaßen und eine zeitlang eine hervorragende Stellung sich errafften. Und dennoch gingen sie vor der Zeit zugrunde. Wir wissen von andern, die in einfacher Weise das Feld bestellten, und dennoch erreichten sie den höchsten Einfluß.“ – Der Meister, dem dies Gleichnis galt, schwieg bescheiden. Als aber Nan Gung Go sich zurückgezogen hatte, da spendete er ihm das höchste Lob wegen seiner vornehmen Gesinnung, vermöge deren er moralischen Wert über irdische Macht stellte.

7. Geistige Bedeutung und Sittlichkeit

Der Meister sprach: „Edle, die doch nicht sittlich sind, ja, das gibt es; nicht gibt es (aber) Gemeine, die doch sittlich wären.“

---

während dieser Zeit geborenen ersten Söhnchens hörte. Später wurde er der Nachfolger des Kaisers Schun und Begründer der Hia-Dynastie (2205 v.Chr.). Unter seiner Regierung wurde die Bereitung des Weins erfunden, von J Di (nicht zu verwechseln mit dem oben erwähnten J). Der Kaiser kostete das Getränk und lobte es, verbannte aber den Erfinder und verbot den Gebrauch des Getränkes, weil er voraussah, daß es in künftigen Zeitaltern ein Fluch für die Menschheit werden würde. Der Anklang dieser Sagen an die biblischen Geschichten von Noah veranlaßte seinerzeit die Jesuiten, Yü mit diesem zu identifizieren. Dsï oder Hou Dsï ist eigentlich ein Amtstitel des Ackerbauministers unter Schun 2255 v.Chr. Sein Inhaber hieß Ki (d.h. „Der Weggeworfene“). Aus diesem Namen bildete sich eine Legende über seinen Ursprung, die bei Ssï Ma Tsiän erzählt ist. Die Prinzessin Giang Yüan trat auf einem Spaziergang in die Fußtapfen eines Riesen, worauf sie ein Kind gebar, das sie aber aussetzte. Verschiedene Male von seiner Mutter ausgesetzt, wurde es ebensooft auf wunderbare Weise gerettet, bis sich seine Mutter seiner annahm und ihm den Namen Ki, der Weggeworfene, gab. Schon von früher Jugend an zeigte er Begabung und Neigung zum Anbau von Feldfrüchten. Schließlich wurde er von Schun mit der Verwaltung des Ackerbaus im ganzen Reiche betraut. Auf ihn führt die Dschoudynastie ihren Ursprung zurück, so daß also wenigstens nach einem Jahrtausend seine Nachkommen das Reich erbten, was von Nan Gung Go ohne weiteres nach antiker Weise so ausgedrückt ist, daß er das Reich bekam. Die Parallelen zu diesen Geschichten der westlichen Mythologie liegen auf der Hand.

8.

子曰："愛之，能勿勞乎？忠焉，能勿誨乎？"

9.

子曰："為命：裨諶草創之，世叔討論之，行人子羽脩飾之，東里子產潤色之。"

Es kann wohl vorkommen, daß jemand eine hervorragende geistige Bedeutung besitzt, ohne daß er die höchste Stufe des moralischen Werts erreichte, aber das kommt nie vor, daß ein beschränkter Mensch der Herde diese Stufe erreicht.

8. Die rechte Liebe

Der Meister sprach: „Wenn man einen liebt, ist es dann möglich, daß man nicht für ihn besorgt ist? Wenn einer gewissenhaft ist, wie wäre es dann möglich, (seinen Fürsten) nicht zu belehren?“[7]

Kann man auch wahre Liebe zu einem haben, ohne daß man sich seinethalben bekümmert? Wie sollte es da möglich sein, daß ein gewissenhafter Beamter es versäumt, seinem Herrn die Wahrheit zu sagen, auch wenn sie ihm einmal unangenehm sein sollte?

9. Sorgfalt bei der Herstellung amtlicher Schriftstücke

Der Meister sprach: „Bei amtlichen Schriftstücken machte Bi Schen den ungefähren Entwurf; Schï Schu verbesserte und erwog; der Minister des Auswärtigen, Dsï Yü, ordnete den Stil; Dsï Tschan von Dung Li (Ostdorf) gab dem Ganzen den letzten Schliff.“[8]

Der Staat Dschong war ein kleiner Staat, der es dennoch verstand, sich inmitten übermächtiger Nachbarn zu behaupten. Der Meister gab als Ursache davon an, daß die Regierung dieses Staates die größte Sorgfalt auf ihre diplomatischen Noten verwende, um jede Übereilung zu vermeiden. Entsprechend ihren Gaben sei-

7 Die späteren Kommentatoren erklären den Sinn: „Wer sein Kind lieb hat, der züchtiget es, wer als Beamter treu ist, der belehrt seinen Fürsten.“ Es bleibt jedoch fraglich, ob „lau“ hier diesen Sinn hat und nicht den eben gegebenen; grammatikalisch möglich ist schließlich beides. Nur scheint die Koordination der beiden Sätze unrichtig zu sein, wie aus dem „wie“ (yen) im zweiten hervorgeht. Der erste ist vielmehr nur die Voraussetzung für den zweiten.

8 Der Premierminister des Staates Dschong war Dsï Tschan, der die Regierung mit hervorragendem Geschick leitete, indem er jeden an seinem Platz zu verwenden wußte. Sein Name war Gung Sun Kiau. Er war bekanntlich ein persönlicher Freund Kungs. Vgl. den folgenden Abschnitt, sowie die Anmerkung zu V, 15, wo sich Genaueres über ihn findet. Die in Betracht kommenden Schriftstücke waren nach den Kommentatoren der Wortlaut der Regierungserlasse, Bündnisse, Zusammenkünfte.

10.

或問子產。子曰：“惠人也。”問子西。曰：“彼哉！彼哉！”問管仲。曰：“人也。奪伯氏駢邑三百，飯疏食，沒齒，無怨言。”

en vier bedeutende Männer an ihrer Ausfertigung beteiligt. Der eine machte den Entwurf, der zweite verbesserte und erwog den Inhalt, der dritte stellte den Wortlaut fest, und der vierte endlich gab dem Ganzen den letzten Schliff.

10. Urteile über Zeitgenossen. I: Dsï Tschan, Dsï Sï, Guan Dschung

Es fragte jemand (was von) Dsï Tschan (zu halten sei). Der Meister sprach: „Er ist ein gütiger Mann." (Der Betreffende) fragte, (was von) Dsï Sï (zu halten sei. Der Meister) sprach: „Wahrlich der, wahrlich der!" (Der Betreffende) fragte (was von) Guan Dschung (zu halten sei. Der Meister) sprach: „Das ist ein Mann. Als er der Familie Be die Stadt Biän mit dreihundert (Familien) weggenommen hatte, (so daß der frühere Besitzer nur noch) gewöhnlichen Reis zu essen hatte, bis er keine Zähne mehr hatte, (äußerte dieser) kein Wort des Grolls (gegen ihn)."[9]

Es befragte jemand den Meister über Dsï Tschan. Der Meister sprach: „Er ist gütig gegen das Volk." Der Frager brachte das Gespräch auf Dsï Sï. Der Meister sprach: „Über den wüßte ich weiter nichts zu sagen." Als der andere auf Guan Dschung zu sprechen kam, sprach der Meister: „Das war ein ganzer Mann, der sogar seinen Feinden zu imponieren wußte. Als Be die Stadt Biän, die 300 Familien zählte, zu lehen hatte, wurde infolge eines Vergehens Exekution an ihm vollzogen und ihm der ganze reiche Besitz genommen und auf Guan Dschung übertragen zur Belohnung für Verdienste um den Staat. Der frühere Inhaber der Stadt wurde dadurch in ärmliche Umstände gebracht, aus denen er sich zeitlebens nicht mehr erhob, und dennoch hat man von ihm nie ein Wort des Grolls gegen Guan Dschung gehört –, so überzeugend war der Eindruck seiner Gerechtigkeit."

9 Über Dsï Tschan vgl. Anm 8. Wer Dsï Sï eigentlich ist, steht nicht fest. Wahrscheinlich ist, daß er ebenfalls ein Beamter von Dschong war, wie Dsï Tschan. Ein gleichnamiger Beamter kommt aber auch im Staate Tschu vor, der sich durch seine Uneigennützigkeit auszeichnete, wenn er auch der Anstellung Kungs entgegengetreten ist, worauf andre Kommentatoren die Ablehnung einer Antwort von seiten Kungs zurückführen. Über Guan Dschung, den bekannten Kanzler von Tsi (den „Bismarck der Zeit", wie Ku Hung Ming sagt), vgl. III, 22, ferner Abschnitt 17 und 18 dieses Buches. Vielleicht ist Dsï Sï identisch mit Dong Si. Vgl. Liä Dsï IV, 11.

11.

子曰：“貧而無怨難，富而無驕易。”

12.

子曰：“孟公綽，為趙魏老則優，不可以為滕薛大夫。”

13.

子路問成人。子曰：“若臧武仲之知，

11. Würdiges Ertragen der Armut schwerer als das des Reichtums

Der Meister sprach: „Arm sein, ohne zu murren, ist schwer. Reich sein, ohne hochmütig zu werden, ist leicht.“[10]

12. Urteile über Zeitgenossen. II: Mong Gung Tscho

Der Meister sprach: „Mong Gung Tschom[11] wäre als Hausbeamter der Familien Dschau oder We vorzüglich, aber er könnte nicht Minister sein in Tong oder Siä.“

Der Meister sprach von dem Haupt der Familie Mong in Lu, namens Gung Tscho, daß er sich als Hausbeamter auch der mächtigsten Familien vorzüglich eignen würde, daß er aber als verantwortlicher Ratgeber auch eines viel kleineren, aber selbständigen Fürstentums nicht geeignet wäre.

13. Der vollkommene Mensch

Dsï Lu fragte, (wer ein) vollkommener Mensch (sei und) [Der Meister][12] sprach: „Wenn jemand das Wissen von Dsang Wu Dschung, die Selbstlosigkeit von

---

10 Vgl. den ähnlichen Ausspruch I, 15. Der japanische Kommentator nimmt diesen Satz mit dem vorigen zusammen und erklärt: Es durch seine Regierungsweise zu erreichen, daß die Armen nicht murren, ist viel schwerer, als es zu erreichen, daß die Reichen nicht hochmütig werden.“ Auf diese Weise enthielte der Satz eine Wertung der Tätigkeit Guan Dschungs. Die Sache würde mehr einleuchten, wenn nicht auf Grund davon auch I, 15 entsprechend erklärt werden müßte.

11 Kung stellte gerade den Mong Gung Tscho moralisch am höchsten von allen Staatsmännern in Lu, wie er denn überhaupt mit der Familie Mong am besten stand unter den drei Adelsgeschlechtern seines Heimatlands. Was er hier sagt über seine amtliche Befähigung, bezieht sich auf sein ruhiges Temperament. Dschau und We waren große Adelsgeschlechter im Staate Dsïn, deren Macht als solche weit größer war als die der Miniaturstaaten Tong und Siä.

12 Wie schon aus der Erklärung oben ersichtlich ist, ist der Text nicht in Ordnung. Nachdem die erste Erklärung mit einem „der Meister sprach“ eingeleitet ist, steht vor der zweiten – besseren – Erklärung noch einmal „er sprach“. Das könnte nach dem in Lun Yü üblichen Brauch nur heißen: „Dsï Lu sprach“, was aber sachlich unmöglich ist. Eine andere Auskunft wäre, eine weitere Frage Dsï Lus als ausgefallen anzunehmen. Alles löst sich aber viel glatter, wenn man das „der Meister“ vor die zweite Erklärung setzt. Die erste Erklärung ist

公綽之不欲，卞莊子之勇，冉求之藝，文之以禮樂，亦可以為成人矣。”曰：“今之成人者何必然？見利思義，見危授命，久要不忘平生之言，亦可以為成人矣。”

Gung Tscho, den Mut des Herren Dschuang von Biän, die Geschicklichkeit von Jan Kiu besäße, und das alles gestaltet durch die Gesetze der Moral und Musik, der könnte doch sicher wohl für einen vollkommenen Menschen gelten." Der Meister sprach: „Ein vollkommener Mensch von heute, was braucht der all das? Wer angesichts des Gewinns auf Pflicht denkt, wer angesichts der Gefahr sein Leben opfert, bei alten Abmachungen die Worte seiner Jugend nicht vergißt, der kann auch für einen vollkommenen Menschen gelten."

Dsï Lu fragte, wer ein vollkommener Mensch sei und sprach: „Wenn einer die Weisheit des Dsang Wu Dschung, die Selbstlosigkeit Gung Tschos, den Mut des Herren Dschuang von Biän und die Geschicklichkeit von Jan Kiu besäße, und alle diese guten Eigenschaften bei ihm noch gekrönt wären durch eine vollkommene moralische und ästhetische Bildung: der kann doch wohl für vollkommen gelten."
Der Meister aber entgegnete: „Was bedarf es heute aller dieser Dinge, um vollkommen zu sein? Wer jeden ungerechten Gewinn verschmäht, wer in Momenten, wo Staat und Fürst in Gefahr sind, auch sein Leben zu opfern bereit ist, und wer sein untrügliches Gedächtnis besitzt für das, was er einmal versprochen hat: auch der ist ein vollkommener Mensch."

---

im Munde Kungs schon deshalb nicht wohl möglich, weil sie den Jünger Jan Kiu auf gleiche Stufe mit den Berühmtheiten der damaligen Zeit stellt, was Kung schon aus pädagogischen Rücksichten im Jüngerkreis nicht getan haben wird. Die Steigerung zwischen der ersten und der zweiten Definition kommt auch viel besser heraus, wenn die erste von Dsï Lu und nur die zweite von Kung gegeben wird. – Dsang Wu Dschung, der der Generation vor Kung angehörte, hatte sich einen sehr guten Namen gemacht, so daß er noch zu Kungs Zeit im Volk als Genie bekannt war. Nach Dso Tschuan hat er seine Weisheit namentlich darin gezeigt, daß er rechtzeitig den drohenden Verfall des Staates Tsi, wo er vom Fürsten eine Anstellung erhalten sollte, erkannte und diese Anstellung zu vermeiden suchte. Kung stellte ihn übrigens nicht übermäßig hoch (vgl. Abschnitt 15). Er war der Enkel des Dsang Wen Dsï, V, 17. Gung Tscho ist der im letzten Abschnitt genannte Mong Gung Tscho. Dschuang von Biän (dem Geburtsort Dsï Lus) war wegen seines Muts berühmt. Er soll einmal zwei Tiger getroffen haben, die eben ein Rind verzehrten. Sofort wollte er darauf los. Sein Begleiter riet ihm aber, erst zu warten, bis sie über die Beute gegenseitig in Streit geraten, und der eine den andern kampfunfähig gemacht hätte. Das tat er denn auch und tötete dann den übrig gebliebenen Tiger. Vielleicht bezieht sich hierauf die Bemerkung VII, 10. Als der Staat Tsi einst Lu überfallen wollte, fürchtete man den Dschuang und kehrte vor Biän wieder um. Über Jan Kiu vgl. Anm zu XI, 2.

14.

子問公叔文子於公明賈曰："信乎夫子不言、不笑、不取乎？"公明賈對曰："以告者過也。夫子時然後言，人不厭其言；樂然後笑，人不厭其笑；義然後取，人不厭其取。"子曰："其然，豈其然乎？"

15.

子曰："臧武仲以防求為後於魯，雖曰不要君，吾不信也。"

14. Urteile über Zeitgenossen. III: Gung Schu Wen Dsï

Der Meister befragte den Gung Ming Gia über Gung Schu Wen Dsï und sprach: „Ist es wahr, daß euer Meister nicht redet, nicht lacht, nichts nimmt?" Gung Ming Gia erwiderte und sprach: „Das ist durch die Erzähler übertrieben. Mein Meister redet, wenn es Zeit ist, darum werden die Menschen seiner Rede nicht überdrüssig. Er lacht, wenn er fröhlich ist, darum werden die Menschen seines Lachens nicht überdrüssig. Er nimmt, wenn es sich mit der Billigkeit verträgt, darum werden die Menschen seines Nehmens nicht überdrüssig." Der Meister sprach: „*So* ist er? Wie kann er so sein!"

Der Meister erkundigte sich über einen berühmten Beamten des Staates We namens Gung Schu mit dem Beinamen „der Weise" bei dessen Schüler Gung Ming Gia, indem er fragte, ob es wahr sei, daß jener nicht rede, nicht lache und nichts annehme. Der Schüler erwiderte: „Das ist beim Weitersagen übertrieben worden. Mein Meister hat sich keineswegs jene Lebensäußerungen abgewöhnt, aber er tut alles zu seiner Zeit, wenn wirklich Grund dazu da ist; darum wird er den andern mit seinem Reden, seinem Lachen und seinem Nehmen nicht lästig." Der Meister wunderte sich darüber und sprach: „So ist er also? Wie bringt er das nur fertig?"

15. Urteile über Zeitgenossen. IV: Dsang Wu Dschung[13]

Der Meister sprach: „Dsang Wu Dschung stützte sich auf Fang und bat so (den Fürsten von) Lu, einen Nachfolger (für ihn) zu bestellen. Obwohl man sagt, er habe keinen Druck auf den Fürsten ausgeübt, so glaube ich es nicht."

Der Meister sprach: „Dsang Wu Dschung war aus Lu verbannt, kehrte aber zurück, besetzte die Stadt Fang und sandte einen Boten an den Fürsten von Lu, durch den er flehentlich um Ernennung eines Nachfolgers, der die Familienopfer darbringen könnte, bitten ließ. Nun gibt es Leute, die aus seinen unterwürfigen

13 Dsang Wu Dschung (vgl. Abschn. 13) hatte, da er mit der Familie Mong in Feindschaft lebte, den Staat Lu und sein dortiges Lehen, die Stadt Fang, verlassen müssen und war in den Staat Dschu geflohen. Da er jedoch Familienhaupt war, und ohne ihn die Ahnenopfer unterblieben, so kehrte er zurück, besetzte seine Stadt Fang und sandte an den Fürsten die Bitte, einen Nachfolger für ihn einzusetzen. Dann werde er nicht wagen, gewaltsam den Platz festzuhalten, sondern gutwillig gehen. Kung hat wohl Recht über ihn.

16.

子曰：“晉文公譎而不正，齊桓公正而不譎。”

Worten schließen, er habe keinen Druck auf seinen Fürsten ausgeübt. Das glaube ich aber einfach nicht.“

16. Urteile über Zeitgenossen. V: Wen von Dsï̈n und Huan von Tsi[14]

Der Meister sprach: „Fürst Wen von Dsïn war hinterlistig und nicht aufrichtig. Fürst Huan von Tsi war aufrichtig und nicht hinterlistig.“

14 In Tsi (Nordschantung) waren im Jahre 686 Unruhen ausgebrochen, nachdem der Fürst Siang von einem Verwandten ermordet worden war. Die beiden Söhne des Ermordeten flohen nach verschiedenen Nachbarstaaten. Der eine, Giu, floh mit zwei Getreuen, Shau Hu und Guan Dschung, nach Lu, der andere, Siau Be, nach Gü. Nachdem der Mörder hingerichtet war, suchten beide Söhne sich der Herrschaft in Tsi zu bemächtigen, doch gelang es Siau Be, seinem Bruder zuvorzukommen und als Fürst Huan die Regierung anzutreten. In der Macht befestigt, stellte er an den Nachbarstaat Lu das Ansinnen, seinen Bruder Giu zu töten und dessen zwei Minister Shau Hu und Guan Dschung auszuliefern. Shau Hu zerschmetterte sich darauf den Kopf, um mit seinem Herrn gemeinsam zu sterben, während Guan Dschung in die Dienste des Fürsten Huan von Tsi überging und sich als überaus tüchtiger Beamter erwies. Er legte Bergwerke an, um Edelmetalle zu gewinnen, und verdunstete Meerwasser zur Gewinnung von Salz. Politisch und diplomatisch war er überaus geschickt, so daß es ihm gelang, dem Fürstentum Tsi die Hegemonie im Reiche zu verschaffen, was für die Gesamtheit von größtem Wert war, da die Zentralregierung gerade in jener Zeit arg darnieder lag. Auf verschiedenen Fürstenzusammenkünften faßte er die Kräfte des Reichs zusammen, ohne doch den Kaiser zu stürzen. Vielmehr wurden dessen Abgesandte in allen Ehren aufgenommen. Diese starke Hand war um so nötiger, als schon damals von den Nomadenstämmen des Nordens fortwährende Invasionen drohten, die unter der Hegemonie des Staates Tsi mehrfach siegreich abgewiesen wurden. Nach dem Tode Guan Dschungs beförderte der Fürst Huan seinen Leibkoch (gegen des sterbenden Guan Dschungs Rat) zum Kanzler, worauf Uneinigkeit im Land ausbrach, und die Hegemonie verloren ging. Nach des Fürsten Huans Tod stritten sich seine 5 Söhne um den Thron, so daß der faulende Leichnam des Vaters 67 Tage lang unbeerdigt auf dem Totenbette liegen blieb. Huan von Tsi war der erste der 5 Fürsten, die im Laufe des 7. Jahrhunderts die Hegemonie im Reiche errangen († 643). Fürst Wen von Dsïn hatte ebenfalls eine Zeitlang die Führung des Reichs. Auch er hatte in seiner Jugend fliehen müssen vor den Nachstellungen einer Nebenfrau seines Vaters. Und zwar zog er sich mit seinen Getreuen, seinem späteren Minister Dschau Tsui und dem berühmten Giä Dschï Tui, in die Gebiete der nördlichen Barbaren zurück. Auf diesen Wanderungen soll er zeitweise so in Not gekommen sein, daß Giä Dschï Tui sich selbst ein Stück Fleisch aus dem Schenkel herausschnitt, um damit den Hunger seines Gebieters zu stillen. Später heiratete er die Tochter eines Nomadenhäuptlings, worauf er nach 19 Jahren wieder in seine Heimat zurückkehrte. Es gelang ihm, den Usurpator zu töten und den Thron zu besteigen. Bei den Belohnungen an seine Getreuen wurde Giä Dschï Tui vergessen, der sich daraufhin mit seiner Mutter in ein einsames Waldgebirge zurückzog. Zu spät wurde der Fürst an ihn erinnert. Giä Dschï Tui weigerte sich, an den Hof zurückzukehren. Der Sage nach soll darauf der Fürst befohlen haben, den Wald anzuzünden, um ihn dadurch zu nötigen, herauszukommen, bereit, ihn, wenn er käme, mit

17.

子路曰："桓公殺公子糾，召忽死之，管仲不死。"曰："未仁乎？"子曰："桓公九合諸侯，不以兵車，管仲之力也。如其仁！如其仁！"

18.

子貢曰："管仲非仁者與？桓公殺公子糾，不能死，又相之。"子曰："管仲相桓公，霸諸侯，一匡天下，民到于今受其賜。微管仲，吾其被髮左衽矣。豈若

Der Meister sprach: „Der Fürst Wen von Dsïn handelte verschlagen und unaufrichtig, während der Fürst Huan von Tsi aufrichtig und gerade handelte."

17. Urteile über Zeitgenossen. VI: Guan Dschung[15]

Dsï Lu sprach: „Der Fürst Huan tötete den Fürstensohn Giu (seinen Bruder). Da starb auch Schau Hu mit ihm. Guan Dschung tötete sich nicht, (kann da man nicht) sagen, daß er nicht auf der (Höhe der) Sittlichkeit stand?" Der Meister sprach: „Daß der Fürst Huan die Lehnsfürsten versammeln (konnte), und das nicht mit Waffen und Wagen: das war der Einfluß Guan Dschungs. Wie (hoch steht) seine Sittlichkeit! Wie (hoch steht) seine Sittlichkeit!"

18. Urteile über Zeitgenossen. VII: Guan Dschung

Dsï Gung sprach: „Guan Dschung ist doch wohl nicht sittlich vollkommen. Als der Fürst Huan den Fürstensohn Giu tötete, da konnte er (es) nicht (über sich bringen, mit diesem zu sterben, ja er wurde dazuhin sein (Huans) Kanzler." Der Meister sprach: „Weil Guan Dschung der Kanzler des Fürsten Huan wurde, konnte dieser die Leitung über die Lehnsfürsten übernehmen und das Reich einigen und in Ordnung bringen. Das Volk genießt noch bis auf den heutigen Tag seine Gaben. Ohne Guan Dschung würden wir die Haare ungebunden tragen und die Kleider nach links knöpfen.[16] Was soll da die kleine Treue

---

Gnaden zu überschütten. Aber Giä Dschï Tui zog den Tod in den Flammen vor. Dies ist die Legende, die mit dem Frühlingsfest Tsing Ming, bei dem an einem Tage kein Feuer angemacht wird, verbunden ist. – Als Wen von Dsïn die Hegemonie errungen hatte, handhabte er sie wesentlich anders, als noch Huan von Tsi. Er rückte plötzlich mit dem vereinigten Heer der verbündeten Staaten in die Nähe der Hauptstadt und berief den Kaiser zu dem abzuhaltenden Fürstenkongreß, wie er sich denn auch sonst dem schwachen Repräsentanten der Zentralmacht gegenüber ziemlich anmaßend benahm Dieses Verhalten im Unterschied zu dem oben erwähnten des Fürsten Huan von Tsi ist es wohl, das Kung zu dem Urteil über die beiden veranlaßt hat.

15 Über Guan Dschungs Persönlichkeit vgl. Anm. 14. Daß Kung übrigens bei aller Hochschätzung seiner staatsmännischen Leistungen doch persönlich an ihm manches auszusetzen hatte, geht aus der Stelle III, 22 hervor, die eine strenge Kritik seiner persönlichen Lebenshaltung enthält. Vgl. Liä Dsï VI, 3.

16 Das Haar ungebunden, in Zöpfe geflochten zu tragen, war nach Li Gi III, III, 14 die Sitte der östlichen J-Barbaren und der westlichen Jung-Barbaren, welch letztere damals das Reich bedrohten, ebenso wie die links zugeknöpfte Kleidung. Die heutige Tracht ist in China erst seit der Herrschaft der Mandschudynastie eingeführt. Der alte chinesische Rock wurde

匹夫匹婦之為諒也，自經於溝瀆，而莫之知也。”

19.

公叔文子之臣大夫僎，與文子同升諸公。子聞之曰：“可以為文矣。”

20.

子言衛靈公之無道也，康子曰：“夫如是，奚而不喪？”孔子曰：“仲叔圉治賓客，祝鮀治宗廟，王孫賈治軍旅。夫如是，奚其喪？”

eines gewöhnlichen Liebhabers und seiner Geliebten, die sich selbst töten im Bach oder Graben, ohne daß man etwas von ihnen weiß!"

19. Urteile über Zeitgenossen. VIII: Gung Schu Wen Dsï[17]

Der Beamte des Gung Schu Wen Dsï, der (spätere) Minister Dschuan, stieg gemeinsam mit Wen Dsï (die Stufen) zum (Palast des) Fürsten hinauf. Der Meister hörte es und sprach: „Das kann für „Wen" (vollendet, weise) gelten."

Gung Schu mit dem Beinamen „der Weise" hatte einen tüchtigen Hausbeamten, namens Dschuan. Als er zur Audienz bei Hofe ging, nahm er ihn mit sich und bezeugte ihm die Ehren, die man einem Gleichgestellten erweist. Dadurch erreichte er, daß dieser Mann eine seiner Richtigkeit angemessene Stellung im Staate erhielt. Als der Meister davon hörte, sprach er: „Schon dieser kleine Zug rechtfertigt den Beinamen ‚der Weise'."

20. Urteile über Zeitgenossen. IX: Fürst Ling von We

Der Meister sprach über den zuchtlosen Wandel des Fürsten Ling von We. Freiherr (Gi) Kang sprach: „Da das der Fall ist, was verliert er dann nicht (sein Reich)?" Meister Kung sprach: „Er hat Dschung Schu Yü zur Besorgung des (diplomatischen Verkehrs mit) Gesandten und Fremden, er hat den Priester To zur Besorgung des (fürstlichen) Ahnentempels, er hat Wang Sun Gia zur Besorgung des Heerwesens. Da das der Fall ist, was sollte er (sein Reich) verlieren?"[18]

---

auf der Brust schräg übereinander geschlagen, und das Haar in einem Knoten aufgebunden getragen, wie man es noch heute an den taoistischen Mönchen sehen kann.

17 Über Gung Schu Wen Dsï vgl. Abschn 14. Nach seinem Tode erhielt er wegen der Dienste, die er während einer Hungersnot und während einer gefährlichen Revolte geleistet hatte, sowie wegen der verdienstvollen Art, durch die er den Staat We emporgebracht hatte, die Titel: „Hui, Dschong, Wen Dsï, d.h. der Gütige, Reine, Vollendete (Weise)." Vgl. Li Gi II, II, II, 13.

18 Der Fürst Ling von We war der Gemahl der berüchtigten Nan Dsï (vgl. VI, 26). Er regierte von 533–492. Trotz seines zuchtlosen Wandels geht sein Reich nicht zugrunde, weil er hervorragend tüchtige Beamte hat. Dschung Schu Yü ist identisch mit Kung Wen Dsï V, 14, der durch seinen weiten Blick im Verkehr mit Menschen ausgezeichnet war, der ihn von allem Hochmut frei machte. Der Priester To mit seiner Redegabe kam VI, 14 schon vor. Die vorliegende Stelle spricht das dort ohne Nennung des Namens Gesagte mit Beziehung auf den

21.

子曰：“其言之不怍，則為之也難。”

22.

陳成子弒簡公。孔子沐浴而朝，告於哀公曰：“陳恆弒其君，請討之。

21. Worte und Taten. I

Der Meister sprach: „Wenn jemand etwas redet ohne Schamgefühl, so wird er schwerlich es auch tun."

Wenn man einen Menschen zu beobachten Gelegenheit hat, der in seinen Worten ohne jedes feine Schamgefühl, das allen gediegenen Menschen eigen ist, sich gehen läßt, von dem kann man ziemlich sicher sein, daß er bei der Ausführung seiner Worte unzuverlässig ist.[19]

22. Fürstenmord[20]

Freiherr Tschen Tschong hatte (seinen) Fürsten Giän (von Tsi) ermordet. Meister Kung badete sich und ging zu Hofe. Er zeigte es dem Fürsten Ai an und sprach: „Tschen Hong hat seinen Herren gemordet; ich bitte es zu ahnden."

Fürsten Ling nur deutlicher aus (zugleich ein Beweis, daß unsere Auffassung jener Stelle, die von Legge wesentlich abweicht, die einzig mögliche ist). Wang Sun Gia, der tatkräftige, aber ehrgeizige Majordomus des Staates We, hat III, 13 von Kung eine kräftige Zurechtweisung erhalten. Dennoch erkennt Kung hier seine Vorzüge unbefangen an. Gi Kang war das Haupt des Adelsgeschlechtes Gi in Lu.

19 Die Auffassung Ku Hung Mings, der in diesem Satz ein psychologisches Merkmal für Menschenbeobachtung sieht, ist sowohl sachlich als grammatikalisch richtiger als die von Legge, nach dem der Satz einfach zur moralischen Plattitude wird.

20 Der Vorfall fiel ins Jahr 481, zwei Jahre vor Kungs Tod. Kungs Meinung war, daß man nicht dulden dürfe, daß im Nachbarstaat eine solche Untat vorkomme, um nicht die öffentliche Moral zu gefährden. Darum remonstriert er auf solenne Weise (Baden und Fasten war vor heiligen Handlungen üblich). Der Fürst Ai aber, machtlos in den Händen der 3 Adelsgeschlechter (Gi, Mong und Schu), wagt nicht einzugreifen und verweist ihn an diese. Überaus taktvoll ist Kungs Mißbilligung darüber ausgedrückt. Daß er bei den Adelsgeschlechtern, die dieselben Tendenzen hatten wie der Fürstenmörder im Nachbarstaat, kein Gehör finden werde, war ihm von Anfang an klar. Dennoch geht er hin. Zu seiner Äußerung hinterher vgl. „Dixi et animam salvavi." – In dem chinesischen Geschichtswerk Dso Tschuan ist übrigens eine Bemerkung von großer politischer Weisheit dem Kung in den Mund gelegt. Er betont daselbst, daß der Usurpator in Tsi höchstens auf die Hälfte der dortigen Kräfte rechnen könne; greife man ihn an mit der ganzen Kraft des Staates Lu und mit der Hälfte des Staates Tsi, die königstreu geblieben, so könne man mit Sicherheit auf seine Überwältigung rechnen. Ein solches Vorgehen des Fürsten von Lu würde ihm sicher die Hegemonie im ganzen Reich verschafft haben. Dadurch wäre aber die Hoffnung auf Besserung der Gesamtzustände, die Kung bis an sein Lebensende gehegt hat, ihrer Verwirklichung näher gerückt. Daher auch die tiefe Enttäuschung, als sein Rat nicht befolgt wird. Diese Darstellung ist überaus beachtenswert, trotz der abstrakt moralischen Bedenken gewisser chinesischer Kommentatoren. Kung war kein Theoretiker, alle seine politischen

”公曰：“告夫三子！”孔子曰：“以吾從大夫之後，不敢不告也。君曰‘告夫三子’者。”之三子告，不可。孔子曰：“以吾從大夫之後，不敢不告也。”

23.

子路問事君。子曰：“勿欺也，而犯之。”

24.

子曰：“君子上達，小人下達。”

Der Fürst (Ai) sprach: „Zeige es den drei Freiherren an." Meister Kung sprach: „Nachdem ich ein öffentliches Amt bekleidet habe, wagte ich es nicht, keine Anzeige zu erstatten. Und da spricht der Herr: ‚Zeige es den drei Freiherren an.'" Er ging zu den drei Freiherren und machte Anzeige. Es half aber nichts. Meister Kung sprach: „Nachdem ich ein öffentliches Amt bekleidet habe, wagte ich es nicht, keine Anzeige zu erstatten."

23. Fürstendienst

Dsï Lu fragte, wie man dem Fürsten diene. Der Meister sprach: „Ihn nicht betrügen und ihm widerstehen."

Dsï Lu fragte, auf welche Weise man seine Pflicht im Dienst eines Fürsten am besten tue. Der Meister sprach: „Die erste Bedingung ist volle Aufrichtigkeit. Man muß ihn über die tatsächlichen Verhältnisse fortlaufend aufklären, ohne daß man aus falscher Rücksicht auf seine Bequemlichkeit ihm schönfärberische Berichte liefert oder hinter seinem Rücken Regierung treibt. Macht der Fürst trotz dieser Aufrichtigkeit ihm gegenüber einen Fehler, so scheue man nicht ein festes Manneswort und trete ihm ins Angesicht entgegen; denn es gilt das Wohl des Staates."[21]

24. Der Edle und der Gemeine. I: Erfahrung

Der Meister sprach: „Der Edle ist erfahren in hohen (Dingen), der Gemeine ist erfahren in niedrigen (Dingen)."

Der höhere Mensch ist mit seinem Sinnen und Denken bei den höchsten Zielen der Menschheit, und in dieser höheren Welt fühlt er sich zuhause. Die Massenmenschen sind mit ihrem Dichten und Trachten aufs Irdische gerichtet und sammeln ihre Erfahrungen auf diesem Gebiet.

Maßnahmen zeugen von großer und freier Staatsweisheit. – Die Lesart: „Sage es den zwei, drei Freiherrn" ist höchstwahrscheinlich unrichtig.

21 Diese Mannhaftigkeit und Wahrheit im Dienst des Fürsten findet sich in verschiedenen hervorragenden Gestalten der chinesischen Geschichte. Die chinesische Moral schreibt vor: den Fehlern des Fürsten gegenüber kein Verdecken, sondern Widerstehen, um ihn so davon abzubringen.

25.

子曰：“古之學者為己，今之學者為人。”

26.

蘧伯玉使人於孔子。孔子與之坐而問焉，曰：“夫子何為？”對曰：“夫子欲寡其過而未能也。”使者出。子曰：“使乎！使乎！”

27.

子曰：“不在其位，不謀其政。”

28.

曾子曰：“君子思不出其位。”

25. Verschiedener Zweck der Kenntnisse

Der Meister sprach: „Die Lernenden des Altertums taten es um ihrer selbst willen, die Lernenden von heute um der Menschen willen."

Im Altertum suchte man Kenntnisse, um sich selbst dadurch zu vervollkommnen, heutzutage sammelt man Kenntnisse, um damit vor den Leuten zu scheinen.

26. Ein guter Bote

Gü Be Yü[22] sandte einen Mann zu Meister Kung. Meister Kung lud ihn ein zu sitzen und fragte ihn aus und sprach: „Was macht (dein) Meister?" (Jener) erwiderte und sprach: „Mein Meister wünscht seine Fehler zu verringern, aber er bringt es noch nicht fertig." Der Bote ging weg, da sprach der Meister: „Das ist ein Bote! Das ist ein Bote!"

27. Gegen Kamarillawirtschaft[23]

Der Meister sprach: „Wer nicht das Amt dazu hat, der kümmere sich nicht um die Regierung."

28. Bescheidenheit[24]

Meister Dsong sprach: „Der Edle geht in seinem Denken nicht über seine Stellung hinaus."

---

22 Gü Be Yü war ein hoher Beamter in We, bei dem Kung während seines dortigen Aufenthalts Gastfreundschaft genossen hatte und der ihm eng befreundet war. Nach Kungs Rückkehr in seine Heimat Lu sandte er ihm durch einen Boten Grüße. Kung heißt den Boten sitzen, um in der Person des Boten den Freund zu ehren. Er freut sich von Herzen über den Ernst der Selbstbetrachtung, die aus der Nachricht des Boten spricht. Die Worte „Dieser Bote!" sind Ausdruck dieser sinnenden Freude. Die Kritik Weng Tschungs in Lun Hong (a. a. O.) scheint daher durchaus deplaziert.

23 Wiederholung von VIII, 14.

24 Dieser Ausspruch ist beinahe wörtliches Zitat aus dem J Ging. In den Hankommentaren ist der Abschn. 6 mit dem vorigen in einen zusammengefaßt.

29.

子曰：“君子恥其言而過其行。”

30.

子曰：“君子道者三，我無能焉：仁者不憂，知者不惑，勇者不懼。”子貢曰：“夫子自道也。”

31.

子貢方人。子曰：“賜也賢乎哉？夫我則不暇。”

32.

子曰：“不患人之不己知，患其不能也。”

29. Worte und Taten. II

Der Meister sprach: „Der Edle schämt sich davor, daß seine Worte seine Taten übertreffen."[25]

30. Der dreifache Weg des Edlen

Der Meister sprach: „Zum Pfad des Edlen gehören drei Stücke, die ich nicht kann: Sittlichkeit macht ihn frei von Leid, Weisheit macht ihn frei von Zweifeln, Entschlossenheit macht ihn frei von Furcht."
Dsï Gung sprach: „Das hat der Meister selbst gesagt."[26]

31. Richtet nicht!

Dsï Gung (pflegte) die Menschen (untereinander) zu vergleichen. Der Meister sprach: „Sï[27] muß ja wahrlich sehr würdig sein! Ich habe zu so etwas keine Zeit."

32. Grund zum Kummer[28]

Der Meister sprach: „Nicht kümmere ich mich darüber, daß die Menschen mich selbst nicht kennen, sondern darüber, daß sie nicht fähig sind (das Reich zu reformieren)."

---

25 Wir sind in der Übersetzung der durch eine alte Ausgabe, sowie auch durch den Kommentar Hing beglaubigten Textgestaltung gefolgt (statt erl lies djï). Dschu His Text gibt keinen befriedigenden Sinn (vgl. Huang Tsing Ging Giä Bd. 12, 43).

26 Der Hauptbestandteil dieses Abschnitts ist eine umgestellte Wiederholung von IX, 28. Zusatz hier ist die Einleitung – die übrigens grammatikalisch die größten Schwierigkeiten macht – sowie der Ausspruch Dsï Gungs. Dschu Hi faßt den Ausspruch als Erwiderung an den Meister: „Der Meister redet selbst von sich so bescheiden, in Wahrheit hat er diese drei Stücke längst erreicht." Richtiger ist wohl, den Zusatz (mit Lun Yü Bi Giä) als Authentizitätsvermerk mit Rücksicht auf die Nachwelt aufzufassen und zugleich als Angabe, daß das Wort durch Dsï Gung überliefert ist.

27 Sï ist bekanntlich der Rufname Dsï Gungs (vgl. Anm. zu XII, 2). Auch hier ist der Text an verschiedenen Stellen unsicher. Eine andere Tradition hat eine Textgestalt, nach der es ein Lob für Dsï Gung wäre: „Sï ist mir in diesem Stück überlegen, ich habe dazu keine Zeit." Man zieht dann auch wohl den Schluß des vorigen Abschnitts zu diesem. Die in der Übersetzung gegebene Auffassung scheint jedoch den Vorzug zu verdienen.

28 Hier wieder die alte Klage Kungs, die den Schmerz seines Lebens bildet (vgl. I, 1, 16; IV, 14; XV, 18), daß die Welt aus den Fugen ist, und niemand ihn kennt, der Hilfe hätte. Das „Nicht

33.

子曰："不逆詐，不億不信。抑亦先覺者，是賢乎！"

34.

微生畝謂孔子曰："丘何為是栖栖者與？無乃為佞乎？"孔子曰："非敢為佞也，疾固也。"

35.

子曰："驥不稱其力，稱其德也。"

33. Argloses Wissen

Der Meister sprach: „Nicht begegnen dem Betrug und nicht sich rüsten auf Unglauben und dennoch sie auch vorausfühlen. Wer das (kann), der dürfte ein Würdiger sein."

Manche Menschen wittern überall Betrug und wappnen sich immer gegen das Mißtrauen, das ihnen andere entgegenbringen. Sie halten sich für besonders klug, weil sie die Schliche der Menschen kennen. Aber dieser beständige Argwohn verträgt sich nicht mit einem großen Geist. Ein solcher wird vielmehr jedem Menschen unbefangen entgegentreten und nur Gutes von ihm erwarten. Wirkliche Geistesgröße kann aber dennoch nicht betrogen werden, denn sie verleiht eine Gabe intuitiver Divination, wo die Lüge sich hervorwagt.

34. Selbstverteidigung

We-Schong Mou[29] redete zu Meister Kung und sprach: „Kiu, warum (treibst du dich immer) so aufgeregt (umher)? Du willst dich wohl im Wortemachen (üben)?" Meister Kung sprach: „Ich wage es nicht, bloße Worte zu machen, aber ich hasse beschränkte Hartnäckigkeit."

35. Das Roß

Der Meister sprach: „An einem Roß[30] schätzt man nicht die Stärke, sondern die Rasse."

---

kümmere ich mich" ist nur das Ideal, nach dem er strebt. Möglicherweise ist auch hier nach der Analogie der übrigen Stellen zu übersetzen: „Nicht darüber bekümmere man sich, daß die Welt uns nicht kennt, sondern darüber, daß man nicht die nötigen Fähigkeiten besitzt."

29 Über We-Schong Mou ist nichts Zuverlässiges überliefert. Er war wohl in Kungs Heimat eine angesehene Persönlichkeit, wohl einer von denen, die sich vor der Welt in Resignation zurückgezogen hatten. Das geht aus der Art seiner Anrede, wobei er den Rufnamen Kungs gebraucht, hervor. Der Gebrauch des Rufnamens stand nur dem Alter zu. Auch die ehrerbietige Art Kungs in seiner Antwort läßt darauf schließen. Im folgenden werden noch mehrere solche Begegnungen erzählt.

30 Das Roß Gi war eines der berühmten 8 Rosse des Königs Mu Wang (1000 v. Chr.), mit denen er die Erde durchreiste und die Königin des Westens Si Mu Wang besuchte. Selbstverständlich ist alles legendarisch.

36.

或曰：“以德報怨，何如？”子曰：“何以報德？以直報怨，以德報德。”

Ein edler Renner wird nicht danach beurteilt, wieviel er ziehen kann, sondern nach seiner Qualität. So ist auch in der Beurteilung der Menschen das Ausschlaggebende nicht die Stärke der Talente, sondern die Persönlichkeit.

36. Vergeltung

Es sprach jemand: „Durch Güte Unrecht zu vergelten, wie ist das?" Der Meister sprach: „Womit soll man dann Güte vergelten? Durch Geradheit vergelte man Unrecht, durch Güte vergelte man Güte."[31]

Es fragte jemand, was der Meister über den Grundsatz denke, den Übelwollenden gegenüber sich gütig zu erweisen. Der Meister erwiderte: „Das ist kein Grundsatz, der auf die Staatsregierung angewandt werden kann. Womit will ein Fürst dann wirkliche Hingebung vergelten? Den Übelwollenden gegenüber sei man gerade, d. h. so, daß man sich selbst nichts vergibt, und sein Wesen erschließe man nur denen, die uns das ihrige darbringen."

---

31 Dieser viel kolportierte Satz muß gewöhnlich dazu herhalten, um die konfuzianische Ethik der christlichen gegenüber herunterzusetzen. Das beruht natürlich auf Mißverständnis des Sachverhalts. Es handelt sich vielmehr in diesem Abschnitt um eine Auseinandersetzung der konfuzianischen Lebensauffassung mit der taoistischen. Vgl. dazu „Das Buch des Alten vom Sinn und Leben" (E. Diederichs 1911), pag. 54:

Zu den Guten bin ich gut,
und zu den Nichtguten bin ich auch gut;
denn das LEBEN ist die Güte."

Was dort mit LEBEN übersetzt wird, ist eben das Wort De (hier mit Güte wiedergegeben). Kung ist in seinem ganzen Denken politisch orientiert und prüft jede Maxime auf ihre politische Verwendbarkeit. Von diesem Standpunkt aus ist Kungs Auffassung ebenso berechtigt wie die moderne Forderung: „Gerechtigkeit, nicht Wohltätigkeit." Daß dies der Zusammenhang ist, ergibt sich aus Li Gi XXIX, 11 f. Der Meister sprach: Durch Güte Güte vergelten, so haben die Untertanen ein Ziel gegenseitiger Anfeuerung. Durch Übel Übles vergelten, so haben die Untertanen eine Schranke, durch die sie in ihrer Pflicht gehalten werden ..." Der Meister sprach: „Durch Güte Übles vergelten, so erweitert man die persönliche Sittlichkeit ..." Hier haben wir also alles beisammen, und es ergibt sich, daß der Grundsatz, Böses mit Güte zu vergelten, als Grundsatz persönlicher Sittlichkeit voll anerkannt ist, während er im staatlichen Leben dem Grundsatz der ausgleichenden Gerechtigkeit unterzuordnen ist. Bemerkenswert ist übrigens, daß die Ausdrücke für Güte (de) und Unrecht (yüan) nicht den in den Lun Yü sonst üblichen Sinn haben, also schon daraus sich ergibt, daß die Fragestellung nicht von Kung ausgeht. Außerdem ist zu beachten, daß das Wort Geradheit (dschï) in der alten Schrift genau gleich geschrieben wird wie Güte (dê), nur ohne das Herz.

37.

子曰：“莫我知也夫！”子貢曰：“何為其莫知子也？”子曰：“不怨天，不尤人。下學而上達。知我者，其天乎！”

38.

公伯寮愬子路於季孫。子服景伯以告，曰：“夫子固有惑志於公伯寮，吾力猶能肆諸市朝。”子曰：“道之將行也與？命也。道之將廢也與？命也。公伯寮其如命何！”

39.

子曰：“賢者辟世，其次辟地，其次辟色，其次辟言。”

37. Ergebung in das Schicksal. I: Verkennung[32]

Der Meister sprach: „Es gibt keinen, der mich kennt!“ Dsï Gung sprach: „Was heißt das, daß niemand den Meister kenne?“ Der Meister sprach: „Ich murre nicht wider Gott und grolle nicht den Menschen. Ich forsche hier unten, aber ich dringe durch nach oben. Wer mich kennt, das ist Gott.“

38. Ergebung in das Schicksal. II: Verleumdung[33]

Gung Be-Liau hatte Dsï Lu bei dem Freiherrn Gi verleumdet. Der Graf Dsï-Fu Ging zeigte es (dem Meister) an und sprach: „Unser Herr ist allerdings in seiner Meinung irre geleitet worden, aber was den Gung Be Liau anlangt, so reicht meine Macht aus, es dahin zu bringen, daß (sein Leichnam) bei Hofe oder auf dem Markt ausgestellt wird.“ Der Meister sprach: „Wenn die Wahrheit sich ausbreiten soll, so ist das (Gottes) Wille; wenn die Wahrheit untergehen soll, so ist das Gottes Wille. Was kann der Gung Be Liau gegen den Willen Gottes?“

39. Weltflucht

Der Meister sprach: „Die Würdigsten ziehen sich von der Welt zurück. Die Nächstfolgenden ziehen sich von einem bestimmten Ort zurück. Die Nächstfolgenden ziehen sich vor (unfreundlichen) Mienen zurück. Die Nächstfolgenden ziehen sich vor Worten zurück.“

Es gibt verschiedene Gründe der Weltflucht. Die Würdigsten haben überhaupt der Welt prinzipiell abgesagt. Andere gibt es, die ziehen sich in die Einsamkeit zurück, um der Ungerechtigkeit eines bestimmten Landes zu entgehen. Wieder andere ziehen sich zurück, wenn sie bei ihrem Herrscher auf unfreundliche Mienen

32 Die nächstfolgenden Abschnitte behandeln die Leiden des Meisters und seine Stellung dazu: Ergebung in den Willen Gottes. Sie gehören mit zu den ergreifendsten Stücken des ganzen Werkes.

33 Eine Episode aus den Intrigen im Staate Lu. Dsï Lu war bekanntlich eine Zeitlang angestellt bei der Familie Gi. Seine Verleumdung durch eine hochstehende Persönlichkeit [Gung Be heißt wörtlich Fürstenoheim] mußte natürlich auf das Schicksal der Lehre Kungs großen Einfluß haben. Aber er weiß sie in guten Händen. Vgl. VII, 22; IX, 5.

40.

子曰：“作者七人矣。”

41.

子路宿於石門。晨門曰：“奚自？”子路曰：“自孔氏。”曰：“是知其不可而為之者與？”

42.

子擊磬於衛。有荷蕢而過孔氏之門者，曰：“有心哉！擊磬乎！”既而曰：“鄙哉！硜硜乎！

und abweisendes Betragen stoßen. Die letzten endlich ziehen sich zurück, wenn sie geradezu dazu aufgefordert worden sind.

40. Kulturschöpfer[34]

Der Meister sprach. „sieben Männer gibt es, die geschaffen haben."

Der Meister sprach: „Wir verdanken unsere Kultur der schöpferischen Tätigkeit von sieben großen Männern."

41. Am Steintor

Dsï Lu übernachtete am Steintor. Der Türmer sprach. „Woher?" Dsï Lu sprach: „Von einem namens Kung." Da sprach (jener): „Ist das nicht der (Mann), der weiß, daß es nicht geht, und dennoch fort macht?"[35]

42. Des Meisters Musik und der Eremit von We

Der Meister spielte im (Staate) We auf dem Musikstein. Da ging ein Mann mit einem Strohkorb auf der Schulter an der Tür Kungs vorüber und sprach: „Wahrlich, er hat es im Herzen, der (da) den Musikstein spielt!" Nach einer Weile da sprach er: „Wahrlich verächtlich ist dieses hartnäckige Gebimmel.

34 Die meisten Kommentare wissen nichts rechtes mit diesem Ausspruch anzufangen. Einige nehmen ihn mit dem vorangehenden zusammen und erklären: sieben Männer gab es, die dies getan haben (d. h. sich von der Welt zurückgezogen). Abgesehen davon, daß dann sofort die Schwierigkeit entsteht, wer die sieben waren – man sucht sie aus den folgenden Abschnitten und ähnlichen an anderen Stellen mühsam zusammen –, so hindert auch eine lexikalische Erwägung an dieser Übersetzung. Wir müssen zum Vergleich VIII, 1 heranziehen, wo Kung eben von sich resigniert aussagt, daß er nicht zu den „Machern" gehöre, sondern daß es ihm nur bestimmt sei, das Erbe der Vergangenheit auf die Nachwelt zu bringen. Die sieben Kulturschöpfer sind wohl 1. Yau (vgl. VI, 28; VIII, 19; XX, 1). 2. Schun (vgl. VL 28; VIII, 18, 20; XII, 22). 3. Yü (vgl. VIII, 18, 21; XIV, 6; XX, 1). 4. Tang (vgl. XII, 22; XX, I). 5. König Wen (vgl. VIII, 20; IX, 5). 6. König Wu (vgl. VIII, 20; XD:, 22). 7. Dschou Gung (vgl. VII, 30).

35 Der Türmer, der „morgens das Tor öffnet", ist einer jener Eremiten, die der Welt abgesagt, im Verborgenen lebten. Das „Steintor" ist wohl zwischen Lu und Tsi im Bezirk des heutigen Tsinanfu.

莫己知也，斯己而已矣。深則厲，淺則揭。”子曰：“果哉！末之難矣。”

43.

子張曰：“《書》云：‘高宗諒陰，三年不言。’何謂也？”子曰：

Wenn einen niemand kennt, so läßt man es sein, und damit fertig. ‚Durch tiefes, tiefes Wasser muß man mit den Kleidern durch, durch seichtes Wasser kann man mit aufgeschürzten Kleidern waten.' Der Meister sprach: „Wahrlich, das ist Entschiedenheit, (aber) dabei ist keine Schwierigkeit."

Im Staate We spielte einst der Meister auf einem Instrument aus klingenden Steinen, um seiner Stimmung Ausdruck zu geben. Da begab es sich, daß ein taoistischer Eremit, der sich von der Welt zurückgezogen hatte, mit einem Strohkorb auf der Schulter vor Kungs Hause vorüberging. Als er die Musik hörte, blieb er stehen und horchte, dann sprach er: „Dem geht's zu Herzen, das Leid der Welt, der da drin Musik macht." Nach aber einer Weile fügte er hinzu. „Und doch, wie beschränkt ist die Hartnäckigkeit, die aus seinem Gebimmel spricht. Wenn man nichts von uns wissen will, so gibt man es einfach auf, und damit ist's gut, wie es im Buch der Lieder heißt (I, III, 9):

> *„Geht das Wasser zum Gürtel, dann einfach durch.*
> *Geht's nur zum Knie, dann mag man sich schürzen."*

Der Meister sprach, als er das hörte: „Der hat leicht reden, seine Art von Konsequenz ist nicht schwer."[36]

43. Hoftrauer[37]

Dsï Dschang sprach: „Im ‚Buch' (steht: ‚Gau Dsung weilte im Trauerzelt und sprach drei Jahre lang kein Wort.' Was bedeutet das?" Der Meister sprach:

---

36 Der Musikstein ist eines der acht musikalischen Instrumente. Er besteht aus winkelförmigen, an der Ecke aufgehängten dünnen Nephritstücken, die beim Schlagen einen hellen Klang von sich geben. Bei dieser Musik (wie überhaupt bei der chinesischen Musik) ist es hauptsächlich der Rhythmus, der die Stimmungen ausdrückt. Über den mit „hartnäckiges Gebimmel" übersetzten Ausdruck vgl. XIII, 20 Anmerkung. Die Stelle aus dem Schi Ging wird verschieden übersetzt. Unsere Erklärung, die mit Legge überein kommt, beruht auf Huang Tsing Ging Giä Du Biän Bd. 71, p. 11.

37 Die Trauer um den Vater dauert nach chinesischer Sitte drei Jahre lang (vgl. I, 11). Gegenwärtig ist diese Zeit auf 27 Monate ermäßigt. Die allgemeine Landestrauer für den Kaiser Kuang Hsü, † 1908, wurde auf 27 Tage festgesetzt, während die Amtsstellen 100 Tage zu trauern hatten. Der junge Kaiser soll nach dem Traueredikt die volle Zeit der Trauer auf sich nehmen, was bei seiner großen Jugend, die seine Beteiligung an Staatsgeschäften eo ipso ausschließt, ohne weiteres möglich ist. – Die zitierte Stelle steht Schu Ging IV, VIII, I, 1, wo übrigens, wie gewöhnlich bei solchen Zitaten, der Text verschiedene Abweichungen zeigt.

“何必高宗，古之人皆然。君薨，百官總己以聽於冢宰，三年。”

44.

子曰：“上好禮，則民易使也。”

45.

子路問君子。子曰：“脩己以敬。”曰：“如斯而已乎？”曰：“脩己以安人。”曰：“如斯而已乎？”曰：“脩己以安百姓。脩己以安百姓，堯舜其猶病諸！”

„Warum (nennst du) gerade Gau Dsung? Die Alten machten es alle so. Wenn der Fürst verschieden war, so besorgten die hundert Beamten das Ihrige, indem sie auf den Kanzler hörten drei Jahre lang."

Dsï Dschang fragte über eine Stelle des Schu Ging, wo von dem Kaiser Gau Dsung (Wu Ding von der Yindynastie, 1324 bis 1264 v. Chr.) gesagt wird, daß er während der dreijährigen Trauerzeit sich in dem neben dem Grab seines Vorgängers aufgeschlagenen Trauerzelt aufhielt, ohne ein Wort zu reden. Der Meister antwortete: „Es handelt sich hier nicht um einen Spezialfall, sondern um eine Sitte, die im ganzen Altertum üblich war. Nach dem Ableben eines Fürsten zog sich der Nachfolger drei Jahre lang von der Regierung zurück, und die einzelnen Beamten besorgten die verschiedenen Ressorts nach den Angaben des Staatsministers. Auf diese Weise war die Erfüllung der Pflichten der Pietät für die Fürsten ermöglicht, ohne daß die Regierungsgeschäfte darunter Not gelitten hätten."

44. Macht der Kultur

Der Meister sprach: „Wenn die Oberen Kultur lieben, so ist das Volk leicht zu verwenden."

Wenn die regierenden Kreise sich wirklich bestreben, in der Aneignung der Kulturformen sich zu allseitig gebildeten Menschen zu entwickeln, so werden sie in den Augen der Untertanen so ehrwürdig, daß niemand ihnen sich zu widersetzen wagt, sondern das Volk zu allen Diensten sich bereit finden läßt.

45. Der Edle: Ausbildung der Persönlichkeit[38]

Dsï Lu fragte nach dem (Wesen des) Edlen. Der Meister sprach: „Er bildet sich selbst aus (sittlichem) Ernst." (Dsï Lu) sprach: „Ist es damit schon fertig?" (Der Meister) sprach: „Er bildet sich selbst, um andern Frieden zu geben." (Dsï Lu) sprach: „Ist es damit schon fertig?" (Der Meister) sprach: „Er bildet sich selbst, um den hundert Namen Frieden zu geben. Sich selbst bilden, um den hundert Namen Frieden zu geben: selbst Yau und Schun machte das noch Schwierigkeiten."

38 Vergleiche zum Schlußsatz VI, 28.

46.

原壤夷俟。子曰："幼而不孫弟，長而無述焉，老而不死，是為賊！"以杖叩其脛。

Dsï Lu fragte, wie sich ein vornehmer Charakter betätige. Der Meister sprach: „Der vornehme Charakter bemüht sich, eine sorgfältige und allseitige Bildung seiner gesamten Persönlichkeit zu erreichen, voll Ehrfurcht gegen die anvertrauten Gaben, die ihm verliehen sind." Dsï Lu fuhr los: „Und das ist alles?" Der Meister fuhr fort: „Durch diese Ausbildung der Persönlichkeit wird er auf seine ganze Umgebung einen guten Einfluß ausüben." Aber der Jünger war auch damit noch nicht zufrieden. Da sprach der Meister: „Durch eine vollkommene Bildung strebt er zugleich nach dem Ziel, allen Menschen auf Erden Frieden zu geben. Diese Aufgabe ist aber so groß, daß selbst die Herrscher des goldenen Zeitalters, ein Yau und Schun, sie nicht zu lösen vermochten."

46. In der Heimat.[39] I: Der alte Yüan

Yüan Jang blieb auf dem Boden hocken, als er (auf den Meister) wartete. Der Meister sprach: „In der Jugend war er nicht folgsam und bescheiden, erwachsen hat er nichts (Bemerkenswertes) geleistet, jetzt ist er alt und stirbt nicht einmal: das ist ein (Tag-) dieb." Damit nahm er seinen Stab und schlug ihm auf den Schenkel.

39 Man muß solche wirklichen Szenen aus dem Aufenthalte Kungs in seiner Heimat mit jenen trocknen Tiraden des X. Buchs zusammenstellen, um zu erkennen, daß Kung auch einmal einen kräftigen Scherz machen konnte. Er war mit dem alten Yüan Jang von früher her bekannt und hatte sich der Familie in aufopfernder Weise angenommen In Li Gi II, I, I, 18 wird erzählt, wie er beim Tod der Mutter des Genannten für einen Sarg aufkam. Yüan Jang wußte nichts Besseres zu tun, als mit einem Brette des Sargs den Takt zu schlagen zu einem Gassenhauer, den er sang. Kung ignorierte die Taktlosigkeit und zog sich zurück. Seine Jünger waren entsetzt und legten es ihm nahe, mit dem Menschen zu brechen. Aber Kung lehnte es ab, indem er darauf hinwies, daß man seine alten Bekanntschaften nicht im Stiche lassen dürfe. – Auch dieser Abschnitt ist nicht so schlimm gemeint.

47.

闕黨童子將命。或問之曰：“益者與？”子曰：“吾見其居於位也，見其與先生並行也。非求益者也，欲速成者也。”

47. In der Heimat. II: Der Junge aus Küo

Ein Junge aus der Gegend von Küo war (bei dem Meister) angestellt, um Gäste zu melden. Es fragte jemand über ihn und sprach: „Macht er Fortschritte?" Der Meister sprach: „Ich sehe, daß er sich immer auf den Platz (eines Erwachsenen) setzt, ich sehe, daß er älteren Personen nicht den Vortritt läßt: Er strebt nicht danach, Fortschritte zu machen, er will es rasch zu etwas bringen."[40]

40 Küo ist nach manchen die Heimat Kungs, wo er gelebt und gelehrt hat. – Nach Li Gi will es der Anstand, daß Knaben sich nebenhin setzen, nicht auf die eigentlichen Sitzplätze, die nur für die Erwachsenen reserviert sind. Ebenso müssen sie, wenn sie mit Älteren zusammen auf der Straße gehen, sich etwas hinter ihnen zurückhalten. In beiden Fällen hat es der Junge an der nötigen Bescheidenheit fehlen lassen, daher Kung ihn durchschaut, daß es ihm nicht darum zu tun ist, etwas Wirkliches zu erreichen, sondern nur möglichst bald für erwachsen zu gelten. – Der Ausdruck Su Tschong, „es rasch zu etwas bringen", „rasch fertig werden" wird auch für die modernen „Schnellbleichen" westlicher Wissenschaft in China angewandt.

衛靈公 – 論語

1.

衛靈公問陳於孔子。孔子對曰：“俎豆之事，則嘗聞之矣；軍旅之事，未之學也。”明日遂行。在陳絕糧，從者病，莫能興。

BUCH XV – WE LING GUNG

Das Buch enthält 41 Abschnitte. Es schließt sich in der ganzen Art einigermaßen an das vorige an, wenn es auch mehr einzelne Aphorismen enthält als jenes und weniger historische Beziehungen. Ebenso wie das letzte Buch enthält es eine Reihe von Aussprüchen, die für die Feststellung der Lehre Kungs von grundlegender Wichtigkeit sind. Über Verfasser u. dgl. ist nichts Spezielles überliefert.

1. Der Meister in We und Tschen

Der Fürst Ling von We fragte den Meister Kung nach (dem Wesen) der Schlachtordnung. Meister Kung erwiderte und sprach: „Was Opferplatten- und Opferschalenangelegenheiten betrifft, so habe ich davon gehört. Heeres- und Truppenangelegenheit habe ich noch nicht gelernt." Daraufhin reiste er am folgenden Tage ab.

Als Kung auf seiner Wanderung durch We kam, war der Fürst Ling so sehr mit seinen kriegerischen Unternehmungen beschäftigt, daß er auch Kung über nichts Anderes befragte, als über militärische Angelegenheiten. Kung lehnte es jedoch ab, auf diese Dinge einzugehen, weil er wohl in religiösen Dingen erfahren, nicht aber militärischer Fachmann sei. Da er erkannte, daß unter den herrschenden Verhältnissen in We nichts zu hoffen war, verließ er das Land.[1]

1 Die Erklärung dieser Ablehnung ergibt sich von selbst daraus, daß es Kung immer zuwider war, mit Detailfragen sich dilettantisch zu beschäftigen (vgl. XIII, 4; VIII, 14), und ferner daraus, daß die Umstände in We nicht so waren, daß es für ihn möglich war, sich Gehör zu verschaffen. Über den Fürsten Ling, den Gemahl der berüchtigten Nan Dsï vgl. XIV, 20 und die dort angegebenen Stellen.
Der Vorfall in Tschen (vgl. XI, 2) war nicht unmittelbar nach der Abreise aus We. Man nimmt daher an, daß dieser Absatz ursprünglich einen eignen Abschnitt gebildet habe und zu Beginn das Wort „Der Meister" weggefallen sei. Ein sachlicher Zusammenhang mit dem Ereignis in We besteht nicht. In Tschen waren schwere Unruhen, unter denen Kung und die Seinen zu leiden hatten.

子路慍見曰："君子亦有窮乎？"子曰："君子固窮，小人窮斯濫矣。"

2.

子曰："賜也，女以予為多學而識之者與？"對曰："然，非與？"曰："非也，予一以貫之。"

3.

子曰："由！知德者鮮矣。"

In Tschen gingen die Lebensmittel aus. Die Nachfolger wurden so schwach, daß sie nicht aufstehen konnten. Dsï Lu erschien murrend (bei dem Meister) und sprach: „Gibt es für den Edlen auch (Zeiten der) Not?“ Der Meister sprach: „Der Edle bleibt fest in der Not. Wenn der Gemeine in Not kommt, so wird er trotzig.“

Auf den Wanderungen gingen in Tschen einmal sieben Tage lang die Nahrungsmittel aus. Die Jünger wurden alle vor Hunger so schwach, daß sie sich nicht mehr erheben konnten. Nur Dsï Lu hatte noch so viel Kraft, daß er den Meister aufsuchen konnte. Murrend sprach er zu ihm. „Kann denn ein anständiger Mensch auch in eine solche Not kommen?“ Der Meister sprach: „Gewiß ist das möglich. Aber ein charaktervoller Mensch weiß sich zu beherrschen in solchen Notzeiten, während ein gemeiner Mensch durch die Not sofort alle Selbstbeherrschung und allen Halt verliert.“

2. Die Summe des Wissens

Der Meister sprach: „Sï, du hältst mich wohl für einen, der vieles gelernt hat und es auswendig kann?“ Er erwiderte und sprach: „Ja, ist es nicht so?“ (Der Meister) sprach: „Es ist nicht so; ich habe Eines, um (alles) zu durchdringen“.[2]

Der Meister sprach zu Dsï Gung: „Du denkst wohl, daß ich mir viele Detailkenntnisse gedächtnismäßig angeeignet habe?“ Worauf der Jünger höflich um genauere Ausführung bittet. Der Meister sagte darauf: „Die Hauptsache ist, daß man das große Grundprinzip erfaßt, das allem einzelnen zugrunde liegt. Das gibt den Leitfaden für die Durchforschung und sachgemäße Gliederung des Details. Erst ein solches sachgemäß geordnetes Wissen ist Wissen.“

3. Die Macht des Geistes

Der Meister sprach: „Yu, wenige sind ihrer, die die Macht des Geistes kennen.“

2 Man vergleiche IV, 15 und ferner IX, 2, 6. Namentlich in IX, 6 spricht sich Kung über die Detailkenntnisse eigentlich mehr humorvoll aus. Die Unterschiede, die Dschu Hi zwischen praktischem Grundprinzip IV, 15 und theoretischem Grundprinzip XV, 2 macht, bedürfen keiner näheren Erwägung.

4.

子曰："無為而治者，其舜也與？夫何為哉，恭己正南面而已矣。"

5.

子張問行。子曰："言忠信，行篤敬，雖蠻貊之邦行矣.

Der Meister sprach zu Dsï Lu, vermutlich mit Beziehung darauf, daß er in jenen Zeiten der Not in Tschen Ärgernis genommen hatte an ihm: „Wenige Menschen sind imstande, die Macht des Geistes zu würdigen; die meisten lassen sich immer wieder von der Außenwelt, der Materie, imponieren und werden kleingläubig, wenn es einmal hart geht. Aber der Mensch des Geistes steht unter Gottes besonderem Schutz, ihm kann die Welt nichts anhaben"?[3]

4. Vom Nichtstun

Der Meister sprach: „Wer ohne etwas zu tun (das Reich in) Ordnung hielt, das war Schun. Denn wahrlich: was tat er? Er wachte ehrfürchtig über sich selbst und wandte ernst das Gesicht nach Süden, nichts weiter!"[4]

Der Meister sprach: „Der heilige Herrscher Schun hat es am besten verstanden, ohne alle äußere Geschäftigkeit durch die bloße Macht seines persönlichen Einflusses das Reich in Ordnung zu halten. Für alle einzelnen Verrichtungen hatte er die rechten Leute, so daß er sich nicht in das äußere Getriebe einzumischen brauchte, sondern sich darauf beschränken konnte, durch höchste Kultur seiner Persönlichkeit den stillen Einfluß seines Wesens als Herrscher wirken zu lassen."

5. Geheimnis des Erfolgs

Dsï Dschang fragte nach (den Bedingungen des) Vorwärtskommens. Der Meister sprach: „Im Reden gewissenhaft und wahr sein, im Handeln zuverlässig und sorgfältig sein: ob man auch unter den Barbaren des Südens oder Nor-

3 Der Satz muß zusammengestellt werden mit Sätzen wie IX, 5 und ähnlichen. Er zeigt die Quelle des unerschütterlichen Vertrauens, das Kung in allen Schwierigkeiten zeigt. Man verbaut sich das Verständnis, wenn man mit Legge übersetzt: „These who know virtue are few.".

4 Dieses „Nichtstun" (Wu We) spielt auch in der taoistischen Philosophie eine große Rolle. Der Sinn ist der, daß, wie der Himmel ohne irgend eine sinnfällige Äußerung die ganze Welt in ihrem regelmäßigen Gang erhält nur durch die stille Wirksamkeit des ewigen Gesetzes der Vernunft (Tao), so auch der Mensch, der zum Herrscher berufen ist, nur durch die geistige Schwerkraft seines Wesens alles in Ordnung halte. Kung stimmt in diesem Punkt vollkommen mit Lao Dsï überein. Warum gerade Schun (vgl. XII, 22, VIII, 20) hier besonders genannt ist, das ist, weil dieser das Glück hatte, in der Mitte zwischen zwei heiligen Herrschern zu stehen, so daß er für alle Werke seine Beamten hatte und ihm nichts zu tun übrig blieb als sein Wesen zu vervollkommnen, um der Welt den Frieden zu geben (vgl. II, 1 u. a. XIV, 45; VIII, 18). – „Das Gesicht nach Süden" vgl. VI, 1.

言不忠信，行不篤敬，雖州里行乎哉？立，則見其參於前也；在輿，則見其倚於衡也。夫然後行。”子張書諸紳。

6.

子曰：“直哉史魚！邦有道，如矢；邦無道，如矢。

dens weilt, damit wird man vorwärtskommen. Wenn man aber im Reden nicht gewissenhaft und wahr ist und im Handeln nicht zuverlässig und sorgfältig: ob man auch in der nächsten Nachbarschaft bleibt kann man damit überhaupt vorwärtskommen? Wenn man steht[5], so sehe man diese Dinge wie das Zweigespann vor sich, wenn man im Wagen sitzt, so sehe man sie wie die Seitenwände neben sich. Auf diese Weise wird man vorwärtskommen.“ Dsï Dschang schrieb es sich auf seinen Gürtel.

Dsï Dschang fragte, wie man es machen müsse, um voranzukommen. Der Meister sprach: „Die Bedingungen dazu sind jedem Menschen in die Hand gegeben: Gewissenhaft und wahr im Reden, zuverlässig und sorgfältig im Handeln, diese Eigenschaften sind es, die überall auf der ganzen Welt das Vorwärtskommen ermöglichen; ohne diese Eigenschaften ist aber selbst in der nächsten Umgebung kein Vorankommen denkbar. Will man in einem Kriegswagen fahren, so weiß man, daß man, als Wagenlenker darin stehend, immer die Rosse vor Augen haben muß. Und wenn man hinter dem Wagenlenker ist, so muß man immer die Schutzwände neben sich haben. Also ist es auch im Leben: Wahrhaftigkeit und Gewissenhaftigkeit sind gleichsam das Gespann und die Schutzwände, die man keinen Augenblick aus den Augen lassen darf, wenn man vorankommen will.“ Dsï Dschang schrieb sich daraufhin die Worte auf seinen Gürtel.

6. Urteil über Zeitgenossen. I: Dsï Yü und Gü Be Yü von We

Der Meister sprach: „Gerade wahrlich war der Geschichtsschreiber Yü! Wenn das Land in Ordnung war, so war er wie ein Pfeil; wenn das Lund ohne Ordnung war, so war er wie ein Pfeil.“

5 Das Gleichnis ist von einem Wagen genommen, wie aus der zweiten Hälfte unzweifelhaft hervorgeht. Zwei Textänderungen nach Lun Yü Bi Giä und dem japanischen Kommentar sind notwendig. Statt tsan (Giles 11548) „raten“ oder „Dreiheit“ ist tsan (Giles 11556) „Zweigespann“ eingesetzt, ferner statt „i“ (Giles 5355) „sich lehnen“ ist „i“ (Giles 5360) „Seiten eines Kriegswagens“ eingesetzt. Auf diese Weise wird das Gleichnis durchsichtiger; namentlich da es sich um „Vorwärtskommen“ handelt, ist das Bild eines Wagens sehr naheliegend. Vgl. das ähnliche Bild II, 22, wo auch an dem Bild des Wagens der Glaube (die Wahrhaftigkeit) als Mittel des Vorankommens deutlich gemacht wird. Sachlich kommt noch in Betracht das ähnliche Gespräch mit Dsï Dschang XII, 20.

”君子哉蘧伯玉！邦有道，則仕；邦無道，則可卷而懷之。”

7.

子曰：“可與言而不與之言，失人；不可與言而與之言，失言。知者不失人，亦不失言。”

8.

子曰：“志士仁人，無求生以害仁，有殺身以成仁。”

9.

子貢問為仁。子曰：“工欲善其事，

„Ein Edler ist wahrlich Gü Be Yü! Wenn das Land in Ordnung ist, so ist er im Amt; wenn das Land ohne Ordnung ist, so kann er (sein Wissen) zusammenrollen und es im Busen verbergen."[6]

7. Worte und Menschen

Der Meister sprach: „Trifft man einen, mit dem zu reden es sich verlohnte, und redet nicht mit ihm, so hat man einen Menschen verloren. Trifft man einen, mit dem zu reden sich nicht verlohnt, und redet doch mit ihm, so hat man seine Worte verloren.[7] Der Weise verliert weder einen Menschen noch seine Worte."

8. Das Leben ist der Güter höchstes nicht

Der Meister sprach: „Ein willensstarker Mann von sittlichen Grundsätzen strebt nicht nach Leben auf Kosten seiner Sittlichkeit. Ja es gab solche, die ihren Leib in den Tod gaben, um ihre Sittlichkeit zu vollenden".[8]

9. Der Weg zur Sittlichkeit

Dsï Gung fragte, (was man tun müsse) um sittlich vollkommen zu werden. Der Meister sprach: „Ein Arbeiter, der seine Arbeit recht machen will, muß erst

6 Das Urteil bezieht sich auf zwei hervorragende Staatsmänner von We, den Historiker Yü (Schï Tsiu) und den Minister Gü Be Yü, der, wie aus XIV, 26 hervorgeht, ein persönlicher Freund Kungs war. Pflicht des Chronisten war unbestechliche Geradheit unbekümmert um die Zustände. Diese Pflicht hat Dsï Yü noch über seinen Tod hinaus geübt. Zu seinen Lebzeiten hatte er vergebens versucht, den Fürsten von We dazu zu bringen, daß er seinen unwürdigen Minister Mi Dsï Hia entlasse und Gü Be Yü an seine Stelle berufe. So beschloß er, noch im Tode zu remonstrieren, und befahl, als er seinen Tod nahe fühlte, seinem Sohn, seinen Leichnam ohne die üblichen Ehrungen zu lassen und dem Fürsten, wenn er seinen Kondolationsbesuch mache, den Grund zu sagen. Der Fürst erkundigte sich richtig danach, und der Umstand machte solchen Eindruck auf ihn, daß er in der Tat den gewünschten Ministerwechsel vornahm (vgl. Couvreur a. a. O. p. 240). Zu dem Verhalten Gü Be Yüs vgl. VII, 10 und Horaz, Carminum III, 29 *„mea virtute me involvo."*

7 Vgl. „Ihr sollt eure Perlen nicht vor die Säue werfen."

8 Vgl. IV, 5. Die alten Kommentare machen auf das Beispiel von Bi Gan zur Zeit der Yindynastie aufmerksam, der sich das Herz herausschneiden ließ, ohne von seinen Prinzipien abzuweichen (vgl. XVIII, 1). Die entsprechenden Stellen aus den Evangelien sind ebenfalls hier heranzuziehen: Matth. 16, 24–26.

必先利其器。居是邦也，事其大夫之賢者，友其士之仁者。”

10.

顏淵問為邦。子曰：“行夏之時，乘殷之輅，服周之冕，樂則韶舞。放鄭聲，遠佞人。鄭聲淫，佞人殆。”

seine Werkzeuge schleifen. Wenn du in einem Lande wohnst, so diene dem Würdigsten unter seinen Großen und mache dir die Besten unter seinen Gelehrten zu Freunden.“

10. Regierungsgrundsätze

Yän Yüan fragte nach (den Grundsätzen für die) Regierung eines Landes. Der Meister sprach: „In der Zeiteinteilung der Hiadynastie folgen, im Staatswagen der Yindynastie fahren, die Kopfbedeckung der Dschoudynastie tragen. Was die Musik anlangt, so nehme man die Schaumusik mit ihren rhythmischen Bewegungen. Den Klang der Dschong(musik) verbieten und beredte Menschen fernhalten; denn der Klang der Dschong(musik) ist ausschweifend, und beredte Menschen sind gefährlich.“[9]

Der Lieblingsjünger Yän Yüan (Hui) fragte nach den Grundsätzen der Landesregierung. Der Meister antwortete: „Was für den Herrscher vor allem notwendig ist, das ist, daß der Verlauf des menschlichen Lebens mit den ewigen Ordnungen der Welt übereinstimmt; das geschieht durch die Ordnung der Zeit. Bei dieser Ordnung der Zeit schließe man sich an die Ordnung der Hiadynastie an, die das Jahr mit dem Frühling beginnen läßt: auf diese Weise steht die menschliche Tätigkeit am schönsten im Einklang mit dem Naturlauf. Die zweite notwendige Handlung des Herrschers besteht in der Ordnung der Gebrauchsgegenstände des täglichen Lebens. Für diese Gebrauchsgegenstände ist der wichtigste Grundsatz einfache und solide Sachlichkeit, wie das zur Zeit der Yindynastie üblich war. Die dritte Kultureinrichtung ist die Religion und der Ausdruck der moralischen Gesinnung, wie er in den festlichen Zeremonien zutage tritt. Hier kann man sich der Pracht und Feinheit der Dschoudynastie anschließen, weil diese Pracht die ganze Lebenshaltung hebt. Die Kunst der Musik nehme die klassische Tonkunst des Alter-

9 Bemerkenswert ist, daß Yän Yüan nur nach der Regierung eines Einzelstaates fragt, während Kung in Anpassung an seine Gaben, die die der andern Jünger übertrafen, mit den Grundsätzen für die Beherrschung des ganzen Erdkreises antwortet. Hier bekommen wir auch einen Einblick, wie sich Kung die Kulturschöpfung gedacht hatte, für den Fall, daß er auf den Thron gekommen wäre. Nach manchen Kommentaren waren diese Sitten nach Dschou Gung in Lu schon tatsächlich eingeführt, es würde sich also dann nur um eine Erneuerung gehandelt haben.
Die Hiadynastie (2205–1766 v. Chr.) begann das Jahr mit dem Frühling, wie es heute noch in China üblich ist (2 Monate nach der Sonnenwende). Die Yindynastie regierte von 1766–1122 v. Chr. Die Dschoudynastie von 1122–249 v. Chr. Über die Schaumusik vgl. III, 25. Über die Dschongmusik siehe Schï Ging I, 7.

11.

子曰："人無遠慮，必有近憂。"

12.

子曰："已矣乎！吾未見好德如好色者也。"

13.

子曰："臧文仲其竊位者與？知柳下惠之賢，而不與立也。"

14.

子曰："躬自厚而薄責於人，則遠怨矣。"

tums zum Vorbild, die Reinheit der Stimmung und Vollendung des Ausdrucks verbindet.
Diese Ordnungen müssen als eine objektive Macht gleich Naturgesetzen das ganze Leben regeln. Daher muß man alles fernhalten, was ihre Wirkung beeinträchtigen könnte. Das ist in erster Linie die nervös anreizende moderne Musik, die der Stimmung zu viel Spielraum gibt, und die eindrucksvollen Redner, die durch ihre spitzfindige Subjektivität alle Schranken der Wahrheit überspringen und gerade durch den Einfluß ihrer Subjektivität eine Gefahr für das Gemeinwesen bedeuten."

11. Vorbedacht

Der Meister sprach: „Wer nicht das Ferne bedenkt, dem ist Betrübnis nahe."

12. Himmlische und irdische Liebe

Der Meister sprach: „Es ist alles aus! Ich habe noch keinen gesehen, der moralischen Wert liebt ebenso, wie er die Frauenschönheit liebt."[10]

13. Urteile über Zeitgenossen. II: Dsang Wen Dschung[11]

Der Meister sprach: „Dsang Wen Dschung, das ist einer, der seinen Platz gestohlen hat. Er kannte die Würdigkeit des Hui von Liu Hia und hat ihm doch keine Stellung verschafft."

14. Vermeidung von Groll

Der Meister sprach: „Wenn man selbst (lieber) zu viel tut und wenig von andern erwartet, so bleibt man fern vom Groll".[12]

10 Der erste Satz wie V, 26. Der Rest Wiederholung von IX, 17. Über den Anlaß dieses Worts siehe die dortige Anmerkung.

11 Über Dsang Wen Dschung, einen einflußreichen Beamten des Staates Lu, vgl. V, 17. Hui mit Namen Dschen Hu war Präfekt der Stadt Liu Hia. Dsang Wen hat ihm aus Neid keine Stellung verschafft. Daher der scharfe Tadel Kungs. (Sein Benehmen ist gerade entgegengesetzt dem Benehmen des Gung Schu Wen von We; siehe XIV, 19). Vergleiche übrigens das in der Anmerkung zu XVIII, 2 Gesagte.

12 Eine andere Wendung (nach Kung An Guo) ist: „Wer seine eigenen Fehler strenge tadelt und die der andern milde, der bleibt frei von Groll." Doch scheint die im Text gegebene Wendung grammatikalisch näher zu liegen. Vgl. Abschn 20.

15.

子曰：“不曰‘如之何如之何’者，吾末如之何也已矣。”

16.

子曰：“群居終日，言不及義，好行小慧，難矣哉！”

17.

子曰：“君子義以為質，禮以行之，孫以出之，信以成之。君子哉！”

15. Wichtigkeit des eigenen Denkens

Der Meister sprach: „Wer nicht spricht: Wie kann ich das machen? Wie kann ich das machen? – mit dem kann ich nichts machen".[13]

16. Trivialität

Der Meister sprach: „Herdenweise zusammensitzen den ganzen Tag, ohne daß die Rede die Pflicht berührt; es lieben, kleine Schlauheiten auszuführen: wahrlich (mit denen hat man es) schwer."

Es gibt Leute, die den ganzen Tag beisammensitzen können, ohne daß das Gespräch auch nur einmal ein Thema von allgemeinem Interesse berührte; die nur darauf aus sind, alles recht schlau und praktisch zu machen: das ist ein schwerer Fall.[14]

17. Der Edle. I: Handlungsweise

Der Meister sprach[15]: „Die Pflicht als Grundlage, Anmut beim Handeln, Bescheidenheit in den Äußerungen, Treue in der Durchführung: wahrlich so ist ein Edler!"

Die Grundlage aller Willensentschließung muß die Pflicht sein. Eine pflichtgemäße Handlung wird aber in ihrer Erscheinung durch Befolgung der Formen des Kulturlebens geregelt, das ganze Benehmen sei bescheiden und vorsichtig im Reden, aber um so konsequenter in der pünktlichen Durchführung der Maximen. Diese vier Dinge: Unterwerfung unter die Pflicht, Anmut, Bescheidenheit, Treue, sind das Zeichen eines wirklich sittlich und ästhetisch kultivierten Menschen.

13 Vgl. VII, 8.

14 Das Wort Hui (Schlauheit) ist in der Lu-Ausgabe der Lun Yü gedruckt als hui (Gnade). Zur Sache vergleiche man das Gleichnis Jesu vom reichen Kornbauer.

15 Der landläufige Text hat zu Beginn der Sätze noch einmal ein: „Der Edle", das aber den Zusammenhang stört und in mehreren alten Handschriften *fehlt* (vgl. Lun Yü Kün Giä Hui Piän pag. 105).

18.

子曰："君子病無能焉，不病人之不己知也。"

19.

子曰："君子疾沒世而名不稱焉。"

20.

子曰："君子求諸己，小人求諸人。"

21.

子曰："君子矜而不爭，群而不黨。"

22.

子曰："君子不以言舉人，不以人廢言。"

18. Der Edle. II: Grund zum Kummer[16]

Der Meister sprach: „Der Edle leidet darunter, daß er keine Fähigkeiten hat, er leidet nicht darunter, daß die Menschen ihn nicht kennen."

19. Der Edle. III: Unsterblichkeit

Der Meister sprach: „Der Edle haßt (den Gedanken), die Welt zu verlassen, ohne daß sein Name genannt wird".[17]

20. Der Edle. IV: Ansprüche

Der Meister sprach: „Der Edle stellt Anforderungen an sich selbst, der Gemeine stellt Anforderungen an die (andern) Menschen."[18]

21. Der Edle. V: Soziale Beziehungen

Der Meister sprach: „Der Edle ist selbstbewußt, aber nicht streitsüchtig, umgänglich, aber macht sich nicht gemein."

Einen höheren Menschen erkennt man an seinem Benehmen in der Gesellschaft. Er ist selbstbewußt, aber ohne daß er das Bedürfnis hätte, seine Meinungen andern aufzudrängen. Er hat die Fähigkeit, mit andern gesellschaftlich zusammenzuleben, aber er hält sich frei von allem Koterie- und Kliquenwesen?[19]

22. Der Edle. VI: Urteil über Menschen und Worte

Der Meister sprach: „Der Edle wählt nicht nach ihren Worten die Menschen und verwirft nicht nach den Menschen ihre Worte."[20]

---

16 Vgl. XIV, 32. Der Ausdruck ist hier übrigens, wie aus der Übersetzung ersichtlich ist, verschieden von dort.

17 Es handelt sich hier selbstverständlich nicht um Ruhmsucht, sondern um das Verlangen, wirklich etwas zu leisten, damit man nicht umsonst gelebt hat. Vgl. IX, 22.

18 Vgl. Abschn 14; XIV, 25.

19 Vgl. II, 14 und VII, 30.

20 Vgl. XIV, 5, wo der Grundsatz ausgesprochen ist, dessen praktische Anwendung wir hier vor uns haben. Vgl. ferner V, 9, wo Kung ausspricht, durch welche Erfahrung er zu diesem Grundsatz gekommen ist.

23.

子貢問曰："有一言而可以終身行之者乎？"子曰："其恕乎！己所不欲，勿施於人。"

24.

子曰："吾之於人也，誰毀誰譽？如有所譽者，其有所試矣。斯民也，三代之所以直道而行也。"

Ein gereifter Charakter weiß zu unterscheiden zwischen dem Wesen eines Menschen und den Worten, die er spricht. Wenn es gilt, einen Menschen für irgend eine Stellung auszuwählen, so wird er sich nicht nach Worten und „Gesinnungstüchtigkeit" richten, sondern nach den wirklichen Fähigkeiten. Aber ebensowenig verwirft er ein gutes Wort ohne weiteres nur deshalb, weil es ein minderwertiger oder mißliebiger Mensch gesprochen.

23. Praktischer Imperativ

Dsï Gung fragte und sprach: „Gibt es ein Wort, nach dem man das ganze Leben hindurch handeln kann?" Der Meister sprach: „Die Nächstenliebe. Was du selbst nicht wünschest, tu nicht an andern."

Dsï Gung fragte, ob es eine einzelne Maxime gebe, durch die das ganze Leben praktisch zu bestimmen sei. Der Meister sprach: „Es ist das Prinzip der Sympathie, daß man niemand anderem etwas zufügt, von dem man aus eigner Erfahrung weiß, daß man es nicht als gerecht empfindet."[21]

24. Gerechte Beurteilung (sine ira et studio)

Der Meister sprach: „In meinem Verhältnis zu andern: Wen habe ich verleumdet, wen habe ich überschätzt? Wird einer (von mir) hochgeschätzt, so ist er erprobt. Diese (Behandlung der) Untertanen ist die gerechte Ordnung, die die drei Dynastien angewandt haben."

Der Meister sprach: „In meiner Beurteilung der Menschen bemühe ich mich stets um eine vorurteilsfreie Einschätzung. Ich suche mich von ungerechter Verwerfung ebenso zurückzuhalten wie von übertriebenem Lob. Wenn ich einem Menschen gegenüber im Lob über das Maß hinauszugehen scheine, so habe ich doch immer meine Gründe dafür, daß er es rechtfertigen wird. Dieses Verhältnis zu

21 Vergl. dazu die Stelle V, 11, wo Dsï Gung diese Maxime als seine eigene ausspricht und Kung ihn zurechtweist, weil er diese Stufe noch nicht erreicht habe. Jener Vorfall muß also später sein als der hier berichtete, vielleicht eine Folge dieser Belehrung. Über die Sympathie (schu) als Grundprinzip der konfuzianischen Ethik und ihr Verhältnis zur Kantschen praktischen Form des kategorischen Imperativs vgl. IV, 15 mit der betreffenden Anmerkung. Im Kantschen Sprachgebrauch ist das Wort Schu etwa mit „praktische Liebe" zu übersetzen im Gegensatz zu der „pathologischen".

25.

子曰：“吾猶及史之闕文也，有馬者借人乘之。今亡矣夫！”

26.

子曰：“巧言亂德，小不忍則亂大謀。”

den Untertanen war das große Prinzip der Gerechtigkeit, das die Gründer der drei großen Dynastien so berühmt gemacht hat.“[22]

25. Einst und jetzt

Der Meister sprach: „Ich habe noch erreicht (erlebt) eines Geschichtschreibers – Lücke im Text –, Wer ein Pferd hatte, lieh es andern zum Reiten. Heute gibt es das nicht mehr.“[23]

26. Schlauheit und Unverträglichkeit als Hindernisse

Der Meister sprach: „Geschickte Worte stören geistigen Wert. Ist man im Kleinen nicht nachsichtig, so stört man große Pläne.“

Jene eindrucksvollen Redner, die ohne innere Bedeutung doch ihre Worte geschickt zu wählen verstehen, sind es, welche die Wirksamkeit wirklich bedeutender Männer am meisten behindern. Läßt man sich durch kleine Eifersüchteleien bestimmen, so darf man sicher sein, daß große Gedanken nicht zur Ausführung kommen können. Darum, wenn man einen ungewöhnlichen Mann gefunden hat, so muß man ihm jenes große Vertrauen schenken, das nicht durch geschickte Redner oder kleinliche Unverträglichkeit gestört werden kann, damit er etwas Ganzes und Großes leisten kann.[24]

22 Die drei Dynastien sind Hia, Yin, Dschou. Über deren Regierungszeiten vgl. Anmerkung 9. Sachlich wäre heranzuziehen, was in XIV, 36 und der dazu gehörigen Anmerkung über „Vergeltung“ gesagt ist. Ganz klar ist der Text übrigens nicht. Möglich, daß auch dieser Abschnitt (vgl. den folgenden) textlich etwas gelitten hat.

23 Dieser Satz ist schlechthin unverständlich. Alle Versuche mancher Kommentatoren, einen Sinn hineinzuinterpretieren, müssen als mißlungen gelten. Am ehrlichsten ist der Kommentator Hu, der die Unklarheit offen zugibt. Der japanische Kommentar nimmt an, daß der Text verstümmelt war, was in einem alten Manuskript durch die Glosse „Lücke im Text“ angedeutet war, welche Glosse dann später sich in den Text selbst einschlich und alles noch mehr verwirrte.

24 Die großartige Gesinnung, die dem seltnen Mann ein seltenes Vertrauen darbringt, ist eine Grundmaxime der konfuzianischen Staatsräson. Vgl. XIII, 2, 25, wo auch gegen die Kleinlichkeit geredet wird. Hier wird diese Kleinlichkeit als Hauptfeind aller großen Leistungen bezeichnet. Kung hat in seinem Leben oft genug unter diesem Feinde zu leiden gehabt.

27.

子曰：“眾惡之，必察焉；眾好之，必察焉。”

28.

子曰：“人能弘道，非道弘人。”

29.

子曰：“過而不改，是謂過矣。”

30.

子曰：“吾嘗終日不食，終夜不寢，以思，無益，不如學也。”

27. Der Parteien Gunst und Haß

Der Meister sprach: „Wo alle hassen, da muß man prüfen; wo alle lieben, da muß man prüfen."[25]

28. Die Wahrheit und ihre Vertreter

Der Meister sprach: „Die Menschen können die Wahrheit verherrlichen, nicht verherrlicht die Wahrheit die Menschen."

Die Wahrheit wird dadurch groß und einflußreich, daß ein bedeutender Mensch für sie eintritt und sie in seiner Person verkörpert. Nicht aber wird ein kleiner Mensch dadurch groß, daß er eine große Wahrheit bekennt.[26]

29. Fehler ohne Besserung

Der Meister sprach: „Einen Fehler machen und sich nicht erst bessern: das heißt fehlen."

30. Nachdenken und Lernen

Der Meister sprach: „Ich habe oft den ganzen Tag nicht gegessen und die ganze Nacht nicht geschlafen, um nachzudenken. Es nützt nichts; besser ist es, zu lernen."[27]

---

25 Vgl. XIII, 24.

26 Auch dieser Satz gehört zu den von christlicher Seite sehr umstrittenen (vgl. Legge a. a. O. S. 302). Natürlich; denn die christliche Kirche hat sich in weiten Kreisen noch nicht von dem Vorurteil losgemacht, daß das Bekennen und Annehmen der christlichen Lehre erlösend wirke. Daß das nicht Jesu Anschauung war, dafür vgl. Matth. 7, 21. Eigentlich kann man sich vom christlichen Standpunkt aus mit Kungs Wort sehr wohl befreunden; denn das Geheimnis des Christentums ist es doch: „Das Wort ward *Fleisch*." – Die abstrakte Wahrheit hat noch keinem Menschen geholfen.

27 Dieser Satz muß verstanden werden aus der Zeit Kungs heraus. Das Denken war namentlich in den sogenannten taoistischen Kreisen auf spekulative Abwege geraten, die es Kung als wünschenswert erscheinen lassen mußten, objektive Normen zu haben, an welche sich die denkende Erfassung der Wahrheit anschließen kann, wie die Schlingpflanze an ein Gerüst. Diese Normen fand er in der Kontinuität des Kulturzusammenhangs, wie er im Lauf

31.

子曰：“君子謀道不謀食。耕也，餒在其中矣；學也，祿在其中矣。君子憂道不憂貧。”

32.

子曰：“知及之，仁不能守之；雖得之，必失之。知及之，仁能守之。不莊以涖之，則民不敬。知及之，仁能守之，

Der Meister sprach: „Ich habe es mir auch sauer werden lassen mit Spekulationen über die Wahrheit. Aber die Welt ist zu groß und schwer zu verstehen, als daß ein einzelner Mensch ihre Geheimnisse ergründen könnte. Der Weg, um vorwärts zu kommen, ist vielmehr der, daß wir die Kulturüberlieferung, die die Geschlechter vor uns geschaffen haben, uns lernend aneignen und auf Grund dieses Erbes der Vergangenheit die Erkenntnis fördern."

31. Der Edle. VII: Die vornehmste Sorge

Der Meister sprach: „Der Edle trachtet nach der Wahrheit, er trachtet nicht nach Speise. Beim Pflügen kann man in Not kommen; beim Lernen kann man zu Brot kommen Der Edle trauert um der Wahrheit willen, er trauert nicht um der Armut willen."[28]

Das Streben des höheren Menschen ist auf die Wahrheit gerichtet, nicht auf irdische Güter. Die Verteilung der irdischen Güter hängt ja so oft vom Zufall ab. Es ist ja durchaus nicht gesagt, daß der, der sein ganzes Leben dem Broterwerb gewidmet hat, auch immer der Not entgeht. Ebensowenig ist es ausgemacht, daß, wer sich dem Studium zugewandt hat, nun notwendig auf jeden Besitz verzichten müsse. Aber das Herz ist nicht dabei. Das ganze Sehnen des höheren Menschen geht nach der Wahrheit, nicht danach, aus der Armut herauszukommen.

32. Was ein Regent braucht: Weisheit, Sittlichkeit, Würde und Form

Der Meister sprach: „(Wenn einer) durch sein Wissen (ein Amt) erreicht hat, aber es nicht durch seine Sittlichkeit bewahren kann, so wird er es, obwohl er es erlangt hat, verlieren. Wenn einer durch sein Wissen es erreicht hat, durch seine Sittlichkeit es bewahren kann, aber bei seiner Ausübung keine Würde zeigt, so wird das Volk ihn nicht ehren. Wenn einer durch sein Wissen es erreicht hat, durch seine Sittlichkeit es bewahren kann, bei seiner Ausübung

der Generationen geschaffen worden war. Wer diesen festen Halt in der Überlieferung nicht hat, der mag ein Talent, ein tüchtiger Mensch sein, aber er gehört nicht zu den Berufenen, und seine Wirkungsmöglichkeiten sind beschränkt (vgl. zu diesem Zusammenhang II, 15; XIII, 11; VII, 25, 27).

28 Vgl. XII, 7; IV, 5; VII, 5, sowie zur Sache: Matth. 6, 19–21; 31–33.

莊以蒞之。動之不以禮，未善也。”

33.

子曰：“君子不可小知，而可大受也；小人不可大受，而可小知也。”

34.

子曰：“民之於仁也，甚於水火。水火，吾見蹈而死者矣，未見蹈仁而死者也。”

Würde zeigt, aber es nicht entsprechend dem Gesetz der schönen Form bewegt, so ist er noch nicht tüchtig."

Um eine leitende Stellung unter den Menschen zu bekommen, dazu bedarf es vor allem des überlegenen Wissens. Zur Festhaltung einer solchen Position ist aber Sittlichkeit vonnöten. Ohne die Sittlichkeit wird sich auch eine schon errungene Stellung nicht dauernd festhalten lassen. Diese materialen Qualitäten bedürfen in ihrer Erscheinung noch der Vollendung durch die rechte Form: die Würde muß herrschen, die die Achtung der Untergebenen erzeugt, und als Regel für alle Handlungen die Anmut, die den Stempel der Vollendung auf alles drückt.

33. Der Edle und der Gemeine. VIII: Verschiedene Verwendbarkeit

Der Meister sprach: „Den Edlen kann nicht an Kleinigkeiten erkennen, aber er kann Großes übernehmen. Der kleine Mann kann nicht Großes übernehmen, aber man kann ihn in Kleinigkeiten erkennen."[29]

Den großen Mann kann man nicht erkennen, wenn man ihm kleinliche Dienste zumutet, aber einer großen Aufgabe wird er gewachsen sein. Die Mittelmäßigkeit kann keine großen Werke tun, aber man kann ihre Talente in untergeordneten Diensten erkennen. Darum: jeder an seinem Platz.

34. Sittlichkeit als Lebenselement

Der Meister sprach: „Sittlichkeit ist noch mehr für die Menschen als Wasser und Feuer. Ins Feuer und Wasser habe ich schon Menschen treten sehen und daran sterben. Noch nie habe ich einen gesehen, der in die Sittlichkeit trat und daran starb."

Noch wichtiger als die notwendigsten Lebenselemente wie Feuer und Wasser ist für den Menschen die Sittlichkeit. Denn so wohltätig des Feuers und des Wassers Macht sein kann, diese Mächte bergen doch Gefahren für den Menschen, wäh-

29 Vgl. dazu „Pegasus im Joch" von Schiller oder das „Märchen vom falschen Prinzen" von Hauff.

35.

子曰："當仁不讓於師。"

36.

子曰："君子貞而不諒。"

37.

子曰："事君，敬其事而後其食。"

rend man sich der Sittlichkeit nahen kann ohne jede Befürchtung vor Gefahren.[30]

35. Keinen Vortritt

Der Meister sprach: „Die Sittlichkeit ist jedes Menschen Pflicht. Hier darf man (sogar) dem Lehrer nicht den Vortritt lassen."

Der Schüler soll bescheiden sein und in allen Dingen dem Lehrer den Vortritt lassen. Nur im Streben nach der Sittlichkeit muß jeder so rasch und so weit wie möglich zu kommen suchen ohne Rücksicht selbst auf den Lehrer.

36. Der Edle. IX: Festigkeit

Der Meister sprach: „Der Edle ist beharrlich, aber nicht hartnäckig."[31]

Es ist das Zeichen eines gereiften Menschen, daß er sich in seinem großen Streben nach höheren Zielen nicht durch kleinliche Rücksichten und pedantische Erwägungen aufhalten läßt.

37. Gewissenhafter Fürstendienst

Der Meister sprach: „Im Dienst des Fürsten soll man sein Werk wichtig nehmen und sein Einkommen hintansetzen."[32]

---

30 Wir haben oben die meistbeglaubigte Erklärung wiedergegeben. Doch scheint es uns keineswegs ausgeschlossen, daß dieser Satz ebenso wie der nächste einen ironisch-humoristischen Anstrich hat: Die Menschen hüten sich vor der Sittlichkeit noch mehr als vor Feuer und Wasser; denn ich habe es schon erlebt, daß manche ins Feuer oder Wasser gefallen sind und darin umgekommen. Aber daß einer in die Sittlichkeit gefallen und darin umgekommen wäre, das ist mir noch nie passiert." Auf diese Weise erklärt sich auch der gewagte Ausdruck: in die Sittlichkeit treten (oder fallen) besser.

31 Vgl. XIV, 28 und ebenso den Eid, zu dem Kung von einer fanatischen Volksmenge gezwungen wurde, nicht von Pu nach We zu gehen, und den er nachher ohne Bedenken als ungültig betrachtet und übertreten hat.

32 Vgl. VI, 20.

38.

子曰：“有教無類。”

39.

子曰：“道不同，不相為謀。”

40.

子曰：“辭達而已矣。”

38. Jenseits der Standesunterschiede

Der Meister sprach: „Beim Lehren gibt es keine Standesunterschiede."

Die höhere Bildung ist etwas allgemein Menschliches. Ihr Gebiet ist jenseits der Schranken des Standes und der Rasse, welche die Massen der Menschen voneinander scheiden.

39. Prinzipielle Übereinstimmung als Grundlage fiir gemeinsame Arbeit

Der Meister sprach: „Wenn man in den Grundsätzen nicht übereinstimmt, kann man einander keine Ratschläge geben."

Ehe man einem andern einen guten Rat gibt oder einen solchen von andern erbittet, sollte man sich erst vergewissern, ob man in den Grundprinzipien, um die es sich handelt, einig ist. Wo diese Übereinstimmung fehlt, sind Ratschläge nur vom Übel.

40. Deutlichkeit des Stils

Der Meister sprach: „Wenn man sich durch seine Rede verständlich macht, so ist der Zweck erreicht."

Ein Gesandter bekommt von seiner Regierung[33] *die Grundlinien seiner Instruktion mit. Seine Sache ist es, diesen Grundlinien je nach Umständen und Verhältnissen den rechten Ausdruck zu verschaffen, damit er die Zwecke seiner Regierung erreicht, ohne unnötige Umschweife zu machen und ohne durch zu große Kürze zu Mißverständnissen Anlaß zu geben.*

33 Diese Erklärung findet sich in verschiedenen alten Kommentaren und läßt sich durch manche Beispiele belegen. Immerhin ist es nicht ausgeschlossen, daß der zunächstliegende Wortsinn, wie er in der wörtlichen Übersetzung gegeben ist, ausreicht. Zu der rechtsstehenden Auffassung würden XIII, 5; XIII, 20 heranzuziehen sein.

41.

師冕見，及階，子曰："階也。"及席，子曰："席也。"皆坐，子告之曰：
"某在斯，某在斯。"師冕出。子張問曰："與師言之道與？"子曰："然。
固相師之道也。"

41. Der Meister und der blinde Musiker

Der Musikmeister Miän machte einen Besuch. Als er vor die Stufen kam, sprach der Meister: „Hier sind Stufen." Bei der Matte angelangt sprach der Meister: „Hier ist die Matte." Als alle saßen, teilte es (ihm) der Meister mit und sprach: „Der und der ist hier, der und der ist da."
Als der Musikmeister Miän hinausgegangen war, fragte Dsï Dschang und sprach: „Ist das die Art, wie man mit einem Musikmeister zu reden hat?" Der Meister sprach: „Ja, sicherlich muß man einem Musikmeister so behilflich sein."[34]

34 Die Musiker waren zu jener Zeit alle Blinde, daher die rücksichtsvolle Art, mit der Kung ihm alles mitteilt, um ihm jede Verlegenheit zu ersparen.

季氏 – 論語

1.

季氏將伐顓臾。冉有、季路

BUCH XVI – GI SCHÏ

Das Buch enthält 14 Abschnitte. Der letzte ist ein Zusatz über die Bezeichnung der Landesfürstin, der als solcher mit den Gesprächen des Kung nichts zu tun hat. Abschnitt 13 enthält ein Gespräch eines Jüngers mit Kungs Sohn, Be Yü, Abschnitt 12 eine vergleichende Beurteilung des Fürsten Ging von Tsi und der alten Heroen, Be J und Schu Tsi, die ebenfalls nicht als Wort des Meisters eingeführt ist, aber möglicherweise einmal in der Nähe von XII, 10 und 11 gestanden hat, wenn anders das in XII, 10 gänzlich unverständliche Zitat zu XVI, 12 gehört, wo ja ein Zitat fehlt. Auch der Umstand, daß in XII, 11 ebenfalls von Fürst Ging von Tsi die Rede ist, gibt zu denken. Die verbleibenden 11 Abschnitte unterscheiden sich von dem sonst üblichen Usus, die Worte Kungs mit „Der Meister sprach" einzuführen, indem sie durchweg die Einleitung haben „Meister Kung (Kung Dsï) sprach". Abschnitt 1–3 enthält zum Teil länger ausgeführte Beurteilungen der Zeitumstände in Lu, die sich durch ihre Ausführlichkeit ziemlich stark von der konzisen Kürze, die sonst in Lun Yü üblich ist, unterscheiden und gewissermaßen einen Übergang bilden zu den regelrecht komponierten Abhandlungen in Li Gi. Abschnitt 4–11 endlich enthalten eine Reihe von Aussprüchen, die sich spruchartig an die später so sehr in Aufnahme gekommene Gliederung durch die Zahl anschließen. Verschiedene Kommentare kommen zu der Annahme, daß es sich hier um eine Eingliederung eines Teils der Rezension der Lun Yü von Tsi handle, die traditionsgemäß die Einführung der Worte Kungs mit „Meister Kung sprach" durchgängig aufweist. Das würde einen bedeutungsvollen Aufschluß über das Alter jener Rezension gestatten; denn zweifellos entstammt die Hauptmasse des vorliegenden Buches einer späteren Traditionsschicht.

1. Ungerechter Feldzug

Das (Haupt des) Geschlechtes Gi war im Begriff, einen Strafzug gegen (die kleine Herrschaft) Dschuan Yü[1] zu unternehmen. Jan Yu und Gi Lu erschienen

1 Dschuan Yü war ein kleiner, aber selbständiger Lehnsstaat der Dschoudynastie, der mit den Opfern für den Geist des Mongberges betraut war. Er lag in dem Gebiet des Staates Lu, in der Nähe der Stadt Bi, die dem Geschlecht Gi gehör te. Bi ist das heutige Fe Hiän, Dschuan Yü in der Nähe des heutigen Mong Yin Hian. Im Bezirk Itschoufu, Südschantung. Sachlich

見於孔子曰：“季氏將有事於顓臾。”孔子曰：“求！無乃爾是過與？夫顓臾，昔者先王以為東蒙主，且在邦域之中矣，是社稷之臣也。何以伐為？”冉有曰：“夫子欲之，吾
二臣者皆不欲也。”孔子曰：“求！周任有言曰：‘陳力就列，不能者止。’危而不持，顛而不扶，則將焉用彼相矣？且爾言過矣。虎兕出於柙，龜玉毀於櫝中，是誰之過與？”冉有曰：“今夫顓臾，固而近於費。今不取，後世必為子孫憂。”孔子曰：“求！君子疾夫舍曰欲之，而必為之辭。丘也聞有國有家者，不患寡而患不均，不患貧而患不安。蓋均無貧，和無寡，安無傾。夫如是，

vor Meister Kung und sprachen: „Das (Haupt des) Geschlechtes Gi wird eine Unternehmung gegen Dschuan Yü ausführen." Meister Kung sprach: „Kiu, bist nicht du es, der diesen Fehler macht? Dieses Dschuan Yü ist vor alters von den früheren Königen als Herr (der Opfer für den) Mongberg im Osten ernannt, es gehört also zu den Lehnsgebieten[2] und hat priesterliche Funktionen; was habt ihr damit zu tun, es zu bestrafen?" Jan Yu sprach: „Unser Herr wünscht es; wir zwei, die wir (seine) Diener sind, wünschen es beide nicht." Meister Kung sprach: „Kiu, es gibt ein Wort von Dschou Jen[3], das heißt: ‚Wenn man seine Kraft entfalten kann, so trete man in die Reihen; wenn man es nicht kann, so halte man ein.' Wer den Gefährdeten nicht stützen kann und dem Gefallenen nicht aufhelfen: wie kann man den als Führer brauchen? Also sind deine Worte falsch. Wenn ein Tiger oder ein Nashorn aus dem Käfig bricht, wenn eine Schildkrötenschale oder ein Nephrit in dem Schrein beschädigt wird: wessen Fehler ist das?" Jan Yu sprach: „Nun ist aber Dschuan Yü stark und nahe bei Bi; wenn man es heute nicht nimmt, so wird es in künftigen Zeiten sicher den Söhnen und Enkeln Schmerzen bereiten." Meister Kung sprach: „Kiu, der Edle haßt das, wenn man unterläßt zu sagen: ‚ich wünsche das' und durchaus andere[4] Worte gebraucht. Ich habe gehört, wer ein Reich oder ein Haus hat, braucht nicht besorgt zu sein, wenn es menschenleer ist, sondern er muß besorgt sein, wenn es nicht in Ordnung ist. Er braucht nicht besorgt zu sein, wenn es arm ist, sondern er muß besorgt sein, wenn es nicht in Ruhe ist. Denn wo Ordnung ist, da ist keine Armut, wo Eintracht ist, da ist keine Menschenleere, wo Ruhe ist, da ist kein Umsturz. Da nun dies so ist, so muß

ist zu bemerken, daß nach den „Annalen" (vgl. Sï Ma Tsiän a. a. O. 352 f. 385) Dsï Lu und Jan Kiu nicht gleichzeitig im Dienst der Familie Gi standen. Legge sucht die Tradition zu harmonisieren, indem er annimmt, daß Dsï Lu mit Kung zusammen aus We nach Lu zurückgekehrt und zum zweitenmal in den Dienst der Familie Gi getreten sei, und setzt den Vorgang in das Jahr 483 oder 482. Das ist jedoch unmöglich. In der Einleitung a. a. O. pag. 86 sagt Legge selbst, daß Dsï Lu (und Dsï Gau) in amtlicher Stellung in We zurückgeblieben sei, wo er bekanntlich kurze Zeit vor Kungs Tod 479 in einem Aufruhr ums Leben kam. Aus Stellen wie XIII, 14 geht ja auch deutlich hervor, daß nur Jan Kiu im Dienst der Familie Gi war. Ja selbst im vorliegenden Abschnitt richtet sich Kung nur an Jan Kiu, woraus sich ergibt, daß die Tradition sehr sicher ist in diesem Stück.

2 Der gegenwärtige Text hat: „es gehört zu den Gebieten des Staates (d. i. Lu)". Wir rezipieren die Emendation des Huang Tsing Ging Giä a. a. O. pag. 150, da sie den Tatsachen entspricht und der Textfehler um so leichter erklärlich ist, als in der alten Schrift die Zeichen für Staat (bang) und belehnen (fong) identisch sind. Der Sinn ist: wie kann sich ein Geschlecht von Dienstmannen herausnehmen, einen kaiserlichen Lehnsstaat zu bestrafen? Dies Recht steht nur dem Kaiser zu, nicht einmal dem Fürsten von Lu.

3 Dschou Jen ist ein guter Geschichtsschreiber aus alter Zeit.

4 Das Wort (gong) ändern, das im rezipierten Text fehlt, hat noch Kung An Guo gelesen.

故遠人不服，則修文德以來之。既來之，則安之。今由與求也，相夫子，遠人不服而不能來也；邦分崩離析而不能守也。而謀動干戈於邦內。吾恐季孫之憂，不在顓臾，而在蕭牆之內也。”

2.

孔子曰：“天下有道，則禮樂征伐自天子出；天下無道，則禮樂征伐自諸侯出。自諸侯出，蓋十世希不失矣；自大夫出，五世希不失矣；陪臣執國命，三世希不失矣。天下有道，則政不在大夫。天下有道，則庶人不議。”

3.

孔子曰：“祿之去公室，五世矣；政

man, wenn die Menschen aus fernen Gegenden nicht gefügig sind, Kunst und Moral pflegen, um sie zum Kommen zu bewegen. Wenn man sie zum Kommen bewogen hat, so muß man ihnen Ruhe geben. Nun, Yu und Kiu, unterstützt ihr euren Herrn, aber die Menschen aus fernen Gegenden sind nicht gefügig, und er kann sie nicht zum Kommen bewegen. Im (eigenen) Land herrscht Zwiespalt, Ruin, Entfremdung und Unfrieden, und er kann es nicht bewahren. Dazuhin plant er, Schild und Speer zu erheben innerhalb des Staates. Ich fürchte, die Schmerzen der Enkel Gis werden nicht in Dschuan Yü sein, sondern in seinen eignen Mauern."

2. Der Niedergang des Reichs

Meister Kung sprach: „Wenn der Erdkreis in Ordnung ist, so gehen Kultur und Kunst, Kriege und Strafzüge vom Himmelssohn aus. Ist der Erdkreis nicht in Ordnung, so gehen Kultur und Kunst, Kriege und Strafzüge von den Lehnsfürsten aus. Wenn sie von den Lehnsfürsten ausgehen, so dauert es selten länger als zehn Geschlechter, ehe sie (die Macht) verloren haben. Wenn sie von den Adelsgeschlechtern ausgehen, so dauert es selten länger als fünf Geschlechter, ehe sie (die Macht) verloren haben. Wenn die Dienstmannen die Herrschaft im Reich an sich reißen, so dauert es selten länger als drei Generationen, ehe sie sie verloren haben.
Wenn der Erdkreis in Ordnung ist, so ist die Leitung nicht in den Händen der Adelsgeschlechter. Wenn der Erdkreis in Ordnung ist, so gibt es unter den Massen des Volks kein Gerede."[5]

3. Strafe der Usurpation

Meister Kung sprach: „Das Recht der Beamtenernennung wurde von dem Fürstenhaus genommen seit fünf Geschlechtern. Die Regierung ist auf die Adels-

5 Wir haben hier prinzipielle Ausführungen wie sie sich an die realen Zustände zur Zeit Kungs anschließen. Nachdem seit längerer Zeit die Kaiser ihre Macht an die Fürsten verloren hatten, und nun sogar seit 4–5 Generationen die Adelsgeschlechter die Herren waren, waren diese eben in der Gefahr, von widerspenstigen Dienstmannen wie Yang Ho (vgl. XVII, 1) ihrer Macht beraubt zu werden.
Die drei Huan-Geschlechter in Abschn. 3 sind eben die drei in Lu herrschenden Familien Mong, Gi, Schu, die ja alle ihren Ursprung auf den Fürsten Huan zurückführten.

逮於大夫，四世矣；故夫三桓之子孫，微矣。”

4.

孔子曰：“益者三友，損者三友。友直，友諒，友多聞，益矣。友便辟，友善柔，友便佞，損矣。”

5.

孔子曰：“益者三樂，損者三樂。樂節禮樂，樂道人之善，樂多賢友，益矣。樂驕樂，樂佚遊，樂宴樂，損矣。”

6.

孔子曰：“侍於君子有三愆：言未及之而言謂之躁，言及之而不言謂之隱，未見顔色而言謂之瞽。”

geschlechter gekommen seit vier Geschlechtern. Deshalb sind der Nachkommen der drei Huan-Geschlechter so wenige."

4. Drei nützliche und drei schädliche Freunde

Meister Kung sprach: „Es gibt dreierlei Freunde, die von Nutzen sind, und dreierlei Freunde, die vom Übel sind. Freundschaft mit Aufrichtigen, Freundschaft mit Beständigen, Freundschaft mit Erfahrenen ist von Nutzen. Freundschaft mit Speichelleckern, Freundschaft mit Duckmäusern, Freundschaft mit Schwätzern ist vom Übel."[6]

5. Drei nützliche und drei schädliche Freuden

Meister Kung sprach: „Es gibt dreierlei Freuden, die von Nutzen sind, und dreierlei Freuden, die vom Übel sind: Freude an der Selbstbeherrschung durch Kultur und Kunst, Freude am Reden über andrer Tüchtigkeit, Freude an vielen würdigen Freunden: das ist von Nutzen. Freude an Luxus, Freude am Umherstreichen, Freude an Schwelgerei: das ist vom Übel."

6. Drei Fehler im Verkehr mit Älteren

Meister Kung sprach: „Im Zusammensein mit einem (älteren) Herren gibt es drei Vergehen: Wenn er das Wort noch nicht an einen gerichtet hat, zu reden: das ist vorlaut[7]; wenn er das Wort an einen gerichtet hat, nicht zu reden: das ist versteckt; ehe man seine Miene beobachtet hat, zu reden: das ist blind."

---

6 In diesem Abschnitt finden sich ebenso wie in der ganzen Umgebung eine Reihe von Textvarianten, die, an sich von untergeordneter Bedeutung, ein Beweis dafür sind, daß die Tradition hier lange etwas schwankend geblieben ist. Wir haben uns an die wahrscheinlichsten Lesarten gehalten. Die Einzelheiten finden sich im Lun Yü Dschu Schu Giä Ging von Ho Yän und Hing Bing.

7 Die Lu-Ausgabe muß einen Ausspruch enthalten haben, der mit dem ersten Satz des vorliegenden Abschnittes ziemlich übereinstimmt: „Wer redet, ehe das Wort an ihn gerichtet ist, der ist ungebildet." Offenbar enthält daher die Tsi-Rezension der Lun Yü auch genuines Material, nur die systematische Zusammenfassung verwandter Aussprüche ist Werk des Redaktors. Immerhin kommt ersichtlich der Redaktionsarbeit ein weit größerer Anteil zu, als bei dem sonstigen Stoff, der in Lun Yü vorliegt. – Ausdrücklich wird bemerkt, daß die Regeln nur im Verkehr mit Eltern und Lehrern gelten, nicht dem Fürsten gegenüber.

7.

孔子曰："君子有三戒：少之時，血氣未定，戒之在色；及其壯也，血氣方剛，戒之在鬥；及其老也，血氣既衰，戒之在得。"

8.

孔子曰："君子有三畏：畏天命，畏大人，畏聖人之言。小人不知天命而不畏也，狎大人，侮聖人之言。"

9.

孔子曰："生而知之者，上也；學而知之者，次也；困而學之，又其次也；困而不學，民斯為下矣。"

7. Dreierlei Vorsicht

Meister Kung sprach: „Der Edle hütet sich vor dreierlei. In der Jugend, wenn die Lebenskräfte noch nicht gefestigt sind, hütet er sich vor der Sinnlichkeit. Wenn er das Mannesalter erreicht, wo die Lebenskräfte in voller Stärke sind, hütet er sich vor der Streitsucht. Wenn er das Greisenalter erreicht, wo die Lebenskräfte schwinden, hütet er sich vor dem Geiz."

8. Dreierlei Ehrfurcht[8]

Meister Kung sprach: „Der Edle hat eine (heilige) Scheu vor dreierlei: Er steht in Scheu vor dem Willen Gottes, er steht in Scheu vor großen Männern, er steht in Scheu vor den Worten der Heiligen (der Vorzeit). Der Gemeine kennt den Willen Gottes nicht und scheut sich nicht vor ihm, er ist frech gegen große Männer und verspottet die Worte der Heiligen."

9. Vier Klassen des Wissens[9]

Meister Kung sprach: „Bei der Geburt schon Wissen zu haben, das ist die höchste Stufe. Durch Lernen Wissen zu erwerben, das ist die nächste Stufe. Schwierigkeiten haben und doch zu lernen, das ist die übernächste Stufe. Schwierigkeiten haben und nicht lernen: das ist die unterste Stufe des gemeinen Volks."

Die höchste Art des Wissens ist die intuitive Veranlagung, die ohne weiteres die Wahrheit erkennt. Die nächste Stufe ist: durch diskursive, denkende Verarbeitung des überlieferten Kulturerwerbes die Wahrheit zu erkennen. Noch eine

8 Der Wille Gottes oder die „Verordnungen des Himmels" ist die Summe der in der Welt vorhandenen Offenbarungen der moralischen Weltregierung. Die „großen Männer" sind die Propheten, deren Geist mit dem geheimnisvollen Urgrund des Weltalls Berührung hat. Die „Worte der Heiligen" sind die hinterlassenen Zeugnisse der Vergangenheit, – „Mose und die Propheten", wie man bei den Juden zu sagen pflegte.

9 Zu den hier aufgezählten vier Stufen vgl. VII, 19, wo Kung sich zu der hier als zweite Klasse aufgeführten Stufe rechnet. Eine ähnliche Stelle steht in Dschung Yung XX, 9: „Ob man bei Geburt die Kenntnis hat oder durch Lernen die Kenntnis erwirbt oder durch (Überwindung von) Schwierigkeiten die Kenntnis erringt: wenn man nur die Kenntnis erreicht, so kommt alles auf Eines hinaus." Jene Stelle in Dschung Yung, obwohl sie in anderem Zusammenhang steht, ist sicher mit Beziehung auf unsre Stelle verfaßt.

10.

孔子曰："君子有九思：視思明，聽思聰，色思溫，貌思恭，言思忠，事思敬，疑思問，忿思難，見得思義。"

11.

孔子曰："見善如不及，見不善如探湯。吾見其人矣，吾聞其語矣。隱居以求其志，行義以達其道。吾聞其語矣，未見其人也。"

Stufe tiefer stehen die, welche in ihrer Geistesstruktur sich behindert finden, aber durch großen Fleiß die Schranken ihrer Begabung zu überwinden wissen. Hoffnungslos ist nur die Menschenklasse, die Dummheit und Faulheit vereinigt.

10. Neunerlei Gedanken

Meister Kung sprach: „Der Edle hat neun Dinge, worauf er denkt: Beim Sehen denkt er auf Klarheit, beim Hören denkt er auf Deutlichkeit, in seinen Mienen denkt er auf Milde, in seinem Benehmen denkt er auf Würde, in seinen Worten denkt er auf Wahrheit, in seinen Geschäften denkt er auf Gewissenhaftigkeit, in seinen Zweifeln denkt er an das Fragen, im Zorn denkt er an die Schwierigkeit (der Folgen), angesichts des Empfangens denkt er auf Pflicht."[10]

11. Prinzipien mit und ohne Vertreter

Meister Kung sprach: „Das Tüchtige ansehen, als könnte man es nicht erreichen, das Untüchtige ansehen, als tauche man (die Hand) in heißes Wasser[11]: Ich habe Leute dieser Art gesehen, ich habe Reden dieser Art gehört. ‚Im Verborgenen bleiben, um sich auf sein Ziel vorzubereiten, uneigennützig handeln, um seine Grundsätze zu verbreiten': ich habe Reden dieser Art gehört, aber ich habe noch nicht Leute dieser Art gesehen."

---

10 Die einzelnen Sätze sind früher meist in anderem Zusammenhang oder alleinstehend schon vorgekommen, man vergleiche z. B. XII, 21; II, 18; XIV, 13 usw. Die Vergleichung mit derartigen Szenen aus dem Leben gibt ein Beispiel für die kompendiöse Zusammenfassung verschiedener Aussprüche Kungs unter gemeinsamen Stichworten, wie sie in dem vorliegenden Komplex vorliegt.

11 Man darf diesen Satz nicht zusammenwerfen mit IV, 6. Dort handelt es sich um die vollkommene Sittlichkeit, hier um praktische Lebensklugheit; daß das „Tüchtige" nicht sehr hoch steht, geht ja aus der zweiten Hälfte hervor.

12.

‘誠不以富，亦祇以異。’齊景公有馬千駟，死之日，民無德而稱焉。伯夷叔齊餓於首陽之下，民到于今稱之。其斯之謂與？

13.

陳亢問於伯魚曰：“子亦有異聞乎？”對曰：“未也。嘗獨立，鯉趨而過庭。曰：‘學詩乎？’對曰：‘未也。’‘不學詩，無以言。’鯉退而學詩。他日又獨立，鯉趨而過庭。曰：‘學禮乎？’對曰：‘未也。’‘不學禮，無以立。’

12. Urteil über historische Persönlichkeiten: Ging von Tsi[12] und Be J und Schu Tsi

Fürst Ging von Tsi hatte an Pferden tausend Viergespanne, aber am Tag seines Todes pries ihn das Volk nicht um einer einzigen guten Eigenschaft willen. Be J und Schu Tsi starben Hungers am Fuß des Schou Yang Berges, aber das Volk preist sie noch bis auf den heutigen Tag.
Das ist gerade wie es heißt: …
(Hierher gehört vermutlich der Schluß von XII, 10:

„Wahrlich nicht um ihres Reichtums willen,
Einzig nur um ihrer Besonderheit willen").

13. Des Meisters Verhältnis zu seinem Sohn

Tschen Kang[13] fragte den Be Yü und sprach: „Hast du als Sohn (des Meisters) auch noch Außergewöhnliches (von ihm) zu hören bekommen?" Er entgegnete und sprach: „Noch nie. Einmal stand er allein da, als ich (ehrerbietig) mit kleinen Schritten an der Halle vorübereilte. Da sprach er: ‚Hast du die Lieder gelernt?' Ich erwiderte und sprach: ‚Noch nicht.' (Da sprach er:) ‚Wenn man die Lieder nicht lernt, so hat man nichts zu reden.' Da zog ich mich zurück und lernte die Lieder. An einem andern Tag stand er wieder allein da, als ich mit kleinen Schritten an der Halle vorübereilte. Da sprach er: ‚Hast du die Riten gelernt?' Ich erwiderte und sprach: ‚Noch nicht.' (Da sprach er:) ‚Wenn man die Riten nicht lernt, hat man nichts zur (inneren) Festigung.' Da zog ich mich

12 Über Fürst Ging vergleiche XII, 11, über Be J und Schu Tsi V, 22. Außerdem siehe die Einleitung zu Buch XVI zu diesem Passus.

13 Tschen Kang ist identisch mit Dsï Kin von I, 10. Bemerkenswert ist, daß er hier wie dort sich bei andern über den Meister erkundigt. Be Yü (Erstgeborner Fisch) oder Li (Karpfen) ist der Sohn Kungs, der diesen Namen zu Ehren eines bei seiner Geburt dem Meister vom Landesfürsten übersandten Karpfens bekommen hat. Vgl. XI, 7. Zum alten chinesischen Brauch gehörte es, daß der Vater seinen Sohn nicht selbst unterrichtete, weil er leicht entweder zu streng oder zu nachgiebig sei. Kung scheint diesem Brauch gefolgt zu sein; wenigstens dürfte sich aus diesem Vorfall ergeben, daß er nicht mit Regelmäßigkeit die Studien seines Sohnes überwacht hat, vielmehr sich auf gelegentliche Bemerkungen beschränkte. – Nach chinesischer Auffassung soll innerhalb der Familienbeziehungen keine Intimität herrschen, weil dadurch die strikte väterliche Autorität gefährdet wird. Die Familie ist der Ort für die Entfaltung der Ehrfurcht. Das Gemüt findet seine Rechte in der Freundschaft. Über die Lieder und Riten und die Wichtigkeit, die Kung ihnen beilegte, vergleiche VII, 17; XX, 3.

鯉退而學禮。聞斯二者。”陳亢退而喜曰：“問一得三，聞詩，聞禮，又聞君子之遠其子也。”

14.

邦君之妻，君稱之曰夫人，夫人自稱曰小童；邦人稱之曰君夫人，稱諸異邦曰寡小君；異邦人稱之亦曰君夫人。

zurück und lernte die Riten. Was ich gehört habe, sind diese beiden (Belehrungen)." Tchen Kang zog sich zurück und sprach erfreut: „Ich habe nach Einem gefragt und habe dreierlei bekommen. Ich habe über die Lieder etwas gehört, ich habe über die Riten etwas gehört; außerdem habe ich gehört, daß der Edle seinen Sohn in (ehrerbietiger) Entfernung hält."

14. Bezeichnung der Landesfürstin[14]

Die Gattin eines Landesfürsten nennt der Fürst: „Gattin". Sie selbst nennt sich: „Kleines Mädchen". Die Leute des Landes nennen sie: „Gattin des Fürsten", gegenüber von anderen Ländern nennen sie sie: „Unsere verlassene kleine Fürstin". Die Leute anderer Länder nennen sie auch: „Gattin des Fürsten".

14 Der Abschnitt ist gänzlich außerhalb der Sphäre der Lun Yü. Er findet sich in Li Gi I, II, II, 19 und ist vermutlich durch irgend ein Versehen hier in den Text eingedrungen, obwohl er sich auch in den alten Manuskripten findet.

陽貨 – 論語

1.

陽貨欲見孔子，孔子不見，歸孔子豚。孔子時其亡也，而往拜之，遇諸塗。謂孔子曰："來！予與爾言。"曰："懷其寶而迷其邦，可謂仁乎？"曰："不可。""好從事而亟失時，可謂知乎？"曰："不可。""日

BUCH XVII – YANG HO

Dies Buch enthält einige Geschichten über die Möglichkeiten, die Kung geboten waren, in Dienste von Usurpatoren zu treten. Außerdem verschiedene Gespräche mit Schülern und aphoristische Aussprüche, die zum Teil ihre Parallelen in bisher Dagewesenem haben, zum Teil aber recht interessante Ergänzungen zum Bilde des Meisters geben. Ein Teil der Abschnitte ist ähnlich nach dem Prinzip der Zahl konstruiert wie die Hauptmasse des vorigen Buchs. Es verlohnte sich eine Untersuchung, ob wir für diese Abschnitte ebenfalls auf die Tsi-Rezension als Quelle zurückzugehen haben.

Der Platz dieses Buchs hinter dem vorhergehenden („Gi Schi") wird damit begründet, daß Yang Ho, mit dem es beginnt, in ähnlicher Weise sich gegenüber der Familie Gi als Usurpator erwiesen, wie diese an dem Fürsten. Das Buch enthält 26 Abschnitte.

1. Begegnung mit dem Usurpator Yang Ho[1]

Yang Ho wünschte den Meister Kung (bei sich) zu sehen. Meister Kung ging nicht, ihn zu sehen. Da sandte er dem Meister Kung ein Schwein. Meister Kung benutzte eine Zeit, da er ausgegangen war, um seinen Dankbesuch zu machen. Er begegnete ihm (aber) auf der Straße. Da redete er zu Meister Kung und sprach: „Komm, ich will mit dir sprechen" und sprach: „Wer seinen Schatz im Busen birgt und sein Land (dadurch) in Verwirrung bringt: kann man den sittlich nennen?" (Meister Kung) sprach: „Man kann es nicht." – „Wer bedacht ist auf öffentliche Anstellung und doch immer die Gelegenheit versäumt, kann man den weise nennen?" (Meister Kung) sprach: „Man kann es nicht." – „Tage

1 Eine praktische Illustration von XIV, 4. Yang Ho war der oberste Hausbeamte der Familie Gi, der die Herrschaft an sich gerissen hatte und durch Anstellung Kungs sein Ansehen stärken wollte. Als Kung auf seine Aufforderung, ihn zu besuchen, nicht einging, machte er ihm ein Geschenk, das nach den Regeln der Höflichkeit von seiten Kungs einen Dankesbesuch erforderte. Kung sucht auch hierbei der Begegnung auszuweichen. Unglücklicherweise begegnet er dem Usurpator auf dem Weg. Seine Weisheit besteht nun darin, daß er widerspruchslos die Tiraden des Usurpators über sich ergehen läßt und nur mit einem: „Zu Befehl" antwortet, ohne natürlich in seine Dienste einzutreten. Ein anderes Benehmen wäre für ihn eine Lebensgefahr gewesen.

月逝矣，歲不我與。”孔子曰：“諾。吾將仕矣。”

2.

子曰：“性相近也，習相遠也。”

3.

子曰：“唯上知與下愚不移。”

und Monde eilen, die Jahre warten nicht auf uns." – Meister Kung sprach: „Gut, ich werde ein Amt antreten."

2. Natur und Kultur[2]

Der Meister sprach: „Von Natur stehen (die Menschen) einander nahe, durch Übung entfernen sie sich voneinander."

Die Mehrzahl der Menschen ist ihrem Wesen nach ähnlich veranlagt, es gibt wohl quantitative Unterschiede der Begabung, aber die großen qualitativen Unterschiede, die sich im Laufe der Zeit bei den Menschen zeigen, sind Produkte der eigenen Tätigkeit. Was ein Mensch aus seinen Anlagen macht, ob er sie allseitig entwickelt oder brach liegen und verkümmern läßt, das gibt die entscheidenden Unterschiede zwischen den Menschen.

3. Unveränderlichkeit des Wesens

Der Meister sprach: „Nur die höchststehenden Weisen und die tiefststehenden Narren sind unveränderlich."[3]

Diesem allgemeinen Gesetz, daß jeder Mensch einen gewissen Spielraum von Entwicklungsmöglichkeiten hat, die er ausnützen oder versäumen kann, sind nur zwei Menschenklassen entnommen: die großen, gottbegnadeten Genies, die intuitiv die Wahrheit erfassen und nach immanenter Notwendigkeit die Höhen ihres Wesens erreichen, und die beschränkten Massenmenschen, welche die Dumpfheit des tierischen Vegetierens noch nicht durchbrochen haben.

---

2 Abschn. 2 und 3 sind in den älteren Ausgaben zusammengefaßt. Diese Ausführungen sind im Munde Kungs keine spekulativen Äußerungen über die Wesensnatur des Menschen, ebenso wie ihm die späteren Schulfragen, ob der Mensch von Natur gut, indifferent oder schlecht sei, die zu Menzius Zeit soviel Staub aufgewirbelt haben, vollständig fern sind. Sie sind imperativisch gemeint: weil dem Menschen im allgemeinen solche Möglichkeiten in die Hand gegeben sind, hat er die Pflicht, sie auszunützen. Satz 2 steht zu Anfang der chinesischen Fibel, des „San Dsï Ging."

3 Die tiefstehenden Narren, das „Volk", das man nur leiten kann, ohne ihm Verständnis beizubringen (VIII, 9), sind die vierte Klasse von XVI, 9.

4.

子之武城，聞弦歌之聲。夫子莞爾而笑，曰：“割雞焉用牛刀？”子游對曰：“昔者偃也聞諸夫子曰：‘君子學道則愛人，小人學道則易使也。’”子曰：“二三子！偃之言是也。前言戲之耳。”

5.

公山弗擾以費畔，召，子欲往。子路不說，曰：“末之也已，何必公山氏之之也。”子曰：“夫召我者而豈徒哉？如有用我者，吾其為東周乎？”

4. Kleine Zwecke, große Mittel (Huhn und Ochsenmesser)

Der Meister kam zur Stadt Wu[4] und hörte die Klänge von Saitenspiel und Gesang. Der Meister war belustigt und sprach lächelnd: „Um ein Huhn zu töten, braucht es da ein Ochsenmesser?" Dsï Yu erwiderte und sprach: „Ich habe einst den Meister sagen hören: ‚Der Edle, wenn er Bildung erwirbt, bekommt Liebe zu den Menschen; der Geringe, wenn er Bildung erwirbt, läßt sich leicht beherrschen.'" Der Meister sprach: „Meine Kinder, Yäns Worte sind richtig, meine vorigen Worte waren nur im Scherz gesprochen."

5. Möglichkeit des Wirkens. I: (Gung-Schan-Fu-Yau[5])

Gung-Schan-Fu-Jau hatte (die Stadt) Bi besetzt und berief (den Meister). Der Meister war geneigt zu gehen. Dsï Lu war (darüber) unwillig und sprach: „Wenn man kein Unterkommen findet, so stehe man (von der öffentlichen Wirksamkeit) ab, aber warum denn zu diesem Gung Schan gehen!" Der Meister sprach: „Daß er grade mich beruft, wie sollte das zufällig sein? Wenn jemand mich braucht, kann ich dann nicht ein östliches Dschoureich gründen?"

4 Die Stadt Wu war unter der Verwaltung Dsï Yus (Yän Yän). Es war die Heimatstadt Tan Tiä Miä Mings. Vgl. VI, 12. Dsï Yu war in den Formen sehr bewandert und hat diese Kenntnisse offenbar sehr eifrig angewandt, daher der Scherz des Meisters.

5 Gung-Schan Fu-Yau war ein Helfershelfer von Yang Ho (s. Abschn. 1), mit dem zusammen es ihm gelungen war, das Haupt der Familie Gi gefangen zu setzen und die Stadt Bi, mit deren Verwaltung er betraut war, durch einen Handstreich zu nehmen (Über die Stadt Bi vgl. XVI, 1). Ähnlich wie Yang Ho dachte auch er daran, Kung zu verwenden. Offenbar war Kung einen Augenblick geneigt, die Einladung anzunehmen, weil er sich zutraute, die Verhältnisse in Ordnung zu bringen, d. h. unter Beseitigung der Adelsgeschlechter die Regierung wieder in legitime Hände zu bringen und im Osten Chinas Zustände zu schaffen, die hinter der Blütezeit der Dschoudynastie nicht zurückständen. Dsï Lu hat keinen Sinn dafür. Er sieht nur, was vor Augen ist. Daher sein Widerspruch. Kung ging übrigens schließlich doch nicht hin, so wenig wie zu Bi Hi (Abschn. 7). Die Schwierigkeiten waren offenbar doch zu groß. [Die Worte Dsï Lus lauten wörtlich übersetzt: (Wenn) Nicht (ein Platz zum) gehen (da ist), so aufhören! Warum durchaus das (= zu) Gung Schan gehen?]

6.

子張問仁於孔子。孔子曰："能行五者於天下，為仁矣。"請問之。曰："恭、寬、信、敏、惠。恭則不侮，寬則得眾，信則人任焉，敏則有功，惠則足以使人。"

7.

佛肸召，子欲往。子路曰："昔者由也聞諸夫子曰：'親於其身

6. Die fünf Vorbedingungen der Sittlichkeit[6]

Dsï Dschang fragte den Meister Kung nach (dem Wesen) der Sittlichkeit. Meister Kung sprach. „Auf dem ganzen Erdkreis fünf Dinge durchzuführen, das ist Sittlichkeit." (Dsï Dschang sprach:) „Darf ich danach fragen?" (Meister Kung) sprach: „Würde, Weitherzigkeit, Wahrhaftigkeit, Eifer und Gütigkeit. Zeigt man Würde, so wird man nicht mißachtet; Weitherzigkeit: so gewinnt man die Menge; Wahrhaftigkeit: so vertrauen einem die Menschen; Eifer: so hat man Erfolg; Gütigkeit: so ist man fähig, die Menschen zu verwenden."

Dsï Dschang fragte nach dem Wesen der sittlichen Vollkommenheit. Der Meister sprach: „Ein Fürst, der imstande ist, fünf Dinge auf Erden durchzuführen, dessen Regierung ist sittlich vollkommen „Und als Dsï Dschang um nähere Ausführung bat, fuhr er fort: „Würde, Weitherzigkeit, Wahrhaftigkeit, Eifer und Gütigkeit sind diese fünf Eigenschaften, welche es dem Fürsten ermöglichen, ohne Gewaltmaßregeln ein solches Regiment zu führen, daß sittliche Vollkommenheit auf Erden herrscht. Wahrt der Herrscher in seinem persönlichen Auftreten die Würde, so gibt es im Volk ganz von selbst keine Majestätsbeleidigungen. Durch Weitherzigkeit, die nicht in kleinlicher Weise bei Einzelheiten haften bleibt, gewinnt er die Herzen des Volks. Durch Wahrhaftigkeit und Zuverlässigkeit erwirbt er sich das Vertrauen der Menschen, durch Energie und Pflichttreue gelingt es ihm, wirkliche Werke zu vollenden, während die Gnade und Gütigkeit seines Wesens ihn in den Stand setzen, die freiwillige Mitwirkung seiner Untertanen bei allem zu finden, was er unternimmt.

7. Möglichkeit des Wirkens. II. Bi Hi[7]

Bi Hi berief (den Meister). Der Meister war geneigt, hinzugehen. Dsï Lu sprach. „Einst habe ich vom Meister gehört: ‚Wer in seinem persönlichen Betragen

6 Der Abschnitt gehört seiner ganzen Komposition nach zu XVI, 4–10, also zur Tsi-Rezension. Man beachte auch die Einleitung. „Meister Kung sprach". Hierher gehört ferner XX, 2.

7 Bi Hi war (in ähnlicher Weise wie Yang Ho und Gung Schan im Staate Lu) ein rebellischer Hausbeamter des Adelsgeschlechtes Dschau im Staate Dsïn (vgl. XIV, 12), der, gestützt auf die Stadt Dschung Mou, sich zum Herrn aufgeworfen hatte. Vgl. zu diesem Abschnitt die parallele Erzählung Abschn. 5. – Auch hier war übrigens das Resultat dasselbe: Kung ging schließlich nicht hin. Von den zitierten Sprichwörtern ist das erste ohne weiteres verständlich. Auch das zweite macht keine Schwierigkeiten, wenn man nur nicht gerade an Kleiderstoffe denkt. Der Kürbis wird auch verschieden erklärt, einige identifizieren ihn mit einem

為不善者，君子不入也。’佛肸以中牟畔，子之往也，如之何！”子曰：“然。有是言也。不曰堅乎，磨而不磷；不曰白乎，涅而不緇。吾豈匏瓜也哉？焉能繫而不食？”

8.

子曰：“由也，女聞六言六蔽矣乎？”對曰：“未也。”“居！吾語女。好仁不好學，其蔽也愚；好知不好學，其蔽也蕩；好信不好學，其蔽也賊；好直不好學，其蔽也絞；好勇不好學，其蔽也亂；好剛不好學，其蔽也狂。”

9.

子曰：“小子！何莫學夫詩？詩，可以興，可以觀，可以

nicht gut ist, mit dem läßt sich der Edle nicht ein.' Bi Hi hat Dschung Mou im Aufruhr besetzt; wenn (nun) der Meister hingeht: was soll das?" Der Meister sprach: „Ja, ich habe das gesagt; aber heißt es nicht auch: ‚Was wirklich fest ist, mag gerieben werden, ohne daß es abgenutzt wird'? Heißt es nicht: ‚Was wirklich weiß ist, kann auch in eine dunkle Flüssigkeit getaucht werden, ohne daß es schwarz wird'? Wahrlich, bin ich denn ein Kürbis, den man nur aufhängen kann, aber nicht essen?"

8. Die sechs Worte und sechs Verdunkelungen[8]

Der Meister sprach: „Yu, hast du die sechs Worte und die sechs Verdunkelungen gehört?" (Dsï Lu) erwiderte und sprach: „Noch nicht." (Der Meister sprach:) „Setze dich, ich werde sie dir sagen: Sittlichkeit lieben, ohne das Lernen zu lieben: diese Verdunkelung führt zur Torheit; Weisheit lieben, ohne das Lernen zu lieben: diese Verdunkelung führt zu Ziellosigkeit; Wahrhaftigkeit lieben, ohne das Lernen zu lieben: diese Verdunkelung führt zu Beschädigung[9]; die Geradheit lieben, ohne das Lernen zu lieben: diese Verdunkelung führt zu Grobheit; den Mut lieben, ohne das Lernen zu lieben: diese Verdunkelung führt zu Unordnung; die Festigkeit lieben, ohne das Lernen zu lieben: diese Verdunkelung führt zu Sonderlichkeit."

9. Der Nutzen des Liederbuchs

Der Meister sprach: „Meine Kinder, warum lernt ihr nicht die Lieder? Die Lieder sind geeignet, um anzuregen; geeignet, um zu beobachten; geeignet, um

---

Sternbild, aber dazu paßt das Aufhängen nicht so recht. Das Wort bedeutet auch nicht „bittere Gurke", sondern „Kürbis".

8 Auch dieser Abschnitt gehört wohl mit Abschnitt 6 usw. zusammen. Eine Parallelstelle dazu haben wir in VIII, 2, wo wenigstens zwei der hier erwähnten Eigenschaften vorkommen, nur daß dort statt „lernen" die „Formen" als notwendige Ergänzung bezeichnet werden. Sachlich kommt es auf dasselbe hinaus. Bezeichnend ist die novellistische Einkleidung in die Form eines Gesprächs mit Dsï Lu, welche Form zu Beginn des „Hiau Ging" ebenfalls imitiert wird (dort als Gespräch mit Dsong Dsï).

9 Wörtlich: „Dieb", „Räuber"; gemeint ist rücksichtslose Konsequenz, die das eigne und andrer Leben schädigt. Die Kommentare erwähnen als Beispiel einen gewissen We Schong Gau, der eine Verabredung mit einem Mädchen hatte, sich unter einer Brücke zu treffen. Als er am Stelldichein wartete, kam ein plötzlicher Regen, der das leere Flußbett zum Strom machte. Aber We starb lieber in den Fluten, als von seiner Abmachung zu weichen. (Über das Verhältnis dieses Mannes zu dem in V, 23 genannten lassen sich nur Vermutungen aufstellen).

群，可以怨。邇之事父，遠之事君。多識於鳥獸草木之名。”

10.

子謂伯魚曰：“女為周南召南矣乎？人而不為周南召南，其猶正牆面而立也與？”

11.

子曰：“禮云禮云，玉帛云乎哉？樂云樂云，鐘鼓云乎哉？”

zu vereinigen; geeignet, um den Groll zu wecken; in der Nähe dem Vater zu dienen, in der Ferne dem Fürsten zu dienen; man lernt (außerdem) viele Namen von Vögeln und Tieren, Kräutern und Bäumen kennen."

Der Meister sprach: „Meine jungen Freunde, warum beschäftigt ihr euch nicht mit der Poesie? Die Poesie ist geeignet, die Phantasie anzuregen, sie hält uns das Leben in einem Spiegel zur Betrachtung vor und reinigt dadurch die Gefühle; sie erweckt soziale Gesinnungen, sie entfacht den Groll gegen Ungerechtigkeit und Falschheit, sie läßt gute Vorsätze zu sittlichem Handeln in Familie und Staat entstehen. Und außerdem erweitert sie unsere Kenntnis der ganzen organisierten Welt."

10. Der Meister im Gespräch mit seinem Sohn über die Poesie[10]

Der Meister redete zu Be Yü und sprach: „Hast du schon (die Lieder im) Dschou Nan und Schau Nan betrieben? Ein Mensch, der nicht das Dschou Nan und Schau Nan treibt, ist der nicht, gleich als stünde er mit dem Gesicht gerade vor der Wand?"

11. Scheinkultur

Der Meister sprach: „,Riten' heißt es, ,Riten' heißt es: Wahrlich, heißt das denn Edelsteine und Seide? ,Musik' heißt es, ,Musik' heißt es: wahrlich, heißt das denn Glocken und Pauken?"

Jedermann hat heutzutage das Wort „Kultur"[11] *im Munde. Aber bildet man sich denn ein, daß die Kultur einfach in der Pracht des Schmucks und der Kleidung besteht? Man interessiert sich allenthalben für die Musik; aber denkt man denn, das Wesen der Musik bestehe einfach in einer interessanten Instrumentation?*

10 Vergleiche hierzu den Parallelabschnitt XVI, 13. Dschou Nan und Schau Nan sind die beiden ersten Kapitel des „Schï Ging".

11 Es ist beachtenswert, daß dieses Wort nicht im modernen Europa, sondern im antiken China gesprochen wurde.

12.

子曰：“色厲而內荏，譬諸小人，其猶穿窬之盜也與？”

13.

子曰：“鄉原，德之賊也。”

14.

子曰：“道聽而塗說，德之棄也。”

15.

子曰：“鄙夫！可與事君也與哉？其未得之也，

12. Wider die Hochtrabenden

Der Meister sprach: „Im Äußeren streng und innerlich schwach, (so einen kann man) vergleichen mit den niedrigen Menschen. Ist er nicht wie ein Dieb, der (durch die Wand) gräbt oder einsteigt?“

Es gibt eine Klasse von Menschen, die, ohne inneren Halt zu besitzen, ein ernstes und strenges Wesen an den Tag legen. Das sind bemitleidenswerte Kreaturen; denn sie müssen wie ein nächtlicher Dieb jederzeit davor zittern, daß sie ertappt und entlarvt werden.

13. Wider die Heuchler

Der Meister sprach: „Jene ehrbaren Leute im Lande sind Räuber der Tugend.“

Es gibt eine Sorte von Frommen[12]*, die in der ganzen Gegend im Ruf von Guten und Gerechten stehen: diese Sorte ist es, welche jeden geistigen Wert im Keim erstickt.*

14. Wider die Schwätzer

Der Meister sprach: „Auf der Straße hören und auf dem Wege reden ist die Preisgabe des Geistes.“[13]

Wer es über sich bringt, auf den öffentlichen Straßen und Plätzen die Weisheit zu verkündigen, die er auf der Gasse aufgelesen hat, der gibt damit jeden Anspruch auf geistigen Wert preis.

15. Wider die Streber

Der Meister sprach: „Jene Niederträchtigen! Wahrlich, kann man denn mit ihnen zusammen dem Fürsten dienen? Wenn sie es noch nicht erreicht haben,

12 Vgl. Matth. 23, 27.
13 Vgl. Matth. 7, 6.

患得之；既得之，患失之。苟患失之，無所不至矣。”

16.

子曰：“古者民有三疾，今也或是之亡也。古之狂也肆，今之狂也蕩；古之矜也廉，今之矜也忿戾；古之愚也直，今之愚也詐而已矣。”

17.

子曰：“巧言令色，鮮矣仁。”

so leiden sie darunter, es zu erreichen; wenn sie es dann erreicht haben, so leiden sie darunter, es zu verlieren; wenn sie aber darunter leiden, daß sie es verlieren könnten, so gibt es nichts, zu was sie nicht fortschreiten würden."

Da sind diese niederträchtigen Streber! Die machen es jedem anständigen Menschen unmöglich, gemeinsam mit ihnen einem Fürsten zu dienen. Solange sie noch unten auf der Leiter stehen, haben sie keinen andern Gedanken, als nach oben zu streben. Sind sie glücklich oben, so haben sie keinen andern Gedanken, als sich in ihrer Position zu behaupten. Und aus dieser Gesinnung heraus sind sie zu jeder Gemeinheit und jeder Kriecherei fähig.

16. Der Wechsel der Fehler im Lauf der Zeiten

Der Meister sprach: „Bei den Alten hatten die Leute drei Schwächen, die so heute wohl nicht mehr vorkommen. In alter Zeit waren die Schwärmer rücksichtslos, heute sind sie zügellos; in alter Zeit waren die Harten verschlossen, heute sind sie zänkisch und rechthaberisch; in alter Zeit waren die Toren gerade, heute sind sie verschlagen."

Auch die Alten hatten ihre Fehler, und wir können wohl behaupten, daß manche dieser Fehler heutzutage – überwunden sind. In alter Zeit pflegten sich exzentrische Schwärmer durch unbekümmerte Rücksichtslosigkeit auszuzeichnen. Heutzutage sind jene Leute jenseits von Gut und Böse. Auch im Altertum gab es harte Charaktere, die sich verschlossen und unzugänglich zeigten. Heutzutage streiten sich diese Leute in kleinlicher Rechthaberei herum. Auch das Altertum kannte Toren, die geradeheraus und ehrlich waren. Heutzutage ist die Dummheit mit verlogener Pfiffigkeit gepaart.

17. Der Schein trügt[14]

Der Meister sprach: „Glatte Worte und einschmeichelnde Mienen sind selten vereint mit Sittlichkeit."

14 Eine wörtliche Wiederholung von 1, 3. Nach manchen Kommentaren fehlte sie in alten Ausgaben an dieser Stelle. Möglich, daß der Satz wegen seiner Verwandtschaft mit den vorangehenden hier nochmals eingesetzt wurde.

18.

子曰：“惡紫之奪朱也，惡鄭聲之亂雅樂也，惡利口之覆邦家者。”

19.

子曰：“予欲無言。”子貢曰：“子如不言，則小子何述焉？”子曰：“天何言哉？四時行焉，百物生焉，天何言哉？”

18. Das Glänzende und das Echte[15]

Der Meister sprach: „Ich hasse es, wie das Violett den Scharlach beeinträchtigt; ich hasse es, wie die Klänge von Dschong die Festlieder verwirren; ich hasse es, wie die scharfen Mäuler Staat und Familien umstürzen."

Der Meister sprach: „Mir ist die Art zuwider, wie das grelle Violett das tiefe und satte Scharlachrot totschlägt. Mir ist die Art zuwider, wie die auf die Nerven wirkende moderne Musik den strengen Geist der alten und reinen Tonkunst stört. Ebenso ist mir die Art zuwider, wie zungenfertige Schwätzer mit ihren subjektiven Ansichten die festen und geheiligten Grundlagen von Staat und Gesellschaft untergraben."

19. Wirken ohne Worte

Der Meister sprach: „Ich möchte lieber nichts reden." Dsï Gung sprach: „Wenn der Meister nicht redet, was haben dann wir Schüler aufzuzeichnen?" Der Meister sprach: „Wahrlich, redet etwa der Himmel? Die vier Zeiten gehen (ihren Gang), alle Dinge werden erzeugt. Wahrlich, redet etwa der Himmel?"

Der Meister sprach: „Was nützen alle Worte? Ich wollte, ich hätte es nicht nötig, so viel zu reden!" Der Jünger Dsï Gung äußerte besorgt: „Aber wenn der Meister nicht redet, wie können dann wir Schüler die Tradition fortführen?" Der Meister sprach: „Die Wahrheit zeigt sich wirksam durch feste und klare Lebensordnungen, die objektiv wirken, wie die ewigen Ordnungen des Himmels. Diese Ordnungen sind wirksam; die Jahreszeiten gehen ihren Gang, und alle Geschöpfe leben und gedeihen in diesen Ordnungen, ohne daß der Himmel zu reden brauchte. Ebenso muß das moralische Leben der Menschen durch solche automatisch wirkenden Ordnungen, wie sie die heiligen Herrscher des Altertums geschaffen, geregelt und erzeugt werden. Mit bloßen Worten ist da nichts getan."[16]

---

15 Über die Farben und ihre Wirkungen vgl. Anm. zu X, 6. Was die Lieder von Dschong und die Schwätzer anlangt, so hat sich Kung dem Yän Hui gegenüber schon über sie ausgesprochen. Vgl. XV, 10. Über die „Festlieder", einen Teil des Schi Ging, vgl. das Nähere in der Anm. zu IX, 14. Nach einem alten Kommentar war Violett zu Kungs Zeit Modefarbe.

16 Es ist natürlich ein Irrtum von Legge, wenn er Kung vorwirft, daß er sich dem Himmel hier gleichstelle. Der Gedanke ist jenes wirkungsvolle „Nichtstun", wie es z.B. an Schun gerühmt wird (vgl. XV, 4), die „objektive" Wirksamkeit gegenüber dem bloßen Lehren und Überliefern: der alte Schmerz des Kung, die Tragik, unter der sein Leben litt. Der Schüler-

20.

孺悲欲見孔子，孔子辭以疾。將命者出戶，取瑟而歌。使之聞之。

21.

宰我問："三年之喪，期已久矣。君子三年不為禮，禮必壞；三年不為樂，樂必崩。舊穀既沒，新穀既升，鑽燧改火，期可已矣。"子曰："食夫稻，衣夫錦，於女安乎？"曰："安。""女安則為之！夫君子之居喪，食旨不甘，聞樂不樂，居處不安，故不為也。今女安，則為之！"宰我出。子曰："予之不仁也！子生三年，然後免於父母之懷。夫三年之喪，天下之通

20. Abweisung eines Besuchers

Jü Be wünschte den Meister Kung zu sehen. Meister Kung lehnte es ab, weil er krank sei. Während aber der Bote zur Tür hinausging, nahm er die Laute und sang, damit er es hören sollte.[17]

21. Über die Trauerzeit

Dsai Wo[18] fragte über die dreijährige Trauerzeit (und sprach): „Ein Jahr ist schon genug. Wenn der Edle drei Jahre lang keine Riten befolgt, so verderben die Riten sicher. Wenn er drei Jahre lang keine Musik ausübt, so geht die Musik sicher zugrunde. Wenn das alte Korn zu Ende ist und das neue Korn sproßt, wenn man beim Feueranmachen die Holzarten[19] wechselt, dann mag es genug sein." Der Meister sprach: „(Dann) wieder Reis zu essen und in Seide dich zu kleiden: könntest du dich dabei beruhigen?" (Jener) sprach: „Ja." – „Nun, wenn du dich dabei beruhigen kannst, so magst du es tun. Was aber den Edlen anlangt, so ist er, während er in Trauer ist, nicht imstande, gutes Essen zu genießen; wenn er Musik hört, so erfreut sie ihn nicht; wenn er in Bequemlichkeit weilt, so fühlt er sich nicht wohl. Darum tut er solche Dinge nicht. Nun aber, kannst du dich dabei beruhigen, so magst du es tun." Als Dsai Wo hinausgegangen war, sprach der Meister: „Yü ist doch lieblos! Ein Kind wird drei Jahre alt, ehe es die Arme von Vater und Mutter entbehren kann. Was die dreijährige Trauerzeit anlangt, so ist sie auf dem ganzen Erdkreis die durchgehen-

---

standpunkt Dsï Gungs erinnert beinahe an die Stelle in Faust: „Denn was man schwarz auf weiß besitzt, kann man getrost nach Hause tragen." – Möglicherweise sind die Abschn. 11–9 ein zusammenhängender Abschnitt.

17 Warum Kung den Jü Be nicht sehen wollte, ist nicht klar; ebensowenig ist etwas Näheres über Jü Be bekannt, außer daß er aus dem Staate Lu war. Die Absicht der Ablehnung sollte möglichst deutlich gemacht werden: daher der Gesang, um keinen Zweifel übrigzulassen, was es mit dem „Kranksein" auf sich habe. Bemerkenswert für die Quelle ist auch hier die Bezeichnung „Meister Kung".

18 Auch dieser Abschnitt enthält einen scharfen Tadel für Dsai Wo (Yü), wie eigentlich alle Stellen, wo er auftritt, vgl. III, 21; V, 9; VI, 24 (dagegen XI, 2). Seinen logischen Argumenten gegenüber appelliert Kung an das natürliche Gefühl.

19 Im alten China wurde das Feuer durch Reiben verschiedener Hölzer erzeugt, die mit den 4 Jahreszeiten wechselten. Das alte Feuer wurde jedesmal ausgelöscht, wenn das neue Feuer erzeugt war, daher wörtlich: „wenn man beim Feuerbohren das Feuer wechselt". Nicht unerwähnt soll bleiben, daß manche Kommentatoren aus dieser Stelle folgern, daß zu jener Zeit nur einmal jährlich das Feuer erneuert worden sei. Die Sache ist jedoch für den Zusammenhang irrelevant.

喪也。予也，有三年之愛於其父母乎？”

22.

子曰：“飽食終日，無所用心，難矣哉！不有博弈者乎，為之猶賢乎已。”

23.

子路曰：“君子尚勇乎？”子曰：“君子義以為上。君子有勇而無義為亂，小人有勇而無義為盜。”

24.

子貢曰：“君子亦有惡乎？”子曰：“有惡：惡稱人之惡者，惡居下流而訕上者，惡勇而無禮者，惡果敢而窒者。”曰：“賜也亦有惡乎？”“惡徼以為知者，惡不孫以為勇者，

de Trauerzeit. Hat denn Yü nicht jene drei Jahre lang die Liebe seiner Eltern erfahren?"

22. Wider das Nichtstun

Der Meister sprach: „Sich satt essen den ganzen Tag, ohne den Geist mit irgend etwas zu beschäftigen, wahrlich, das ist ein schwieriger Fall. Gibt es denn nicht wenigstens Schach und Dambrett[20]? Das zu treiben ist doch immer noch besser."

23. Mut und Pflichtgefühl

Dsï Lu sprach: „Der Edle schätzt doch wohl den Mut am höchsten." Der Meister sprach: „Der Edle setzt die Pflicht obenan. Wenn ein Vornehmer Mut besitzt ohne Pflichtgefühl, so wird er aufrührerisch. Wenn ein Geringer Mut besitzt ohne Pflichtgefühl, so wird er ein Räuber."[21]

24. Was der Edle haßt

Dsï Gung sprach: „Hat der Edle[22] auch (gegen jemand einen) Haß?" Der Meister sprach: „Er hat Haß. Er haßt die, welche der Leute Übles verbreiten; er haßt die, welche in untergeordneter Stellung weilen und die Oberen verleumden; er haßt die Mutigen ohne Formen der Bildung; er haßt die, welche fest und waghalsig, aber beschränkt sind." Er sprach: „Sï, hast du auch (Leute die du) hassest?" (Dsï Gung sprach:) „Ich hasse die, welche spionieren und es für Weisheit ausgeben. Ich hasse die Unbescheidenen, die sich für mutig ausge-

20 Das Bo-Spiel ist dem Dambrett ähnlich. Es wird mit 12 Steinen auf jeder Seite gespielt. Das J-Spiel ist das alte chinesische Schach, ähnlich dem Belagerungsspiel oder Halma. Es wurde mit 360 Steinen gespielt. Das moderne chinesische Schach, das mit dem europäischen viele Ähnlichkeit hat, ist nach China wohl über Indien gekommen im 6. Jahrhundert unserer Zeitrechnung.

21 Eine Warnung an den mutigen Dsï Lu. Diese Betonung des Pflichtgedankens als des obersten hat Kung mit Kant gemein. Vergleiche die Einleitung über diese Frage.

22 Der „Edle": von manchen Kommentatoren wird angenommen, daß sich diese Frage auf Kung persönlich beziehe.

惡訐以為直者。”

25.

子曰：“唯女子與小人為難養也，近之則不孫，遠之則怨。”

26.

子曰：“年四十而見惡焉，其終也已。”

ben, ich hasse die, welche (Geheimes) ausplaudern und es für Geradheit ausgeben."

Dsï Gung fragte, ob der Edle auch hassen könne und dürfe. Der Meister erwiderte: „Gewiß gibt es Eigenschaften an den Menschen, die er haßt. Hassenswert vor allem sind die, welche anderer Leute Fehler ans Licht ziehen, hassenswert sind die, welche in untergeordneter Position ihren Vorgesetzten nicht geradezu ihre abweichende Meinung sagen, sondern hinterrücks über sie losziehen. Hassenswert sind die, welche rohe Stärke haben, die nicht durch Takt und Selbstbeherrschung im Zaum gehalten wird, hassenswert endlich sind die egoistischen und beschränkten Fanatiker."
Als der Meister den Dsï Gung fragte, ob er auch Gegenstände des Hasses kenne, antwortete dieser: „Ich hasse die Schleicher, welche ihre erschlichenen Geheimnisse für Weisheit ausgeben, die Anmaßenden, welche sich für mutig halten, und die Indiskreten, welche sich für ehrlich ausgeben."

25. Frauen und Knechte

Der Meister sprach: „Mit Weibern und Knechten ist doch am schwersten auszukommen! Tritt man ihnen nahe, so werden sie unbescheiden. Hält man sich fern, so werden sie unzufrieden."

26. Grenze der Möglichkeiten

Der Meister sprach: „Wer mit 40 Jahren (unter seinen Nebenmenschen) verhaßt ist, der bleibt so bis zu Ende."[23]

23 Vgl. IX, 22, wo ebenfalls das „Schwabenalter" als die Zeit angegeben ist, wo es sich entscheiden muß, ob etwas und was in einem Menschen steckt.

微子 – 微子

1.

微子去之，箕子為之奴，比干諫而死。孔子曰：“殷有三仁焉。”

BUCH XVIII – WE DSÏ

Dieses Buch, das nur aus 11 Abschnitten besteht, enthält eine historische Nachlese. Die Abschnitte 3–7 sind Anekdoten über die Mißerfolge und den Widerspruch, dem Kung während seines Lebens begegnet ist. Sie sind eingerahmt von Anekdoten über Mißerfolge, bzw. Resignationen anderer bedeutender Männer aus der Vergangenheit, teils mit, teils ohne Bemerkungen Kungs über sie. Die drei letzten Paragraphen sind Zusätze, die als solche nichts mit Lun Yü zu tun haben. Der ganze Stoff hat sehr viele Ähnlichkeit mit der erzählenden Quelle, die möglicherweise auf Tsi zurückgeht. Bezeichnend ist auch der fast durchgehende Gebrauch der Bezeichnung „Meister Kung".

1. Die drei sittlichen Heroen der Yindynastie

Der Herr von We zog sich (vom Hofe) zurück, der Herr von Gi wurde Sklave, Bi Gan machte (dem König Dschou Sin) Vorwürfe und wurde getötet. Meister Kung sprach: „Die Yindynastie hatte drei (Männer von wahrer) Sittlichkeit"[1]

1 Der letzte Fürst der Yindynastie, welche der Dschoudynastie unmittelbar voranging, war Dschou Sin (1154–1122). Er wird als grausamer Tyrann der schlimmsten Sorte geschildert, ganz analog dem letzten König der Hiadynastie, Giä. Die Ähnlichkeiten gehen so weit, daß eine historische Dublette sehr nahe liegt. Der obengenannte „Herr" von We war ein älterer Halbbruder des Tyrannen, der sich von dem Hof und seinem sittenlosen Treiben zurückzog, da er den kommenden Ruin voraussah und seine Person retten wollte, damit jemand übrigbleibe, der die Opfer für die Vorfahren vollziehen könne. Der Herr von Gi war ebenso wie der bekannte Bi Gan ein Oheim des Herrschers. Er hatte dem Herrscher Vorstellungen wegen seines sittenlosen Wandels gemacht und war von ihm gefangen gesetzt worden. Nur dadurch, daß er Verrücktheit fingierte, entging er dem Tod, da nach einer Überlieferung Dschou Sin ihn als eine Art von Hofnarren benutzt habe. Andere Überlieferungen führen seine Einkerkerung auf einen dauernden Verdacht des Fürsten zurück, der seiner Verrücktheit nicht ganz traute. (Interessant ist das Hamletmotiv, das sich übrigens auch in der Geschichte Davids findet.) Als König Wu den Tyrannen Dschou Sin bestraft hatte, ließ er den Gefangenen frei und übertrug ihm nach einer Tradition die nur unter chinesischer Suzeränität stehende Herrschaft über Korea. Li Gan wurde auf seine Vorwürfe hin grausam hingerichtet, indem ihm auf Befehl des Kaisers das Herz aus dem Leib gerissen worden sei, um zu sehen, „ob ein Heiliger wirklich sieben Öffnungen im Herzen habe". Er wird gegenwärtig als Gott des Reichtums in China verehrt.

2.

柳下惠為士師，三黜。人曰：“子未可以去乎？”曰：“直道而事人，焉往而不三黜？枉道而事人，何必去父母之邦。”

3.

齊景公待孔子，曰：“若季氏則吾不能，以季、孟之間待之。”曰：“吾老矣，不能用也。”孔子行。

4.

齊人歸女樂，季桓子受之。三日不朝，孔子行。

2. Die Vaterlandsliebe Huis von Liu Hia

Hui von Liu Hia[2] war Oberrichter und wurde dreimal entlassen. Da sprach jemand zu ihm: „Meister, ist es noch nicht so weit, daß Ihr Euch besser zurückzöget?“ Er sprach: „Wenn ich auf gradem Weg den Menschen dienen will, wohin sollte ich gehen, ohne dreimal entlassen zu werden? Wollte ich aber auf krummen Wegen den Menschen dienen, warum sollte ich es nötig haben, mein Vaterland zu verlassen?“

3. Im Staate Tsi

Der Fürst Ging[3] von Tsi (überlegte) die Behandlungsweise des Meisters Kung und sprach: „Ihn so behandeln wie das Haupt des Geschlechtes Gi kann ich nicht. Ich will ihm eine Stellung geben zwischen der des Hauptes der Gi und der des Hauptes der Mongfamilie.“ Später aber sprach er: „Ich bin zu alt, ich kann mich seiner nicht mehr bedienen.“ Meister Kung ging.

4. Des Meisters Rücktritt aus dem Amt in Lu

Die Leute von Tsi sandten (dem Fürsten von Lu als Geschenk eine Truppe von) weiblichen Musikanten. Freiherr Gi Huan nahm sie an. Drei Tage wurde kein Hof gehalten. Meister Kung ging.[4]

---

2 Über Hui von Liu Hia vgl. XV, 13 und in diesem Buch Abschn. 8. Bei Menzius wird er ebenfalls als hervorragender Mann des Altertums erwähnt. Der Kommentar Hu vermutet, daß am Schluß ein Satz fehle, der Kungs Urteil über ihn enthielt. Von anderer Seite wurde versucht, die Schwierigkeit dadurch zu lösen, daß der Abschnitt mit XV, 13 zusammengefaßt wird. Die Erklärung wäre dann diese: Dsang Wen Dschung war auf die Bedeutung des Hui von Liu Hia aufmerksam gemacht worden, so daß er ihn nicht ignorieren konnte. Deshalb gab er ihm die untergeordnete und überaus schwierige Stellung eines Oberrichters, wodurch er bei den Prozessen fortwährend in Konflikt mit den Häuptern der mächtigen Familien kommen mußte. Als er an diesen Schwierigkeiten das erstemal scheiterte, hoffte Dsang ihn endgültig los zu sein. Aber durch die Volksgunst getragen, wurde er noch zweimal mit dem Amt betraut, um beide Male an der Kollision mit den herrschenden Familien zu scheitern. Da habe ihm Dsang einen Boten geschickt, um ihm das Gehen nahezulegen, worauf die oben erwähnte Antwort erfolgt sei. Kungs Urteil über die Sache läge dann in XV, 13.

3 Über den alten Ging vom Staate Tsi und seine Unterhaltung mit Kung vgl. XII, 11. Kungs Urteil über ihn siehe XVI, 12. Es würde sich um das Jahr 517 handeln, wo Kung infolge der Unruhen in Lu nach Tsi gegangen war. Die Divergenz der beiden Äußerungen, die Kung zum Gehen veranlaßte, wird den Machinationen Yän Yings zugeschrieben.

4 Die Szene fällt in die Zeit der kurzen amtlichen Wirksamkeit Kungs als Staatsminister von Lu. Der Erfolg Kungs hatte den Nachbarstaat Tsi eifersüchtig gemacht, daher das Geschenk von weiblichen Musikanten (nach anderen Quellen auch Pferden usw.). Der Erfolg war denn

5.

楚狂接輿歌而過孔子曰：“鳳兮！鳳兮！何德之衰？

5. Der Narr von Tschu

Der Sonderling von Tschu, Dsiä Yü[5], sang ein Lied und ging bei Meister Kung vorbei und sprach:

„O Vogel Fong, o Vogel Fong,
Wie sehr dein Glanz verblich!

---

auch der gewünschte. Drei Tage lang blieben der Fürst und seine Großen den Staatsgeschäften fern. Kung war entrüstet – *ging aber nicht.* Wie aus andren Quellen (Menzius u. a.) hervorgeht, ist der Rücktritt Kungs erst im folgenden Frühjahr erfolgt, als er bei der Verteilung des fürstlichen Opferfleischs aufs gröblichste vernachlässigt worden war. Ein sachlicher Zusammenhang der beiden Ereignisse ist jedoch kaum zu bezweifeln, so daß die obige Bemerkung: ‚Kung Dsï ging' vom pragmatischen Standpunkt aus immerhin Recht behielte.

5 Dsïä Yü (wörtlich: „der den Wagen empfängt") ist nach den zuverlässigsten Kommentaren der Name des ‚Sonderlings' im Staate Tschu. Andre fassen es: „Der Narr von Tschu ging dem Wagen (Kungs) entgegen." Wahrscheinlich ist die Begegnung bei dem Hause, in dem Kung während seines Aufenthalts in Tschu wohnte. Kung erkannte sofort, daß er es mit einem verborgenen Weisen zu tun habe, der ähnlich wie der Herr von Gi (Abschnitt 1) seine Weisheit unter dem Mantel der Torheit verbarg. Der Zug Kungs zu dem halb barbarischen König von Tschu (im Süden), auf dem ihm so viele Unannehmlichkeiten passiert sind (vgl. XV, 1, 2), ist wohl ein Verzweiflungsakt gewesen, daher die Mahnung des Narren nicht ohne Berechtigung. In diese Zeit (490 v. Ch.) fallen auch die Begegnungen mit dem „Fürsten" von Shä (XII, 18; XIII, 18), der ja ein Beamter des Staates Tschu war. Kung erreichte in Tschu nichts, da der Kanzler gegen ihn war. Bemerkenswert ist, daß dieselben Worte, die Kung dem Dsai Wo gegenüber zugeschrieben werden (III, 21): „Bei Taten, die ihren Lauf genommen haben, ist es umsonst, zu mahnen, so wollen wir, was vorüber ist, nicht tadeln" hier beinahe wörtlich im Munde des Narren wiederkehren. (Im Text frei übersetzt: „Was gescheh'n ist, ist geschehen", wörtlich: „Was vorüber ist, soll man nicht mahnen"). Es handelt sich offenbar um ein altes Sprichwort. – Die Geschichten, die sich auf den Aufenthalt in Tschu beziehen, entstammen offenbar derselben Quelle. Vgl. Dschuang Dsï IV, 8. – Die Worte des Narren erinnern sehr an die Unterredung, die Kung Dsï mit seinem älteren Zeitgenossen Lao Dsï gehabt haben soll, die (nach dem Berichte bei Ssi Ma Tsiän) folgendermaßen verlief. Kung Dsï ging nach Dschou, um Lao Dsï nach den Bräuchen zu fragen. Lao Dsï sprach: Wovon der Herr spricht, diese Männer samt all ihren Gebeinen sind längst vermodert; nur ihre Worte sind in den Ohren. Wenn der Weise seine Zeit findet, dann steigt er; findet er nicht seine Zeit, dann läßt er das Unkraut sich häufen und geht. Ich habe gehört, ein kluger Kaufmann verberge seine Vorräte wie nicht vorhanden; der Weise von vollendeter Tugend erscheine äußerlich wie unwissend. – Weg mit des Herrn Hochmut und vielen Begierden, auswendigem Schein und ausschweifenden Plänen! Das alles nützt dem Herrn nichts. Das ist es, was ich dem Herrn zu sagen habe, und damit gut." – Kung Dsï ging fort, redete mit seinen Schülern und sprach: „Vögel, ich weiß, die können fliegen; Fische, ich weiß, die können schwimmen; Tiere, ich weiß, die können laufen. Die laufenden können umgarnt werden, die schwimmenden können geangelt werden, die fliegenden können geschossen werden. Komm ich zum Drachen, so weiß ich nicht, wie er sich erhebt auf Wind und Wolken und aufsteigt zum Himmel. Heute sah ich Lao Dsï : ist er nicht wie der Drache?"

往者不可諫，來者猶可追。已而，已而！今之從政者殆而！”孔子下，欲與之言。趨而辟之，不得與之言。

6.

長沮、桀溺耦而耕，孔子過之，使子路問津焉。長沮曰：“夫執輿者為誰？”子路曰：“為孔丘。”曰：“是魯孔丘與？”曰：“是也。”曰：“是知津矣。”問於桀溺，桀溺曰：“子為誰？”曰：“為仲由。”曰：“是魯孔丘之徒與？”對曰：“然。”曰：“滔滔者天下皆是也，而誰以易之？且而與其從辟人之士也，豈若從辟世之士哉？”耰而不輟。子路行以告。夫子憮然曰：“鳥獸不可與同群，吾非斯人之徒與而誰與？天下有道，丘不與易也。”

Doch was gescheh'n ist, ist gescheh'n, Nur künftig hüte dich!
Gib auf, gib auf dein eitles Müh'n!
Wer heut'dem Staate dienen will,
Der stürzt nur in Gefahren sich!"

Meister Kung stieg herab und wünschte mit ihm zu reden, aber jener eilte fort und wich ihm aus. Es gelang ihm nicht, mit ihm zu reden.

6. Die Furt

Tschang Dsü und Giä Ni waren miteinander mit Feldarbeit beschäftigt. Meister Kung kam bei ihnen vorüber und ließ durch Dsï Lu fragen, (wo) die Furt (sei). Tschang Dsü[6] sprach: „Wer ist der, der dort im Wagen die Zügel hält?" Dsï Lu sprach: „Das ist Kung Kiu." Da sprach jener: „Ist das der Kung Kiu aus Lu?" (Dsï Lu) sprach: „Ja, der ist es." (Darauf) sprach (jener): „Der weiß (ja wohl) die Furt." Darauf fragte er den Giä Ni. Giä Ni sprach: „Wer ist der Herr?" Er sprach: „Dschung Yu."[7] Darauf jener: „Bist du ein Schüler des Kung Kiu aus Lu?" Er erwiderte: „Ja." (Dann) sprach (Giä Ni): „Eine ungeheure Überschwemmung: so sieht es auf dem Erdkreis aus, und wer (ist da), es zu ändern? Und dabei einem Lehrer zu folgen, der sich nur von (einem) Fürsten (zum andern) zurückzieht! Wäre es nicht besser, einem Lehrer zu folgen, der sich von der Welt (überhaupt) zurückzieht?"[8] Darauf hackte er weiter, ohne (nochmals) innezuhalten. Dsï Lu ging, um es (dem Meister) anzusagen. Sein Meister seufzte tief und sprach: „Mit den Vögeln und Tieren des Feldes kann man (doch) nicht zusammen hausen; wenn ich nicht mit diesem Geschlecht von Menschen zusammensein will, mit wem soll ich (dann) zusammensein? Wenn der Erdkreis in Ordnung wäre, so wäre ich nicht nötig, ihn zu ändern."

---

6 Die Namen der beiden Verborgenen, die hier Kungs Bemühungen verlachen, sind nicht überliefert. Die im Text stehenden Bezeichnungen (Tschang Dsü, „der lange Ruhende"; Giä Ni, „der feste Untergetauchte") sind symbolische Bezeichnungen.

7 Dschung Yu ist bekanntlich der Name Dsï Lus. Vgl. XI, 2 Anm.

8 Vgl. XIV, 39. Die Abschnitte in jener Gegend gehören mit den hier stehenden sachlich zusammen

7.

子路從而後，遇丈人，以杖荷蓧。子路問曰：“子見夫子乎？”丈人曰：“四體不勤，五穀不分。孰為夫子？”植其杖而芸。子路拱而立。止子路宿，殺雞為黍而食之，見其二子焉。明日，子路行以告。子曰：“隱者也。”使子路反見之。至則行矣。子路曰：“不仕無義。長幼之節，不可廢也；君臣之義，如之何其廢之？欲潔其身，而亂大倫。君子之仕也，行其義也。道之不行，已知之矣。”

8.

逸民：伯夷、叔齊、虞仲、夷逸、朱張、柳下惠、少連.

7. Dsï Lu und der Alte[9]

Dsï Lu folgte (dem Meister Kung) und blieb (auf dem Weg) zurück. Da begegnete er einem alten Manne, der an einem Stab einen Unkrautkorb über der Schulter trug. Dsï Lu fragte ihn und sprach: „Hat der Herr meinen Meister gesehen?“ Der Alte sprach: „Deine vier Glieder sind nicht (zur Arbeit) beweglich, die fünf Kornarten kannst du nicht unterscheiden: wer ist dein Meister?“ Er steckte seinen Stab in die Erde und jätete. Dsï Lu faltete die Hände (zum Gruß) und blieb aufrecht stehen. Da behielt er Dsï Lu über Nacht, schlachtete ein Huhn, machte einen Hirsebrei und gab es ihm zu essen. Auch stellte er ihm seine zwei Söhne vor. Am andern Tag ging Dsï Lu, um es (dem Meister) anzusagen. Der Meister sprach: „Das ist ein verborgener (Weiser).“ Er sandte Dsï Lu, um ihn nochmals zu sehen. Als er hinkam, war (aber jener) weggegangen. Dsï Lu sprach[10]: „Sich von jedem Amte fern zu halten, ist wider die Pflicht. Die Schranken zwischen Alt und Jung darf man nicht verfallen lassen; nun erst die Pflichten zwischen Fürst und Diener: wie kann man die verfallen lassen? Wer (nur darauf) bedacht ist, sein eignes Leben rein zu halten, der bringt die großen menschlichen Beziehungen in Unordnung. Damit, daß der Edle ein Amt übernimmt, tut er seine Pflicht. Daß die Wahrheit (heutzutage) nicht durchdringt: das weiß er wohl.“

8. Die sich vor der Welt verbargen[11]

Die sich unter das Volk zurückgezogen haben, waren: Be J, Schu Tsi, Yü Dschung, J Yi, Dschu Dschang, Hui von Liu Hia, Schau Liän

9 Über das Zurückbleiben Dsï Lu's vgl. XI, 22, wo Yän Hui in ähnlicher Weise zurückbleibt. – Die fünf Kornarten sind: Reis, Hirse, klebrige Hirse, Weizen, Bohnen; sonst werden auch sechs und mehr Kornarten genannt.

10 Manche Handschriften sollen angeblich die Worte „zu den Söhnen“ enthalten. Dem Sinne nach ist jedenfalls gemeint, daß Dsï Lu seinen Auftrag, dem sich der Alte wohl rechtzeitig entzogen hatte, bei dessen Söhnen anbringt. Die Argumentation geht davon aus, daß der Alte die Familienbeziehungen hochhielt. Wenn man das tut, so darf man um so weniger die staatlichen Beziehungen vernachlässigen, wie es durch solche Verborgenheit geschieht. Man hat in diesem Stück einfach seine Pflicht zu tun, unbekümmert um den Erfolg.

11 Über Be J und Schu Tsi, die Heroen aus der Zeit des Wechsels der Yin- und Dschoudynastie, vgl. V, 22; VII, 14; XVI, 12. Yü Dschung wird vielfach mit Wu Dschung (Dschung Yung) identifiziert, der, ein Bruder des Tai Be, mit diesem zusammen zu den Südbarbaren sich zurückzog, um das Reich dem Vater König Wens, Gi Li, zu überlassen. Vgl. VIII, 1. Sicher ist diese Identifikation aber nicht. Über J Yi Ist vollends nichts bekannt; manche Kommentatoren bezweifeln, ob es überhaupt ein Name ist, oder ob es eventuell übersetzt werden muß: „Yü Dschung, der sich (unter) die Barbaren zurückzog.“ Diese Übersetzung macht

子曰："不降其志，不辱其身，伯夷、叔齊與！"謂："柳下惠、少連，降志辱身矣。言中倫，行中慮，其斯而已矣。"謂："虞仲、夷逸，隱居放言。身中清，廢中權。""我則異於是，無可無不可。"

9.

大師摯適齊，亞飯干適楚，三飯繚適蔡，四飯缺適秦。方叔入於河，播鞉武入於漢，少師陽、擊磬襄，入於海。

10.

周公謂魯公曰："君子不施其親，不使大臣

Der Meister sprach: „Die ihr Ziel nicht erniedrigten und ihre Person vor Schande bewahrten: das waren Be J und Schu Tsi. Man (kann) sagen von Hui von Liu Hia und von Schau Liän, daß sie ihre Ziele erniedrigten und ihre Person in Schande brachten. Doch trafen sie in ihren Worten das Vernünftige, in ihrem Wandel trafen sie das Wohlerwogene; so waren sie, nichts mehr! Von Yü Dschung und J Yi (kann man) sagen, daß sie in der Verborgenheit lebten und ihren Worten Lauf ließen; in ihrem persönlichen (Wandel) trafen sie die Reinheit, in ihrem Rückzug trafen sie das den Umständen Entsprechende. Ich nun bin verschieden davon, (für mich gibt es) nichts (das unter allen Umständen) möglich, und nichts (das unter allen Umständen) unmöglich wäre."

9. Der Rückzug der Musiker von Lu[12]

Der Kapellmeister Dschï ging nach Tsi; der (Leiter der Musik beim) zweiten Mahl, Gan, ging nach Tschu; der beim dritten Mahl, Liau, ging nach Tsai; der beim vierten Mahl, Küe, ging nach Tsin; der Paukenmeister Fang Schu ging über den gelben Fluß; der Meister der Handpauke, Wu, ging über den Hanfluß; der Unterkapellmeister Yang und der Meister des Musiksteins, Siang, gingen über das Meer.

10. Der Rat des Fürsten Dschou an den Fürsten von Lu[13]

Der Fürst Dschou redete zu dem Fürsten von Lu und sprach: „Der Edle vernachlässigt nicht seine Nächsten; er gibt seinen Dienern keinen Anlaß zum

übrigens grammatische Schwierigkeiten. Dschu Dschang ist nicht zu identifizieren. Nur in Sün Dsï kommt eine Stelle vor, wo er mit Kung verglichen wird. Bemerkenswert ist, daß er von Kung in seinem Urteil nicht erwähnt wird. Hui von Liu Hia ist mehrfach erwähnt. XV, 13; XVIII, 2, 8. Schau Liän ist der Überlieferung nach kein Angehöriger des damaligen China, sondern gehörte zu den Ostbarbaren (aus dem heutigen Ostschantung), war aber seht vertraut mit den Kulturformen Chinas (vgl. Li Gi XVIII, 3. 14). – Der ganze Abschnitt ist übrigens nicht leicht zu verstehen.

12 Über den Kapellmeister Dschi vgl. VIII, 15, wo von seiner Tätigkeit die Rede ist. Über die übrigen Musiker ist nichts bekannt. Der Abschnitt ist ein Bericht, wie nach Kungs Weggang die Musiker, die unter ihm mit der rechten Art, Musik zu machen, bekannt geworden waren (III, 23), das Land verließen, um nicht Zeugen des Verfalls der Kultur sein zu müssen.

13 Der Fürst Dschou, Bruder des Königs Wu, war mit dem Fürstentum Lu belehnt; da er jedoch für den minderjährigen Tschong die Reichsregierung zu führen hatte, setzte er seinen Sohn Be Kin als Fürst von Lu ein, von dem die späteren Fürsten von Lu abstammten.

怨乎不以。故舊無大故，則不棄也。無求備於一人。”

11.

周有八士：伯達、伯適、仲突、仲忽、叔夜、叔夏、季隨、季騧。

Groll darüber, daß er sie nicht gebraucht; alte Vertraute verwirft er nicht ohne schwerwiegenden Grund; er verlangt nicht Vollkommenes von Einem Menschen."

11. Die vier Zwillingspaare der Dschoudynastie[14]

Dschou hatte acht Beamte: Be Da, Be Go, Dschung Du, Dschung Hu, Shu Ye, Shu Hia, Gi Sui, Gi Gua.

Im Schu Ging kommt die hier erwähnte Stelle nicht vor. Im Schï Ging wird zwar die Einsetzung Be Kins erwähnt, doch ohne diese Ermahnungen. Zu den einzelnen Aussprüchen finden sich jedoch konfuzianische Parallelen; vgl. Dschung Yung XX, 12; Lun Yü VIII, 2; XIII, 25. Über den Fürsten Dschou vgl. VII, 5.

14 Was dieser Satz hier zu tun hat, ist unklar. Es sollen vier Zwillingsbrüderpaare, Söhne derselben Mutter, gewesen sein. In der Geschichte wird nur von Be Go (Nan Gung Go, nicht zu verwechseln mit dem in Lun Yü erwähnten) berichtet.

子張 – 論語

1.

子張曰：“士見危致命，見得思義，祭思敬，喪思哀，其可已矣。”

BUCH XIX – DSÏ DSCHANG

Das 19. Buch enthält 25 Abschnitte. Kein einziger direkter Ausspruch Kungs ist darin enthalten. Es führt ein in die Verhältnisse der Schulen, die sich von Kung nach seinem Tode abzweigten. Beginnend mit zwei Aussprüchen Dsï Dschangs, die ziemlich genaue Reminiszenzen aus früheren Äußerungen des Meisters sind, schildert es in Abschnitt 3 den Übergang einiger Schüler Dsï Hias zu Dsï Dschang, der ihnen gegenüber Kritik an Dsï Hia übt. Darauf folgen 10 Abschnitte mit Äußerungen Dsï Hias, die sich ebenfalls ziemlich enge an frühere Worte des Meisters anschließen und oft nur spezielle Anwendungen oder weitere Ausführungen derselben enthalten. Dazwischen einige Äußerungen Dsï Yus. Die letzte dieser Äußerungen enthält eine Kritik Dsï Dschangs, der offenbar in ziemlich starkem Widerspruch zu der Richtung in der Schule Kungs stand, die später die herrschende geworden ist. Die nächsten 3 Abschnitte enthalten Äußerungen Dsong Schens, des Hauptes dieser Schule, worauf noch 8 Abschnitte mit Gesprächen Dsï Gungs (Duan Mu Sï) folgen, die dazu dienen, das Mißverständnis zu beseitigen, das offenbar in der Öffentlichkeit bald nach Kungs Tod aufgekommen war, daß nämlich Dsï Gung noch über dem Meister stehe. Seine eigne Autorität wird dagegen ins Feld geführt. Im ganzen sind die Zustände, in die wir hier einen Einblick tun, nicht besonders erfreulich. Namentlich der Streit mit dem offenbar sehr gewandten Dsï Dschang ist bezeichnend. Möglicherweise ist das auch der Grund, warum er, der doch sonst eine Rolle unter Kungs Schülern gespielt hatte, bei der Aufzeichnung der „10 Philosophen“ IX, 2 übergangen ist.

1. Das Ideal des Gebildeten[1] *(Dsï Dschang)*

Dsï Dschang sprach: „Der Gebildete, der angesichts der Gefahr sein Leben opfert, angesichts des Empfangens auf Pflicht denkt, beim Opfern auf Ehrerbietung denkt, bei den Totenbräuchen auf Trauer denkt: der mag wohl recht sein!“

1 Wiederholungen von XIV, 13, XVI, 10 (vgl. III, 26). – Dsï Dschang fragte seinerseits den Meister nach dem „Gebildeten“ in XII, 20.

2.

子張曰：“執德不弘，信道不篤，焉能為有？焉能為亡？”

3.

子夏之門人問交於子張。子張曰：“子夏云何？”對曰：“子夏曰：‘可者與之，其不可者拒之。’”子張曰：“異乎吾所聞：君子尊賢而容眾，嘉善而矜不能。我之大賢與，於人何所不容？我之不賢與，人將拒我，如之何其拒人也？”

4.

子夏曰：“雖小道，必有可觀者焉；致遠恐泥，是以君子不為也。”

2. Mangelnder Fortschritt (Dsï Dschang)

Dsï Dschang sprach: „Sein geistiges Wesen festhalten, ohne es zu erweitern, die Wahrheit glauben, ohne zuverlässig zu sein: kann ein solcher als einer gelten, der (die Wahrheit) hat, oder kann er als ein solcher gelten, der sie nicht hat?"[2]

Wer sein Pfund vergräbt, ohne damit zu wuchern, wer der Wahrheit zwar in seinem Intellekt zustimmt, aber ohne daß sie eine Macht in seinem Leben wird, ein solcher ist weder kalt noch warm.

3. Dsï Hias Jünger bei Dsï Dschang

Jünger Dsï Hias befragten den Dsï Dschang über den Umgang (mit Menschen). Dsï Dschang sprach: „Was sagt Dsï Hia darüber?" Sie erwiderten: „Dsï Hia sprach: ‚Mit denen, die es wert sind, Gemeinschaft haben, die, die es nicht wert sind, fernhalten.'" Dsï Dschang sprach: „Verschieden davon ist, was ich gehört. Der Edle ehrt die Würdigen und erträgt alle; er rühmt die Tüchtigen und bemitleidet die Unfähigen. Bin ich ein würdiger Charakter, was sollte ich die andern Menschen nicht ertragen können; bin ich ein unwürdiger Charakter, so werden mich die andern von sich fernhalten. Was soll da das Fernhalten der andern?"[3]

4. Die Gefahr des Dilettantismus[4]

Dsï Hia sprach: „Auch die kleinen Liebhaberkünste haben sicher etwas, das sich sehen läßt. Aber wenn man sie zu weit treibt, ist Verwirrung zu befürchten. Darum betreibt sie der Edle nicht."

---

2 Dschu His Auffassung ist: „Das Sein oder Nichtsein eines solchen ist bedeutungslos."

3 Zur ersten Hälfte vgl. I, 8; XVI, 4. Zur zweiten Hälfte I, 6; II, 20.

4 Dschu Hi sieht in den „kleinen Wahrheiten" den Acker- und Gartenbau u. dgl., wie Fan Tschï es lernen will. Wohl mit Unrecht.

5.

子夏曰：“日知其所亡，月無忘其所能，可謂好學也已矣。”

6.

子夏曰：“博學而篤志，切問而近思，仁在其中矣。”

7.

子夏曰：“百工居肆以成其事，君子學以致其道。”

5. Der rechte Philosoph

Dsï Hia sprach: „Wer täglich weiß, was ihm noch fehlt, und monatlich nicht vergißt, was er kann, der kann ein das Lernen Liebender genannt werden."

Wer fortwährend sich klar darüber ist, was an seinem Wissen noch der Ergänzung bedarf, und demgemäß systematisch weiterarbeitet und darüber den erworbenen Besitz nicht vergißt, sondern sich immer von Zeit zu Zeit Rechnung darüber gibt, der hat die rechte Art des Studiums.

6. Bildung und Sittlichkeit

Dsï Hia sprach: „Ausgebreitete Kenntnisse erwerben und fest aufs Ziel gerichtet sein, ernstlich fragen und vom Nahen aus denken: Sittlichkeit liegt darin."

Es gibt eine entschlossene, konsequente Art des Studiums, die Universalität erstrebt; was ihre Methoden anlangt, so benützt sie in gleicher Weise zu ihrer Aufklärung die Erfahrungen andrer wie auch das eigne Denken: eine solche Art der geistigen Arbeit ist eine vollwertige Äußerung wahrer Humanität.[5]

7. Das Gleichnis von den Handwerkern

Dsï Hia sprach: „Die hundert Handwerker bleiben in ihren Werkstätten, um ihre Arbeit zu vollenden; der Edle lernt, um seine Wahrheit zu erreichen."

Der Handwerker arbeitet in seiner Werkstatt und bleibt sitzen an seiner Arbeit, und so wird ganz von selbst die Arbeit fertig. So ist es auch mit dem Studium des bedeutenden Menschen: er arbeitet voran, und in dieser Arbeit erreicht er schließlich ganz von selbst die Wahrheit.[6]

---

5 Humanität ist hier im klassischen Sinn genommen, wie er sich z.B. bei Humboldt findet. Der Ausdruck „vom Nahen aus denken" erinnert an VI, 28, wo als Charakteristikum wahrer Sittlichkeit bezeichnet ist, daß man von sich aus Schlüsse auf die Wünsche und Abneigungen der andern ziehen könne. Über die grammatikalische Form des Schlußsatzes vgl. VII, 15; XIII, 18.

6 Eine andre Erklärung des Gleichnisses ist, daß die Handwerker in besonderen Vierteln zusammenwohnen, und so durch die ganze Umgebung ihre Geschicklichkeit gefördert wird. Doch scheint die im Text gegebene Erklärung besser eine Anwendung zuzulassen.

8.

子夏曰："小人之過也必文。"

9.

子夏曰："君子有三變：望之儼然，即之也溫，聽其言也厲。"

10.

子夏曰："君子信而後勞其民，未信則以為厲己也；信而後諫，未信則以為謗己也。"

8. Die Fehler der Gemeinen

Dsï Hia sprach: „Die Fehler der Gemeinen haben sicher eine Verzierung."

Ein niedrig denkender Mensch wird es stets verstehen, seine Fehler zu bemänteln.[7]

9. Die drei Verwandlungen des Edlen[8]

Dsï Hia sprach: „Dreimal verschieden erscheint der Edle. (Aus der Ferne) gesehen (erscheint er) streng. Naht man ihm, so ist er milde. Hört man seine Worte, so ist er unbeugsam."

10. Der Wert des Vertrauens

Dsï Hia sprach: „ Der Edle (erwirbt sich) das Vertrauen, dann erst bemüht er seine Untertanen; wenn sie noch kein Vertrauen haben, so halten sie das für Härte gegen sich. Er (erwirbt sich) das Vertrauen (seines Fürsten), dann erst macht er Vorhaltungen; wenn er noch nicht das Vertrauen (seines Fürsten) hat, so hält jener es für Beschuldigungen gegen sich."

Das Vertrauen ist die Grundlage, auf der eine wahrhafte Wirksamkeit erst möglich wird. Daher wird der höhere Mensch es überall sich zu verdienen suchen, wo er mit Menschen zu tun hat. Hat er es mit Untergebenen zu tun, so erwirbt er sich erst ihr Vertrauen, ehe er ihnen Anstrengungen zumutet; denn wenn sie noch kein Vertrauen gefaßt haben und dennoch zu schwerer Arbeit herangezogen werden, so halten sie dieses Vorgehen nur für Härte. Ebenso sucht er im Verkehr mit seinem Fürsten erst dessen Vertrauen zu gewinnen, ehe er ihm Vorhaltungen macht; denn abgesehen von diesem gegenseitigen Vertrauensverhältnis wird der Fürst die Vorhaltungen nur als ungerechte Beschuldigungen empfinden und dadurch verletzt werden.[9]

7 Vgl. dazu XIX, 21 über die Fehler der Edlen.

8 Vgl. dazu die Bemerkungen über das Äußere Kungs VII, 37 u. a.

9 Vgl. XX, 3, 9; XVII, 6; XIV, 23.

11.

子夏曰："大德不踰閑，小德出入可也。"

12.

子游曰："子夏之門人小子，當洒掃、應對、進退，則可矣。抑末也，本之則無。如之何？"子夏聞之曰："噫！言游過矣！君子之道，孰先傳焉？孰後倦焉？譬諸草木，區以別矣。君子之道，焉可誣也？有始有卒者，其惟聖人乎！"

11. Die Großen und die Kleinen

Dsï Hia sprach: „Die Menschen von großer Tugend übertreten nie die Grenzen. Leute von kleinerer Tugend mögen wohl einmal aus- und eingehen."

Die Menschen sind verschieden in ihrem geistigen Wesen, und dem entsprechend darf man nicht dieselben Maßstäbe an alle anlegen. Männer von großer sittlicher Veranlagung halten sich ganz von selbst innerhalb der Schranken der Vollkommenheit. Bei kleineren Geistern kann es auch wohl vorkommen, daß sie diese Grenze einmal überschreiten und erst hinterher sich wieder zurechtfinden. Das mag denn in ihrem Falle geduldet werden.[10]

12. Dsï Yus Kritik und Dsï Hias Replik

Dsï Yu sprach: „Die Schüler Dsï Hias sind (wie) kleine Kinder: im Besprengen (des Fußbodens), Kehren, Gehorchen und Antworten, Eintreten und Hinausgehen: da sind sie zu brauchen. Aber wenn über den Nebensachen die Hauptsache vernachlässigt wird, was soll das heißen?"
Dsï Hia hörte es und sprach: „Ei, Yän Yu ist im Irrtum! An der Lehre des Edlen: was ist da wichtig, daß es gelehrt werden muß, und was ist unwichtig, daß es vernachlässigt werden kann? Sie mag verglichen werden mit den Gräsern und Bäumen, die je nach ihrer Art verschieden behandelt werden müssen. Die Lehre des Edlen: wie dürfte man die verwirren! Wer Anfang und Ende zugleich besitzt, das ist nur der Heilige!"[11]

---

10 Vgl. II. 4; XIII, 25. – Dschu Hi faßt die Stelle übrigens anders auf: „Wer in großen Haupttugenden sich keine Übertretungen zu schulden kommen läßt, der mag sich in kleineren Tugenden einige Freiheit gestatten." Das ist jedoch in striktem Gegensatz zu Dsï Hias Wesen. Vgl. Abschnitt 12.

11 Yän Yän oder Dsï Yu vgl. XI, 2; XVII, 4 und vorher II, 7; VI, 12. Er war mehr auf die großen Lehren der Riten und Musik gerichtet und hatte daher keinen Sinn für die penible Art Dsï Hias, die er verlacht. Die Antwort Dsï Hias, mit der er sich rechtfertigt, leidet keineswegs an übergroßer Klarheit. Die chinesischen Kommentatoren haben schon alle möglichen Erklärungen versucht, ohne daß jedoch eine durchaus befriedigen würde. Der Sinn ist wohl der: Schließlich ist alles richtig und man muß sich bei der Stufe der Belehrung an das Schülermaterial anpassen. Alles auf einmal kann nur das Genie.

13.

子夏曰：“仕而優則學，學而優則仕。”

14.

子游曰：“喪致乎哀而止。”

15.

子游曰：“吾友張也，為難能也。然而未仁。”

16.

曾子曰：“堂堂乎張也，難與並為仁矣。”

17.

曾子曰：“吾聞諸夫子：人未有自致者也，必也親喪乎！”

13. Amt und Studium

Dsï Hia sprach: „Der Beamte, der Zeit übrig hat, möge lernen. Der Lernende, der Zeit übrig hat, möge ein Amt antreten."[12]

14. Die Trauer

Dsï Yu sprach: „Bei den Totenbräuchen gehe man nicht weiter als bis zu wirklicher Herzenstrauer."[13]

15. Dsï Yus Kritik an Dsï Dschang

Dsï Yu sprach: „Mein Freund (Dsï) Dschang kann (alle möglichen) schwierigen Dinge fertig bringen, aber sittlich (vollkommen) ist er noch nicht."

16. Dsong Schens Kritik an Dsï Dschang

Meister Dsong sprach: „Großartig in seinem Auftreten ist (Dsï) Dschang, aber es ist schwer, in seiner Gesellschaft Sittlichkeit zu erstreben."[14]

17. Die Entfaltung des Wesens in der Trauerzeit

Meister Dsong sprach: „Ich habe vom Meister gehört, wenn ein Mensch sein eignes Selbst noch nicht entfaltet habe, daß das sicher in der Trauerzeit geschehen werde."[15]

---

12 Der Sinn ist, daß die tüchtigsten Beamten für das Studium reif seien und die tüchtigsten Gelehrten für die Amtsführung.

13 Vgl. den Ausspruch Dsï Dschangs Abschn. 1. Dsï Yu spricht gegen übertriebene Äußerungen der Trauer, wie sie sich z. B. Dsï Hia hatte zu schulden kommen lassen, der beim Tode seines Sohnes sich blind geweint hatte.

14 Die beiden Kritiken, von denen die zweite noch die schärfere ist, lassen an Deutlichkeit nichts zu wünschen übrig. Sie geben einen Einblick in die Zwistigkeiten der Schule.

15 Die Idee ist ähnlich wie in I, 11. Der Vollzug der Trauerbräuche ist so wichtig, daß dabei sicher alles ans Licht kommt, was an Gutem im Menschen schlummert.

18.

曾子曰：“吾聞諸夫子：孟莊子之孝也，其他可能也；其不改父之臣，與父之政，是難能也。”

19.

孟氏使陽膚為士師，問於曾子。曾子曰：“上失其道，民散久矣。如得其情，則哀矜而勿喜。”

20.

子貢曰：“紂之不善，不如是之甚也。是以君子惡居下流，天下之惡皆歸焉。”

18. Vorbildliche Pietät[16]

Meister Dsong sprach: „Ich habe vom Meister gehört: Die kindliche Gesinnung des Herren Mong Dschuang mag man in andern Dingen (zu erreichen) fähig sein. Aber daß er die Beamten seines Vaters und die Regierungsweise seines Vaters (nach dessen Tod) nicht veränderte, darin ist es schwerlich möglich (ihn) zu erreichen."

19. Menschlichkeit gegen die Schuldigen

Das Oberhaupt des Geschlechts Mong hatte den Yang Fu zum Oberrichter gemacht. (Dieser) befragte den Meister Dsong. Meister Dsong sprach: „Daß die Oberen ihren Weg verloren und das Volk in der Irre geht, das dauert nun schon lange. Wenn du daher den Tatbestand (eines Verbrechens) erlangt hast, so sei traurig und mitleidsvoll und freue dich nicht darüber."[17]

20. Die Gefahr der falschen Stellung

Dsï Gung sprach: „Die Schlechtigkeit Dschou (Sins)[18] war nicht so gar schlimm (wie man gewöhnlich von ihm denkt). Darum haßt es der Edle, in den Tiefen zu verweilen; denn alle Schlechtigkeiten des ganzen Erdkreises fallen sonst auf ihn."

---

16 Das nicht Abweichen von des Vaters Art während der dreijährigen Trauerzeit gehört zu den besonderen Anforderungen der Pietät. Mong Dschuang gehört zu der bekannten Mongfamilie in Lu. Ho Yän bemerkt noch, obwohl unter den Hausbeamten seines Vaters sich untaugliche befunden hätten, habe er dennoch innerhalb der Trauerzeit keine Änderungen vorgenommen Darin bestehe sein Hauptverdienst. Bezeichnend ist, wie Dsong Schen die Aussprüche über kindliche Ehrfurcht offenbar besonders gut im Gedächtnis behielt. Die Sage schreibt ihm wohl mit Rücksicht auf diese Gesinnung die Autorschaft des „Hiauging" (Klassikers der Pietät) zu.

17 Dieses Prinzip stimmt ganz mit dem Geschichtchen überein, das von der amtlichen Wirksamkeit Kungs erzählt wird. Als einst ein Vater seinen Sohn anklagte, habe er sie beide ins Gefängnis gesteckt, ohne ein Urteil zu sprechen, bis der Vater von sich aus die Klage zurückgezogen habe. Als er darüber befragt worden sei, habe er geantwortet, man könne nicht das gemeine Volk dafür bestrafen, daß die Regierenden es so lange an Ordnung der öffentlichen Verhältnisse hätten fehlen lassen.

18 Über Dschou Sin, den letzten Fürsten der Yindynastie, vgl. XVIII, 1. Anm.

21.

子貢曰："君子之過也，如日月之食焉：過也，人皆見之；更也，人皆仰之。"

22.

衛公孫朝問於子貢曰："仲尼焉學？"子貢曰："文武之道，未墜於地，在人。賢者識其大者，不賢者識其小者，莫不有文武之道焉。夫子焉不學？而亦何常師之有？"

23.

叔孫武叔語大夫於朝，曰："子貢賢於仲尼。"子服景伯以告子貢。子貢曰："譬之宮牆，賜之牆也及肩，窺見室家之好。夫子之牆數仞，不得其門而入，不見宗廟之美，百官之富。得其門者或寡矣。夫子之云，不亦宜乎！"

21. Die Fehler des Edlen

Dsï Gung sprach: „Die Fehler des Edlen sind wie die Verfinsterungen der Sonne oder des Mondes. Macht er einen Fehler, so sehen es die Menschen alle. Bessert er ihn, so sehen die Menschen alle wieder zu ihm empor."[19]

22. Die Quellen von Kungs Bildung[20]

Gung Sun Tschau von We befragte den Dsï Gung und sprach: „Wie kam Dschung Ni (Kungs Gelehrtenname) zu seiner Bildung?" Dsï Gung sprach: „Der Pfad der Könige Wen und Wu ist noch nicht auf den Grund gesunken. Er ist noch vorhanden unter den Menschen. Bedeutende Männer wissen noch die Hauptsachen davon, unbedeutende Männer wissen noch die Nebensachen davon. Es gibt keinen Ort, wo der Pfad von Wen und Wu nicht mehr wäre. Wie hätte der Meister ihn da nicht kennen lernen sollen, und was brauchte er dazu einen einzelnen, bestimmten Lehrer?"

23. Die Hofmauer

Wu Schu[21] von dem Geschlechte Schu redete bei Hofe zu den Ministern und sprach: „Dsï Gung ist bedeutender als Dschung Ni." Dsï-Fu Ging-Be sagte es Dsï Gung an. Dsï Gung sprach: „Es ist wie bei einem Gebäude und seiner Mauer. Meine Mauer reicht nur bis zur Schulterhöhe: man kann leicht darüber wegsehen und das Schöne des Hauses (erkennen). Des Meisters Mauer ist viele Klafter hoch. Wer nicht die Tür davon erreicht und hineingeht, der sieht nicht die Schönheiten des Ahnentempels und den Reichtum der hundert Beamten. Die aber seine Tür erreichen, das sind wohl wenige. Ist es darum nicht ganz in Ordnung, daß jener Herr so redet?"

---

19 Vgl. VII, 30, wo Kung sich glücklich preist, daß seine Fehler nicht verborgen bleiben.

20 Über Gung Sun Tschau von We ist wenig bekannt Dsï Gung ist bekanntlich selbst aus dem Staate We. Der Meister ist hier bei seinem – unter Gleichgestellten üblichen – Gelehrtennamen Dschung Ni genannt. Dschung = der Zweitgeborne (der Erstgeborne war der Krüppel Mong Pi). Ni ist ein Berg, dem seine Mutter vor seiner Geburt geopfert haben soll. Über Wen 212 und Wu vgl. VIII, 20; IX, 5.

21 Wu Schu stammt aus der Familie Schu, einer der drei großen Familien in Lu. Dsï-Fu Ging-Be (vgl. XIV, 33) wird in Dso Dschuan sehr gerühmt; er scheint in einem gewissen Zusammenhang mit der Schule Kungs gestanden zu haben.

24.

叔孫武叔毀仲尼。子貢曰：“無以為也，仲尼不可毀也。他人之賢者，丘陵也，猶可踰也；仲尼，日月也，無得而踰焉。人雖欲自絕，其何傷於日月乎？多見其不知量也！”

25.

陳子禽謂子貢曰：“子為恭也，仲尼豈賢於子乎？”子貢曰：“君子一言以為知，一言以為不知，言不可不慎也。夫子之不可及也，猶天之不可階而升也。夫子之得邦家者，所謂立之斯立，道之斯行，綏之斯來，動之斯和。其生也榮，其死也哀，如之何其可及也。”

24. Die Hügel und Sonne und Mond

Wu Schu von dem Geschlechte Schu schmälte auf Dschung Ni. Dsï Gung sprach: „Damit erreicht man nichts. Dschung Ni kann nicht geschmält werden. Andrer Menschen Bedeutung ist wie ein Hügel oder wie eine Anhöhe: man kann sie übersteigen. Dschung Ni ist wie Sonne und Mond: es wird nicht gelingen, über ihn hinwegzukommen Wenn einer auch sich selbst von ihnen scheiden will: was schadet das Sonne und Mond? Man sieht daraus nur, daß er seine Fähigkeiten nicht kennt."

25. Der Himmelsfürst

Tschen Dsï Kin[22] redete zu Dsï Gung und sprach: „Ihr seid zu gewissenhaft; wie sollte Dschung Ni bedeutender sein als Ihr?" Dsï Gung sprach: „Unter Edlen genügt ein Wort, um als weise zu erscheinen, ein Wort, um als unweise zu erscheinen. Darum darf man in seinen Worten nicht unvorsichtig sein. Die Unerreichbarkeit des Meisters ist wie die Unmöglichkeit, auf Stufen zum Himmel emporzusteigen. Wenn der Meister ein Land (als Erbe) bekommen hätte (so wäre es eingetroffen): ‚Was er festsetzt[23], wird Gesetz, was er befiehlt, das geschieht; er gibt ihnen Frieden, und sie kommen herbei; was er bewegt, das ist im Einklang. Sein Leben ist herrlich, sein Tod schafft Trauer.' Wie wäre es möglich, ihn zu erreichen?"

22 Tschen Dsï Kin wird I, 10 und XVI, 13 erwähnt. Das erste Mal ebenfalls im Gespräch mit Dsï Gung, das zweite Mal im Gespräch mit Kungs Sohn Be Yü. Beide Male erkundigt er sich hinten herum über den Meister. In direktem Gespräch mit Kung begegnen wir ihm nicht. Er spielt eine etwas zweifelhafte Rolle unter den Jüngern.

23 Diese Worte sind höchst wahrscheinlich ein Zitat (vgl. VI, 28) aus alter Zeit, entweder zum Ruhm eines alten Fürsten gedichtet oder eine Art „messianischer Weissagung". Die Anwendung auf Kung bezeichnet den Anfang seiner Verherrlichung, wie sie in Dschung Yung dann weitergeführt wurde. Auf dieser Entwicklungslinie liegt das kaiserliche Dekret von 1907, das dem Kung die höchsten göttlichen Ehren zuerkennt.

堯曰 – 論語

1.

堯曰："咨！爾舜！天之曆數在爾躬。允執其中。四海困窮，天祿永終。"
舜亦以命禹.

BUCH XX – YAU YÜO

Das XX. Buch enthält nur drei Abschnitte von sehr unterschiedlicher Länge. Der Zweck dieses Buches ist kein anderer als der, Kung einzureihen unter die Großen Heiligen der Vorzeit. Daher zur Einleitung die feierlichen Einsetzungsworte, die Yau gesprochen, als er die Herrschaft über den Erdkreis an seinen Nachfolger Schun übertrug, und die Schun gesprochen, als er sie an den großen Yü weiter gab. Darauf das Gebet des Königs Tang, der den Tyrannen Giä, den letzten Fürsten der Hiadynastie, stürzte. Ferner eine Schilderung der Regierungsgrundsätze der Dschoudynastie, die ihrerseits wiederum die von Tang gegründete Schang- oder Yindynastie ablöste. Die Worte zum Schluß erinnern ganz auffallend an das Gespräch Kungs mit Dsï Dschang über die Staatsregierung XVII, 6. Nun wird Kung selbst eingeführt mit seinen Prinzipien bezüglich der Regierung des Erdkreises, wieder in einem Gespräch mit Dsï Dschang, das mit jenem eben erwähnten formell verwandt ist. Es ist wohl das in den alten Lun Yü als überzählig genannte Buch „Dsï Dschang" mit diesem Abschnitt zu identifizieren. Den Schluß des ganzen Werks bildet ein kurzer Ausspruch des Meisters, der seine Grundsätze im allgemeinen zusammenfaßt.

1. Die Heiligen Fürsten der Vorzeit

Yau sprach: „Du, o Schun! Des Himmels Bestimmung der Zeiten kommt an deine Person. Halte treulich diese Mitte. Wenn die (Menschen innerhalb der) vier Meere in Bedrängnis und Mangel kommen, so wird des Himmels Lohn für ewig zu Ende sein."
Schun gebrauchte auch (diese Worte), um Yü zu betrauen.[1]

1 Die Abschnitte über die alten heiligen Herrscher sind religionsgeschichtlich von größtem Interesse, da sie die hohe Stufe der alt-chinesischen Religionsauffassung zeigen. Der Text hat einzelne Parallelen im Schu Ging, doch weicht er in vielen Stücken ab. Wir haben es hier ebenso wie XVIII, 10 u. a. mit neben der Schugingtradition hergehenden Überlieferungen zu tun. Die Beschaffenheit des Textes ist sehr unvollkommen. Er macht die größten Schwierigkeiten. Zur Erklärung im einzelnen sei hier die traditionelle chinesische Auffassung jener Zeiten rekapituliert: Der alte Kaiser Yau ist der erste dieser Heiligen, der bei der Nachfolge keine Rücksicht auf seinen unwürdigen Sohn nahm, sondern den Thron an seinen Minister und Schwiegersohn Schun, den Würdigsten, noch bei Lebzeiten übergab. Dasselbe tat Schun in seinem Alter. Er gab ebenfalls unter Übergehung seines eigenen unwürdigen Sohnes die Zügel des Reiches an den schon mehrfach genannten Yü weiter. Erst von da ab trat

曰：“予小子履，敢用玄牡，敢昭告于皇皇后帝：有罪不敢赦。帝臣不蔽，簡在帝心。朕躬有罪，無以萬方；萬方有罪，罪在朕躬。”周有大賚，善人是富。“雖有周親，不如仁人。百姓有過，在予一人。”謹權量，審法度，修廢官，四方之政行焉。興滅國，繼絕世，舉逸民，天下之民歸心焉。所重：民、食、喪、祭。寬則得眾，信則民任焉，敏則有功，公則說。

…[2] sprach: Ich, dein Sohn Li, wage es, ein dunkelfarbenes Rind zu opfern; ich wage es, dir zu unterbreiten, o erhabener, erhabener Herrscher Gott, daß ich dem Sünder nicht wagte zu verzeihen; deine Knechte, o Gott, will ich nicht verdunkeln, ihre Prüfung geschehe nach deinem Herzen, o Gott. Wenn ich selbst Sünde habe, so rechne sie nicht den zehntausend Gegenden zu; wenn die zehntausend Gegenden Sünde haben, so bleibe die Sünde auf meinem Leib."

„Dschou hat großen Lohn:
Tüchtige Männer sind dieser Reichtum.
Obwohl Dschou Verwandte hat,
(Stehen sie ihm) nicht so (hoch) wie gute Menschen.
Wenn das Volk Fehler hat,
So mögen sie auf mich alleine kommen."

…[3] Sie achteten sorgsam auf Wage und Maß, prüften Gesetze und Rechte, setzten entlassene Beamte wieder ein, und die Regierung der vier Himmelsgegenden nahm ihren Lauf. Sie brachten erloschene Staaten wieder zur Blüte, sie gaben abgebrochenen Geschlechtern Fortsetzung, sie zogen Leute ans Licht, die sich in Verborgenheit zurückgezogen hatten. Und alles Volk unter dem Himmel wandte (ihnen) sein Herz zu. Was sie besonders wichtig nahmen, war die Nahrung des Volks, Totenbräuche und Opfer. Sie waren weitherzig, so gewannen sie die Massen; sie waren treu, so vertraute ihnen das Volk, sie waren eifrig, so hatten sie Erfolg; sie waren gerecht, so waren (alle) befriedigt.

---

an die Stelle der Auswahl des Würdigsten die Erbfolge. Die Dynastie des Yü war die sogenannte Hia-Dynastie, 2205–1766 v. Chr. Die Dynastie endigte mit dem Tyrannen Giä, der, als das Maß seiner Schuld voll war, von Tang, dem dritten unter den heiligen Herrschern, bei Ming Tiau in Schansi geschlagen und entthront wurde. Das Gebet, das dieser bei seiner Thronbesteigung sprach, erinnert ganz an alttestamentliche Stücke. – Die von ihm gegründete Dynastie war die Schang- oder Yin-Dynastie von 1766–1122 v. Chr. Auch diese Dynastie endigte mit einem Blutmenschen, dem Tyrannen Dschou Sin. Dieser Tyrann wurde dann von Wu Wang, dem Sohn Wen Wangs, um Thron und Leben gebracht. Wu Wang begründete dann die sogenannte Dschou-Dynastie, die am längsten von allen chinesischen Dynastien regierte, nämlich von 1122–249 v. Chr. Ihm zur Seite stand sein noch berühmterer Bruder, der Fürst Dschou (Dschou Gung), von dem der Staat Lu seine Existenz ableitete. Seit jenen Zeiten gab es keine Heiligen auf dem Thron mehr. Nach chinesischer Tradition ist Kung Dsï der ungekrönte Nachfolger der Heiligen auf dem Thron (vgl. die Legende von seiner Geburt, nach der ein Kilin ihm die Weissagung überliefert habe: „Sohn der Wasserklarheit, nach dem Verfall der Dschou-Dynastie wird dir das Reich gehören als ungekröntem König").

2 Hier fehlt die Bezeichnung. Unzweifelhaft ist Tang gemeint, wie aus dem Vornamen Li hervorgeht.

3 Auch hier fehlt die Einleitung. Ho Yän bezieht es auf das Gebet Wu Wangs nach Bestrafung des Dschou Sin. Es ist ein strophenartiger Bau, wohl Rest eines alten Lieds.

Der alte Kaiser Yau sprach bei der Übergabe des Reichs an seinen Nachfolger Schun: „Du, o Schun! Die Zeit ist erfüllet, die vom Himmel bestimmte Herrschaft kommt an dich. Hüte treulich dieses Mittleramt. Wenn Bedrängnis und Mangel durch deine Schuld über das Volk auf Erden kommt, so wird die Herrschaft auf ewig von dir genommen werden."
Dieselben Worte gebrauchte der Kaiser Schun, als er die Herrschaft auf seinen Nachfolger Yü übertrug.
Der Gründer der nächstfolgenden Dynastie, mit Namen Tang, betete nach der Bestrafung des Bösewichts Giä also zu Gott: „Ich, dein Sohn, unterwinde mich, mit einem schwarzen Rind vor dein Angesicht zu kommen, o hocherhabener Herrscher Gott, und dir zu unterbreiten, daß ich nicht wagte, dem Sünder zu verzeihen. Deine Knechte, o Gott, will ich nicht in der Dunkelheit lassen, ich will sie aussuchen nach deinem Herzen, o Gott. Wenn ich Sünde tue, so komme sie nicht über mein Volk; wenn aber mein Volk gesündigt hat, so bleibe die Sünde auf meinem Haupte." Der König Wu, nachdem er den Tyrannen Dschou Sin getötet hatte, sprach also:

„Groß ist der Lohn des Dschou-Geschlechts,
Tüchtige Männer sind sein Gut.
Mögen Verwandte zur Seite steh'n:
Tugend allein ist Ehren wert.
Fehler des Volkes allzumal
Räche an mir, dem Einen nur."

Alle diese Heiligen auf dem Throne[4] *hatten gewisse Grundsätze gemeinsam, nach denen sie den Erdkreis verwalteten: Sie wachten über den Handelsverkehr, daß Wage und Maß gerecht und gleich waren. Sie sorgten dafür, daß die Gesetze und staatlichen Einrichtungen den ewigen Ordnungen menschlichen Zusammenlebens entsprachen, sie sorgten dafür, daß Ämter, die in Abgang gekommen waren, wieder eingerichtet wurden: auf diese Weise erreichten sie es, daß allenthalben eine geordnete Regierung in Kraft war. Sie bemühten sich außerdem, das Lehnswesen in Ordnung zu halten: Lehnsstaaten, deren Herrscherhaus ausgestorben war, besetzten sie aufs neue. Sie trafen Veranstaltungen, daß die vorneh-*

4 Wir machen hier mit den älteren Kommentaren einen weiteren Abschnitt und fassen das Folgende als zusammenfassende Schilderung der Regierungsart der alten Herrscher auf, nicht nur als auf die Dschoudynastie sich beziehend, wenn es auch klar ist, daß die Farben für dieses Bild hauptsächlich den Zeiten zu Beginn der Dschoudynastie entnommen sind. Daß es sich um ein allgemeines Ideal der guten Regierung überhaupt dabei handelt, das ergibt sich aus dem Vergleich mit XVII, 6 sowie mit dem 20. Kapitel von Dschung Yung, wo Kung die Maximen einer guten Regierung entwickelt.

2.

子張問於孔子曰：“何如斯可以從政矣？”子曰：“尊五美，屏四惡，斯可以從政矣。”子張曰：“何謂五美？”子曰：“君子惠而不費，勞而不怨，欲而不貪，泰而不驕，威而不猛。”子張曰：“何謂惠而不費？”子曰：“因民之所利而利之，斯不亦惠而不費乎？擇可勞而勞之，又誰怨？欲仁而得仁，又焉貪？君子無衆寡，無小大，無敢

men Familien, die aus Mangel an männlichen Nachkommen ohne den ihnen zukommenden Opferdienst waren, durch Adoptionszuweisungen im Genuß ihrer Ahnenopfer blieben, damit auch im Jenseits jeder zu seinem Rechte kam. Sie verstanden es, weise und tüchtige Männer, die sich von der Welt abgewandt und ins Privatleben zurückgezogen hatten, wieder hervorzuziehen, so daß ihre Dienste der Allgemeinheit zu gute kamen Auf diese Weise erreichten sie es, daß das Volk ganz von selbst sich ihnen zuwandte, so daß sie ohne Gewalttätigkeit in den Besitz der Oberherrschaft gelangten. Sie wandten ihre Sorge dem Wohlstand des Volkes zu und dem Frieden der Abgeschiedenen durch Ordnung der Totenbräuche und Ahnenopfer. Sie zeigten sich wohlwollend und nachsichtig und gewannen dadurch die Herzen ihrer Untertanen. Sie waren in ihren Handlungen zuverlässig, so daß sie das Vertrauen des Volks gewannen; sie waren in ihren Unternehmungen eifrig und energisch, so daß sie dabei wirkliche Erfolge erreichten. Sie waren mit ihren Absichten auf das Wohl des Ganzen gerichtet, so daß jedermann zufrieden war.

2. Der rechte Herrscher

Dsï Dschang befragte den Meister Kung und sprach: „Wie muß man handeln, damit man imstande sei (gut) zu regieren?“ Der Meister sprach: „Achte die fünf schönen (Eigenschaften) hoch und beseitige die vier üblen, dann bist du imstande, (gut) zu regieren.“ Dsï Dschang fragte: „Welche (Eigenschaften) heißen die fünf schönen?“ Der Meister sprach: „Der Herrscher ist gnädig, ohne Aufwand zu machen; er bemüht (das Volk), ohne daß es murrt; er begehrt, ohne gierig zu sein; er ist erhaben, ohne hochmütig zu sein; er ist ehrfurchtgebietend, ohne heftig zu sein.“

Dsï Dschang fragte: „Was heißt das, gnädig sein, ohne Aufwand zu machen?“ Der Meister sprach: „Wenn man die (natürlichen Quellen) des Reichtums der Untertanen benützt, um sie zu bereichern: ist das denn nicht Gnade ohne Aufwand? Wenn man vorsichtig auswählt, (womit man das Volk gerechter Weise) bemühen darf, und es dann (entsprechend) bemüht: wer wird da murren?[5] Wenn man Sittlichkeit begehrt und Sittlichkeit erreicht, wie wäre das gierig?[6] Wenn der Herrscher ohne Rücksicht, ob (er es mit) vielen oder wenigen, ohne Rücksicht, (ob er es mit) Großen oder Kleinen (zu tun hat), nicht wagt, (die

5 Vgl. XIX, 10.

6 Vgl. VII, 14. Eine andere Auslegung ist: „Wenn er sittliche Menschen zu seinem Dienst begehrt ...“

慢，斯不亦泰而不驕乎？君子正其衣冠，尊其瞻視，儼然人望而畏之，斯不亦威而不猛乎？”子張曰：“何謂四惡？”子曰：“不教而殺謂之虐；不戒視成謂之暴；慢令致期謂之賊；猶之與人也，出納之吝，謂之有司。”

3.

子曰：“不知命，無以為君子也。不知禮，無以立也。不知言，無以知人也。”

Menschen) geringschätzig zu behandeln: ist das denn nicht erhaben, ohne hochmütig zu sein?[7] Wenn der Herrscher seine Kleidung und Kopfbedeckung ordnet, auf seine Mienen und Blicke achtet, daß er eine Hoheit (zeigt), so daß die Menschen, die ihn sehen, sich scheuen: ist das denn nicht ehrfurchtgebietend, ohne heftig zu sein?"[8]
Dsï Dschang sprach: „Welche (Eigenschaften) heißen die vier üblen?" Der Meister sprach: „Ohne (vorherige) Belehrung zu töten: das heißt Grausamkeit; ohne (vorherige) Warnung (die auferlegten Arbeiten) fertig sehen (zu wollen): das heißt Gewalttätigkeit; nachlässige Befehle erteilen und (doch) auf Einhaltung der Zeit (bei der Ausführung dringen); das heißt Unrecht; und schließlich: wenn man (Belohnungen) an (verdiente) Leute gewährt, bei ihrer Verteilung zu geizen: das heißt Kleinlichkeit."

3. Die Summe der Lehre

Der Meister sprach: „Wer nicht den Willen Gottes kennt, der kann kein Edler sein. Wer die Formen der Sitte nicht kennt, der kann nicht gefestigt sein. Wer die Rede nicht kennt, der kann nicht die Menschen kennen."

Wer zu den auserwählten Menschen gehört, denen die Herrschaft über andre anvertraut werden kann, der muß vor allem den Willen Gottes kennen, von dem alles auf Erden abhängt, damit er in all seinem Tun und Lassen sich nach ihm richten kann. Er muß die Schönheit verstehen, deren Rhythmus das Leben beherrscht und durch die Ewigkeit der Form der Vergänglichkeit der Erscheinung Halt verleiht. Er muß die Rede kennen, den Ausdruck dessen, was im Menschen ist, damit er imstande ist, die Menschen zu verstehen und zu leiten.

7 Vgl. XIII, 26.
8 Vgl. VII, 37. Dieser ganze Abschnitt ist ganz nach Art der rätselartigen Zahlensprüche, wie sie sich auch im alten Testament finden, abgefaßt.

中庸

DSCHUNG YUNG

MASS UND MITTE

EINLEITUNG

Siau Dai Li Gi Band IX, Kapitel 31[1]

Das Kapitel ist wohl der wichtigste Abschnitt als Zusammenfassung der philosophischen Grundlagen des Konfuzianismus. Nach einer Überlieferung von Schen Yüo ist dieses Kapitel zusammen mit den benachbarten Kapiteln Fang Gi (30), Biau Gi (32), Dschï, I (33), dem Werk Dsï Sï Dsï entnommen, das als aus 23 Kapiteln bestehend im Hankatalog aufgeführt wird, heute aber verloren ist. Danach wäre sein Verfasser Kung Gi (Dsï Sï), der Enkel des Konfuzius. Diese Tradition hat sich in China erhalten. In der Sungzeit hat Dschu Hi dieses Kapitel – ebenso wie das Kapitel Da Hüo (42) – aus dem Zusammenhang gelöst und es ziemlich stark umredigiert. Er hat dann die beiden Bücher sowie Lun Yü (Gespräche des Kung Dsï) und Mong Dsï als „die vier Bücher", die Grundlage der konfuzianischen Lehre, herausgegeben. Es hat seither eine Menge Sonderbearbeitungen erfahren. Während der Mandschuzeit gingen die Gelehrten der Hanschule vom Sungtext, den sie für eine willkürliche Neubildung des Dschu Hi erklärten, auf den alten Text der Hanzeit zurück. Neuerdings wird die Herkunft des Werks von Dsï Sï bezweifelt, man setzt es hinter Mong Dsï und erklärt gewisse Übereinstimmungen so, daß die Priorität des Gedankens bei Mong Dsï liege. Tsai Yüan Pe setzt es an den Anfang der Tsinzeit und weist es der Schule des Sün King zu. Man muß wohl auch zeitlich zwischen seinen beiden Teilen einen Unterschied annehmen. Teil II, der eine Unterredung des Kung Dsï mit Herzog Ai von Lu wiedergibt, ist offenbar später als der erste. Er gehört zu dem Kreis der Schriften, die sich an die berühmten drei Audienzen des Konfuzius bei seinem Landesfürsten anschließen und sozusagen das politische Testament des Meisters darlegen. Auf alle Fälle behält das Werk seine sachliche Wichtigkeit und gedankliche Tiefe, die es zu einem der wertvollsten Erzeugnisse der chinesischen philosophischen Literatur machen.

1 Legge und Couvreur Nr. 28.

天命之謂性，率性之謂道，修道之謂教。道也者，不可須臾離也，可離非道也。是故君子戒慎乎其所不睹，恐懼乎其所不聞。莫見乎隱，莫顯乎微。故君子慎其獨也。喜怒哀樂之未發，謂之中；發而皆中節，謂之和；中也者，天下之大本也；和也者，天下之達道也。致中和，天地位焉，萬物育焉。

I. TEIL

A. DIE GRUNDLAGEN

Was der Himmel (dem Menschen) bestimmt hat, ist sein Wesen. Was dieses Wesen (zum Rechten) leitet, ist der Weg. Was den Weg ausbildet, ist die Erziehung[2].

Der Weg darf nicht einen Augenblick verlassen werden. Dürfte er verlassen werden, so wäre es nicht *der* Weg.

Darum ist der Edle vorsichtig gegenüber dem, das er nicht sieht, und besorgt gegenüber dem, das er nicht hört.

Es gibt nichts Offenbareres als das Geheime, es gibt nichts Deutlicheres als das Allerverborgenste; darum ist der Edle vorsichtig in dem, was er allein für sich ist.

Der Zustand, da Hoffnung und Zorn, Trauer und Freude sich noch nicht regen, heißt die Mitte[3]. Der Zustand, da sie sich äußern, aber in allem den rechten Rhythmus treffen, heißt Harmonie. Die Mitte ist die große Wurzel aller Wesen auf Erden, die Harmonie ist der zum Ziel führende Weg auf Erden.

Bewirke Harmonie der Mitte, und Himmel und Erde kommen an ihren rechten Platz, und alle Dinge gedeihen.

---

2 Man sieht hier den prinzipiellen Gegensatz des Konfuzianismus und Taoismus. Für den Taoismus ist das Tao (Weg, Sinn, kosmisches Gesetz) das Primäre, aus dem in seiner polaren Trennung erst Himmel und Erde hervorgehen. Für den Konfuzianismus ist Gott (der Himmel) das Primäre. Der „Weg" ist das Mittel zur Ordnung in Natur und Menschenleben.

3 D. h. das Zentrum des Wesens, das Unbewußte. Das Bewußtsein wird wach an den sich regenden Gefühlen, die es in Bewegung bringen; aber solange die Gefühle harmonisch sind, ist die Bewegung des Bewußtseins eine rhythmische, so daß das Zentrum nicht gestört wird.

1.

仲尼曰：“君子中庸，小人反中庸。君子之中庸也，君子而時中；小人之中庸也，小人而無忌憚也。”子曰：“中庸其至矣乎！民鮮能久矣！”子曰：“道之不行也，我知之矣：知者過之，愚者不及也。道之不明也，我知之矣：賢者過之，不肖者不及也。人莫不飲食也，鮮能知味也。”子曰：“道其不行矣夫。”

2.

子曰：“舜其大知也與！舜好問而好察邇言，隱惡而揚善，執其兩端，用其中於民，其斯以為舜乎！”子曰：“人皆曰‘予知’，驅而納諸罟擭陷阱之中，而莫之知辟也。人皆曰‘予知’，擇乎中庸，而不能期月守也。”

B. DIE AUSFÜHRUNGEN

1. Maß und Mitte als Ziel

Dschung Ni[4] sprach: Der Edle hält sich an Maß und Mitte, der Gemeine widerstrebt Maß und Mitte. Maß und Mitte des Edlen bestehen darin, daß er ein Edler ist und allezeit in der Mitte weilt. Die Mittelmäßigkeit des Gemeinen besteht darin, daß er ein Gemeiner ist und vor nichts zurückscheut. Der Meister sprach: Maß und Mitte sind das Höchste, aber selten sind die Menschen, die lange dabei verweilen können.
Der Meister sprach: Warum der Weg nicht begangen wird, das weiß ich: Die Klugen gehen (mit ihren Meinungen) darüber hinaus, und die Törichten erreichen ihn nicht. Warum der Weg nicht erkannt wird, das weiß ich: Die Tüchtigen gehen (in ihren Handlungen) darüber hinaus, und die Untüchtigen erreichen ihn nicht.[5] Unter den Menschen gibt es keinen, der nicht ißt und trinkt, aber selten sind die, die den Geschmack unterscheiden können.
Der Meister sprach: Ach, daß der Weg nicht begangen wird!

2. Wahre Weisheit

Der Meister sprach: Schun war doch ein großer Weiser! Schun liebte es, zu fragen, und liebte es, dem Sinn einfacher Reden nachzugehen. Er deckte das Schlechte (der Menschen voll Rücksicht) zu und verbreitete das Gute. Er faßte die beiden Enden einer Sache an und handelte den Menschen gegenüber der Mitte entsprechend. Das ist es, warum er der Schun war!
Der Meister sprach: Die Menschen sagen alle: „Ich weiß." Aber sie stürzen blindlings vorwärts und verwickeln sich in Netze und Stricke, in Fallen und Gruben, und keiner ist, der sie zu meiden wüßte. Die Menschen sagen alle: „Ich weiß." Aber wenn sie Maß und Mitte erwählt haben, so können sie nicht einen Monat lang daran festhalten.

---

4 Dschung Ni ist der Gelehrtenname des Konfuzius. Sein Enkel konnte unmöglich diesen Namen, der von seinen gleichaltrigen Freunden gebraucht wurde, benützen; hieraus ergeben sich negative Folgerungen für die Autorschaft des Dsï Sï.

5 Hier wird das Thema von der Überkreuzung von Wissen und Handeln zum erstenmal angeschlagen, das weiterhin eine große Rolle spielt.

子曰：“回之為人也，擇乎中庸，得一善，則拳拳服膺而弗失之矣。”

子曰：“天下國家可均也，爵祿可辭也，白刃可蹈也，中庸不可能也。”

3.

子路問強。子曰：“南方之強與？北方之強與？抑而強與？寬柔以教，不報無道，南方之強也，君子居之。衽金革，死而不厭，北方之強也，而強者居之。故君子和而不流，強哉矯！中立而不倚，強哉矯！國有道，不變塞焉，強哉矯！國無道，至死不變，強哉矯！”

4.

子曰：“素隱行怪，後世有述焉，吾弗為之矣。君子遵道而行，半涂而廢，吾弗能已矣。君子依乎中庸，遁世不見知而不悔，唯聖者能之。君子之道費而隱。夫婦之愚，可以與知焉，及其至也，雖聖人亦有所不知焉；夫婦

Der Meister sprach: Hui[6] war als Mensch so, daß er Maß und Mitte wählte; und wenn er ein Gutes erlangt hatte, so hielt er es mit beiden Händen in seinem Busen fest und verlor es nie wieder.
Der Meister sprach: Es kann einer ein Reich ins gleiche bringen, es kann einer auf Amt und Würden verzichten, es kann einer auf bloße Messer treten – und Maß und Mitte doch noch nicht beherrschen.

3. Wahre Stärke

Dsï Lu fragte, was Stärke sei. Der Meister sprach: Meinst du des Südens Stärke oder des Nordens Stärke oder aber die Stärke an sich? Weitherzig sein und mild im Lehren und nicht vergelten denen, die häßlich handeln[7]: das ist die Stärke des Südens. Und ein Edler verweilt dabei. In Stahl und Leder schlafen und sterben, ohne zu murren: das ist die Stärke des Nordens. Und ein Starker verweilt dabei. Aber der Edle ist mild, und doch treibt er nicht ab: Wie mächtig ist er doch in seiner Stärke! Er steht in der Mitte und beugt sich nach keiner Seite: Wie mächtig ist er doch in seiner Stärke! Wenn das Land auf rechtem Wege ist, bleibt er derselbe, der er war, als er noch nicht Erfolg hatte: Wie mächtig ist er doch in seiner Stärke! Wenn das Land auf falschem Wege ist, so ändert er sich nicht, ob er auch sterben müßte: Wie mächtig ist er doch in seiner Stärke!

4. Der Weg als offenbares Geheimnis

Der Meister sprach: Geheime Künste erforschen und Wunder wirken, daß die Nachwelt etwas zu erzählen hat: das mache ich nicht.
Der Edle ehrt den Weg und wandelt ihn. Auf halber Straße stehenbleiben: das mache ich nicht.
Der Edle hält sich an Maß und Mitte. Sich vor der Welt verbergen und unerkannt bleiben, ohne es zu bedauern: das kann nur der Heilige.
Der Weg des Edlen ist ausgebreitet (vor aller Augen) und doch geheimnisvoll. Die Torheit eines gewöhnlichen Mannes und Weibes kann ihn erkennen; aber er reicht in Weiten, die auch der Heilige nicht alle erkennt. Die schwachen

6 Der früh verstorbene Lieblingsjünger des Meisters, namens Yen Hui.
7 Wörtlich: ohne Weg sind.

之不肖，可以能行焉，及其至也，雖聖人亦有所不能焉。天地之大也，人猶有所憾，故君子語大，天下莫能載焉；語小，天下莫能破焉。《詩》云：‘鳶飛戾天，魚躍于淵。’言其上下察也。君子之道，造端乎夫婦，及其至也，察乎天地。”

5.

子曰：“道不遠人。人之為道而遠人，不可以為道。《詩》云：‘伐柯伐柯，其則不遠。’執柯以伐柯，睨而視之，猶以為遠。故君子以人治人，改而止。忠恕違道不遠，施諸己而不愿，亦勿施於人。君子之道四，丘未能一焉：所求乎子以事父，未能也；所求乎臣以事君，未能也；所求乎弟以事兄，

Kräfte eines gewöhnlichen Mannes und Weibes reichen aus, ihn zu gehen; aber er reicht in Weiten, die auch der Heilige nicht alle erreichen kann.
Bei aller Größe des Himmels und der Erde haben die Menschen doch noch manches an ihnen auszusetzen. Darum: Wenn der Edle von Größe redet, meint er eine solche, die nichts auf Erden fassen kann; wenn er von Kleinheit redet, meint er eine solche, die nichts auf Erden zerstückeln kann. In den Liedern heißt es (III Da Ya I, 5, 3):

„Der Falke fliegt zum Himmel auf,
Die Fische tauchen tief zum Grund."

Damit ist gemeint, daß man den Weg in allen Höhen und Tiefen erforschen muß.
Der Weg des Edlen nimmt seinen Anfang bei den Angelegenheiten des gewöhnlichen Mannes und Weibes; aber er reicht in Weiten, da er Himmel und Erde durchdringt.

5. Die goldene Regel

Der Meister sprach: Der Weg ist nicht ferne vom Menschen. Wenn die Menschen den Weg vom Menschen entfernen, so kann man das nicht den Weg nennen. In den Liedern heißt es (I Guo Fong XV, 5, 1):

„Beilstiel hacken, Beilstiel hacken,
Ist das Muster doch nicht fern."

Aber wenn man auch einen Beilstiel in der Hand hält, nach dem man den neuen Beilstiel zurechthacken kann, so muß man doch immer wieder nach ihm hinsehen und ihn betrachten; so ist es doch noch fern zu nennen.
Darum ordnet der Edle den Menschen durch den Menschen, er verändert ihn nicht, sondern bessert ihn nur.
Gewissenhaftigkeit und Mitgefühl [Bewußtsein des Zentrums und der Gleichartigkeit der andern mit dem Selbst] lassen dich nicht weit vom Weg abirren. Was du nicht liebst, wenn es dir selbst angetan wird, das tue du keinem andern Menschen an.
Zum Weg des Edlen gehören aber noch vier weitere Dinge, von denen ich auch nicht eines schon kann: So meinem Vater dienen, wie ich es von meinem Sohn erwarten würde, kann ich noch nicht. So meinem Fürsten dienen, wie ich es von meinem Beamten erwarten würde, kann ich noch nicht. So meinem älteren Bruder dienen, wie ich es von meinem jüngeren Bruder erwarten würde,

未能也；所求乎朋友先施之，未能也。庸德之行，庸言之謹，有所不足，不敢不勉，有餘不敢盡；言顧行，行顧言，君子胡不慥慥爾！

6.

君子素其位而行，不愿乎其外。素富貴，行乎富貴；素貧賤，行乎貧賤；素夷狄，行乎夷狄；素患難，行乎患難：君子無入而不自得焉。在上位不陵下，在下位不援上，正己而不求於人，則無怨。上不怨天，下不尤人。故君子居易以俟命，小人行險以徼幸。”子曰：“射有似乎君子，失諸正鵠，反求諸其身。

7.

君子之道，辟如行遠必自邇，辟如登高必自卑。《詩》

kann ich noch nicht. So meinem Freund gegenüber zuerst handeln, wie ich es von ihm erwarte, kann ich noch nicht.
Aber wenn ich in der Übung der ganz gewöhnlichen Tugenden oder in der Achtung auf die ganz gewöhnlichen Reden Gebrechen habe, so wage ich nicht, mich nicht anzustrengen. Wenn ich ein Übriges tue, so wage ich nicht, es zu betonen. Die Worte müssen auf die Taten blicken, die Taten müssen auf die Worte blicken.
Wie sollte der Edle nicht unbedingt aufrichtig sein!

6. Der Edle und das Schicksal

Der Edle richtet sich nach seiner Stellung bei allem, was er tut, und wünscht sich nichts außerhalb davon. Wenn er sich in Reichtum und Ehren sieht, so handelt er, wie es in Reichtum und Ehren sich geziemt. Wenn er sich in Armut und Niedrigkeit sieht, so handelt er, wie es in Armut und Niedrigkeit sich geziemt. Wenn er sich unter Barbaren sieht, so handelt er, wie es unter Barbaren sich geziemt. Wenn er sich in Leid und Schwierigkeiten sieht, so handelt er, wie es in Leid und Schwierigkeiten sich geziemt. Der Edle kommt in keine Lage, in der er sich nicht selber findet. In hoher Stellung unterdrückt er nicht die Unteren, in niederer Stellung kriecht er nicht vor den Oberen.
Er macht sich selber recht und verlangt nichts von den andern Menschen; so bleibt er frei von Groll. Nach oben grollt er nicht dem Himmel, nach unten zürnt er nicht den Menschen.
So weilt der Edle in Gelassenheit und nimmt sein Schicksal gefaßt entgegen. Der Gemeine aber übt List und Tücken, um ein unverdientes Glück zu erjagen.
Der Meister sprach: Der Schütze hat eines mit dem Edlen gemein: Wenn er das Ziel verfehlt hat, so wendet er sich um und sucht den Fehler bei sich selbst.

7. Der Anfang des Wegs

Der Weg des Edlen ist gleich einer weiten Reise: Man muß in der Nähe anfangen. Oder er ist gleich der Besteigung eines hohen Bergs: Man muß von unten anfangen. In den Liedern steht (II Siau Ya I, 4, 7):

曰：‘妻子好合，如鼓瑟琴；兄弟既翕，和樂且耽。宜爾室家，樂爾妻帑。’”

子曰：“父母其順矣乎！”

8.

子曰：“鬼神之為德，其盛矣乎！視之而弗見，聽之而弗聞，體物而不可遺。使天下之人齊明盛服，以承祭祀，洋洋乎如在其上，如在其左右。《詩》曰：‘神之格思，不可度思！矧可射思！’夫微之顯，誠之不可掩如此夫。”

9.

子曰：“舜其大孝也與！德為聖人，尊為天子，富有四海之內。宗廟饗之，子孫保之。故大德必得其位，必得其祿，必得其名，必得其壽。

„Eintracht mit Weib und Kind
Ist wie Harfen- und Zitherspiel.
Friede unter den Brüdern
Schafft Freude und Frieden in Ewigkeit.
Heil sei deinem Hause,
Freude deiner Sippe!“

Der Meister sprach: Und der Eltern Segen ruht darauf.

8. Die Himmlischen

Der Meister sprach: Wie herrlich sind doch die Geisteskräfte der Götter und Ahnen! Man schaut nach ihnen und sieht sie nicht; man horcht nach ihnen und hört sie nicht.[8] Und doch gestalten sie die Dinge, und keines kann ihrer entbehren. Sie bewirken, daß die Menschen auf Erden fasten und sich reinigen und Feiergewänder anlegen, um ihnen Opfer darzubringen. Wie Rauschen großer Wasser (ist ihr Wesen), als wären sie zu Häupten, als wären sie zur Rechten und Linken. In den Liedern steht (III Da Ya III, 2, 7):

„Der Götter Nahen
Läßt sich nicht ermessen.
Wie dürfte man sie mißachten!“

So weit geht die Offenbarung des Geheimnisvollen, die Unverhüllbarkeit des Wahren.

9. Die Patriarchen

Der Meister sprach: Schun besaß doch die größte Kindesehrfurcht! Durch seine Geisteskräfte war er ein Heiliger; er war geehrt als Himmelssohn und reich durch den Besitz alles Landes zwischen den vier Meeren. Im Ahnentempel wird er geehrt, und seine Söhne und Enkel hüten sein Angedenken noch heute. So findet große Geisteskraft stets ihre Stellung, stets ihren Lohn, stets ihren Ruhm, stets ihre Dauer.

8 Vgl. Laotse, Taoteking 14.

故天之生物，必因其材而篤焉故栽者培之，傾者覆之。《詩》曰：‘嘉樂君子，憲憲令德！宜民宜人，受祿于天。保佑命之，自天申之！’故大德者必受命。”子曰：“無憂者其惟文王乎！以王季為父，以武王為子，父作之，子述之。武王纘大王、王季、文王之緒，壹戎衣而有天下，身不失天下之顯名；尊為天子，富有四海之內。宗廟饗之，子孫保之。武王末受命，周公成文、武之德，追王大王、王季，上祀先公以天子之禮。斯禮也，達乎諸侯、大夫及士、庶人。父為大夫，子為士，葬以大夫，祭以士。父為士，子為大夫，葬以士，祭以大夫。期之喪，達乎大夫；三年之喪，達乎天子；父母之喪，無貴賤，一也。”

So verwirklicht der Himmel an seinen Geschöpfen das, was durch ihre Anlage begründet ist. Was steht, das stützt er; was fällt, das stürzt er. In den Liedern steht (III Da Ya II, 5, 1):

„Der gute und erfreuliche Fürst,
Wie strahlend sind seine Geisteskräfte!
Er ist ein Segen für das Volk und ein Segen für seine Leute.
Der Himmel hat ihm Reichtum verliehen.
Er schützt ihn und bestimmte ihm das Reich.
Vom Himmel her empfängt er's täglich neu."

So empfängt große Geisteskraft sicher ihre Bestimmung.

Der Meister sprach: Wer keinen Kummer hatte, das war wohl nur der König Wen! Den König Gi hatte er zum Vater, den König Wu zum Sohn. Der Vater hatte das Werk geschaffen, der Sohn setzte es fort.

Der König Wu setzte das Werk fort, das der Große König, der König Gi und der König Wen begonnen. Ein einziges Mal zog er die Waffenrüstung an, und die Welt war sein. Und er selbst verlor darüber nicht den größten Ruhm auf Erden. Sein Name ward geehrt als Himmelssohn, er ward reich durch den Besitz alles Landes zwischen den vier Meeren. Im Ahnentempel wird er geehrt, und seine Söhne und Enkel hüten sein Andenken noch heute. Der König Wu empfing die Bestimmung (des Himmels) am Ende seines Lebens. Sein Bruder, der Herzog von Dschou, vollendete, was die Geisteskraft der Könige Wen und Wu begonnen. Er nannte mit dem Namen von Königen den Großen König und den König Gi, und opferte darüber hinaus all den früheren Herzögen nach den Sitten des Himmelssohns. Diese Sitte hat sich dann auch auf die Lehensfürsten, Großwürdenträger, Staatsmänner und Leute aus dem Volke verbreitet: Wenn der Vater ein Großwürdenträger war und der Sohn ein Staatsmann ist, so wird er begraben nach den Riten für Großwürdenträger und empfängt Opfer nach den Riten für Staatsmänner. Wenn der Vater ein Staatsmann war und der Sohn ein Großwürdenträger ist, so wird er begraben nach den Riten für Staatsmänner und empfängt Opfer nach den Riten für Großwürdenträger. Die einjährige Trauerzeit[9] dehnte sich aus bis zu den Großwürdenträgern. Dagegen dehnte sich die dreijährige Trauerzeit aus bis zum Himmelssohn; denn die Trauer um die Eltern kennt nicht den Unterschied zwischen vornehm und gering, sie ist dieselbe bei allen Menschen.

9 Für Verwandte zweiten Grades. Die Fürsten trugen keine Trauer für Verwandte zweiten Grades, wenn sie ihre Untertanen waren.

10.

子曰："武王、周公，其達孝矣乎！夫孝者：善繼人之志，善述人之事者也。春、秋修其祖廟，陳其宗器，設其裳衣，薦其時食。宗廟之禮，所以序昭穆也；序爵，所以辨貴賤也；序事，所以辨賢也

10. Die Religion als Offenbarung der Weltordnung

Der Meister sprach: Der König Wu und der Herzog von Dschou verstanden sich doch wirklich auf die Kindesehrfurcht! Der Ehrfürchtige ist geschickt, die Absichten seiner Vorfahren fortzusetzen; er ist geschickt, die Taten seiner Vorfahren bekanntzumachen. Im Frühling und Herbst wurden die Ahnentempel instand gesetzt, die Opfergeräte aufgestellt, die Gewänder und Obergewänder ausgebreitet und die zeitgemäßen Speisen dargebracht. Die Sitten des Ahnentempels dienten dazu, die Reihenfolge der hellen und der dunklen Generationen zu regeln[10]; die Reihenfolge nach dem Adelsrang diente dazu, zwischen Vornehmen und Geringen zu unterscheiden; die Reihenfolge der Geschäfte (beim Opfer) diente dazu, die Würdigen auszuzeichnen; beim

10 Schon Konfuzius hat den königlichen Ahnenopfern die größte Bedeutung zugeschrieben und ihre Darbringung und Kenntnis in Zusammenhang gebracht mit der Beherrschung der Welt. Vgl. Lun Yü III, 2. Das altchinesische Opfer war eine heilige Kommunion, ein Abbild des gesamten menschlichen Gesellschaftsorganismus unter den Augen der Ahnen und Gottes. Der Opfernde und seine Frau waren dazu mit der ganzen Familie und einer Schar geladener Gäste anwesend. Erwähnung verdient, daß auch die Frauen Anteil hatten; das wirft ein Licht auf die damalige Stellung der Frau im Familienleben. Die regelmäßigen Opfer wurden im Lauf des Jahres viermal dargebracht (Frühling und Herbst im Text stehen zugleich für Sommer und Winter). Vorbereitenderweise wurden die Gebäude baulich instand gesetzt und geschmückt. Die Wertstücke der Familie, hauptsächlich die Opfergeräte, die von Geschlecht zu Geschlecht als Symbole des Familienbesitzes vererbt wurden, (daher Bewahrung der Opfergeräte identisch mit Bewahrung des Thrones), wurden aufgestellt. Die Feierkleider der Ahnen wurden hervorgeholt. Da jenen Zeiten die Herstellung von Götterbildern fernlag, wurden die Ahnen durch Kinder aus der Familie repräsentiert, denen die Kleider der Verstorbenen angezogen wurden. Hierbei mußte streng darauf geachtet werden, daß die Generationenfolge eingehalten wurde. Wie die Ahnen rechts und links verteilt waren in die aufeinanderfolgenden Generationen der Dunklen (Mu) und Hellen (Dschan), so mußten auch die Repräsentanten der Ahnen derselben Reihe angehören. Der Sohn konnte nicht seinen Vater repräsentieren, sondern dazu bedurfte es des Enkels. Die Zahl der zu verehrenden Ahnen war beschränkt. Der Kaiser verehrte sieben Generationen in besonderen Tempeln, die Landesfürsten fünf usw. bis herunter auf den gewöhnlichen Mann, der die Ahnen im eignen Haus verehrte. Von hier aus bekommt die Generationenfolge ihre Erklärung. Das Hausheiligtum war folgendermaßen angeordnet:

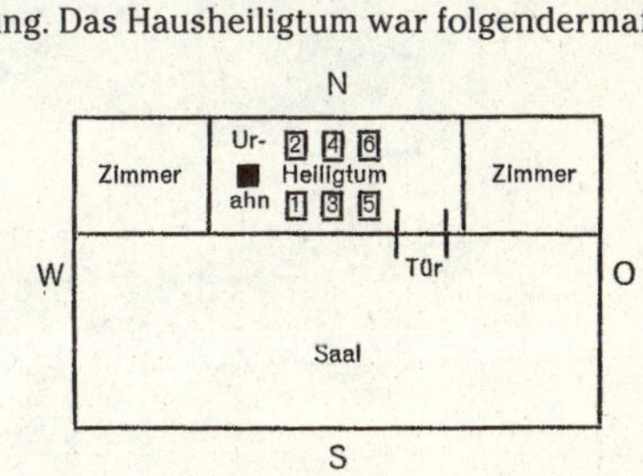

旅酬下為上，所以逮賤也；燕毛，所以序齒也。踐其位，行其禮，奏其樂，敬其所尊，愛其所親，事死

Danksagungsmahl durften die Unteren den Oberen die Becher reichen[11], das diente dazu, die Geringen auch ankommen zu lassen; das Mahl für die Greise diente dazu, die Reihenfolge des Alters zu bestimmen. An die Stelle der Hingegangenen zu treten, ihre Sitten zu befolgen, ihre Musik aufzuführen, zu ehren, was sie wert gehalten, zu lieben, an was sie anhänglich waren, den Toten

Der Urahn des Geschlechts stand im Hintergrund. Zu seiner Rechten standen die Tafeln der Generationen der Dunklen (Mu), die nach Norden schauten; zu seiner Linken die Generationen der Hellen (Dschan), die nach Süden sahen.
Von den fürstlichen Ahnen wurde mit jedem Aufrücken eines neuen Familienmitglieds eins der dem Ahnherrn zunächststehenden Geschlechter entfernt und in die hintere, allgemeine Ahnenhalle gebracht, und zwar je nach der Generation des jeweiligen Repräsentanten das eine Mal einer von den Dunklen, dann einer von den Hellen usw. Nur besonders verdienstvolle Herrscher wie König Wen wurden dauernd an ihrem Platz belassen.
Das eigentliche Opfer zerfiel in drei Abteilungen. Die erste war die eigentliche Darbringung. Auf der östlichen Seite standen die Familienangehörigen, abwechselnd nach den Generationenfolgen der Dunklen und Hellen. Dieser Unterschied diente dazu, daß die Geschlechterfolge und die darauf beruhende Organisation der Familie eine göttliche Sanktion erhielt. Die Organisation der Familie unter dem Gesichtspunkt gegenseitiger Liebe war auf diese Weise verwirklicht. Hier ist die religiöse Wurzel der Familienordnung deutlich.
Auf der westlichen Seite standen die geladenen Gäste, nach ihrem Rang geordnet. Die Geladenen beim Kaiser sind die Fürsten, bei Fürsten die Beamten usw. Hier erhielt die staatliche Organisation der Rangstufen ihre religiöse Weihe.
Bei den verschiedenen Handlungen wurde nach der Tüchtigkeit ausgewählt, so daß hierdurch die Bevorzugung der Würdigen und ihrer Verdienste religiös begründet war.
An das eigentliche Opfer schließt sich der Umtrunk; dabei wurde der Becher in der Weise herumgegeben, daß der Kredenzende jeweils erst selbst einen Becher trank und dann einen Becher dem über ihm Stehenden darreichte. Alle Anwesenden bis herunter zu den Dienern wurden in diese Kommunion eingeschlossen. Die Gäste standen dann auf. Die ihnen vorgelegten Anteile der Opferspeisen, soweit sie sie nicht aufaßen, wurden ihnen nach Hause nachgeschickt. Die Repräsentanten der Ahnen zogen sich ebenfalls zurück, und nun hielt die Familie von den Resten der Opfer ein Mahl in den hinteren Gemächern, bei dem das Alter den Vorsitz führte. Durch dieses Mahl kam die dem Alter gebührende Ehrung zum Ausdruck.
Auf diese Weise waren in der Gegenwart der Ahnen alle Beziehungen der menschlichen Gesellschaft geheiligt. Die Liebe zu den Menschen ist so religiös motiviert. Indem ich liebe, was meine Ahnen liebten, dehnt sich meine Liebe auf die ganze Familie aus. Je höher hinauf die Ahnen geehrt werden desto weitere Kreise werden in die Liebe miteinbezogen, bis endlich die Anbetung Gottes Liebe zu allen Menschen nach dem Willen Gottes bedingt.
Außer den gewöhnlichen Opfern, von denen am Schluß des Abschnitts das Herbstopfer (Tschang) als Beispiel gewählt ist, wird auch von den besonders festlichen Opfern für die entferntesten Ahnen der Dynastie (Di und Ho) das eine (Di) erwähnt. Über dieses Opfer und seinen Mißbrauch in Lu hat der Kanzler sich des öfteren geäußert.

11 So nach Dscheng Kang Tscheng; nach anderer Auffassung wäre zu übersetzen: „beim Danksagungsmahl waren die Unteren die Oberen".

如事生，事亡如事存，孝之至也。郊社之禮，所以事上帝也；宗廟之禮，所以祀乎其先也。明乎郊社之禮、禘嘗之義，治國其如示諸掌乎！”

zu dienen, wie man den Lebenden dient, den Hingegangenen zu dienen, wie man den Anwesenden dient: das ist die höchste Art der Sohnesehrfurcht.[12] Die Sitte des Opfers auf dem Anger[13] und dem Altar des Bodens diente dazu, den höchsten Gott zu verehren. Die Sitten im Ahnentempel dienen dazu, den Ahnen zu opfern. Wer die Sitte des Opfers auf dem Anger klar erkennte und den Sinn der Großen und der Regelmäßigen Ahnenopfer, der verstünde es, des Reichs zu walten, als läge es auf seiner flachen Hand.

12 Der Unterschied zwischen den Toten und den Abgeschiedenen ist, daß die Toten noch da sind, wenn auch nicht mehr am Leben; es ist die Bezeichnung, die vor der Beerdigung gebraucht wird. Die Abgeschiedenen sind die Begrabenen, nicht mehr Vorhandenen. Die Stelle wurde von den Jesuiten herangezogen zum Beweis, daß der Ahnenkult eine bürgerliche, nicht religiöse Einrichtung sei.

13 Die Opfer für den Himmel werden auf dem runden Altar vor der Hauptstadt vollzogen. Der Altar für die Land- und Kornopfer (Schê Dsï) war westlich vom Palast, der Ahnentempel östlich davon.

1.

哀公問政。子曰：“文、武之政，布在方策，其人存，則其政舉；其人亡，則其政息。人道敏政，地道敏樹。夫政也者，蒲盧也。故為政在人，取人以身，修身以道，修道以仁。仁者人也，親親為大；義者宜也，尊賢為大。親親之殺，尊賢之等，禮所生也。在下位不獲乎上，民不可得而治矣！笔君子不可以不修身；思修身，不可以不事親；思事親，不可以不知人；思知人，不可以不知天。

2.

天下之達道五，所以行之者三，曰：君臣也，父子也，夫婦也，

II. TEIL

1. Die Grundlage der Regierung

Herzog Ai fragte nach der Regierung. Der Meister sprach: Die Regierung im Frieden und im Krieg [oder der Könige Wen und Wu] steht aufgezeichnet in den Urkunden. Wenn die richtigen Menschen dazu da sind, so wird diese Regierung aufgenommen; wenn die richtigen Menschen dazu fehlen, so ruht diese Regierung. Im Weg des Menschen liegt es, die Regierung zu schaffen, wie es im Weg der Erde liegt, Pflanzen zu schaffen. Die Regierung wirkt wie die Schlupfwespe (die ihre Brut verwandelt).[14]

So kommt es für die Ausübung der Regierung auf die Menschen an. Die Menschen gewinnt (der Herrscher) durch seine Person, er bildet seine Person durch den Weg. Er bildet den Weg durch Menschlichkeit. Menschlichkeit bedeutet Menschentum. Die Liebe zu den Nächsten ist das Größte daran. Gerechtigkeit bedeutet das, was recht ist. Die Ehrung der Würdigen ist das Größte daran. Die Stufen der Liebe zu den Nächsten und die Arten der Verehrung der Würdigen sind es, aus denen die Sitte entsteht ...[15]

Darum darf der Edle es nicht unterlassen, seine Person zu bilden. Wer seine Person bilden will, darf es nicht unterlassen, seinen Eltern zu dienen. Wer seinen Eltern dienen will, darf es nicht unterlassen, die Menschen zu erkennen. Wer den Menschen kennen will, darf es nicht unterlassen, den Himmel zu erkennen.

2. Die fünf Wege und die drei Eigenschaften

Fünf Wege gibt es auf Erden, die immer gangbar sind, und die darauf wandeln, sind von dreierlei Art. Sie heißen Fürst und Diener, Vater und Sohn, Gatte und

14 Dies ist die alte Erklärung. Der Sage nach umfliegt die Schlupfwespe die Jungen fremder Arten und bezaubert sie, bis sie sich in Junge *ihrer* Art verwandeln. Die späteren Kommentare nehmen den Ausdruck Bu Tu, Schilf und Rohr. Doch ist der Sinn zu der aus der Schule des Sün Dsï stammenden Anschauung, die im zweiten Teil vorliegt, passender, daß die Menschen von Natur aus schlecht sind und radikal verwandelt werden.

15 Hier steht im Text ein Satz, der nach Dscheng Kang Tscheng aus dem Zusammenhang vom letzten Absatz des 4. Abschnitts dieses Buchs, dessen ersten Satz er bildet, hierher versprengt ist.

昆弟也，朋友之交也，五者天下之達道也。知仁勇三者，天下之達德也，所以行之者一也。或生而知之，或學而知之，或困而知之，及其知之，一也；或安而行之，或利而行之，或勉強而行之，及其成功，一也。”

子曰：“好學近乎知，力行近乎仁，知恥近乎勇。知斯三者，則知所以修身；知所以修身，則知所以治人；知所以治人，則知所以治天下國家矣。

3.

凡為天下國家有九經，曰：修身也，尊賢也，親親也，敬大臣也，體群臣也，子庶民也，來百工也，柔遠人也，懷諸侯也。修身則道立，尊賢則不惑，親親則諸父昆弟不怨，敬大臣則不眩，體群臣則士之報禮重，子庶民則百姓勸，來百工則財用足，柔遠人則四方歸之，懷諸侯則天下畏之。齊明盛服，非禮不動，所以修身也；

Gattin, älterer und jüngerer Bruder und der Verkehr der Freunde: Diese fünf sind die immer gangbaren Wege auf Erden. Weisheit, Menschlichkeit, Mut: Diese drei sind die immer wirksamen Geisteskräfte auf Erden. Zu ihrer Ausübung ist *eines* not (die Entschlossenheit, ans Ziel zu kommen). Ob einer von Geburt dies erkennt oder durch Lernen es erkennt oder durch Mühsal es erkennt: wenn er es erkennt, ist alles Eines. Ob einer in ruhiger Sicherheit danach handelt oder, weil er es für Gewinn erachtet, danach handelt oder mit Anstrengung danach handelt: wenn er das Werk vollendet, ist alles Eines.

Der Meister sprach: Liebe zum Lernen führt hin zur *Weisheit,* kräftiges Handeln führt hin zur *Menschlichkeit,* sich schämen können führt hin zum *Mut.* Wer diese drei Dinge weiß, der weiß, wodurch er seine Person zu bilden hat. Wer weiß, wodurch er seine Person zu bilden hat, der weiß, wodurch er die Menschen ordnen kann. Wer weiß, wodurch er die Menschen ordnen kann, der weiß, wodurch er die Welt, den Staat, das Haus ordnen kann.

3. Die neun Pfade zur Führung des Weltreichs

Für die Führung des Weltreichs gibt es neun Pfade: Pflege der Person, Ehrung der Würdigen, Liebe zu den Nächsten, Achtung vor den hohen Würdenträgern, Verständnis für die Menge der Beamten, väterliche Liebe zum geringen Volk, Heranziehung der verschiedenen Arbeiter, Milde gegen die Fremden, liebevolles Gedenken an die Lehensfürsten.

Wenn man seine Person bildet, so wird der Weg gefestigt. Wenn man die Würdigen ehrt, herrscht keine Unklarheit (über die Gesinnung des Herrschers). Wenn man die Nächsten liebt, so entsteht unter den Verwandten und Brüdern kein Groll. Wenn man die hohen Würdenträger achtet[16], so wird der Überblick nicht verdunkelt. Wenn man Verständnis für die Menge der Beamten zeigt, so vergelten es die Staatsmänner reichlich durch ihre Ergebenheit. Wenn man väterliche Liebe zum geringen Volk hat, so feuern die Leute einander zum Guten an. Wenn man die verschiedenen Arbeiter heranzieht, so werden die Güter für den Verbrauch ausreichen. Wenn man milde ist gegen die Fremden, so strömen sie einem aus allen vier Himmelsgegenden zu. Wenn man der Lehensfürsten liebevoll gedenkt, so liegt die Welt in Ehrfurcht.

Indem man fastet und sich reinigt und in feierlichen Gewändern (zum Opfer schreitet), indem man nichts tut, was der Sitte zuwider ist, bildet man seine

16 Indem man ihnen die Führung der laufenden Geschäfte überläßt, bleibt man frei vom Detail und behält den Überblick über das große Ganze.

去讒遠色，賤貨而貴德，所以勸賢也；尊其位，重其祿，同其好惡，所以勸親親也；官盛任使，所以勸大臣也；忠信重祿，所以勸士也；時使薄斂，所以勸百姓也；日省月試，既廩稱事，所以勸百工也；送往迎來，嘉善而矜不能，所以柔遠人也；繼絕世，舉廢國，治亂持危，朝聘以時，厚往而薄來，所以懷諸侯也。

4.

凡為天下國家有九經，所以行之者一也。”

“凡事豫則立，不豫則廢。言前定則不跲，事前定則不困，行前定則不疚，道前定則不窮。在下位不獲乎上，民不可得而治矣；獲乎上有道：

Person. Indem man die Verleumder entfernt, sich frei hält von Sinnlichkeit, das Geld gering achtet und die Geisteskräfte schätzt, ehrt[17] man die Würdigen. Indem man ihre Stellung geehrt macht und ihr Einkommen groß und ihre Neigungen und Abneigungen teilt, zeigt man die Liebe zu den Nächsten. Indem man ihnen ausreichende Unterbeamte zur Erledigung der laufenden Geschäfte zur Verfügung stellt, achtet man die hohen Würdenträger. Indem man die Gewissenhaften und Zuverlässigen mit reichen Einkünften versieht, zeigt man Verständnis für die Staatsmänner. Indem man sie zur Zeit gebraucht und die Abgaben niedrig macht, feuert man die Leute aus dem Volke an. Indem man sie täglich besichtigt und monatlich prüft und je nach den Berichten ihnen ihre Arbeiten zuweist, zieht man die Arbeiter heran. Indem man sie bei ihrem Kommen empfängt und beim Abschied begleitet, ihr Gutes anerkennt und Rücksicht nimmt auf ihre Ungeschicklichkeiten, zeigt man Milde gegen die Fremden. Indem man erloschene Geschlechter fortsetzt und eingegangene Staaten wieder errichtet, die ungeordneten in Ordnung bringt und die gefährdeten stützt, zur rechten Zeit Audienzen hält und Gesandte empfängt, reiche Gastgeschenke spendet und geringen Tribut fordert, zeigt man das liebevolle Gedenken an die Lehensfürsten.

4. Das eine, was not ist

Für die Führung des Weltreichs gibt es (diese) neun Pfade, doch die Gesinnung, in der man sie geht, ist dieselbe.

Alle[18] Dinge gelingen, wenn sie vorbereitet sind, und mißlingen, wenn sie nicht vorbereitet sind. Sind die Worte zum voraus festgelegt, so stockt man nicht. Sind die Arbeiten zum voraus festgelegt, so kommt man nicht in Verlegenheit. Sind die Handlungen zum voraus festgelegt, so macht man keinen Fehler. Ist der Weg zum voraus festgelegt, so wird er nicht plötzlich ungangbar.

Wer in untergebener Stellung nicht das Vertrauen seiner Oberen hat, bekommt das Volk nicht so in die Hand, daß er es in Ordnung bringen kann. Das Vertrauen seiner Oberen zu erlangen, gibt es einen Weg: Wer nicht den Glau-

17 An Stelle der im vorhergehenden Text stehenden Verben ist aus dem sechsten Glied das Wort Küan (anfeuern) hier eingedrungen. Die Ehrfurcht, die diese heilige Schrift genoß, hat selbst die Kritiker der Tsingzeit verhindert, den Text zu verbessern.

18 Die Einteilung der Abschnitte ist sinngemäß verändert worden. Der erste Satz des vierten Abschnittes gehört, wenn man in ihm nicht eine Reduplikation des ersten Satzes von Abschnitt 3 sehen will, unbedingt zum Vorangehenden, sonst gibt es keinen Sinn. Die Gesinnung, in der die neun Pfade begangen werden müssen, ist die Vorbereitung.

不信乎朋友，不獲乎上矣；信乎朋友有道：不順乎親，不信乎朋友矣；順乎親有道：反諸身不誠，不順乎親矣；誠身有道：不明乎善，不誠乎身矣。

5.

誠者，天之道也；誠之者，人之道也。誠者不勉而中，不思而得，從容中道，聖人也。誠之者，擇善而固執之者也。博學之，審問之，慎思之，明辨之，篤行之。有弗學，學之弗能，弗措也；有弗問，問之弗知，弗措也；有弗思，思之弗得，弗措也；有弗辨，辨之弗明，弗措也，有弗行，行之弗篤，弗措也。人一能之己百之，人十能之己千之。果能此道矣，雖愚必明，雖柔必強。”　自誠明，謂之性；自明誠，謂之教。誠則明矣，明則誠矣。唯天下至誠，為能盡其性；能盡其性，則能盡人之性；能盡人之性，

ben seiner Freunde hat, findet nicht das Vertrauen seiner Oberen. Zum Glauben der Freunde gibt es einen Weg: Wer nicht bei seinen Nächsten beliebt ist, findet nicht das Vertrauen seiner Freunde. Zur Beliebtheit bei den Nächsten gibt es einen Weg: Wer zu seiner eignen Person sich wendet ohne Wahrheit, wird nicht bei seinen Nächsten beliebt. Zur Wahrhaftmachung der Person gibt es einen Weg: Wer nicht klar ist über das Gute, kann nicht seine Person wahrhaftig machen.

5. Die Wahrheit haben und die Wahrheit suchen

Die Wahrheit haben ist des Himmels Weg, die Wahrheit suchen ist der Weg des Menschen.

Wer die Wahrheit hat, trifft das Rechte ohne Mühe, erlangt Erfolg ohne Nachdenken, wandelt mit selbstverständlicher Leichtigkeit auf dem mittleren Weg. Das sind die Heiligen. Wer die Wahrheit sucht, der wählt das Gute und hält es fest.

Er forscht umfassend danach, er fragt kritisch danach, er denkt sorgfältig darüber nach, er untersucht es klar, er handelt entschlossen danach. Es mag Dinge geben, die er nicht erforscht; aber was er erforscht, davon läßt er nicht ab, bis er es kann. Es mag Dinge geben, nach denen er nicht fragt; aber was er fragt, davon läßt er nicht ab, bis er es weiß. Es mag Dinge geben, über die er nicht nachdenkt; aber worüber er nachdenkt, davon läßt er nicht ab, bis er es gefunden hat. Es mag Dinge geben, die er nicht untersucht; aber was er untersucht, davon läßt er nicht ab, bis es klar ist. Es mag Dinge geben, die er nicht tut; aber was er tut, davon läßt er nicht ab, bis er es beherrscht. Andre können es vielleicht aufs erstemal, ich muß es zehnmal machen; andre können es vielleicht aufs zehntemal, ich muß es tausendmal machen. Wer aber wirklich die Beharrlichkeit besitzt, diesen Weg zu gehen: mag er auch töricht sein, er wird klar werden; mag er auch schwach sein, er wird stark werden.

Von der Wahrheit zur Klarheit[19], das ist Naturveranlagung (Wesen); von der Klarheit zur Wahrheit, das ist Erziehung. Wer die Wahrheit hat, der hat auch die Klarheit; wer die Klarheit hat, der hat auch die Wahrheit.

Nur wer auf Erden die höchste Wahrheit hat, kann sein Wesen durchdringen. Wer sein Wesen durchdringen kann, kann das Wesen der Menschen durchdringen. Wer das Wesen der Menschen durchdringen kann, der kann das We-

19 Wahrheit wirkt sich praktisch aus, Klarheit ist theoretische Erkenntnis.

則能盡物之性；能盡物之性，則可以贊天地之化育；可以贊天地之化育，則可以與天地參矣。其次致曲。曲能有誠，誠則形，形則著，著則明，明則動，動則變，變則化。唯天下至誠為能化。至誠之道，可以前知。國家將興，必有禎祥；國家將亡，必有妖孽。見乎蓍龜，動乎四體。禍福將至：善，必先知之；不善，必先知之。故至誠如神。誠者自成也，而道自道也。誠者物之終始，不誠無物。是故君子誠之為貴。誠者非自成己而已也，所以成物也。成己，仁也；成物，知也。性之德也，合外內之道也，故時措之宜也。故至誠無息。不息則久，久則徵，徵則悠遠，悠遠則博厚，博厚則高明。

sen der Dinge[20] durchdringen. Wer das Wesen der Dinge durchdringen kann, der kann wie Himmel und Erde schöpferisch gestalten. Wer wie Himmel und Erde schöpferisch gestalten kann, der bildet mit Himmel und Erde die große Dreieinigkeit.

Die nächste Stufe ist es, beim Kleinen und Einzelnen anzufangen und es in die Wahrheit zu bringen. Wahrheit wirkt Wirklichkeit, Wirklichkeit wirkt Sichtbarkeit, Sichtbarkeit wirkt Klarheit, Klarheit wirkt Bewegung, Bewegung wirkt Veränderung, Veränderung wirkt Umgestaltung. Nur wer auf Erden höchste Wahrheit hat, kann umgestalten.

Der Weg der höchsten Wahrheit führt dazu, daß man die Zukunft voraus erkennen kann. Wenn ein Reich im Begriff ist aufzublühen, so gibt es stets günstige Vorzeichen; wenn ein Reich im Begriff ist unterzugehen, so gibt es stets unheilvolle Vorzeichen. Das offenbart sich in Schafgarbe und Schildkröte (beim Orakel) und regt sich in allen Gliedern.[21] Ob Heil oder Unheil heraufzieht, so gibt es Gutes, das (der Heilige) sicher zum voraus erkennt, und Böses, das er zum voraus erkennt. Darum ist der, der die höchste Wahrheit hat, göttlich.

Die Wahrheit vollendet durch sich selbst, und der Weg leitet durch sich selbst. Die Wahrheit ist Ende und Anfang aller Dinge. Ohne Wahrheit gibt es kein Ding. Darum hält der Edle die Wahrheit wert. Der Wahre macht nicht nur sich selbst vollkommen, sondern eben dadurch macht er auch die Außendinge vollkommen. Sich selbst vollkommen machen ist Menschlichkeit, die Außendinge vollkommen machen ist Weisheit. Das sind die Geisteskräfte des Wesens und der Weg zur Vereinigung des Äußern und des Innern. Ihn allezeit anzuwenden geziemt sich.

Darum gibt es für die höchste Wahrheit kein Ablassen; Unablässigkeit führt zur Dauer, Dauer führt zur Wirkung, Wirkung führt zur Fortwirkung in die Ferne, Fortwirkung in die Ferne führt zu Weite und Festigkeit, Weite und Festigkeit führen zu Höhe und Klarheit.

Weite und Festigkeit: dadurch werden die Dinge getragen; Höhe und Klarheit: dadurch werden die Dinge beschirmt. Durch ununterbrochene Dauer werden

20 Hier ist die Magie des Heiligen geschildert. „Das Wesen der Dinge"; dabei ist nicht so sehr an die äußeren Naturdinge, als an die menschlichen Einrichtungen im Einklang mit dem Kosmos gedacht. Das Werk des Heiligen ist es, als König auf Erden Frieden zu schaffen.

21 Dscheng bezieht das auf die vier Teile der Schildkröte, die beim Orakel zu Rate gezogen wurden, nach der Reihenfolge der Jahreszeiten. Da aber die Schildkröte schon genannt ist, bezieht man es wohl besser mit Dschu Hi auf die unwillkürlichen Bewegungen und Reden, die, aus dem Unbewußten kommend, für den Kundigen das Innere und damit die Zukunft künden.

博厚，所以載物也；高明，所以覆物也；悠久，所以成物也。博厚配地，高明配天，悠久無疆。如此者，不見而章，不動而變，無為而成。

天地之道，可壹言而盡也。其為物不貳，則其生物不測。天地之道，博也厚也，高也明也，悠也久也。今夫天，斯昭昭之多，及其無窮也，日月星辰系焉，萬物覆焉。今夫地，一撮土之多，及其廣厚，載華岳而不重，振河海而不泄，萬物載焉。今夫山，一拳石之多，及其廣大，草木生之，禽獸居之，寶藏興焉。今夫水，一勺之多，及其不測，黿鼉、蛟龍、魚鱉生焉，貨財殖焉。《詩》云："維天之命，於穆不已！"蓋曰天之所以為天也。"於乎不顯！文王之德之純！"蓋曰文王之所以為文也，純亦不已。

die Dinge vollkommen. Weite und Festigkeit ist der Erde zugeordnet. Höhe und Klarheit ist dem Himmel zugeordnet. Ununterbrochene Dauer ist Unendlichkeit.
Wer das erreicht hat, der offenbart sich, ohne sich zu zeigen, verändert, ohne sich zu bewegen, macht vollkommen, ohne zu handeln. Der Weg von Himmel und Erde läßt sich mit einem Wort erschöpfen: Weil sie in ihrem Wesen (Substanz) ohne Zweideutigkeit sind, deshalb erzeugen sie Wesen (Substanzen) unergründlich.
Der Weg von Himmel und Erde ist weit und fest und hoch und klar und ununterbrochen und dauernd.
Nun ist der Himmel eben das leuchtende Etwas (das wir sehen); aber in seiner Unendlichkeit hält er Sonne, Mond, Sterne und Tierkreiszeichen fest und schirmt alle Dinge. Nun ist die Erde eben diese Hand voll Staub (die ich fassen kann); aber in ihrer Weite und Festigkeit trägt sie das Huagebirge[22], und es ist ihr nicht zu schwer; sie leitet die Ströme und Meere, daß sie nicht überfließen, und trägt alle Dinge. Nun ist der Berg eben diese Faust voll Steine; aber in seiner Weite und Größe wachsen auf ihm Kräuter und Bäume, wohnen auf ihm Vögel und Tiere, und Schätze sind in ihm verborgen in großen Mengen. Nun ist das Wasser eben dieser Löffel voll Flüssigkeit; aber in seiner Unergründlichkeit leben Leviathan und Krokodil, allerlei Drachen, Fische und Schildkröten, und kostbare Güter erzeugt es.[23] In den Liedern heißt es (IV Sung I, 2, 1):

„Des Himmels Wille
Ist dunkel und ewig."

Damit ist ausgedrückt, wodurch der Himmel Himmel ist. (Ferner heißt es:)

„O wie verborgen
Ist die Reinheit der Geisteskraft des Königs Wen."

Damit ist ausgedrückt, wodurch der König Wen Wen (vollendet) war: Seine Reinheit war auch ewig (unaufhörlich).

---

22 Der Huaschan ist der heilige Berg des Westens; das läßt auf die Herkunft des Stücks aus dem Westen, vermutlich aus der Schule des Sün King schließen. Die Schule von Lu hätte sicher den Taischan genannt, wie das z. B. Mong Dsï bei ähnlichen Gelegenheiten tut.

23 So häufen Himmel und Erde, Berg und Wasser Kleines an, bis es zu Großem wird; so macht es auch der Mensch, der höchste Wahrheit besitzt (Dscheng Kang Tscheng).

6.

大哉，聖人之道！洋洋乎發育萬物，峻極于天。優優大哉！《禮儀》三百，威儀三千，待其人然後行。故曰：苟不至德，至道不凝焉。

7.

故君子尊德性而道問學，致廣大而盡精微，極高明而中庸。溫故而知新，敦厚以崇禮。是故居上不驕，為下不倍；國有道，其言足以興，國無道，其默足以容。《詩》曰："既明且哲，以保其身。"其此之謂與！

8.

子曰："愚而好自用，賤而好自專，生乎今之世，反古之道。如此者，災及其身者也。"

6. Der Weg des Heiligen

Wie groß ist doch der Weg des Heiligen! Strömend erzeugt und nährt er alle Wesen und ragt empor zum Himmel.
Wie viel in seiner Größe befaßt ist! Der Sittenregeln sind dreihundert, der Einzelregeln sind dreitausend. Aber sie warten auf den rechten Mann; dann erst können sie wirken. Darum heißt es: Ohne einen Mann von höchster Geisteskraft, der den höchsten Weg beschreitet, verwirklicht es sich nicht.

7. Der Weg des Edlen

Deshalb ehrt der Edle das Wesen, aus dem die Geisteskraft (ausstrahlt), und schreitet vor auf dem Weg des Fragens und Forschens. Er ermißt alle Weite und Größe und durchdringt alles Geistige und Geheimnisvolle. Er verfolgt alle Höhen und Klarheiten und schreitet auf dem Weg von Maß und Mitte. Er übt das Alte und erkennt das Neue.[24] Er ist ehrlich und fest und hält die Sitte hoch.
Darum ist der Edle als Oberer nicht stolz und als Unterer nicht aufsässig. Wenn in einem Staat der Weg (der Ordnung) herrscht, so reichen seine Worte hin, ihm Einfluß zu verschaffen. Wenn[25] in einem Staat der Weg verloren ist, so reicht sein Schweigen hin, ihm Duldung zu verschaffen. In den Liedern heißt es (III Da Ya III, 6, 4):

> „Wer klar ist und weise,
> Der weiß sich zu schützen."

Damit ist wohl eben dies gemeint.

8. Falsche Wege

Der Meister sprach: Wer töricht ist und doch alles selber machen will; wer niedrig ist und doch seinen Willen durchsetzen will; wer in der heutigen Zeit lebt und doch zu den Wegen des Altertums zurückkehren möchte: solche Menschen, die wird das Verderben treffen.

---

24 Vgl. Lun Yü II, 11.
25 Vgl. Lun Yü XIV, 4.

9.

非天子，不議禮，不制度，不考文。今天下車同軌，書同文，行同倫。雖有其位，苟無其德，不敢作禮樂焉；雖有其德，苟無其位，亦不敢作禮樂焉。

10.

子曰：“吾說夏禮，杞不足徵也。吾學殷禮，有宋存焉；吾學周禮，今用之，吾從周。”王天下有三重焉，其寡過矣乎！上焉者雖善無徵，無徵不信，不信

9. Die Bedingungen des Kulturschaffens

Außer dem Himmelssohn hat niemand das Recht, die Sitten zu bereden, Maße zu schaffen und die Schreibart zu prüfen.
Heutzutage haben alle Wagen auf Erden dieselbe Spurweite, alle Bücher dieselben Schriftzeichen und alle Handlungen dieselben gesellschaftlichen Regeln.[26]
Wenn aber einer zwar die Stellung hat, aber nicht die Geisteskräfte, so soll er nicht wagen, Sitte und Musik zu schaffen. Wer andererseits zwar die nötigen Geisteskräfte hat, aber nicht die Stellung, der soll auch nicht wagen, Sitte und Musik zu schaffen.

10. Die Bestätigungen

Der Meister sprach[27]: Ich könnte über die Sitten der Hiazeit sprechen, aber der Staat Ki (wo heute die Nachkommen der Hia sitzen) ist nicht imstande, die Bestätigungen (für meine Worte) zu liefern. Ich habe die Sitten der Yinzeit erforscht, und in Sung ist noch manches davon vorhanden. Ich habe die Sitten der Dschouzeit erforscht. Sie sind heute noch im Gebrauch. Ich folge den Sitten von Dschou.
Wer über die Welt herrscht, hat drei (vorangehende Dynastien) wichtig zu nehmen, durch die er die Fehler verringern kann.[28] Was darüber hinausgeht, mag wohl gut sein, aber es läßt sich nicht bestätigen. Was nicht bestätigt ist,

---

26 Ich habe den Eindruck, daß dieser Satz mit seiner Konstatierung einer Tatsache den Zusammenhang, der eine neue Gesellschaftsstruktur verkündet, unterbricht. Er scheint mir ein Zusatz aus der Hanzeit zu sein. Wenn ich auch geneigt bin, den ganzen Abschnitt in die Schule des Sün King und damit in die Nähe der Tsinzeit zu setzen, so doch nicht in die Kreise um Tsin Schi Huang Di, die einen solchen Satz mit Stolz hätten erwähnen können. Dort herrschte die Schule der Juristen. Gleich der nächste Satz opponiert gegen Tsin Schi Huang Di.

27 Vgl. Lun Yü III, 9.

28 Nach Dscheng Kang Tscheng sind das die Sitten der drei ersten Dynastien, nach Dschu Hi sind es Sitten, Maße, Schrift. Ich lege die Version Dscheng der Übersetzung zugrunde mit einer leichten Abweichung mit Rücksicht auf den folgenden Satz. Dieser Absatz wird von Couvreur in der ersten Hälfte im selben Sinn übersetzt, obwohl er Kung Ying Da anführt, der das Zeichen Schang (oben) mit Fürst übersetzt (im Anschluß an Abschnitt 8 und 9). In der zweiten Hälfte übersetzt aber dann Couvreur das Hia (unten) merkwürdigerweise nicht zeitlich, sondern „un inférieur", wodurch der Sinn verlorengeht. An sich ist dieser Satz sehr wichtig. Wir haben in ihm den Grund ausgesprochen, warum Konfuzius seine Lehre nicht als eigne Gedanken, sondern als Überlieferung des Altertums gibt. (Vgl. die

民弗從；下焉者雖善不尊，不尊不信，不信民弗從。故君子之道本諸身，徵諸庶民，考諸三王而不繆，建諸天地而不悖，質諸鬼神而無疑，百世以俟聖人而不惑。質諸鬼神而無疑，知天也；百世以俟聖人而不惑，知人也。是故君子動而世為天下道，行而世為天下法，言而世為天下則。遠之則有望，近之則不厭。《詩》曰："在彼無惡，在此無射；庶幾夙夜，以永終譽！"君子未有不如此而蚤有譽於天下者也。

11.

仲尼祖述堯、舜，憲章文、武；上律天時，下襲水

wird nicht geglaubt; was nicht geglaubt wird, dem folgen die Leute nicht. Was darunter ist, mag wohl gut sein, aber es wird nicht geehrt (weil es noch nicht durch Alter ehrwürdig geworden ist). Was nicht geehrt ist, wird nicht geglaubt; was nicht geglaubt wird, dem folgen die Leute nicht.
Darum wurzelt der Weg des Edlen in seiner eigenen Persönlichkeit, er bestätigt ihn durch (die Zustimmung) des Volkes, er prüft ihn an (den Einrichtungen) der drei (vorangehenden) Königsgeschlechter und findet keinen Widerspruch. Er fügt ihn ein in (den Naturverlauf von) Himmel und Erde und findet keinen Anstoß. Er legt ihn den Geistern und Göttern[29] vor und findet keinen Zweifel. Und wenn nach hundert Geschlechtern ein (anderer) Heiliger auftritt, so wird auch der kein Bedenken haben. Daß er ihn den Geistern und Göttern vorlegt und keinen Zweifel findet, ist ein Beweis, daß er den Himmel kennt. Daß, wenn nach hundert Geschlechtern ein Heiliger auftritt, dieser keine Bedenken hat, ist ein Beweis, daß er den Menschen kennt. Darum: Wenn der Edle sich rührt, so schafft er auf viele Geschlechter hinaus für die Welt einen Weg. Wenn er handelt, so schafft er auf viele Geschlechter hinaus für die Welt ein Vorbild. Wenn er redet, so schafft er auf viele Geschlechter hinaus für die Welt einen Maßstab. Die ferne von ihm sind, blicken sehnsüchtig nach ihm aus; die nahe bei ihm sind, werden seiner nie müde. In den Liedern heißt es (IV Sung II, 3, 2):

„Dort ist kein Haß.
Hier ist kein Überdruß.
Zu hoffen ist, daß Tag und Nacht
Nur jeder sei auf Preis bedacht."

Noch nie hat ein Edler anders als auf diesem Weg frühzeitig Ruhm erlangt in der Welt.

11. Apotheose des Kung Dsï

Dschung Ni[30] nahm Yau und Schun als seine Ahnen, die er fortsetzte, und nahm Wen und Wu als Gesetz, nach dem er richtete. Dem Himmel droben lauschte er seine Zeiten ab und dem Wasser und der Erde drunten ihre Ge-

Theorie von Kang Yu We, daß Konfuzius zu diesem Zweck die alten Klassiker extra verfaßt habe, was m. E. doch zu weit geht.)

29 Nämlich im Schildkröten- und Schafgarbenorakel.

30 In diesem Abschnitt ist von dem „königlichen" Werk des Konfuzius, das er als „ungekrönter König" verfaßte, Frühling und Herbst, die Rede und von dem Werk seiner Kulturschöpfung. Es wird eingereiht in die Zusammenhänge von Geschichte und Kultur.

土。辟如天地之無不持載，無不覆幬，辟如四時之錯行，如日月之代明。萬物并育而不相害，道并行而不相悖，小德川流，大德敦化，此天地之所以為大也。

12.

唯天下至聖，為能聰明睿知，足以有臨也；寬裕溫柔，足以有容也；發強剛毅，足以有執也；齊莊中正，足以有敬也；文理密察，足以有別也。溥博淵泉，而時出之。溥博如天，淵泉如淵。見而民莫不敬，言而民莫不信，行而民莫不說。是以聲名洋溢乎中國，施及蠻貊；舟車所至，人力所通，天之所覆，地之所載，日月所照，霜露所隊；凡有血氣者，莫不尊親，故曰配天。

13.

唯天下至誠，為能經綸天下之大經，立天下之大本，

heimnisse. So ist er gleich wie Himmel und Erde, die alles halten und tragen und alles schirmen und decken, gleich wie die vier Jahreszeiten, die im Wechsel einander folgen, wie Sonne und Mond, deren Licht abwechselnd scheint. Alle Wesen leben gleichzeitig und schaden einander nicht, ihre Wege ziehen sie gleichzeitig und stoßen nicht zusammen. Die kleinen Lebenskräfte durchdringen das Weltall wie Flüsse, die großen Lebenskräfte wirken gestaltend und umgestaltend. Das ist es, warum Himmel und Erde so groß sind!

12. Der höchste Heilige

Nur der höchste Heilige auf Erden vermag so feinhörig, klarsichtig, ahnend und erkennend zu sein, daß er sich (dieser Welt) zu nahen vermag; nur er ist so weitherzig, großmütig, milde und weich, daß er sie zu ertragen vermag; nur er ist so anregend, stark, fest und kühn, daß er sie festzuhalten vermag; nur er ist so gleichmäßig, ernst, maßvoll und recht, daß er sich Achtung zu verschaffen vermag; nur er hat Ordnung und Folge[31], Scharfsinn und Beobachtung genug, um unterscheiden zu können.

Weit und allgemein ist er wie ein tiefer Quell, der Wasser spendet zu seiner Zeit. In seiner Weite und Allgemeinheit ist er wie der Himmel, in seiner tiefen Quellenart ist er wie der Abgrund. Wenn er sich offenbart, so ehrt ihn alles Volk; wenn er redet, so glaubt ihm alles Volk; wenn er handelt, so freut sich alles Volk. Darum breiten sein Name und Ruf sich aus in den mittleren Reichen und wirken bis hin zum fernsten Süden und Norden[32]. Wo Schiffe und Wagen hinkommen, soweit die Kraft der Menschen reicht, was der Himmel schirmt und die Erde trägt, wo Sonne und Mond hinscheinen, Reif und Tau hinfallen: alles, was Blut und Odem hat, ehrt und liebt ihn. Darum heißt es: Er ist dem Himmel zugeordnet.

13. Der höchst Wahre

Nur der höchst Wahre auf Erden kann die großen Gewebe der Welt entwirren und ordnen, die großen Grundlagen der Welt aufrichten und Gestaltung und

31 Chinesisch Wen und Li; Wen sind Linienzüge wie z.B. in einem Nephrit, dann Ornamente, Schriftzeichen, Kultur, Schönheit, Form. Li sind Fasern wie im Holz, innere Struktur, Richtungstendenzen; von den Sungphilosophen wurde der Ausdruck im Sinn von Vernunft gebraucht.

32 Wörtlich: Man und Mo (Mongolen), die Wilden im äußersten Süden und Norden.

知天地之化育。夫焉有所倚？肫肫其仁！淵淵其淵！浩浩其天！

14.

苟不固聰明聖知達天德者，其孰能知之？
《詩》曰："衣錦尚絅"，惡其文之著也。故君子之道，闇然而日章；小人之道，的然而日亡。君子之道：淡而不厭，簡而文，溫而理，知遠之近，知風之自，知微之顯，可與入德矣。
《詩》云："潛雖伏矣，亦孔之昭！"故君子內省不疚，無惡於志。君子所不可及者，其唯人之所不見乎！
《詩》云："相在爾室，尚不愧于屋漏。"故君子不動而敬，不言而信。

Werden im Himmel und auf Erden erkennend leiten. Wie könnte er sich auf eine Seite neigen!
So echt ist seine Menschlichkeit, so unergründlich seine Tiefe, so strahlend hell sein Himmlisches!

14. Der Edle

Wer nicht selber wirklich feinhörig, klarsichtig, heilig, weise und der Lebenskräfte des Himmels kundig ist, wie könnte ihn ein solcher erkennen[33]! In den Liedern heißt es (I Guo Fong V, 3, 1):

> „Über dem reich gestickten Kleid
> Trägt sie ein schlichtes Obergewand."

Damit ist ausgedrückt die Abneigung gegen das Scheinen der Zierde. So ist des Edlen Weg verborgen und strahlt von Tag zu Tag mehr. Des Gemeinen Weg ist sichtbar wie eine Zielscheibe, und wenn sein Tag gekommen ist, so ist er verschwunden.
Des Edlen Weg ist schmucklos, aber man wird seiner nie müde; er ist einfach, aber geordnet; er ist milde, aber hat Folge. Nur wer weiß, wie man vom Nahen aus zum Fernen kommen kann, wer weiß, woher der Einfluß kommt, wer weiß, was das offenbare Geheimnis ist, der mag mit ihm zusammen eindringen in die Tiefen der Lebenskraft. In den Liedern heißt es (II Siau Ya IV, 8, 11):

> „Ob er sich auch in allen Tiefen birgt,
> Er leuchtet deutlich doch hervor."

Darum achtet der Edle auf sein Inneres, ob er keinen Makel hat, ob er nichts Schlechtes hat in seinem Willen. Worin der Edle unerreichbar bleibt, sind lauter Dinge, die die Menschen gar nicht sehen. In den Liedern heißt es (III Da Ya III, 2, 7):

> „Wenn du in deinem Hause bist,
> Tu nichts, daß du dich vor den Wänden[34] schämen mußt."

Darum braucht der Edle sich nicht zu bewegen, und man ehrt ihn doch; er braucht nicht zu reden, und man glaubt ihm doch. In den Liedern heißt es (IV Sung V, 2, 2):

---

33 Nur der Heilige erkennt den Heiligen ganz.

34 Wörtlich Wu Lou, das Impluvium im nordwestlichen Raum des Hauses, wo es am dunkelsten ist.

《詩》曰："奏假無言，時靡有爭。"是故君子不賞而民勸，不怒而民威於鈇鉞。
《詩》曰："不顯惟德！百辟其刑之。"是故君子篤恭而天下平。
《詩》曰："予懷明德，不大聲以色。"

15.

子曰："聲色之於以化民，末也。"《詩》曰："德輶如毛"，毛猶有倫；"上天之載，無聲無臭"，至矣！

„Ich rufe schweigend ihn durch heilige Musik,
So gibt es keinen Widerspruch.“[35]

So braucht der Edle nicht zu belohnen, und das Volk wird dennoch angefeuert; er braucht nicht zu zürnen, und das Volk fürchtet ihn doch mehr als Beil und Axt. In den Liedern heißt es (IV Sung I, 4, 3):

„Nichts ist so offenbar wie Geisteskraft,
Die Fürsten alle bilden sie dir nach.“

Darum ist der Edle ernst und ehrfürchtig, und die Welt kommt in Frieden. In den Liedern heißt es (III Da Ya I, 7, 7):

„Ich liebe die klare Geisteskraft,
Die sich nicht laut und sichtbar kündet.“

15. Das höchste Geheimnis

Der Meister sprach: Die hörbaren und sichtbaren Mittel, um das Volk zu gestalten, sind die letzten (die angewendet werden dürfen). In den Liedern heißt es (III Da Ya III, 6, 6):

„Die Geisteskraft ist leicht wie ein Haar.“

Aber auch ein Haar[36] hat noch Beziehungen (und dadurch Bindungen).

„Der Himmel schafft
Lautlos und ohne Spur[37].“

Das ist das Höchste.

35 Eine Opferszene. Beim Opfer wird der Geist herbeigerufen nicht durch Worte, sondern durch das von der Musik erregte Gefühl. Das ist ein Zeichen, daß Friede auf Erden herrscht.

36 Weil es noch irgendwie substantiell ist und daher keine reine Spontaneität entfalten kann, vielmehr der Bedingung der Reaktion unterliegt.

37 Ohne Geruch. Die Zeilen stehen auch in Schï Ging III, Da Ya I, I, 7.

大學

DA HÜO

DIE GROSSE WISSENSCHAFT

EINLEITUNG

Siau Dai Li Gi Band X, Kapitel 42

Nach Absolvierung der kleinen Wissenschaften kam im chinesischen Altertum der Schüler mit fünfzehn Jahren auf die hohe Schule in der Hauptstadt, wo er die große Wissenschaft lernte. Schüler waren die Söhne des Adels, die öffentlich erzogen wurden. Die große Wissenschaft war eben die Wissenschaft von der Staats- und Gesellschaftsordnung. Konfuzius hat als erster eine Privatschule errichtet, in der er die Themen der staatlichen Schulen von seinem Gesichtspunkt aus theoretisch und praktisch behandelte. Das Neue am Standpunkt des Konfuzius war, daß er die überlieferte Form vom Standpunkt des moralischen Gesetzes aus kritisierte und neu belebte. Die Grundlagen dieser konfuzianischen Wissenschaft sind in diesem Werk zusammengestellt. Zeitlich dürfte es Maß und Mitte ziemlich nahe stehen, obwohl es weniger metaphysisch und mehr volkswirtschaftlich orientiert ist. In der Sungzeit ist auch dieses Kapitel dem Zusammenhang der Aufzeichnungen der Sitten entnommen und als eines der „vier Bücher" herausgegeben worden. Dschu Hi vertritt dabei die Theorie, daß der Abschnitt „Die Grundlagen" von Konfuzius, „Die Ausführungen" von Dseng Schen stammen, freilich ohne historischen Anhaltspunkt. Er hat den Text dann gründlich umgeordnet und vom Standpunkt der Sungphilosophie aus gedeutet. Die Opposition des Wang Yang Ming in der Mingzeit gegen die Schule des Dschu Hi schließt sich zum großen Teil ebenfalls an eine neue Erklärung des Textes an. Während der Mandschuzeit ging dann die historische Schule (Hanschule) auf den ursprünglichen Text zurück, dessen Übersetzung hier wiedergegeben ist.

上

大學之道，在明明德，在親民，在止於至善。知止而後有定，定而後能靜，
靜而後能安，安而後能慮，慮而後能得。物有本末，事有終始，知所先後，
則近道矣。
古之欲明明德於天下者，先治其國；欲治其國者，先齊其家；欲齊其家者，
先修其身；欲修其身者，先正其心；欲正其心者，先誠其意；欲誠其意者

A. DIE GRUNDLAGEN

Der Weg der großen Wissenschaft besteht darin, die klaren Geisteskräfte zu klären, die Menschen zu lieben[1] und das Ziel sich zu setzen im höchsten Guten.
Wenn man sein Ziel kennt, so hat man Festigkeit; hat man Festigkeit, so bekommt man Ruhe; hat man Ruhe, so bekommt man Sicherheit; hat man Sicherheit, so kann man nachdenken; durch Nachdenken erreicht man (das Ziel).
Die Dinge haben Wurzel und Verzweigungen; die Arbeiten haben Ende und Anfang. Wenn man erkennt, was früher kommt und was später, so nähert man sich dem rechten Weg.
Indem die Alten auf der ganzen Erde die klaren Geisteskräfte klären wollten, ordneten sie zuerst ihren Staat; um ihrer Staat zu ordnen, regelten sie zuerst ihr Haus[2]; um ihr Haus zu regeln, bildeten sie zuerst ihre Persönlichkeit; um ihre Persönlichkeit[3] zu bilden, machten sie zuerst ihr Bewußtsein recht; um ihr Bewußtsein recht zu machen, machten sie zuerst ihre Gedanken wahr; um ihre Gedanken wahr zu machen, brachten sie zuerst ihre Erkenntnis aufs

1 Statt „Liebe zu den Menschen" liest Tscheng Dsï und mit ihm Dschu Hi „Erneuerung der Menschen", mit Rücksicht auf die Erklärung von B, 2 b.

2 Haus = Familie (Gia). Die Familie ist von der europäischen Kleinfamilie wohl zu unterscheiden. Es ist die patriarchalische Großfamilie hier vorausgesetzt, die ihre natürliche Zusammenfassung im patriarchalischen Staat findet.

3 Die Persönlichkeit wird geleitet vom Bewußtsein aus. Wenigstens ist der Weg durch das Bewußtsein der einzige, der uns zur Verfügung steht, da eine unmittelbare Einwirkung auf das Unbewußte nicht möglich ist. Das Bewußtsein (Sin, wörtlich Herz) wird aber seinerseits beherrscht von den aktiven Gedankenmassen, die sich in seinem Umkreis bewegen. Die Gedanken sind die letzten Einheiten des bewußten Seelenlebens, und um das Seelenleben zu lenken, ist es nötig, den Gedanken die rechte Richtung zu geben. Das geschieht, indem man sich von allem Wahn und Selbstbetrug, solchem, der auf Feigheit beruht, ebenso wie solchem, der aus Trägheit stammt, losmacht, indem man den Gedanken die rechte Richtung verleiht. Die energische Richtung der Gedanken auf das Ziel heißt Erkenntnis. Man muß daher energisch und konsequent auf dieser Erkenntnistätigkeit, die nicht aufhört, bis sie soweit gekommen ist, wie menschenmöglich ist, beharren, um den Gedanken das innere Schwergewicht und die Kraft der Wahrheit zu geben, durch die sie dem Seelenleben eine entschiedene Richtung mitzuteilen imstande sind. Diese Richtung aber führt zur Beeinflussung der Wirklichkeit.

先致其知，致知在格物。物格而後知至，知至而後意誠，意誠而後心正，心正而後身修，身修而後家齊，家齊而後國治，國治而後天下平。

höchste. Die höchste Erkenntnis besteht darin, daß die Wirklichkeit[4] beeinflußt wird.

Nur wenn sie die Wirklichkeit beeinflußt, dann erst ist die Erkenntnis auf ihrer Höhe; wenn die Erkenntnis auf ihrer Höhe ist, dann erst werden die Gedanken wahr; wenn die Gedanken wahr sind, dann erst wird das Bewußtsein recht; wenn das Bewußtsein recht ist, dann erst wird die Persönlichkeit gebildet; wenn die Persönlichkeit gebildet ist, dann erst wird das Haus geregelt; wenn das Haus geregelt ist, dann erst wird der Staat geordnet; wenn der Staat geordnet ist, dann erst kommt die Welt in Frieden.

4 Wang Tschuan Schan vergleicht die vorhergehenden Tätigkeiten mit säen und pflanzen, während er die Beeinflussung der Wirklichkeit als den nährenden Boden betrachtet, in dem die Persönlichkeit Wurzel treiben soll. Beeinflussung der Wirklichkeit (Go Wu) heißt wörtlich das „Einordnen" bzw. „Herankommenlassen" der „Objekte". Die alten Kommentare fassen den Sinn so, daß je nach der Richtung der Erkenntnis auf das Gute oder Böse gute oder böse Dinge an den Menschen herankommen, wobei vorausgesetzt ist, daß die Richtung des Strebens, die in einem Menschen ist, einen Einfluß ausübt auf die Erlebnisse, die er macht. Dschu Hi will die ganze Fülle der theoretischen Gelehrsamkeit einfügen als Grundlage für die richtige moralische Entscheidung. Wang Yang Ming hat ihm aufs heftigste widersprochen. Er vertritt die Auffassung, daß das Handeln und das moralische Erkennen nach Überwindung der Hindernisse, die aus dem Egoismus entspringen, von selbst zusammenfallen. Erfassen der Wirklichkeit ist für ihn nicht eine theoretische Beschäftigung mit den Objekten der Außenwelt, sondern ein praktisches Durchdringen durch alle Hüllen und Hinderungen, die aus dem Egoismus entspringen, zu dem „Kern der Natur, der dem Menschen im Herzen ist", dem moralischen Gesetz in uns.

下

1.

自天子以至於庶人，壹是皆以修身為本。其本亂而末治者否矣，其所厚者薄，而其所薄者厚，未之有也！此謂知本，此謂知之至也。

2.

所謂誠其意者，毋自欺也，如惡惡臭，如好好色，此之謂自謙，故君子必慎其獨也！小人閑居為不善，無所不至，見君子而後厭然，掩其不善，而著其善。人之視己，如見其肺肝然，則何益矣！此謂誠於中，形於外，故君子必慎其獨也。曾子曰："十目所視，十手所指，其嚴乎！"富潤屋，德潤身，心廣體胖，故君子必誠其意。

B. DIE AUSFÜHRUNGEN

1. Die Vollendung der Erkenntnis

Vom Himmelssohn bis zum gewöhnlichen Mann gilt dasselbe: Für alle ist die Bildung der Persönlichkeit die Wurzel. Daß einer, dessen Wurzel in Unordnung ist, in seinen Verzweigungen Ordnung hat, das gibt es nicht. Daß einer, der das Wichtigste gering achtet, das Geringere wichtig nähme, ist ausgeschlossen. Das heißt Erkenntnis der Wurzel. Das heißt höchste Erkenntnis.

2. Wahrheit der Gedanken

Mit Wahrmachen der Gedanken ist gemeint, daß man sich nicht selbst betrügt. Es muß alles so (unzweideutig) sein wie der Abscheu vor einem abscheulichen Geruch, wie die Liebe zu einer lieblichen Erscheinung. Das ist die Geborgenheit[5] im eignen Innern. Darum achtet der Edle stets auf das, was er für sich allein hat.

Wenn der Gemeine sich selbst überlassen ist, so tut er Übles und scheut vor nichts zurück. Wenn er einen Edlen sieht, so sucht er ängstlich sein Übles zu verbergen und sein Gutes zu zeigen. Aber er wird von dem andern durchschaut bis auf Herz und Nieren[6]. Was nützt ihm da (alle Verstellung)? Das ist der Sinn des Wortes: „Was im Innern wahr ist, das gestaltet sich im Äußern. Darum achtet der Edle stets auf das, was er für sich allein hat."

Dsong sprach: „Es ist, als ob zehn Augen auf dich blickten, zehn Hände auf dich wiesen; wie ernst und furchtbar ist das doch."

Reichtum verschönt das Haus, Tugend verschönt den Menschen; das Herz wird weit, der Leib wird blühend. Darum macht der Edle unter allen Umständen seine Gedanken wahr.

---

5 Der Text hat „Kiën" = bescheiden, was aber ein alter Schreibfehler ist. Vgl. Dscheng Kang Tscheng.

6 Wörtlich Lunge und Leber.

a)

《詩》云："瞻彼淇澳，菉竹猗猗。有斐君子，如切如磋，如琢如磨。瑟兮僩兮，赫兮喧兮。有斐君子，終不可諠兮！""如切如磋"者，道學也；"如琢如磨"者，自修也；"瑟兮諠兮"者，恂栗也；"赫兮喧兮"者，威儀也；"有斐君子，終不可諠兮"者，道盛德至善，民之不能忘也。《詩》云："於戲前王不忘！"君子賢其賢而親其親，小人樂其樂而利其利，此以沒世不忘也。
《康誥》曰：

a) Klärung der Geisteskraft

In den Liedern[7] steht (I, V, 1, 1):

„Schau an des Flusses Schlängelufer,
Wie da der Bambus üppig grünet!
O unser Fürst ist fein gebildet,
Wie Elfenbein geschnitten und poliert,
Wie Edelstein gemeißelt und geglättet.
O wie so groß und wie so ruhig,
Ehrfurchtgebietend und erhaben!
O unser Fürst ist fein gebildet,
Und nie wird seiner man vergessen!"

Die Worte „wie Elfenbein geschnitten und poliert" beziehen sich auf die Richtung des Wissens; die Worte „wie Edelstein gemeißelt und geglättet" beziehen sich auf die Selbstbildung; die Worte „O wie so groß und wie so ruhig" beziehen sich auf den Ernst der Gesinnung; die Worte „ehrfurchtgebietend und erhaben" beziehen sich auf die (dadurch bewirkte) Würde (des Auftretens); die Worte „O unser Fürst ist fein gebildet, und nie wird seiner man vergessen" beziehen sich darauf, daß wer auf dem Weg fortschreitet mit reicher Geisteskraft und höchster Güte, vom Volke nicht vergessen werden kann.
In den Liedern[8] steht (IV, I, 4, 3):

„O unsre verewigten Könige bleiben unvergessen!"

Die Edlen ehren, was sie ehrten, und lieben, was sie liebten; die geringen Leute freuen sich der Freuden (die jene geschaffen) und genießen den Vorteil (den sie ihnen verdanken). Darum werden sie bis ans Ende aller Tage nicht vergessen werden.
Im Rat an Kang[9] heißt es (Schu Ging IV, 9, 3):

7 Das hier zitierte Lied bezieht sich auf den Fürsten Wu von We, der von 811–775 v. Chr. lebte. Das Lied ist allegorisch ausgedeutet auf den Fortschritt und Erfolg der Bildung.

8 Der hier zitierte Vers steht in einem Opfergesang und bezieht sich auf die Könige Wen und Wu von Dschou.

9 Kang Gau, der Rat, genauer die Belehnungsansprache an den Prinzen Fong von Kang, den Sohn des Königs Wen von Dschou, bei seiner Einsetzung als Fürst von We, steht im Buch der Urkunden (Schu Ging IV, 9, 3). Die Worte sind wahrscheinlich vom Herzog von Dschou im Namen des jungen Königs Tscheng gesprochen und enthalten einen Hinweis auf die Tugenden des Königs Wen, der es verstanden habe, seine ursprünglich gute Naturanlage zu läutern und so zum weitestgehenden Einfluß zu bringen.

“克明德。”《太甲》曰：“顧諟天之明命。”《帝典》曰：“克明峻德。”皆自明也。

b)

湯之盤銘曰：“苟日新，日日新，又日新。”《康誥》曰：“作新民。”《詩》曰：“周雖舊邦，其命惟新。”是故君子無所不用其極。

„Er verstand es, seine Geisteskräfte zu klären."

Im Abschnitt Tai Gia[10] heißt es (Schu Ging III, V, A, 2):

„Er hatte stets die klare Bestimmung des Himmels vor Augen."

Im Kanon des Herrn[11] heißt es (Schu Ging I, 1, 2):

„Er verstand es, seine klaren Geisteskräfte zu klären."

Alle diese Stellen handeln von der Klärung des eignen Ichs.

b) Liebe zu den Menschen (Erneuerung des Volks)

Auf der Badewanne des Tang[12] stand als Inschrift:

„Wenn wirklich neu, dann täglich neu, tagtäglich neu."

Im Rat an Kang[13] heißt es (Schu Ging IV, 9, 7):

„Schaffe die Menschen neu!"

In den Liedern[14] steht (III, I, 1, 1):

„Obwohl das Reich von Dschou schon alt,
Iist seine Weltbestimmung dennoch neu."

So kennt der Edle nichts, wobei er nicht sein Äußerstes hergibt.

10 Der Abschnitt enthält die Mahnungen des verdienstvollen Gehilfen des Vollenders Tang, des Begründers der zweiten Dynastie, I Yin, an den Enkel und Thronfolger Tangs, Tai Gia, dem er die Tugenden seines Großvaters Tang als leuchtendes Vorbild vor Augen hält.

11 Die Stelle ist aus dem Kanon des Yau im Urkundenbuch. Sie ist der Schilderung des Charakters des Herrschers Yau entnommen, der in der konfuzianischen Philosophie das Urbild aller Herrschertugenden ist.

12 Die Inschrift auf der Badewanne des Vollenders Tang von Yin hatte den Zweck, unter dem Bild einer täglichen Waschung ihn zu einer täglichen innerlichen Reinigung zu mahnen. Vgl. derartige Inschriften in dem Kapitel Wu Wang DsiUn Dsu aus Da Dai Li Gi Kap. 59. Hier Kap. 33.

13 Siehe Anm. 9.

14 In der Stelle aus dem Liederbuch, die von der Berufung des Hauses Dschou zur Weltherrschaft handelt, sind die großen Wirkungen der persönlichen Arbeit gezeigt, da sie dahin führte, daß der Einfluß dieser Arbeit des Königs Wen sich über die ganze Welt erstreckte und eine neue Epoche in der Geschichte seines Hauses begründete, indem er aus einem Lehenstaat einen Weltstaat machte.

c)

《詩》云："邦畿千里，惟民所止。"
《詩》云："緡蠻黃鳥，止于丘隅。"

c) Das Ziel

In den Liedern[15] steht (IV, V, 3, 4):

„Die tausend Meilen Königsland
Sind für das Volk der Wohnung Ziel."

In den Liedern steht (II, VIII, 6, 2):

„Zwitschernd findet der Pirol
An des Hügels Hang sein Ziel."

15 Das erste Zitat steht im Buch der Lieder IV, V, 3, 4, das zweite steht im Buch der Lieder II, VIII, 6, 2, das dritte ebenda III, I, 1, 4. Der Grund, weshalb sie zusammengestellt sind, ist, weil sie alle das Wort Ziel (wörtlich: stehenbleiben, beharren) enthalten. Sie sind allegorisch ausgedeutet.
Das erste Zitat aus den Feiergesängen von Schang, das von dem Krongut der zweiten Dynastie handelt, dessen Zweck und Ziel es war, daß das Volk es bewohne, hat im Zusammenhang den Sinn, daß alles einen Zweck und ein Ziel hat. Das Krongut nämlich soll der König nicht als sein Privateigentum betrachten, sondern sein Zweck ist, daß es dem Volk unter seinem Zepter zur Wohnung diene. Das zweite Zitat ist aus den sogenannten Kleinen Festliedern. Das Lied, dem es entnommen ist, handelt von einem maroden Soldaten, der mit Neid auf das gelbe Vöglein sieht, das sein Nest kennt, während er selbst nicht weiß, wo aus und ein, und nur wünscht, „daß etwas käme und ihn mitnähme". Meister Kung hat in seiner Erklärung des Lieds eine Mahnung beigefügt, daß der Mensch sich nicht solle von einem Vogel beschämen lassen, der ganz genau sein Ziel kenne. Das letzte Zitat endlich entstammt dem ersten der sogenannten Großen Festlieder, einem Hymnus auf den Begründer der dritten Dynastie, König Wen. „Tief und still" deutet auf die Ruhe und den Frieden der Seele. „Stete Klarheit" bedeutet einen Geisteszustand, da man nicht erst mühsam nachdenken muß, sondern intuitiv dauernde Klarheit durch Offenbarung besitzt. „Ernst und zielbewußt" deutet an, daß in allen Zielen des täglichen Lebens ihm natürlicher Ernst und Sorgfalt eigen waren, die sich ohne Anstrengung in allen Lebenslagen von selbst auswirkten. Das sind Eigenschaften, die sich beim berufenen Heiligen spontan und naturhaft finden durch seinen Zusammenhang mit Gott; darum braucht er nicht nachzudenken und erreicht das Ziel durch Offenbarung, er braucht sich nicht anzustrengen und trifft das Rechte durch die Sündlosigkeit seiner Natur. Denn höchste Klarheit und höchste Wahrheit sind ihm gleichzeitig eigen. Vgl. Dschung Yung II, 7.
Dagegen müssen die gewöhnlichen Menschen notwendig nach Ruhe streben, um ihrer Seele Frieden zu finden; sie müssen sich über das Gute klarwerden, um den Weg zur Vollkommenheit des Lebens zu finden. Ohne Nachdenken wird nichts erreicht, ohne Handeln wird nichts vollendet. Darum ist der Heilige das Vorbild für die Welt, dem die gewöhnlichen Menschen nachzustreben haben.
Die Erklärung des Liederverses, die ausführt, welche Ziele sich König Wen innerhalb der verschiedenen sozialen Beziehungen setzte, in denen er sich befand, zeigt, worauf sich das Zielbewußtsein zu richten hat, damit man seine Pflicht dem Nächsten gegenüber vollkommen erfüllt.

子曰：“於止，知其所止，可以人而不如鳥乎？”《詩》云：“穆穆文王，於緝熙敬止！”為人君，止於仁；為人臣，止於敬；為人子，止於孝；為人父，止於慈；與國人交，止於信。

d)

子曰：“聽訟，吾猶人也，必也使無訟乎！”無情者不得盡其辭，大畏民志。此謂知本。

3.

所謂修身在正其心者：身有所忿懥，則不得其正；有所恐懼，則不得其正；有所好樂，則不得其正；有所憂患，則不得其正。心不在焉，視而不見，聽而不聞，食而不知其味。此謂修身在正其心。

Der Meister sprach: „Wenn er an seinem Ziel ist, dann weiß er, daß er am Ziel ist. Sollte es Menschen geben, die nicht einmal diesem Vogel gleichkommen?"
In den Liedern heißt es (III, I, 1, 4):

„Wie tief und still war König Wen,
In steter Klarheit ernst und zielbewußt!"

Als Fürst hatte er Menschlichkeit als Ziel; als Untertan hatte er Sorgfalt als Ziel; als Sohn hatte er Ehrfurcht als Ziel; als Vater hatte er väterliche Liebe als Ziel; im Verkehr mit den Leuten seines Reiches hatte er Zuverlässigkeit als Ziel.

d) Erkenntnis der Wurzel

Der Meister sprach: „Rechtshändel entscheiden kann ich auch nicht anders als andere; worauf es mir aber vor allem ankommt, ist, die Leute von Rechtshändeln abzuhalten, so daß die, die Unrecht haben, ihre Reden gar nicht fertig halten können, weil des Volkes Gesinnung durch großes, ehrfurchtgebietendes Wesen (im Zaum gehalten wird)."
Das heißt die Wurzel erkennen.

3. Bildung der eigenen Persönlichkeit

Damit, daß die Bildung der Persönlichkeit auf der Rechtmachung des Bewußtseins beruht, ist folgendes gemeint[16]: Wenn in der Persönlichkeit sich Zorn und Haß hervortun, so ist sie nicht in der rechten Verfassung; wenn sich Furcht und Angst hervortun, so ist sie nicht in der rechten Verfassung; wenn sich Vorliebe und Lust hervortun, so ist sie nicht in der rechten Verfassung; wenn sich Kummer und Sorge hervortun, so ist sie nicht in der rechten Verfassung. Wenn das Bewußtsein abwesend ist, so blickt man, ohne zu sehen, so hört man, ohne zu vernehmen, so ißt man, ohne Geschmack zu empfinden. Das heißt: Die Bildung der Persönlichkeit beruht auf der Rechtmachung des Bewußtseins.

16 Vgl. Dschung Yung II, 1.

4.

所謂齊其家在修其身者：人之其所親愛而辟焉，之其所賤惡而辟焉，之其所畏敬而辟焉，之其所哀矜而辟焉，之其所敖惰而辟焉。故好而知其惡，惡而知其美者，天下鮮矣！笔諺有之曰："人莫知其子之惡，莫知其苗之碩。"此謂身不修不可以齊其家。

5.

所謂治國必先齊其家者，其家不可教而能教人者，無之。故君子不出家而成教於國：孝者，所以事君也；弟者，所以事長也；慈者，所以使眾也。《康誥》曰："如保赤子"，

4. Die Regelung des Hauses

Damit, daß die Regelung des Hauses auf der Bildung der Persönlichkeit beruht, ist folgendes gemeint: Die Menschen haben Vorurteile, wo sie lieben und schätzen; sie haben Vorurteile, wo sie geringachten und hassen; sie haben Vorurteile, wo sie fürchten und ehren; sie haben Vorurteile, wo sie bemitleiden und bedauern; sie haben Vorurteile, wo sie herabsehen und verachten. Darum sind die Menschen selten auf Erden, die jemand lieben und doch seine Fehler kennen, die jemand hassen und doch seine Vorzüge kennen.

So sagt schon ein Sprichwort[17]: Niemand kennt die Sünden seines Sohnes; niemand kennt die Fülle seiner Saaten.

Das ist damit gemeint, daß, wenn die Persönlichkeit nicht gebildet ist, das Haus sich nicht regeln läßt.

5. Ordnung des Staates

Damit, daß, um den Staat zu ordnen, man unter allen Umständen erst sein Haus regeln muß, ist folgendes gemeint: Daß jemand, der seine Hausgenossen nicht erziehen kann, andere Menschen erziehen könnte, das gibt es nicht. Darum geht der Edle nicht hinaus über den Kreis seines Hauses und vollendet doch im ganzen Staat die Erziehung.

Die Sohnesehrfurcht ist die Gesinnung, mit der man dem Fürsten dienen soll; die brüderliche Unterordnung ist die Gesinnung, mit der man seinen Vorgesetzten dienen soll; die väterliche Liebe ist die Gesinnung, mit der man die Menge leiten muß.

Im Rat an Kang[18] heißt es (Schu Ging IV, 9, 9):

> „Sei zu ihnen, wie man kleine Kindlein hütet!"

17 Das angeführte Sprichwort, von dem nur die erste Hälfte in Betracht kommt, wird illustriert durch eine Anekdote in Lü Schï Tschun Tsiu, Kü Yu, wo ein Mann an seinem häßlichen Sohn mehr Gefallen findet als an einem wegen seiner Schönheit berühmten Jüngling.
Das Sprichwort spricht an sich den Gedanken aus, daß Affenliebe nicht aufzuklären ist und Habsucht nicht zu sättigen.

18 Das Zitat aus dem Rat an Kang erläutert die rechte Gesinnung den Untertanen gegenüber, die für die Ordnung des Staates das Wichtigste ist. Zum Behüten von kleinen Kindern ist vor allem Liebe nötig. Das Volk muß ebenso liebevoll behandelt werden wie kleine Kinder. Eine Mutter, die für ihr Kind zu sorgen hat, läßt sich sein Wohl recht angelegentlich am Herzen sein, und so trifft sie instinktmäßig das Rechte.

心誠求之，雖不中不遠矣。未有學養子而後嫁者也！一家仁，一國興仁；一家讓，一國興讓；一人貪戾，一國作亂。其機如此。此謂一言僨事，一人定國。堯、舜率天下以仁，而民從之；桀、紂率天下以暴，而民從之。其所令反其所好，而民不從。是故君子有諸己而後求諸人，無諸己而後非諸人。所藏乎身不恕，而能喻諸人者，未之有也。故治國在齊其家。《詩》云："桃之夭夭，其葉蓁蓁；之子于歸，宜其家人。"宜其家人，而後可以教國人。《詩》云：

Was man wahrhaft mit dem Herzen sucht, das kann man vielleicht einmal nicht treffen, aber man kommt nicht weit davon ab. Ein Mädchen braucht nicht erst zu lernen, wie man Kinder aufzieht, ehe sie heiraten kann.

Wenn im Haus des ersten Mannes die Menschlichkeit herrscht, so blüht im ganzen Staat die Menschlichkeit. Wenn im Haus des ersten Mannes die Verträglichkeit herrscht, so blüht im ganzen Staat die Verträglichkeit. Wenn der erste Mann habgierig und hart ist, so kommt der ganze Staat in Aufruhr. So lösen sich die Wirkungen aus.

Das ist damit gemeint, wenn es heißt[19]: „*Ein* Wort kann alles verderben; *ein* Mann kann den ganzen Staat festigen."

Yau und Schun[20] gingen der Welt voran mit Menschlichkeit, und das Volk ahmte ihnen nach. Giĕ und Dschou Sin gingen der Welt voran mit Grausamkeit, und das Volk ahmte ihnen nach. Was sie befahlen, widersprach dem, was sie (innerlich selbst) liebten; darum richtete das Volk sich nicht nach ihren Befehlen (weil kein persönlicher Wille hinter ihnen stand).

Darum sorgt der Edle dafür, daß er (eine Eigenschaft) erst selbst besitzt, ehe er sie von andern verlangt, und daß er einen Fehler erst selbst abgelegt hat, ehe er ihn an andern tadelt. Wenn er in seiner Persönlichkeit etwas birgt, das nicht mit dem Gesetz der Übertragung und des Mitgefühls stimmt, so ist es ausgeschlossen, daß er andere darüber aufklären kann. Darum beruht die Ordnung des Staates auf der Regelung des Hauses.

In den Liedern steht[21] (I, I, 6, 3):

„Der junge Pfirsichbaum so schlank
Steht dicht im Schmucke grünen Laubs.
Es zieht die Braut ins neue Heim.
Sie wird dem Haus zum Segen sein."

Erst muß man seinen Hausgenossen zum Segen sein, dann erst kann man die Leute des Staates erziehen. – In den Liedern steht[22] (II, II, 9, 3):

19 Das als Beleg zitierte Sprichwort kommt wieder nur mit der Hälfte „ein Mann kann den ganzen Staat festigen" in Betracht. Es behandelt die guten und bösen Wirkungen, die von einem Punkt ausgehend sich weithin verbreiten.

20 Wie Yau und Schun die Vorbilder guter Herrscher waren, so waren Giĕ, der letzte Herrscher der ersten, und Dschou Sin, der letzte Herrscher der zweiten Dynastie, die Urbilder aller Schlechtigkeit. Beide haben durch ihre an Größenwahn grenzende Willkür und Grausamkeit ihre Dynastie zugrunde gerichtet. Vgl. Da Dai Li Gi, Kap. 48. (Hier Kap. 21.)

21 Das Zitat handelt von dem Einzug einer Braut in ihr neues Heim, wo sie mit allen Hausbewohnern gut auskommen wird.

22 Das Zitat ist ein guter Wunsch, den der Herrscher den zum Mahl versammelten Vasallen spendet.

“宜兄宜弟。”宜兄宜弟，而後可以教國人。《詩》云：“其儀不忒，正是四國。”其為父子兄弟足法，而後民法之也。此謂治國在齊其家。

6.

所謂平天下在治其國者：上老老而民興孝，上長長而民興弟，上恤孤而民不倍，是以君子有絜矩之道也。所惡於上，毋以使下；所惡於下，毋以事上；所惡於前，毋以先後；所惡於後，毋以從前；所惡於右，毋以交於左；所惡於左，

„Heil den Brüdern treu in Eintracht."

Erst muß unter den Brüdern Heil in Eintracht sein, dann erst kann man die Leute des Staates erziehen.
In den Liedern steht[23] (I, XIV, 3, 3):

„Sein Wandel frei von Fehlern
Bringt alle Welt zurecht."

Wer als Vater, Sohn, älterer oder jüngerer Bruder ein nachahmenswertes Beispiel gibt, dem ahmen die Leute nach.
Das ist damit gemeint, daß die Ordnung des Staates auf der Regelung des Hauses beruht.

6. Friede auf Erden

Damit, daß die Befriedigung der Welt auf der Ordnung des Staates beruht, ist folgendes gemeint: Wenn die Oberen die Greise ehren, so blüht im Volk die Kindesehrfurcht. Wenn die Oberen die Ältesten achten, so blüht im Volk die Brüderlichkeit. Wenn die Oberen sich der Waisen erbarmen, so vernachlässigt das Volk sie nicht. So hat der Edle den Weg der Anlegung des Winkelmaßes.[24]
Was du an deinen Oberen hassest, das tu nicht deinen Untergebenen an! Was du an deinen Unteren hassest, damit diene nicht deinen Oberen! Was du an deinem Vorgänger hassest, das hinterlasse nicht deinem Nachfolger! Was du an deinem Nachfolger hassest, damit folge nicht deinem Vorgänger! Was du an deinem Nachbar zur Rechten hassest, das füge nicht deinem Nachbar zur Linken zu! Was du an deinem Nachbar zur Linken hassest, das füge nicht dei-

23. Das Zitat enthält das Lob eines Fürsten, der durch seinen Wandel innerhalb seines Hauses dem ganzen Land mit gutem Beispiel vorangeht.

24 Es ist dies das Prinzip des Sittengesetzes in seiner negativen Ausprägung. Wenn man es mit den positiven Ausführungen, die vorangehen, zusammenhält (Ehrfurcht vor dem Alter, Achtung vor den Ehrwürdigen, Fürsorge für die Verlassenen), so sieht man, daß hier nicht der christlichen Ethik gegenüber eine niedrigere Stufe – wie schon behauptet wurde – vorliegt, die sich auf das Negative beschränkt, sondern daß der Unterschied nur im Ausdruck liegt. Ebenso wie in dem Spruch: „Was ihr wollt, daß euch die Leute tun, das tut ihr ihnen" das Negative: „Was du nicht willst, daß man dir tu, das füg auch keinem andern zu" selbstverständlich mit enthalten ist, so in dem hier gegebenen negativen Ausdruck die positive Ergänzung. Es hängt diese Ausdrucksweise mit der Psychologie der chinesischen bzw. westlichen Sprachen zusammen. Wir reden von „Fehler", d.h. etwas Negativem, als Gesamtbezeichnung für eine unrichtige Handlung, während der Chinese von „Überschreitung" redet. Die Meinung ist aber in beiden Fällen dieselbe. Vgl. Dschung Yung I, b 5.

毋以交於右。此之謂絜矩之道。
《詩》云：“樂只君子，民之父母。”
民之所好好之，民之所惡惡之，此之謂民之父母。

《詩》云：“節彼南山，維石巖巖。赫赫師尹，民具爾瞻。”
有國者不可以不慎，辟則為天下僇矣。

《詩》云：“殷之未喪師，克配上帝。儀監于殷，峻命不易。”
道得眾則得國，失眾則失國。是故君子先慎乎德。有德此有人，有人此有土，有土此有財，有財此有用。

nem Nachbar zur Rechten zu! Das ist der Weg zur Anlegung des Winkelmaßes.
In den Liedern steht[25] (II, II, 7, 3):

„Wie freut sich jeder an euch Fürsten,
Die ihr des Volkes Eltern seid!"

Eltern des Volkes sein heißt: lieben, was das Volk liebt, und hassen, was das Volk haßt.
In den Liedern heißt es[26] (II, IV, 7, 1):

„Wie steht der Südberg steil und hoch!
Wie ragen seine Felsengipfel!
Wie stolz und furchtbar seid Ihr, Herr!
Das ganze Volk sieht, was Ihr tut."

Die leitenden Männer des Staates können nicht vorsichtig genug sein; wenn sie Übles tun, so geschieht Schreckliches in der Welt.
In den Liedern steht[27] (III, I, 1, 6):

„Solange Yin das Volk nicht entfremdet,
Stand dieses Herrscherhaus bei Gott in Gnaden.
Am Beispiel dieses Hauses mag man sehen,
Wie schwer zu wahren dieses hohe Amt."

Das heißt: Wer die Menge für sich hat, hat den Staat; wer die Menge verliert, verliert den Staat.
Darum achtet der Edle zuerst auf die Geisteskräfte; hat er die Geisteskräfte, so hat er die Menschen; hat er die Menschen, so hat er die Erde; hat er die Erde, so hat er die Güter; hat er die Güter, so hat er, was er braucht.

---

25 Das Zitat enthält das Lob des Großkönigs für seine Gäste, die Lehensfürsten. Es zeigt, wie sich aus der beigefügten Erklärung ergibt, auf welche Weise sich der Einfluß auf die Menschen gewinnen läßt, nämlich dadurch, daß man sich in ihre Stimmungen zu versetzen weiß und innerlichen Anteil daran nimmt.

26 Das Zitat stammt aus der Zeit des schlimmen Königs Yu (Yu, der Finstere) aus dem Hause Dschou und handelt von dem Großkanzler Yin, der durch Schrecken und Einschüchterung zu wirken suchte. Während innere Anteilnahme die Herzen dem Einfluß öffnet, schließt sie der Versuch der Einschüchterung zu. Wie ein steiler Berg als unzugänglich gemieden wird, wenn er auch weithin sichtbar ist, so ein Tyrann, der durch Einschüchterung wirken will.

27 In dem Zitat wird gezeigt, worauf das Gottesgnadentum in Wahrheit beruht, nämlich auf der Liebe des Volkes. Die altchinesische Auffassung kennt nicht das Dilemma: entweder König von Gottes Gnaden oder von des Volkes Gnaden; sondern die Zuneigung des Volkes ist das Zeichen göttlicher Berufung. Der Staat ist für den Konfuzianismus res publica im Sinn von Kants „Zum ewigen Frieden".

德者本也，財者末也，外本內末，爭民施奪。是故財聚則民散，財散則民聚。是故言悖而出者，亦悖而入；貨悖而入者，亦悖而出。

《康誥》曰：“惟命不于常！”道善則得之，不善則失之矣。

楚書曰：“楚國無以為寶，惟善以為寶。”

舅犯曰：“亡人無以為寶，仁親以為寶。”

《秦誓》曰：“若有一介臣，斷斷兮無他技，其心休休焉，其如有容焉。人之有技，若已有之；人之彥聖，其心好之，不啻若自其口出。實能容之，以能保我子孫黎民，尚亦有利哉！人之有技，媢嫉以惡之；人之彥聖，而違之俾不通。

Die Geisteskraft ist die Wurzel, die Güter sind die Verzweigungen. Wer die Wurzel für etwas Äußerliches nimmt und die Verzweigungen für etwas Inneres, der streitet mit dem Volk und macht es zu Räubern. Darum: Wer die Güter sammelt, der zerstreut die Menschen; wer Güter ausstreut, der sammelt die Menschen.

Wie ein unrechtes Wort, das von uns ausgeht, uns ein unrechtes Wort einbringt, so werden Güter, die unrecht gewonnen sind, auch unrecht zerrinnen.

Im Rat an Kang heißt es (Schu Ging IV, 9, 23): „Die Bestimmung des Himmels ist nicht unabänderlich." Das heißt: Wer gut ist, erlangt sie; wer nicht gut ist, verliert sie.

In den Urkunden von Tschu[28] heißt es: „Im Lande Tschu gilt solches nicht für köstlich, nur die Güte gilt für köstlich."

Fan, der Oheim des vertriebenen Fürsten Wen von Dsïn[29], sprach: „Ein landesflüchtiger Mann darf nichts für köstlich achten, nur die Liebe zu den Nächsten ist für ihn köstlich."

In der Beschwörung von Tsin[30] heißt es: „Wenn ich einen Diener habe, der wahr und einfach ist, ohne andre Fähigkeiten, aber mit einem offenen Sinn, der andre duldet, so daß er, wenn ein andrer eine Fähigkeit hat, sie ansieht, als hätte er sie selbst, wenn ein andrer eine besondere Weisheit zeigt, er ihn im Herzen liebt, nicht nur es mit dem Munde äußert, sondern ihn wirklich gewähren läßt: der kann meine Söhne und Enkel und Volksscharen schützen, und es ist zu hoffen, daß er Nutzen bringt. Wenn aber einer auf die Fähigkeiten, die andre haben, eifersüchtig ist und sie haßt und einen, der eine besondere Weisheit zeigt, verfolgt und unterdrückt, so daß er nicht bekannt wird,

28 Die Stelle aus den Urkunden von Tschu bezieht sich nach Dscheng Kang Tscheng auf eine Anekdote zur Zeit des Königs Dschau von Tschu. Der Staat Tsin hatte die Absicht, den Staat Tschu zu bekriegen, und sandte einen Spion mit dem öffentlichen Auftrag, die Schätze von Tschu besichtigen zu dürfen. Der Bote wurde von dem Minister Dschau Hi Sü empfangen und mit einer Anzahl bedeutender Staatsmänner bekannt gemacht, wobei der Minister die Bemerkung machte, daß in Tschu weise Männer als Schätze gälten, nicht äußere Wertgegenstände. Der Gesandte kehrte darauf nach Tsin zurück, und der geplante Angriff auf Tschu unterblieb. Vgl. Sin Sü.

29 Das Zitat bezieht sich auf die Zeit, da der spätere Fürst Wen von Dsin, der das Weltreich unter seiner Hegemonie einigte, noch landesflüchtig und verstoßen als Thronkandidat umherwandern mußte. Als er nach Tsin kam, wo ihm Hilfe angeboten wurde, hat einer seiner Verwandten, der sich in seinem Gefolge befand, die erwähnte Antwort gegeben.

30 Die Beschwörung von Tsin, eine Art Thronrede des Herzogs Mu von Tsin, ist das letzte Kapitel im Buch der Urkunden (Schu Ging). Der Text dort weicht in einigen Lesarten ab.

實不能容，以不能保我子孫黎民，亦曰殆哉！”唯仁人放流之，迸諸四夷，不與同中國，此謂唯仁人為能愛人，能惡人。見賢而不能舉，舉而不能先，命也；見不善而不能退，退而不能遠，過也。好人之所惡，惡人之所好，是謂拂人之性，災必逮夫身。是故君子有大道，必忠信以得之，驕泰以失之

生財有大道。生之者眾，食之者寡，為之者疾，用之者舒，則財恒足矣。仁者以財發身，不仁者以身發財。未有上好仁而下不好義者也，未有好義其事不終者也，未有府庫財非其財者也。

孟獻子曰：“畜馬乘，不察於雞豚；伐冰之家，不畜牛羊；

und ihn nicht gewähren läßt: der kann nicht meine Söhne und Enkel und Volksscharen schützen. Er bedeutet eine Gefahr."

Aber ein vollkommen gütiger Mann verbannt einen solchen zu den Wilden ringsum und erlaubt ihm nicht, gemeinsam mit andern in den mittleren Staaten zu leben. Das ist damit gemeint, wenn es heißt[31]: „Nur ein gütiger Mensch kann die Menschen lieben und die Menschen hassen."

Wer einen Würdigen sieht und nicht imstande ist, ihn zu erheben, wer ihn erhebt, aber nicht bevorzugen kann, der macht sich einer Unterlassung schuldig. Wer einen Untüchtigen sieht und kann ihn nicht absetzen, wer ihn absetzt, aber nicht entfernen kann, der macht sich einer Übertretung schuldig. Wer aber liebt, was die Menschen hassen, und haßt, was die Menschen lieben, der empört sich gegen die menschliche Natur. Und das Unheil kommt sicher über seine Person.

Darum kennt der Edle einen großen Weg: Wer stets gewissenhaft und zuverlässig ist, dem gelingt es; wer stolz und hochmütig ist, dem mißlingt es.

Für die *Erzeugung von Gütern* gibt es einen großen Weg: Die Erzeugenden müssen möglichst zahlreich sein; die Verbrauchenden müssen möglichst wenig sein; die Herstellung muß möglichst rasch, der Verbrauch unterbrochen sein. So werden die Güter dauernd in genügender Menge vorhanden sein.

Dem Gütigen dienen die Güter zur Förderung des Lebens; dem Ungütigen dient das Leben zur Förderung der Güter.

Wenn die Oberen die Gütigkeit lieben, so werden die Unteren stets ihre Pflicht hochhalten. Wenn sie aber ihre Pflicht hochhalten, so werden sie sicher nicht ihre Arbeiten unvollendet liegenlassen. Und die Güter, die dann in Scheunen und Kammern liegen, sind alle ihre Güter.

Mong Hiën Dsï[32] sprach: „Wer Pferd und Wagen hält, sucht seinen Lebensunterhalt nicht mit der Zucht von Hühnern und Schweinen zu verdienen. Ein Haus, das für seine Ahnenopfer Eiskeller zur Verfügung hat, sucht seinen Lebensunterhalt nicht mit der Zucht von Rindern und Schafen zu verdienen.

31 Das Zitat, daß nur ein vollkommen guter Mann recht lieben und hassen kann, steht in Lun Yü (Kungfutse-Gespräche) IV, 3. Vgl. auch Siau Dai Li Gi II (Tan Gung) II, I, 19.

32 Mong Hin Dsi war Haupt einer der großen Familien von Lu vor Kung Dsis Zeit. Hühner- und Schweinezucht ist eine Erwerbsquelle, die geringen Kapitals bedarf und darum den ärmeren Bevölkerungsschichten überlassen werden sollte. Das Recht, Eis im Keller zu haben zur Kühlung der Opfer- und sonstigen Festspeisen, war ein Vorrecht vornehmer Familien, die damit moralisch vom Erwerb des Lebensunterhalts durch Viehzucht zu Verkaufszwekken ausgeschlossen waren. Eine noch mächtigere Familie sollte selbst bei der Steuererhebung, zu der sie ein Recht hatte, auf allzu genaues Eintreiben verzichten und lieber den Beamten eine Bereicherung auf Kosten des Herrn als auf Kosten der Zinsbauern durchgehen lassen.

百乘之家，不畜聚斂之臣。與其有聚斂之臣，寧有盜臣。”此謂國不以利為利，以義為利也。長國家而務財用者，必自小人矣。彼為善之，小人之使為國家，災害并至。雖有善者，亦無如之何矣！此謂國不以利為利，以義為利也。

Eine Adelsfamilie mit hundert Kriegswagen hält keine erpresserischen Beamten. Lieber als erpresserische Beamte nimmt sie solche, die ihr sogar gelegentlich etwas entwenden." Das ist damit gemeint, wenn es heißt: „Nicht Gewinn ist für ein Land Gewinn, sondern Gerechtigkeit ist Gewinn."

Wer als Leiter eines Staates darauf aus ist, Güter für seinen Gebrauch zu erwerben, der gerät sicher unter den Einfluß von Gemeinen. Wenn er sie auch für tüchtig hält: wenn man Gemeine zur Leitung eines Staates benützt, so kommen mit ihnen zusammen Unheil und Schaden. Da kann dann auch der beste Mann nichts dagegen machen.

Das ist damit gemeint, wenn es heißt: „Nicht Gewinn ist für ein Land Gewinn, sondern Gerechtigkeit ist Gewinn."

[illegible]

[illegible] gemäß [illegible] werden. [illegible] gemäß [illegible]

[illegible] und [illegible]

Wer als Lotse [illegible] alles darauf [illegible]

[illegible] wenn man [illegible]

[illegible] kommen mit ihnen [illegible]

[illegible]

孟子

MONG DSÏ

EINLEITUNG

Unter den Vertretern der Lehre des Kung Dsï ist weitaus der berühmteste Mong Ko (meist Mong Dsï, „Philosoph Mong“, genannt, woraus in Analogie zu der latinisierten Form Konfuzius der heute in Europa übliche Name Menzius geformt wurde). Obwohl zeitlich von dem Meister entfernt, so daß er in keine persönliche Berührung mit ihm kam, hat er dessen Lehren in Zeiten des Niedergangs mit großer Energie durchgesetzt. Man kann sein Verhältnis zu Kung mit dem des Paulus zu Jesus vergleichen. In diesem Vergleich liegt zugleich eine Wertung, die von der in Europa häufig üblichen abweicht. Mong Dsï ist Epigone, aber eben deshalb geht er mehr auf Detailfragen ein als Kung Dsï. Er ist rhetorischer, dialektischer. Darum kommt er dem europäischen Geschmack in vielen Dingen näher. So kann es nicht Wunder nehmen, daß er von europäischer Seite vielfach als der Genialere betrachtet worden ist, der noch über Kung zu werten sei. Der englische Missionar Legge, der die Worte des Mong Dsï mit vielem Fleiß ins Englische übersetzt hat, gibt dieser Stimmung mit unübertrefflicher Naivität Ausdruck, indem er Mong Dsï für bewundernswerter als Kung Dsï erklärt – freilich um dann nachträglich ein Stück der Bewunderung nach dem andern wieder abzutragen. Der chinesische Vergleich trifft wohl dem Wesen nach eher das Richtige, der Kung Dsï dem milden, unauffälligen, erst eingehender Betrachtung sich offenbarenden Glanz des Nephrits vergleicht, während Mong Dsï dem klar-durchsichtigen Bergkristall entspreche.

Mong Dsï war der Sohn seiner Zeit. Ein Zeitgenosse des Dschuang Dsï, mit dem er auch an literarischem Besitz vieles gemeinsam hat, hat er auf anderen Wegen als jener weltflüchtige Mystiker nach Rettung für die Menschheit gesucht. Während Dschuang Dsï diese Rettung in gänzlichem Verzicht auf die Kultur sieht, sucht Mong Dsï sie in der Reform und der Wiederherstellung der echten Kultur, wie sie durch Kungs Arbeiten aus dem Altertum gerettet war. In diesem Streben übernahm er den von Kung geschaffenen Beruf des Lehrers der Fürsten. Aber die Zeiten waren inzwischen andere geworden. So machte sich auch in des Mong Dsï Handlungsweise eine Änderung nötig.

Zu Kungs Zeiten waren die staatlichen Verhältnisse noch so weit in Ordnung, daß jedermann ohne weiteres sein geregeltes Einkommen hatte. Obwohl daher Kung auf seinen Wanderungen manche Schwierigkeiten und Nöte zu bestehen hatte, war die Frage seines Lebensunterhalts nie in die Erscheinung getreten. Er hatte sein gesichertes Einkommen, von dem er und seine Schüler lebten. Das war später anders geworden. Der Privatbesitz hatte sich mehr entwickelt. Nur die Beamten und die Untertanen der einzelnen Staaten hatten mehr oder weniger feste Einkünfte. Der freie Beruf des Lehrers der Fürsten, dem Mong Dsï ebenso wie viele sophistische Zeitgenossen huldigte, war auf Gaben und Geschenke freigebiger Mäzene unter den Fürsten angewiesen. Mong Dsï empfand diese Abhängigkeit äußerst drückend und tat, was in seinen Kräften stand, um seine Würde zu wahren und Abstand zu halten von den Wanderphilosophen, die gegen Geld die Höfe zu unterhalten wußten.

Aus diesen Verhältnissen erklärt sich manche herbe Seite in Mong Dsïs Wesen. Je schwieriger es war, diesen Abstand zu halten, desto mehr mußte er Äußerlichkeiten betonen, und so kam er oft in Situationen, wo sein Stolz fast die Form der Wunderlichkeit annimmt.

Ein anderer Zug hängt damit zusammen. Während Kungs ganze Art sich durch eine feine Zurückhaltung und bescheidene Güte auszeichnet, die ihn so liebenswert machen, ist Mong Dsï seiner ganzen Stellung nach auf den Kampf angewiesen. Daher das Pathetisch-rhetorische in seinen Reden, die Disputationen mit Andersdenkenden, die selbstbewußten Äußerungen, die Schärfe und Härte, mit der er seine Feinde verurteilt und brandmarkt, aber auch die durchsichtige Klarheit und Ausführlichkeit, die nichts für sich zurückbehält, sondern alles ausspricht, was zur Stützung und Darlegung der eigenen Lehren dient. Daher ferner auch die opportunistische Anpassung an die Situation, die unter Umständen die höchsten Maßstäbe aus dem Auge läßt, um das praktisch Erreichbare zu erreichen.

So ist er vernünftig und klar, dialektisch gewandt, oft nicht ohne Humor, immer bereit mit Zitaten aus der „heiligen Schrift“, mit Gleichnissen und erläuternden Geschichten, so daß man – das Interesse für seine Probleme vorausgesetzt – immer angeregt wird. Freilich die ästhetischen Höhen des Kung Dsï erreicht er dabei nicht. Während Kung nach Anhören der alten Musik so hingerissen war, daß er Essen und Trinken darüber vergaß, läßt sich Mong Dsï gelegentlich zu dem Ausspruch hinreißen, die alte und die leichte neue Musik kämen aufs gleiche hinaus; beide belebten ja die sozialen Seiten des menschlichen Gemüts. In solchen und ähnlichen Situationen hat die Philosophie des Mong Dsï etwas Robustes an sich, etwas vom gesunden Menschenverstand. Aber trotz alledem hat er sich auf moralischem Gebiet niemals eine Konzession zuschulden kommen lassen. Hier ist er echt und ganz und darf sich würdig seinem Meister zur Seite stellen.

Über sein Leben sind wir nicht so gut unterrichtet, wie über das des Kung. Die Nachrichten[1] widersprechen sich vielfach. Was wir mit einiger Sicherheit feststellen können, ist folgendes:

Mong Dsï, mit dem Vornamen Ko, ist in dem kleinen Staate Dsou im Jahre 372 geboren. Er stammt aus dem bekannten Adelsgeschlecht Mong Sun, das zur Zeit des Kung Dsï im Staate Lu zu den drei herrschenden Familien gehörte. Das Geschlecht hatte jedoch mit der Zeit an Einfluß verloren, und es hatte sich ein Zweig der Familie in dem südlich von Lu liegenden Dsou niedergelassen. In früher Jugend schon verlor er den Vater. Doch war seine Erziehung bei seiner edlen Mutter in den denkbar besten Händen. Die Geschichten, wie sie zweimal den Wohnplatz gewechselt, um eine Umgebung zu finden, die den Spielen des Sohnes ein gutes Vorbild zeige, und wie sie das Gewebe auf dem Webstuhl zerschnitten, als ihr Junge einst in der Schule keine Fortschritte gemacht, sind in China bis auf den heutigen Tag allbekannt. Daß Mong Ko den Unterricht des Enkels von Kung, Dsï Sï, genossen, ist schon wegen des zeitlichen Abstandes ausgeschlossen. Möglich ist die Angabe[2], daß er beim Sohne des Dsï Sï gelernt habe. Küfu, der Heimatort der Familie Kung, ist ja von Mongs Geburtsort Dsou nicht weit entfernt.[3]

In seinem Eheleben scheint er – ähnlich übrigens wie Kung Dsï – wenig gute Erfahrungen gemacht zu haben. Das geht aus der Geschichte hervor[4], daß er einst, im Begriff in sein Zimmer zu treten, seine Frau nackt habe darin sitzen sehen. Davon war er so unangenehm berührt, daß er sich von ihr scheiden lassen wollte. Seine Mutter verstand es übrigens, die Sache wieder ins Reine zu bringen, indem sie ihm zu Gemüte führte, daß der eigentliche Fehler auf seiner Seite liege, da er – entgegen den Vorschriften guter Sitte – ohne sich vorher bemerklich zu machen, ins Haus eingetreten sei, so daß seine Frau keine Möglichkeit, sich zurückzuziehen, gehabt habe.

Als er seine Ausbildung vollendet hatte, bekam er bald auch selbst Schüler. Der erste, von dem berichtet wird, ist Yo Dschong Ko, den sein neunzigjähriger Großvater ihm zusandte, damit er von den mancherlei Gaben der Jünger Kungs vielleicht das eine oder andere sich aneignen könne. Einer Überlieferung[5] nach kam Mong einst mit seinen Jüngern nach Gü, wo eine Lehrhalle des

1 Über die genauere Begründung vgl. Jahrbuch für Chinaforschung Bd. 1.

2 Mong Dsï Wai Schu.

3 Eine Quelle weiß zu berichten, daß Mong als ganz kleiner Junge mit Dsï Sï zusammengetroffen sei, der seine Bedeutung sofort erkannt und seinen Sohn auf ihn aufmerksam gemacht habe.

4 Liä Nü Dschuan.

5 Mong Dsï Wai Schu.

Jüngers von Kong, Dsong Schen, noch zu sehen war. Er stieg empor und spielte Zither und sang. Und seine Jünger stimmten ein, also daß die alten Leute von Gü sagten: „Schon lange haben wir nicht mehr solche Töne gehört; das ist wirklich ein Jünger des Heiligen."

Doch war es nicht die Absicht des Mong Dsï, sich auf diese Lehrtätigkeit zu beschränken. Er fühlte vielmehr das Bedürfnis, tätig einzugreifen in den Weltlauf. Gerade da ihm sein Selbstbewußtsein[6] sagte, daß er die wichtige Aufgabe zu erfüllen habe, die Lehren seines verehrten Vorgängers Kung Dsï in die Welt einzuführen, mußte ihm besonders viel daran liegen, einen Weg zu finden, um, sei es auch nur indirekt als Ratgeber eines Fürsten, zu Macht und Einfluß zu gelangen. Er sah die Zeit für besonders günstig an, um eine neue Ordnung der Dinge durchzuführen. Die alte Dynastie der Dschou, die Kung Dsï immer noch zu stützen gesucht hatte, war unwiederbringlich zusammengebrochen. Ein neues Geschlecht mußte an ihre Stelle treten. Im Vergleich mit den Schwierigkeiten, die Wen, der Begründer des Kaiserthrons der Dschou, gehabt hatte, schien die Gründung eines neuen Reiches leicht. König Wen hatte sich der geschlossenen Macht des alten Kaiserhauses gegenüber gesehen, er selbst gestützt nur auf eine kleine, zwar wohl verwaltete, aber abgelegene und unbedeutende Hausmacht. Auf seiten der alten Kaisermacht stand noch die Autorität bedeutender Ahnen, die noch nicht weit zurücklagen, und guter Diener, die auch dem Tyrannen Dschou-Sin noch zur Seite standen. Mong Dsï sah, daß zu seiner Zeit die Verhältnisse weit günstiger lagen. Es gab eine Reihe wohl abgerundeter, militärisch mächtiger Staaten, die eine weit bessere Unterlage für eine Universalmacht abgegeben hätten als der kleine Staat, auf den die Dschou sich einstens stützen konnten. Andererseits lag die Zentralregierung vollkommen ohnmächtig zu Boden. Keinerlei Autorität stützte sie mehr. Lange Zeit war vergangen, seit der letzte Heilige auf dem Thron ins Grab gesunken war. Was die Fürsten trieben, war seit Jahrhunderten nur Gewaltpolitik gewesen, auf Kosten der eigenen und fremden Untertanen. Da mußte es leicht sein, die alten heiligen Grundsätze, die Frieden auf Erden gaben, wieder durchzuführen. Ein Hungriger ist leicht zu sättigen. Seit langem hungerte und dürstete alles Volk auf Erden nach einem gütigen Fürsten. Trat einer auf, so

6 Vgl. Mong Dsï II A, 14.2, wo Mong Dsï es seinem Jünger Gung-Sun Tschou gegenüber zwar bescheiden ablehnt, als Heiliger bezeichnet zu warden – unter Brufung übrigens auf Kung, der das auch getan habe –, aber es sich energisch verbittet, mit Guan Dschung, dem berühmten Staatsmann von Tsi, auch nur verglichen zu werden. Auf die Frage, welchem der bedeutendsten Jünger Kungs er sich gleichstelle, bricht er das heikle Thema ab, ohne anzudeuten, daß er sich etwa weniger fühle als die Jünger Kungs.

mußte es den Leuten zumute sein, wie einem, der an den Fersen aufgehängt ist, wenn man ihn befreit. Alles Volk würde ihm zuströmen, niemand würde es hindern können. Es galt nur den Versuch. War erst ein Fürst gefunden, der auf seine Worte hörte, so kam alles andere mit Notwendigkeit von selbst.

So trat Mong Dsï in den zweiten Abschnitt seines Lebens ein: die Wanderzeit. Es ward ihm nicht so leicht, wie die Verhältnisse es hatten scheinen lassen. Denn woran es fehlte, das war eben ein Fürst, wie er ihn brauchte. Die Fürsten der Zeit waren alle in ganz anderen Richtungen begriffen. Wie es Sï-Ma Tsiän berichtet: der Militarismus und ein kompliziertes System von Bündnissen und Gegenbündnissen war an der Tagesordnung. Es strebten alle nach Macht. Wohl ließ man sich die Lehren des Altertums als Verzierung des Lebens gerne gefallen. Wie in der Renaissancezeit Italiens gehörte es auch damals in China mit zum notwendigen Bestand eines angesehenen Staates, daß man sich einen Stab von Gelehrten hielt, die durch ihre anregenden Gespräche, durch ihre gegenseitigen Widerlegungen und Redekämpfe, wobei es an sophistischen Wortspielereien nicht fehlte, den Hof zu unterhalten wußten. Diese Weisen zogen von Hof zu Hof, je nachdem es Zeit und Umstände günstig erscheinen ließen. Eine sehr bittere, aber anschauliche Schilderung dieser Zustände gibt Dschuang Dsï X, 3:

> „Heutzutage ist es soweit gekommen, daß die Leute die Hälse recken und sich auf die Zehen stellen und zueinander sprechen: ‚An dem und dem Platz ist ein Weiser.' Sie nehmen Reisezehrung auf den Weg und eilen hin, indem sie ihre Familien und den Dienst ihrer Herren im Stiche lassen. Fußspuren führen über die Grenzen der verschiedenen Länder, und Wagengeleise ziehen sich über Tausende von Meilen hin. An all dem trägt die Schuld, daß die Fürsten die Erkenntnis hochschätzen ... So geht es nun seit Anbeginn der Weltgeschichte: man vernachlässigt das einfache, arbeitsame Volk und ergötzt sich am Geschwätz unruhiger Köpfe. Man wendet sich ab vom anspruchslosen Nichthandeln und ergötzt sich an gleißenden Ideen. Durch diese Gleißnerei kommt die Welt in Unordnung."

Es war eine Zeit von ungemein bewegtem geistigen Leben, voll von Vorurteilslosigkeit. Ungebunden von jeglicher Tradition wurden die Probleme aufgenommen und gelöst. In vieler Hinsicht findet man verwandte Züge mit der gleichzeitigen griechischen Sophistik. Aber nicht nur philosophische Spekulationen pflegten diese Wanderphilosophen, sondern man trieb auch praktische Philosophie. Man machte die Anwendung seiner Theorien auf die Regierung und die Politik. Oft glückte einem Philosophen, der den nötigen gesunden Menschenverstand hatte, ein Rat. Er wurde reich belohnt und vertauschte den Beruf des Weisen mit dem des Staatsmanns. Su Tsin und Dschang J, die beiden berühmtesten Politiker der damaligen Zeit, die Begründer der beiden großen Bündnissysteme, die wie im modernen Europa die Staaten zu einer nord-südlichen und einer ost-westlichen Gruppe zusammenschlossen, waren beide Schüler des Meisters vom Dämonental (Gui Gu Dsï), dem sie ihre Weisheit verdankten. Alles in allem wird man aber wohl sagen können, daß selten der Dilettantismus einen solchen Einfluß auf die Politik gehabt hat – zum mindesten, was den äußeren Schein betrifft – als in dem China der damaligen Zeit.

Mong Dsï war gesonnen, aktiv in diese Bewegungen einzutreten. Allerdings mit dem stolzen Selbstbewußtsein, daß er der Welt etwas anderes zu bringen habe als scharfsinnige Gedankenkunststücke. Er wollte nichts geringeres als die Wiederherstellung des alten Ideals: „Friede auf Erden" durchsetzen. Nach seiner Überzeugung war dieses Ideal ohne weiteres zu verwirklichen, wenn man die Methoden der Heiligen der Vorzeit, wie sie zuletzt Kung Dsï zusammengefaßt und begründet hatte, anzuwenden entschlossen war. Es gab daher für ihn im Prinzip keine Konzession. Den Grundsatz, einen Fußbreit krumm zu machen, um hundert Fuß gerade zu machen, hat er nicht anerkannt.

Bald gab sich Gelegenheit zur Anwendung seiner Grundsätze. Im Jahre 322 nämlich hatte der König Hui von We ein Ausschreiben erlassen, das in sehr ehrerbietigen Ausdrücken und unter Verheißung großer Belohnung Weise an seinen Hof zu ziehen suchte. Der Staat We war einer der drei Staaten, in die sich der alte Staat Dsin aufgelöst hatte. Die Zersplitterung des Staates Dsin in die drei Teilstaaten Dschau, Han und We fand mit kaiserlicher Genehmigung im Jahre 403 statt. Damit begann eine neue Periode in der chinesischen Geschichte, die Zeit der streitenden Reiche, die bekanntlich mit der Aufsaugung der übrigen durch den halbbarbarischen Staat Tsin endigte. In jener Kampfzeit hatte der Staat We, nach seiner Hauptstadt auch Liang genannt, viel zu leiden. Unter dem Fürsten Hui, der nach Vereinbarung mit dem Staate Tsi den Königstitel angenommen hatte, erlitt der Staat mehrere große Niederlagen, bei denen der Kronprinz in Gefangenschaft geriet, der Feldherr getötet wurde und große Gebiete abgetrennt wurden. Das war der Grund für jenes Ausschreiben des Königs, dem außer Mong Dsï auch noch einige andere Philosophen folgten. Die Gespräche, die Mong Dsï mit dem König, dem guter Rat teuer war, geführt hat, sind im ersten Buch der Werke des Mong Dsï reproduziert. Andere Quellen geben eine zum Teil abweichende Darstellung. So wird zum

Beispiel von einer Seite[7] der Inhalt der Gespräche, die nach Mong Dsï I B, 15 mit dem Fürsten Wen von Tong geführt worden sind, ebenfalls als auf den König Hui bezüglich erwähnt. Als er nämlich gefragt habe, was sich tun lasse, da Tsin große Gebiete von We annektiert habe, da habe Mong Dsï erwidert: „Als der große König in Bin wohnte, haben ihn die Di-Barbaren angegriffen. Er brachte ihnen Tribut von Edelsteinen und Seidenstoffen dar, aber es half nichts. Der große König wollte nicht seine Leute zu Schaden kommen lassen, darum verließ er Bin und siedelte sich am Fuß des Berges Gi an. Wollt Ihr, o König, nicht auch Liang verlassen." Der König Hui war über diese Antwort mißvergnügt.

Kein Wunder, daß der König Hui nichts mit den Ratschlägen des Mong Dsï anzufangen wußte. Das war es nicht, was er gewollt hatte. So gibt er ihm denn mehrfache Gelegenheit, seine Meinung auszusprechen, was dieser denn auch mit aller Schärfe tat. Aber es kam zu keinem Erfolg dieser Reden. Kurz darauf starb der König Hui. Sein Nachfolger Siang war, wie Mong Dsï sich bald überzeugen mußte, nicht von der Art, daß sich etwas von ihm erhoffen ließ. Mong Dsï fällte ein sehr absprechendes Urteil über ihn. Schon nach der ersten oder zweiten[8] Audienz gab Mong Dsï die Sache auf und zog sich aus Liang zurück. Der König Siang befürchtete, daß er ähnlich wie manche anderen Wanderphilosophen der Zeit nach einem anderen Staate gehen werde, um dem Staate Liang zu schaden. Das Beispiel des Dschang J, der von We nach Tsin übergegangen war, war noch in frischer Erinnerung. So schickte er ihm denn einen Boten nach, um ihn zurückzuhalten. Mong Dsï ließ sich jedoch von seinem Entschluß nicht abbringen: „Danket dem König in meinem Namen und saget ihm, daß ich die Freundlichkeit, die mir sein Vater erwiesen, niemals vergessen

7 Sin Lun. Das ist textkritisch von Bedeutung, weil die drei Kapitel I B 13. 14. 15 bei Mong Dsï den Zusammenhang unterbrechen. Das Wahrscheinlichste ist, daß Kap. 15 sich ursprünglich auf Liang bezog – die Einleitung ist im jetzigen Zustand nichtssagend – während 13 und 14, auf Tong bezüglich, ursprünglich an anderem Platze (Buch III) standen. Die Ähnlichkeit mit Kap. 15 hat dann einerseits veranlaßt, daß dieses auch den Unterredungen mit Wen von Tong zugewiesen wurde, und andererseits, daß Kap. 13 und 14 mit ihm zusammengestellt wurden, wobei dann die drei so verbundenen Kapitel an den Schluß von I B zwischen die Erlebnisse in Dsou und Lu gestellt wurden. Es verdient hervorgehoben zu werden, daß das Beispiel des großen Königs, der vor den Barbaren wich, auf die Situation besonders gut paßte.

8 Nach „Wai Schu" soll Mong Dsï noch eine zweite Audienz beim König Siang erhalten haben, in der dieser ihn über den Krieg fragte. Mong Dsï habe erwidert: „Der Krieg ist eine gefährliche Sache; davon verstehe ich nichts" und sei abgereist, ohne auf den Versuch des Königs, ihn durch einen Boten zurückholen zu lassen, weiter zu achten. – Nach Mong Dsï I A, 6 fand nur eine Audienz statt, deren Verlauf aber im wesentlichen übereinstimmend berichtet wird.

werde." Mit diesen Worten verneigte er sich zweimal, bestieg den Reisewagen und fuhr davon.[9]

Zu jener Zeit hatte der König Süan von Tsi eben die große Akademie am Dsï Men[10] eingerichtet, für die er aus allen Gegenden berühmte Weise zu gewinnen suchte. Dahin wandte sich Mong Dsï. Über die Persönlichkeit des Königs Süan ist uns nicht viel bekannt. Man kann sich aber aus den Werken des Mong Dsï ein ungefähres Bild von ihm machen. Er hatte etwas Großartiges in seinem Wesen, war nicht ohne edle Regungen. Impulsive Züge eines guten Herzens finden sich bei ihm, wie die Geschichte zeigt, die Mong Dsï gelegentlich erwähnt[11], daß er Mitleid gehabt habe mit einem Ochsen, der zum Opfern geführt wurde. Auch die Vorliebe für die Gelehrten, die er mit wahrhaft mediceischer Freigebigkeit in die Tat umsetzte, zeigt das Vorhandensein eines Strebens nach Höherem; auch wird man sagen dürfen, daß er Mong Dsï während der ganzen Zeit von dessen Anwesenheit in Tsi durchaus liberal behandelt hat. Dennoch war er zu sehr in den Traditionen seines Hauses, das die Herrschaft durch Usurpation errungen hatte, befangen, als daß er weitergehende Gesichtspunkte höherer Art gehabt hätte. Seine Ideale beschränkten sich darauf, es den berühmten Fürsten der letzten Jahrhunderte, einem Huan von Tsi oder Wen von Dsin, gleichzutun. So hatte denn Mong Dsï nicht eben die günstigste Persönlichkeit für seine Zwecke an ihm gefunden. Es wird erzählt[12], daß er dreimal zur Audienz beim König war, ohne über Politik zu reden. Er habe geäußert, er müsse erst die falschen Meinungen des Königs durch stillen Einfluß bekämpfen. Er selbst hat bei seinem Weggang von Tsi geäußert, es sei keineswegs seine Absicht gewesen, so lange da zu bleiben.[13] Vielmehr habe er sich nur gezwungen durch des Königs Entgegenkommen zum Bleiben entschlossen, immer bereit zu gehen, wenn es die Verhältnisse erforderten.

Es ist nicht ausgeschlossen, daß auch persönliche Erwägungen mitsprachen, um ihn zum Bleiben in Tsi zu veranlassen. Seine Mutter, die er so sehr verehrte, war hochbetagt. So mußte es für ihn wünschenswert erscheinen, nicht allzu weit von seiner Heimat – Dsou und Tsi sind Nachbarstaaten – seiner Mutter ein gesichertes Auskommen[14] bieten zu können. Dennoch hatte er auch für den Staat große Hoffnungen. Seinen Jüngern, die die Hoffnung aus-

9 Wai Schu.

10 Dsi Men, wörtlich Korntor.

11 Buch I A, 7.

12 Sün Dsï.

13 Mong Dsï II B, 14.

14 Ob Mong Dsï in Tsi Gehalt bezog oder nicht, ist nicht ganz klar. An verschiedenen Orten finden sich Anspielungen darauf, so in Liä Nü Dschuan und Han Schï Wai Dschuan, dem die

sprachen, daß, da er Einfluß in Tsi habe, wohl gar die Zeiten der berühmten Kanzler Guan Dschung, der dem Herzog Huan zur Seite stand, und Yän Ying, der dem Herzog Ging zu Kung Dsïs Zeit die Regierung führte, wiederkehren könnten, erwiderte er: „Gestützt auf Tsi die Herrschaft der Welt zu erlangen, wäre im Handumdrehen möglich.“ Die Schüler fragten weiter: „Wenn es also ist, regt Euch das nicht im Innern auf?“ „Nein“, sagte Mong Dsï, „seit meinem vierzigsten Jahre habe ich die Ruhe der Seele erreicht.“

Dieser Gemütsruhe bedurfte er in der Folge sehr nötig. Denn es gab manchen Konflikt bei Hofe. Eines Tages hatte er dem König Vorstellungen gemacht, worüber dieser mißvergnügt war. Seinen Jüngern gegenüber äußerte sich Mong Dsï über den Vorfall: „Wenn man heutzutage einem Fürsten Vorstellungen macht: gleich ist er mißvergnügt. Wissen diese Leute denn nicht, daß das Gute gut ist?“ Der Schüler machte eine Bemerkung, worauf Mong Dsï fortfuhr: „Wenn Blitz und Donner toben, Bäume zerspellen und den ganzen Erdkreis in Schrecken versetzen, so können sie doch nicht machen, daß ein Tauber auch nur das mindeste hört; wenn Sonne und Mond scheinen und den ganzen Erdkreis erleuchten, so können sie doch nicht machen, daß ein Blinder auch nur das mindeste sieht. Diesen Tauben und Blinden gleichen unsere Fürsten von heute.“

Auch seiner Mutter gegenüber ließ er es einst merken, daß er unter den Verhältnissen litt. Als seine Mutter ihn fragte[15], was er habe, brach er los: „Es heißt, ein anständiger Mensch halte darauf, daß er eine seiner Würde entsprechende Stellung inne habe und nicht aus niedriger Habsucht nach Lohn geize. Nun hat man in Tsi kein Bedürfnis nach der Wahrheit, und ich möchte gehen, aber du bist alt, Mutter, so kann ich's um deinetwillen nicht. Das macht mich traurig.“ Die Mutter sprach: „Die Sitte will es, daß eine Frau sich keine unbedingte Herrschaft anmaßt, sondern sich zu fügen weiß[16]. Du bist erwachsen, ich bin alt. Tu du, was deine Pflicht ist; ich werde tun, was die Sitte von mir verlangt. Warum traurig sein?“

Noch ehe aber Mong Dsï zu einem Entschluß gekommen war, starb die Mutter. Mong Dsï war untröstlich. Drei Tage lang nahm er nichts zu sich und weinte ununterbrochen. Seine Jünger redeten ihm zu: „Seit alters ist es üblich, daß man mit fünfzig Jahren bei der Trauer auf seine Gesundheit acht hat.“ „Was re-

---

folgenden Ausführungen entnommen sind; doch finden sich bei Mong Dsï selbst mehrere Stellen, in denen er bestreitet, Gehalt bezogen zu haben.

15 Vgl. Liä Nü Dschuan.

16 Wörtlich: „dreifache Unterordnung befolgt“, nämlich als Kind unter die Eltern, verheiratet unter den Gatten, als Witwe unter den Sohn.

det ihr von fünfzig Jahren", fuhr Mong Dsï auf, „meine Mutter ist tot, und ich fühle mich verwaist wie ein Kind."

Diese aufrichtige Trauer scheint übrigens auf weite Kreise ihres Eindrucks nicht verfehlt zu haben. Ein Anhänger des Mo Di, jenes nüchternen Philanthropen, kam, um sein Beileid zu bezeigen. Als er den Mong Dsï in Tränen aufgelöst sah, da nahm er sich's zu Herzen: „Nun weiß ich erst, wie die Art der Heiligen ist." Er wandte sich von der Schule des Mo Di ab und trat zu der Gemeinde des Kung Dsï über.[17]

Da die Familie Mong ursprünglich ihren Heimatsitz im Staate Lu hatte, wo auch wohl noch das Erbbegräbnis lag, so begab sich Mong Dsï zur Bestattung seiner Mutter nach diesem Staate. Unter Beihilfe seiner Jünger vollzog er alle Beerdigungsgebräuche mit peinlicher Gewissenhaftigkeit, ohne Mühe und Kosten zu scheuen. Nach altem Brauche blieb er drei Jahre lang allen Geschäften fern, am Grabe der Mutter der Trauer pflegend. Gegen Ende dieser Zeit, im Jahr 314, kam in Lu ein neuer Fürst auf den Thron, der unter dem Namen Ping bekannt ist. Es scheint, daß es dem Schüler Yo Dschong Ko gelang, eine einflußreiche Stellung bei Hofe zu bekommen. Mong Dsï scheint große Hoffnungen auf dieses Ereignis gesetzt zu haben.[18] Er konnte vor Freude nicht schlafen, als er die Nachricht hörte. Und in der Tat bemühte sich Yo Dschong Ko auch, den Fürsten von Lu mit Mong Dsï zusammenzubringen. Er redete mit dem Fürsten über Mong Dsï, daß er von sich aus[19] sich dem Einfluß des Konfuzius geöffnet habe, so daß er Geisteskraft besitze, um den Zeitgenossen zu helfen, die Bürger zu fördern, und Methoden habe, um die Regierung der Staaten sittlich zu gestalten. Der Fürst ließ sich daraufhin bereit finden, Mong Dsï einen Besuch zu machen. Doch erhoben sich dagegen die niederen Kreaturen, die für ihre Existenz befürchteten, wenn der Fürst sich dem Ernst des Lebens zuwenden würde. Ein Günstling namens Dsang Tsang[20] wußte die Sache zu hintertreiben. Er redete dem Fürsten vor, daß Mong Dsï seine Mutter viel prächtiger bestattet habe als seinen Vater, und der Fürst ließ sich durch ihn bestimmen, von dem Besuch bei Mong Dsï abzusehen. Natürlich war es nicht das Gewicht der vorgebrachten Gründe, die an sich sehr fadenscheinig waren, das den Fürsten bestimmte. Viel eher eine Art Beschämung. Der Fürst hatte unter Einwirkung des Yo Dschong Ko halb heimlich einer edlen Regung

17 Mong Dsï Wai Schu.

18 Buch VI B, 13.

19 Vgl. Kuang Wen Süan. Dieser Ausdruck fällt gegen eine Unterweisung des Mong Dsï durch Dsï Sï ins Gewicht.

20 Mong Dsï I B, 14.

nachgegeben. Ohne jemand etwas zu sagen, wollte er den Weisen aufsuchen. Da sah er sich nun ertappt von dem Genossen seiner Laster, und dessen Einfluß gewinnt wieder die Oberhand über den sinnlichen Fürsten. Mong Dsï aber sieht in dem Vorfall nicht das kleinliche Spiel von Zufällen, sondern den Willen Gottes. So verläßt er Lu, abermals um eine Hoffnung ärmer.

Neunundfünfzig Jahre alt war er inzwischen geworden, als er seine Schritte nach dem Staate Tsi zurücklenkte. Der König Süan kam ihm abermals sehr freundlich entgegen. Mong Dsï wurde zum Königlichen Ratgeber[21] ernannt. Gerade um jene Zeit waren in Yän, dem nördlichen Nachbarstaat von Tsi, Unruhen ausgebrochen. Der dortige Fürst, ein törichter Schwächling, war mit seinem Sohne, dem Thronfolger, zerfallen und in die Hände seines Kanzlers geraten, der die Schwäche seines Herrn ausnützte, um ihm die Zügel aus den Händen zu nehmen. Er ließ durch befreundete Wanderlehrer dem Fürsten zureden, daß er das Beispiel der alten heiligen Herrscher befolge, wenn er unter Übergehung seines Erben sein Reich dem Würdigsten, dem Kanzler abtrete. Die Folge dieser Torheit auf der einen und Gemeinheit auf der andern Seite war gänzliche Verwirrung der öffentlichen Verhältnisse.

Der König von Tsi hielt den Zeitpunkt zum Eingreifen in die Angelegenheiten des nördlichen Nachbarstaates für geeignet. Unter der Hand ließ er auch den Mong Dsï um seine Meinung in der Sache fragen. Dieser redete unbedenklich zu: der König von Yän sowohl wie der Minister Dsï Dschï hätten ihre Kompetenzen überschritten bei dieser gesetzwidrigen Übertragung der Staatsgewalt.[22] Darauf wurde eine kriegerische Aktion eingeleitet. Die Truppen des Königs von Tsi fanden keinerlei nennenswerten Widerstand, so daß in ganz kurzem der König von Tsi im Besitz des Landes war, dessen König und Minister beide[23] bei dieser Invasion ums Leben kamen.

Abermals zog der König Süan den Mong Dsï zu Rate, als es sich nun um die Frage handelte, ob Yän von Tsi annektiert werden solle. Mong Dsï macht die Entscheidung von der Volksstimmung in Yän abhängig. Das Altertum biete Beispiele für die entgegengesetzten Entschließungen, je nach der in der Be-

21 Die Stelle hatte den Rang eines Ministerialpostens, doch ohne Einfluß auf die Staatsgeschäfte. Es war mehr ein Ehrentitel, verbunden mit einem entsprechenden Einkommen. Es ist höchst unwahrscheinlich, daß Mong Dsï die Stelle schon bei seinem ersten Aufenthalt in Tsi inne hatte.

22 Das Beispiel des heiligen Yau war insofern nicht anwendbar, als der Staat Yän Lehensstaat war, sein Fürst also de jure nicht das souveräne Verfügungsrecht besaß. Außerdem hatten die Heiligen der Vorzeit das Reich, „dem Würdigsten" hinterlassen, weil ihre Söhne nicht die Zuneigung des Volkes hatten. Das Gegenteil davon war in Yän der Fall.

23 Vgl. Dschan Guo Dse.

völkerung vorhandenen Gesinnung. Habe der König das Volk von Yän bei einer Annexion auf seiner Seite, so könne er sie unbedingt wagen. Andernfalls sei davon abzuraten. Der König entschloß sich für die Annexion, und zwar ging es dabei, wie es scheint, nicht ganz ohne Härten ab. Namentlich scheinen die heiligen Geräte auch weggeführt worden zu sein, so daß Yän auch äußerlich in direkte Abhängigkeit von Tsi geriet. Diese Vergrößerung eines einzelnen Staates auf Kosten des Bestandes eines der alten Lehensreiche konnten die übrigen Staaten nicht ohne weiteres mit ansehen. Dschau, Tschu und We machten Miene, zugunsten des Staates Yän einzuschreiten. Für Mong Dsï war die Lage inzwischen vollkommen klar geworden. Er riet dringend, die Annexion wieder rückgängig zu machen und in Übereinstimmung mit den Leuten von Yän ihnen einen Fürsten zu setzen. Das sei der einzige Weg, Yän als befreundeten Grenzstaat zu bewahren und kriegerische Verwicklungen größeren Stils zu vermeiden.

Der König konnte sich hierzu nicht entschließen. Die Verwicklungen zogen sich in die Länge, bis nach zwei Jahren in Yän eine Volkserhebung stattfand, in deren Verlauf der Sohn des umgekommenen Fürsten auf den Thron erhoben wurde. Tsi mußte nun der Sache, so unliebsam es war, den Lauf lassen, da ein energisches Eingreifen bei der feindlichen Haltung der Nachbarstaaten ausgeschlossen erscheinen mußte.

Zu spät kam der König zu der Erkenntnis, daß er besser Mong Dsïs Rat befolgt hätte. Es gewährt einen Einblick in die Art der Höflinge seiner Umgebung, wie sofort sich einer findet, der dem König durch eine sophistische Unterredung mit Mong Dsï, durch die dieser ins Unrecht gesetzt werden sollte, seine bessere Einsicht wieder verdunkelt.

Mißvergnügt weist Mong Dsï die Berufung auf den Fürsten von Dschou, das gepriesene Vorbild Kungs, der auch einmal einen politischen Mißgriff gemacht habe, zurück. Selbst wenn die Alten Fehler gemacht, so hätten sie sie zu bessern gewußt. Heutzutage aber lasse man sich gehen, ja man suche seine Fehler obenhin noch zu beschönigen. Mong Dsï erkannte, daß in dieser Umgebung seinem Einfluß dauernde Schranken gezogen sein mußten. Er beklagte sich: „Kein Wunder, daß der König nicht zur Einsicht kommt. Wenn eine Pflanze auch noch so leicht fortkommt, sie kann nicht gedeihen, wenn auf jeden Sonnentag zehn Tage Frost folgen. Ich sehe den Fürsten nur selten. Kaum bin ich weg, so drängen sich die Frostbringer herzu. Wie kann ich ihn da zum Keimen bringen!" Damit nahm er seinen Abschied. Der Fürst machte einen schwachen Versuch, ihn durch Angebot einer Sinekure zu halten, doch ließ sich Mong Dsï begreiflicherweise nicht darauf ein.

Die Erfahrung, die ihn schließlich zum Weggang aus Tsi veranlaßte, war nicht die einzige ihrer Art. Schon die ganze Zeit über hatte Mong Dsï mit Hofschranzen zu kämpfen gehabt. Namentlich einer, namens Wang Huan, ein hochmütiger und arroganter Mensch, scheint ihm sehr auf die Nerven gefallen zu sein, um so mehr, als er amtlich ziemlich viel mit ihm zu tun hatte. Die Stellen in Mong Dsïs Werken, die von ihm handeln – offenbar konnte Mong Dsï die gemachten Erfahrungen auch später noch nicht vergessen – zeigen auf seiten des Weisen gegenüber dem Minister nur das eben noch zulässige Mindestmaß von Wohlwollen. Zum Abschiedsmahl gab es noch einen Zusammenstoß zwischen den beiden. Der Minister trinkt ihm zu und verlangt ein Abschiedsgedicht von ihm – offenbar ein Akt schlecht verhehlten Hohnes. Mong Dsï zahlt ihm heim mit einem Zitat aus den Gesprächen Kungs, wo dieser sich über den Verkehr mit einem minderwertigen Menschen mit den Worten rechtfertigt: „Heißt es nicht: Was wirklich fest ist, mag gerieben werden, ohne daß es abgenutzt wird? Heißt es nicht: Was wirklich weiß ist, mag angeschwärzt werden, ohne daß es dunkel wird?"

Der Abschied fiel ihm indessen nicht leicht. Er war sich bewußt, daß trotz aller Enttäuschungen, die er in Tsi erlebt hatte, hier noch immer der Platz war, wo am ehesten Hoffnung vorhanden war, seine Gedanken zu verwirklichen. Am Grenzort blieb er dreimal über Nacht, immer in der stillen Hoffnung, der König werde in sich gehen und ihm auf eine befriedigende Weise die Rückkehr ermöglichen. Er äußert zwar einem Jünger gegenüber, der ihn fragt, warum er so lange in Tsi geblieben sei, daß dieser lange Aufenthalt wider seine eigentliche Absicht zustande gekommen sei, worauf der Schüler erwidert, es sei verständlich, daß der Meister sich in Tsi nicht wohl gefühlt habe, denn der Fürst habe sich zwar den Anschein zu geben gewußt, als sei er dem Guten zugetan, ohne doch innerlich eine entsprechende Stellung einzunehmen.

Endlich sieht Mong Dsï, daß keine Aussicht auf Rückkehr mehr vorhanden ist, und nun verläßt er das Land, nicht ohne Äußerungen herber Verbitterung darüber, daß es dem Himmel noch nicht gefallen habe, die Ordnung auf Erden herstellen zu lassen.

In Tsi gingen die Dinge, wie es vorauszusehen war. Der alte König Süan starb noch im selben Jahr, in dem Mong Dsï das Land verließ. Unter seinem Nachfolger mehrten sich die Wirren, und nach manchen Wechselfällen ging er elend zugrunde.[24]

24 In jenen Wirren spielte die Stadt Tsimo, die zu dem Staate Tsi gehörte, eine bedeutende Rolle. Sie war eine der zwei Städte, die allein den Feinden zu trotzen vermochten.

Mong Dsï wandte sich zunächst nach Sung. Dort hatte er manche Zusammenkunft mit Fachgenossen, auf die er im Sinne der höchsten Gesichtspunkte einzuwirken versuchte. Auch von seiten der Regierung wurde er direkt und indirekt um Rat angegangen. Er verhielt sich durchaus zurückhaltend. Der Fürst hatte sich den Titel König angeeignet und machte zunächst vielversprechende Anfänge. Doch traute ihm Mong Dsï offenbar von Anfang an nicht viel Gutes zu. Er behielt mit dieser Beurteilung recht. Wie auch die römische Kaisergeschichte Fälle zeigt, so folgte auf die guten Anfänge ein um so üblerer Fortgang. Der König von Sung verfiel in Zäsarenwahnsinn und fiel als Opfer seines blindwütenden Rasens.

In Sung besuchte den Mong Dsï der Thronfolger von Tong, einem kleinen Ländchen im Inneren Chinas. Der junge Mann, der offenbar schon früher, als Mong Dsï in staatlicher Mission anläßlich eines Trauerfalls von Tsi nach Tong kam, von diesem tiefere Eindrücke erhalten hatte, machte auf einer Reise nach dem Südstaate Tschu – sowohl auf dem Hin- als auf dem Rückweg – einen Abstecher nach Sung, um den Weisen aufzusuchen. Mong Dsï ging im Lauf der Zeit in seine Heimat Dsou zurück, nicht ohne von den Fürsten von Sung und Süo[25] anerkennende Ehrengaben empfangen zu haben. Auch in Dsou wurde er ehrenvoll empfangen. Er hatte einige Audienzen bei seinem Landesvater, ohne daß daraus jedoch weitere Folgen entsprungen wären. Das Gebiet war allzu geringfügig, als daß selbst beim besten Willen durch bloße Tugend des Fürsten ein Weltreich daraus zu machen war. Auch nach Yän, dem nordischen Staate, bekam er einen Ruf, doch leistete er ihm keine Folge. Er trug offenbar kein Verlangen, seine in Tsi gemachten Erfahrungen durch weitere gleichartige zu vermehren.[26]

Nur einmal noch ließ er sich bewegen, aus seiner Zurückgezogenheit hervorzutreten, als nämlich der Thronfolger von Tong, der ihn in Sung besucht hatte, nach dem Tode seines Vaters auf den Thron kam. Die erste Tat des neuen Fürsten Wen war es, daß er einen Vertrauten zu Mong Dsï schickte, um ihn nach den Beerdigungsgebräuchen fragen zu lassen. Und als Mong Dsï ihm Auskunft zuteil werden ließ, da ging er noch einen Schritt weiter: er setzte die Lehren des Meisters trotz dem Widerstand der routinierten Hofleute, die von solch altväterischen Gewohnheiten nichts wissen wollten, energisch durch und machte sich dadurch einen guten Namen in der ganzen Umgebung. Auf die Bitten dieses Fürsten ging Mong Dsï – wie es scheint für mehrere Jahre – nach Tong und stand ihm mit seinem Rat zur Seite. Sehr viel Wohlwollen

25 Es war Tiän Ying, der damals in Süo saß.

26 Vgl. Wai Schu.

scheinen die Höflinge dem Meister nicht entgegengebracht zu haben. Einmal muß er sich sogar gegen den Verdacht wehren, daß einer seiner Schüler einen alten Schuh gestohlen haben könnte.

Trotz dem guten Willen des Fürsten ist es aber auch in Tong zu keinem wirklichen Erfolg gekommen. Der Staat lag zu sehr eingerahmt zwischen den Großstaaten Tschu und Tsin und ihren großpolitischen Systemen. Außerdem scheint der Fürst seine Liberalität auch auf allerlei andere „Weise" ausgedehnt zu haben. Von Süden her drangen damals sehr starke barbarische Einflüsse nach China vor. Jene zynischen Philosophensekten, die unter Berufung auf den Göttlichen Landmann „Schen Nung" Rückkehr zur Natur und Einfachheit predigten, sind deutliche Zeichen der beginnenden Barbarisierung der chinesischen Gesellschaft.

Mong Dsï hat das Aufkommen solcher Sekten in Tong miterlebt und hat sich sehr scharf mit ihnen auseinandergesetzt, nicht ohne deutlichen Hinweis auf ihre kulturelle Minderwertigkeit. Auch der bekannte Freund und Gegner des Dschuang Dsï, der Sophist Hui Dsï, scheint in Tong mit Mong Dsï in Berührung gekommen zu sein. Mong Dsï war offenbar noch in Tong, als der Fürst Wen starb, über dessen Beerdigung er Ratschläge erteilte. Höchstwahrscheinlich hat er sich nach dessen Tod nicht mehr länger in Tong aufgehalten, sondern ist nach Dsou zurückgekehrt, um in Gemeinschaft mit seinen Jüngern die Ergebnisse seines Lebens und seiner Arbeiten schriftlich niederzulegen.

Mong Dsï starb am Tag der Wintersonnenwende des Jahres 289. Seine Landsleute haben so um ihn getrauert, daß sie die Feier des Sonnenwendfestes darüber versäumten, eine Unterlassung, die allmählich zur Gewohnheit wurde.

DIE LEHREN

Die Lehren des Mong Dsï sind keine anderen als die seines Meisters Kung. Er will gar nichts anderes, als diese Wahrheiten, die von den Heiligen des Altertums, den Herrschern Yau und Schun, dem König Tang, dem König Wen und zuletzt dem ungekrönten Herrscher Kung von Generation zu Generation überliefert und nun auf ihn gekommen sind, weiterbringen auf die Nachwelt. Er nimmt dabei eine Weiterwirkung des Geistes über die Jahrhunderte hinweg an, durch die auch er, ohne den Meister Kung gesehen zu haben, doch dessen Lehren empfangen habe.

Diese Lehren beschäftigen sich für ihn in erster Linie mit der Ordnung der Welt. Hierin stimmt er durchaus mit Kung überein. Nur daß entsprechend dem fortgeschrittenen Verfall die Lehre von der Ordnung der Welt eine andere Tonart erhält. Für Kung hatte es sich noch darum gehandelt, das Bestehende zu erhalten. Er ist sozusagen konservativ-legitimistisch gesinnt. Dennoch hatte er den Verfall nicht aufhalten können. Er hat auch unter den Fürsten seiner Zeit keinen gefunden, der dem sinkenden Königshause der Dschou beigesprungen wäre und so die Welt gerettet hätte. Statt dessen war die Welt aus den Fugen gegangen. Der Stern des alten Königshauses war verblaßt. Ihm war nicht mehr zu helfen. An seine Stelle war – ähnlich wie in Europa an die Stelle des Heiligen römischen Reichs deutscher Nation die modernen Großmächte – eine Reihe von Militärstaaten getreten, die im gegenseitigen Kampfe lagen. Mong Dsï hat diese Situation insofern anerkannt, als er die Fürsten, die ihn um Rat fragten, ermahnte, die Weltherrschaft an sich zu bringen. Nur blieb er dabei, daß dieser Erfolg einzig und allein durch moralische Mittel, durch ein mildes und weises Regiment zu erreichen sei. Er wird nicht müde, auf die Vorbilder der alten Heiligen zu verweisen, die ebenfalls aus kleinen Anfängen heraus die Weltherrschaft gewonnen hätten.

Ebenso wie Mong Dsï dem alten Königshause, dessen schwacher Schatten noch in der Luft schwebte, durchaus gleichgültig gegenüberstand, bereit, einen neuen Anfang, wo sich die Möglichkeit bot, zu unterstützen, so stand er auch den Landesfürsten seiner Zeit mit sehr demokratischen Gesinnungen gegenüber. Bald genug hatte er erkannt, daß auf den Thronen seiner Zeit kein Heiliger war, sondern daß es sich zwischen ihnen nur um relative Unterschiede handelte. So hat er denn ihnen gegenüber aus seiner Geringschätzung kein Hehl gemacht. Während Kung den Fürsten seiner Zeit, auch wenn sie weit vom Ideal entfernt waren, doch stets den ihrem Stand gebührenden Respekt zu zollen bereit war, hat es Mong Dsï offen ausgesprochen, daß, wer den Großen raten wolle, sie erst tüchtig verachten lernen müsse. Und auch in der Theorie hat er die Unwichtigkeit der Person des Herrschers gegenüber von Land und Volk mehr als einmal ausgesprochen, was ihm von seiten mancher Fürsten der späteren Zeit Abneigung und Tadel eingetragen hat. Wenn umgekehrt zu Beginn unseres Jahrhunderts dem Mong Dsï ein Lob aus diesen seinen radikalen Äußerungen entsprang, so ist das gänzlich unverdient. Denn niemals kam ihm der Gedanke an den Staat als Republik in den Sinn. Gegen die Auflösung des monarchischen Prinzips, wie sie aus den Lehren eines Yang Dschu als Konsequenz hervorzugehen schien, hat er ebenso kräftig Front gemacht, wie gegen die Auflösung der Familienbande durch den Philanthropen Mo Di. Nicht gegen die Monarchie als Institution hat er polemisiert – die galt ihm als sakrosankt –, sondern nur gegen unwürdige Träger der Krone.

Auf moralischem Gebiet geht er ebenfalls mehr ins einzelne als Kung. Während für den Meister das Ideal in der sittlichen Menschenliebe, der Humanität als solcher befaßt war, kennt Mong Dsï ein doppeltes Ideal: Liebe und Pflicht. Inwieweit er dazu durch die doppelte Front der Anhänger des Mo Di, deren Lehren ihm wider die Liebe zu gehen schienen, und der des Yang Dschu, dessen Lehren die Pflicht aufhoben, bestimmt war, mag dahingestellt bleiben. Genauer definiert ist ihm die Liebe mehr eine ruhende Charaktereigenschaft – das weite Haus der Welt – während die Pflicht der Inbegriff der Normen des Handelns – der große Weg der Welt – ist. An die Seite dieser beiden Begriffe treten dann gelegentlich Ordnung des Ausdrucks und Weisheit als die beiden übrigen Grundtugenden des Menschen. Die Pflege dieser Tugenden wird dadurch erleichtert, daß sie als allgemeine Richtungen bzw. Tendenzen jedem Menschen angeboren sind. Insofern ist der Mensch wesentlich gut, da das eigentliche Wesen des Menschen von Gott stammt. Berühmt sind die Gespräche, in denen Mong Dsï die Güte des ursprünglichen Menschenwesens verteidigt hat. Bekanntlich ist in diesem Stück auch die orthodoxe konfuzianische Richtung zum Teil andere Wege gegangen. Ein Sün King lehrte die wesentliche Unvollkommenheit der menschlichen Natur, die erst durch Kultur vervollkommnet werden müsse, was er in den tendenziös zugespitzten Satz: „Der Mensch ist von Natur bös“ zusammengefaßt hat, während Han Yü zur Zeit der Tang-Dynastie (vielleicht beeinflußt durch persische Gedanken?) drei Arten von menschlichen Naturen – die den Pneumatikern, Psychikern und Hylikern entsprechen – angenommen hat, die dann später noch weiter detailliert wurden. Erst in der Sung-Zeit kam die Lehre des Mong Dsï, wenn auch modifiziert durch psychologische Erwägungen, wieder zu Ehren, um bis in unser Jahrhundert ihren Platz behalten zu haben.

Man würde Mong Dsï unrecht tun, wenn man an seine Anschauung mit dem Begriffsapparat des Pelagianischen Streites oder mit den christlichen Lehren vom Sündenfall herantreten wollte. Die Lehre von dem Sündenfall und der Unfreiheit der menschlichen Natur, wie sie in der christlichen Kirche ausgebildet wurde, ist wesentlich religiös orientiert. Mong Dsï dagegen bereitet durch seine Auffassung den Boden für ein mutiges Vorwärtsschreiten auf der Bahn ethischer Entwicklung. Es gibt für ihn keinen wesentlichen Unterschied unter den Menschen. Was ein Heiliger wie Schun erreicht hat, kann jeder erreichen, wenn er nur so handelt, wie Schun gehandelt hat. Daß, empirisch betrachtet, die Menschen im allgemeinen weit entfernt von sittlicher Vollkommenheit sind, hat Mong Dsï sehr wohl gewußt und hat auch nach Gründen dafür gesucht. Denn er war weit entfernt von den naturalistischen Theorien seiner Zeit, daß die Natur eben einfach ausgelebt werden müsse, unbeeinflußt von den Erwägungen von Gut und Böse. Vielmehr war für ihn das Gute ein Ideal, das im Kampf gewonnen werden muß. Dieser Kampf ist eine Rückkehr des verloren gegangenen Herzens. Wieso dieses Herz verloren gehen kann, obwohl es doch in jedem Kind als gut vorhanden ist, darüber hat er sich nicht eindeutig ausgesprochen. Es finden sich Andeutungen, daß die sinnliche Natur des Menschen es ist, die durch ihre Begehrungen vom Weg des Ideals abführt. Darum muß auch die sinnliche Seite in Kultur genommen werden. Nicht durch strenge Askese, sondern durch vernunftgemäße harmonische Leitung, die jedem Teil die seiner Bedeutung entsprechende Berücksichtigung zukommen läßt. Diese Seite der Lehre, die an sich schon eine Fortbildung der Kungschen Anschauungen bedeutet, fand dann namentlich zur Sung-Zeit eine weitere Ausbildung im einzelnen. Die Paulinischen Kämpfe zwischen Gesetz und Gnade haben Mong Dsï keine Schwierigkeiten bereitet. Da seine Ethik, trotz Anerkennung einer höchsten göttlichen Vorsehung im wesentlichen immanent orientiert ist, so hat er für die Forderung einer Gerechtigkeit im absoluten Sinn gar kein Verständnis. Wenn ein Mensch schlecht ist, und Fehler hat, so braucht er sich einfach zu bessern, und alles ist wieder gut. Ein gebesserter Fehler bedingt keine Schuld. Bessern kann sich aber jeder, der will. Darum ist Mong Dsï entschiedener Optimist. Er will keinem Menschen den Weg zum Guten verbaut wissen.

Ein Vergleich dieser Punkte mit den Aussprüchen des Kung Dsï zeigt eine Weiterbildung der Gedankenarbeit, eine Ausführung ins Detail und psychologische Unterbauung, während grundsätzlich Mong Dsï durchaus auf dem Boden des Meisters steht. Höchstens, daß durch Verschiedenheit des Temperaments gelegentlich verschiedene Betonungen auf einzelne Seiten der Lehre fallen, was aber nur dazu dient, das Bild zu beleben.

DIE WERKE

Von Mong Dsï sind uns heute sieben Bücher erhalten. Die ersten drei enthalten, einigermaßen chronologisch geordnet, die Reden und Gespräche, die er der Reihe nach an den Höfen von Liang, Tsi und Tong geführt hat. Die übrigen vier Bücher enthalten gemischte Aphorismen verschiedenen Inhalts. Man darf der Überlieferung Glauben schenken, daß namentlich die großen zusammenhängenden Stücke der ersten drei Bücher, die Mong Dsïs Staatslehre in großer Ausführlichkeit enthalten, seiner eigenen Feder entstammen. Vielleicht sind die späteren Teile des Werks Aufzeichnungen der Schüler, von denen es hieß, daß sie gemeinsam mit ihm die Redaktion besorgt haben. Doch bleibt die Produktion bei diesen sieben Büchern nicht stehen. Unzweifelhaft nach seinem Tode kamen noch vier kleinere Bücher – ungefähr je nur ein Fünftel der früheren – zustande, die vermutlich in echter Gestalt gegenwärtig wieder vorhanden sind. Die Gründe, die in ihnen eine ganz späte Fälschung sehen wollen, sind nicht stichhaltig. Auch schließen sie sich in Ton und Ausdruck an den übrigen Text an. So haben wir sie für die Biographie des Mong Dsï unbedenklich mit verwandt. Wie man sieht, fügen sie sich dem Zusammenhang lückenlos ein und beleben das Bild. Immerhin erhalten sie außer einzelnen Anekdoten keinen Gedanken, der nicht in den übrigen Werken auch schon auf die eine oder andere Weise zum Ausdruck gekommen wäre, so daß man es nicht weiter zu bedauern braucht, daß diese Abschnitte mit der Zeit in den Hintergrund traten.

Der literarische Stil der überlieferten sieben Bücher ist ganz anders als der Stil der älteren Literatur. Wir haben hier das klassische Chinesisch auf dem Höhepunkt seiner Entwicklung. Die Sprache ist klar, biegsam, zum Ausdruck aller möglichen Stimmungen geeignet, logisch scharf auf der einen Seite und wieder tastend und anpassend, wo es sich um schwer aussprechbare, intuitive Tatsachen handelt. Fehlt seiner Sprache die letzte Einfachheit und Anspruchslosigkeit, wie sie Kung Dsï zeigt, so ist der Glanz und Schimmer, den sie besitzt, doch ganz sicher echt, und er benützt seine Gleichnisse und Fabeln nie als Selbstzwecke, um zu glänzen, sondern immer einem höheren Zweck zuliebe. Freilich verleugnet er nicht die Zugehörigkeit zu einem Zeitalter, da blitzender Geistesreichtum alles galt und da mehr theoretisches Philosophieren als praktisches Handeln in Mode war. So haben seine Schriften trotz aller Gegensätzlichkeit doch manche Wendung, manches Gleichnis und manche Einstellung mit Dschuang Dsï gemein.

Mong Dsï hat mit seinem literarischen Nachlaß mehr Glück gehabt als mit seiner Schule. Als er starb, waren schon die ersten Spuren der Auflösung aller Verhältnisse zu sehen, die in der Herrschaft des halbbarbarischen Staates Tsin zwei Jahre nach seinem Tode gipfelte. In den Unruhen dieser Jahre, besonders da der bekannte Tsin Schï Huang Di auch aktiv gegen die Gelehrten vorging, scheint sich die von ihm gegründete Schule zerstreut zu haben. Seine Schriften jedoch, noch jeder klassischen Auszeichnung entbehrend, führten unter den vielen anderen „Philosophen" ein verborgenes Dasein, so daß sie der bekannten Bücherverbrennung, wie man annehmen darf, entgingen. Selbstverständlich hat der Text dennoch im Lauf der Jahrhunderte manches zu leiden gehabt.

Kommentiert wurde Mong Dsï, auch nachdem er unter der Han-Dynastie wieder zu Ehren gekommen war, verhältnismäßig wenig. Am bekanntesten unter den früheren Kommentaren ist der von Dschau Ki, einem Mann aus dem zweiten nachchristlichen Jahrhundert, der viele wechselvolle Schicksale durchgemacht und die unwillkommene Muße einer Verbannung für die Arbeit an Mong Dsï benützte. Nach ihm kam Mong Dsï wohl allmählich zu Ehren, doch war es den Gelehrten der Sung-Dynastie, vorzüglich Dschu Hi[27], vorbehalten, ihm zu der Stellung zu verhelfen, die er heute als das bekannteste und meist zitierte unter den vier heiligen Büchern einnimmt. Noch zu Beginn der Ming-Dynastie hatten seine freien Äußerungen über die Fürsten den Zorn des Herrschers Hung Wu, eines früheren Buddhistenmönchs, heraufbeschworen. Doch ließ dieser von seinem Zorn ab, als er andere Stellen des Buches las, die ihm imponierten. Seitdem blieb Mong Dsïs Stellung unangetastet. Selbst zur Zeit der Revolution von 1911 wurde er, wie schon erwähnt, mit mehr Wohlwollen betrachtet als andere klassische Bücher.

Von vollständigen Übersetzungen in europäische Sprachen sind hervorzuheben:

S. Couvreur, Les Quatre Livres, Ho Kien Fou 1895.

James Legge, The Chinese Classics Vol. II, The Works of Mencius.

D. E. Faber hat ein ausführliches System des Mong Dsï in Deutsch und Englisch herausgegeben, das einen großen Teil des Textes, wenn auch vollständig aus dem Zusammenhang gelöst, in Übersetzung gibt.

H. Mootz endlich hat das erste Buch ins Deutsche übersetzt und mit Erläuterungen versehen unter dem Titel: Die chinesische Weltanschauung, dargestellt auf Grund der ethischen Staatslehre des Philosophen Mong dse, herausgegeben.

CHRONOLOGISCHE TABELLE

Geboren 372 v. Chr. in Dsou.

322 in Liang, der Hauptstadt von We, bei König Hui.

319 verläßt Mong Dsï nach einer Unterhaltung mit König Siang den Staat We und geht nach Tsi.

317 Tod der Mutter. Reise nach Lu wegen der Beerdigung.

27 Der beste Kommentar zu Mong Dsï ist: „Mong Dsï Dschong I von Dsiau Sün“, ferner: „Eine textkritische Ausgabe des Mong Dsï von Yüan Yüan“, beide in dem Sammelwerk Huang Tsing Ging Giä enthalten. Sie wurden für die vorliegende Übersetzung hauptsächlich benutzt.

316, 315 in Lu während der Trauerzeit. (In dieser Zeit könnte die Anstellung des Schülers Yo Dschong Dsï in Lu und dessen vereitelter Versuch, den Fürsten Ping und Mong Dsï zusammenzubringen, stattgefunden haben.)

314 zurück nach Tsi. Unternehmung des Staates Tsi gegen den Staat Yän.

312 Aufruhr in Yän. Mong Dsï verläßt Tsi und geht nach Sung.

311 der Kronprinz von Tong, der nachmalige Fürst Wen, besucht Mong Dsï in Sung. Mong Dsï geht über Siä nach seiner Heimat Dsou.

ca. 301 läßt Fürst Wen von Tong, der inzwischen seinen Vater verloren hatte und auf den Thron gekommen war, Mong Dsï nach den Beerdigungsgebräuchen fragen, und infolge davon ging Mong Dsï wohl für einige Jahre nach Tong. Nachdem dort auch allerlei Sekten aufgekommen waren, zog er sich endgültig ins Privatleben zurück, um sich literarischer Tätigkeit zu widmen.

289 Mong Dsï gestorben.

梁惠王上

上

1.

孟子見梁惠王。王曰：“叟不遠千里而來，亦將有以利吾國乎？”

孟子對曰：“王何必曰利？亦有仁義而已矣。王曰‘何以利吾國’？大夫曰‘何以利吾家’？士庶人曰‘何以利吾身’？上下交征利而國危矣。萬乘之國弒其君者，必千乘之家；千乘之國弒其君者，必百乘之家。萬取千焉，千取百焉，不為不多矣。苟為後義而先利，不奪不饜。

BUCH I – LIANG HUI WANG

ABSCHNITT A

1. Vom Schaden des Nützlichkeitsstandpunkts

Mong Dsï trat vor den König Hui von Liang[1].
Der König sprach: „Alter Mann, tausend Meilen waren Euch nicht zu weit, um herzukommen, da habt Ihr wohl auch einen Rat für mich, um meinem Reich zu nützen."
Mong Dsï erwiderte und sprach: „Warum wollt Ihr durchaus vom Nutzen reden, o König? Es gibt doch auch den Standpunkt, daß man einzig und allein nach Menschlichkeit und Recht fragt. Denn wenn der König spricht: Was dient meinem Reiche zum Nutzen? so sprechen die Adelsgeschlechter: Was dient unserm Hause zum Nutzen? und die Ritter und Leute des Volks sprechen: Was dient unserer Person zum Nutzen? Hoch und Niedrig sucht sich gegenseitig den Nutzen zu entwinden, und das Ergebnis ist, daß das Reich in Gefahr kommt. Wer in einem Reich von zehntausend Kriegswagen[2] den Fürsten umzubringen wagt, der muß sicher selber über tausend Kriegswagen verfügen. Wer in einem Reich von tausend Kriegswagen den Fürsten umzubringen wagt, der muß sicher selber über hundert Kriegswagen verfügen. Von zehntausend Kriegswagen tausend zu besitzen, von tausend Kriegswagen hundert zu besitzen, das ist an sich schon keine geringe Macht. Aber so man das Recht hintansetzt und den Nutzen voranstellt, ist man nicht befriedigt, es sei denn, daß man den anderen das Ihre wegnehmen kann. Auf der anderen Seite ist es noch nie vorgekommen, daß ein liebevoller Sohn seine Eltern im Stich läßt, oder

1 Liang ist die Hauptstadt von We, einem Staat im Westen des damaligen China, der Heimat des Dschuang Dsï. Der Staat We, der wohl zu unterscheiden ist von dem in den Gesprächen des Konfuzius häufig genannten, chinesisch anders geschriebenen Staate We im Osten, ist entstanden bei der Teilung des Staates Dsin im heutigen Schansi in die Staaten We, Dschau und Han. Der König Hui von We hatte ein Ausschreiben erlassen, um Weise aus allen Ländern an seinen Hof zu ziehen. Diesem Ausschreiben folgte auch Mong Dsï im Jahre 322 v. Chr. (vgl. Sin Lun. Die früher angenommene Zahl 336 ist falsch. Damals konnte Mong unmöglich schon als „alter Mann" angeredet werden.)

2 10 000 Kriegswagen standen dem Kaiser zur Verfügung. 1000 den größeren Landesfürsten, 100 den großen Adelsgeschlechtern. Die geschilderten Vorgänge sind alles Beispiele aus der Zeit des Niedergangs der Dschoudynastie.

未有仁而遺其親者也，未有義而後其君者也。王亦曰仁義而已矣，何必曰利？”

2.

孟子見梁惠王，王立於沼上，顧鴻鴈麋鹿，曰：“賢者亦樂此乎？”

孟子對曰：“賢者而後樂此，不賢者雖有此，不樂也。《詩》云：‘經始靈臺，經之營之，庶民攻之，不日成之。經始勿亟，庶民子來。王在靈囿，麀鹿攸伏，麀鹿濯濯，白鳥鶴鶴。王在靈沼，於牣魚躍。’文王以民力為臺為沼。而民歡樂之，謂其臺曰靈臺，謂其沼曰靈沼，樂其有麋鹿魚鱉。古之人與民偕樂，故能樂也。《湯誓》

daß ein pflichttreuer Diener seinen Fürsten vernachlässigt. Darum wollet auch Ihr, o König, Euch auf den Standpunkt stellen: ‚Einzig und allein Menschlichkeit und Recht!‘ Warum wollt Ihr durchaus vom Nutzen reden?“

2. Geteilte Freude ist doppelte Freude

Mong Dsï trat vor den König Hui von Liang. Der König stand an seinem Parkweiher und sah den Schwänen und Hirschen zu. Er sprach: „Hat der Weise auch eine Freude an solchen Dingen?“ Mong Dsï erwiderte: „Der Weise erst vermag sich dieser Dinge ganz zu freuen. Ein Unweiser, selbst wenn er sie besitzt, wird ihrer nicht froh. Im Buch der Lieder[3] heißt es:

‚Als er den Wunderturm ersonnen,
Ersonnen und den Plan gemacht,
Hat alles Volk sich dran begeben;
Kein Tag – und alles war vollbracht.
Anhub er mit: ‚Nicht hastet euch! ‘
Doch alles Volk kam, Kindern gleich.
Im Wunderpark der König war,
Wo Hirsche ruhten Paar bei Paar,
Gar fette Hirsche, glatt von Haar,
Und weiße Vögel glänzten klar.
Der König war am Wunderteiche;
Wie wimmelte der Fische Schar!‘

So hat der König Wen durch die Arbeit seines Volks einen Turm und einen Teich gebaut, und das Volk war in heller Freude darüber und nannte seinen Turm den ‚Wunderturm‘ und seinen Teich den ‚Wunderteich‘ und freute sich dessen, daß er Hirsche und Rehe, Fische und Schildkröten hatte. Die Männer des Altertums freuten sich mit dem Volk gemeinsam; darum konnten sie sich wirklich freuen. Andererseits heißt es im Schwur des Tang[4], (daß die Unterta-

3 Das Lied steht im Schï Ging III, 8 und bezieht sich auf den König Wen von Dschou. Die Übersetzung ist nach Viktor v. Strauß gegeben.

4 Schwur des Tang ‚vgl. Schu Ging III, 1. 3. Der Tyrann Giä, der letzte Herrscher der Hiadynastie, hatte, als er von der Unzufriedenheit des Volkes hörte, den Ausspruch getan: „Solange die Sonne am Himmel nicht vernichtet wird, solange werde ich auch nicht untergehen.“ Das Volk bezieht sich auf diesen Ausspruch und sagt: „Wenn nur diese („schï“ bedeutet sonst Zeit) Sonne untergeht, so sind wir es zufrieden, gemeinsam mit dir (an Giä gerichtet) zugrunde zu gehen.“ Eine andere Übersetzung, die in den Zusammenhang des Schu Ging noch

曰：‘時日害喪？予及女偕亡。’民欲與之偕亡，雖有臺池鳥獸，豈能獨樂哉？”

3.

梁惠王曰：“寡人之於國也，盡心焉耳矣。河内凶，則移其民於河東，移其粟於河内。河東凶亦然。察鄰國之政，無如寡人之用心者。鄰國之民不加少，寡人之民不加多，何也？”
孟子對曰：“王好戰，請以戰喻。填然鼓之，兵刃既接，棄甲曳兵而走。或百步而後止，或五十步而後止。以五十步笑百步，則何如？”
曰：“不可，直不百步耳，是亦走也。”
曰：“王如知此，則無望民之多於鄰國也。

nen des Tyrannen Giä, der in seinem Hochmut sich der Sonne verglichen, von solchem Haß gegen ihn erfüllt waren, daß sie sprachen:) ‚Wenn nur diese Sonne zugrunde geht. Und wenn wir auch mit ihr gemeinsam vernichtet werden.‘ Das Volk (des Tyrannen Giä) wollte lieber noch, als daß er am Leben blieb, mit ihm zusammen vernichtet werden. Mochte er Türme und Teiche, Vögel und Tiere besitzen: er konnte ihrer einsam doch nimmermehr froh werden.“

3. Wie kann ein Fürst die Weltherrschaft erlangen?

König Hui von Liang sprach: „Ich gebe mir mit meinem Reiche doch wirklich alle Mühe. Wenn diesseits[5] des gelben Flusses Mißwachs herrscht, so schaffe ich einen Teil der Leute nach der anderen Seite und schaffe Korn nach dieser Seite. Tritt Mißwachs ein in dem Gebiet jenseits des Flusses, handle ich entsprechend. Wenn man die Regierungsmaßregeln der Nachbarstaaten prüft, so findet man keinen Fürsten, der sich soviel Mühe gäbe wie ich. Und doch wird das Volk der Nachbarstaaten nicht weniger und mein Volk nicht mehr. Wie kommt das?“

Mong Dsï erwiderte: „Ihr, o König, liebt den Krieg. Darf ich ein Gleichnis vom Krieg gebrauchen? Wenn die Trommeln wirbeln[6] und die Waffen sich kreuzen, und die Krieger werfen ihre Panzer weg, schleppen die Waffen hinter sich her und laufen davon, so läuft der eine vielleicht hundert Schritte weit und bleibt dann stehen, ein anderer läuft fünfzig Schritte weit und bleibt dann stehen. Wenn nun der, der fünfzig Schritte weit gelaufen ist, den anderen, der hundert Schritte gelaufen ist, verlachen wollte, wie wäre das?“

Der König sprach: „Das geht nicht an. Er lief nur eben nicht gerade hundert Schritte weit, aber weggelaufen ist er auch.“

Mong Dsï sprach: „Wenn Ihr, o König, das einseht, so werdet Ihr nicht mehr erwarten, daß Euer Volk zahlreicher werde als das der Nachbarstaaten. Wenn

---

besser paßt, faßt die Worte des Volks als Anrede an den Befreier Tang auf: „Diesen Tag muß der große Zusammenbruch kommen, wir wollen mit dir gemeinsam ihn vernichten.“ Doch scheint Mong Dsï die andere Auffassung vertreten zu haben.

5 Der Staat We war ursprünglich auf der Südseite des gelben Flusses. Erst nach seiner Vergrößerung bekam er Land und auf der Nordseite („diesseits“). Da auf der Nordseite in alter Zeit die Reichshauptstadt war, heißt sie „diesseits“, „innerhalb“.

6 Der Trommelschlag war das Zeichen zum Angriff, die Becken (Gongs) gaben das Zeichen zum Rückzug.

不違農時，穀不可勝食也；數罟不入洿池，魚鱉不可勝食也；斧斤以時入山林，材木不可勝用也。穀與魚鱉不可勝食，材木不可勝用，是使民養生喪死無憾也。養生喪死無憾，王道之始也。五畝之宅，樹之以桑，五十者可以衣帛矣；雞豚狗彘之畜，無失其時，七十者可以食肉矣；百畝之田，勿奪其時，數口之家可以無飢矣；謹庠序之教，申之以孝悌之義，頒白者不負戴於道路矣。七十者衣帛食肉，黎民不飢不寒，然而不王者，未之有也。

狗彘食人食而不知檢，塗有餓莩而不知發；人死，則曰：‘非我也，歲也。’是何異於刺人而殺之，曰：‘非我也，兵也。’王無罪歲，斯天下之民至焉。”

man die Leute[7], während sie auf dem Acker zu tun haben, nicht zu anderen Zwecken beansprucht, so gibt es so viel Korn, daß man es gar nicht alles aufessen kann. Wenn es verboten ist, mit engen Netzen in getrübtem Wasser zu fischen, so gibt es so viel Fische und Schildkröten, daß man sie gar nicht alle aufessen kann. Wenn Axt und Beil nur zur bestimmten Zeit in den Wald kommen, so gibt es soviel Holz und Balken, daß man sie gar nicht alle gebrauchen kann. Wenn man das Korn, die Fische und Schildkröten gar nicht alle aufessen kann, wenn man Holz und Balken gar nicht alle aufbrauchen kann, so schafft man, daß das Volk die Lebenden ernährt, die Toten bestattet und keine Unzufriedenheit aufkommt: Wenn die Lebenden ernährt werden, die Toten bestattet werden und keine Unzufriedenheit aufkommt: das ist der Anfang zur Weltherrschaft.

Wenn jeder Hof von fünf Morgen mit Maulbeerbäumen umpflanzt wird, so können sich die Fünfzigjährigen in Seide kleiden. Wenn bei der Zucht der Hühner, Ferkel, Hunde und Schweine die rechte Zeit beobachtet wird, so haben die Siebzigjährigen Fleisch zu essen. Wenn einem Acker von hundert Morgen nicht die zum Anbau nötige Zeit entzogen wird, so braucht eine Familie von mehreren Köpfen nicht Hunger zu leiden. Wenn man dem Unterricht in den Schulen Beachtung schenkt und dafür sorgt, daß auch die Pflicht der Kindesliebe und Brüderlichkeit gelehrt wird, so werden Grauköpfe und Greise auf den Straßen keine Lasten mehr zu schleppen haben. Wenn die Siebziger in Seide gekleidet sind und Fleisch zu essen haben und das junge Volk nicht hungert noch friert, so ist es ausgeschlossen, daß dem Fürsten dennoch die Weltherrschaft nicht zufällt. Wenn aber Hunde und Schweine den Menschen das Brot wegfressen, ohne daß man daran denkt, dem Einhalt zu tun, wenn auf den Landstraßen Leute Hungers sterben, ohne daß man daran denkt, ihnen aufzuhelfen, und man dann noch angesichts des Aussterbens der Bevölkerung sagt: nicht ich bin schuld daran, sondern das schlechte Jahr, so ist das gerade so, als wenn einer einen Menschen totsticht und sagt: nicht ich hab' es getan, sondern das Schwert. Wenn Ihr, o König, nicht mehr die Schuld sucht bei schlechten Jahren, so wird das Volk des ganzen Reichs Euch zuströmen."

7 Im folgenden gibt Mong Dsï die Schilderung der idealen Regierung, den „Pfad der Könige". Mong Dsï unterscheidet sich dadurch von Kung Dsï, daß dieser noch das Recht des herrschenden Hauses Dschou aufrecht erhielt, während für Mong Dsï jeder Territorialfürst die Möglichkeit der Weltherrschaft hatte. Sobald einer es verstünde, die rechten Prinzipien durchzuführen, fiele ihm das ganze Reich zu. Mong ist in dieser Hinsicht durchaus Realpolitiker.

4.

梁惠王曰："寡人願安承教。"
孟子對曰："殺人以梃與刃，有以異乎？"
曰："無以異也。"
"以刃與政，有以異乎？"
曰："無以異也。"
曰："庖有肥肉，廄有肥馬，民有飢色，野有餓莩，此率獸而食人也。獸相食，且人惡之。為民父母，行政不免於率獸而食人。惡在其為民父母也？仲尼曰：'始作俑者，其無後乎！'為其象人而用之也。如之何其使斯民飢而死也？"

5.

梁惠王曰："晉國，天下莫強焉，叟之所知也。及寡人之身，

4. Der rechte Landesvater

König Hui von Liang sprach: „Ich will gelassen Eure Belehrung annehmen."
Mong Dsï erwiderte: „Ob man Menschen mordet mit einem Knüppel oder einem Messer: ist da ein Unterschied?"
Der König sprach: „Es ist kein Unterschied."
„Ob man sie mordet mit einem Messer oder durch Regierungsmaßregeln: ist da ein Unterschied?"
Der König sprach: „Es ist kein Unterschied."
Da hub Mong Dsï an: „In der Hofküche ist fettes Fleisch und in den Ställen fette Pferde; in den Gesichtern der Leute wohnt die Not, auf dem Anger draußen wohnt der Tod: das heißt, die Tiere anleiten, Menschen zu fressen. Die Tiere fressen einander, und die Menschen verabscheuen sie darum. Wenn nun ein Landesvater also die Regierung führt, daß er nicht vermeidet, die Tiere anzuleiten, Menschen zu fressen: Worin besteht da seine Landesvaterschaft? Meister Kung hat einmal gesagt: ‚Wer zuerst bewegliche Menschenbilder[8] fertigte – um sie den Toten mit ins Grab zu geben – gab es für den denn keine Zukunft zu bedenken?'[9] Darum, daß er das Ebenbild des Menschen zu diesem Zweck mißbrauchte. Was würde er erst gesagt haben von einem, der seine Leute Not leiden und verhungern läßt!"

5. Rüstung zur Rache

König Hui von Liang sprach: „Unser Reich[10] war eins der mächtigsten auf Erden, das wißt Ihr ja, o Greis. Doch seitdem es auf meine Schultern kam, wur-

8 In alter Zeit gab man den Toten aus Stroh gemachte Puppen mit ins Grab. (vgl. Laotse, Das Buch vom Sinn und Leben, Nr. 5, 1. Teil). Kung Dsï spricht hier von Verbesserungen dieser Totengaben, die später aufkamen. Man machte diese Puppen so, daß sie sich bewegen konnten und lebenden Menschen glichen. Er hat diese Sitte verurteilt, weil er fürchtete, sie könne zu Menschenopfern für die Toten führen. Solche Menschenopfer sind dann in späterer Zeit bei fürstlichen Begräbnissen häufig vorgekommen. (Noch zur Mingzeit wurde mit dem Kaiser ein großes Gefolge dem Tode geopfert. Erst die Mandschus hoben diese Unsitte auf. Die Frage, inwieweit in uralter Zeit das Töten von Menschen als Todesopfer üblich war, kann hier außer Betracht bleiben.)

9 Die gewöhnliche Übersetzung ist: „der müsse ohne Nachkommen geblieben sein!" als Fluch gedacht; aber der grammatikalische Zusammenhang führt auf unsere Übersetzung.

10 Wörtlich: „Das Reich Dsin." Dieses Reich, das von den Herren von Dschau, Han und We aufgeteilt wurde, gehörte früher zu den mächtigsten Staaten Chinas. We war von den drei Teilstaaten der bedeutendste, darum legt der König seinem Staate den Gesamtnamen Dsin bei. Tsi kam dem Staate Dschau, der von We angegriffen war, zu Hilfe. In den dabei entstehenden Kämpfen geriet der Kronprinz von We, der das Heer befehligte, in Gefangenschaft von

東敗於齊，長子死焉；西喪地於秦七百里；南辱於楚。寡人恥之，願比死者一洒之，如之何則可？”

孟子對曰：“地方百里而可以王。王如施仁政於民，省刑罰，薄稅斂，深耕易耨。壯者以暇日修其孝悌忠信，入以事其父兄，出以事其長上，可使制梃以撻秦楚之堅甲利兵矣。彼奪其民時，使不得耕耨以養其父母，父母凍餓，兄弟妻子離散。彼陷溺其民，王往而征之，夫誰與王敵？故曰：‘仁者無敵。’王請勿疑！”

6.

孟子見梁襄王。出，語人曰：“望之不似人君，就之而不見所畏焉。卒然問曰：‘天下惡乎定？’吾對曰：‘定于一。’

‘孰能一之？’對曰：

den wir im Osten besiegt von Tsi, und mein ältester Sohn ist dabei gefallen. Im Westen verloren wir Gebiet an Tsin, siebenhundert Geviertmeilen. Im Süden erlitten wir Schmach durch Tschu. Ich schäme mich darob und möchte um der Toten willen ein für allemal die Schmach reinwaschen. Wie muß ich's machen, daß es mir gelingt?"

Mong Dsï erwiderte: „Und wäre auch ein Land nur hundert Meilen im Geviert[11], man kann damit die Weltherrschaft erringen. Wenn Ihr, o König, ein mildes Regiment führt über Eure Leute, Strafen und Bußen spart, Steuern und Abgaben ermäßigt, so daß die Felder tief gepflügt und ordentlich gejätet werden können, daß die Jugend Zeit hat zur Pflege der Tugenden der Ehrfurcht, Brüderlichkeit, Gewissenhaftigkeit und Treue, daß sie zu Hause ihren Eltern und Brüdern und im öffentlichen Leben ihren Fürsten und Oberen dienen – dann könnt Ihr ihnen Knüppel in die Hand geben, um damit die starken Panzer und scharfen Waffen der Herren von Tsin und Tschu zu zerschlagen.

Jene Fürsten rauben ihren Leuten die Zeit, daß sie nicht pflügen und jäten können, um Nahrung zu schaffen für ihre Eltern. Die Eltern leiden Frost und Hunger, Brüder, Weib und Kind sind fern voneinander zerstreut. Jene Fürsten treiben ihre Leute in Fallen und ertränken sie. Wenn Ihr, o König, dann hingeht und sie bekämpft, wer wird Euch da feindlich entgegentreten? Darum heißt es: ‚Der Milde hat keine Feinde'. Ich bitte Euch, o König, zweifelt nicht daran."

6. Mildes Regiment ist wie Regen auf dürres Land

Mong Dsï trat vor den König Siang[12] von Liang.

Als er herauskam, sagte er zu den Leuten: „Ich blickte nach ihm: er sah nicht aus wie ein Fürst. Ich nahte mich ihm: aber ich entdeckte nichts Ehrfurchtgebietendes an ihm. Unvermittelt fragte er: ‚Wie kann die Welt gefestigt werden?'

‚Sie wird gefestigt durch Einigung', erwiderte ich.

‚Wer kann sie einigen?'

Tsi und starb dort (340 v. Chr.). Tsin war der aufstrebende westliche Staat, in dem ein Fürst unter dem Namen Tsin Schï Huang später das ganze Reich eroberte. Die hier erwähnte Niederlage fällt ins Jahr 361. Tschu war ein halb barbarischer Staat im Süden am Yangtse. Dschau Yang von Tschu griff We um 323 an.

11 Anspielung auf König Wen von Dschou. Vgl. Buch II, A, 1.

12 Siang war der Sohn und Nachfolger des Königs Hui von We. Das Gespräch fiel in das Jahr 319. Mong war so enttäuscht, daß er unmittelbar darauf We verließ und nach Tsi ging.

‘不嗜殺人者能一之。’

‘孰能與之？’對曰：‘天下莫不與也。王知夫苗乎？七八月之間旱，則苗槁矣。天油然作雲，沛然下雨，則苗浡然興之矣。其如是，孰能禦之？今夫天下之人牧，未有不嗜殺人者也，如有不嗜殺人者，則天下之民皆引領而望之矣。誠如是也，民歸之，由水之就下，沛然誰能禦之？’”

7.

齊宣王問曰：“齊桓、晉文之事可得聞乎？”

孟子對曰：“仲尼之徒無道桓、文之事者，是以後世無傳焉。臣未之聞也。無以，則王乎？”

‚Wer keine Lust hat am Menschenmord, der kann sie einigen', erwiderte ich. ‚Wer kann da mittun?'
Ich erwiderte: ‚Es gibt niemand auf der Welt, der nicht mittun würde. Habt Ihr, o König, schon das sprossende Korn beobachtet? Im Hochsommer[13], wenn es trocken ist, da stehen die Saaten welk. Wenn dann am Himmel fette Wolken aufziehen und in Strömen der Regen herniederfällt, so richten sich mit Macht die Saaten wieder auf. Daß es also geschieht, wer kann es hindern? Nun gibt es heute auf der ganzen Welt unter den Hirten der Menschen keinen, der nicht Lust hätte am Menschenmord. Wenn nun einer käme, der nicht Lust hätte am Menschenmord, so würden die Leute auf der ganzen Welt alle die Hälse rekken[14] und nach ihm ausspähen. Und wenn er wirklich also ist, so fallen die Leute ihm zu, wie das Wasser nach der Tiefe zufließt, in Strömen. Wer kann es hindern?'"

7. Der Opferstier und die Weltherrschaft

König Süan[15] von Tsi fragte: „Kann ich etwas von den Taten der Fürsten Huan von Tsi und Wen von Dsin[16] zu hören bekommen?"
Mong Dsï erwiderte: „Unter den Jüngern des Meister Kung gab es keinen, der über die Taten Huans und Wens redete. Darum ist auf die Nachwelt keine Überlieferung von ihnen gekommen, und ich habe nie etwas von ihnen gehört. Wollen wir nicht statt dessen davon reden, wie man König der Welt wird?"

---

13 Wörtlich: im siebten und achten Monat. Die Zeitrechnung der Dschoungdynastie begann das Jahr nach dem Wintersolstiz. Siebter und achter Monat sind daher etwa Juni und Juli, der Anfang der „Regenzeit" für Nordchina. Sie entsprechen dem heutigen fünften und sechsten Monat in China.

14 Vielleicht liegt in der Polemik des Dschuang Dsï in Buch X, 3, pag. 71 eine Beziehung auf Mong Dsï und seinen Aufenthalt in We. Vgl. die Stelle: „Heutzutage ist soweit gekommen, daß die Leute die Hälse recken und sich auf die Zehen stellen und zueinander sprechen: An dem und dem Platz ist ein Weiser … An all dem trägt die Schuld, daß die Fürsten in falscher Weise Erkenntnis hochschätzen."

15 Es wird von manchen Kommentatoren angenommen, daß Mong Dsï erst in Tsi und dann in We gewesen sei, doch läßt sich auf diese Weise die Chronologie nicht richtigstellen. In Wirklichkeit ging er von We nach Tsi (über seine Heimatstadt Dsou, wo er seine Mutter besuchte). König Süan von Tsi regierte von 320–302 v. Chr. (nicht, wie die gewöhnliche Chronologie will, 342–324).

16 Huan von Tsi (684–643) und Wen von Dsin († 628) waren die zwei berühmtesten der fünf Fürsten, die zeitweise die Hegemonie im Reich hatten (vgl. Kungfutse, Gespräche (Lun Yü) XIV, 16). Mong schätzt sie gering und will daher das Gespräch auf sein beliebtes Thema bringen: die Beherrschung der Welt durch wahrhaft königliche Grundsätze.

曰：“德何如，則可以王矣？”
曰：“保民而王，莫之能禦也。”
曰：“若寡人者，可以保民乎哉？”
曰：“可。”
曰：“何由知吾可也？”
曰：“臣聞之胡齕曰，王坐於堂上，有牽牛而過堂下者，王見之，曰：‘牛何之？’對曰：‘將以釁鐘。’王曰：‘舍之！吾不忍其觳觫，若無罪而就死地。’對曰：‘然則廢釁鐘與？’曰：‘何可廢也？以羊易之！’不識有諸？”
曰：“有之。”
曰：“是心足以王矣。百姓皆以王為愛也，臣固知王之不忍也。”
王曰：“然。誠有百姓者。齊國雖褊小，吾何愛一牛？即不忍其觳觫，若無罪而就死地，故以羊易之也。”
曰：“王無異於百姓之以王為愛也。以小易大，彼惡知之？王若隱其無罪而就死地，則牛羊何擇焉？”

Der König sprach: „Welche Eigenschaften muß man haben, um König der Welt sein zu können?"
Mong Dsï sprach: „Wer sein Volk schützt, wird König der Welt: niemand kann ihn hindern."
Der König sprach: „Ja, wäre denn ein Mann wie ich imstande, sein Volk zu schützen?" Mong Dsï sprach: „Ja."
Der König sprach: „Woher weißt du, daß ich dazu imstande bin?"
Mong Dsï sprach: „Ich habe von Hu Hai[17] erzählen hören, der König habe einst in seinem Saal gesessen, da sei einer, der einen Ochsen führte, unten am Saal vorbeigekommen. Der König habe ihn gesehen und gefragt: ‚Wohin mit dem Ochsen?' Man habe erwidert: ‚Er soll zur Glockenweihe[18] geschlachtet werden.' Da habe der König gesagt: ‚Laßt ihn laufen. Ich kann es nicht mit ansehen, wie er so ängstlich zittert, wie einer, der unschuldig zum Richtplatz geführt wird.' Man habe erwidert: ‚Soll dann die Glockenweihe unterbleiben?' Der König habe gesagt: ‚Sie darf nicht unterbleiben. Nehmt ein Schaf statt seiner.' – Ich weiß nicht, ob es so sich zugetragen hat."
Der König sprach: „Es ist so gewesen."
Mong Dsï sprach: „Diese Gesinnung genügt, um König der Welt zu werden. Die Leute dachten alle, es sei nur Sparsamkeit von Euch gewesen; aber ich weiß bestimmt, daß Ihr es nicht habt mit ansehen können."
Der König sprach: „Ach, gibt es wirklich solche Leute? Allein so unbedeutend und gering mein Reich auch ist, ich brauche doch an einem Ochsen nicht zu sparen. Ich habe es wirklich nicht mit ansehen können, daß er so ängstlich zitterte, wie einer, der unschuldig zum Richtplatz geführt wird. Darum habe ich statt seiner ein Schaf nehmen lassen."
Mong Dsï sprach: „Und doch habt Ihr nicht anders[19] gehandelt, als wenn Ihr wirklich nur so sparsam gewesen wäret, wie die Leute meinten. Ihr habt statt eines großen Tieres ein kleines nehmen lassen. Woher hätten jene es besser wissen sollen! Wenn Ihr Mitleid hattet mit der Unschuld, die zum Richtplatz geführt wurde: was ist da schließlich für ein Unterschied zwischen einem Ochsen und einem Schaf?"

---

17 Hu Hai war ein Höfling aus der Umgebung des Königs.

18 Neu gegossene Glocken wurden mit dem Blut eines Opfertieres bestrichen und dadurch geweiht, daß ihr Schall zum Himmel dringe.

19 Wir haben grammatikalisch nach dem Wortlaut übersetzt. Die chinesischen Kommentare gehen von der anderen Bedeutung von i, „für anders", d. h. „sonderbar" halten, „sich wundern" aus und konstruieren: „Wundert Euch nicht, o König, daß die Leute Euch für sparsam hielten!" Doch widerspricht dem m. E. das „wu", das meist die Bedeutung von lateinisch „non", nicht von „ne" hat. Auch wird der Zusammenhang klarer.

王笑曰："是誠何心哉？我非愛其財。而易之以羊也，宜乎百姓之謂我愛也。"

曰："無傷也，是乃仁術也，見牛未見羊也。君子之於禽獸也，見其生，不忍見其死；聞其聲，不忍食其肉。是以君子遠庖廚也。"

王說曰："《詩》云：'他人有心，予忖度之。'夫子之謂也。夫我乃行之，反而求之，不得吾心。夫子言之，於我心有戚戚焉。此心之所以合於王者，何也？"

曰："有復於王者曰：'吾力足以舉百鈞'，而不足以舉一羽；'明足以察秋毫之末'，而不見輿薪，則王許之乎？"

曰："否。"

"今恩足以及禽獸，而功不至於百姓者，獨何與？然則一羽之不舉，為不用力焉；輿薪之不見，為不用明焉，百姓之不見保，為不用恩焉。故王之不王，不為也，非不能也。"

曰："不為者與不能者之形何以異？"

Der König lächelte und sprach: „Wahrhaftig! Was hab' ich nur dabei gedacht! Ohne daß es mir um den Wert zu tun gewesen wäre, habe ich doch ein Schaf statt des Ochsen nehmen lassen. Da haben die Leute ganz recht, wenn sie sagen, ich sei sparsam."

Mong Dsï sprach: „Es tut nichts. Es war dennoch ein Zeichen von Milde. Ihr saht den Ochsen, aber hattet das Schaf nicht gesehen. Es geht dem Gebildeten mit den Tieren nun einmal so: wenn er sie lebend gesehen hat, kann er nicht zusehen, wie sie getötet werden, und wenn er sie hat schreien hören, bringt er es nicht über sich, ihr Fleisch zu essen. Das ist ja auch der Grund, warum der Gebildete sich von der Küche fernhält."

Der König war erfreut und sprach: „Im Buch der Lieder[20] heißt es:

‚Anderer Leute Sinn
Vermag ich zu ermessen.'

Das geht auf Euch, Meister. Obwohl es meine eigne Tat war, habe ich mich dennoch vergeblich darüber besonnen, wie ich es eigentlich gemeint habe. Ihr, Meister, sprecht es aus und habt genau meine innerste Gesinnung getroffen. Inwiefern paßt nun diese Gesinnung dazu, König der Welt zu sein?"

Mong Dsï sprach: „Wenn jemand Euch berichten würde: ‚Ich besitze zwar genügend Stärke, um dreißig Zentner zu heben, aber nicht genug, um eine Feder zu heben; ich bin helläugig genug, um die Spitze eines Flaumhaars[21] zu untersuchen, aber einen Heuwagen sehe ich nicht': würdet Ihr das hingehen lassen?"

Der König verneinte.

Mong Dsï fuhr fort: „Nun ist Eure Milde so groß, daß sie sich selbst auf Tiere erstreckt, und doch reicht ihre Wirkung nicht bis zu Eurem Volk. Wie ist denn das nur? Allein, daß jener die Feder nicht aufhebt, kommt davon, daß er seine Stärke nicht *ausübt;* daß der andere den Heuwagen nicht sieht, kommt daher, daß er seine Scharfsichtigkeit nicht *ausübt;* daß Eure Leute keines Schutzes genießen, kommt daher, daß Ihr Eure Gnade nicht *ausübt.* Darum, daß Ihr nicht König der Welt seid, ist Unterlassung, nicht Unfähigkeit."

Der König sprach: „Wodurch unterscheiden sich Unterlassung und Unfähigkeit in ihrer Äußerung voneinander?"

---

20 Vgl. Schï Ging II, 4, 4 v. 4.

21 Wörtlich Herbsthaar. Gemeint ist das im Herbst wachsende Winterhaar der Tiere. Der Ausdruck kommt auch bei Dschuang Dsï vor.

曰：“挾太山以超北海，語人曰‘我不能’，是誠不能也。為長者折枝，語人曰‘我不能’，是不為也，非不能也。故王之不王，非挾太山以超北海之類也；王之不王，是折枝之類也。老吾老，以及人之老；幼吾幼，以及人之幼。天下可運於掌。《詩》云：‘刑于寡妻，至于兄弟，以御于家邦。’言舉斯心加諸彼而已。故推恩足以保四海，不推恩無以保妻子。古之人所以大過人者無他焉，善推其所為而已矣。今恩足以及禽獸，而功不至於百姓者，獨何與？權，然後知輕重；度，然後知長短。物皆然，心為甚。王請度之！抑王興甲兵，

Mong Dsï sprach: „Wenn einer den Großen Berg[22] unter den Arm nehmen soll und damit übers Nordmeer springen und er sagt, das kann ich nicht, so ist das wirkliche Unfähigkeit; wenn aber einer sich vor Älteren verneigen[23] soll und er sagt, das kann ich nicht, so ist das Unterlassung, nicht Unfähigkeit. Damit, daß Ihr, o König, auf das Königtum der Welt verzichtet, seid Ihr nicht in der Lage eines Menschen, der mit dem Großen Berg unterm Arm übers Nordmeer springen soll. Damit, daß Ihr, o König, auf das Königtum der Welt verzichtet, seid Ihr in der Lage eines Menschen, der eine Verbeugung machen soll. Behandle ich meine älteren Verwandten wie es dem Alter gebührt, und lasse das auch den Alten der andern zugute kommen; behandle ich meine jüngeren Verwandten wie es der Jugend gebührt, und lasse das auch den Jungen der andern zugute kommen; so kann ich die Welt auf meiner Hand sich drehen lassen.[24]

In dem Buch der Lieder[25] heißt es:

> ‚Sein Beispiel leitete die Gattin
> Und reichte auf seine Brüder weiter,
> Bis es auf Haus und Land wirkte.‘

Mit diesen Worten ist gemeint: Richte dich einfach nach deinem eignen Gefühl und tue den andern darnach. Darum: Güte, die weiter wirkt, reicht aus, die Welt zu schützen, Güte, die nicht weiter wirkt, vermag nicht einmal Weib und Kind zu schützen. Warum die Menschen der alten Zeit den andern Menschen so sehr überlegen sind, ist einzig und allein die Art, wie sie es verstanden, ihre Taten weiter wirken zu lassen. Nun ist Eure Güte groß genug, um sich selbst auf die Tiere zu erstrecken, und doch kommt ihre Wirkung nicht Euren Leuten zugute. Wie ist denn das nur?

Man bedarf einer Wage, um zu erkennen, ob etwas leicht oder schwer ist. Man bedarf eines Maßstabs, um zu erkennen, ob etwas lang oder kurz ist. So ist's mit allen Dingen und mit dem Herzen ganz besonders. Ich bitte Euch, o König, es einmal zu wägen. Panzer und Waffen zu fördern, Ritter und Knechte zu ge-

---

22 Der große Berg ist der Taischan. Der Taischan ebenso wie das Nordmeer (Golf von Tschili) waren in der Nähe von Tsi. Das Beispiel scheint eine sprichwörtliche Redensart gewesen zu sein. Es kommt auch bei Mo Di vor.

23 Die Zeichen heißen wörtlich: „einen Zweig abrechen“; doch ist die Bedeutung sinnlos. Die älteren chinesischen Kommentare geben dafür teils die von uns gegebene Erklärung (dschï „Zweig“ hier für dschï „Glied, Körper“, dschä „beugen“, den Körper beugen und sich verneigen).

24 Vgl. Lun Yü III, 11.

25 Schï Ging III, 1, 6 v. 2 bezieht sich dort auf den König Wen.

危士臣，構怨於諸侯，然後快於心與？”
王曰：“否。吾何快於是？將以求吾所大欲也。”
曰：“王之所大欲可得聞與？”王笑而不言。
曰：“為肥甘不足於口與？輕煖不足於體與？抑為采色不足視於目與？聲音不足聽於耳與？便嬖不足使令於前與？王之諸臣皆足以供之，而王豈為是哉？”
曰：“否。吾不為是也。”
曰：“然則王之所大欲可知已。欲辟土地，朝秦楚，蒞中國而撫四夷也。以若所為求若所欲，猶緣木而求魚也。”
王曰：“若是其甚與？”

曰：“殆有甚焉。緣木求魚，雖不得魚，無後災。以若所為，求若所欲，盡心力而為之，後必有災。”
曰：“可得聞與？”
曰：“鄒人與楚人戰，則王以為孰勝？”
曰：“楚人勝。”
曰：“然則小固不可以敵大，寡固不可以敵眾，弱固不可以敵彊。海內之地方千里者九，齊集有其一。以一服八

fährden, Übelwollen Euch zuzuziehen von seiten der Mitfürsten: braucht Ihr das, um froh zu werden in Eurem Herzen?"

Der König sprach: „Nein. Wie sollte ich daran Freude haben! Das alles sind nur Mittel zur Erreichung meines höchsten Wunsches."

Mong Dsï sprach: „Darf man hören, was Euer höchster Wunsch ist?"

Der König lächelte und sagte nichts.

Mong Dsï sprach: „Ist es etwa, daß Ihr Mangel habt an Fett und Süßigkeiten für Euern Gaumen, an leichtem und warmem Pelzwerk für Euern Leib, oder etwa daß Ihr der bunten Farben nicht genug habt, um die Augen zu ergötzen, an Klängen und Tönen nicht genug habt, um die Ohren zu erfreuen, oder habt Ihr nicht genug Knechte und Mägde, die Eurer Befehle gewärtig vor Euch stehen? Alle Eure Diener, o König, haben genug von diesen Dingen, sie Euch darzubringen; darum kann es Euch also wohl nicht zu tun sein?"

Der König sprach: „Nein, darum ist es mir nicht zu tun."

Mong Dsï sprach: „O, dann läßt sich erraten, was Euer höchster Wunsch, o König, ist! Euer Wunsch ist es, Euer Land zu erweitern, die Fürsten von Tsin[26] und Tschu als Vasallen an Euren Hof zu ziehen, das Reich der Mitte zu beherrschen und die Barbarenländer rings umher in die Hand zu bekommen. Diesen Euren Wunsch erfüllen zu wollen mit den Mitteln, die Ihr anwendet, ist aber gerade so, als wollte man auf einen Baum klettern, um Fische zu suchen."

Der König sprach: „Sollte es so schlimm sein?"

Mong Dsï sprach: „Womöglich noch schlimmer! Klettert man auf einen Baum, um Fische zu suchen, so findet man wohl keine Fische, aber es hat weiter keine üblen Folgen. Aber diesen Euren Wunsch erfüllen zu wollen mit den Mitteln, die Ihr anwendet, das führt, wenn es mit vollem Ernst geschieht, sicher zu üblen Folgen."

Der König sprach: „Laßt hören!"

Mong Dsï sprach: „Wenn der Kleinstaat Dsou[27] mit der Großmacht Tschu Krieg führt: Wer, denkt Ihr, wird gewinnen?"

Der König sprach: „Tschu wird gewinnen."

Mong Dsï sprach: „So steht es also fest, daß der Kleine nicht den Großen angreifen darf, daß die Minderzahl nicht die Mehrzahl angreifen darf, daß der Schwache nicht den Starken angreifen darf. Nun ist das ganze Land innerhalb der vier Meere tausend Geviertmeilen groß, und dem Staate Tsi gehört der neunte Teil. Mit einem Neuntel die übrigen acht unterwerfen zu wollen, wo-

26 Tsin im Westen und Tschu im Süden waren die mächtigsten Staaten des damaligen China.

27 Dsou, die Heimat des Mong, war ein Miniaturstaat in der Nähe von Lu. Heute ist es ein Kreis von Schantung.

何以異於鄒敵楚哉？蓋亦反其本矣。今王發政施仁，使天下仕者皆欲立於王之朝，耕者皆欲耕於王之野，商賈皆欲藏於王之市，行旅皆欲出於王之塗，天下之欲疾其君者皆欲赴愬於王。其若是，孰能禦之？”

王曰：“吾惛，不能進於是矣。願夫子輔吾志，明以教我。我雖不敏，請嘗試之。”

曰：“無恆產而有恆心者，惟士為能。若民，則無恆產，因無恆心。苟無恆心，放辟，邪侈，無不為已。及陷於罪，然後從而刑之，是罔民也。焉有仁人在位，罔民而可為也？是故明君制民之產，必使仰足以事父母，俯足以畜妻子，樂歲終身飽，凶年免於死亡。然後驅而之善，故民之從之也輕。今也制民之產，仰不足以事父母，俯不足以畜妻子，樂歲終身苦，凶年不免於死亡。此惟救死而恐不贍，奚暇治禮義哉？王欲行之，則盍反其本矣。

五畝之宅，樹之以桑，五十者可以衣帛矣；雞豚狗彘之畜，無失其時，七十者可以食肉矣；百畝之田，勿奪其時，八口之家可以無飢矣；謹庠序之教，申之以孝悌之義，頒白者不負戴於道路矣。老者衣帛食肉，黎民不飢不寒，然而不王者，未之有也。”

durch unterscheidet sich das von dem Unterfangen des Kleinstaats Dsou, der die Großmacht Tschu bekämpfen wollte? Wäre es nicht besser, zur wahren Wurzel zurückzukehren? Wenn Ihr, o König, bei der Ausübung der Regierung Milde walten laßt, so daß alle Beamten auf Erden an Eurem Hofe Dienst zu tun begehren, alle Bauern in Euren Ländern zu pflügen begehren, alle Kaufleute in Euren Märkten ihre Waren zu stapeln begehren, alle Wanderer auf Euren Straßen zu gehen begehren, daß alle auf Erden, die etwas gegen ihren Herrscher haben, herbeizueilen und ihn vor Eurer Hoheit anzuklagen begehren: daß es also geschieht, wer kann es hindern?"

Der König sprach: „Ich bin zu unklar, um diesen Weg gehen zu können. Ich wünschte, daß Ihr, Meister, meinem Willen zu Hilfe kommt und mir durch Eure Belehrung Klarheit verschafft. Bin ich auch unfähig, so bitte ich doch, Ihr wollet es einmal versuchen."

Mong Dsï sprach: „Ohne festen Lebensunterhalt dennoch ein festes Herz zu behalten, das vermag nur ein Gebildeter. Wenn das Volk keinen festen Lebensunterhalt hat, verliert es dadurch auch die Festigkeit des Herzens. Ohne Festigkeit des Herzens aber kommt es zu Zuchtlosigkeit, Gemeinheit, Schlechtigkeit und Leidenschaften aller Art. Wenn die Leute so in Sünden fallen, hinterher sie mit Strafen verfolgen, das heißt dem Volke Fallstricke stellen. Wie kann ein milder Herrscher auf dem Thron sein Volk also verstricken? Darum sorgt ein klarblickender Fürst für eine geordnete Volkswirtschaft, damit die Leute einerseits genug haben, um ihren Eltern zu dienen, und andererseits genug, um Weib und Kind zu ernähren, also daß in guten Jahren jedermann satt zu essen hat und selbst in üblen Jahren niemand Hungers zu sterben braucht. Dann mag man auch mit Ernst an die Hebung des Volkes gehen, denn es ist den Leuten leicht zu folgen. Heutzutage aber ist es so um die Volkswirtschaft bestellt, daß die Leute auf der einen Seite nicht genug haben, um ihren Eltern zu dienen, und auf der anderen Seite nicht genug, um Weib und Kinder zu ernähren. Selbst in einem guten Jahr ist jedermann in Not, und kommt ein übles Jahr, so sind die Leute nicht sicher vor dem Hungertode. Unter solchen Verhältnissen sind sie nur darauf bedacht, ihr Leben zu fristen, besorgt, es möchte ihnen nicht hinausreichen. Da haben sie wahrlich keine Muße, Ordnung und Recht zu pflegen. Wenn Ihr den Wunsch habt, o König, das durchzuführen, so kommt es nur darauf an, zur wahren Wurzel zurückzukehren."[28]

28 Wiederholung des Schlußabschnitts von Nr. 3: „Wenn jeder Hof ..." mit einer unwesentlichen Abweichung am Schluß.

下

1.

莊暴見孟子，曰："暴見於王，王語暴以好樂，暴未有以對也。"曰："好樂何如？"
孟子曰："王之好樂甚，則齊國其庶幾乎！"
他日，見於王曰："王嘗語莊子以好樂，有諸？"王變乎色，曰："寡人非能好先王之樂也，直好世俗之樂耳。"
曰："王之好樂甚，則齊其庶幾乎！今之樂猶古之樂也。"曰："可得聞與？"
曰："獨樂樂，與人樂樂，孰樂？"曰："不若與人。"
曰："與少樂樂，與眾樂樂，孰樂？"曰："不若與眾。"
"臣請為王言樂：今王鼓樂於此，百姓聞王鐘鼓之聲，管籥之音，舉疾首蹙頞而相告曰：

ABSCHNITT B

1. Über die Pflege der Musik

Dschuang Bau[1] suchte den Mong Dsï auf und sprach: „Als ich heute beim König war, sprach er mit mir von seiner Liebe zur Musik. Ich wußte nicht, was ich darauf erwidern sollte. Er sagte nämlich: ‚Was ist von der Liebe zur Musik zu halten?'"

Mong Dsï sprach: „Wenn der König nur wirklich die Musik recht liebt, so kann aus dem Staat Tsi noch etwas werden."

Tags darauf trat er vor den König und sprach: „Ist es wahr, daß Eure Hoheit mit Dschuang Bau über die Liebe zur Musik gesprochen haben?"

Der König errötete und sprach: „Der Liebe zur ernsten, alten Musik bin ich nicht fähig, ich liebe eben nur die leichte, weltliche Musik."

Mong Dsï sprach: „Wenn Eure Hoheit nur wirklich die Musik recht lieben, so kann aus dem Staate Tsi noch etwas werden. Ob es alte oder neue Musik[2] ist, darauf kommt es dabei nicht an."

Der König sprach: „Kann man etwas Näheres darüber hören?"

Mong Dsï sprach: „Was macht mehr Freude: die Musik einsam zu genießen oder sie mit andern gemeinsam zu genießen?"

Der König sprach: „Schöner ist's mit andern gemeinsam."

Mong Dsï sprach: „Was macht mehr Freude: die Musik mit wenigen oder mit vielen gemeinsam zu genießen?"

Der König sprach: „Schöner ist's mit vielen."

Mong Dsï sprach: „Ich bitte mit Eurer Hoheit über wahre Freude an der Musik reden zu dürfen. Wenn z.B. ein König Musik macht und die Leute, die den Klang der Glocken und Pauken und die Töne der Flöten und Pfeifen vernehmen, mit schmerzendem Kopf und mit umflorter[3] Stimme zueinander spre-

1 Dschuang Bau war ein Minister in Tsi. Die Geschichte spielt im unmittelbaren Anschluß an die vorige. Der König ist ebenfalls König Süan von Tsi.

2 Wörtlich: „Die heutige Musik ist wie (yu, „von" hier: yu, „wie") die alte Musik." Diese Konnivenz gegen die Schwäche des Königs unter dem Gesichtspunkt „der Zweck heiligt das Mittel" unterschied den Mong von Kung. Die neue Musik ist unzweifelhaft die Musik von Dschong, die Kung verhaßt ist (vgl. Lun Yü XV, 10). Mong Dsï geht im Verlauf des Gesprächs dazu über, das Zeichen yo „Musik" in seiner anderen Bedeutung (lo, Freude) zu gebrauchen, eine sophistische Spielerei, die einigermaßen an die Sophisten in Liä Dsï II, 21 erinnert. Selbstverständlich ist auf seiten Mongs der größere moralische Ernst.

3 Wörtlich: „Mit verstopfter Nase". Dies wird meist übersetzt: „Mit zusammengezogenen Brauen". Wir schließen uns an die Deutung des Man Si Ho an.

‘吾王之好鼓樂，夫何使我至於此極也？父子不相見，兄弟妻子離散。’今王田獵於此，百姓聞王車馬之音，見羽旄之美，舉疾首蹙頞而相告曰：‘吾王之好田獵，夫何使我至於此極也？父子不相見，兄弟妻子離散。’此無他，不與民同樂也。”

“今王鼓樂於此，百姓聞王鐘鼓之聲，管籥之音，舉欣欣然有喜色而相告曰：‘吾王庶幾無疾病與？何以能鼓樂也？’今王田獵於此，百姓聞王車馬之音，見羽旄之美，舉欣欣然有喜色而相告曰‘吾王庶幾無疾病與？何以能田獵也？’此無他，與民同樂也。今王與百姓同樂，則王矣。”

2.

齊宣王問曰：“文王之囿方七十里，有諸？”

孟子對曰：“於傳有之。”

曰：“若是其大乎？”

曰：“民猶以為小也。”

曰：“寡人之囿方四十里，民猶以為大，何也？”

曰：“文王之囿方七十里，芻蕘者往焉，雉兔者往焉，與民同之。民以為小，不亦宜乎？臣始至於境，問國之大禁，然後敢入。臣聞郊關之內有囿方四十里，

chen: ‚Weshalb doch bringt die Liebe unseres Königs zur Musik uns in diese äußerste Not, also daß Vater und Sohn sich nimmer sehen, daß Brüder, Weib und Kind getrennt und zerstreut sind?' oder wenn z. B. ein König eine Jagd abhält und die Leute, die den Lärm der Wagen und Pferde hören und die schmukken Fahnen und Banner sehen, mit schmerzendem Kopf und mit umflorter Stimme zueinander sprechen: ‚Weshalb doch bringt die Liebe unseres Königs zur Jagd uns in diese äußerste Not, also daß Vater und Sohn sich nimmer sehen, daß Brüder, Weib und Kind getrennt und zerstreut sind?' so hat das keinen anderen Grund, als daß er nicht versteht, mit seinem Volk seine Freuden zu teilen. Wenn aber z. B. ein König Musik macht und die Leute, die den Klang der Glocken und Pauken und die Töne der Flöten und Pfeifen vernehmen, mit fröhlichen Herzen und heiteren Mienen zueinander sprechen: ‚Unser König scheint gesund und wohl zu sein, daß er so musizieren kann'; oder wenn z. B. ein König eine Jagd abhält und die Leute, die den Lärm der Wagen und Pferde hören und die schmucken Fahnen und Banner sehen, alle mit fröhlichen Herzen und heiteren Mienen zueinander sprechen: ‚Unser König scheint gesund und wohl zu sein, daß er so jagen kann'; so hat das keinen andern Grund, als daß er mit dem Volk seine Freuden zu teilen versteht. Ein König nun, der mit seinem Volke seine Freuden teilt, der wird der König der Welt."

2. Der königliche Park

König Süan von Tsi fragte den Mong Dsï und sprach: „König Wens[4] Park soll 70 Geviertmeilen groß gewesen sein. Ist das wahr?"
Mong Dsï erwiderte und sprach: „Die Überlieferung hat es so."
Der König sprach: „War er wirklich *so* groß?"
Mong Dsï sprach: „Ja, und dem Volk war er doch noch zu klein."
Der König sprach: „Mein Park ist nur 40 Geviertmeilen groß, und dem Volk ist er dennoch zu groß. Wie kommt das nur?"
Mong Dsï sprach: „König Wens Park war 70 Geviertmeilen groß, aber wer Gras oder Reisig sammeln wollte, durfte hinein; wer sich einen Fasan oder einen Hasen schießen wollte, durfte hinein. So besaß er ihn mit seinem Volk gemeinsam, und daher war es ganz in der Ordnung, daß er dem Volk zu klein war. Als ich an die Grenzen Eures Reiches kam, da erkundigte ich mich erst nach den wichtigsten staatlichen Verboten, ehe ich wagte einzutreten. Ich vernahm, daß innerhalb des Vorstadtbezirks ein Park sei, 40 Geviertmeilen

4 Vgl. I, A, 2.

殺其麋鹿者如殺人之罪。則是方四十里，為阱於國中。民以為大，不亦宜乎？”

3.

齊宣王問曰：“交鄰國有道乎？”
孟子對曰：“有。惟仁者為能以大事小，是故湯事葛，文王事昆夷；惟智者為能以小事大，故大王事獯鬻，句踐事吳。以大事小者，樂天者也；以小事大者，畏天者也。樂天者保天下，畏天者保其國。《詩》云：‘畏天之威，于時保之。’”
王曰：“大哉言矣！寡人有疾，寡人好勇。”
對曰：“王請無好小勇。夫撫劍疾視曰，‘彼惡敢當我哉’！此匹夫之勇，

groß. Wer darin einen Hirsch oder ein Reh töte, der werde bestraft, als habe er einen Menschen getötet. Auf diese Weise sind die 40 Geviertmeilen eine große Fallgrube mitten im Land. Daß das den Leuten zu groß ist, ist das nicht auch ganz in der Ordnung?"

3. Die Liebe zur Tatkraft

König Süan von Tsi befragte den Mong Dsï und sprach: „Gibt's eine Norm für den Verkehr mit Nachbarstaaten?"
Mong Dsï erwiderte: „Gewiß! Entweder man muß gütig sein, damit man als Großer dem Kleinen dienen kann. Auf diese Weise hat Tang[5] dem Go gedient und König Wen[6] den Kun-Barbaren. Oder man muß weise sein, damit man als Kleiner dem Großen dienen kann. Auf diese Weise hat der Große König[7] den Hunnen gedient und Gou Tsiän[8] dem Staate Wu. Wer als Großer einem Kleinen dienen kann, ist fröhlich in Gott[9]; wer als Kleiner einem Großen dienen kann, der fürchtet Gott. Wer fröhlich ist in Gott, vermag die Welt zu schirmen; wer Gott fürchtet, vermag sein Reich zu schirmen. Im Buch der Lieder[10] steht:

> ‚Ich fürchte Gottes Majestät,
> Um seine Gunst mir zu bewahren.'"

Der König sprach: „Das ist fürwahr ein großes Wort. Aber ich habe einen Fehler: ich liebe die Tatkraft."
Mong Dsï erwiderte: „Ich bitte Eure Hoheit, nicht kleinliche Tatkraft zu lieben[11]. Ans Schwert zu schlagen und mit wilden Blicken zu sprechen: wie darf der Kerl es wagen, mir entgegenzutreten! Das ist die Tatkraft des kleinen Man-

---

5 Über den hier erwähnten Vorfall vgl. III, B, 5, wo die Sache ausführlich erzählt ist.

6 Von den chinesischen Kommentatoren wird auf Schï Ging III, 1, 3,v. 8 verwiesen. Sie sind sich über den historischen Hergang nicht ganz einig. Offenbar handelt es sich um eine Etappe auf dem Wege des Hauses Dschou vom barbarischen Westen herein nach China.

7 Über den „Großen König", den Großvater des Königs Wen, s. Abschnitt 15.

8 Gou Tsiän war ein König des Staates Yüo, der mit Wu im Kampfe lag, und als er besiegt wurde, sich selbst als Diener dem König von Wu anbot.

9 Chinesisch: tiän Himmel. Hier ist die Übersetzung mit „Gott" das unmittelbar Gegebene, zumal da sich auch sonst in der alten chinesischen Literatur Instanzen dafür finden. Vgl. zur Sache Laotse, Taoteking, Abschn. 61.

10 Schï Ging IV, 1, 1.

11 Auch hier wieder eine Instanz für die pädagogische Anpassung des Mong an die Äußerungen der Fürsten, die er beeinflussen will.

敵一人者也。王請大之！《詩》云：‘王赫斯怒，爰整其旅，以遏徂莒，以篤周祜，以對于天下。’此文王之勇也。文王一怒而安天下之民。《書》曰：‘天降下民，作之君，作之師。惟曰其助上帝，寵之四方。有罪無罪，惟我在，天下曷敢有越厥志？’一人衡行於天下，武王恥之。此武王之勇也。而武王亦一怒而安天下之民。今王亦一怒而安天下之民，民惟恐王之不好勇也。”

4.

齊宣王見孟子於雪宮。王曰：“賢者亦有此樂乎？”孟子對曰：“有。人不得，則非其上矣。不得而非其上者，非也；為民上而不與民同樂者，亦非也。樂民之樂者，

nes, der sich mit einem einzelnen herumschlägt. Ich bitte Eure Hoheit, die Sache größer zu fassen. Im Buch der Lieder[12] heißt es:

‚Der König, zürnend aufgefahren,
In Ordnung stellt er seine Scharen,
Zu wehren eingedrung'nen Scharen,
Dschous Wohl zu sichern vor Gefahren
Und allem Reich entsprechend zu gebaren.'

Das war die Tatkraft des Königs Wen. Der König Wen brauchte nur ein einziges Mal zu zürnen, um allem Volke auf Erden Frieden zu geben.
Das Urkundenbuch[13] sagt:
‚Als der Himmel die Menschen geschaffen, da machte er ihnen Herrscher, da machte er ihnen Lehrer. Seine Absicht war, daß sie Gehilfen Gottes seien, darum verlieh er ihnen die Länder der Welt. Schuld oder Unschuld ruht allein auf ihnen. Wer wagt auf Erden ihren Willen zu mißachten?'
Daß ein Tyrann als einzelner der ganzen Welt sich entgegensetze, empfand König Wu[14] als Schmach. Das war die Tatkraft des Königs Wu. Der König Wu brauchte nur ein einziges Mal zu zürnen, um allem Volk auf Erden Frieden zu geben. Wenn nun Eure Hoheit auch nur ein einziges Mal zu zürnen braucht, um allem Volk auf Erden Frieden zu geben, so wird das Volk nur darum besorgt sein, daß Eure Hoheit etwa die Tatkraft nicht lieben möchte."

4. Im Schneepalast

Der König Süan von Tsi empfing den Mong Dsï im Schneepalast[15].
Der König sprach: „Hat der Weise auch eine Freude an solchen Dingen?"
Mong Dsï erwiderte: „Gewiß! Es gibt Leute, die tadeln ihre Herren, wenn sie selbst solche Dinge nicht haben können. Wer seinen Herren tadelt, weil er solche Dinge nicht bekommt, der ist zu tadeln. Ein Herr des Volkes aber, der seine Freuden nicht mit seinem Volke teilt, ist ebenfalls zu tadeln. Wenn ein Fürst teilnimmt an den Freuden seines Volkes, so wird das Volk auch teilnehmen an

12 Schï Ging III, 1, 7, v. 5. Übersetzung von Strauß.
13 Vgl. Schu Ging V, 1, Abschnitt 1, 7. Doch ist der Text bei Mong sehr stark abweichend.
14 König Wu, der Sohn des Königs Wen von Dschou, der die Herrschaft über das Reich tatsächlich angetreten hat unter Beseitigung des Dschou Sin, des Tyrannen aus der Yindynastie.
15 Der Ort dieses Palastes wird heute noch gezeigt in Tschingdschou-fu in Schantung. Ob mit Recht oder nicht, ist schwer zu entscheiden.

民亦樂其樂；憂民之憂者，民亦憂其憂。樂以天下，憂以天下，然而不王者，未之有也。

5.

齊宣王問曰："人皆謂我毀明堂。毀諸？已乎？"
孟子對曰："夫明堂者，王者之堂也。王欲行王政，則勿毀之矣。"
王曰："王政可得聞與？"
對曰："昔者文王之治岐也，耕者九一，仕者世祿，關市譏而不征，澤梁無禁，罪人不孥。老而無妻曰鰥。老而無夫曰寡。老而無子曰獨。幼而無父曰孤。此四者，天下之窮民而無告者。文王發政施仁，必先斯四者。《詩》云：

seinen Freuden. Wenn ein Fürst teilnimmt an den Leiden seines Volkes, so wird das Volk auch teilnehmen an seinen Leiden. Daß einer, der sich freut mit der ganzen Welt und leidet mit der ganzen Welt, nicht König der Welt würde, das ist noch nie geschehen ...[16]“

5. Das Lichtschloß. Liebe zum Besitz und zur Frauenschönheit

König Süan von Tsi befragte den Mong Dsï und sprach: „Jedermann rät mir, das Lichtschloß[17] abzubrechen. Soll ich es nun abbrechen oder soll ich es sein lassen?“

Mong Dsï erwiderte: „Das Lichtschloß ist eines großen Königs Schloß. Wenn Eure Hoheit als König der Welt herrschen wollen, so braucht Ihr es nicht abzubrechen.“

Der König sprach: „Darf man hören, wie man als König der Welt herrschen muß?“

Mong Dsï erwiderte: „König Wen herrschte einstens über das Land Ki. Da brauchten die Bauern nur ein Neuntel des Landes für ihn zu pflügen. Die Familien der Staatsdiener behielten ein dauerndes Einkommen. An den Grenzpässen und auf den Märkten wurde eine regelmäßige Aufsicht geübt, doch keine Abgaben erhoben. Fischfang und Jagd waren unbehindert. Verbrechen wurden nicht an den Angehörigen geahndet.

Ein alter Mann, der keine Gattin mehr hat, heißt ein Witwer; eine alte Frau, die keinen Gatten mehr hat, heißt eine Witwe; alte Leute ohne Söhne heißen Einsame; junge Kinder ohne Vater heißen Waisen. Diese vier sind die Elendesten unter allen Menschen, denn sie haben niemand, bei dem sie Hilfe suchen können. Der König Wen ließ bei der Ausübung der Herrschaft Milde walten. Darum sorgte er zuerst für diese Vier. Im Buch der Lieder[18] heißt es:

---

16 Im Folgenden kommt ein Abschnitt aus „Yän Dsï Tschun Tsiu“ über eine Unterredung des Fürsten Ging von Tsi mit seinem Minister Yän Dsï, der hier wahrscheinlich interpoliert ist.

17 Ming Tang „die lichte Halle“ am Fuße des Taischan war zur Dschouzeit als kaiserliches Absteigequartier und Audienzhalle erbaut. Außer diesem Lichtschloß gab es noch vier andere am Fuße der anderen heiligen Berge. Dort wurde auch der König Wen verehrt. Vgl. Hiau Ging. Der König von Tsi hatte den Platz erobert. Man riet ihm, das Lichtschloß abzureißen, einerseits um nicht einen Rest kaiserlicher Würde in seinen Grenzen zu haben, andererseits um nicht als Usurpator zu erscheinen, wenn er ein Kaiserschloß für sich benutze. Mong ist in letzterer Hinsicht ganz ohne Skrupel und weicht weit ab von Kung.

18 Schï Ging II, 4, 8. v. 13 mit einer kleinen Abweichung.

'哿矣富人，哀此煢獨。'"
王曰："善哉言乎！"
曰："王如善之，則何為不行？"
王曰："寡人有疾，寡人好貨。"
對曰："昔者公劉好貨，《詩》云：'乃積乃倉，乃裹餱糧，于橐于囊。思戢用光。弓矢斯張，干戈戚揚，爰方啟行。'故居者有積倉，行者有裹糧也，然後可以爰方啟行。王如好貨，與百姓同之，於王何有？"
王曰："寡人有疾，寡人好色。"
對曰："昔者大王好色，愛厥妃。《詩》云：'古公亶甫，來朝走馬，率西水滸，至于岐下。爰及姜女，聿來胥宇。'

‚Und halten's noch die Reichen aus, –
Weh', wer allein steht und verlassen.'"

Der König sprach: „Fürwahr, trefflich sind diese Worte!"
Mong Dsï sprach: „Wenn sie Eurer Hoheit trefflich scheinen, warum tut Ihr nicht danach?"
Der König sprach: „Ich habe einen Fehler; ich liebe den Besitz."
Mong Dsï erwiderte: „Der Herzog Liu[19] liebte einst auch den Besitz. Im Buch der Lieder[20] heißt es von ihm:

‚Er sammelte, bewahrte auf,
Dörrfleisch, Getreide kam zuhauf.
In Beuteln, Säcken hob man's auf.
Durch Einung wollt er Ruhm erteilen.
Bewehrt mit Bogen und mit Pfeilen,
Mit Schilden, Speeren, Axten, Beilen,
Macht er sich fertig, fortzueilen.'

So hatten die Zurückbleibenden gefüllte Scheunen, und die Ausziehenden hatten Mundvorrat. Darauf erst konnte er sich daran machen, auszuziehen. Wenn Eure Hoheit den Besitz lieben, so teilt ihn mit Euren Leuten. Dann ist das kein Hindernis dafür, König der Welt zu werden."
Der König sprach: „Ich habe noch einen Fehler; ich liebe die Frauenschönheit."
Mong Dsï erwiderte: „Der Große König[21] liebte einst auch die Frauenschönheit, und er war infolge davon seiner Gattin zugetan. Im Buch der Lieder[22] heißt es von ihm:

‚Altfürst Dan Fu, beim Morgengrauen
Auf flücht'gem Roßgespann zu schauen,
Kam längs der Westgewässer Auen
Bis an des Ki-Bergs untre Gauen;
Da kam er hin mit Giang, der Frauen,
Um dort mit ihr sich anzubauen.'

19 Der Herzog Liu war der eigentliche Begründer des Hauses Dschou.

20 Schï Ging III, 11, 4. Übersetzung von Strauß.

21 Vgl. Abschnitt 15.

22 Vgl. Schï Ging III, I, 3 v. 2. Übersetzung von Strauß. Dan Fu ist der Name des „Großen Königs". Seine Frau war eine geborene Giang. Hier ist uns ein sehr lebhaftes Bild vom Eindringen der Dschou in China erhalten.

當是時也，內無怨女，外無曠夫。王如好色，與百姓同之，於王何有？”

6.

孟子謂齊宣王曰：“王之臣有託其妻子於其友，而之楚遊者。比其反也，則凍餒其妻子，則如之何？”
王曰：“棄之。”
曰：“士師不能治士，則如之何？”
王曰：“已之。”
曰：“四境之內不治，則如之何？”
王顧左右而言他。

7.

孟子見齊宣王曰：“所謂故國者，非謂有喬木之謂也，有世臣之謂也。王無親臣矣，昔者所進，今日不知其亡也。”
王曰：“吾何以識其不才而舍之？”

Zu jenen Zeiten gab's in den inneren Gemächern[23] keine unbefriedigten Frauen und draußen keine ledigen Männer. Wenn Eure Hoheit Frauenschönheit lieben, dann laßt Eure Leute auch ihr Teil haben. Dann ist das kein Hindernis dafür, König der Welt zu werden."

6. Der König in Verlegenheit

Mong Dsï redete mit dem König Süan von Tsi und sprach: „Wenn unter Euren Dienern einer ist, der Weib und Kind seinem Freunde anvertraute und auf Reisen ging in ferne Lande[24], und wenn er heimkommt, da hat der andere seine Frau und Kinder frieren und hungern lassen: was soll mit jenem Mann geschehen?"
Der König sprach: „Er soll verworfen werden."
Mong Dsï fuhr fort: „Wenn der Kerkermeister[25] nicht imstande ist, seinen Kerker in Ordnung zu halten, was soll mit ihm geschehen?"
Der König sprach: „Er soll entlassen werden!"
Mong Dsï fuhr fort: „Wenn Unordnung im ganzen Lande herrscht, was soll da geschehen?"
Der König wandte sich zu seinem Gefolge[26] und redete von anderen Dingen.

7. Mitwirkung des Volks bei der Regierung

Mong Dsï trat vor den König Süan von Tsi und sprach: „Wenn man von einem alten Reiche spricht, so meint man damit nicht, daß hohe Bäume drinnen sind, sondern daß es Diener hat, die ihre Erfahrung vererben. Eure Hoheit haben keine vertrauten Diener. Von denen, die gestern vor Euch standen, wußtet Ihr nicht, daß sie heute schon entlassen sein würden.[27]"
Der König sprach: „Wie konnte ich wissen, daß sie unfähig waren, so daß ich mich fern von ihnen hätte halten können?"

23 Empfehlung der Monogamie für einen Fürsten, wie sie in der chinesischen Literatur nicht häufig ist.

24 Wörtlich: nach Tschu.

25 Vgl. Dschou Li, Herbstbeamte, wo das Amt genannt ist.

26 Das Gefolge (die „Rechts und Links") stand ein wenig hinter dem König, daher der Ausdruck „gu", „nach rückwärts sehen."

27 Umstellung der grammatikalischen Struktur: „gin jï bu dschï ki wang yä" für „bu dschï ki gin jï dschï wang". Diese Umstellung kommt zuweilen vor.

曰：“國君進賢，如不得已，將使卑踰尊，疏踰戚，可不慎與？與，平聲。如不得已，言謹之至也。蓋尊尊親親，禮之常也。然或尊者親者未必賢，則必進疏遠之賢而用之。是使卑者踰尊，疏者踰戚，非禮之常，故不可不謹也。左右皆曰賢，未可也；諸大夫皆曰賢，未可也；國人皆曰賢，然後察之；見賢焉，然後用之。左右皆曰不可，勿聽；諸大夫皆曰不可，勿聽；國人皆曰不可，然後察之；見不可焉，然後去之。左右皆曰可殺，勿聽；諸大夫皆曰可殺，勿聽；國人皆曰可殺，然後察之；見可殺焉，然後殺之。故曰，國人殺之也。如此，然後可以為民父母。”

8.

齊宣王問曰：“湯放桀，武王伐紂，有諸？”
孟子對曰：“於傳有之。”
曰：“臣弒其君可乎？”
曰：“賊仁者謂之賊，賊義者謂之殘，殘賊之人謂之一夫。聞誅一夫紂矣，未聞弒君也。”

Mong Dsï sprach: „Der Landesfürst muß die Würdigen befördern, gleich als könnte es gar nicht anders sein. Nur mit größter Vorsicht darf er einen Niedrigen einem Höheren vorziehen, einen Fremden einem Vertrauten vorziehen. Wenn alle Höflinge von einem sagen: er ist würdig, so genügt das noch nicht; wenn alle Minister sagen: er ist würdig, so genügt das noch nicht; wenn alle Leute im Reiche sagen: er ist würdig, dann erst mag der Fürst ihn prüfen, und wenn er selber sieht, daß er würdig ist, dann mag er ihn berufen. Wenn alle Höflinge von einem sagen: er ist unbrauchbar, so höre man nicht darauf; wenn alle Minister sagen: er ist unbrauchbar, so höre man nicht darauf; wenn alle Leute im Volke sagen: er ist unbrauchbar, dann erst mag der Fürst ihn prüfen, und wenn er selber sieht, daß er unbrauchbar ist, dann mag er ihn entfernen. Wenn alle Höflinge von einem sagen: er ist des Todes schuldig, so höre man nicht darauf; wenn alle Minister sagen: er ist des Todes schuldig, so höre man nicht darauf; wenn alle Leute im Volke sagen: er ist des Todes schuldig, dann erst mag der Fürst ihn prüfen, und wenn er selber sieht, daß er des Todes schuldig ist, dann mag er ihn töten lassen. So heißt es dann, daß die Bürger ihn getötet haben. So nur vermag man Vater[28] seines Volkes zu sein."

8. Verscherzte Königswürde

König Süan von Tsi befragte den Mong Dsï und sprach: „Es heißt, daß Tang den König Giä verbannt; daß König Wu den Dschou Sin getötet habe. Ist das wahr?"
Mong Dsï erwiderte und sprach: „Die Überlieferung hat es so."
Der König sprach: „Geht das denn an, daß ein Diener seinen Fürsten mordet?"
Mong Dsï sprach: „Wer die Liebe raubt, ist ein Räuber; wer das Recht raubt, ist ein Schurke. Ein Schurke und Räuber ist einfach ein gemeiner Kerl. Das Urteil der Geschichte lautet, daß der gemeine Kerl Dschou Sin hingerichtet worden ist; ihr Urteil lautet nicht, daß ein Fürst ermordet worden sei."[29]

28 Wörtlich: „Vater und Mutter".

29 Aussprüche wie der vorliegende, die sehr radikal klingen, machten den Mong zum begünstigten Klassiker nach dem Zusammenbruch des Kaiserreiches. In Wirklichkeit liegt der Radikalismus mehr nur in der Ausdrucksweise. Sachlich ist die Bezeichnung des Dschou Sin als „gemeiner Kerl", das heißt „Privatmann", schon im Schu Ging vorgebildet.

9.

孟子見齊宣王曰：“為巨室，則必使工師求大木。工師得大木。則王喜，以為能勝其任也。匠人斲而小之，則王怒，以為不勝其任矣。夫人幼而學之，壯而欲行之。王曰‘姑舍女所學而從我’，則何如？今有璞玉於此，雖萬鎰，必使玉人彫琢之。至於治國家，則曰‘姑舍女所學而從我’，則何以異於教玉人彫琢玉哉？”

10.

齊人伐燕，勝之。宣王問曰：“或謂寡人勿取，或謂寡人取之。以萬乘之國伐萬乘之國，五旬而舉之，人力不至於此。不取，必有天殃。取之，何如？”

9. *Notwendigkeit der Bildung als Vorbereitung für den Staatsdienst*

Mong Dsï trat vor den König Süan von Tsi und sprach: „Wenn Ihr ein großes Schloß bauen wollt, so laßt Ihr den Werkmeister sicher nach großen Bäumen suchen, und wenn der Werkmeister große Bäume findet, so seid Ihr zufrieden und haltet dafür, daß sie ihren Zweck erfüllen. Wenn dann beim Bearbeiten der Zimmermann sie zu klein macht, so werdet Ihr böse und haltet dafür, daß sie ihren Zweck nicht mehr erfüllen. Wenn nun ein junger Mensch sich durch Lernen darauf vorbereitet, was er, erwachsen, ausüben will, und Eure Hoheit sprechen zu ihm: ‚Laß einmal dein Lernen beiseite und folge mir nach!' Was ist davon zu halten? Angenommen, hier wäre ein kostbarer, aber noch roher Stein, er mag zweihunderttausend Lot[30] schwer sein, man müßte dennoch erst einen Steinschneider kommen lassen, um ihn zu schneiden und zu glätten. Wenn es sich aber um die Ordnung eines Reiches handelt, da sollte es angehen, zu sagen: ‚Laß einmal dein Lernen beiseite und folge mir nach!'? Was berechtigt dazu, es hier anders zu machen, als bei einem Edelstein, den man dem Steinschneider übergibt, um ihn zu schneiden und zu glätten?"[31]

10. *Wann darf man einen Staat annektieren?*

Der Staat Tsi hatte den Staat Yän[32] angegriffen und besiegt. Da befragte der König Süan den Mong Dsï und sprach: „Die einen raten mir, den Staat Yän nicht zu annektieren, die anderen raten mir, es zu tun. Wenn ein Staat mit zehntausend Kriegswagen einen anderen gleich starken Staat angreift und ihn in fünfzig Tagen vollkommen in der Hand hat, so ist das ein Erfolg, der durch Menschenkraft allein nicht zu erreichen war. Annektiere ich ihn nicht, so wird sicher Unheil vom Himmel über mich[33] kommen. Wenn ich ihn nun annektiere, was dann?"

30 Das Gewicht „I" wird teils als 20 Lot, teils als 24 Lot angegeben.

31 Vgl. Lun Yü I, 15. Der letzte Satz ist in der Form: „der Nephrit, nicht geglättet, wird kein Gerät" in den Dreizeichenklassiker, die chinesische Fibel der letzten Jahrhunderte, übergegangen. Auch hier heißt es statt „Edelstein" im Text wörtlich „Yü", Nephrit, Jade.

32 Yän lag im Norden des Staates Tsi, in der heutigen Provinz Tschïli.

33 Der Sinn ist: Daß ich mit Yän so leicht fertig geworden, das ist Gottes Finger; nehme ich den Staat nicht in Besitz, so widerstrebe ich Gottes Absicht und ziehe mir Unheil zu. Was also ist zu tun? Mong schiebt diese Anschauung zurück und stellt auch hier den Grundsatz der Volkssouveränität auf. Der Erfolg ist nur ein Zeichen der Mißstimmung des Volks von

孟子對曰：“取之而燕民悅，則取之。古之人有行之者，武王是也。取之而燕民不悅，則勿取。古之人有行之者，文王是也。以萬乘之國伐萬乘之國，簞食壺漿，以迎王師。豈有他哉？避水火也。如水益深，如火益熱，亦運而已矣。”

11.

齊人伐燕，取之。諸侯將謀救燕。宣王曰：“諸侯多謀伐寡人者，何以待之？”
孟子對曰：“臣聞七十里為政於天下者，湯是也。未聞以千里畏人者也。《書》
曰：‘湯一征，自葛始。’天下信之。‘東面而征，西夷怨；

Mong Dsï erwiderte: „Wenn das Volk von Yän mit der Annexion einverstanden ist, so mögt Ihr ihn annektieren. Auch im Altertum kam diese Handlungsweise vor. König Wu ist ein Beispiel dafür. Wenn das Volk von Yän mit der Annexion nicht einverstanden ist, so annektiert ihn nicht. Im Altertum kam auch diese Handlungsweise vor. König Wen ist ein Beispiel dafür. Ihr habt mit einem Staat von zehntausend Kriegswagen einen gleich starken Staat angegriffen, und seine Einwohner brachten Speise in Körben und Suppe in Töpfen Eurem Heer entgegen aus keinem anderen Grunde, als weil sie hofften, durch Euch von einer Not befreit zu werden, so schlimm wie Wasser und Feuer. Wenn Ihr nun noch tiefere Wasser und noch heißere Feuer über sie bringt, so wird die einfache Folge sein, daß sie auch von Euch sich abwenden."

11. Rücksicht auf das Volk des besiegten Staates

Der Staat Tsi hatte Yän angegriffen und annektiert. Da hielten die anderen Landesfürsten einen Rat, wie sie Yän zu Hilfe kämen. König Süan sprach: „Die Fürsten schmieden viele Pläne, mich anzugreifen. Wie soll ich Ihnen begegnen?"

Mong Dsï erwiderte: „Ich habe wohl gehört, daß einer, der nur siebzig Meilen Land besaß, die Herrschaft über die ganze Welt in die Hand bekam. Tang ist ein Beispiel dafür. Ich habe noch nie gehört, daß einer mit tausend Meilen sich vor anderen fürchtet.

Im Buch der Urkunden heißt es[34]: ‚Sobald Tang begonnen hatte mit seinem Angriff auf Go, fiel alle Welt ihm zu. Wenn er sich nach Osten wandte und das Land unterwarf, so waren die Grenzvölker im Westen unbefriedigt. Wenn er

---

Yän gegen seinen Herrscher. Damit ist für die Frage der Berechtigung der Annexion nichts ausgesagt. Immerhin widerspricht Mong nicht in abstracto, weshalb er dann von manchen für die Handlungsweise von Tsi verantwortlich gemacht worden ist. Es handelt sich auch hier wieder um einen fehlgeschlagenen Versuch des Weisen, einem Fürsten durch seinen Rat zur Weltherrschaft zu verhelfen. Die Situation in Yän war wie folgt: Der offenbar törichte König Kuai wollte dem Großen Yau es gleich tun und gab den Thron an seinen schlechten Minister Dsï Dschï ab (314 v. Chr.). Die Unruhen, die infolge davon entstanden, benützte Tsi zu einem Überfall, der auch vollständig gelang, da die Bevölkerung von Yän auf Seite von Tsi stand, von dem sie Befreiung erhoffte. Der Ursupator Dsï Dschï wurde in Stücke gehackt, der Ex-König Kuai getötet. Aber Tsi annektierte das Land und ließ sich viele Grausamkeiten zu Schulden kommen. Infolge davon kam es zu einem Aufstand der Bevölkerung von Yän, die übrigen Fürsten drohten sich einzumischen. Mong Dsï verließ Tsi 312 v. Chr.

34 Schu Ging IV, II, 6. Der Text weicht etwas ab. Die hier erwähnte Geschichte ist dieselbe wie III, B, 5.

南面而征，北狄怨。曰，奚為後我？’民望之，若大旱之望雲霓也。歸市者不止，耕者不變。誅其君而弔其民，若時雨降，民大悅。《書》曰：‘徯我后，后來其蘇。’

“今燕虐其民，王往而征之。民以為將拯己於水火之中也，簞食壺漿，以迎王師。若殺其父兄，係累其子弟，毀其宗廟，遷其重器，如之何其可也？天下固畏齊之彊也。今又倍地而不行仁政，是動天下之兵也。王速出令，反其旄倪，止其重器，謀於燕眾，置君而後去之，則猶可及止也。”

12.

鄒與魯鬨。穆公問曰：“吾有司死者三十三人，而民莫之死也。誅之，則不可勝誅；不誅，則疾視其長上之死而不救，如之何則可也？”

sich nach Süden wandte und das Land unterwarf, so waren die Grenzvölker im Norden unbefriedigt. Sie alle sprachen: ‚Warum nimmt er uns zuletzt dran?‘

Das Volk sehnte sich nach ihm, wie man sich in großer Dürre nach Wolken und Regenbogen sehnt. Die Leute gingen auf den Markt wie gewöhnlich, die Bauern unterbrachen ihre Arbeit nicht. Er richtete wohl den Fürsten hin, aber tröstete das Volk. Wie wenn ein Regen zu seiner Zeit herniedergeht, also war das Volk hocherfreut. Im Buch der Urkunden heißt es: ‚Wir harren unseres Herrn. Kommt unser Herr, so werden wir wieder leben.‘

Nun hat der Herrscher von Yän sein Volk bedrückt, Eure Hoheit gingen hin und griffen ihn an. Das Volk war der Meinung, daß Ihr es retten wolltet aus Feuers- und Wassersnot. So brachten sie Essen in Körben und Suppe in Töpfen Euren Heeren entgegen. Aber wenn Ihr die kräftigen Männer tötet und die unmündigen Kinder in Bande legt; wenn Ihr den Reichstempel zerstört und seine kostbaren Geräte wegführt, wie sollte das hingehen?

Die Welt ist ohnehin in Furcht vor der Macht des Staates Tsi. Wenn Ihr nun abermals Euer Gebiet verdoppelt habt, ohne ein mildes Regiment einzuführen, so werden dadurch die Waffen der ganzen Welt gegen Euch in Bewegung gesetzt. Eure Hoheit mögen schleunigst den Befehl ausgeben, daß dem Staate Yän seine Gefangenen, alt und jung, zurückgeschickt werden und daß seine kostbaren Geräte an Ort und Stelle bleiben, darauf mit allem Volk von Yän beraten und ihm einen Fürsten setzen und dann es sich selbst überlassen. So wird's vielleicht noch möglich sein, das Unheil abzuwenden.“

12. Wie man das Volk für seine Herren günstig stimmt

Der kleine Staat Dsou[35] lag mit dem Staate Lu in Streit. Da befragte der Herzog Mu den Mong Dsï und sprach: „Dreiunddreißig meiner Beamten sind ums Leben gekommen, und unter dem Volke fand sich niemand, der für sie zu sterben bereit war. Will ich mit Hinrichtungen vorgehen, so kann ich mit Hinrichten gar nicht fertig werden. Stehe ich von Hinrichtungen ab, so denken die Leute, sie können schadenfroh zusehen, wie ihre Vorgesetzten getötet werden, ohne etwas für ihre Rettung zu tun.“

35 Dsou ist der Heimatstaat des Mong, das heutige Dsou Hiän in Schantung. Die Begegnung fand vermutlich statt, als Mong auf dem Wege von We nach Tsi unterwegs seine Mutter in Dsou besuchte (319).

孟子對曰："凶年饑歲，君之民老弱轉乎溝壑，壯者散而之四方者，幾千人矣；而君之倉廩實，府庫充，有司莫以告，是上慢而殘下也。曾子曰：'戒之戒之！出乎爾者，反乎爾者也。'夫民今而後得反之也。君無尤焉。君行仁政，斯民親其上、死其長矣。"

13.

滕文公問曰："滕，小國也，間於齊楚。事齊乎？事楚乎？"
孟子對曰："是謀非吾所能及也。無已，則有一焉：鑿斯池也，築斯城也，與民守之，效死而民弗去，則是可為也。"

14.

滕文公問曰："齊人將築薛，吾甚恐。如之何則可？"
孟子對曰："昔者大王居邠，狄人侵之，

Mong Dsï erwiderte und sprach: „In üblen Jahren und Hungerszeiten, da sah es in Eurem Volke also aus, daß die Alten und Schwachen sich in den Straßengräben vor Hunger krümmten, während die Kräftigen zerstreut waren in alle Winde. Tausende waren in dieser Not, während in den fürstlichen Scheunen Korn die Fülle war und alle Vorratskammern und Schatzhäuser voll waren. Unter den Beamten war keiner, der Euch Bericht erstattet hätte. So rücksichtslos und grausam waren die Oberen gegen das niedere Volk.
Meister Dsong hat gesagt: ‚Hüte dich, hüte dich! Was von dir ausgeht, fällt auf dich zurück.' Diesmal nun kam für das Volk der Tag der Vergeltung. Ihr, o Fürst, habt keinen Grund, Euch zu beklagen. Übt ein mildes Regiment aus, so wird das Volk anhänglich sein an seine Oberen und für seine Vorgesetzten in den Tod gehen."

13. Bis zum letzten Mann

Herzog Wen von Tong[36] befragte den Mong Dsï und sprach: „Tong ist ein kleines Land und liegt mitten zwischen den beiden Großstaaten Tsi und Tschu. Soll ich mich nun an Tsi anschließen oder an Tschu?"
Mong Dsï erwiderte: „Diese Pläne sind zu hoch für mich. Doch wenn's nicht anders sein kann: *Eine* Auskunft weiß ich: Macht Eure Gräben tiefer und Eure Wälle höher und verteidigt sie gemeinsam mit Eurem Volk bis zum letzten Atemzug. Wenn das Volk Euch nicht im Stiche läßt, so läßt sich das durchführen."

14. Ubi bene, ibi patria

Herzog Wen von Tong befragte den Mong Dsï und sprach: „Der Staat Tsi ist im Begriff, den Grenzort Süo zu befestigen. Ich bin in großer Sorge. Was ist zu machen?"
Mong Dsï erwiderte und sprach: „Einst wohnte der Große König[37] im Lande Bin. Die wilden Grenzstämme machten ihre Einfälle, da verließ er das Land

36 Tong war ein kleiner Staat zwischen Tschu im Süden und Tsi im Norden. Die hier und in den folgenden zwei Abschnitten genannten Unterhaltungen fallen wohl in das Jahr 300.

37 Der „Große König", der Großvater des Königs Wen von Dschou. Vgl. zu dieser Geschichte den nächsten Abschnitt. Bin ist im Westen, der Aufenthaltsort der Dschous vor ihrer Niederlassung am Ki-Berge.

去之岐山之下居焉。非擇而取之，不得已也。苟為善，後世子孫必有王者矣。君子創業垂統，為可繼也。若夫成功，則天也。君如彼何哉？彊為善而已矣。”

15.

滕文公問曰：“滕，小國也。竭力以事大國，則不得免焉。如之何則可？”
孟子對曰：“昔者大王居邠，狄人侵之。事之以皮幣，不得免焉；事之以犬馬，不得免焉；事之以珠玉，不得免焉。乃屬其耆老而告之曰：‘狄人之所欲者，吾土地也。吾聞之也：君子不以其所以養人者害人。二三子何患乎無君？我將去之。’去邠，踰梁山，邑于岐山之下居焉。邠人曰：‘仁人也，不可失也。’從之者如歸市。或曰：‘世守也，非身之所能為也。效死勿去。’君請擇於斯二者。”

16.

魯平公將出。嬖人臧倉者請曰：“他日君出

und ließ sich nieder am Fuße des Ki-Berges. Nicht aus freiem Willen siedelte er sich dort an, sondern der Not gehorchend. Wenn einer wirklich das Gute tut, so wird unter seinen Söhnen und Enkeln sicher einer sein, der König der Welt wird. Der Edle sorgt dafür, eine Grundlage zu schaffen und seinen Nachkommen zu hinterlassen, auf der sich weiterbauen läßt. Ob das Werk vollendet wird, das steht beim Himmel. Was gehen Euch die anderen an? Seid stark im Guten. Das ist alles."

15. Weichen oder Bleiben

Der Herzog Wen von Tong befragte den Mong Dsï und sprach: „Tong ist ein kleiner Staat. Ich mag mir Mühe geben, wie ich will, um den großen Nachbarstaaten zu dienen, ich werde ihnen doch nicht entgehen. Was ist da zu machen?"
Mong Dsï erwiderte und sprach: „Einst wohnte der Große König im Lande Bin, und die wilden Grenzstämme machten ihre Einfälle. Da brachte er ihnen Pelze dar und Seidenzeug, doch es half ihm nichts. Da brachte er ihnen Hunde dar und Pferde, doch es half ihm nichts. Da brachte er ihnen Perlen dar und Edelsteine, doch es half ihm nichts. Darauf versammelte er die Ältesten des Landes und teilte es ihnen mit. Er sprach: ‚Was jene Wilden wollen, das ist mein Land. Ich habe sagen hören: Der Edle bringt nicht durch das, wodurch er die Menschen erhalten soll, die Menschen in Schaden. Meine Kinder, was tut's, wenn ihr nun keinen Herrn mehr habt? Ich will weggehen.' So verließ er Bin, überstieg den Berg Liang, baute eine Stadt am Fuße des Berges Ki und wohnte daselbst. Da sprachen die Leute von Bin: ‚Das ist ein guter Mensch! den dürfen wir nicht verlieren.' Und sie folgten ihm nach in solchen Scharen, als ginge es zu einem Markte.
Oder aber kann man sagen: ‚Das Erbe der Vergangenheit muß für künftige Geschlechter gewahrt werden. Es ist nicht etwas, worüber der Einzelne frei verfügen könnte. Lieber sterben, als es preisgeben!'
Ich bitte Eure Hoheit, unter diesen beiden Möglichkeiten zu wählen."

16. Der Weise und der Günstling

Der Herzog Ping von Lu[38] war im Begriff auszufahren. Da trat sein Günstling Dsang Tsang bittend zu ihm und sprach: „Wenn Eure Hoheit sonst ausfuhren,

38 Diese mißglückte Begegnung mit dem Fürsten von Lu fällt in das Jahr 315. Nachdem Mong seine Mutter zum letztenmal im Jahre 318 in Tsi bei sich gesehen hatte, starb sie in Lu. Im Jahre 317 verließ Mong daher Tsi zum erstenmal wieder und ging nach Lu zur Beerdigung

則必命有司所之。今乘輿已駕矣，有司未知所之。敢請。”公曰：“將見孟子。”曰：“何哉？君所為輕身以先於匹夫者，以為賢乎？禮義由賢者出。而孟子之後喪踰前喪。君無見焉！”公曰：“諾。”

樂正子入見，曰：“君奚為不見孟軻也？”曰：“或告寡人曰，‘孟子之後喪踰前喪’，是以不往見也。”曰：“何哉君所謂踰者？前以士，後以大夫；前以三鼎，而後以五鼎與？”曰：“否。謂棺槨衣衾之美也。”曰：“非所謂踰也，貧富不同也。”

樂正子見孟子，曰：“克告於君，君為來見也。嬖人有臧倉者沮君，君是以不果來也。”曰：“行或使之，止或尼之。行止，非人所能也。吾之不遇魯侯，天也。臧氏之子焉能使予不遇哉？”

so wieset Ihr immer Eure Beamten an, wohin Ihr wolltet. Heute ist der Wagen schon angespannt, und die Beamten wissen noch nicht, wohin es geht. Darf ich darnach fragen?"
Der Herzog sprach: „Ich bin im Begriff, den Meister Mong aufzusuchen."
Er sprach: „Wahrlich, Ihr erniedrigt Euch mit Eurem Tun, indem Ihr einem gemeinen Manne entgegengeht. Denkt Ihr, er sei ein Weiser? Ordnung und Recht geht von den Weisen aus. Aber Meister Mong hat für seine Mutter mehr getrauert als für seinen Vater. Ihr müßt ihn nicht besuchen."
Der Herzog sagte: „Gut."
Da trat Yüo Dschong Dsï zu dem Fürsten hinein und sprach: „Warum wollen Eure Hoheit den Mong Ko nicht besuchen?"
Er sprach: „Es hat mir jemand gesagt, daß Meister Mong für seine Mutter mehr getrauert hat als für seinen Vater, darum ging ich nicht hin, ihn aufzusuchen."
Jener sprach: „Was meinen Eure Hoheit denn mit diesem ‚mehr'? Hat er für seinen Vater getrauert wie für einen einfachen Gelehrten und für seine Mutter wie für einen Minister? Hat er für seinen Vater nur drei Opfergefäße aufgestellt und für seine Mutter fünf?"
Der Fürst sprach: „Nein, ich meine damit, daß der Sarg und Sarkophag, die Leichenkleidung und die Grabtücher schöner waren."
Jener sprach: „Das ist nicht ein ‚mehr' an Trauer; das zeigt nur, daß er erst arm war und später reich."
Yüo Dschong Dsï trat darauf vor Mong Dsï und sprach: „Ich habe dem Fürsten von Euch erzählt, und der Fürst wollte deshalb kommen, um Euch aufzusuchen. Aber unter seinen Günstlingen ist einer, namens Dsang Tsang, der hat den Fürsten verhindert. Darum ist der Fürst schließlich doch nicht gekommen."
Mong Dsï sprach: „Wenn einer geht, so ist immer einer da, der ihn veranlaßt. Wenn einer bleibt, ist immer einer da, der ihn verhindert. Aber Gehen oder Bleiben liegt nicht in der Macht der Menschen. Daß ich den Fürsten von Lu nicht getroffen habe, ist Fügung des Himmels. Wie hätte der Sohn Dsangs es bewirken können, daß ich ihn nicht getroffen habe!"

---

seiner Mutter. Dort blieb er der Sitte gemäß drei Jahre. Als die Trauerzeit zu Ende war, wollte der Fürst von Lu ihn auf den Rat seines Ministers Yüo Dschong, eines Schülers von Mong, aufsuchen, ohne jedoch seinem Günstling davon zu sagen. Der hatte die Sache jedoch bemerkt und wußte die Begegnung zu hintertreiben. Der Grund, daß Mong seine Mutter prächtiger beerdigte als seinen Vater (wörtlich: „Die zweite Beerdigung war prächtiger als die frühere"), ist nicht nur aus den hier gegebenen Instanzen nichtig, sondern vor allem, weil Mong beim Tode seines Vaters erst im dritten Jahre stand. Zu der Art, wie Mong sich mit dem Ereignis abfindet, vgl. Lun Yü VII, 22; IX, 5; XIV, 38.

公孫丑

上

1.

公孫丑問曰："夫子當路於齊，管仲、晏子之功，可復許乎？"

孟子曰："子誠齊人也，知管仲、晏子而已矣。或問乎曾西曰；'吾子與子路孰賢？'曾西蹴然曰：'吾先子之所畏也。'曰：'然則吾子與管仲孰賢？'曾西艴然不悅，曰：'爾何曾比予於管仲？管仲得君，如彼其專也；行乎國政，如彼其久也；功烈，如彼其卑也。爾何曾比予於是？'"曰："管仲，曾西之所不為也，而子為我願之乎？"

曰："管仲以其君霸，晏子以其君顯。管仲、晏子猶不足為與？"

曰："以齊王，由反手也。"

曰："若是，則弟子之惑滋甚。且以文王之德，百年而後崩，

BUCH II – GUNG-SUN TSCHOU

ABSCHNITT A

1. Die Möglichkeit des Wirkens

Gung-Sun Tschou[1] befragte den Mong Dsï und sprach: „Wenn Ihr, Meister, in Tsi die amtliche Laufbahn ergriffet, da wäre wohl eine Wiederholung der Taten eines Guan Dschung[2] und Yän Dsï zu erhoffen?"
Mong Dsï sprach: „Du bist doch ein echter Mann aus Tsi. Kennst Guan Dschung und Yän Dsï und nichts weiter. Es fragte einmal jemand den Dsong Si[3]: ‚Wer ist größer: Ihr oder Dsï Lu?' Da sprach Dsong Si bestürzt: ‚Vor Dsï Lu hatte selbst mein Vater Respekt.' Jener fuhr fort: ‚Wer ist größer: Ihr oder Guan Dschung?' Da stieg dem Dsong Si der Ärger ins Gesicht und er sprach unwillig: ‚Wie magst Du mich mit Guan Dschung in eine Linie stellen? Dieser Guan Dschung: so völlig hat er seinen Fürsten in der Hand gehabt, so lange hat er die Staatsregierung geführt, und was er an Leistungen zustandegebracht hat, war so gering. – Wie magst Du mich mit dem in eine Linie stellen?' Du siehst nun, daß ein Dsong Si nicht gewillt war, die Rolle eines Guan Dschung zu spielen, und Du denkst, *ich* trachte darnach?"
Jener sprach: „Guan Dschung verschaffte, seinem Fürsten die Vorherrschaft. Yän Dsï verschaffte seinem Fürsten eine bedeutende Stellung. Und dennoch sollte es nicht der Mühe wert sein, es ihnen gleich zu tun?"
Mong Dsï sprach: „Als Herr von Tsi König der Welt zu werden, müßte im Handumdrehen möglich sein."
Jener sprach: „Wenn es sich also verhält, so mehren sich noch meine Bedenken. Da war König Wen, ein Mann voll Geist und Kraft. Er starb erst mit hundert Jahren. Dennoch gelang es ihm noch nicht, sich durchzusetzen in der

1 Gung-Sun Tschou war ein Schüler des Mong aus dem Staate Tsi. In Tong Dschou, Be Gung Tsun, ist sein Grab erhalten.

2 Guan Dschung (I-Wu) war der Kanzler des Herzogs Huan von Tsi. Vgl. Lun Yü III, 22; XIV, 10, 17, 18; Liä Dsï V, 7; VI, 3; VII, 1, 7; Yän Dsï (Yän Ping Dschung), Zeitgenosse des Kung, Kanzler unter Herzog Ging von Tsi. Vgl. Lun Yü V, 16. Beides waren sozusagen Nationalhelden von Tsi.

3 Dsong Si ist nach den einen Kommentaren der Enkel, nach den anderen der zweite Sohn des Konfuziusschülers Dsong Dsï. Dsï Lu ist der wegen seines Mutes bekannte Konfuziusjünger, der in den „Gesprächen" häufig vorkommt.

猶未洽於天下；武王、周公繼之，然後大行。今言王若易然，則文王不足法與？”

曰：“文王何可當也？由湯至於武丁，賢聖之君六七作。天下歸殷久矣，久則難變也。武丁朝諸侯有天下，猶運之掌也。紂之去武丁未久也，其故家遺俗，流風善政，猶有存者；又有微子、微仲、王子比干、箕子、膠鬲皆賢人也，相與輔相之，故久而後失之也。尺地莫非其有也，一民莫非其臣也，然而文王猶方百里起，是以難也。齊人有言曰：‘雖有智慧，不如乘勢；雖有鎡基，不如待時。’

“今時則易然也。夏后、殷、周之盛，地未有過千里者也，而齊有

Welt. Es bedurfte der Fortführung durch seine Söhne, den König Wu und den Herzog Dschou, ehe der große Wurf gelang. Wenn es aber so etwas Leichtes ist, König der Welt zu werden, so wäre es nicht der Mühe wert, den König Wen zum Vorbild zu nehmen!"

Mong Dsï sprach: „Wer wollte es dem König Wen gleichtun! Von Tang bis auf Wu Ding[4] waren sechs oder sieben würdige und heilige Herrscher an der Arbeit gewesen und die Welt war im Besitz des Hauses Yin seit langem. Lange dauernde Zustände lassen sich nur schwer ändern. Noch Wu Ding hatte die Fürsten an seinem Hof versammelt und besaß die Welt, als drehte sie sich in seiner Hand. Der Tyrann Dschou Sin war von Wu Ding zeitlich noch nicht weit entfernt. Noch waren die alten Familien, die früheren Sitten, die herrschenden Gebräuche, die guten Ordnungen vorhanden; noch gab es einen Grafen We[5], einen We Dschung, einen Prinzen Bi Gan, einen Grafen Ki, einen Giau Go, alles würdige Männer, die mit vereinten Kräften jenem zur Seite standen. Darum dauerte es lange, ehe er die Weltherrschaft verlor. Jeder Zoll Erde war in seinem Besitz, jeder Bürger war sein Untertan. Außerdem hat König Wen mit einem Besitz von nur hundert Geviertmeilen angefangen. Darum hatte er so große Schwierigkeiten.

In Tsi gibt es ein Sprichwort: ‚Alle Klugheit und Weisheit ist umsonst, wenn man die Lage nicht zu nutzen weiß, gleichwie Pflug und Hacke nichts ausrichten, wenn man die rechte Zeit nicht trifft.' In jetziger Zeit ist das alles viel leichter. Die Herrscher der Häuser Hia, Yin und Dschou hatten zur Zeit ihrer größten Blüte nicht über tausend Geviertmeilen Land. Tsi hat also das nötige

4 Tang, der Begründer der Schangdynastie, ca. 1766 v. Chr. Wu Ding, der zwanzigste Herrscher der Schangdynastie, die inzwischen (durch Pan Gong 1401) in Yin umgenannt war, kam 1324 v. Chr. auf den Thron. Die Schätzung der „würdigen und heiligen" Herrscher von Tang bis Wu Ding ist von Mong recht hoch gegriffen. Dschou Sin kam 1154, also 150 Jahre nach Wu Ding, auf den Thron.

5 Der „Graf We", We Dsï Ki, der älteste Sohn des Di Yi, des vorletzten Herrschers der Yindynastie. We Dschung Yän war sein zweiter Sohn. Da aber zur Zeit ihrer Geburt ihre Mutter noch Nebenfrau war, hatten sie kein Erbrecht. Dschou Sin, der dritte Sohn, der nach der Beförderung seiner Mutter zur Kaiserin zur Welt kam, folgte seinem Vater auf den Thron. We Dsï wurde später mit dem Staate Sung belehnt, damit die Opfer für die Ahnen der Yindynastie weitergeführt würden. Er hat dann seinem jüngeren Bruder We Dschung die Erbfolge hinterlassen, was der Erbfolgeordnung der Yin entsprach, im Gegensatz zu der Erbfolge der Erstgeborenen, die unter der Dschoudynastie üblich war. Der Prinz Bi Gan wurde wegen seiner Mahnungen getötet, um zu sehen, ob das Herz eines Heiligen wirklich sieben Öffnungen habe; der Graf von Ki, ein Onkel des Tyrannen, mußte sich wahnsinnig stellen. Giau Go war ein treuer Beamter der Yindynastie. Von den Genannten werden auch in Lun Yü XVIII, 1 We Dsï, Bi Gan und Ki Dsï als die drei Stützen der Yindynastie genannt.

其地矣；雞鳴狗吠相聞，而達乎四境，而齊有其民矣。地不改辟矣，民不改聚矣，行仁政而王，莫之能禦也。且王者之不作，未有疏於此時者也；民之憔悴於虐政，未有甚於此時者也。飢者易為食，渴者易為飲。孔子曰：'德之流行，速於置郵而傳命。'當今之時，萬乘之國行仁政，民之悅之，猶解倒懸也。故事半古之人，功必倍之，惟此時為然。"

2.

公孫丑問曰："夫子加齊之卿相，得行道焉，雖由此霸王不異矣。如此，則動心否乎？"
孟子曰："否。我四十不動心。"
曰："若是，則夫子過孟賁遠矣。"
曰："是不難，告子先我不動心。"
曰："不動心有道乎？"

Landgebiet. Man hört im ganzen Lande von einem Dorf[6] zum andern den Hahnenruf und das Hundegebell. Tsi hat also auch die nötige Bevölkerung. Der Herr von Tsi bedarf keiner Vergrößerung seines Landes, keiner Vermehrung seines Volkes. Übt er ein mildes Regiment, so wird er König der Welt, und niemand kann ihn hindern. Außerdem gab es noch keine Zeit, in der so selten ein wahrer Herrscher aufgestanden wäre wie in unsrer. Es gab noch keine Zeit, wo das Volk so sehr unter grausamem Regiment zu leiden hatte, wie in unserer. Ein Hungriger ist leicht zu speisen, ein Durstiger ist leicht zu tränken. Meister Kung hat gesagt: ‚Geistiger Wert wird rascher bekannt als ein Befehl, der durch Postreiter verbreitet wird.' Wenn in heutiger Zeit ein Großstaat mildes Regiment übt, so ist das Volk erleichtert, wie wenn man einen, der mit dem Kopf nach unten aufgehängt[7] ist, aus seiner Lage befreit. Darum könnte man im Dienst eines Mannes, der auch nur halbwegs den Alten gleicht, sicher die doppelten Ergebnisse zustandebringen. Es liegt einfach an der Zeit."

2. Die Ruhe des Gemüts

Gung-Sun Tschou fragte den Mong Dsï: „Wenn Ihr, Meister, ein hohes Amt in Tsi erhieltet, das Euch die Möglichkeit gäbe, Eure Lehren durchzuführen, so wäre es nicht zu verwundern, wenn Ihr das Land aus seinem jetzigen Zustand zur Vorherrschaft oder selbst zum Königtum der Welt führtet. Werdet Ihr durch diese Aussicht in Eurem Gemüt bewegt oder nicht?"

Mong Dsï sprach: „Nein, seit meinem vierzigsten Jahr habe ich die Ruhe des Gemüts erreicht."

Der Schüler sprach: „Da übertrefft Ihr ja den berühmten Mong Ben[8] noch weit."

Mong Dsï sprach: „Das ist nicht schwer. Gau Dsï[9] hat sogar noch früher als ich die Ruhe des Gemüts erlangt."

Der Schüler sprach: „Gibt's einen Weg zur Ruhe des Gemüts?"

6 Ein Zeichen der dichten Bevölkerung. Vgl. Laotse, Taoteking 80. Diese Verhältnisse treffen in Schantung heute noch zu.

7 Vgl. Dschuang Dsï III, 4: „Lösung der Bande durch Gott".

8 Mong Ben war ein Held aus We. Es wird von ihm erzählt, daß er im Wasser vor keinem Drachen, auf dem Lande vor keinem Rhinozeros oder Tiger ausgewichen sei. Er war so stark, daß er einem Ochsen die Hörner ausreißen konnte.

9 Über den Philosophen Gau Dsï, den Gegner des Mong, vgl. Buch VI, A, 1ff.

曰：“有。北宮黝之養勇也，不膚撓，不目逃，思以一豪挫於人，若撻之於市朝。不受於褐寬博，亦不受於萬乘之君。視刺萬乘之君，若刺褐夫。無嚴諸侯。惡聲至，必反之。孟施舍之所養勇也，曰：‘視不勝猶勝也。量敵而後進，慮勝而後會，是畏三軍者也。舍豈能為必勝哉？能無懼而已矣。’孟施舍似曾子，北宮黝似子夏。夫二子之勇，未知其孰賢，然而孟施舍守約也。昔者曾子謂子襄曰：‘子好勇乎？吾嘗聞大勇於夫子矣：自反而不縮，雖褐寬博，吾不惴焉；自反而縮，雖千萬人，吾往矣。’孟施舍之守氣，又不如曾子之守約也。”

曰：“敢問夫子之不動心，與告子之不動心，可得聞與？”

Mong Dsï sprach: „Ja. Be-Gung Yu[10] handelte also, um seine Tatkraft zu steigern: er rieb sich nicht erst die Haut, wenn er geschlagen ward, und zuckte nicht erst mit der Wimper. Sondern wenn ihm von jemand auch nur ein Haar gekrümmt ward, empfand er es so schimpflich, als wäre er auf offenem Markt geschlagen worden. Er ließ es sich nicht bieten von einem Bauern in härenem Gewand und ließ es sich ebensowenig bieten vom Fürsten eines großes Staates. Es galt ihm ganz gleich, den Fürsten eines großen Staates oder einen Menschen in härenem Gewand zu erstechen. Er hatte keine Scheu vor hohem Stand. Traf ihn ein übles Wort, er erwiderte es sicher.
Mong Schï Schä[11] steigerte seine Tatkraft auf andere Art: er sprach: ‚Siegen oder Nichtsiegen gilt mir gleich. Wollte man erst den Feind abschätzen, ehe man drauf geht; wollte man sich um den Sieg bekümmern, ehe man ins Treffen geht; da müßte man vor einem großen Heer sich scheuen. Ich vermag nicht unter allen Umständen zu siegen. Was ich vermag, ist, keine Furcht zu kennen.'
Mong Schï Schä war wie Meister Dsong; Be-Gung Yu war wie Dsï Hia. Welcher von diesen beiden Meistern die bessere Tatkraft hätte, wüßte ich nicht. Doch verstand Mong Schï Schä besser die Beschränkung aufs Wichtigste, nämlich die eigene Gesinnung.
Meister Dsong sagte einst zu seinem Schüler Dsï Siang: ‚Du liebst die Tatkraft? Ich habe einst vom Meister Kung etwas gehört, wie man zu großer Tatkraft kommt: Wenn ich mich prüfe und bin nicht im Recht, könnte ich dann, selbst wenn mein Gegner nur ein Bauer im härenen Gewand ist, ihm furchtlos gegenübertreten? Wenn ich mich prüfe und ich bin im Recht, so trete ich auch Hunderttausenden entgegen.' Mong Schï Schä wahrte wohl seine Kraft, aber Meister Dsong verstand es noch besser, sich auf das Allerwichtigste – sein Gewissen – zu beschränken."
Der Schüler sprach: „Darf ich etwas Näheres erfahren über Eure Art der Ruhe des Gemüts und die des Gau Dsï?"

10 Der Doppelname Be-Gung kommt sowohl in Tsi als in We vor. (Zum letzteren vgl. Dschuang Dsï XX, 3, Be-Gung Schä.) Der Sinn hier ist, daß dieser Be-Gung Yu so rasch war, empfangene Verletzungen zu vergelten, daß er nicht erst den natürlichen Reflexbewegungen des Schmerzes Raum gab.

11 Mong Schä oder Mong Dschï Schä war vermutlich aus Tsi. Während Be-Gung Yu die Tapferkeit in der Überwindung aller äußeren Feinde sieht, sieht sie Mong Schä in der eigenen Furchtlosigkeit, unabhängig vom äußeren Erfolg. Der Vergleich mit den beiden Konfuziusjüngern Dsï Hia und Dsong Schen weist auf dieselbe Linie. Dsï Hia ist der Vertreter des „multa", Dsong Schen der des „multum". In dem Wort des Kung, das Dsong Schen seinem Schüler gegenüber zitiert (nicht in Lun Yü), geht die Innerlichkeit des Mutes noch einen Schritt weiter zu seiner moralischen Berechtigung.

“告子曰：‘不得於言，勿求於心；不得於心，勿求於氣。’不得於心，勿求於氣，可；不得於言，勿求於心，不可。夫志，氣之帥也；氣，體之充也。夫志至焉，氣次焉。故曰：‘持其志，無暴其氣。’”

“既曰‘志至焉，氣次焉’，又曰‘持其志無暴其氣’者，何也？”

曰：“志壹則動氣，氣壹則動志也。今夫蹶者趨者，是氣也，而反動其心。”

“敢問夫子惡乎長？”

曰：“我知言，我善養吾浩然之氣。”

“敢問何謂浩然之氣？”

曰：“難言也。其為氣也，至大至剛，以直養而無害，則塞于天地之閒。其為氣也，配義與道；無是，餒也。是集義所生者，非義襲而取之也。行有不慊於心，則餒矣。我故曰，告子未嘗知義，以其外之也。必有事焉而勿正，心勿忘，勿助長也。無若宋人然：宋人有閔其苗之不長而揠之者，

Mong Dsï sprach: „Gau Dsï hatte den Grundsatz: ‚Wofür ich keinen Ausdruck in Worten finde, das suche ich nicht im Gemüt zu ergründen. Was mir im Gemüt nicht entgegenkommt, das suche ich nicht durch Aufwand von Lebenskraft zu erreichen.‘

Der Satz: ‚Was mir im Gemüt nicht entgegenkommt, das suche ich nicht durch Aufwand von Lebenskraft zu erreichen‘ geht an. Der andere Satz aber: ‚Wofür ich keinen Ausdruck in Worten finde, das suche ich nicht im Gemüt zu ergründen‘ ist unzulässig.

Der Wille ist der Leiter der Lebenskraft, die Lebenskraft durchdringt den Leib. Der Wille setze das Ziel, die Lebenskraft folge nach. Darum heißt es: ‚Mache deinen Willen fest und schone deine Lebenskraft.‘“

Der Schüler sprach: „Wie sind die beiden Sätze: ‚Der Wille setze das Ziel, die Lebenskraft folge nach‘ und ‚Mache deinen Willen fest und schone deine Lebenskraft‘ zu vereinigen?“

Mong Dsï sprach: „Ist der Wille gesammelt, so bewegt er die Lebenskraft. Ist die Lebenskraft gesammelt, so bewegt sie ihrerseits den Willen. So ist hastiges Laufen eine Äußerung der Lebenskraft, aber es wirkt zurück und erregt das Gemüt.“

Der Schüler sprach: „Darf ich fragen, worin Ihr jenem überlegen seid, Meister?“

Mong Dsï sprach: „Ich kenne mich aus in den Worten der Menschen, und ich verstehe es, meine flutende Lebenskraft durch das Gute zu steigern.“

Der Schüler sprach: „Darf ich fragen, was mit der flutenden Lebenskraft gemeint ist?“

Mong Dsï sprach: „Darüber läßt sich schwer reden. Was man unter Lebenskraft versteht, das ist etwas höchst Großes, höchst Starkes. Wird sie durch das Rechte genährt und nicht geschädigt, so bildet sie die Vermittlung zwischen unsichtbarer und sichtbarer Welt. Was man unter Lebenskraft versteht, gehört zusammen mit der Pflicht und mit dem Sinn des Lebens. Ohne diese beiden muß sie verkümmern. Sie ist etwas, das durch dauernde Pflichtübung erzeugt wird, nicht etwas, das man durch eine einzelne Pflichthandlung an sich reißen könnte. Wenn man bei seinen Handlungen sich nicht innerlich wohlfühlen kann, so muß jene Kraft verkümmern. Darum sage ich, daß Gau Dsï das Wesen der Pflicht nicht versteht, weil er sie für etwas Äußerliches hält. Sicherlich bedarf es – zur Pflege der Lebenskraft – der Arbeit, aber man soll dabei nicht nach dem Erfolg schielen. Das Gemüt soll das Ziel nicht vergessen, aber dem Wachstum nicht künstlich nachhelfen wollen. Man darf es nicht machen wie jener Mann aus Sung. Es war einmal ein Mann in Sung, der war traurig darüber, daß sein Korn nicht wuchs, und zog es in die Höhe. Ah-

芒芒然歸。謂其人曰：‘今日病矣，予助苗長矣。’其子趨而往視之，苗則槁矣。天下之不助苗長者寡矣。以為無益而舍之者，不耘苗者也；助之長者，揠苗者也。非徒無益，而又害之。”

“何謂知言？”

曰：“詖辭知其所蔽，淫辭知其所陷，邪辭知其所離，遁辭知其所窮。生於其心，害於其政；發於其政，害於其事。聖人復起，必從吾言矣。”

nungslos kam er nach Hause und sagte zu den Seinigen: Heute bin ich müde geworden, ich habe dem Korn beim Wachsen geholfen. Sein Sohn lief schnell hinaus, um nachzusehen, da waren die Pflänzchen alle welk.
Es gibt wenige Leute auf der Welt, die nicht dem Korn beim Wachsen helfen wollen. Es gibt Leute, die denken, es komme nichts dabei heraus, und sich gar nicht um die ganze Sache kümmern. Die gleichen denen, die das Korn nicht von Unkraut säubern wollten. Die aber, die dem Korn beim Wachstum helfen wollten, nützen ihm nicht nur nichts, sondern schädigen es sogar."[12]
Der Schüler sprach: „Was heißt, sich auskennen in den Worten der Menschen?"
Mong Dsï sprach: „Höre ich einseitige Reden, so merke ich, was sie verdecken. Höre ich ausschweifende Reden, so merke ich, welche Fallen sie stellen. Höre ich falsche Reden, so merke ich, wovon sie abweichen. Höre ich ausweichende Reden, so merke ich, aus welcher Verlegenheit sie kommen …[13]"

---

12 Die Kommentatoren sind unter sich uneins, in welchem Sinne die Aussprüche des Gau Dsï gemeint sind. Die älteren fassen sie mit Beziehung auf die anderen: „Wenn ich Worte höre, die mir nicht angenehm sind, so frage ich nicht, wie sie gemeint sind; wenn ich einer Gesinnung begegne, die mir nicht freundlich ist, so frage ich nicht darnach, mit welcher Kraft sie sich äußert." Die späteren Kommentare fassen es subjektiv: „Wofür ich keinen Ausdruck finde, danach suche ich nicht in meinem Herzen (ich lege es einfach beiseite). Was ich in meinem Herzen nicht erreiche, an dessen Erreichung setze ich nicht meine animalische Kraft." Für die zweite Auffassung spricht die Art, wie Gau Dsï in VI, A die Sätze, die er dem Mong Dsï gegenüber nicht durchbehaupten kann, einfach fallen läßt. Die ganze Abhandlung ist wohl ein Versuch des Mong Dsï, sich über das taoistische Problem der Pflege des Lebens von seinem Standpunkt aus zu ändern. Auf die Taoisten mit ihrem „Nichthandeln" geht die Bemerkung über die Leute, die bei der Pflege der Lebenskraft gar nichts tun, wie die, die das Unkraut wachsen lassen. Andererseits bringt er gegen Leute wie Gau Dsï die Geschichte von dem Mann aus Sung – dem Land der Parabeln (vgl. Liä Dsï und Dschuang Dsï) – der dem Getreide beim Wachsen helfen will. Das Problem, über das zu reden dem Mong Dsï nicht besonders leicht gefallen zu sein scheint, ist das Verhältnis von Geist und psychischer Energie. Die Pflege dieser Kraft geschieht durch moralisches Leben und zwar nicht durch einzelne Handlungen, sondern einen gewohnheitsmäßigen, zum Charakter sich entwickelnden Habitus. Dieses gewohnheitsmäßige pflichtmäßige Handeln entspricht aber eben der inneren guten Anlage, ist dem Menschen naturgemäß. Es ist nicht, wie Gau Dsï das auffaßt, etwas Willkürliches.

13 Der Text ist hier offenbar etwas verderbt, wie die aus III, B, 9 in den Zusammenhang versprengten Worte zeigen. Außer diesen Worten findet sich noch folgender Passus: „Dsai Wo und Dsï Gung waren geschickt im Reden; Jan Niu, Min Dsï und Yän Yüan sprachen gut und handelten tugendhaft. Meister Kung vereinigte in sich Eigenschaften der Schüler, und dennoch sagte er: ‚Im Reden bin ich nicht geschickt.'" Die genannten Namen sind die der bekanntesten Konfuziusjünger, die in Lun Yü häufig vorkommen. Die Kommentatoren sind sich darüber uneinig, ob diese Worte von Mong Dsï oder, was besser in den Zusammenhang paßt, von Gung-Sun Tschou gesprochen werden. Übrigens bergen sie auch textliche

然則夫子既聖矣乎？”
曰：“惡！是何言也？昔者子貢、問於孔子曰：‘夫子聖矣乎？’孔子曰：‘聖則吾不能，我學不厭而教不倦也。’子貢曰：‘學不厭，智也；教不倦，仁也。仁且智，夫子既聖矣！’夫聖，孔子不居，是何言也？”
“昔者竊聞之：子夏、子游、子張皆有聖人之一體，冉牛、閔子、顏淵則具體而微。敢問所安。”
曰：“姑舍是。”
曰：“伯夷、伊尹何如？”
曰：“不同道。非其君不事，非其民不使；治則進，亂則退，伯夷也。何事非君，何使非民；治亦進，亂亦進，伊尹也。可以仕則仕，可以止則止，可以久則久，可以速則速，孔子也。皆古聖人也，吾未能有行焉；乃所願，則學孔子也。”

Der Schüler sprach: „Da seid Ihr ja wohl ein Heiliger, Meister?"
Mong Dsï sprach: „Ach, was sind das für Worte! Dsï Gung[14] fragte einst den Meister Kung: ‚Seid Ihr ein Heiliger, Meister?'
Da erwiderte Meister Kung: ‚Ein Heiliger zu sein, geht über meine Kraft. Ich strebe ohne Überdruß und lehre ohne zu ermüden.' Dsï Gung sagte darauf: ‚Streben ohne Überdruß ist Weisheit, Lehren ohne zu ermüden ist Güte. Ihr vereinigt Weisheit und Güte, da seid Ihr wirklich ein Heiliger, Meister.'
Also nicht einmal Meister Kung verweilte bei dem Gedanken, ein Heiliger zu sein! Was sind das für Worte!"
Der Schüler fuhr fort: „Ich habe einst sagen hören, Dsï Hia, Dsï Yu und Dsï Dschang[15] hätten jeder ein Stück von einem Heiligen besessen, Jan Niu, Min Dsï und Yän Yüan hätten jeder alle Stücke eines Heiligen gehabt, aber in kleinem Maßstabe. Darf ich fragen, zu welchen Ihr Euch rechnet, Meister?"
Mong Dsï sprach: „Lassen wir das!"
Der Schüler fragte: „Was ist von Be-I und I-Yin zu halten?"
Mong Dsï sprach: „Sie gingen verschiedene Wege. Be-I[16] hatte den Grundsatz: Wer nicht sein Fürst war, dem diente er nicht; wer nicht sein Untertan war, von dem wollte er nichts. War Ordnung, so stellte er sich ein. War Verwirrung, so zog er sich zurück.
I-Yin hatte den Grundsatz: Wem ich diene[17], der ist mein Fürst; wen ich brauche, der ist mein Untertan. War Ordnung, so stellte er sich ein. War Verwirrung, so stellte er sich gleichfalls ein.
Meister Kung hatte den Grundsatz: Wenn es recht war, ein Amt zu haben, so übernahm er das Amt. Wenn es recht war, aufzuhören, so hörte er auf. Wenn es recht war, zu warten, so wartete er. Wenn es recht war, zu eilen, so eilte er.
Sie alle waren Heilige der alten Zeit. Und ich fühle mich nicht imstande, es ihnen gleichzutun. Aber was ich möchte, das ist, von Meister Kung lernen."

Unklarheiten, weshalb wir es vorgezogen haben, sie aus dem Zusammenhang zu streichen.

14 Dieses Gespräch findet sich in dieser Form nicht in den Lun Yü. Doch vergleiche man Lun Yü VII, 2 und 33, wo vielleicht nur eine andere Version desselben Überlieferungsstoffes vorliegt. Solche Vergleiche sind übrigens sehr interessant, weil sie einen Blick eröffnen in den Zustand der konfuzianischen Schultradition vor der schriftlichen Fixierung.

15 Über die hier genannten Jünger Kungs vgl. Lun Yü XI, 2.

16 Be-I und Schu Tsi, die beiden Prinzen von Gu Dschu aus dem Ende der Yindynastie, starben Hungers auf dem Schou-Yang-Berge 1122 v. Chr. I-Yin, der Minister des Vollenders Tang, des Begründers der Yindynastie, und seines Enkels und Nachfolgers Tai Gia starb 1720 v. Chr.

17 Wörtlich: „Wie sollte der, dem ich diene, nicht mein Fürst sein?"

伯夷、伊尹於孔子，若是班乎？”

曰：“否。自有生民以來，未有孔子也。”

曰：“然則有同與？”

曰：“有。得百里之地而君之，皆能以朝諸侯有天下。行一不義、殺一不辜而得天下，皆不為也。是則同。”

曰：“敢問其所以異？”

曰：“宰我、子貢、有若智足以知聖人。汙，不至阿其所好。宰我曰：‘以予觀於夫子，賢於堯舜遠矣。’子貢曰：‘見其禮而知其政，聞其樂而知其德。由百世之後，等百世之王，莫之能違也。自生民以來，未有夫子也。’有若曰：‘豈惟民哉？麒麟之於走獸，鳳凰之於飛鳥，太山之於丘垤，河海之於行潦，類也。聖人之於民，亦類也。出於其類，拔乎其萃，自生民以來，未有盛於孔子也。’”

Der Schüler sprach: „Sind also Be-I und I-Yin dem Meister Kung gleichzustellen?“

Mong Dsï sprach: „Nein, seit Menschen auf Erden leben, hat es noch nie einen gegeben wie Meister Kung.“

Der Schüler sprach: „Hatten sie dann wenigstens mit ihm gemeinsame Züge?“

Mong Dsï sprach: „Ja. Sie alle wären imstande gewesen, wenn sie auch nur ein kleines Land von hundert Meilen im Geviert zu beherrschen gehabt hätten, die Fürsten des Reiches um sich zu versammeln und die Weltherrschaft zu erlangen. Aber die Erlangung der Weltherrschaft durch eine einzige ungerechte Tat, durch Tötung eines einzigen Unschuldigen zu erkaufen, das würden sie alle verschmäht haben. Darin stimmen sie mit ihm überein.“

Der Schüler sprach: „Darf ich fragen, wodurch er sich von ihnen unterschied?“

Mong Dsï sprach: „Die Jünger Dsai Wo, Dsï Gung und Yu Jo besaßen genügende Weisheit, um einen Heiligen zu erkennen. So hoch sie ihn auch schätzen mochten, sie würden sich nie dazu herbeigelassen haben, ihm aus persönlicher Vorliebe Schmeichelhaftes nachzusagen.

Dsai Wo nun sagte: ‚Meiner Ansicht nach ist unser Meister weit würdiger als Yau und Schun.‘

Dsï Gung sprach: ‚An den Lebensordnungen, die einer geschaffen, erkennt man seine Regierungsart, aus der Musik, die einer geschaffen, hört man sein geistiges Wesen heraus. Wenn man nach Hunderten von Geschlechtern unter diesem Gesichtspunkt die Könige der Vorzeit vergleichend nebeneinanderstellt, wird keiner diesem Maßstab entgehen: Seit Menschen auf Erden leben, hat es niemand gegeben wie unsern Meister.‘

Yu Jo sprach: ‚Er sollte nur ein gewöhnlicher Mensch sein? Wenn das Kilin mit den Tieren, der Phönix mit den Vögeln, der Große Berg mit Hügeln und Ameisenhaufen, wenn der Gelbe Fluß und das Meer mit Straßengräben von derselben Art sind, so ist auch der Heilige mit den gewöhnlichen Menschen von derselben Art. Unter allen, die ihre Artgenossen übertrafen und hervorragten über die allgemeine Oberfläche, war keiner so groß wie Meister Kung.‘“[18]

18 Zu der Verehrung des Meisters Kung vgl. Maß und Mitte (Dschung Yung) 30–32; Lun Yü XIX, 23–25. Um diese Hochschätzung zu verstehen, muß man die Stellung Kungs im Mittel- und Wendepunkt der chinesischen Kultur in Betracht ziehen. Diese Aussprüche des Mong Dsï zeigen aber auch, wie verkehrt die neuerdings hervortretenden Bestrebungen sind, den Mong Dsï auf Kosten Kung Dsïs zum Nationalheiligen zu stempeln.

3.

孟子曰："以力假仁者霸，霸必有大國，以德行仁者王，王不待大。湯以七十里，文王以百里。以力服人者，非心服也，力不贍也；以德服人者，中心悅而誠服也，如七十子之服孔子也。《詩》云：'自西自東，自南自北，無思不服。'此之謂也。"

4.

孟子曰："仁則榮，不仁則辱。今惡辱而居不仁，是猶惡溼而居下也。如惡之，莫如貴德而尊士，賢者在位，能者在職。國家閒暇，及是時明其政刑。雖大國，必畏之矣。《詩》云：'迨天之未陰雨，徹彼桑土，綢繆牖戶。今此下民，或敢侮予？'

3. Herrschaft der Gewalt und des Geistes

Mong Dsï sprach: „Wer sich auf Gewalt stützt und äußerlich Milde heuchelt, wird Führer der Fürsten. Er muß aber ein großes Reich besitzen. Wer sich auf Geisteskräfte stützt und Milde übt, wird König der Welt. Ein König hängt nicht ab von der Größe seines Reichs. Tang hatte siebzig Meilen im Geviert, der König Wen hatte hundert. Wer durch Gewalt die Menschen unterwirft, der unterwirft sie nicht in ihren Herzen, sondern nur weil sie ihm nicht an Gewalt gewachsen sind. Wer durch Geisteskräfte sich die Menschen unterwirft, dem jubeln sie im Herzen zu und sind ihm wirklich untertan, wie die 70 Jünger[19] dem Meister Kung untertan waren. Das ist gemeint, wenn es im Buch der Lieder heißt:

‚Von Aufgang und von Niedergang,
Von Mittag und von Mitternacht
Ward nur auf Huldigung gedacht.'"[20]

4. Die Quelle von Glück und Unglück

Mong Dsï sprach: „Milde bringt Ehre, Härte bringt Schmach. Wer nun die Schmach haßt und dennoch bei der Härte verweilt, der gleicht dem Menschen, der Feuchtigkeit haßt und dennoch in den Niederungen weilt. Wenn man die Schmach haßt, so gibt's nichts Besseres, als Geisteskraft schätzen und die Gebildeten ehren. Wenn die Würdigen auf dem Platze sind und die Fähigen im Amt, bekommt Staat und Familie Muße. Wer unter diesen Verhältnissen Verwaltung und Gesetz in Klarheit bringt, den werden auch Großmächte scheuen. Das ist gemeint, wenn es im Buch der Lieder heißt[21]:

‚Bevor am Himmel schwarz die Regenwolken hingen,
Sah man mich Maulbeerfasern bringen
Und fest um Tür und Fenster schlingen.
Und jetzt, du niedriges Geschlecht,
Wagt Einer Schmach auf mich zu bringen?'

19 Siebzig ist die traditionelle Zahl der Jünger Kungs.

20 Vgl. Schï Ging III, I, 9 v. 6 bezieht sich dort auf die Könige Wen und Wu.

21 Vgl. Schï Ging I, XV, 2 v. 2, mit leichter Abweichung im Text. Dort von einem kleinen Vogel gesagt, der vorsorglich sein Nest instand setzt.

孔子曰：‘為此詩者，其知道乎！能治其國家，誰敢侮之？’今國家閒暇，及是時般樂怠敖，是自求禍也。禍福無不自己求之者。《詩》云：‘永言配命，自求多福。’《太甲》曰：‘天作孽，猶可違；自作孽，不可活。’此之謂也。”

孟子曰：“尊賢使能，俊傑在位，則天下之士皆悅而願立於其朝矣。市廛而不征，法而不廛，則天下之商皆悅而願藏於其市矣。關譏而不征，則天下之旅皆悅而願出於其路矣。耕者助而不稅，則天下之農皆悅而願耕於其野矣。

5.

孟子曰：“尊賢使能，俊傑在位，則天下之士皆悅而願立於其朝矣。市廛而不征，法而不廛，則天下之商皆悅而願藏於其市矣。關譏而不征，則天下之旅皆悅而願出於其路矣。耕者助而不稅，則天下之農皆悅而願耕於其野矣。

Meister Kung sprach: ‚Der dies Lied gemacht, der weiß den rechten Weg. Wer Land und Haus in Ordnung bringen kann, wer wird auf den Schmach zu bringen wagen?‘ Wenn nun aber Staat und Familie Muße haben und man benützt diese Zeit, um sich dem Vergnügen und der Untätigkeit hinzugeben, so heißt das, selbst das Unglück herbeiziehen. Glück und Unglück wird alles von den Menschen selber herbeigezogen. Das ist damit gemeint, wenn es im Buch der Lieder heißt[22]:

‚Wer immer seine Lust hat am Gesetz des Herrn,
Der schafft sich selber großes Glück.‘

Und in dem Abschnitt Tai Gia im Buch der Urkunden[23], wo es heißt: ‚Schickt der Himmel Unheil, das läßt sich abwenden. Bringt man selbst Unheil über sich, so kommt man nicht mit dem Leben davon.‘“

5. Fünf Wege zum Frieden und zur Weltherrschaft

Mong Dsï sprach: „Wenn einer die Würdigen ehrt und die Fähigen anstellt, so daß die Besten und Weisesten im Amte sind, so sind alle Ritter[24] auf Erden froh und wünschen an seinem Hofe Dienst zu tun. Wenn einer die Märkte zwar beaufsichtigen läßt[25], aber keine Grundsteuer erhebt, so sind alle Kaufleute auf Erden froh und wünschen auf seinen Märkten ihre Güter zu stapeln. Wenn einer an den Pässen die Durchreisenden[26] zwar aufschreiben läßt, aber keine Abgaben von ihnen erhebt, so sind alle Wanderer auf Erden froh und wünschen auf seinen Straßen zu wandern. Wenn einer die Bauern zu gegenseitiger Hilfe[27] anhält, aber keine Steuern von ihnen erhebt, so sind alle Bauern auf Erden froh und wünschen auf seinen Fluren zu pflügen. Wenn einer von de-

22 Vgl. Schï Ging III, I, 1 v. 6. Leider war hier die Übersetzung von Strauß unbrauchbar.

23 Schu Ging IV, V, II, 3. Tai Gia ist der Enkel und Nachfolger Tangs.

24 Die „Ritter“ (Schï), lat. Equites, sind die Beamtenklasse. Es sind Leute, die sich nie von Leier und Schwert trennen, die „Gentlemen“ des alten China.

25 Hier scheint der Text nicht in Ordnung zu sein, da zwei einander entgegengesetzte Besteuerungsarten vorgeschlagen sind, 1. Gebäudesteuer (tschen) ohne Warensteuer (dschang), 2. Platzsteuer (fa) ohne Gebäudesteuer (tschen). Vgl. I, B, 5, und I, A, 7.

26 Nach Dschou Li XV, 11, wurde die Abgabe an den Pässen nur in schlechten Jahren erlassen. Möglicherweise ist hier der Text in Dschou Li korrupt.

27 Nämlich bei der Bestellung des für den Fürsten ausgesonderten öffentlichen Landes. Es handelt sich hier um die Fron, die die Bauern von acht benachbarten Feldern auf dem neunten, königlichen, zu leisten hatten.

廛無夫里之布，則天下之民皆悅而願為之氓矣。信能行此五者，則鄰國之民仰之若父母矣。率其子弟，攻其父母，自生民以來，未有能濟者也。如此，則無敵於天下。無敵於天下者，天吏也。然而不王者，未之有也。”

6.

孟子曰：“人皆有不忍人之心。先王有不忍人之心，斯有不忍人之政矣。以不忍人之心，行不忍人之政，治天下可運之掌上。所以謂人皆有不忍人之心者，今人乍見孺子將入於井，皆有怵惕惻隱之心。非所以內交於孺子之父母也，非所以要譽於鄉黨朋友也，非惡其聲而然也。由是觀之，無惻隱之心，非人也；無羞惡之心，非人也；無辭讓之心，非人也；無是非之心，非人也。惻隱之心，仁之端也；羞惡之心，義之端也；辭讓之心，禮之端也；是非之心，智之端也。人之有是四端也

nen, die Gebäudesteuer[28] zahlen, nicht auch noch Kopfsteuer und Fronleistungen verlangt, so ist alles Volk auf Erden froh und wünscht sein Volk zu werden.
Wenn einer wirklich diese fünf Stücke durchführt, so blickt das Volk der Nachbarstaaten zu ihm empor wie zu Vater und Mutter. Vater und Mutter aber angreifen zu lassen durch ihre Kinder, das ist etwas, das, seit es Menschen gibt auf Erden, noch niemand fertig gebracht hat. Darum hat er keinen Feind auf Erden. Wer keinen Feind auf Erden hat, ist Gottes Knecht[29]. Daß ein solcher nicht König der Welt würde, ist noch niemals vorgekommen."

6. Das Mitleid

Mong Dsï sprach: „Jeder Mensch hat ein Herz, das anderer Leiden nicht mit ansehen kann[30]. Die Könige der alten Zeit zeigten ihre Barmherzigkeit darin, daß sie barmherzig waren in ihrem Walten. Wer barmherzigen Gemüts barmherzig waltet, der mag die beherrschte Welt auf seiner Hand sich drehen lassen. Daß jeder Mensch barmherzig ist, meine ich also: Wenn Menschen zum erstenmal ein Kind erblicken, das im Begriff ist, auf einen Brunnen zuzugehen, so regt sich in aller Herzen Furcht und Mitleid. Nicht weil sie mit den Eltern des Kindes in Verkehr kommen wollten, nicht weil sie Lob von Nachbarn und Freunden ernten wollten, nicht weil sie üble Nachrede fürchteten, zeigen sie sich so.
Von hier aus gesehen, zeigt es sich: ohne Mitleid im Herzen ist kein Mensch[31], ohne Schamgefühl im Herzen ist kein Mensch, ohne Bescheidenheit im Herzen ist kein Mensch, ohne Recht und Unrecht im Herzen ist kein Mensch, Mitleid ist der Anfang[32] der Liebe, Schamgefühl ist der Anfang des Pflichtbewußtseins, Bescheidenheit ist der Anfang der Sitte, Recht und Unrecht unterscheiden ist der Anfang der Weisheit. Diese vier Anlagen besitzen alle

28 Der Sinn ist dunkel. Es handelt sich wohl darum, daß die Kaufleute, welche Gebäudesteuern (tschen) bezahlten und nicht das Feld bebauen konnten, nicht auch noch zu den Strafsteuern für nachlässige Bauern herangezogen werden sollten.

29 Wörtlich: „Des Himmels Diener (tiän li)."

30 Vgl. I, A, 7. Dieses Mitleid ist nach Mong die natürliche Grundlage aller Tugenden, die angeborene Güte menschlicher Natur.

31 Die Übersetzung: „Wer kein Mitleid im Herzen hat, der ist kein Mensch (sondern ein Tier)", nach der es sich um eine Beschimpfung anders Gearteter handelte, ist nicht dem Text bei Mong entsprechend.

32 „duan", Anfang, hier soviel wie „die Möglichkeit", das „potentielle" Vorhandensein.

猶其有四體也。有是四端而自謂不能者，自賊者也；謂其君不能者，賊其君者也。凡有四端於我者，知皆擴而充之矣，若火之始然，泉之始達。苟能充之，足以保四海；苟不充之，不足以事父母。”

7.

孟子曰：“矢人豈不仁於函人哉？矢人唯恐不傷人，函人唯恐傷人。巫匠亦然，故術不可不慎也。孔子曰：‘里仁為美。擇不處仁，焉得智？’夫仁，天之尊爵也，人之安宅也。莫之禦而不仁，是不智也。不仁、不智、無禮、無義，人役也。人役而恥為役，由弓人而恥為弓，矢人而恥為矢也。如恥之，莫如為仁。仁者如射，射者正己而後發。發而不中，不怨勝己者，反求諸己而已矣。”

Menschen, ebenso wie sie ihre vier Glieder besitzen. Wer diese vier Anlagen besitzt und von sich behauptet, er sei unfähig, sie zu üben, ist Räuber an sich selbst. Wer von seinem Fürsten behauptet, er könne sie nicht üben, ist ein Räuber an seinem Fürsten.
Wer diese vier Anlagen in seinem Ich besitzt und sie alle zu entfalten und zu erfüllen weiß, der ist wie das Feuer, das angefangen hat zu brennen, wie die Quelle, die angefangen hat zu fließen. Wer diese Anlagen erfüllt, der vermag die Welt zu schirmen, wer sie nicht erfüllt, vermag nicht einmal seinen Eltern zu dienen.“

7. Wichtigkeit des Berufs

Mong Dsï sprach: „Warum sollte ein Pfeilmacher an sich weniger Liebe haben als ein Panzerschmied? Aber der Pfeilmacher muß darauf bedacht sein, die Menschen zu verletzen, ein Panzerschmied muß darauf bedacht sein, die Menschen vor Verletzungen zu schützen. Ebenso steht es mit dem Gesundbeter und dem Sargmacher. Darum ist die Wahl des Berufes etwas, das wohl beachtet werden muß.
Meister Kung sprach: ‚Gute Menschen machen die Schönheit eines Platzes aus. Wer die Wahl hat und nicht unter guten Menschen weilt, wie kann der wirklich weise genannt werden?‘[33] Liebe ist der höchste göttliche Adel und der Menschen friedliches Heim. Unbehindert von außen nicht die Liebe erstreben, das ist Mangel an Weisheit. Ohne Liebe, ohne Weisheit, ohne Sitte, ohne Pflichtgefühl – so sind die Sklaven. Sklave sein und sich der Sklaverei schämen, ist, wie wenn ein Bogenmacher sich des Bogenmachens schämte, oder ein Pfeilmacher sich des Pfeilmachens schämte. Wer Scham empfindet, tut am besten, Liebe zu üben. Der gütige Mensch macht's wie der Schütze.[34] Der Schütze nimmt sich erst zusammen, dann schießt er los. Hat er geschossen und nicht getroffen, so grollt er nicht dem Sieger, sondern sucht die Schuld allein bei sich.“

---

33 Vgl. Lun Yü IV, 1. Mong Dsï hat, wie in der Anmerkung dort bereits bemerkt, eine andere Auffassung. Er faßt li (sonst „Platz, Wohnort“) wie gü, verweilen. Der Sinn des Ganzen wäre demnach: „Bei einer Lebensstellung ist die Möglichkeit zur Betätigung der Liebe das Schönste. Wer die Wahl hat und nicht einen Beruf wählt, in dem er Liebe üben kann, wie kann der weise genannt werden?“ Vgl. die folgende Erklärung.

34 Vgl. die Bemerkungen Kungs über das Bogenschießen in Lun Yü III, 7, 16.

8.

孟子曰："子路，人告之以有過則喜。禹聞善言則拜。大舜有大焉，善與人同。舍己從人，樂取於人以為善。自耕、稼、陶、漁以至為帝，無非取於人者。取諸人以為善，是與人為善者也。故君子莫大乎與人為善。"

9.

孟子曰："伯夷，非其君不事，非其友不友。不立於惡人之朝，不與惡人言。立於惡人之朝，與惡人言，如以朝衣朝冠坐於塗炭。推惡惡之心，思與鄉人立，其冠不正，望望然去之，若將浼焉。是故諸侯雖有善其辭命而至者，不受也。不受也者，是亦不屑就已。柳下惠，不羞汙君，不卑小官。進不隱賢，必以其道。遺佚而不怨，阨窮而

8. Gemeinschaft im Guten

Mong Dsï sprach: „Dsï Lu freute sich, wenn man ihm seine Fehler sagte. Yü verneigte sich, wenn er gute Worte hörte. Der Große Schun war noch größer als diese: er verstand es, mit andern sich zusammenzuschließen im Gutestun[35]. Er verleugnete sich selbst und richtete sich nach den andern. Freudig anerkannte er, was sich bei andern an Gutem fand. Von den Zeiten an, da er noch hinter dem Pfluge ging, da er Gefäße formte und Fischfang trieb, bis zu der Zeit, da er Herrscher ward: immer hat er die andern anerkannt. Wer anerkennt, was er bei andern an Gutem findet, der fördert sie im Guten. Darum kennt der Edle nichts Größeres als andere zu fördern im Guten."

9. Verschiedene Heiligkeit: Be-I und Liu Hia Hui

Mong Dsï sprach: „Be-I diente niemand, der nicht sein Fürst war; wer nicht sein Freund war, mit dem verkehrte er nicht. Er ging nicht an den Hof eines schlechten Fürsten und redete nicht mit schlechten Menschen. An eines schlechten Fürsten Hof zu kommen, mit einem schlechten Menschen zu reden, wäre ihm ebenso arg gewesen, als mit Feierkleidung angetan in Kot und Asche zu sitzen. So weit ging er in seinem Hasse des Gemeinen, daß, wenn er mit einem Bauern auf der Straße reden wollte und er sah, daß dessen Hut nicht richtig saß, er ihn stehen ließ, ohne ihn zu beachten – gleich als würde er dadurch befleckt. Wenn ihm Fürsten auch die schönsten Anerbietungen machten: er nahm sie nicht an. Der Grund, warum er sie nicht annahm, war auch, daß es ihm nicht reinlich dünkte, hinzugehen.
Liu Hia Hui[36] schämte sich nicht eines unreinen Fürsten; ein niedriges Amt schien ihm nicht zu gemein. Wurde er befördert, so verdunkelte er nicht verdienstvolle Männer und ließ nicht ab von seinem Wege. Wurde er vernachlässigt und abgesetzt, so murrte er nicht, kam er in Gefahr und Mißerfolg, so reg-

35 Die grammatikalische Struktur ist ziemlich diffizil. Der Sinn ist unzweifelhaft der, daß der Konfuziusjünger Dsï Lu zwar dem Guten nachstrebte, aber dabei noch die eigene Person im Auge hatte, der Große Yü die der anderen, und daß für Schun sozusagen das Gute die Lebensluft war, in der er mit den anderen gemeinsam lebte. Er trat mit seiner Person zurück und förderte dadurch die Aktivität der anderen im Guten. Die Sage berichtet von seiner Anziehungskraft auf die Menschen, daß, wo er sich niederließ, sei es auf dem Li-Berge zum Pflügen, sei es am Gelben Fluß als Töpfer, sei es am Donnersee zum Fischen, in seiner Umgebung immer Städte entstanden.

36 Über Liu Hia Hui vgl. Lun Yü XV, 13; XVIII, 2, 8.

不憫。故曰：‘爾為爾，我為我，雖袒裼裸裎於我側，爾焉能浼我哉？’故由由然與之偕而不自失焉，援而止之而止。援而止之而止者，是亦不屑去已。”孟子曰：“伯夷隘，柳下惠不恭。隘與不恭，君子不由也。”

te er sich nicht auf. So sprach er: ‚Du bist du, ich bin ich. Wenn du auch nackt und bloß an meiner Seite stehst, wie kannst du mich beflecken?‘ Darum verkehrte er ganz harmlos mit solchen Menschen, ohne sich selbst zu verlieren. Hielt man ihn zurück, so blieb er. Der Grund, warum er blieb, wenn man ihn zurückhielt, war, daß er es nicht für Pflicht der Reinlichkeit hielt, zu gehen.“

Mong Dsï sprach: „Be-I war zu beschränkt, Liu Hia Hui war zu gleichgültig. Beschränktheit und Gleichgültigkeit ist, was der Edle meidet.“

下

1.

孟子曰：“天時不如地利，地利不如人和。三里之城，七里之郭，環而攻之而不勝。夫環而攻之，必有得天時者矣；然而不勝者，是天時不如地利也。城非不高也，池非不深也，兵革非不堅利也，米粟非不多也；委而去之，是地利不如人和也。故曰：域民不以封疆之界，固國不以山谿之險，威天下不以兵革之利。得道者多助，失道者寡助。寡助之至，親戚畔之；多助之至，天下順之。以天下之所順，攻親戚之所畔；故君子有不戰，戰必勝矣。”

ABSCHNITT B

1. Bedingungen des Siegs

Mong Dsï sprach: „Die Gunst der Zeit[1] ist nichts gegen den Vorteil der Lage. Der Vorteil der Lage ist nichts gegen die Einigkeit der Menschen. Gesetzt: eine kleine Stadt, drei Meilen im Geviert, und eine Vorstadt von sieben[2] Meilen wird wohl belagert und bestürmt, doch wird sie nicht eingenommen. Um sie belagern und angreifen zu können, muß man die Gunst der Zeit auf seiner Seite haben; nimmt man sie dennoch nicht, so kommt es daher, weil die Gunst der Zeit nichts hilft gegen den Vorteil der Lage. Gesetzt: alle Mauern seien hoch, alle Gräben seien tief, Wehr und Waffen seien stark und scharf, die Kornvorräte seien alle reichlich, und doch muß man den Platz aufgeben und ihn räumen, so kommt es daher, weil der Vorteil der Lage nichts hilft gegen die Einigkeit der Menschen.

Darum heißt es: Ein Volk läßt sich nicht abschließen durch stark bewachte Grenzen. Ein Reich ist nicht fest durch die Steilheit von Berg und Tal. Die Welt wird nicht in Scheu gehalten durch die Schärfe von Waffen und Wehr. Wer auf rechtem Wege wandelt, der findet viele Hilfe, wer den rechten Weg verloren, dem helfen wenige. Von wenigen unterstützt zu sein führt schließlich dazu, daß die eignen Verwandten abfallen. Von vielen unterstützt zu sein führt schließlich dazu, daß die ganze Welt gehorcht. Wenn einem der Gehorsam der ganzen Welt zur Seite steht und seinem Gegner selbst die Verwandten untreu werden: es gibt wohl Edle, die auch dann noch vom Kampfe abstehen;[3] kämpfen sie aber, so ist der Sieg ihnen sicher."

---

1 Wörtlich: „Die Zeit des Himmels kommt dem Vorteil der Erde nicht gleich. Der Vorteil der Erde kommt der Einigkeit der Menschen nicht gleich." Es handelt sich wohl um ein altes Sprichwort, das auch von We Liau und Sun Dsï zitiert wird. Mong Dsï macht die Anwendung auf die Bedingungen, die wichtig sind zur Erlangung der Weltherrschaft.

2 Die Kommentare bemerken, daß hier wohl ein Irrtum vorliege. Die Vorstadt einer Stadt von drei Meilen (Li) könne höchstens fünf Meilen groß sein.

3 Anspielung auf den König Wen.

2.

孟子將朝王，王使人來曰："寡人如就見者也，有寒疾，不可以風。朝將視朝，不識可使寡人得見乎？"對曰："不幸而有疾，不能造朝。"

明日，出吊於東郭氏，公孫丑曰："昔者辭以病，今日吊，或者不可乎！"曰："昔者疾，今日愈，如之何不吊？"

王使人問疾，醫來。孟仲子對曰："昔者有王命，有采薪之憂，不能造朝。今病小愈，趨造於朝，我不識能至否乎？"使數人要於路，曰："請必無歸，而造於朝！"

2. Männerstolz vor Fürstenthronen

Als Mong Dsï eben im Begriffe war, zu Hofe[4] zu gehen, um den König zu sehen, kam ein Bote vom König, durch den er sagen ließ: „Ich hatte im Sinne, Euch persönlich aufzusuchen, doch bin ich erkältet und darf mich nicht dem Wind aussetzen. Morgen früh sehe ich meinen Hofstaat bei mir, ich weiß nicht, ob ich Euch da auch sehen darf."

Mong Dsï erwiderte: „Unglücklicherweise bin ich krank, so daß ich nicht zu Hofe kann."

Am andern Tag ging er aus, um einen Beileidsbesuch in dem Hause Dung-Go zu machen.

Sein Jünger Gung-Sun Tschou sprach: „Gestern habt Ihr Krankheit halber dem König abgesagt. Heute macht Ihr Beileidsbesuche. Ob das nicht doch unangängig ist?"

Mong Dsï sprach: „Gestern war ich krank; heute geht es mir wieder gut. Was sollte mich da abhalten, Beileidsbesuche zu machen?"

Der König sandte einen Boten, um nach dem Befinden des Mong Dsï zu fragen. Auch kam ein Arzt.

Da erwiderte Mong Dschung Dsï (ein Verwandter des Mong Dsï): „Als gestern der Befehl des Königs kam, war er etwas unpäßlich, so daß er nicht zu Hofe konnte. Heute geht es ihm wieder etwas besser, und er ist zu Hofe geeilt. Er muß wohl eben um diese Zeit dort ankommen."

Dann sandte er einige Leute, die den Mong Dsï unterwegs überreden sollten, ehe er heimkomme, unter allen Umständen zu Hofe zu gehen.

---

4 Die Geschichte spielt während des Aufenthaltes Mongs in Tsi. Er hatte keine Anstellung. Daher konnte er der Sitte nach von sich aus den König besuchen; doch hatte der König nicht das Recht, ihn, der als Gast im Lande weilte, zu Hof zu befehlen. Obwohl Mong eben von sich aus zu Hofe wollte, und andererseits die Art, wie der König ihn rufen läßt, sehr höflich ist, hält er es dennoch mit seiner Würde als Weiser und Reformator nicht vereinbar, dem Ruf des Königs Folge zu leisten. Daher schützt er Krankheit vor. Um den König nicht in Zweifel zu lassen, daß es nur eine vorgeschützte Krankheit war, geht er an dem Tage, an dem er zu Hof geladen war, aus, um in der Familie Dung-Go („Ostheim", einem entfernten Zweig des fürstlichen Hauses) einen Besuch zu machen. Sein Sohn (oder Neffe?) Mong Dschung Dsï ist zu Hause, und als er die Boten des Königs empfängt, sucht er seinen Vater durch eine Ausrede zu entschuldigen und ihn hinterher durch Boten überreden zu lassen, die Sache durch Erscheinen bei Hof wieder gut zu machen. Mong Dsï geht nun natürlich erst recht nicht. Um dem König beizubringen, worum es sich handelt, geht er zu dem Minister Ging Tschou, von dem er sicher war, daß er seine Worte dem König hinterbringen werde. Die ganze Geschichte gibt einen guten Einblick in die chinesische Handlungsweise in solchen Fällen, die von der europäischen sehr stark abweicht. Man vergleiche hierzu das analoge Verhalten Kungs, Lun Yü XVII, 20.

不得已而之景丑氏宿焉。景子曰：“內則父子，外則君臣，人之大倫也。父子主恩，君臣主敬。丑見王之敬子也，未見所以敬王也。”

曰：“惡！是何言也！齊人無以仁義與王言者，豈以仁義為不美也？其心曰‘是何足與言仁義也’云爾，則不敬莫大乎是。我非堯舜之道，不敢以陳於王前，故齊人莫如我敬王也。”

景子曰：“否，非此之謂也。禮曰：‘父召，無諾；君命召，不俟駕。’固將朝也，聞王命而遂不果，宜與夫禮若不相似然。”

曰：“豈謂是與？曾子曰：‘晉楚之富，不可及也。彼以其富，我以吾仁；彼以其爵，我以吾義，吾何慊乎哉？’夫豈不義而曾子言之？是或一道也。天下有達尊三：爵一，齒一，德一。朝廷莫如爵，鄉黨莫如齒，輔世長民莫如德。惡得有其一，以慢其二哉？故將大有為之君，必有所不召之臣。欲有謀焉，則就之。其尊德樂道，不如是不足與有為也。故湯之於伊尹，

Mong Dsï, dem nichts anderes übrig blieb, ging zu dem Minister Ging Tschou und blieb bei ihm über Nacht.
GingTschou sprach: „Im Hause Vater und Sohn, im Staate Fürst und Untertan: das sind die heiligsten Beziehungen der Menschen. Zwischen Vater und Sohn herrscht die Liebe, zwischen Fürst und Untertan herrscht die Achtung. Ich habe wohl die Achtung gesehen, mit der der König Euch behandelt, aber ich habe nichts bemerkt, wodurch Ihr dem König Achtung zeigtet."
Mong Dsï sprach: „Ach, was sind das für Reden! Unter den Leuten von Tsi gibt es keinen, der mit dem König über Pflicht und Liebe redet. Halten sie etwa Pflicht und Liebe nicht für etwas Schönes? Jawohl, aber sie sprechen bei sich: Dieser Mann ist nicht der Mühe wert, daß man mit ihm über Pflicht und Liebe redet. Eine größere Mißachtung als dies gibt es überhaupt nicht. Ich dagegen wagte nicht, dem König etwas vorzuführen außer den Lehren eines Yau und Schun. So gibt es also in ganz Tsi niemand, der dem König solche Achtung erwiese wie ich."
Ging Tschou sprach: „Nein, so war es nicht gemeint. Aber im Buch der Ordnungen heißt es: ‚Wenn der Vater ruft, dann gilt kein zögerndes Ja. Wenn des Fürsten Befehl einen ruft, dann darf man nicht warten, bis erst der Wagen angespannt ist.' Ihr waret tatsächlich im Begriff, zu Hofe zu gehen; als Ihr aber hörtet, daß Ihr vom König befohlen seiet, da habt Ihr Eure Absicht nicht ausgeführt. Das muß doch so erscheinen, als sei es mit der Ordnung nicht im Einklang."
Mong Dsï sprach: „Davon kann keine Rede sein. Meister Dsong hat einmal gesagt: ‚Die Herren von Dsin und Tschu sind unermeßlich reich. Sie haben ihren Reichtum; ich habe meine Sittlichkeit; sie haben ihren Rang; ich habe meine Gerechtigkeit: Warum sollte ich unzufrieden sein?' Hat er damit nicht recht gehabt? Hier handelt es sich um denselben Grundsatz wie den, von dem Meister Dsong gesprochen. Drei Dinge sind es, denen auf Erden Ehrfurcht gezollt wird: der Rang ist das eine, das Alter ist das andere, der geistige Wert ist das dritte. Bei Hofe geht der Rang vor; im täglichen Leben geht das Alter vor; gilt es, der Welt zu helfen und dem Volke vorzustehen, so geht der geistige Wert vor. Wie sollte, wer eins von diesen besitzt, die beiden andern mißachten dürfen? Darum wird ein Fürst, dem Großes zu vollbringen bestimmt ist, sicher auch Diener haben, die er nicht zu Hofe befehlen kann, sondern die er selber aufsucht, wenn er mit ihnen zu beraten wünscht. Wer noch nicht so weit ist in der Ehrfurcht vor geistigem Wert und der Freude an der Wahrheit, der ist nicht imstande, Großes zu vollbringen. So betrug sich Tang gegen I-Yin: erst lernte er von ihm, dann machte er ihn zu seinem Beamten, darum ward er ohne Mühe König der Welt. Herzog Huan machte es Guan Dschung gegenüber

學焉而後臣之，故不勞而王；桓公之於管仲，學焉而後臣之，故不勞而霸。今天下地醜德齊，莫能相尚。無他，好臣其所教，而不好臣其所受教。湯之於伊尹，桓公之於管仲，則不敢召。管仲且猶不可召，而況不為管仲者乎？”

3.

陳臻問曰：“前日於齊，王餽兼金一百而不受；於宋，餽七十鎰而受；於薛，餽五十鎰而受。前日之不受是，則今日之受非也；今日之受是，則前日之不受非也。夫子必居一於此矣。”

孟子曰：“皆是也。當在宋也，予將有遠行。行者必以贐，辭曰：‘餽贐。’予何為不受？當在薛也，予有戒心。辭曰：‘聞戒。’故為兵餽之，予何為不受？若於齊，則未有處也。無處而餽之，是貨之也。焉有君子而可以貨取乎？”

ebenso: erst lernte er von ihm, dann machte er ihn zu seinem Beamten, darum erlangte er ohne Mühe die Vorherrschaft unter den Fürsten. Heute sind auf der Welt die Länder gleich groß, und die Fürsten sind ihrem geistigen Wert nach auf derselben Stufe.

Daß keiner es weiter bringt als die andern, hat keinen anderen Grund, als daß sie alle gerne Leute zu Beamten machen, die ihnen folgen, und nicht gerne Leute zu Beamten, denen sie zu folgen haben. Tang stand zu I-Yin, und Herzog Huan stand zu Guan Dschung so, daß sie nicht wagten, sie zu Hofe zu befehlen. Selbst ein Guan Dschung ließ sich nicht zu Hof befehlen; wie sollte das erst einer tun, der Höheres erstrebt als Guan Dschung?“

3. Annahme und Ablehnung von Geschenken

Tschen Dschen[5] fragte und sprach: „Früher, in Tsi, hat Euch der König als Geschenk hundert Pfund feines Silber geschickt, und Ihr nahmt es nicht an. In Sung sandte man Euch siebenzig Pfund, und Ihr nahmet sie an. In Süo sandte man Euch fünfzig Pfund, und Ihr nahmet sie an. Wenn es früher richtig war, das Geschenk nicht anzunehmen, so ist es nun unrichtig, es anzunehmen. Ist es aber jetzt richtig, das Geschenk anzunehmen, so war es früher unrichtig, es nicht anzunehmen. Ihr müßt bei einem von beiden verharren, Meister!“

Mong Dsï sprach: „Ich handelte jedesmal richtig. Als ich in Sung war, hatte ich eine weite Reise vor. Einem Abreisenden macht man ein Geschenk an Wegzehrung. Das Geschenk kam mir zu mit der Bezeichnung als Wegzehrung. Warum hätte ich nicht annehmen sollen?

Als ich in Süo war, hatte ich im Sinn, mich gegen feindliche Angriffe vorzusehen. Die Gabe kam mir zu mit der Erklärung des Fürsten: ‚Ich höre, Ihr wollt Euch gegen Angriffe schützen; die Gabe soll ein Beitrag sein zum Ankauf von Waffen.‘ Warum hätte ich nicht annehmen sollen?

In Tsi dagegen war kein Anlaß da. Ohne Anlaß aber einen beschenken, heißt ihn kaufen. Wo gibt es einen anständigen Menschen, der sich durch Kauf gewinnen läßt!“

5 Tschen Dschen ist ein Schüler des Mong. Die Geschichte ist in das Jahr 312 zu verlegen. Die Wanderlehrer pflegten von den Fürsten, durch deren Länder sie kamen, freiwillige Gaben zu bekommen, von denen sie sich nährten. Der Abschnitt zeigt, welchen Wert Mong darauf legte, daß bei solchen Geschenken das Dekorum gewahrt wurde.

4.

孟子之平陸。謂其大夫曰："子之持戟之士，一日而三失伍，則去之否乎？"
曰："不待三。"
"然則子之失伍也亦多矣。凶年饑歲，子之民，老羸轉於溝壑，壯者散而之四方者，幾千人矣。"
曰："此非距心之所得為也。"
曰："今有受人之牛羊而為之牧之者，則必為之求牧與芻矣。求牧與芻而不得，則反諸其人乎？抑亦立而視其死與？"
曰："此則距心之罪也。"
他日，見於王曰："王之為都者，臣知五人焉。知其罪者，惟孔距心。為王誦之。"王曰："此則寡人之罪也。"

5.

孟子謂蚳鼃曰："子之辭靈丘而請士師，似也，為其可以言也。今既數月矣，未可以言與？"
蚳鼃諫於王而不用，致為臣而去。

4. *Verantwortlichkeit*

Mong Dsï kam nach Ping Lu[6] und sagte zu dem Amtmann: „Wenn einer unter Euren Hellebardenträgern an einem Tage dreimal seinen Posten verließe, würdet Ihr ihn entlassen oder nicht?"
Der Amtmann sprach: „Ich würde nicht erst aufs dritte Mal warten."
Mong Dsï sprach: „So? Aber es ist auch recht häufig vorgekommen, daß Ihr nicht auf dem Posten waret. In schlimmen Jahren der Teurung, da gab es unter Euren Leuten Greise und Schwache, die sich vor Hunger in den Gräben wälzten, und junge Leute, die in alle Winde zerstreut waren, zu Tausenden."
Der Amtmann sprach: „Dafür zu sorgen steht nicht mir zu."
Mong Dsï sprach: „Angenommen, es hat einer die Rinder und Schafe eines andern übernommen, um sie für ihn zu weiden, so sucht er gewiß grasreiche Weideplätze für sie. Wenn er aber grasreiche Weideplätze sucht und nicht findet, wird er dann die Herden ihrem Besitzer wieder zustellen, oder wird er einfach dabeistehen und zusehen, wie sie sterben?"
Der Amtmann sprach: „Wenn es also ist, so lag die Schuld an mir."
Tags darauf trat Mong Dsï vor den König und sprach: „Von den Amtleuten Eurer Hoheit kenne ich fünf, aber nur Kung Gü Sin bringt es fertig, seine Fehler zu erkennen." Darauf erzählte er den Vorfall dem König.
Der König sprach: „Wenn es also ist, so lag die Schuld an mir."

5. *Verantwortung im Amt und Freiheit ohne Amt*

Mong Dsï sagte zu Tschï Wa[7]: „Daß Ihr Ling Kiu aufgegeben habt und um die Stelle als Strafrichter gebeten, scheint vernünftig, weil man da eher dem Fürsten etwas sagen kann. Nun sind darüber schon mehrere Monate vergangen: habt Ihr noch nichts zu sagen gehabt?"
Darauf machte Tschï Wa dem König Vorstellungen, und als sie nicht angenommen wurden, gab er sein Amt auf und ging.

---

6 Das Erlebnis fällt vermutlich in die Zeit der Reise von Liang nach Tsi (319). Ping Lu war eine Exklave von Tsi, in der Nähe des heutigen Yändschoufu in Südwestschantung.

7 Tschï Wa war ein hoher Beamter in Tsi. Er hatte zunächst die Grenzstadt Ling Kiu (im heutigen Dung Tschang Fu, Schantung) inne, bewarb sich dann um das Amt eines Strafrichters bzw. obersten Aufsehers des Gefängniswesens. Als solcher hatte er Gelegenheit, dem Fürsten Vorstellungen zu machen, wenn die Verhältnisse im Volke zu viele Strafen nötig machten.

齊人曰："所以為蚳鼃，則善矣；所以自為，則吾不知也。"

公都子以告。曰："吾聞之也：有官守者，不得其職則去；有言責者，不得其言則去。我無官守，我無言責也，則吾進退，豈不綽綽然有餘裕哉？"

6.

孟子為卿於齊，出吊於滕，王使蓋大夫王驩為輔行。王驩朝暮見，反齊滕之路，未嘗與之言行事也。

公孫丑曰："齊卿之位，不為小矣；齊滕之路，不為近矣。反之而未嘗與言行事，何也？"

曰："夫既或治之，予何言哉？"

7.

孟子自齊葬於魯，反於齊，止於嬴。充虞請

Da sprachen die Leute von Tsi: „Der Rat, den er dem Tschï Wa gab, war gut. Ob er ihn aber selbst befolgt, das weiß man nicht."
Gung-Du Dsï[8] teilte es dem Mong Dsï mit.
Der sprach: „Ich habe gehört: Wenn einer ein Amt inne hat und kann nicht handeln, wie es sein Amt verlangt, so soll er gehen. Wenn einer die Pflicht zu reden hat und kann nicht reden, was er muß, so soll er gehen. Ich habe kein Amt inne, ich habe keine Verpflichtung zu reden: kann ich nicht bleiben oder gehen, ganz wie es mir beliebt und ohne jeden Zwang?"

6. *Mit einem Unwürdigen unterwegs*

Mong Dsï hatte einst ein hohes Amt[9] in Tsi. Da ward er nach Tong gesandt, um beim Tode des dortigen Fürsten das Beileid des Königs von Tsi auszudrücken. Es ward ihm der Amtmann von Go, der unwürdige Wang Huan, zur Hilfe mitgegeben. Früh und spät war der um ihn, aber auf dem Wege zwischen Tsi und Tong redete Mong Dsï kein Wort mit ihm über die Erledigung der Geschäfte.
Gung-Sun Tschou sprach: „Die Stellung eines Ministers ist nicht gering, der Weg von Tsi nach Tong ist nicht nahe. Ihr habt ihn zweimal gemacht und habt mit ihm kein Wort gewechselt über die Erledigung der Geschäfte. Wie ist das?"
Mong Dsï sprach: „Da er ja alles schon selber besser zu wissen schien: was hätte ich da mit ihm reden sollen?"

7. *Beerdigung der Mutter*

Mong Dsï ging von Tsi nach Lu[10], um seine Mutter zu beerdigen. Als er nach Tsi zurückkam, machte er Halt in Ying. Da bat der Schüler Tschung Yü, eine

8 Gung-Du ist der Name eines Schülers von Mong, der ihm die Spottreden der Leute von Tsi hinterbringt. Daß Mong so lange in Tsi blieb, hat seinen Grund darin, daß er hier trotz allem die meisten Hoffungen hatte, etwas fertig bringen zu können. Der Abschnitt fällt wohl früher als der nächste, in dem er ein Amt in Tsi angenommen hatte, vermutlich Ende 314 oder Anfang 313.

9 Der Abschnitt fällt in das Jahr 313. Damals hatte Mong ein Ehrenamt („King", Minister) in Tsi. Der Auftrag, im Namen des Königs in Tong das Beileid anläßlich des Todes des dortigen Fürsten auszudrücken, scheint ebenfalls mehr ein Ehrenamt für Mong gewesen zu sein. Jedenfalls wurde ihm die Erfüllung durch Mitsendung des unwürdigen Günstlings Wang Huan sehr verbittert. Da Wang alles zu wissen vorgibt und nicht fragt, hält sich Mong auf dem ganzen Wege in Reserve. Über den Staat Tong vgl. Buch III.

10 Dieser Vorfall gab dem Günstling des Fürsten von Lu Anlaß, dem Mong den Vorwurf zu machen, er habe bei der Beerdigung seiner Mutter zu viel Pracht aufgewandt (I, B, 16). Der

曰：“前日不知虞之不肖，使虞敦匠事。嚴，虞不敢請。今願竊有請也，木若以美然。”
曰：“古者棺槨無度，中古棺七寸，槨稱之。自天子達於庶人。非直為觀美也，然後盡於人心。不得，不可以為悅；無財，不可以為悅。得之為有財，古之人皆用之，吾何為獨不然？且比化者，無使土親膚，於人心獨無恔乎？吾聞之君子：不以天下儉其親。”

8.

沈同以其私問曰：“燕可伐與？”
孟子曰：“可。子噲不得與人燕，子之不得受燕於子噲。有仕於此，而子悅之,

Frage stellen zu dürfen, und sprach: „Damals habt Ihr mich trotz meiner Untauglichkeit mit der Aufsicht über die Herstellung des Sarges beauftragt. Die Arbeit war dringend, und ich wagte keine Fragen zu stellen. Heute nun möchte ich mir eine Frage erlauben: War das Holz des Sarges nicht etwas zu schön?“

Mong Dsï sprach: „Im Altertum gab es keine Vorschriften für Sarg und Sarkophag. Im Mittelalter wurde der Sarg sieben Zoll dick gemacht und der Sarkophag entsprechend. So hielten es alle, vom Sohn des Himmels an bis auf den Mann aus dem Volk. Es war nicht nur darum, daß sie durch einen schönen Anblick des Menschen Herz befriedigen wollten. Wenn es ihnen unmöglich gemacht ward, so fühlten sie sich beunruhigt; wenn sie nicht das Geld dazu hatten, so fühlten sie sich beunruhigt; wenn sie es machen konnten und das Geld dazu hatten, befolgten die Alten alle diesen Brauch. Warum sollte nur ich nicht also tun?

Und ferner: sollte es unserem Herzen denn gar keine Beruhigung gewähren, wenn wir dafür sorgen, daß die Erde nicht in Berührung kommt mit den Körpern derer, die der Auflösung entgegengehen? Ich habe gehört: Der Edle ist um alles in der Welt nicht knickerig gegen seine Eltern.“

8. Der Angriff auf Yän

Schen Tung[11] fragte von sich aus den Mong Dsï und sprach: „Kann der Staat Yän angegriffen werden?“

Mong Dsï sprach: „Ja, Dsï Kuai – der frühere Fürst – durfte den Staat Yän nicht einem anderen geben. Dsï Dschï – der jetzige Fürst – durfte Yän von Dsï Kuai nicht annehmen. Angenommen, Ihr hättet einen Diener, der Euch gefiele, und

Schüler Tschung Yü wartet die drei Jahre Trauerzeit ab, die Mong in Lu verbringt, und wagt sich erst dann mit seiner Frage hervor, als Mong nach Tsi zurückkommt.

11 Schen Tung war ein hoher Beamter aus der Umgebung des Königs Süan von Tsi. Mong war damals als Ehrengast in Tsi. Die Chronologie ist bei Sï-Ma-Tsiän, der auf Mong Dsï keine Rücksicht nimmt, gänzlich in Unordnung. Nach ihm fiele der Vorgang unter den König Min von Tsi. Alles wird glatt, wenn wir die Chronologie der Bambusannalen akzeptieren, die mit Mong vorzüglich stimmen. Danach fällt die Expedition gegen Tsi in das siebente Jahr des Königs Süan (314 v. Chr.). Es ist dieselbe, von der I, B, 10 die Rede war. Der König Kuai von Yän war 320 auf den Thron gekommen und hatte – wie er meinte, in Nachahmung von Yau, wie Mong hier urteilt, in anmaßender Weise, ohne Rücksicht auf den Kaiserlichen Lehensherrn – den Thron an seinen Minister Dsï Dschï abgetreten, woraus in Yän Unruhen entstanden, in die Tsi eingriff. Mong lehnt die Verantwortung für das Vorgehen von Tsi ab, weil es nicht die moralische Berechtigung dazu gehabt habe.

不告於王而私與之吾子之祿爵；夫士也，亦無王命而私受之於子，則可乎？何以異於是？”

齊人伐燕。或問曰：“勸齊伐燕，有諸？”

曰：“未也。沈同問‘燕可伐與’？吾應之曰‘可’，彼然而伐之也。彼如曰‘孰可以伐之’？則將應之曰：‘為天吏，則可以伐之。’今有殺人者，或問之曰‘人可殺與’？則將應之曰‘可’。彼如曰‘孰可以殺之’？則將應之曰：‘為士師，則可以殺之。’今以燕伐燕，何為勸之哉？”

9.

燕人畔。王曰：“吾甚慚於孟子。”

陳賈曰：“王無患焉。王自以為與周公，孰仁且智？”

王曰：“惡！是何言也？”

曰：“周公使管叔監殷，管叔以殷畔。知而使之

Ihr sagtet dem König nichts davon, sondern gäbet ihm von Euch aus Euer Einkommen und Rang, und jener Mann würde, ebenfalls ohne Befehl des Königs, von sich aus es von Euch annehmen: Würde das gehen? Jene aber haben es eben so gemacht."

Der Staat Tsi griff nun Yän an.

Jemand fragte den Mong Dsï: „Ist es wahr, daß Ihr dem Staate Tsi geraten habt, Yän anzugreifen?"

Er sprach: „Niemals! Schen Tung hat gefragt, ob der Staat Yän angegriffen werden könne. Ich habe ihm geantwortet, er könne es. Darauf gingen sie hin und griffen ihn an. Wenn er mich aber gefragt hätte, wer ihn angreifen könne, so würde ich ihm geantwortet haben: wer als Knecht Gottes handelt, der kann ihn angreifen.

Angenommen, es handle sich um einen Mörder, und es fragt jemand: Soll der Mann getötet werden? So würde man ihm antworten: Ja, er soll. Wenn er dann fragte: Wer soll ihn töten? So würde man ihm antworten: Wer Strafrichter ist, der soll ihn töten.

Wie aber hätte ich dazu kommen sollen, zu raten, daß *ein* Yän das *andere* angreift?"

9. Empörung von Yän. Die Schuld des Königs

Die Leute von Yän empörten sich. Der König von Tsi sprach: „Ich schäme mich sehr vor Mong Dsï."[12]

Tschen Gia sprach: „Eure Hoheit brauchen sich nicht deshalb zu bekümmern! Wer, denken Eure Hoheit, sei gütiger[13] und weiser: der Herzog von Dschou oder Ihr?"

Der König sprach: „Ach, was redest du da!"

Jener sprach: „Der Herzog von Dschou beauftragte seinen älteren Bruder Guan Schu, das Land Yin zu beaufsichtigen. Guan Schu stützte sich auf Yin und empörte sich. Hat jener es nun im voraus gewußt und ihm dennoch den

12 Der König schämte sich, weil er den Rat, den Mong Dsï ihm gegeben hatte (vgl. I, B, 10 u. 11), nicht befolgt hatte und die üblen Folgen nun ans Licht kamen. Der Höfling Tschen Gia weiß aber eine Ausrede. Selbst der Heilige Fürst von Dschou, der Bruder des Königs Wu, das Idealbild eines Herrschers nach Mong Dsï, hat auch mit Aufständen zu kämpfen gehabt. Wie kann man da einem gewöhnlichen Sterblichen einen Vorwurf machen, wenn ihm so etwas vorkommt?

13 Güte (Jen, Sittlichkeit) und Weisheit (Dschï) sind die beiden Eigenschaften, die vereint die Heiligkeit ausmachen.

是不仁也；不知而使之，是不智也。仁智，周公未之盡也，而況於王乎？賈請見而解之。”

見孟子，問曰：“周公何人也？”

曰：“古聖人也。”

曰：“使管叔監殷，管叔以殷畔也，有諸？”

曰：“然。”

曰：“周公知其將畔而使之與？”

曰：“不知也。”“然則聖人且有過與？”

曰：“周公，弟也；管叔，兄也。周公之過，不亦宜乎？且古之君子，過則改之；今之君子，過則順之。古之君子，其過也，如日月之食，民皆見之；及其更也，民皆仰之。今之君子，豈徒順之，又從為之辭。”

Auftrag gegeben, so war er nicht gütig. Hat er es nicht gewußt und ihm den Auftrag gegeben, so war er nicht weise. Wenn also selbst ein Herzog von Dschou nicht vollkommen war an Güte und Weisheit: wie wollte man es von Eurer Hoheit erwarten? Ich bitte, den Mong Dsï besuchen zu dürfen, um ihm das zu erklären."

So trat er denn vor Mong Dsï und sprach: „Was war der Herzog von Dschou für ein Mann?"

Mong Dsï sprach: „Ein Heiliger der alten Zeit."

Jener sprach: „Ist es wahr, daß er den Guan Schu beauftragt hat, das Land Yin zu beaufsichtigen, und daß Guan Schu, auf Yin gestützt, sich empörte?"

Mong Dsï bejahte.

Jener sprach: „Wußte der Herzog von Dschou, daß jener sich empören werde, und hat er ihn dennoch angestellt?"

Mong Dsï sprach: „Er wußte es nicht."

Jener sprach: „Dann kann ein Heiliger also auch Fehler machen?"

Mong Dsï sprach: „Der Herzog von Dschou war der jüngere Bruder, Guan Schu war der ältere Bruder: *mußte* also nicht der Herzog von Dschou jenen Fehler begehen?[14] Außerdem machten es die Herren in alten Zeiten so, daß sie die Fehler, die sie begangen hatten, verbesserten. Die heutigen Herren aber geben sich den Fehlern hin, die sie machen. Wenn die Herren der alten Zeit einen Fehler machten, so war es wie eine Sonnen- oder Mondfinsternis. Jedermann konnte ihn bemerken. Aber nachdem sie ihn verbessert hatten, sah das Volk wie vorher zu ihnen empor. Aber die Herren von heutzutage geben sich nicht allein ihren Fehlern hin, sondern sie suchen sogar noch Ausreden dafür."

---

14 Der historische Sachverhalt ist nicht ganz klar. König Wu hatte 10 Söhne; gut bezeugter Überlieferung nach war Fa, der nachmalige König Wu, der zweite, Dan, der nachmalige Fürst von Dschou, der dritte. Guang Schu (Hiän) wäre demnach ein jüngerer Bruder gewesen. Als König Wu den Tyrannen Dschou Sing tötet hatte, verlieh er einen kleinen Staat Sang an die Nachkommen der Yindynastie, damit die Opfer für deren Vorfahren nicht unterbrochen würden. Zur Beaufsichtigung dieses Staates wurden jedoch einige Glieder der eigenen Familie bestimmt. Es ist das noch ein Akt des Königs Wu, so daß Tschen Gia nicht Recht hatte, als er diesen Handlung auch dem Fürsten Dschou zuschrieb. Die Brüder schienen jedoch, während der Regentschaft des Fürsten Dschou für den unmündigen Sohn des Königs Wu, Fronde gemacht zu haben. Sie warfen ihm vor, daß er seinen jungen Neffen, den Kaiser, benachteiligen wolle. Schließlich gingen sie zur offenen Empörung über, die vom Fürsten Dschou mit rigoroser Strenge niedergeworfen wurde. Trotzdem dieses Ereignis der Schmerz seines Lebens blieb, konnte er nicht anders vorgehen, wenn die neue Dynastie nicht in den Wurzeln ihrer Existenz gefährdet werden sollte. Mong führt zur Entschuldigung des Fürsten Dschou an, daß Guan Schu der ältere Bruder gewesen sei, dem jener schon aus Pietät alles Gute zutrauen mußte.

10.

孟子致為臣而歸。王就見孟子，曰：“前日願見而不可得，得侍，同朝甚喜。今又棄寡人而歸，不識可以繼此而得見乎？”對曰：“不敢請耳，固所願也。”

他日，王謂時子曰：“我欲中國而授孟子室，養弟子以萬鍾，使諸大夫國人皆有所矜式。子盍為我言之？”

時子因陳子而以告孟子，陳子以時子之言告孟子。孟子曰：“然。夫時子惡知其不可也？如使予欲富，辭十萬而受萬，是為欲富乎？

10. Vergeblicher Versuch, Mong durch Reichtum in Tsi zu halten

Mong Dsï hatte sein Amt in Tsi aufgegeben und sich zurückgezogen.[15]
Da suchte der König den Mong Dsï auf und sprach: „Einst wünschte ich Euch zu sehen, aber es war nicht möglich. Als es mir dann zuteil wurde, an Eurer Seite zu stehen, war ich mit meinem ganzen Hofe hocherfreut. Nun wollt Ihr mich wieder verlassen und Euch zurückziehen. Darf ich wohl hoffen auf ein künftiges Wiedersehen?"
Mong Dsï erwiderte: „So sehr ich es wünschte, ich wage nicht darum zu bitten."
Tags darauf sagte der König zu Schï Dsï[16]: „Ich habe im Sinn, dem Mong Dsï inmitten der Landeshauptstadt ein Haus zu geben und seinen Jüngern zum Unterhalt jährlich 10 000 Maß Getreide, damit alle Adeligen und Bürger ein Vorbild haben, zu dem sie emporsehen können. Wollt Ihr nicht ihm in meinem Namen davon sagen?"
So veranlaßte Schï Dsï den Tschen Dsï[17], es dem Mong Dsï anzusagen. Tschen Dsï sagte die Worte des Schï Dsï dem Mong Dsï an.
Mong Dsï sprach: „Ja, dieser Schï Dsï kann natürlich nicht wissen, daß es nicht geht. Angenommen, ich begehrte wirklich Reichtum; auf 100 000 Maß[18] verzichten und 10 000 annehmen: heißt das Reichtum begehren? ...[19] Wenn

15 Mong hatte die Ehrenstellung eines „King" (Minister), die er ohne Gehalt bekleidet hatte, aufgegeben und sich zunächst ins Privatleben zurückgezogen. Doch zögerte er offenbar, Tsi zu verlassen, in der Hoffnung, der König könne vielleicht doch noch für seine Lehren gewonnen werden. In dieser Hoffnung sah er sich enttäuscht. Der König suchte ihn zwar zu halten, aber nicht, indem er ihm zu folgen versprach, sondern indem er ihm materielle Verbesserungen seiner Lage in Aussicht stellte.

16 Schï Dsï ist ein Mann aus der Umgebung des Königs. Das Angebot des Königs, das Schï Dsï überbringen sollte, war freigebig. Die Fürsten des damaligen China liebten es, Gelehrte an ihren Hof zu ziehen. Sï-Ma Tsiän erwähnt, daß am „Korntor" (Dsi men), der Hauptstadt von Tsi, an die Tausend solcher Wandersophisten beherbergt wurden; Mong sollte offenbar etwas besser gestellt werden als diese Scharen.

17 Tschen Dsï ist Mongs Jünger, Tschen Dschen, der in II, B, 3 erwähnt ist.

18 100 000 Maß war das Gehalt eines Ministers, auf das Mong Dsï offenbar seinerzeit verzichtet hatte, sich mit einem Ehrenamt begnügend.

19 Hier scheint der Text verderbt zu sein. Ganz unvermittelt steht der Satz: „Gi-Sun sprach: ‚Sonderbar', Dsï Schu war zweifelhaft" mitten im Zusammenhang. Gi-Sun und Dsï Schu werden als Jünger Mongs genannt; möglich, daß der Satz nach oben gehört, hinter „Tschen Dsï sagte die Worte des Schï Dsï dem Mong Dsï an." Eine derartige Verlagerung könnte bei der Umschreibung des Textes von den Bambustafeln der alten Zeit auf die Rollen leicht vorgekommen sein. Die Ausführungen des Mong wären dann zur Zerstreuung der Zweifel seiner Schüler gegeben. Die Auskunft, ein Zitat des Mong anzunehmen: „Gi-Sun (das wäre

季孫曰：‘異哉子叔疑！使己為政，不用，則亦已矣，又使其子弟為卿。人亦孰不欲富貴？而獨於富貴之中，有私龍斷焉。’古之為市也，以其所有易其所無者，有司者治之耳。有賤丈夫焉，必求龍斷而登之，以左右望而罔市利。人皆以為賤，故從而征之。征商，自此賤丈夫始矣。

11.

孟子去齊，宿於晝。
有欲為王留行者，坐而言。不應，隱几而臥。客不悅曰：“弟子齊宿而後敢言，夫子臥而不聽，請勿復敢見矣。”
曰：“坐！我明語子。昔者魯繆公無人乎子思之側，

man selbst nicht mehr gebraucht wird bei der Regierung, so soll man es unterlassen, noch seine Schüler in Amt und Würden zu bringen. Reichtum und Ehre zu begehren, ist ja allgemein menschlich, aber geht es denn, daß man sich inmitten von Reichtum und Ehre einen besonderen Hügel macht?
In alter Zeit tauschten die Leute, die auf den Markt gingen, gegen die Dinge, die sie hatten, andere ein, die sie nicht hatten. Es waren Aufseher da, die sie in Ordnung hielten. Nun war einmal ein minderwertiger Geselle, der stets sich einen besonderen Hügel aussuchte. Er stieg hinauf und blickte rechts und links, um den ganzen Gewinn des Marktes einzuheimsen. Jedermann hielt das für gemein, und so machten sie sich denn daran, ihn zu besteuern. Die Besteuerung der Kaufleute hat bei diesem minderwertigen Gesellen ihren Anfang genommen."

11. Vergeblicher Versuch, Mong zurückzuholen

Als Mong Dsï den Staat Tsi verließ, da übernachtete er in dem Grenzort Dschou. Da kam ein Mann, der wollte ihn im Namen des Königs zum Bleiben überreden. Während dieser aber dasaß und redete, gab Mong Dsï keine Antwort, sondern stützte die Arme auf seinen Tisch und schlief.[20]
Der Besucher wurde mißvergnügt und sprach: „Ich habe die Nacht fastend[21] verbracht, ehe ich zu reden wagte, und nun schlaft Ihr und hört mir nicht einmal zu. Ich bitte, künftig meinen Besuch nicht mehr erwarten zu wollen."
Mong Dsï sprach: „Setzt Euch, ich will ohne Rückhalt mit Euch reden. Der Herzog Mu[22] von Lu hatte seinerzeit immer einen Vertreter zur Seite des Dsï

dann ein Glied der Gi-Sun-Familie in Lu zu Kungs Zeit) sprach: ‚Ein seltsamer Mensch war Dsï Schu I" (wobei das I, „zweifelhaft", zum Namen gezogen wird!) ist sehr gezwungen. Namentlich muß der genannte Dsï Schu I erst künstlich hergestellt werden. Man wird daher die vorliegende Emendation der Übersetzung von Legge und Couvreur, die beide Dschu Hi folgen, empfehlen dürfen.

20 Diese Haltung des Mong war absichtlich, um den Beamten zum Fragen zu veranlassen.

21 Tsi = Dschai. Andere Übersetzung: „Ich habe mich lange ehrerbietig vorbereitet".

22 Herzog Mu von Lu regierte von 409–377 v. Chr. Der Enkel des Kung Dsï, Dsï Sï, weilte als hochgeehrter Lehrer in Lu. Der Fürst hatte immer einen Vertreter in seiner Nähe, um seine Lehren in Empfang zu nehmen. Siä Liu war ein Weiser aus Tsi, Schen Siang war der Sohn des Konfuziusjüngers Dsï Dschang. Beide waren ebenfalls zu jener Zeit in Lu und hatten wenigstens ihrerseits einen Vertreter beim Fürsten, der für Durchführung ihrer Ratschläge sorgte. Die Meinung Mongs ist nun: „Statt daß man in Tsi ebenfalls Anstalten trifft, für Durchführung meiner Lehren zu sorgen, will man mich nur veranlassen zurückzukehren, damit gleichsam die ganze Schuld des Bruches mir zuschiebend. Darin liegt eine schlechte Behandlung, die ich mir nicht gefallen lassen kann." Dennoch gab er die Hoffnung nicht

則不能安子思；泄柳、申詳，無人乎繆公之側，則不能安其身。子為長者慮，而不及子思，子絕長者乎？長者絕子乎？”

12.

孟子去齊。尹士語人曰：“不識王之不可以為湯武，則是不明也；識其不可，然且至，則是干澤也。千里而見王，不遇故去。三宿而後出晝，是何濡滯也？士則茲不悅。”

高子以告。曰：“夫尹士惡知予哉？千里而見王，是予所欲也；不遇故去，豈予所欲哉？予不得已也。予三宿而出晝，於予心猶以為速。王庶幾改之。王如改諸，則必反予。夫出晝而王不予追也，予然後浩然有歸志。予雖然，豈舍王哉？王由足用為善。王如用予，則豈徒齊民安，天下之民舉安。王庶幾改之，予日望之。

Sï, sonst hätte er ihn nicht zu halten vermocht, und Leute wie Siä Liu und Schen Siang hatten wenigstens Leute zur Seite des Herzogs, die ihre Sache vertraten, sonst hätten sie sich auch nicht halten lassen. Wenn Ihr nun in Euren Erwägungen um meinetwillen, der ich doch ein älterer Mann bin, nicht dafür sorgt, daß ich wie ein Dsï Sï behandelt werde: habt Ihr da mich als Älteren schlecht behandelt, oder habe ich als Älterer Euch schlecht behandelt?"

12. *Warum Mong Dsï zögerte*

Mong Dsï hatte Tsi verlassen.

Da sagte Yin Schï[23] zu den Leuten: „Wenn er nicht gewußt hat, daß man aus unserem König keinen Heiligen wie Tang und Wu machen kann, so war er unvernünftig. Hat er aber gewußt, daß es nicht geht, und ist doch gekommen, so hat er sich einfach in der königlichen Gnade sonnen wollen. Tausend Meilen weit ist er gekommen, um vor den König zu treten. Weil er es nicht nach Wunsch getroffen hat, ist er wieder gegangen. Dabei hat er noch an der Grenze dreimal übernachtet, ehe er Dschou verließ. Was ist das für ein zögerndes Wesen! Das gefällt mir nicht!"

Der Schüler Gau Dsï[24] erzählte das dem Mong Dsï wieder.

Der sprach: „Dieser Yin Schï kennt mich nicht! Daß ich tausend Meilen weit herkam, um vor den König zu treten, das war mein eigener Wunsch. Daß ich es nicht getroffen habe und wieder ging: wie wäre das mein Wunsch gewesen! Ich tat's, weil ich nicht anders konnte. Drei Tage weilte ich in Dschou, ehe ich die Grenze überschritt, und es wollte mir noch zu eilig dünken. Vielleicht konnte der König die Sache noch ändern. Änderte er sie, so ließ er mich sicher zurückholen. Ich überschritt die Grenze, und der König schickte niemand nach mir. Da erst ließ ich meinem Entschluß zur Heimkehr freien Lauf. Aber trotz alledem! Wie könnte ich den König aufgeben! Der König ist ein Mann, der wohl dazu gebracht werden kann, Gutes zu wirken. Wenn der König mich gebraucht hätte, so wäre nicht nur das Volk von Tsi zur Ruhe gekommen: alles Volk auf Erden wäre zur Ruhe gekommen. Vielleicht macht es der König noch wieder gut. Ich hoffe täglich darauf.

---

auf, sondern wartete in Dschou, dem südwestlichen Grenzort von Tsi, drei Tage, ob der König sich nicht eines Besseren besinne. Vergebens!

23 Yin Schï, ein sonst nicht genannter Mann aus Tsi.

24 Gau Dsï ist der bei Dschau als zwölfter Jünger genannte.

予豈若是小丈夫然哉？諫於其君而不受，則怒，悻悻然見於其面。去則窮日之力而後宿哉？”
尹士聞之曰：“士誠小人也。”

13.

孟子去齊。充虞路問曰：“夫子若有不豫色然。前日虞聞諸夫子曰：‘君子不怨天，不尤人。’”
曰：“彼一時，此一時也。五百年必有王者興，其間必有名世者。由周而來，七百有餘歲矣。以其數則過矣，以其時考之則可矣。夫天，未欲平治天下也；如欲平治天下，當今之世，舍我其誰也？吾何為不豫哉？”

14.

孟子去齊，居休。
公孫丑問曰：“仕而不受祿，古之道乎？”
曰：“非也。於崇，吾得見王。退而有去志，

Warum sollte ich es machen, wie solch ein kleiner Geselle, der, wenn er seinem Fürsten Vorstellungen macht und kein Gehör findet, gleich aufbraust und rot vor Zorn im Gesicht wegläuft und den ganzen Tag mit aller Kraft voranmacht, ehe er innehält zum Übernachten!"
Yin Schï hörte davon und sprach: „Ich war doch wirklich zu gering!"

13. Verzweiflung

Als Mong Dsï den Staat Tsi verließ, befragte ihn der Schüler Tschung Yü unterwegs und sprach: „Ihr seht mißvergnügt aus, Meister! Früher habe ich Euch sagen hören: ‚Der Edle murrt nicht wider Gott und grollt nicht den Menschen.'"
Mong Dsï sprach: „Das war zur damaligen Zeit, heute ist es wieder anders. Alle fünfhundert Jahre muß ein König der Welt erscheinen, und dazwischen müssen wenigstens Männer da sein, die in ihrem Geschlechte[25] Ordnung schaffen. Seit der Begründung des Hauses Dschou sind nun über siebenhundert Jahre verflossen. Die Zahl der Jahre ist also schon überschritten; prüfen wir die Verhältnisse der Zeit, so ist die Möglichkeit vorhanden. Aber Gott will noch nicht, daß Friede und Ordnung auf Erden herrscht. Wenn er Frieden auf Erden wollte, wer ist dann außer mir sonst in diesem Geschlecht vorhanden, die Welt zu ordnen? Wie sollte ich da nicht mißvergnügt sein?"

14. Warum Mong in Tsi kein Gehalt nahm

Als Mong Dsï den Staat Tsi verließ, machte er Rast in Hiu.
Gung-Sun Tschou befragte ihn und sprach: „Im Amt zu sein, ohne Gehalt anzunehmen: ist das der Weg der Alten?"
Mong Dsï sprach: „Nein. Aber als ich in Tschung den König zu sehen bekam, da hatte ich gleich, als ich von ihm herauskam, die Absicht, wieder wegzuge-

25 Mong macht hier den Unterschied zwischen berufenen Heiligen auf dem Thron, die für Jahrhunderte hinaus die Weltordnung festlegen, wie Yau, Tang, Wen usw. (Schong Jen) und den Würdigen (Hiän Jen), die wenigstens in ihrem Geschlecht die „Namen in Ordnung bringen". (Über das in Ordnung bringen der Namen vgl. Lun Yü XIII, 3). Zu den letzteren rechnet sich Mong offenbar selbst. Und zwar weiß er sich als den einzigen in seinem Geschlecht, darum die Verzweiflung, als er keinen Fürsten findet, der auf seine Lehren hört.

不欲變，故不受也。繼而有師命，不可以請。久於齊，非我志也。”

hen. Ich wollte nicht zweideutig[26] erscheinen. So nahm ich kein Gehalt an. Nachher ergab es sich, daß ich zum Ratgeber[27] ernannt wurde; dieser Pflicht konnte ich mich nicht entziehen. Daß ich aber so lange in Tsi geblieben bin, war nicht meine Absicht."

26 Nach Dschau wäre zu erklären: „Ich hatte zwar die Absicht, wieder zu gehen, doch wollte ich nicht so abrupt abreisen, um nicht den Anschein einer scharfen Verurteilung des Königs zu geben. Darum blieb ich zwar zunächst, aber ohne Gehalt, um mir den Rücktritt jederzeit zu ermöglichen."

27 Dieser Posten eines Ratgebers war, wie aus der Stelle deutlich hervorgeht, ein unbezahltes Ehrenamt.

滕文公

上

1.

滕文公為世子，將之楚，過宋而見孟子。孟子道性善，言必稱堯舜。

世子自楚反，復見孟子。孟子曰：“世子疑吾言乎？夫道一而已矣。成覸謂齊景公曰：‘彼丈夫也，我丈夫也，吾何畏彼哉？’顏淵曰：‘舜何人也？予何人也？有為者亦若是。’公明儀曰：‘文王我師也，周公豈欺我哉？’今滕，絕長補短，將五十里也，猶可以為善國。《書》曰：‘若藥不瞑眩，厥疾不瘳。’”

BUCH III – TONG WEN GUNG

ABSCHNITT A

1. Ermunterung des Thronfolgers von Tong

Der Herzog Wen von Tong[1] reiste, als er noch Thronfolger war, nach Tschu. Er kam durch Sung und besuchte den Mong Dsï. Mong Dsï redete von der Güte der menschlichen Natur und erwähnte dabei immer die heiligen Herrscher Yau und Schun. Als der Thronfolger von Tschu zurückkam, besuchte er abermals den Mong Dsï.

Mong Dsï sprach: „Beunruhigen Euch[2] meine Worte, Prinz? Der Weg ist Einer. Das ist alles.

Tschong Giän[3] sagte einst vom Herzog Ging von Tsi: ‚Jener ist ein Mensch, ich bin auch ein Mensch. Warum sollte ich mich durch ihn einschüchtern lassen?'

Yän Yüan[4] sagte einst: ‚Wer ist Schun? Wer bin ich? Wer tätig ist, wird es auch so weit bringen.' Gung-Ming I[5] sagte: ‚Der heilige König ist mein Lehrer, und ich glaube, daß der Herzog von Dschou mich nicht irreführt.'

Die Herrschaft Tong hat rund nur etwa fünfzig Meilen im Geviert. Dennoch kann man einen gutregierten Staat daraus machen. Es heißt im Buch der Urkunden[6]: ‚Wenn die Arznei nicht erst eine Betäubung hervorruft, wird seine Krankheit nicht geheilt.'"

---

1 Der Herzog Wen von Tong, der hier als Kronprinz auftritt, ist derselbe wie der in I, B, 13–15 erwähnte. Der hier erzählte Vorfall ist wesentlich früher. Er schließt sich an die Abreise Mongs aus Tsi an und fällt ins Jahr 311.

2 Die Beunruhigung könnte darin liegen, daß die Vorbilder eines Yau und Schun zu unerreichbar und hoch seien. Demgegenüber betont Mong, daß der Weg einer ist, daß, was jene von Natur hatten, auch durch Anstrengung errungen werden könne.

3 Tschong Giän war ein Held wie etwa Mong Ben. Seine Worte: „Jener ist ein Mensch", beziehen sich nach Dschau auf den Herzog Ging von Tsi, vor dem er sich nicht scheute.

4 Yän Yüan, der Lieblingsschüler Kungs, steckt sich seine Ziele höher.

5 Gung Ming I ist ein Schüler des Konfuziusjüngers Dsong Schen. Er nahm den König Wen und den Herzog von Dschou zu Vorbildern.

6 Vgl. Schu Ging IV, 8, I, 8 (Schuo Ming Piän), von Wu Ding gebraucht.

2.

滕定公薨。世子謂然友曰："昔者孟子嘗與我言於宋，於心終不忘。今也不幸至於大故，吾欲使子問於孟子，然後行事。"

然友之鄒問於孟子。孟子曰："不亦善乎！親喪固所自盡也。曾子曰：'生，事之以禮；死，葬之以禮，祭之以禮，可謂孝矣。'諸侯之禮，吾未之學也；雖然，吾嘗聞之矣。三年之喪，齊疏之服，飦粥之食，自天子達於庶人，三代共之。"

然友反命，定為三年之喪。父兄百官皆不欲，曰："吾宗國魯先君莫之行，吾先君亦莫之行也，至於子之身而反之，不可。且志曰：'喪祭從先祖。'"

曰："吾有所受之也。"謂然友曰："吾他日未嘗學問，好馳馬試劍。今也父兄

2. Trauer um den alten Fürsten

Herzog Ding von Tong war entschlafen.[7] Der Thronfolger sprach zu Jan Yu[8]: „Einst hat Mong Dsï mit mir gesprochen in Sung. Das habe ich nie in meinem Herzen vergessen. Heute nun, da ich die traurige Pflicht habe, meinen Vater zu bestatten, möchte ich Euch senden, um den Mong Dsï zu befragen, ehe ich ans Werk gehe."

Jan Yu kam nach Dsou und befragte den Mong Dsï.

Mong Dsï sprach: „Seid mir willkommen! Die Trauer um die Eltern ist allerdings etwas, dem man sich ganz widmen muß.

Dsong Dsï sprach[9]: ‚Sind die Eltern am Leben, ihnen dienen, wie es sich geziemt; nach ihrem Tode sie bestatten, wie es sich geziemt, und ihnen opfern, wie es sich geziemt: das mag man Kindesehrfurcht nennen.' Der Fürsten[10] Bräuche habe ich nicht gelernt. Immerhin, ich habe gehört, daß eine Trauerzeit von drei Jahren, Kleidung aus grobem, ungesäumten Tuch und einfache Nahrung ohne Fleisch, vom Himmelssohne bis hernieder auf den Mann des Volkes seit alten Zeiten[11] immer üblich ist."

Jan Yu brachte den Bescheid zurück. Es ward bestimmt, drei Jahre Trauer einzuhalten. Die Anverwandten und die Beamten waren alle nicht einverstanden. Sie sprachen: „In Lu[12], dem Reiche unserer Ahnen, hat unter den früheren Fürsten keiner so gehandelt; unter den früheren Fürsten unseres Landes hat gleichfalls keiner so gehandelt. Es geht nicht an, daß Ihr nun plötzlich alles anders machen wollt. Auch steht geschrieben[13]: ‚Bei Bestattung und Opfern folge den Ahnen.' Das heißt also, wir sollen uns ans Überkommene halten."

Da sprach der Fürst zu Jan Yu: „Ich habe früher nicht der Bildung gelebt, ich liebte Wagenrennen und Kampfspiele. Darum sehen mich die Verwandten und

7 Der Tod des alten Fürsten von Tong fällt ins Jahr 301, also zehn Jahre nach dem vorigen Abschnitt.

8 Jan Yu ist der Erzieher des Fürsten. Mong Dsï war zu jener Zeit von Sung in seine Heimat zurückgekehrt.

9 Dieses Zitat steht als Ausspruch Kungs in Lun Yü II, 5.

10 Die „Fürsten" sind hier mit Verachtung genannt. Ihre Bräuche sind die schlechten Sitten der Verfallszeit. Ihnen gegenüber appelliert Mong an das Altertum

11 Wörtlich: „seit den drei Dynastien", d. h. seit historischer Zeit.

12 Das Haus von Tong leitet sich von einem Seitenzweig des Hauses Dschou her; die Bräuche von Lu, wo der Herzog von Dschou herrschte, waren maßgebend für alle Staaten, die zur Dschoufamilie gehörten. Es ist natürlich nicht wahr, daß der Herzog von Dschou die dreijährige Trauerzeit nicht eingehalten. Die lockeren Sitten waren erst später aufgekommen.

13 Wo das steht, ist nicht gesagt: „Dschï" heißt einfach Aufzeichnung, Lokalchronik.

百官不我足也，恐其不能盡於大事，子為我問孟子。”

然友復之鄒問孟子。孟子曰：“然。不可以他求者也。孔子曰：‘君薨，聽於冢宰。歠粥，面深墨。即位而哭，百官有司，莫敢不哀，先之也。’上有好者，下必有甚焉者矣。‘君子之德，風也；小人之德，草也。草尚之風必偃。’是在世子。”

然友反命。世子曰：“然。是誠在我。”五月居廬，未有命戒。百官族人可謂曰知。及至葬，四方來觀之，顏色之戚，哭泣之哀，弔者大悅。

3.

滕文公問為國。孟子曰：“民事不可緩也。《詩》云：‘晝爾于茅，宵爾索綯；亟其乘屋，其始播百穀。’

Beamten nicht für voll an. Ich fürchte der Wichtigkeit der Sache nicht gewachsen zu sein. Frage für mich bei Mong Dsï an.“
Jan Yu kam abermals nach Dsou und befragte den Mong Dsï.
Mong Dsï sprach: „So ist's. Doch soll er es nicht bei den anderen suchen. Meister Kung sprach[14]: ‚Stirbt der Fürst, so führt der Kanzler die Regierung, der Thronfolger ernährt sich von dünnem Reis, sein Angesicht verfärbt sich zu tiefem Schwarz, er begibt sich auf seinen Platz und weint. Dann ist unter allen Beamten und Dienern keiner, der es wagte, nicht zu trauern, wenn er ihnen mit seinem Beispiel vorangeht. Was die Oberen lieben, das lieben die Unteren sicher noch mehr. Das Wesen des Herrschers ist wie der Wind, das Wesen der Leute ist wie das Gras. Das Gras muß sich beugen, wenn der Wind darüber kommt.‘ Die Sache steht beim Thronfolger.“
Jan Yu brachte den Bescheid zurück. Der Thronfolger sprach: „Ja, es steht wirklich bei mir.“
Er verweilte bis zur Beerdigung im Trauerzelt. Und kein Gebot oder Verbot erließ er während dieser Zeit. Alle Beamten und Verwandten sagten von ihm, daß er die Bräuche verstehe. Als die Bestattung war, da kamen von allen Seiten her die Leute, um ihn zu sehen. Seine Mienen waren so bekümmert, seine Tränen so echt, daß alle Leidtragenden damit zufrieden waren.

3. Ratschläge für die Regierung

Der Herzog Wen von Tong befragte den Mong Dsï über die Leitung des Staates.
Mong Dsï sprach: „Die Geschäfte des Volkes darf man nicht vernachlässigen. Im Buch der Lieder[15] heißt es:

‚Indes der Tag ist, schneidet Binsengras,
Und wird es Nacht, so flechtet Seile draus.
Behende steiget zu dem Boden auf,
Hebt an und worfelt alle das Getreide.‘

14 Dieses Zitat findet sich in dieser Gestalt in Lun Yü nicht. Es ist eine erweiterte Kombination von Lun Yü XIV, 18 u. XII, 14. Auch hier ein Beweis, daß der Text der Lun Yü zu Mongs Zeit noch nicht feststand.

15 Vgl. Schï Ging I, XV, 1 v. 7.

民之為道也，有恆產者有恆心，無恆產者無恆心。苟無恆心，放辟邪侈，無不為已。及陷乎罪，然後從而刑之，是罔民也。焉有仁人在位，罔民而可為也？是故賢君必恭儉禮下，取於民有制。陽虎曰：‘為富不仁矣，為仁不富矣。’

“夏后氏五十而貢，殷人七十而助，周人百畝而徹，其實皆什一也。徹者，徹也；助者，藉也。龍子曰：‘治地莫善於助，莫不善於貢。貢者校數歲之中以為常。樂歲，粒米狼戾，多取之而不為虐，則寡取之；凶年，糞其田而不足，則必取盈焉。為民父母，使民盻盻然，將終歲勤動，不得以養其父母，又稱貸而益之。使老稚轉乎溝壑，惡在其為民父母也？’夫世祿，滕固行之矣.

Dem Volk geht es also[16]: Hat es einen festen Lebensunterhalt, so hat es ein festes Herz. Hat es keinen festen Lebensunterhalt, so verliert es auch die Festigkeit des Herzens. Ohne Festigkeit des Herzens aber kommt es zu Zuchtlosigkeit, Gemeinheit, Schlechtigkeit und Leidenschaften aller Art. Wenn die Leute so in Sünden fallen, hinterher sie mit Strafen verfolgen: das heißt dem Volke Fallstricke stellen. Wie kann ein milder Herrscher auf dem Throne sein Volk also verstricken? Darum ist ein weiser Fürst stets ernst und sparsam und höflich gegen Untergebene. Und was er von dem Volke nimmt, hat feste Grenzen. Yang Hu[17] sprach: ‚Wem es um Reichtum zu tun ist, der kann nicht gütig sein. Wem es um Güte zu tun ist, der wird nicht reich.'
Das Herrscherhaus von Hia[18] gab den Leuten 50 Morgen und nahm Steuern. Das Haus Yin gab ihnen 70 Morgen und nahm Frondienste. Das Haus Dschou gab ihnen 100 Morgen und nahm Abgaben. In Wirklichkeit nahmen sie alle den Zehnten. Die ‚Abgaben' beruhten auf der Einrichtung der Ertragsgemeinschaft. Die ‚Fronden' beruhten auf der Einrichtung der Arbeitsgemeinschaft. Lung Dsï[19] sprach: ‚Bei der Ordnung des Grundbesitzes ist am geeignetsten die Fron, am ungeeignetsten die Steuer.' Die Steuer wird für immer festgesetzt nach dem mittleren Ertrag mehrerer Jahre. In guten Jahren, wenn das Korn im Überfluß umherliegt, könnte man mehr nehmen, ohne daß es als Härte wirkte. Statt dessen wird verhältnismäßig wenig genommen. In übeln Jahren, wenn man die Felder düngen muß und doch nicht genug hat, muß dann doch der volle Betrag erhoben werden. Wenn ein Landesvater es dahin bringt, daß seine Leute mit Falten auf der Stirn das ganze Jahr sich abmühen und selbst so es noch nicht fertig bringen, ihre Eltern zu ernähren, sondern Anleihen aufnehmen müssen, um den Mangel auszugleichen, so daß die Greise und Säuglinge sich in den Straßengräben wälzen: worin besteht da seine Landesvaterschaft?[20]

16 Vgl. I, A, 7.

17 Yang Hu oder Yang Ho ist der Usurpator in Lu, der Kung in seine Dienste nehmen wollte. Vgl. Lun Yü XVII, 1. Er hat die hier zitierten Worte natürlich in entgegengesetztem Sinne angewandt.

18 Das Haus von Hia wird meist als Hia Hou Schï zitiert (auch in Lun Yü), während die Yin- und Dschoudynastie einfach als Leute von Yin bzw. Dschou eingeführt werden. Das wird damit erklärt, daß der Begründer des Hauses Hia, der große Yü, den Thron durch Übertragung von Schun erhalten habe, während die Begründer der beiden folgenden Dynastien ihn gewaltsam an sich gerissen haben.

19 Lung Dsï wird von Dschau einfach ein Würdiger der alten Zeit genannt.

20 Vgl. I, A, 4. Im Text steht noch der Satz: Was das erbliche Einkommen der Beamtenfamilien anlangt, so ist das in Tong jetzt schon üblich. Dieser Satz steht jedenfalls nicht in rich-

《詩》云：‘雨我公田，遂及我私。’惟助為有公田。由此觀之，雖周亦助也。

“設為庠序學校以教之：庠者，養也；校者，教也；序者，射也。夏曰校，殷曰序，周曰庠，學則三代共之，皆所以明人倫也。人倫明於上，小民親於下。有王者起，必來取法，是為王者師也.《詩》云‘周雖舊邦，其命惟新’，文王之謂也。子力行之，亦以新子之國。”

Im Buch der Lieder[21] heißt es:

,Und regnet's auf des Fürsten Acker,
So kommt's auch auf die unsern dann!'

Nur beim System der Arbeitsgemeinschaft gibt es Fürstenäcker. Von hier aus angesehen, kommt es auch zur Dschou-Zeit auf das System der Arbeitsgemeinschaft hinaus.

Man richte Akademien[22], Gymnasien, Schulen und Lehranstalten ein, um das Volk zu belehren. Akademien sind Anstalten, wo die Lehrer auf öffentliche Kosten unterhalten werden; Lehranstalten sind Anstalten, wo gelehrt wird; Gymnasien waren für den Unterricht in Körperübungen da. Zur Zeit der Hia-Dynastie sprach man von Lehranstalten, zur Zeit der Yin-Dynastie von Gymnasien, zur Zeit der Dschou- Dynastie von Akademien. Was die Schulen anlangt, so sind sie allen drei Dynastien gemein. Bei allen war das Ziel die Klärung der Pflichten innerhalb der menschlichen Gesellschaft. Wenn die Pflichten innerhalb der menschlichen Gesellschaft bei den oberen Ständen geklärt sind, so wird das gewöhnliche Volk in den unteren Schichten Liebe bekommen. Und wenn ein König der Welt aufsteht, so wird er kommen und sich ein Beispiel an Euch nehmen, und Ihr werdet so Lehrer der Könige sein.

Im Buch der Lieder[23] heißt es:

,Ist Dschou auch schon ein altes Land,
Es hat sein Amt erst neu erlangt.'

Das ist vom König Wen gesagt. Wenn Ihr kräftig daran wirkt, so wird dadurch auch Euer Staat erneuert werden."

---

tigem Zusammenhang, oder aber es muß das Zitat aus Schï Ging II, VI, 8 mit dem Zusatz gestrichen werden.

21 Vgl. Schï Ging II, VI, 8.

22 Man darf dabei nicht an Schulen moderner Art denken. Die Akademien („Siang") waren Orte gemeinsamer Zusammenkunft in den einzelnen Gauen, wo alte, verdiente Gaugenossen bewirtet wurden. Die Gymnasien („Sü") waren Orte, wo hauptsächlich das gemeinsame Bogenschießen geübt wurde. Die Lehranstalten („Hiau") dienten vornehmlich zur Einübung von Riten und Musik. Doch scheinen die drei genannten Anstalten ziemlich ähnlichen Zwecken gedient zu haben als Orte der Zusammenkunft zu gemeinsamen Mahlzeiten und Feiern. Die Schulen („Hüo" oder „Da Hüo") sind im Gegensatz zu den Gauanstalten die höchsten Anstalten in der Hauptstadt, die westlich vom Königspalast gelegen waren. Hier versammelten sich die reifsten Gelehrten der anderen Anstalten als in einer Art von Universitäten.

23 gl. Schï Ging II, VI, 8 v. 3.

使畢戰問井地。孟子曰："子之君將行仁政，選擇而使子，子必勉之！夫仁政，必自經界始。經界不正，井地不鈞，穀祿不平。是故暴君汙吏必慢其經界。經界既正，分田制祿可坐而定也。夫滕壤地褊小，將為君子焉，將為野人焉。無君子莫治野人，無野人莫養君子。請野九一而助，國中什一使自賦。卿以下必有圭田，圭田五十畝。餘夫二十五畝。死徙無出鄉，鄉田同井。出入相友，守望相助，疾病相扶持，則百姓親睦。方里而井，井九百畝，其中為公田。八家皆私百畝，同養公田。公

Der Fürst stellte Bi Dschan an. Der befragte den Mong Dsï über die Einteilung des Landes nach dem Brunnensystem[24].

Mong Dsï sprach: „Euer Fürst will ein mildes Regiment ausüben, und seine Wahl ist auf Euch gefallen, da müßt Ihr Euch die größte Mühe geben. Ein mildes Regiment beginnt mit der Feststellung der Grenzen. Sind die Grenzen der Ländereien nicht geregelt, so ist das öffentliche Land mit den Brunnen nicht gerecht verteilt und das Getreide für die Gehälter nicht gleichmäßig. Darum pflegen grausame Herrscher und unreine Beamte stets die Grenzen zu vernachlässigen. Sind die Grenzen reguliert, so läßt sich die Verteilung der Felder und die Bestimmung der Gehälter festsetzen, während man ruhig zu Hause sitzt.

Das Ackerland von Tong ist beschränkt und klein, aber es gibt doch wohl Gebildete, es gibt doch wohl Bauern. Gäbe es keine Gebildeten, so wäre niemand da, die Bauern zu regieren; gäbe es keine Bauern, so wäre niemand da, die Gebildeten zu ernähren. Ich würde raten, auf dem Lande die Felder so zu verteilen, daß unter je neun Feldern ein staatliches Feld ist. In der Nähe der Hauptstadt dagegen mögen die Leute den Zehnten für sich selbst bezahlen. Vom Minister an abwärts soll jeder Beamte ein Feld für die Bestreitung der Unkosten des Ahnendienstes haben im Umfange von 50 Morgen. Die jüngeren Söhne sollen 25 Morgen bekommen. Kein Toter und kein Wandernder soll seine Markung verlassen. Die Felder einer Markung haben einen gemeinsamen Brunnen, beim Aus- und Eingehen sind die Leute einander befreundet, im Schutz und bei der Aufsicht helfen sie einander, in Krankheitsfällen pflegen und warten sie einander. So herrscht Liebe und Eintracht unter dem Volke.

Jede Geviertmeile bildet einen Brunnenverband. Ein solcher Brunnenverband besteht aus neunmal hundert Morgen. Die mittleren hundert Morgen sind öffentliches Land. Acht Familien haben je hundert Morgen zum eigenen Anbau und bebauen gemeinsam das öffentliche Land. Sind die öffentlichen

24 Das sogenannte Brunnensystem bezeichnet die Einteilung der Felder unter Zugrundelegung des Zeichens #, dsing (Brunnen). Je neun Felder werden so angeordnet, daß das mittlere, auf dem sich der Brunnen befand, öffentliches Land war, während die acht umliegenden Felder an die einzelnen Bauern verteilt wurden, die außer ihren eigenen Feldern das öffentliche Feld im Frondienst mit bestellen mußten. Von dem Ertrag der „Brunnenfelder" wurden dann die öffentlichen Ausgaben bestritten. Es würde zu weit führen, die umfangreichen Angaben der Kommentare über dieses System wiederzugeben, das offenbar die primitiven Verhältnisse nach Umwandlung der totemistischen Sippen in die patriarchalische Familie widerspiegelt, wobei jedoch ähnlich wie bei den alten Germanen viele kommunistische Züge bestehen blieben.

事畢，然後敢治私事，所以別野人也。此其大略也。若夫潤澤之，則在君與子矣。”

4.

有為神農之言者許行，自楚之滕，踵門而告文公曰：“遠方之人聞君行仁政，願受一廛而為氓。”文公與之處，其徒數十人，皆衣褐，捆屨、織席以為食。

陳良之徒陳相與其弟辛，負耒耜而自宋之滕，曰：“聞君行聖人之政，是亦聖人也，願為聖人氓。”

Arbeiten beendigt, dann erst wagen sie, an ihre eigenen Arbeiten zu gehen. Dadurch unterscheiden sie sich als Bauern.
Das sind die großen Grundzüge. Wie das Volk noch weiter gefördert werden mag, das steht bei Eurem Fürsten und Euch."

4. Die Naturmenschen

Es kam ein Mann, der die Lehre des göttlichen Landmanns[25] verkündete, namens Hü Hing, von Tschu nach Tong. Er kam vor die Tür des Palastes und sagte zu dem Herzog Wen: „Wir sind Leute aus fernen Landen und haben gehört, daß Ihr ein mildes Regiment führet, o Fürst. Wir möchten ein Stück Land überwiesen haben und Eure Untertanen werden." Der Herzog Wen gab ihm einen Wohnplatz. Er hatte mehrere Dutzend Schüler. Alle trugen sie härene Gewänder und verdienten sich ihre Nahrung durch Klopfen von hänfenen Sandalen und Flechten von Matten.
Ein Jünger des Tschen Liang[26] namens Tschen Siang und sein Bruder Sin kamen, mit ihren Ackergeräten auf dem Rücken, von Sung nach Tong und sprachen: „Wir haben gehört, daß Ihr das Regiment eines Heiligen führt, o Fürst. So seid Ihr auch ein Heiliger. Wir möchten eines Heiligen Untertanen werden."

---

25 Der göttliche Landmann (Schen Nung), der als Erfinder des Ackerbaues und der Medizin gefeiert wird, ist der zweite der drei Huang (Erhabenen), als deren erster Fu Hi „der brütende Atem" genannt wird. Schen Nung ist auch der Feuerherr. Über den dritten der Huang geht die Überlieferung auseinander. Entweder wird Sui Jen (der Feuerbohrer) oder Dschu Ying (der Schmelzer) oder Huang Di (der Herr der gelben Erde) genannt, oder wird als zweiter nach Fu Hi der oder die Nü Wa – zuweilen als seine Schwester bezeichnet – eingeschoben. Alle diese mythischen Gestalten aus grauer Vorzeit, die zum Teil Lokalsagen, zum Teil fremden Einflüssen ihre Entstehung verdanken, können natürlich keinen Anspruch auf historische Glaubwürdigkeit machen. Die hier verkündigten Lehren des göttlichen Landmanns entstammen tatsächlich der Schule des Schï Giau, eines Philosophen aus dem Staate Lu, der in seiner Betonung der „Natürlichkeit" noch weiter ging als Mo Di. Er gehörte zu den taoistischen Philosophen, und ähnlich wie Mo Di den großen Yü als Vorbild gewählt, so hatte er den Schen Nung genommen. Mong Dsï hatte Yau und Schun als Vorbilder. Die Richtung ist mit den in Dschuang Dsï erwähnten taoistischen Schulen des Sung Giän und des Pong Mong verwandt (vgl. Dschuang Dsï, Einl. S. XVIII u. XIX). Der Staat Tschu, von wo die Leute kamen, lag südlich von Tong.

26 Tschen Liang gehörte zur konfuzianischen Schule zu den „Ju". Als „Ju" werden bezeichnet die, welche in den sechs klassischen Schriften bewandert sind, Liebe und Pflicht (Jen, J) als ihre Ideale bezeichnen, Yau, Schun, Wen, Wu, Dschou Gung, Kung Dsï als ihre Meister verehren.

陳相見許行而大悅，盡棄其學而學焉。
陳相見孟子，道許行之言曰：“滕君，則誠賢君也；雖然，未聞道也。賢者與民並耕而食，饔飧而治。今也滕有倉廩府庫，則是厲民而以自養也，惡得賢？”
孟子曰：“許子必種粟而後食乎？”曰：“然。”
“許子必織布而後衣乎？”曰：“否。許子衣褐。”“許子冠乎？”
曰：“冠。”曰：“奚冠？”曰：“冠素。”曰：“自織之與？”
曰：“否。以粟易之。”
曰：“許子奚為不自織？”曰：“害於耕。”

Tschen Siang besuchte darauf den Hü Hing und war sehr entzückt. Er warf seine ganze Wissenschaft beiseite und ging zu ihm in die Lehre.
Tschen Siang besuchte einst auch den Mong Dsï[27] und erzählte ihm Hü Hings Worte, daß der Fürst von Tong wirklich ein würdiger Herr sei, dennoch aber die letzte Wahrheit noch nicht kenne. Ein weiser Fürst müsse ebenso wie sein Volk seine Nahrung durch seiner Hände Arbeit verdienen, er müsse sich sein Frühstück und Abendmahl selbst zubereiten und nebenher noch die Regierung führen. In Tong aber seien staatliche Scheunen, Vorratskammern, Schatzhäuser und Kassen; das heiße das Volk bedrücken, um sich auf seine Kosten zu nähren, und könne nicht weise genannt werden.
Mong Dsï sprach: „Dann pflanzt also sicher der Herr Hü sein Korn selber, ehe er ißt."
Die Antwort war: „Ja."
„Dann webt der Herr Hü also sicher sein Tuch selber, ehe er sich kleidet."
Die Antwort war: „Nein, Herr Hü trägt Wolle."
„Und trägt Herr Hü einen Hut?"
Antwort: „Ja, er trägt einen Hut."
„Was für einen Hut trägt er?"
„O, einen ganz einfachen."
„Hat er ihn selbst gewoben?"
„Nein, er hat ihn für Korn eingetauscht."
„Warum hat denn Herr Hü ihn nicht selbst gewoben?"
„Es hätte ihn am Landbau gehindert."

---

27 Diese Unterhaltung zwischen dem Schüler des Naturmenschen und Mong erinnert einigermaßen an das Zusammentreffen des Dong Si und Be Fong Dsï, das in Liä Dsï IV, 11 geschildert ist. Dort war der Anarchist der gewandtere, der den Staatsrechtler abführte; hier ist die größere Zungenfertigkeit auf seiten des Mong. Im ganzen ist die Art der Beweisführung ziemlich billig und unzählige Male wiederholt worden von den Verteidigern der bestehenden Gesellschaftsordnung. Man muß es Mong zugute halten, daß seiner Anschauung moralischer Ernst zugrunde liegt, und die Ausführungen über die Entstehung der chinesischen Kultur in den Zeiten Yaus und Schuns, die eine sehr übersichtliche Darstellung der konfuzianischen Schullehren enthalten, gegenüber den vagen Mythen vom sagenhaften Schen Nung, entbehren nicht einer gewissen Wucht der Überzeugungskraft. Wenn sie natürlich auch ebensowenig geschichtlich sind wie jene phantastischen Mythen, so repräsentieren sie die Stufe der vernünftigen Mythen mit historischem Gesicht. Dieser Passus erinnert an die Ausführungen des Han Yü, mit denen er Taoisten und Buddhisten ad absurdum zu führen suchte. Vom übelsten Einfluß auf das Gebahren der Konfuzianer späterer Zeit ist dagegen der Schluß der Peroration. Die Art, wie Mong hier mit dem Hochmut des zivilisierten Edelmenschen auf die krächzenden Barbaren herabblickt, ist ein scharfer Abfall gegenüber dem Meister Kung, der in Sachen der Bildung über die Rassenunterschiede hinwegsah.

曰：“許子以釜甑爨，以鐵耕乎？”曰：“然。”“自為之與？”曰：“否。以粟易之。”

“以粟易械器者，不為厲陶冶；陶冶亦以其械器易粟者，豈為厲農夫哉？且許子何不為陶冶。舍皆取諸其宮中而用之？何為紛紛然與百工交易？何許子之不憚煩？”曰：“百工之事，固不可耕且為也。”

“然則治天下獨可耕且為與？有大人之事，有小人之事。且一人之身，而百工之所為備。如必自為而後用之，是率天下而路也。故曰：或勞心，或勞力；勞心者治人，勞力者治於人；治於人者食人，治人者食於人：天下之通義也。“當堯之時，天下猶未平，洪水橫流，氾濫於天下。草木暢茂，禽獸繁殖，五穀不登，禽獸偪人。獸蹄鳥跡之道，交於中國。堯獨憂之，舉舜而敷治焉。舜使益掌火，益烈山澤而焚之，禽獸逃匿。禹疏九河，瀹濟漯，而注諸海；決汝漢，排淮泗，而注之江，然後中國可得而食也。當是時也，禹八年於外，三過

„Und gebraucht Herr Hü Kessel und Töpfe zum Kochen und eine eiserne Pflugschar zum Pflügen?"
„Ja."
„Hat er sie selbst gemacht?"
„Nein, er hat sie für Korn eingetauscht."
„Wenn einer, der für Korn Geräte eintauscht, nicht den Töpfer und Gießer bedrückt, wie will man denn behaupten, daß die Töpfer und Gießer, die für ihre Geräte Korn eintauschen, den Landmann bedrücken? Warum richtet denn Herr Hü nicht eine Töpferei und Gießerei ein, so daß er für seinen Bedarf nur auf sein eignes Haus angewiesen ist? Warum treibt er denn mit Handwerkern aller Art einen unablässigen Handels- und Tauschverkehr? Warum scheut er nicht die damit verknüpften Beschwerden?"
„Die Arbeit der Handwerker läßt sich eben nicht vereinigen mit dem Landbau."
„So? Dann ist also die Ordnung der Welt das einzige Handwerk, das sich mit dem Landbau vereinigen läßt? – Die Arbeiten der höheren Klasse sind andere als die des gemeinen Volks. Außerdem hat jeder einzelne Mensch Bedürfnisse, zu deren Befriedigung die verschiedensten Handwerke nötig sind. Wenn nun jeder alles selber sich beschaffen müßte, was er braucht, das hieße die ganze Welt beständig auf den Straßen umherrennen lassen.
Darum heißt es: Es gibt Geistesarbeiter und Handarbeiter. Die Geistesarbeiter halten die andern in Ordnung, und die Handarbeiter werden von den andern in Ordnung gehalten. Die von den andern in Ordnung gehalten werden, nähren die andern. Die die andern in Ordnung halten, werden von diesen ernährt. Das ist eine durchgehende Pflicht auf der ganzen Welt.
In den Zeiten des Yau war das Land unter dem Himmel noch nicht geregelt. Sintfluten strömten regellos und überschwemmten alles Land unter dem Himmel. Büsche und Bäume wuchsen als Urwälder. Vögel und Tiere mehrten sich zahllos. Kein Korn konnte wachsen. Vögel und Tiere bedrängten die Menschen. Der Tiere Fährten und der Vögel Spuren durchzogen kreuz und quer das mittlere Reich. Yau allein nahm sich's zu Herzen. Er erhob den Schun, und Ordnung wurde verbreitet. Schun befahl dem J, das Feuer zu handhaben. J legte Feuer an die Berge und Dschungeln und verbrannte die Urwälder. Da flohen die Tiere und Vögel und zogen sich zurück.
Yü trennte die Läufe der neun Flüsse, regulierte das Bett der Flüsse Dsi und To und führte ihre Wasser dem Meere zu. Er reinigte den Lauf des Ju und Han und öffnete den Lauf des Huai und Sï und leitete sie in den großen Strom (Giang). Dadurch erst wurde das Reich der Mitte ein Land, das seine Bewohner ernährte. Zu jener Zeit war Yü acht Jahre auswärts, dreimal kam er an seiner

其門而不入，雖欲耕，得乎？后稷教民稼穡。樹藝五穀，五穀熟而民人育。人之有道也，飽食、煖衣、逸居而無教，則近於禽獸。聖人有憂之，使契為司徒，教以人倫：父子有親，君臣有義，夫婦有別，長幼有序，朋友有信。放勳曰：‘勞之來之，匡之直之，輔之翼之，使自得之，又從而振德之。’聖人之憂民如此，而暇耕乎？

“堯以不得舜為己憂，舜以不得禹、皋陶為己憂。夫以百畝之不易為己憂者，農夫也。分人以財謂之惠，教人以善謂之忠，為天下得人者謂之仁。是故以天下與人易，為天下得人難。

Tür vorbei und hatte nicht Zeit einzutreten. Selbst wenn er das Land hätte bestellen wollen, hätte er's denn gekonnt?

Der Hirse-Herr[28] lehrte die Leute das Säen und das Ernten, das Pflanzen und Pflegen der fünf Kornarten[29]. Das Korn wurde reif, und das Volk hatte zu essen.

Es geht den Menschen also: wenn sie genügende Nahrung, warme Kleidung und behagliche Wohnung haben, aber keine Unterweisung, so werden sie wie die Tiere des Feldes. Das tat den Heiligen leid, und sie ernannten den Siä zum Lehrmeister. Er unterwies das Volk in den Verpflichtungen der Menschen, daß zwischen Vater und Sohn die Liebe ist, zwischen Fürst und Diener die Pflicht, zwischen Mann und Frau der Unterschied der Gebiete der Tätigkeit, zwischen Alt und Jung der Abstand, zwischen Freund und Freund die Treue. Yau, der Hochverdiente[30], sprach: ‚Ermutige sie, locke sie an, bring sie zurecht, mach' sie gerade, hilf ihnen, beflügle sie, laß sie selbst das Rechte finden und gehe ihnen nach, ihren Geist anfeuernd.' Also waren die Heiligen um das Volk besorgt. Wo hätten sie da Zeit hernehmen sollen, um das Land zu bestellen? Die Sorge Yaus war es, einen Mann zu bekommen wie Schun, die Sorge Schuns war es, Männer zu bekommen wie Yü und Gau Yau[31]. Besorgt sein, seine hundert Morgen in Ordnung zu halten: das ist Sache des Bauern. Mit andern Menschen seine Güter teilen, ist Freundlichkeit, die Menschen im Guten unterweisen, ist Gewissenhaftigkeit, den rechten Mann bekommen für die ganze Welt: das ist vollkommene Güte. Darum ist es leichter, die Welt einem andern zu übergeben, als für die Welt den rechten Mann zu finden[32].

---

28 Hou Dsï, der Herr der Hirse, ist der sagenhafte Ahn der Dschoudynastie. Auf ihn werden hier die Werke übertragen, die anderwärts dem göttlichen Landman, Schen Nung, zugeschrieben werden. Wir haben hier offenbar verschiedene Traditionsquellen, die nördliche, die auf Yau und Schun und Yü als Anfang der Kultur zurückgeht, und die südliche, die von Fu Hi, Schen Nung, Huang Di usw. redet. Erst später scheint eine Vereinigung der beiden Traditionen vorgenommen worden zu sein, nur daß man statt zur Identifizierung der verschiedenen Gotthelden – wie das in Rom gemacht wurde – zur zeitlichen Anordnung griff.

29 Die fünf Kornarten sind: Reis, Hirse, klebrige Hirse, Weizen, Bohnen.

30 Es liegt hier eine Divergenz vor. Fang Hün, der „Hochverdiente", ist der Titel des Yau. Andererseits ist Siä ein Bemater Schuns. Die hier angeführte Rede findet sich übrigens nicht im Schu-Ging.

31 Zu den Beamten des Schun gehörten: Yü, der Regler des Wassers, Hou Dsï, der Regler des Ackerbaues, Siä, der Lehrer des Volkes, Gau Yau, der oberste Minister.

32 Bekanntlich haben Yau und Schun das Weltreich an den geeignetsten Mann abgegeben. Ihr Verdienst liegt nach Mong nicht so sehr in der Großmut des Verzichts, als in der Weisheit der Wahl des rechten Mannes.

孔子曰：‘大哉堯之為君！惟天為大，惟堯則之，蕩蕩乎民無能名焉！君哉舜也！巍巍乎有天下而不與焉！’堯舜之治天下，豈無所用其心哉？亦不用於耕耳。

“吾聞用夏變夷者，未聞變於夷者也。陳良，楚產也。悅周公、仲尼之道，北學於中國。北方之學者，未能或之先也。彼所謂豪傑之士也。子之兄弟事之數十年，師死而遂倍之。昔者孔子沒，三年之外，門人治任將歸，入揖於子貢，相向而哭，皆失聲，然後歸。子貢反，築室於場，獨居三年，然後歸。他日，子夏、子張、子游以有若似聖人，欲以所事孔子事之，彊曾子。曾子曰：‘不可。江漢以濯之，秋陽以暴之，皜皜乎不可尚已。’今也南蠻鴃舌之人，非先王之道，子倍子之師

Meister Kung sprach[33]: ‚Groß wahrlich ist die Art, wie Yau Herrscher war. Nur der Himmel ist groß, nur Yau hat ihm entsprochen. Überströmend war er, so daß das Volk keinen Namen finden konnte. Ein Edler wahrlich war Schun. Erhaben ist die Art, wie er die Welt besaß, ohne etwas dazu zu tun.‘
Yau und Schun hatten die Welt in Ordnung zu bringen; hatten sie da etwa nicht genug Betätigung für ihre Gedanken? Wahrlich, sie hatten es nicht nötig, sich auch noch zu betätigen beim Ackerbau!
Ich habe gehört, daß man Barbaren[34] zur chinesischen Kultur bekehren kann: ich habe nie gehört, daß man sich von den Barbaren bekehren lassen müsse. Tschen Liang, Euer Meister, war aus dem südlichen Staate Tschu gebürtig, aber er fühlte sich angezogen von den Lehren eines Fürsten von Dschou und eines Meister Kung. So kam er hierher nach Norden, um zu lernen im Reich der Mitte. Und vielleicht war unter den Gelehrten im Norden keiner, der ihn übertraf. Er war wirklich, was man einen rechten Helden nennt. Ihr und Euer Bruder hattet Euch ihm mehrere Jahrzehnte lang angeschlossen. Nun der Meister tot ist, habt Ihr ihn verlassen.
Damals, als Meister Kung verschieden war, da ordneten die Schüler nach Ablauf der dreijährigen Trauerzeit ihr Gepäck, um heimzukehren. Als sie von Dsï Gung Abschied nahmen, da sahen sie sich an und begannen zu weinen, bis ihnen die Stimme versagte; dann kehrten sie heim. Dsï Gung aber kehrte zum Grab zurück und baute sich auf dem Friedhof eine Hütte und blieb allein noch drei Jahre da, ehe er heimkehrte.
Ein andermal wollten Dsï Hia, Dsï Dschang und Dsï Yu, da sie den Yu Jo[35] dem Heiligen ähnlich fanden, diesem dienen, wie sie einst Meister Kung gedient. Und sie wollten auch Meister Dsong dazu nötigen. Meister Dsong aber sprach: ‚Es geht nicht an! Was gewaschen ist in den Strömen Giang und Han, was gebleicht ist in der Herbstsonne, das ist so glänzend, daß es von nichts übertroffen werden kann.‘
Nun kommt da ein krächzender Südbarbar, der den Weg der heiligen Könige verwirft, und Ihr wendet Euch ab von Eurem Lehrer und geht zu jenem in die

33 Die Worte des Kung finden sich so nicht in den Lun Yü. Sie sind kombiniert aus Lun Yü VIII, 18 u. 19.

34 Dieser Abschnitt, ebenso wie der vom „krächzenden Südbarbaren“, sind offenbar von Mong in der Hitze gesprochen. Daß er andererseits über die Nationalitätsunterschiede hinwegsieht, geht aus manchen Stellen hervor.

35 Yu Jo, ein Jünger Kungs aus Lu, der nach Kung Men Schï Di Niän Biau vierzehn Jahre jünger als Kung war, scheint diesem äußerlich ähnlich gewesen zu sein. Er hat offenbar in den Schulkreisen eine große Rolle gespielt, da er selbst im Lun Yü als Meister Yu bezeichnet wird. Dsong Dsï hat ihm jedoch das Gegengewicht gehalten.

而學之，亦異於曾子矣。吾聞出於幽谷遷于喬木者，未聞下喬木而入於幽谷者。魯頌曰：‘戎狄是膺，荊舒是懲。’周公方且膺之，子是之學，亦為不善變矣。”

“從許子之道，則市賈不貳，國中無偽。雖使五尺之童適市，莫之或欺。布帛長短同，則賈相若；麻縷絲絮輕重同，則賈相若；五穀多寡同，則賈相若；屨大小同，則賈相若。”曰：“夫物之不齊，物之情也；或相倍蓰，或相什伯，或相千萬。子比而同之，是亂天下也。巨屨小屨同賈，人豈為之哉？從許子之道，相率而為偽者也，惡能治國家？”

5.

墨者夷之，因徐辟而求見孟子。

Lehre. Das ist allerdings etwas anderes, als was Meister Dsong getan. Ich habe gehört, daß man aus finsterem Tal sich hervormacht, um auf eine luftige Höhe[36] zu kommen. Aber ich habe noch nie gehört, daß einer von seiner luftigen Höhe herabsteigt, um finstere Täler aufzusuchen. In den Lobliedern von Lu[37] heißt es:

‚Die Jung, die Di zur Zucht zu führen,
Ging, Schu zu zücht'gen nach Gebühren.'

Der Fürst von Dschou also hätte jenen bekämpft, Ihr aber geht zu ihm in die Lehre, da habt Ihr allerdings keinen guten Tausch gemacht."
Tschen Siang erwiderte: „Wenn man Meister Hüs Lehren folgt, so wird es keine zweierlei Preise auf dem Markt mehr geben und im ganzen Reiche keine Fälschung mehr. Dann kann man einen fünf Hand großen Knaben auf den Markt schicken, und niemand betrügt ihn. Leinwand- und Seidenstücke von gleicher Länge hätten denselben Preis. Hanfzwirn und Seidenstränge von gleicher Schwere hätten denselben Preis. Die fünf Getreidearten in gleicher Menge hätten denselben Preis. Die Schuhe von gleicher Größe hätten denselben Preis."
Mong Dsï erwiderte: „Es liegt in der Natur der Dinge, daß sie verschieden sind. Es gibt Dinge, die um das doppelte, um das zehn- und hundertfache, um das tausend- und zehntausendfache wertvoller sind als andre. Sie alle einander gleich zu machen, heißt die Welt in Verwirrung bringen. Wenn die großen Schuhe denselben Preis haben wie die kleinen, wer wird da noch welche machen wollen? Den Lehren des Meisters Hü folgen, heißt einander anführen zum Betrug. Wie will man damit einen Staat in Ordnung bringen?"

5. Die Sekte der allgemeinen Liebe

Ein Anhänger des Mo Di[38] namens I Dschï wandte sich an Sü Bi, um eine Unterredung mit Mong Dsï zu erlangen.

---

36 Wörtlich: schlanker Baum.

37 Vgl. Schï Ging IV, II, 4 v. 6. Jung, Di, Ging, Schu sind Namen verschiedener Barbarenstämme.

38 Mo Di, der Lehrer der allgemeinen Menschenliebe, muß etwa ein Zeitgenosse von Kung gewesen sein. Seine Lehren breiteten sich sehr aus, und ihre Anhänger gehörten zu den gefährlichsten Gegnern des Mong, gegen die er seine schärfsten Pfeile sendet. Seine Gesinnung zeigt sich in der Ablehnung des Besuchs des Mo-Schülers I Dschï. Der ganze Verkehr wird indirekt geführt.

孟子曰：“吾固願見，今吾尚病，病愈，我且往見，夷子不來！”

他日又求見孟子。孟子曰：“吾今則可以見矣。不直，則道不見；我且直之。吾聞夷子墨者。墨之治喪也，以薄為其道也。夷子思以易天下，豈以為非是而不貴也？然而夷子葬其親厚，則是以所賤事親也。”徐子以告夷子。夷子曰：“儒者之道，古之人‘若保赤子’，此言何謂也？之則以為愛無差等，施由親始。”徐子以告孟子。孟子曰：“夫夷子，信以為人之親其兄之子為若親其鄰之赤子乎？

Mong Dsï sprach: „Ich würde ihn freilich gerne sehen, doch bin ich heute nicht so recht wohl. Wenn mir dann wieder besser ist, so will ich ihn aufsuchen."
Darauf blieb I Dschï weg.
An einem anderen Tag suchte er abermals um eine Unterredung mit Mong Dsï nach.
Mong Dsï sprach: „Heute könnte ich ihn sehen. Wenn ich ihn nicht berichtige, so kommt die Wahrheit nicht ans Licht. Darum will ich ihn berichtigen. Ich höre, daß Herr I ein Anhänger des Mo Di ist. Mo Di hat den Grundsatz der äußersten Dürftigkeit[39] bei der Ordnung des Begräbnisses. Herr I will mit dieser Lehre die Welt umwandeln. So muß er also alles, was damit nicht übereinstimmt, für minderwertig halten. Nun aber hat Herr I seinen Eltern ein stattliches Begräbnis zuteil werden lassen; das heißt also, daß er seinen Eltern auf eine Weise gedient hat, die er selbst für geringwertig hält."
Sü Dsï berichtete diese Worte dem I Dschï. I Dschï sprach: „Nach der Lehre der Schriftgelehrten haben die Männer des Altertums ihre Leute beschirmt wie Kinder. Was ist denn mit diesem Wort gemeint? Ich halte dafür, es bedeute, daß die Liebe keine Unterschiede[40] und Klassen kenne, aber daß man bei ihrer Ausübung beginnen müsse bei den Nächsten."
Sü Dsï berichtete diese Worte dem Mong Dsï. Mong Dsï sprach: „Glaubt dieser I Dschï wirklich, daß die Liebe eines Menschen zum Kind seines Bruders nur eben gerade wie seine Liebe zum Kindlein seines Nachbars sei? ...[41] Aber der

39 Der Vorwurf der Inkonsequenz, den hier Mong dem I Dschï macht, erinnert sehr an die Vorwürfe, die gegen ihn selbst in Lu geschleudert wurden (I, B, 16).

40 Die Theorie des Mo Di war, daß die Liebe zu allen Menschen gleichartig sein müsse. Ein Unterschied finde nur insofern statt, als innerhalb der Familie natürlich die meiste Gelegenheit zu ihrer Ausübung sei. Das war der Theorie der Schriftgelehrten strikt entgegengesetzt, nach der die Klassifikation der menschlichen Beziehungen in die bekannten fünf Verhältnisse (Vater – Sohn, Fürst – Untertan, Mann – Frau, älterer – jüngerer Bruder, Freund – Freund) die Grundlage der Moral war. Die Liebe zu anderen Menschen als zu den Verwandten ist daher nach Mong nur abgeleiteter Art, indem aus der Wurzel der Kindesliebe die Liebe zu anderen Eltern hervorwächst usw. Wenn daher die Liebe zum Kinde des Nachbars gegenüber der Liebe zum Kinde des Bruders eine selbständige, direkte Größe wäre, so hätte sie eine besondere Wurzel. Die Einheitlichkeit der Grundlage der Moral wäre damit gefährdet. Man wird zugeben müssen, daß diese Argumentation bedenkliche Schwächen hat.

41 Die ausgelassene Stelle heißt wörtlich: „Er hat etwas, das er nehmen kann. Wenn das Kindlein kriecht und im Begriff ist, in den Brunnen zu fallen, ist es nicht die Schuld des Kindleins." Irgendwie muß der Text hier verdorben sein, wie auch aus den umfangreichen Zufügungen der Kommentare hervorgeht. Die Stelle II, A, 6 hat wohl mit hereingewirkt. Die plausibelste Erklärung ist wohl die folgende: „Wenn I Dschï sich darauf beruft, daß die Herrscher des Altertums ihr Volk geschützt haben wie ihre eigenen Kinder, so ist damit nur gemeint, daß ein Kind, wenn es auf den Brunnen zukriecht nichts dafür kann; man

彼有取爾也。赤子匍匐將入井，非赤子之罪也。且天之生物也，使之一本，而夷子二本故也。蓋上世嘗有不葬其親者。其親死，則舉而委之於壑。他日過之，狐狸食之，蠅蚋姑嘬之。其顙有泚，睨而不視。夫泚也，非為人泚，中心達於面目。蓋歸反虆梩而掩之。掩之誠是也，則孝子仁人之掩其親，亦必有道矣。”徐子以告夷子。夷子憮然為閒曰：“命之矣。”

Himmel hat die Wesen so erzeugt, daß sie nur eine Wurzel haben, doch nach I Dschï müßten sie zwei Wurzeln haben.
Im grauen Altertum kam es wohl vor, daß Leute ihre Nächsten nicht beerdigten, sondern, wenn die Nächsten starben, so hob man sie auf und warf sie in den Straßengraben. Wenn die Hinterbliebenen dann am andern Tag an der Stelle vorbeikamen, hatten Füchse und Wildkatzen sie angefressen, Fliegen, Maden und Maulwurfsgrillen sie benagt. Da trat ihnen der Schweiß auf die Stirn, sie schlugen die Augen nieder und wagten nicht hinzusehen. Daß sie sich schämten, war nicht um der andern willen; ihre eigene innerste Gesinnung zeigte sich in Gesicht und Augen. Sie kehrten heim und holten Körbe und Spaten und deckten sie zu. Wenn sie wirklich recht handelten, als sie die Leichen ihrer Anverwandten also beerdigten, so ist die Art, wie ein kindlicher Sohn und liebevoller Mensch seine Nächsten beerdigt, dem Sinn der Natur entsprechend."
Sü Dsï sagte das dem I Dschï wieder. Der schwieg lange, dann sprach er: „Er hat mich belehrt."

---

muß es beaufsichtigen, sonst kommt das Unglück des Falles sozusagen durch unsere Schuld über es. Ebenso müssen die Herrscher die unwissenden Untertanen davor bewahren, daß sie sich Übertretungen zu Schulden kommen lassen. Sonst fällt das Unglück der Bestrafung, das sie sich in ihrer Unwissenheit zuziehen, auf den Herrscher als Schuld."

下

1.

陳代曰：“不見諸侯，宜若小然；今一見之，大則以王，小則以霸。且志曰：‘枉尺而直尋’，宜若可為也。”

孟子曰：“昔齊景公田，招虞人以旌，不至，將殺之。志士不忘在溝壑，勇士不忘喪其元。孔子奚取焉？取非其招不往也，如不待其招而往，何哉？且夫枉尺而直尋者，以利言也。如以利，則枉尋直尺而利，亦可為與？

ABSCHNITT B

1. Selbstachtung im Verkehr mit Fürsten

Tschen Dai[1] sprach zu Mong Dsï: „Der Grundsatz, die Fürsten nicht aufzusuchen, scheint mir kleinlich. Denn sobald Ihr sie aufsuchen würdet, könntet Ihr günstigen Falles einem helfen, König der Welt zu werden, zum mindesten aber dazu, daß er die Vorherrschaft im Reiche erlangt. Auch steht geschrieben[2]: ‚Man muß auch einen Fuß breit krumm machen können, wenn man dadurch hundert Fuß gerade machen kann.' Es scheint mir daher, daß Ihr es wohl tun könntet."

Mong Dsï sprach: „Einst war der Herzog Ging von Tsi auf der Jagd[3]. Er winkte seinen Förster mit einer Flagge heran (während er der Ordnung nach ihm mit einer Pelzmütze hätte winken sollen). Jener kam nicht, und der Herzog hätte ihn darum beinahe töten lassen. ‚Ein entschlossener Mann vergißt nie, daß er eines Tages in einem Graben oder Tümpel enden kann, ein mutiger Mann vergißt nie, daß er eines Tages um den Kopf kommen kann.'[4] Was hat wohl auf den Meister Kung (als er dieses Urteil über ihn fällte) an dem Manne solchen Eindruck gemacht? Es machte Eindruck auf ihn, daß jener, ohne ordnungsgemäß berufen zu sein, nicht zu dem Fürsten ging. Wenn ich nun, ohne ordnungsgemäß berufen zu sein, hinginge: wie wäre das?

Außerdem bezieht sich das Sprichwort, daß man einen Fuß breit krümmen müsse, um hundert Fuß gerade zu machen, auf den Vorteil. Wenn es mir um Vorteil zu tun wäre, so möchte ich auch wohl hundert Fuß krümmen, um einen gerade zu machen, falls es so vorteilhaft wäre.[5]

---

1 Tschen Dai ist der im Verzeichnis von Dschau an elfter Stelle genannte Jünger des Mong.

2 Das Sprichwort kommt bei Wen Dsï und Schï Dsï vor. Vielleicht daß sich Tschen Dau auf diese Schriften bezieht.

3 In Dsou Tschuan wird dieses Ereignis in das Jahr 522 verlegt. Doch wird es abweichend erzählt: Der Fürst von Tsi jagte in Pe. Er winkte einem Förster mit dem Bogen. Der kam nicht. Da ließ er ihn festnehmen. Er entschuldigte sich: „Unter dem seligen Herrn war es üblich, daß ein Flaggenzeichen den Ministern, ein Zeichen mit dem Bogen den Rittern, ein Zeichen mit der Pelzmütze dem Förster galt. Ich sah keine Pelzmütze, darum wagte ich nicht zu kommen." Darauf ließ man ihn laufen.

4 Dieses Zitat kommt in Han Schï Wai Dschuan vor, wo es Wu Ma Ki dem Dsï Lu gegenüber als Wort des Meisters erwähnt, nur mit der Umstellung der beiden Sätze. Ein ähnlicher Ausspruch steht im Lun Yü XV, 8.

5 Nach anderer Auffassung ist der Sinn: „Außerdem ist die Voraussetzung dieses Sprichworts, daß es etwas nützt, wenn man einen Fuß krümmt mit der Absicht, hundert Fuß ge-

昔者趙簡子使王良與嬖奚乘，終日而不獲一禽。嬖奚反命曰：‘天下之賤工也。’或以告王良。良曰：‘請復之。’彊而後可，一朝而獲十禽。嬖奚反命曰：‘天下之良工也。’簡子曰：‘我使掌與女乘。’謂王良。良不可，曰：‘吾為之範我馳驅，終日不獲一；為之詭遇，一朝而獲十。《詩》云：“不失其馳，舍矢如破。”我不貫與小人乘，請辭。’御者且羞與射者比。比而得禽獸，雖若丘陵，弗為也。如枉道而從彼，何也？且子過矣，枉己者，未有能直人者也。”

Einst gab Dschau Giän Dsï[6] den Wang Liang als Wagenführer seinem Günstling Hi mit auf die Jagd. Den ganzen Tag erlegte er nicht ein einziges Stück Wild. Der Günstling Hi berichtete die Sache dem Dschau Giän Dsï und sprach: ‚Dieser Wang Liang ist der schlechteste Lenker auf der ganzen Welt.' Es wurde dem Wang Liang hinterbracht.

Wang Liang sprach: ‚Ich bitte, es nochmals machen zu dürfen.' Mit Mühe setzte er es durch. Und an einem Morgen erlegte der Günstling nun zehn Stück Wildbret. Der Günstling Hi berichtete die Sache abermals und sprach: ‚Er ist der beste Wagenlenker auf der Welt.'

Dschau Giän Dsï sprach: ‚Ich will ihn dir dauernd als Wagenlenker geben.' Und er redete mit Wang Liang. Aber Wang Liang lehnte ab. Er sprach: ‚Als ich für ihn dem Jagdbrauch nach den Wagen lenkte, erlegte er kein einziges Stück; als ich für ihn mit List an die Tiere heranfuhr, erlegte er an einem Morgen zehn. Im Buch der Lieder[7] heißt es:

> ‚Sie trieben an die Roß' in Eil',
> Und ein Axthieb saß jeder Pfeil.'

Ich bin nicht gewöhnt, mit einem gemeinen Manne zu fahren. Ich bitte um meine Entlassung.'

So schämte sich ein Wagenlenker, mit einem solchen Schützen sich gemein zu machen. Selbst wenn auf diese Weise Berge von Wild erlegt worden wären: er tat es nicht. Wie könnte ich auf krummen Wegen gehen, um jenen nachzufolgen? Auch irrt Ihr Euch. Dadurch, daß einer selbst auf krummen Wegen ging, hat er noch nie die andern recht gemacht."

---

rade zu machen. Müßte man aber hundert Fuß krümmen, um einen gerade zu machen, würde man das auch tun – selbst wenn es etwas nützte?"

6 Dschau Giän Dsï war unter dem Herzog Ding Kanzler in Dsin. In Dso Dschuan ist berichtet, daß Dschau Giän Dsï im Jahre 493 den Yu Wun Sü (Wang Liang) als Wagenlenker hatte. Über Dschau Giän Dsï vgl. Liä Dsï VIII, 27.

7 Vgl. Schï Ging II, III, 5 v. 6.

2.

景春曰：“公孫衍、張儀豈不誠大丈夫哉？一怒而諸侯懼，安居而天下熄。”

孟子曰：“是焉得為大丈夫乎？子未學禮乎？丈夫之冠也，父命之；女子之嫁也，母命之，往送之門，戒之曰：‘往之女家，必敬必戒，無違夫子！’以順為正者，妾婦之道也。居天下之廣居，立天下之正位，行天下之大道。得志與民由之，不得志獨行其道。富貴不能淫，貧賤不能移，威武不能屈。此之謂大丈夫。”

2. Der rechte Mann

Ging Tschun[8] sprach: „Gung-Sun Yän und Dschang J[9], das sind doch wahrlich große Männer! Sie brauchen nur zu zürnen, und alle Fürsten fürchten sich. Sie weilen in Frieden, und die ganze Welt kommt zur Ruhe."

Mong Dsï sprach: „Wie kann man die als große Männer bezeichnen! Habt Ihr noch nicht die Ordnungen[10] gelernt: wenn ein Jüngling zum Manne wird und seinen Hut erhält, redet zu ihm sein Vater. Wenn ein Mädchen sich verheiratet, so redet zu ihr ihre Mutter, begleitet sie bis an die Tür und spricht die mahnenden Worte: ‚Wohin du jetzt gehst, das ist deine Familie; du mußt acht haben, du mußt dich hüten, daß du deinem Manne nicht widerstrebst.' Der Weiber Art ist es, daß Anpassung für sie das Rechte ist.

Wer aber weilet in dem weiten Haus der Welt[11] und in der Welt am rechten Orte steht und wandelt in der Welt auf gradem Wege; wenn's ihm gelingt, Gemeinschaft mit dem Volke hält; wenn's ihm mißlingt, dann einsam seine Straße zieht; nicht Reichtum oder Ehre kann ihn locken; nicht Armut oder Schande kann ihn schrecken; nicht Macht und Drohung kann ihn beugen: das ist ein Mann."

8 Ging Tschun wird nicht unter den Jüngern Mongs erwähnt. er war einer der Sophisten der Zeit; ein Werk eines „Yin Yang Gia" namens Ging wird im Hankatalog erwähnt.

9 Gung-Sun Yän war der Kriegsminister („Rhinozeroskopf") zur Zeit des Königs Hui (vgl. I, A, 1), 370–319, derselbe, der in Dschuang Dsï XXV, 4 genannt ist. Dschang J war der berühmte Rivale des Su Tsin in der Zeit der streitenden Reiche. Während Su Tsin den Bund der sechs Staaten unter der Führung von Tschu zusammenbrachte, wußte Dschang J, der in Tsin Minister war, seine Anschläge zu vereiteln und brachte, nachdem er in verschiedenen Staaten Minister gewesen war, einen Bund von fünf Staaten unter der Führung von Tsin zustande, während Su Tsin schon vorher erschlagen worden war. Es handelt sich um Ereignisse der letzten Jahrzehnte des vierten vorchristlichen Jahrhunderts.

10 Die Zitate der Ordnungen, die Mong Dsï hier bringt, weichen von den Bräuchen, die in I Li verzeichnet sind, wesentlich ab. Danach sprach bei der Hutübergabe nicht der Vater selbst, sondern zwei Gäste nahmen den jungen Mann in die Gemeinschaft der Erwachsenen auf. Ebensowenig begeleitete die mutter die junge Braut zur Tür des Bräutigams, sondern sie verabschiedete sich von ihr in den inneren Gemächern. Offenbar haben sich hier im Laufe der Zeit Abweichungen von den alten Bräuchen eingefunden. Die Sache ist an sich ziemlich nebensächlich. Der Sinn des Gleichnisses ist klar: Während dem jungen Manne von seinem Vater Selbständigkeit anempfohlen wird, muß das Mädchen in der neuen Familie sich anschmiegen und fügen. Ganz ebenso machten es jene gerühmten Helden, die durch Schlauheit und Schmiegsamkeit von Staat zu Staat sich durchfanden.

11 Dieser Abschnitt über den rechten Mann gehört mit Recht zu den berühmtesten Stücken der chinesischen Literatur. „Das weite Haus der Welt" ist die Liebe, der gerade Weg (wörtlich: die große Straße) ist die Pflicht.

3.

周霄問曰：“古之君子仕乎？”

孟子曰：“仕。傳曰：‘孔子三月無君，則皇皇如也，出疆必載質。’公明儀曰：‘古之人三月無君則弔。’”

“三月無君則弔，不以急乎？”

曰：“士之失位也，猶諸侯之失國家也。禮曰：‘諸侯耕助，以供粢盛；夫人蠶繅，以為衣服。犧牲不成，粢盛不潔，衣服不備，不敢以祭。惟士無田，則亦不祭。’牲殺器皿衣服不備，不敢以祭，則不敢以宴，亦不足弔乎？”

“出疆必載質，何也？”曰：“士之仕也，猶農夫之耕也，農夫豈為出疆舍其耒耜哉？”

曰：“晉國亦仕國也，未嘗聞仕如此其急。

3. Der rechte Weg zum Fürstendienst

Dschou Siau[12] fragte den Mong Dsï und sprach: „Sind die Edlen der alten Zeiten in Fürstendienst getreten?"
Mong Dsï sprach: „Sie haben gedient. In der Überlieferung[13] heißt es: ‚Wenn Meister Kung drei Monate lang ohne Herren war, so war er beunruhigt. Und wenn er über die Grenze ging, nahm er immer Einführungsgaben mit.' Gung-Ming I[14] sagte: ‚Wenn die Edlen der alten Zeit drei Monate ohne Herren waren, so bezeugte man ihnen Beileid.'"
Dschou Siau sprach: „Beileid zu bezeugen, wenn einer drei Monate ohne Herrn ist, ist das nicht allzu eilig?"
Mong Dsï sprach: „Wenn ein Ritter sein Amt verliert, ist es, wie wenn ein Fürst sein Reich verliert. Im Buch der Ordnungen[15] heißt es: ‚Der Fürst führt den Pflug unter Beihilfe der Diener, um die Opferhirse zu gewinnen. Seine Gemahlin zieht Seidenraupen und spinnt Seide, um Feierkleider zu bereiten. Sind die Opfertiere nicht vollkommen, ist die Hirse in den Opfergefäßen nicht rein, sind die Kleider nicht bereit, so wagt er nicht zu opfern. Hat ein Ritter kein Feld[16], so opfert er auch nicht ... Wagt er nicht zu opfern, so wagt er auch kein frohes Mal zu halten.' Ist das nicht Grund genug zum Beileid?"
Dschou Siau fragte weiter: „Was bedeutet es, daß Meister Kung, wenn er über die Grenze ging, immer Einführungsgaben mit sich nahm?"
Mong Dsï sprach: „Für den Ritter ist der Dienst wie für den Bauern das Pflügen. Läßt ein Bauer, der über die Grenze geht, etwa Pflug und Pflugschar dahinten?"
Dschou Siau sprach: „Unser Dsin-Reich ist auch ein Beamtenstaat, aber ich habe noch nie gehört, daß es mit der Anstellung eine solche Eile hätte. Wie

12 Dschou Siau war ein Mann aus We zur Zeit des Königs Siang. Das hier erwähnte Gespräch fällt wohl kurz nach der Audienz des Mong bei König Siang.

13 Die betreffende Überlieferung scheint verloren zu sein. Der Satz würde im zehnten Buch der Lun Yü seine Stelle finden können. Über die verschiedenen Einführungsgaben vgl. Li Gi I, B, 3, 18.

14 Über Gung-Ming I ist nichts Näheres bekannt. Der Name Gung-Ming kam in We vor (vgl. Lun Yü XIV, 14).

15 Das Zitat findet sich so in Li Gi nicht. Ähnliche Stellen vgl. Li Gi XXIV, 2, 5. 7 und V, 3, 9.

16 Es handelt sich hier um die Felder, die den Rittern bei ihrem Eintritt in den Dienst zugewiesen wurden, um davon die Opfer für ihre Ahnen zu bestreiten (vgl. III, A, 3). Konnten sie in Ermangelung dieses Einkommens nicht opfern, so war der ganze Gang des Lebens unterbrochen, daher Grund zum Beileid. – Die im Text noch stehenden Worte: „Ist das Schlachten des Tieres, die Geräte, die Kleider nicht bereit" stören den Zusammenhang.

仕如此其急也，君子之難仕，何也？”
曰：“丈夫生而願為之有室，女子生而願為之有家。父母之心，人皆有之。不待父母之命、媒妁之言，鑽穴隙相窺，踰牆相從，則父母國人皆賤之。古之人未嘗不欲仕也，又惡不由其道。不由其道而往者，與鑽穴隙之類也。”

4.

彭更問曰：“後車數十乘，從者數百人，以傳食於諸侯，不以泰乎？”
孟子曰：“非其道，則一簞食不可受於人；如其道，則舜受堯之天下，不以為泰，子以為泰乎？”曰：“否。士無事而食，不可也。”曰：“子不通功易事，以羨補不足，則農有餘粟，女有餘布；子如通之，則梓匠輪輿皆得食於子。於此有人焉，入則孝，出則悌，守先王之道，以待後之學者，而不得食於子。子何尊梓匠輪輿而輕為仁義者哉？”
曰：“梓匠輪輿，其志將以求食也；

kommt es dann übrigens, daß der Edle, wenn er es so eilig hat, dennoch so schwer ein Amt übernimmt?"

Mong Dsï sprach: „Wird ein Knabe geboren, so wünscht man ihm ein Weib, wird ein Mädchen geboren, so wünscht man ihr einen Mann: diese elterlichen Gefühle haben alle Menschen. Wenn nun aber die jungen Leute, ohne der Eltern Willen und der Vermittler Worte abzuwarten, Löcher in die Wände bohren, um einander zu erspähen oder über die Mauern klettern, um beieinander zu sein, so werden sie von den Eltern und Mitbürgern insgesamt verachtet. Nie war es der Fall, daß die Alten nicht wünschten, ein Amt zu haben, aber sie verschmähten es, auf krummen Wegen dazu zu kommen. Ohne daß sich ein geziemender Weg zeigt, hinzugehen, um ein Amt zu übernehmen, das ist gerade so, wie wenn jene jungen Leute Löcher durch die Wand bohren."

4. Der Arbeiter ist seines Lohnes wert

Pong Gong[17] befragte den Mong Dsï und sprach: „Mit einem Gefolge von mehreren Dutzend Wagen und mehreren hundert Menschen bei den Fürsten umherzuziehen und sich von ihnen ernähren zu lassen: ist das nicht allzu anspruchsvoll?"

Mong Dsï sprach: „Außer auf rechtmäßige Weise darf man auch keine Schüssel Reis von anderen annehmen. Auf rechtmäßige Weise dagegen konnte Schun von Yau das Weltreich annehmen, ohne daß man es anspruchsvoll nennen konnte. Oder haltet Ihr es für anspruchsvoll?"

Der andere sprach: „Nein, aber ein Gelehrter, der nichts leistet, soll auch nicht essen."

Mong Dsï sprach: „Wenn Ihr nicht einen gegenseitigen Austausch der Arbeitserträge durchführt, so daß, was auf dem einen Punkte übrig ist, zum Ausgleich eines Mangels auf einem andern Punkte verwendet wird, so haben die Bauern Korn im Überfluß und die Frauen Tuch im Überfluß. Wenn Ihr für Ausgleich sorgt, so bekommen auch Tischler und Wagner alle ihre Nahrung von Euch. Wenn nun ein Mann da wäre, ehrfürchtig und bescheiden, der die Lehren der alten Könige bewahrt und auf die Nachwelt überliefert, und Ihr wolltet nicht für seinen Unterhalt sorgen: weshalb wollt Ihr die Handwerker wichtiger nehmen als einen, der Liebe und Pflicht verbreitet?"

Der andere sprach: „Tischler und Wagner haben von Anfang an die Absicht, ihren Lebensunterhalt zu suchen; wenn aber der Edle für die Wahrheit ein-

17 Pong Gong wird unter den Jüngern des Mong als zwölfter genannt.

君子之為道也，其志亦將以求食與？”曰：“子何以其志為哉？其有功於子，可食而食之矣。且子食志乎？食功乎？”曰：“食志。”曰：“有人於此，毀瓦畫墁，其志將以求食也，則子食之乎？”曰：“否。”曰：“然則子非食志也，食功也。”

5.

萬章問曰：“宋，小國也。今將行王政，齊楚惡而伐之，則如之何？”
孟子曰：“湯居亳，與葛為鄰，葛伯放而不祀.

tritt: tut er das auch mit der Absicht, seinen Lebensunterhalt dabei zu suchen?"

Mong Dsï sprach: „Was geht Euch seine Absicht an? Wenn er sich Verdienste um Euch erworben hat, die es wert sind, daß er ernährt werde, so ernähret ihn! Belohnt Ihr eigentlich die Absicht zu verdienen oder die geleisteten Dienste?"

Der andere sprach: „Die Absicht zu verdienen."

Mong Dsï sprach: „Angenommen, hier ist jemand, der Euch die Ziegel zerbricht und frischgetünchte Wände beschmiert[18]. Er hat dabei die Absicht, von Euch ernährt zu werden: Würdet Ihr ihn ernähren?"

Der andere sprach: „Nein."

Mong Dsï sprach: „Dann belohnt Ihr also doch nicht die Absicht zu verdienen, sondern die Verdienste."

5. Wie man der bösen Nachbarn Herr wird

Wan Dschang[19] befragte den Mong Dsï und sprach: „Sung[20] ist ein kleiner Staat. Er ist nun im Begriff, ein königliches Regiment durchzuführen, aber die großen Nachbarstaaten Tsi und Tschu mißgönnen's ihm und greifen ihn an. Was ist da zu machen?"

Mong Dsï sprach: „Der Heilige Tang[21] wohnte in Bo und hatte Go zum Nachbarstaat. Der Graf von Go war zuchtlos und versäumte die Opfer. Tang schick-

18 Nach Dschau Ki wäre zu übersetzen: „der mit Ziegelscherben in den Sand malt und nachher wieder auslöscht." Das Bild verliert aber dadurch an Drastik.

19 Wan Dschang ist der dreizehnte unter Mongs Jüngern, später noch viel genannt.

20 Sung lag zwischen Tschu und Lu; die Nachkommen der Schangdynastie hatten den Staat als Lehen. Das Gespräch muß wohl in das Jahr 311 fallen, in dem sich Mong in Sung aufhielt. Der König, um den es sich handelte, ist der König Kang (Yän), der seit 318 den Königstitel sich beigelegt hatte. Es besteht eine bemerkenswerte Dissonanz in der Beurteilung seiner Persönlichkeit zwischen Wan Dschang hier und Sï-Ma Tsiän. In Sï-Ma Tsiäns Werk wird er als Tyrann schlimmster Sorte in der Art von Giä und Dschou Sin geschildert, der den Zorn der ganzen Welt und die gerechte Strafe auf sich herabgezogen habe. Hier wird er als von gutem Willen beseelt, aber vom Neid der Nachbarstaaten verfolgt, dargestellt. Offenbar muß man eine Entwicklung zum Schlimmen infolge von Verbitterung annehmen. Er hatte viel zu leiden unter den Angriffen der Nachbarstaaten und scheint gegen Ende seines Lebens in eine Art Cäsarenwahnsinn verfallen zu sein. Das war aber lange nach der hier erwähnten Zeit. Mong Dsï scheint ihn jedoch besser durchschaut zu haben als Wan Dschang. Übrigens muß erwähnt werden, daß auch in Liä Dsï II, 21 und Dschuang Dsï XXVII, 18 der König von Sung als Wüterich erscheint.

21 Hier ist die ausführliche Erzählung der in I, B, 9 erwähnten Vorgänge gegeben. Die Geschichte weicht von Schu Ging etwas ab. Dschau Ki zitiert ein Paralipomenon zum Schu Ging, nach dem Tang 2 mal 11 Staaten bekämpfte.

湯使人問之曰：‘何為不祀？’曰：‘無以供犧牲也。’湯使遺之牛羊。葛伯食之，又不以祀。湯又使人問之曰：‘何為不祀？’曰：‘無以供粢盛也。’湯使亳眾往為之耕，老弱饋食。葛伯率其民，要其有酒食黍稻者奪之，不授者殺之。有童子以黍肉餉，殺而奪之。《書》曰：‘葛伯仇餉。’此之謂也。為其殺是童子而征之，四海之內皆曰：‘非富天下也，為匹夫匹婦復讎也。’‘湯始征，自葛載’，十一征而無敵於天下。東面而征，西夷怨；南面而征，北狄怨，曰：‘奚為後我？’民之望之，若大旱之望雨也。歸市者弗止，芸者不變，誅其君，弔其民，如時雨降。民大悅。《書》曰：‘徯我后，后來其無罰。’‘有攸不惟臣，東征，綏厥士女，匪厥玄黃，紹我周王見休，惟臣附于大邑周。’其君子實玄黃于匪以迎其君子，其小人簞食壺漿以迎其小人，救民於水火之中，取其殘而已矣。

te jemand zu ihm und ließ ihn fragen: ‚Weshalb bringst du die Opfer nicht dar?' Jener antwortete: ‚Ich habe keine Opfertiere dazu.' Tang ließ ihm nun Rinder und Schafe bringen, aber der Graf von Go aß sie auf und opferte doch nicht. Tang schickte wieder jemand hin und ließ ihn fragen: ‚Weshalb bringst du die Opfer nicht dar?' Jener antwortete: ‚Ich habe keine Opfer-Hirse dazu.' Da schickte Tang die Menge der Leute von Bo hin, daß sie für ihn pflügten. Die Alten aber und die Schwachen brachten den Arbeitern das Essen. Der Graf von Go aber kam mit seinen Leuten und fing die, die den Wein, Reis und Hirse brachten, und nahm es ihnen weg. Die es nicht hergaben, schlug er tot. Nun war auch ein Knabe, der Hirse und Fleisch für die Arbeiter brachte. Den schlug er tot und nahm die Sachen weg. Im Buch der Urkunden heißt es: ‚Der Graf von Go behandelte einen Nahrungsträger als Feind.' Damit ist eben dies gemeint. – Weil er nun diesen Knaben umgebracht hatte, züchtigte ihn Tang. Und die ganze Welt sprach: ‚Er begehrt nicht den Reichtum der Weltherrschaft, er will nur einem gewöhnlichen Mann und einer gewöhnlichen Frau aus dem Volk zu ihrer Rache verhelfen.'

Tang begann nun seine Züchtigungen von Go aus. Elf Fürsten züchtigte er, aber er hatte keinen einzigen Feind auf der Welt. Als er die Fürsten im Osten züchtigte, da waren die Westbarbaren unzufrieden. Wandte er sich nach Süden, so waren die im Norden unzufrieden und sprachen: ‚Warum nimmt er uns zuletzt vor?' Das Volk hoffte auf ihn, wie man in großer Dürre auf den Regen hofft. Die Marktleute ließen sich nicht aufhalten. Die Bauern gingen ruhig ihrer Arbeit nach; denn er richtete die Fürsten, aber mit dem Volke hatte er Mitleid. Wie wenn zur rechten Zeit ein Regen fällt, so war alles Volk hocherfreut. Im Buch der Urkunden heißt es: ‚Wir warten unseres Herrn. Wenn unser Herr kommt, wird er uns aus unsrer Not erlösen.'

Als der König Wu vom Hause Dschou[22] noch nicht alle zu Untertanen hatte, züchtigte er die im Osten und beruhigte die Männer und Frauen des Volks. Sie brachten in Körben dunkle und gelbe Seide[23] und sprachen: ‚Wir wollen unserem König von Dschou dienen, so finden wir Ruhe.' So gingen sie als Untertanen zu der großen Stadt von Dschou. Die Vornehmen taten dunkle und gelbe Seide in ihre Körbe, um die Vornehmen von Dschou zu bewillkommnen. Das niedrige Volk brachte Schalen mit Reis und Kannen mit Suppe, um das niedrige Volk von Dschou zu bewillkommnen. So rettete jener das Volk wie aus Wasser und Feuer. Er nahm nur einfach ihre Unterdrücker weg.

22 Vgl. Schu Ging V, III, 7. Auch hier wird Schang Schu J Piän zitiert.

23 Dunkel (blau) ist die Farbe des Himmels, gelb die der Erde.

《太誓》曰：‘我武惟揚，侵于之疆，則取于殘，殺伐用張，于湯有光。’不行王政云爾，苟行王政，四海之內皆舉首而望之，欲以為君。齊楚雖大，何畏焉？”

6.

孟子謂戴不勝曰：“子欲子之王之善與？我明告子。有楚大夫於此，欲其子之齊語也，則使齊人傅諸？使楚人傅諸？”曰：“使齊人傅之。”曰：“一齊人傅之，眾楚人咻之，雖日撻而求其齊也，不可得矣；引而置之莊嶽之間數年，雖日撻而求其楚，亦不可得矣。子謂薛居州，善士也。使之居於王所。在於王所者，長幼卑尊，皆薛居州也，王誰與為不善？在王所者，長幼卑尊，皆非薛居州也，王誰與為善？一薛居州，獨如宋王何？”

Im Großen Schwure[24] heißt es: ‚Meine Macht will ich ausbreiten, ich will in seine Grenzen einfallen und die Unterdrücker wegnehmen und Ruhm erwerben wie Tang.‘

Der Fürst von Sung führt nicht ‚ein königliches Regiment‘[25]. Wenn er wirklich ein königliches Regiment führte, so würden alle Leute auf Erden ihre Häupter erheben und nach ihm ausschauen und ihn zum Fürsten begehren. Dann brauchte er Tsi und Tschu trotz ihrer Größe nicht zu fürchten.“

6. Macht des Beispiels

Mong Dsï redete zu Dai Bu Schong[26], dem Kanzler von Sung, und sprach: „Ihr wollt, daß Euer König gut sei? Ich will frei heraus Euch sagen, wie Ihr's machen müßt. Angenommen, ein Herr aus Tschu wünschte, daß sein Sohn die Sprache von Tsi lerne; wird er einen Mann aus Tsi als Lehrer für ihn nehmen oder einen Mann aus Tschu?“

Jener sprach: „Er wird einen Mann aus Tsi als Lehrer für ihn nehmen.“

Mong Dsï fuhr fort: „Wenn nun aber der eine Mann aus Tsi ihn lehrt und alle Tschuleute fortwährend dazwischenreden, so mag er ihn täglich schlagen, damit er die Sprache von Tsi lerne, und er wird's doch nicht fertig bringen. Wenn er ihn aber mit sich nimmt und bringt ihn in einem Quartier der Hauptstadt von Tsi[27] unter, so wird er in ein paar Jahren so weit sein, daß er ihn täglich schlagen kann, damit er die Sprache von Tschu rede, und er es nicht fertig bringen wird.

Ihr seht in Süo Gü Dschou einen guten Menschen und habt ihn in die Umgebung des Königs gebracht. Wenn nun in der Umgebung des Königs alt und jung, hoch und niedrig lauter Süo Gü Dschous wären, wen hätte dann der König, in dessen Gesellschaft er schlecht sein könnte? Wenn aber in der Umgebung des Königs unter alt und jung, unter hoch und niedrig keiner ist wie Süo Gü Dschou, wen hat dann der König, in dessen Gesellschaft er gut sein könnte? Was soll ein einziger Süo Gü Dschou in Sung ausrichten können?“

24 Vgl. Schu Ging V, I, B, 8.

25 Im Text ist noch ein Zusatz, der das Wort des Wan Dschang nochmals zitiert.

26 Hier haben wir wohl den Mann vor uns, der zunächst versuchte, den König von Sung auf gute Bahnen zu bringen, was dann später mißlang. Süo Gü Dschou war ein gleichgesinnter Minister, der aus Süo stammte.

27 Der Name des Stadtviertels war Dschuang Yü.

7.

公孫丑問曰："不見諸侯何義？"
孟子曰："古者不為臣不見。段干木踰垣而辟之，泄柳閉門而不內，是皆已甚。迫，斯可以見矣。陽貨欲見孔子而惡無禮，大夫有賜於士，不得受於其家，則往拜其門。陽貨瞯孔子之亡也，而饋孔子蒸豚；孔子亦瞯其亡也，而往拜之。當是時，陽貨先，豈得不見？曾子曰：'脅肩諂笑，病于夏畦。'子路曰：'未同而言，觀其色赧赧然，非由之所知也。'由是觀之，則君子之所養可知已矣。"

7. Warum sich Mong von den Fürsten fernhielt

Gung-Sun Tschou[28] fragte den Mong Dsï und sprach: „Was hat es für einen Sinn, daß Ihr die Fürsten nicht aufsucht?"
Mong Dsï sprach: „Unter den Alten war es Brauch, daß, wer nicht Beamter war, nicht den Fürsten aufsuchte. Duan-Gan Mu[29] kletterte über die Mauer, um dem Fürsten Wen von We zu entgehen. Siä Liu[30] schloß seine Türe und ließ den Fürsten Mu von Lu nicht herein. Die beiden gingen allerdings zu weit. Wenn ein Fürst dringend danach verlangt, so mag man ihn wohl sehen. Yang Ho[31] wollte den Meister Kung bei sich sehen, aber er verschmähte es, dabei die Ordnungen hintanzusetzen. Nun ist es Sitte, wenn ein Minister einem Manne ein Geschenk macht, und jener ist nicht zu Hause, wenn er es empfängt, daß dann der andre hingehen muß und den Minister besuchen. Yang Ho wartete nun ab, bis Meister Kung ausgegangen war, und sandte ihm ein gebratenes Schwein. Meister Kung wartete ebenfalls ab, bis jener ausgegangen war, und ging dann hin, ihn zu besuchen. Damals hatte Yang Ho den Anfang gemacht, wie hätte man ihn nicht besuchen sollen?
Meister Dsong sprach: ‚Die Leute, die immer die Schultern hochziehen und verbindlich lächeln, sind härter dran als der Bauer im Sommer.‘[32]
Dsï Lu[33] sprach: ‚Mit innerlich Fernstehenden reden, wobei man einem die Verlegenheit am Gesicht ansieht, das ist etwas, worauf ich mich nicht verstehe.‘
Sieht man die Sache von diesem Standpunkt an, so kann man wissen, welche Gefühle der Edle hegt."

28 Über den Jünger Gung-Sun Tschou (den zweiten in der Reihe) vgl. Buch II, A, 1 ff.

29 Duan-Gan Mu stammte aus Dsin. Er war arm und ging bei dem Konfuziusjünger Dsï Hia in die Lehre. Ebenso wie Tiän Dsï Fang, der Lehrer des Dschuang Dsï, ließ er sich in We nieder. Seine hier erzählte Handlungsweise erinnert lebhaft an seinen jüngeren Zeitgenossen Dschuang Dsï. Der Fürst Wen von We (425–387) hörte übrigens nicht auf, den Duan-Gan Mu ehrerbietig zu behandeln, und schließlich gelang es ihm auch, Zutritt bei ihm zu finden. Dadurch steigerte sich sein Ruhm als guter Fürst so sehr, daß Tsin ihn nicht anzugreifen wagte. Vgl. das Nähere bei Chavannes, Mémoires Historiques de Se-Ma Ts'ien, Band V. Paris 1905, pag. 141 f.

30 Über Siä Liu ist weniges bekannt. Er lebte in Lu zur Zeit des Fürsten Mu (409–377), von dem II, B, 11 erzählt ist, daß er die Weisen schätzte.

31 Die hier erwähnte Geschichte steht in Lun Yü XVII, 1.

32 Wörtlich: als „Sommer-Feldbewässern".

33 Bei Dsï Lu handelt es sich um Dschung Yu (bekannter Jünger des Kung).

8.

戴盈之曰："什一，去關市之征，今茲未能。請輕之，以待來年，然後已，何如？"
孟子曰："今有人日攘其鄰之雞者，或告之曰：'是非君子之道。'曰：'請損之，月攘一雞，以待來年，然後已。'如知其非義，斯速已矣，何待來年。"

9.

公都子曰："外人皆稱夫子好辯，敢問何也？"
孟子曰："予豈好辯哉？予不得已也。天下之生久矣，一治一亂。當堯之時，水逆行，氾濫於中國。蛇龍居之，民無所定。下者為巢，上者為營窟。《書》曰：'洚水警余。'洚水者，洪水也。使禹治之，禹掘地而注之海，驅蛇龍而放之菹。水由地中行，江、淮、河、漢是也。險阻既遠，鳥獸之害人者消，然後人得平土而居之。

8. Allmähliche Besserung

Dai Ying Dschï[34] sprach: „Nur den Zehnten zu nehmen und die Grenz- und Marktzölle aufzuheben, geht heuer noch nicht an. Ich will sie erleichtern und im nächsten Jahr dann abschaffen. Was sagt Ihr dazu?"
Mong Dsï sprach: „Angenommen, ein Mann stiehlt täglich seinem Nachbarn ein Huhn. Und es sagt jemand zu ihm: ‚Das schickt sich nicht für einen anständigen Menschen.' Jener aber sagt: ‚Ich will es einschränken und nur jeden Monat ein Huhn stehlen. Im nächsten Jahr dann will ich's aufgeben.' – Wenn man erkannt hat, daß etwas ungerecht ist, so muß man es sofort sein lassen und nicht bis zum nächsten Jahr warten."

9. Warum Mong streitet

Gung-Du Dsï[35] sprach: „Die Außenstehenden alle nennen Euch streitsüchtig, Meister; darf ich fragen, wie es sich damit verhält?"
Mong Dsï sprach: „Ferne sei es von mir, den Streit zu lieben. Ich kann nicht anders.
Lange ist es schon, daß die Welt steht, und immer folgten auf Zeiten der Ordnung Zeiten der Verwirrung. Zu Yaus Zeiten überfluteten die Wasser ringsum das Land der Mitte, und Schlangen und Drachen wohnten darin. Die Menschen hatten keine feste Stätte. In den Niederungen machten sie Pfahlbauten[36], in den Bergen gruben sie sich Höhlen. Das Buch der Urkunden[37] sagt: ‚Die wilden Wasser schrecken mich.' Die ‚wilden Wasser' sind eben jene Sintflut. Er befahl dem Yü, sie zu ordnen. Yü grub die Erde aus und leitete die Wasser in das Meer, er entfernte die Schlangen und Drachen und trieb sie in die Marschen. Das Wasser floß nun in festen Betten, das sind die Ströme Yangtse, Huai, Huangho und Han. Gefahren und Hindernisse waren entfernt. Die Vögel und Tiere schädigten nicht mehr die Menschen. So bekamen die Menschen ebenes Land, darauf sie wohnen konnten.

---

34 Dai Ying Dschï war Minister in Sung. Die Geschichte fällt also wohl ebenso wie Abschnitt 5 und 6 ins Jahr 311.

35 Gung-Du Dsï wird als vierter unter Mongs Schülern genannt.

36 Wörtlich: „Nester". Es liegt aber ganz unzweifelhaft eine später mißverstandene Erinnerung an Pfahlbauten vor, ebenso wie das Wohnen in Höhlen offenbar einer alten Erinnerung entspricht.

37 Dschau Ki gibt für die Stelle eine außerkanonische Schu-Ging-Stelle an. In I, III, 11 ist wenigstens die Sintflut erwähnt.

“堯、舜既沒，聖人之道衰。暴君代作，壞宮室以為汙池，民無所安息；棄田以為園囿，使民不得衣食。邪說暴行又作，園囿、汙池、沛澤多而禽獸至。及紂之身，天下又大亂。周公相武王，誅紂伐奄，三年討其君，驅飛廉於海隅而戮之。滅國者五十，驅虎、豹、犀、象而遠之。天下大悅。《書》曰：‘丕顯哉，文王謨！丕承哉，武王烈！佑啟我後人，咸以正無缺。’

“世衰道微，邪說暴行有作，臣弒其君者有之，子弒其父者有之。孔子懼，作《春秋》。《春秋》，天子之事也。是故孔子曰：‘知我者其惟

Als Yau und Schun gestorben waren, da verfiel der Weg der Heiligen. Tyrannen kamen nacheinander auf. Sie zerstörten Wohnungen und Häuser, um Teiche und Seen anzulegen, so daß das Volk keine ruhige Stätte mehr fand. Sie ließen die Felder öde liegen und machten Gärten und Parks daraus, so daß das Volk keine Nahrung und Kleidung mehr hatte.
Ruchlose Reden und grausame Taten kamen abermals auf. Die Gärten und Parks, die Teiche und Seen, die Sümpfe und Marschen mehrten sich, Vögel und Tiere kamen wieder hervor. Und als es auf Dschou Sin[38] kam, da war die Welt wieder in großer Verwirrung. Der Fürst von Dschou half dem König Wu. Dschou Sin wurde hingerichtet, das Land Yän[39] wurde bekämpft und nach drei Jahren sein Fürst beseitigt. Der gottlose Minister Fe Liän[40] wurde in einen Winkel am Meer getrieben und dort zu Tode gebracht. Im ganzen wurden vernichtet fünfzig Staaten, und es wurden entfernt und abgetan die Tiger, Panther, Nashörner und Elefanten. Und alle Welt ward hocherfreut. Das Buch der Urkunden[41] sagt: ‚Erhaben und leuchtend waren König Wens Pläne, erhaben und kräftig war König Wus Durchführung, zur Hilfe und Lehre für uns Spätergeborene, alles recht und ohne Tadel.' Abermals verfiel die Welt, und der Weg ward verdunkelt. Ruchlose Reden und grausame Taten kamen abermals auf. Es kam vor, daß Diener ihre Fürsten mordeten, es kam vor, daß Söhne ihre Väter mordeten. Meister Kung war besorgt darob und schrieb ‚Frühling und Herbst'. Das Werk ‚Frühling und Herbst' ist das Werk eines königlichen Mannes[42]. Darum sagte Meister Kung: ‚Daß ich gekannt sein werde, verdanke ich

38 Es ist beachtenswert, daß Giä, der Tyrann am Schluß der Hiadynastie, nicht genannt ist, sondern Dschou Sin direkt anschließt. Es sieht fast so aus, als folge Mong hier einer anderen Überlieferung als III, A, 4, zu welcher Stelle hier eine Parallele vorliegt.

39 Yän lag angeblich im Osten des Staates Lu, in der Nähe des heutigen Yändschoufu. Die Überlieferung folgt hier nicht dem Schu Ging, nach dem der Staat Yän erst unter Tschong, dem Sohne Wus, vernichtet wurde. Vgl. Vorrede zum Schu Ging v. 51–52. Mau Si Ho nimmt an, daß es sich um eine mehrfache Unternehmung handelte.

40 Fe Liän ist ein sagenhafter Minister des Tyrannen Dschou Sin, der auch im Fong Schen Yän Yi (vgl. Übersetzung von Grube, Die Metamorphosen der Götter, Leyden 1912) eine große Rolle spielt. Sein Grab wird an verschiedenen Plätzen gezeigt. Es handelt sich hierbei offenbar um „Hünengräber".

41 Auch diese Stelle findet sich im kanonischen Schu Ging nicht.

42 So nach Dschau Ki. Andererseits wird die Stelle aufgefaßt: „Die Frühlings- und Herbstannalen enthalten Angelegenheiten des Himmelssohnes", wobei vorausgesetzt wird, daß der Staat Lu, dessen Geschichte während der Jahre 721–479 die Frühlings- und Herbstannalen behandeln, durch den Fürsten von Dschou mit dem Kaiserhaus verbunden sei. Die Vorstellung, daß Kung als „ungekrönter König" hier über die Welt zu Gericht gesessen, wird von diesem Standpunkt aus – im Sinne Kungs sicher mit allem Recht – abgelehnt. Das angeführte Wort des Kung findet sich nicht in den Lun Yü.

春秋乎！罪我者其惟春秋乎！’

“聖王不作，諸侯放恣，處士橫議，楊朱、墨翟之言盈天下。天下之言，不歸楊，則歸墨。楊氏為我，是無君也；墨氏兼愛，是無父也。無父無君，是禽獸也。公明儀曰：‘庖有肥肉，廄有肥馬，民有飢色，野有餓莩，此率獸而食人也。’楊墨之道不息，孔子之道不著，是邪說誣民，充塞仁義也。仁義充塞，則率獸食人，人將相食。吾為此懼，閑先聖之道，距楊墨，放淫辭，邪說者不得作。作於其心，害於其事；作於其事，害於其政。聖人復起，不易吾言矣。

“昔者禹抑洪水而天下平，周公兼夷狄驅猛獸而百姓寧，孔子成《春秋》而亂臣賊子懼。《詩》云：‘戎狄是膺，荊舒是懲，則莫我敢承。’無父無君，是周公所膺也。我亦欲正人心，息邪說，距詖行，

'Frühling und Herbst', daß ich verdammt werden werde, verdanke ich 'Frühling und Herbst'.'

Ein heiliger König stand nicht mehr auf. Die Fürsten ließen ihren Lüsten freien Lauf. Müßige Gelehrte führten quere Reden. Yang Dschus und Mo Dis[43] Worte erfüllten die Welt. Was heute auf der Welt geredet wird, ist entweder von Yang oder von Mo beeinflußt. Yang lehrt den Egoismus, darum führt er zur Auflösung des Staats. Mo lehrt die unterschiedslose allgemeine Liebe, darum führt er zur Auflösung der Familie. Ohne Staat und Familie kehrt man in den Zustand der Tiere zurück ...[44] .

Wenn die Lehren Yangs und Mos nicht verstummen, kann die Lehre des Meister Kung nicht zur Geltung kommen. Denn diese verkehrten Reden betören das Volk, und Liebe und Pflicht müssen verkümmern. Durch die Verkümmerung von Liebe und Pflicht bringt man die Tiere dazu, Menschen zu fressen; ja, die Menschen werden einander noch auffressen.

Ich bin besorgt darüber. Ich will die Lehren der alten Heiligen verteidigen, Yang und Mo abwehren und ihren frechen Worten ein Ziel setzen, damit diese ruchlosen Reden sich nicht ausbreiten. Denn wenn sie Einfluß haben im Herzen, so bringen sie Schaden beim Handeln. Wenn sie Einfluß haben auf das Handeln, so bringen sie Schaden bei der öffentlichen Ordnung. Wenn abermals ein Heiliger aufsteht, wird er an diesen meinen Worten nichts zu ändern haben.

Vor alters beschränkte der große Yü die Sintflut, und die Welt kam in Ruhe. Der Fürst von Dschou ließ auch den Grenzstämmen im Osten und Westen seine Liebe angedeihen, vertrieb die wilden Tiere, und die Leute bekamen Frieden. Meister Kung vollendete 'Frühling und Herbst', und die aufrührerischen Knechte und mörderischen Söhne bekamen Angst ...[45] .

Jene vaterlosen und herrscherlosen Gesellen hätte also auch der Fürst von Dschou bekämpft. Auch ich begehre, der Menschen Herzen recht zu machen, ruchlose Reden zum Schweigen zu bringen, verkehrte Werke zu bannen, fre-

43 Die Lehren Yang Dschus sind in Liä Dsï erhalten. Mong Dsï wirft ihm Anarchismus vor; nicht ohne Berechtigung, da bei seinem individualistischen Pessimismus natürlich kein Raum für die Verehrung des Fürsten war. Mo Di, der Lehrer der allgemeinen Menschenliebe, war im Gegensatz zu Yang Dschu politisch interessiert. Er nahm den Großen Yü für sich in Anspruch. Da er die konfuzianische Gliederung der menschlichen Gesellschaft verwirft, nennt ihn Mong einen vaterlosen Gesellen. Mong legt den größten Wert auf die Organisation der Gesellschaftsstruktur, die durch Mo Di gefährdet schien.

44 Hier ist eine Stelle aus I, A, 4, als Ausspruch Gung-Ming I's bezeichnet, in den Text eingedrungen.

45 Hier ist ein Zitat aus dem Schï Ging von III, A, 4, das hier zum mindesten überflüssig ist, eingedrungen.

放淫辭，以承三聖者；豈好辯哉？予不得已也。能言距楊墨者，聖人之徒也。”

10.

匡章曰：“陳仲子豈不誠廉士哉？居於陵，三日不食，耳無聞，目無見也。井上有李，螬食實者過半矣，匍匐往將食之，三咽，然後耳有聞，目有見。”
孟子曰：“於齊國之士，吾必以仲子為巨擘焉。雖然，仲子惡能廉？充仲子之操，則蚓而後可者也。夫蚓，上食槁壤，下飲黃泉。仲子所居之室，伯夷之所築與？抑亦盜跖之所築與？所食之粟，伯夷之所樹與？抑亦盜跖之所樹與？是未可知也。”
曰：“是何傷哉？彼身織屨，妻辟纑，以易之也。”
曰：“仲子，齊之世家也。兄戴，蓋祿萬鍾。以兄之

chen Worten ein Ziel zu setzen, um so das Werk jener drei Heiligen fortzuführen. Wie sollte es mir nur um Streit zu tun sein! Ich kann nicht anders. Wer mit seinen Worten Yang und Mo bannen kann, der ist ein Genosse der Heiligen."

10. Der Asket

Kuang Dschang[46] sprach: „Tschen Dschung Dsï[47] ist doch wirklich ein genügsamer Weiser. Er wohnte in Wu Ling. Drei Tage lang hatte er nichts gegessen, seine Ohren waren dick geworden und seine Augen trübe. Am Brunnen stand ein Pflaumenbaum. Die Maden hatten schon die meisten Früchte zerfressen. Da schleppte er sich hin und aß. Dreimal mußte er schlucken, ehe er wieder hören und sehen konnte."

Mong Dsï sprach: „Ich bin auch der Meinung, daß unter den Gelehrten von Tsi Tschen Dschung Dsï ist wie der Daumen[48] unter den Fingern. Dennoch: genügsam kann man ihn nicht nennen. So wie Tschen Dschung Dsï es meint, kann man nur leben, wenn man ein Regenwurm ist. Der Regenwurm frißt verwitterte Dammerde und trinkt in der Tiefe das Grundwasser[49]. Tschen Dschung Dsï bewohnt ein Haus. Ist das von einem strengen Heiligen wie Be-I oder von einem Räuber Dschï[50] erbaut? Er lebt von Korn. Ist das von einem strengen Heiligen wie Be-I oder von einem Räuber Dschï gepflanzt? Das weiß kein Mensch."

Kuang Dschang sprach: „Was tut das? Er flicht Sandalen, sein Weib spinnt Hanffaden; damit verdienen sie sich ihren Unterhalt."

Mong Dsï sprach: „Tschen Dschung Dsï stammt aus einem vornehmen Haus in Tsi. Sein Bruder Dai[51] bezog aus der Stadt Go ein Einkommen von 10 000 Schef-

---

46 Kuang Dschang ist ein Mann aus Tsi, aus der Umgebung des Königs Süan.

47 Tschen Dschung Dsï, aus vornehmem Geschlecht von Tsi, lebte in Wu Ling von der Welt zurückgezogen. Er erinnert in seinem Gebaren an die bei Dschuang Dsï erwähnte Richtung des Schen Dau (vgl. Dschuang Dsï, p. XIX) oder an den „gerechten" Wanderer Huan Schong Mu bei Liä Dsï (VIII, 20).

48 Der Daumen heißt auf Chinesisch: der große Finger.

49 Wörtlich: die gelben Quellen, d. h. die Wasser der Unterwelt.

50 Über den „Räuber Sohle" vgl. Dschuang Dsï, Buch VIII, pag. 65 f., wo er ebenfalls mit Be-I, dem uneigennützigen Prinzen von Gu Dschu, als Gegensatz zusammengestellt ist – allerdings, um ebenso wie jener verworfen zu werden. Hier ist der Sinn: „Bei der Befriedigung der Lebensbedürfnisse darf man nicht zu genau sein mit Beziehung auf die Herkunft." Es kommt auf dasselbe heraus wie in Liä Dsï VIII, 20.

51 So nach Dschau Kis Kommentar. Andere fassen „Dai Go" als Namen auf. Dieser Bruder mußte seinem Gehalte nach in Tsi Minister („King") gewesen sein.

祿為不義之祿而不食也，以兄之室為不義之室而不居也，辟兄離母，處於於陵。他日歸，則有饋其兄生鵝者，己頻顣曰：‘惡用是鶃鶃者為哉？’他日，其母殺是鵝也，與之食之。其兄自外至，曰：‘是鶃鶃之肉也。’出而哇之。以母則不食，以妻則食之；以兄之室則弗居，以於陵則居之。是尚為能充其類也乎？若仲子者，蚓而後充其操者也。”

feln. Weil er dieses Einkommen seines Bruders für unrecht Gut hielt, darum wollte er nichts davon genießen. Weil er seines Bruders Häuser für unrecht Gut hielt, darum wollte er nicht darin wohnen. Er trennte sich von seinem Bruder und verließ seine Mutter und ließ sich in Wu Ling nieder.
Einst kam er heim. Da traf es sich, daß sein Bruder eine lebende Gans zum Geschenk erhielt. Er runzelte die Stirn und sprach: ‚Wozu soll der Schnatterer?'
Am andern Tag schlachtete seine Mutter die Gans und gab sie ihm zu essen. Sein Bruder aber kam dazu und sprach: ‚Das ist Fleisch von dem Schnatterer.' Sofort ging er hinaus und erbrach sich.
Was ihm die Mutter gab, das aß er nicht; was sein Weib ihm gab, das aß er. In seines Bruders Haus wohnte er nicht, aber in Wu Ling wohnte er. Das ist doch nicht folgerichtig![52] Tschen Dschung Dsïs Grundsätze lassen sich nur wirklich durchführen, wenn man ein Regenwurm ist."

52 Nach Dschau wäre zu übersetzen: „Wie kann er dabei (bei diesen Grundsätzen) mit seinesgleichen (anderen Menschen) zusammen leben?"

離婁

上

1.

孟子曰："離婁之明，公輸子之巧，不以規矩，不能成方員：師曠之聰，不以六律，不能正五音；堯舜之道，不以仁政，不能平治天下。今有仁心仁聞而民不被其澤，不可法於後世者，不行先王之道也。

"故曰，徒善不足以為政，徒法不能以自行。《詩》云：'不愆不忘，率由舊章。'
遵先王之法而過者，未之有也。聖人既竭

BUCH IV – LI LOU

ABSCHNITT A

1. Die Hilfsmittel der Kultur

Mong Dsï sprach: „Selbst eines Li Lou[1] scharfe Augen und eines Gung Schu[2] Geschicklichkeit können ohne Zirkel und Richtmaß keine Kreise und Quadrate fertigbringen. Selbst eines Meister Kuang[3] Gehör kann ohne Stimmpfeifen nicht die Höhe der Töne bestimmen. Selbst eines Yau und eines Schun Art kann ohne mildes Regiment die Welt nicht in Ordnung bringen. Wenn nun auch einer ein gutes Herz hat und einen guten Ruf, aber das Volk genießt nicht Segen von ihm, so kann er nicht als Vorbild für die Nachwelt dienen, darum, weil er nicht im Pfad der alten Könige wandelt. So heißt es: Gute Meinung allein genügt noch nicht zum Herrschen, aber gute Gesetze allein können sich auch nicht selber durchsetzen. Im Buch der Lieder[4] heißt es:

‚Ohne Hast, ohne Rast
Nach alter Sitte Brauch.'

Daß einer, der der alten Könige Gesetze hochhielt, dennoch Fehler gemacht hätte, das ist noch nie geschehen. Während die berufenen Heiligen einerseits

1 Li Lou ist derselbe wie Li Dschu. Vgl. Liä Dsï V, 2, Dschuang Dsï VIII; XII, 4. Ein sagenhafter Begleiter des Herrn der gelben Erde (Huang Di), der auf hundert Schritt Entfernung noch die Spitze eines Flaumhaares sah.

2 Gung Schu Ban aus Lu, angeblich der Sohn des Herzogs Dschau (541–510), als Musiker berühmt. Im Dienste des Staates Tschu leitete er die Belagerung der Hauptstadt von Sung, wobei er die sogenannte Wolkenleiter verwandte. Seine Kunstgriffe wurden aber durch die Gegenmaßregeln des Mo Di zunichte gemacht. Er scheint eine Art chinesischer Archimedes gewesen zu sein. Vgl. Liä Dsï VIII, 12 und namentlich den Schluß von V, 14, der merkwürdigerweise zu der Stelle hier Beziehung zu haben scheint.

3 Der blinde Musikmeister Kuang vom Staate Dsin aus der Zeit des Konfuzius wird auch in Liä Dsï V, 11 und in Dschuang Dsï zu verschiedenen Stellen genannt. Die „sechs Pfeifen" (lü) sind eigentlich zwölf, sechs „männliche" und sechs „weibliche". Sie sollen von Huang Di erfunden sein. Es sind Röhren von genau bestimmtem Längenmaß und Kubikinhalt, die zur Bestimmung der Tonhöhe der einzelnen Noten dienten; die fünf Töne (wu Yin) heißen: Gung, Schang, Güo, Dschï, Yü. Es sind die fünf schwarzen Tasten der Fis-dur-Tonleiter. Die chinesischen Kommentare geben hier zum Teil eine ausgeführte Musiktheorie, die aber für den Zusammenhang hier belanglos ist.

4 Vgl. Schï Ging III, II, 5 v. 2.

目力焉，繼之以規矩準繩，以為方員平直，不可勝用也；既竭耳力焉，繼之以六律，正五音，不可勝用也；既竭心思焉，繼之以不忍人之政，而仁覆天下矣。

“故曰，為高必因丘陵，為下必因川澤。為政不因先王之道，可謂智乎？是以惟仁者宜在高位。不仁而在高位，是播其惡於眾也。上無道揆也。下無法守也，朝不信道，工不信度，君子犯義，小人犯刑，國之所存者幸也。

“故曰，城郭不完，兵甲不多，非國之災也；田野不辟，貨財不聚，非國之害也。上無禮，下無學，賊民興，喪無日矣。《詩》曰：‘天之方蹶，無然泄泄。’

ihrer Augen Kraft aufs äußerste anstrengten, kamen sie ihr andrerseits zu Hilfe mit Zirkel und Richtmaß, Lot und Schnur, um ihre Werke rechteckig, rund, eben und senkrecht zu machen, und die Wirkung war unübertrefflich. Während sie ihres Gehöres Schärfe aufs äußerste anstrengten, kamen sie ihr zu Hilfe mit den Stimmpfeifen, um die Höhe der Töne festzusetzen, und die Wirkung war unübertrefflich. Während sie ihres Herzens Gedanken aufs äußerste anstrengten, gaben sie ihnen Ausdruck in einem barmherzigen Regiment[5], und ihre Güte schirmte die ganze Welt.
Darum heißt es:
‚Wer hoch hinauf will, muß die Berge zum Ausgangspunkt nehmen,
wer tief hinunter will, muß die Täler zum Ausgangspunkt nehmen.'
Wer aber regieren will und nicht den Pfad der alten Könige zum Ausgangspunkt nimmt, kann man den weise nennen?
Darum gebührt allein dem Gütigen eine hohe Stelle. Wer, selbst ungütig, an hoher Stelle weilt, der verbreitet seine Schlechtigkeit unter der Menge. Wenn der Fürst keine Ordnung in sich hat, um Maß und Richtung zu geben, so haben die Diener kein Gesetz, um sich daran zu halten. Die Höflinge werden unzuverlässig in der Ordnung, die Handwerker werden unzuverlässig im Maß, die Herren verletzen die Pflicht, die Gemeinen verletzen das Strafrecht, und der Bestand des Reichs hängt dann vom Zufall ab.
Darum heißt es:

> Wenn Mauern und Wälle nicht fest sind,
> Wehr und Waffen nicht zahlreich:
> Das ist kein Unglück für ein Land.
> Wenn Felder und Äcker sich nicht ausdehnen,
> Güter und Reichtum sich nicht mehren,
> Das ist kein Schade für ein Land.
> Doch wenn der Fürst keinen Anstand übt,
> Die Untern keine Bildung haben
> Und räuberisches Volk aufkommt:
> Dann steht das Ende jeden Tag bevor.

Im Buch der Lieder[6] heißt es:

> ‚Ist jetzt der Himmel so erregt,
> So zeigt euch nicht so unbewegt.'

5 Vgl. Luther „gut Regiment", gute Regierungsweise.

6 Vgl. Schï Ging III, II, 10 v. 2. Übersetzung von Strauß. Das Lied enthält die Warnung eines Alten in schwerer Zeit.

泄泄，猶沓沓也。事君無義，進退無禮，言則非先王之道者，猶沓沓也。故曰：責難於君謂之恭，陳善閉邪謂之敬，吾君不能謂之賊。”

2.

孟子曰：“規矩，方員之至也；聖人，人倫之至也。欲為君盡君道，欲為臣盡臣道，二者皆法堯舜而已矣。不以舜之所以事堯事君，不敬其君者也；不以堯之所以治民治民，賊其民者也。孔子曰：‘道二：仁與不仁而已矣。’暴其民甚，則身弑國亡；不甚，則身危國削。名之曰‘幽厲’，雖孝子慈孫，百世不能改也.

‚Unbewegt' ist so viel wie nachlässig: wenn man im Dienst des Herrschers die Pflicht mißachtet, in allem Tun und Lassen die Regeln der Sitte mißachtet, in Wort und Rede den Pfad der alten Könige verurteilt: das ist nachlässig.
Darum heißt es:
Seinem Herrscher Schweres zumuten, heißt ihn ehren,
Seine guten Neigungen fördern und seine verkehrten hindern, heißt ihn achten.
Zu sagen: Unser Herr ist unfähig dazu, heißt zum Räuber an ihm werden."

2. Ideale

Mong Dsï sprach: „Zirkel und Richtmaß geben vollkommene Kreise und Quadrate; die berufenen Heiligen zeigen vollkommenes Menschentum. Wer als Herrscher seiner Herrscherpflicht genug tun will oder als Diener seiner Dienerpflicht genug tun will, beide mögen einfach Yau und Schun zum Vorbild nehmen. Wer nicht auf die Art, wie Schun dem Yau diente, seinem Herrn dient, ist einer, der seinen Herrn nicht achtet. Wer nicht auf die Art, wie Yau das Volk regierte, sein Volk regiert, ist einer, der sein Volk mißhandelt.
Meister Kung sprach: ‚Nur zwei Wege gibt es: Gütigkeit und Ungütigkeit.' Wenn einer sein Volk bedrückt und darin schlimm ist, der zieht sich selbst den Tod und seinem Reich den Untergang zu. Treibt er es nicht ganz so schlimm, so stürzt er doch sein Leben in Gefahr und sein Reich in Verluste. Die Nachwelt nennt ihn: der ‚Finstere', der ‚Schreckliche'[7], und hätte er auf hundert Geschlechter hinaus ehrfürchtige Söhne und liebevolle Enkel, sie können das nicht mehr ändern.

7 König Li „der Schreckliche" regierte von 878–842. Infolge seiner Volksbedrückung entstand Unzufriedenheit im Volk. Die Unzufriedenen ließ der König durch physiognomische Hilfsmittel herausfinden und hinrichten (vgl. die ähnliche Geschichte Liä Dsï VIII, 9). Darüber entstand ein Aufruhr, in dessen Verlauf der König, der sich nach Schantung geflüchtet, ums Leben kam. König Yu der „Finstere" regierte von 781–771. Er war der Sohn König Süans, verstieß seine Frau und den Thronerben und begünstigte eine Nebenfrau, der zu Liebe die Alarmfeuer angezündet wurden, weil sie über das daraufhin erfolgende Herbeieilen der Vasallen sich amüsierte. Schließlich wollte der König den rechtmäßigen Thronerben töten, da erhob sich dessen Großvater mütterlicherseits im Verein mit den westlichen Barbarenstämmen, die ins Reich eindrangen und den König töteten, ohne daß die Vasallen zu Hilfe gekommen wären. Erst nachher wurden die Eindringlinge vertrieben und der rechtmäßige Erbe als König Ping auf den Thron gesetzt.

《詩》云‘殷鑒不遠，在夏后之世’，此之謂也。”

3.

孟子曰：“三代之得天下也以仁，其失天下也以不仁。國之所以廢興存亡者亦然。天子不仁，不保四海；諸侯不仁，不保社稷；卿大夫不仁，不保宗廟；士庶人不仁，不保四體。今惡死亡而樂不仁，是猶惡醉而強酒。”

4.

孟子曰：“愛人不親反其仁，治人不治反其智，禮人不答反其敬。行有不得者，皆反求諸己，其身正而天下歸之.

Das ist gemeint, wenn es im Buch der Lieder[8] heißt:

‚Yin hat den Spiegel nah genug;
Die Zeit der Herrscher Hias hat ihn gewährt.'"

3. Die Gründe für Steigen und Fallen der Reiche

Mong Dsï sprach: „Alle drei Herrscherhäuser haben die Herrschaft über die Welt erlangt durch Gütigkeit und haben die Herrschaft über die Welt verloren durch Ungütigkeit. Ganz ebenso verhält es sich mit Untergang und Blüte, Bestehen und Vergehen der einzelnen Staaten. Wenn der Himmelssohn nicht gütig ist, vermag er nicht das Land zwischen den vier Meeren zu wahren. Wenn ein Landesfürst nicht gütig ist, vermag er nicht die Altäre des Landes und Korns[9] zu wahren; wenn Grafen und Adlige nicht gütig sind, vermögen sie nicht ihre Ahnentempel zu wahren; wenn Ritter und Volk nicht gütig sind, vermögen sie nicht ihre vier Glieder zu wahren. Wer nun Tod und Untergang haßt und dennoch sich der Ungütigkeit erfreut, der gleicht dem Manne, der Trunkenheit haßt und dennoch sich dem Wein ergibt."

4. Wo man den Fehler suchen muß

Mong Dsï sprach: „Wer andre liebt, und sie sind ihm nicht zugetan, der prüfe seine Gütigkeit. Wer andre regiert, und sie lassen sich nicht regieren, der prüfe seine Weisheit. Wer andre ehrt und findet keine Antwort, der prüfe seine Achtung. Wer etwas wirken will und keinen Erfolg hat, der suche den Grund bei sich selber. Ist seine Person recht, so fällt die ganze Welt ihm zu." …[10]

---

8 Vgl. Schï Ging III, III, 1 v. 8. Die Ode ist eine Warnung an den König Li den „Schrecklichen". Diese ist eingekleidet in die Worte des Königs Wen, mit denen er dem Tyrannen Dschou Sin der Yindynastie das warnende Exempel des Tyrannen Giä aus der Hiadynastie als Spiegel vorhält.

9 Die Altäre des Landes und Kornes – Schä Dsï – sind die Symbole der Herrschaft, wie etwa Thron und Szepter in Europa. Die Heiligtümer des hohen Adels (King und Daifu) waren ihre Ahnentempel.

10 Hier ist das Zitat aus dem Schï Ging, das sich in II, A, 4 findet, wiederholt.

5.

孟子曰："人有恆言，皆曰'天下國家'。天下之本在國，國之本在家，家之本在身。"

6.

孟子曰："為政不難，不得罪於巨室。巨室之所慕，一國慕之；一國之所慕，天下慕之；故沛然德教溢乎四海。"

7.

孟子曰："天下有道，小德役大德，小賢役大賢；天下無道，小役大，弱役強。斯二者天也。順天者存，逆天者亡。齊景公曰：'既不能令，又不受命，是絕物也。'涕出而女於吳。今也小國師大國而恥受命焉，是猶弟子而恥受命於先師也。

5. Welt, Staat, Familie

Mong Dsï sprach: „Man spricht beständig von Welt, Staat und Familie. Die Wurzeln des Weltreichs sind im Einzelstaat, die Wurzeln des Staates sind in der Familie. Die Wurzeln der Familie sind in der einzelnen Person."[11]

6. Die Wurzeln der Autorität

Mong Dsï sprach: „Regieren ist nicht schwer: man darf nur keinen Anstoß erregen bei den angesehenen Häusern[12]. Wen die angesehenen Häuser ehren, den ehrt das ganze Land. Wen ein Land ehrt, den ehrt die ganze Welt.
Darum:

‚Stromgleich erfüllt geistiger Einfluß das Erdenrund'."

7. Schickt Euch in die Zeit – oder überwindet sie

Mong Dsï sprach: „Wenn die Welt in Ordnung ist, so dient der Geringe an Geist dem, der groß ist an Geist, so dient der Mann, der gering ist an Würdigkeit, dem, der groß ist an Würdigkeit. Wenn die Welt in Unordnung ist, so muß der Kleine dem Großen dienen, der Schwache dem Starken dienen. Beides ist Gesetz der Natur. Wer diesem Naturgesetz folgt, besteht; wer dem Naturgesetz widerstrebt, der vergeht.
Fürst Ging von Tsi sprach: ‚Wenn man nicht vermag zu befehlen und doch auch nicht gehorchen mag, so wird man vereinsamt.' Obwohl daher seine Tränen flossen, gab er seine Tochter dem Prinzen von Wu.[13]
Heute aber ist es so, daß kleine Staaten die großen zwar zu Lehrmeistern nehmen und doch sich schämen, ihren Befehlen zu gehorchen. Das ist gerade, wie wenn ein Junger sich schämen wollte, von seinem Meister sich etwas befehlen zu lassen.

---

11 Vgl. Da Hüo I.

12 Bis auf den heutigen Tag sind diese angesehnen Häuser, die Schenschï (Gürtelträger, meist mit dem Wort Gentry übersetzt) die Aristokratie der Bildung und des Besitzes, die Grundlage der öffentlichen Meinung.

13 Die Geschichte spielt in der Zeit des Konfuzius. Der Staat Wu unter dem Fürsten Ho Lu hatte im Sinn, Tsi anzugreifen. Herzog Ging fühlte sich dem Angriff nicht gewachsen. Daher verstand er sich mit schwerem Herzen, seine Tochter dem Kronprinzen des damals noch als barbarisch angesehenen Staates Wu (im heutigen Chekiang) zur Ehe zu geben.

如恥之，莫若師文王。師文王，大國五年，小國七年，必為政於天下矣。《詩》云：‘商之孫子，其麗不億。上帝既命，侯于周服。侯服于周，天命靡常。殷士膚敏，裸將于京。’孔子曰：‘仁不可為眾也。夫國君好仁，天下無敵。’今也欲無敵於天下而不以仁，是猶執熱而不以濯也。《詩》云：‘誰能執熱，逝不以濯？’”

8.

孟子曰：“不仁者可與言哉？安其危而利其菑，樂其所以亡者。不仁而可與言，則何亡國敗家之有？有孺子歌曰：

Wenn man sich einer solchen Abhängigkeit schämt, so gibt es keinen besseren Ausweg, als König Wen zum Lehrmeister zu nehmen. Mit König Wen als Lehrmeister würde ein großes Reich in sieben Jahren die Herrschaft über die Welt in Händen haben.
Im Buch der Lieder[14] heißt es:

‚Die Zahl der Enkel all von Schang
Steigt mehr als hunderttausend an.
Der Höchste Herr verlieh das Amt,
Da wurden Dschou sie untertan.
Sie wurden Untertanen Dschous,
Das Amt des Himmels kann ja enden,
Und Yins Beamte eilten hin,
Trankopfer im Palast zu spenden.‘

Meister Kung sprach: ‚Dem Gütigen kann man nicht mit der bloßen Mehrheit beikommen.‘ Ein Landesherr, der die Milde liebt, hat auf der ganzen Welt keinen Feind. Wer nun gerne möchte auf der Welt keinen Feind haben und doch nicht Milde übt, der gleicht dem Mann, der etwas Heißes anfassen will, ohne es vorher in Wasser zu tauchen.
Im Buch der Lieder[15] heißt es:

‚Wes Hand kann Glühendes erfassen,
Taucht er's zuvor in Wasser nicht?‘“

8. Sein Unheil zieht sich jeder selber zu

Mong Dsï sprach: „Ungütige lassen sich ja nicht raten! Sie halten ihre Gefahr für Sicherheit und achten ihr Unheil für Gewinn und ergötzen sich an dem, was ihnen den Untergang bringt. Wenn ungütige Fürsten sich raten ließen, so gingen nicht so viele Staaten unter und brächen nicht so viele Häuser zusammen!
Es sangen einmal ein paar Knaben:

14 Vgl. Schï Ging III, I, 1 v. 4, 5. Übersetzung von V. von Strauß. Das Lied bezieht sich auf den Übergang der Herrschaft von dem Hause Yin auf das Haus Dschou, der dem geistigen Einfluß des Königs Wen zugeschrieben wird.

15 Vgl. Schï Ging III, III, 3 v. 5.

‘滄浪之水清兮，可以濯我纓；滄浪之水濁兮，可以濯我足。’孔子曰：‘小子聽之！清斯濯纓，濁斯濯足矣，自取之也。’夫人必自侮，然後人侮之；家必自毀，而後人毀之；國必自伐，而後人伐之。《太甲》曰：‘天作孽，猶可違；自作孽，不可活。’此之謂也。”

9.

孟子曰：“桀紂之失天下也，失其民也；失其民者，失其心也。得天下有道：得其民，斯得天下矣；得其民有道：得其心，斯得民矣；得其心有道：所欲與之聚之，所惡勿施爾也。民之歸仁也，猶水之就下、獸之走壙也。故為淵敺魚者，獺也；為叢敺爵者，鸇也；為湯武敺民者，桀與紂也。今天下之君有好仁者，則諸侯皆為之敺矣。雖欲無王，不可得已。今之欲王者，猶七年之病求三年之艾也。苟為不畜，終身不得。苟不志於仁，終身憂辱，以陷於死亡：

‚Ist des Flusses Wasser klar,
Wasch' ich meiner Mütze Bänder.
Ist des Flusses Wasser trüb',
Wasch' ich meiner Füße Sohlen.'[16]

Meister Kung sprach: ‚Kinder, hört zu! Nur wenn es klar ist, wäscht man die Mützenbänder darin. Nur wenn es trüb ist, wäscht man die Füße darin. Es kommt allein auf das Wasser an.' – Erst muß der Mensch sich selbst schänden, ehe andre ihn schänden. Erst muß ein Haus sich selbst verderben, ehe andre es verderben. Erst muß ein Reich sich selbst bekämpfen, ehe andre es bekämpfen ...[17]."

9. Der Menschen Herz ist wie das Wasser

Mong Dsï sprach: „Dschou Sin und Giä haben die Weltherrschaft verloren, indem sie die Leute verloren. Sie haben die Leute verloren, indem sie ihr Herz verloren. Die Weltherrschaft zu gewinnen, gibt es einen Weg: gewinnt man die Leute, so hat man damit schon die Weltherrschaft. Die Leute zu gewinnen, gibt es einen Weg: gewinnt man ihr Herz, so hat man damit schon die Leute. Ihr Herz zu gewinnen, gibt es einen Weg: Was sie haben möchten, gib ihnen, was sie verabscheuen, tu ihnen nicht an.
Die Leute fallen einem milden Herren zu, wie das Wasser nach unten fließt, wie die Tiere in ihre Höhlen laufen. Darum: Wer der Tiefe die Fische zutreibt, ist der Otter, wer dem Dickicht die Sperlinge zutreibt, ist der Habicht, wer den Herrschern Tang und Wu die Leute zutrieb, waren Giä und Dschou Sin. Wenn heute unter den Herren der Welt einer wäre, der Milde liebte, so würden die Landesfürsten alle ihm die Leute zutreiben. Selbst wenn er wünschte, nicht König zu sein, er könnte dem Königsein nicht entgehen. Die heute das Königtum erstreben, gleichen Leuten, die für ein siebenjähriges Leiden dreijährigen Beifuß auf dem Felde suchen wollten. Hält man ihn nicht auf Vorrat, bekommt man ihn sein Lebtag nicht. Wer seinen Willen nicht auf Milde richtet, der bleibt sein Leben lang in Not und Schande und fällt zuletzt in Tod und Untergang.

16 Wörtlich: des „Tsang Lang", d.h. blaue Wellen. Name verschiedener Flüsse. Das Lied kommt in verschiedener Lokalisierung vor. Voraussetzung ist, daß es ehrenvoller für das Wasser ist, wenn die Mützenbänder, als wenn die Füße darin gewaschen werden.

17 Zum Schluß steht hier nochmals das Zitat aus Tai Gia, das schon in II, A, 4 gebraucht war.

《詩》云‘其何能淑，載胥及溺’，此之謂也。”

10.

孟子曰：“自暴者，不可與有言也；自棄者，不可與有為也。言非禮義，謂之自暴也；吾身不能居仁由義，謂之自棄也。仁，人之安宅也；義，人之正路也。曠安宅而弗居，舍正路而不由，哀哉！”

11.

孟子曰：“道在爾而求諸遠，事在易而求之難。人人親其親、長其長而天下平。”

12.

孟子曰：“居下位而不獲於上，民不可得而治也。獲於上有道：不信於友，弗獲於上矣；信於友有道：事親弗悅，弗信於友矣；悅親有道：反身不誠，不悅於親矣；誠身有道：不明

Im Buch der Lieder[18] heißt es:

‚Und wie kann Einer Heilung bringen,
Wenn alles schon zusammenbricht!'"

10. Die Verirrten

Mong Dsï sprach: „Wer sich selbst mißhandelt, dem ist nicht zu raten; wer sich selbst wegwirft, dem ist nicht zu helfen. In seinen Worten Ordnung und Recht mißachten, heißt sich selbst mißhandeln; zu sagen, ich kann nicht in der Güte verharren und der Pflicht folgen: heißt sich selbst wegwerfen. Die Gütigkeit ist die friedliche Wohnung[19] des Menschen, die Pflicht ist der rechte Weg des Menschen. Wer diese friedliche Wohnung leer stehen läßt, statt drin zu wohnen, wer diesen rechten Weg verläßt, statt drauf zu wandeln, der ist übel daran!"

11. Das Gute liegt so nah

Mong Dsï sprach: „Der Weg ist nahe, und sie suchen ihn in der Ferne. Das Werk ist leicht, und sie suchen es in Schwierigkeiten. Wenn alle Menschen ihre Nächsten lieben und ihre Älteren ehren, so ist die Welt in Frieden."

12. Der Weg zur Wirksamkeit

Mong Dsï sprach[20]: „Wenn die Untergebenen nicht das Vertrauen ihrer Oberen besitzen, so kann das Volk nicht in Ordnung gebracht werden. Das Vertrauen der Oberen zu gewinnen gibt's nur einen Weg: – wem seine Freunde nicht glauben, der kann nicht das Vertrauen seiner Oberen gewinnen. Den Glauben der Freunde zu gewinnen gibt's nur einen Weg: – wer nicht mit seinen Nächsten in Eintracht lebt, der kann nicht den Glauben seiner Freunde gewinnen. Mit den Nächsten in Eintracht zu leben gibt's nur einen Weg: – wer beim Insichgehen nicht wahr ist, der kann nicht mit seinen Nächsten in Eintracht leben. Sein Leben wahr zu machen gibt's nur einen Weg: – wer sich nicht klar

18 Vgl. Schï Ging III, III 3 v. 5 (Schluß).

19 Vgl. II, A, 7.

20 Vgl. Dschung Yung 20 und Gia Yü.

乎善，不誠其身矣。是故誠者，天之道也；思誠者，人之道也。至誠而不動者，未之有也；不誠，未有能動者也。”

13.

孟子曰：“伯夷辟紂，居北海之濱，聞文王作，興曰：‘盍歸乎來！吾聞西伯善養老者。’太公辟紂，居東海之濱，聞文王作，興曰：‘盍歸乎來！吾聞西伯善養老者。’二老者，天下之大老也，而歸之，是天下之父歸之也。天下之父歸之，其子焉往？諸侯有行文王之政者，七年之內，必為政於天下矣。”

14.

孟子曰：“求也為季氏宰，無能改於其德，而賦粟倍他日。

ist über das Gute, der kann nicht wahr werden in seinem Leben. Darum: Die Wahrheit haben ist göttlich, nach Wahrheit streben ist menschlich. Wer wahr ist, wird immer Eindruck machen. Aber ein Unwahrhaftiger ist noch nie imstande gewesen, Eindruck zu machen."

13. Der Weg über die Eltern

Mong Dsï sprach: „Be-J[21] war von Dschou Sin gewichen und weilte am Strande des Nordmeeres. Als er hörte, daß König Wen seine Wirksamkeit begonnen, erhob er sich und sprach: Warum nicht hingehen und mich ihm anschließen? Der Markgraf des Westens verstehe es ja, für die Alten zu sorgen. Tai Gung[22] war von Dschou Sin gewichen und weilte am Strande des Ostmeeres. Als er hörte, daß König Wen seine Wirksamkeit begonnen, erhob er sich und sprach: Warum nicht hingehen und mich ihm anschließen? Der Markgraf des Westens verstehe es ja, für die Alten zu sorgen. Diese beiden Alten waren die größten Alten auf Erden. Damit, daß sie ihm zufielen, fielen alle Väter auf Erden ihm zu. Da aber die Väter auf Erden ihm zugefallen waren, wo hätten die Söhne sonst hingehen sollen? Wenn unter den Landesfürsten einer wäre, der die Regierung führte wie König Wen: innerhalb von sieben Jahren hätte er die Herrschaft auf Erden."

14. Wider Bereicherung harter Fürsten

Mong Dsï sprach: „Kiu[23] war im Dienst des Gi. Er brachte es nicht zuwege, dessen Art zu bessern, aber die Kornabgaben des Volkes verdoppelte er. Meister

21 Be-J, der Prinz von Gu Dschu, der mit seinem Bruder Schu Tsi auf den Thron verzichtet hatte, war damals, als König Wen hochkam, schon alt. Welches der Platz am Nordmeer (Golf von Tschïli) war, wohin er sich zurückgezogen, ist unbestimmt. König Wen war Markgraf des Westens.

22 Tai Gung oder Tai Gung Wang („des Großvaters Hoffnung") ist Lü Schang, der berühmte Feldherr der aufkommenden Dschoudynastie. Er soll angeblich beim Lang-Yä-Berg im Westen der Kiautschoubucht sich verborgen gehalten haben. Über seinen Übertritt in die Dienste des Königs Wen gehen viele Sagen; vgl. Dschuang Dsï XXI, 8. Dort wird erzählt, wie König Wen auf der Jagd den Lü Schang erblickte, wie er ohne Angelhaken fischte. Auf Grund eines Traumes erkennt er in ihm den ihm von seinem Großvater, dem Großen Herzog, verheißenen Ratgeber. Hier bei Mong Dsï ist eine andere Version der Sage. Noch ist zu erwähnen, daß nach der Ansicht mancher Kommentare Mong diese Geschichte aus seinem Paralipomenon zum Schu Ging hat.

23 Jan Kiu, Jünger Kungs. Die Geschichte steht in Lun Yü XI, 16.

孔子曰：‘求非我徒也，小子鳴鼓而攻之可也。’由此觀之，君不行仁政而富之，皆棄於孔子者也。況於為之強戰？爭地以戰，殺人盈野；爭城以戰，殺人盈城。此所謂率土地而食人肉，罪不容於死。故善戰者服上刑，連諸侯者次之，辟草萊、任土地者次之。”

15.

孟子曰：“存乎人者，莫良於眸子。眸子不能掩其惡。胸中正，則眸子瞭焉；胸中不正，則眸子眊焉。聽其言也，觀其眸子，人焉廋哉？”

16.

孟子曰：“恭者不侮人，儉者不奪人。侮奪人之君，惟恐不順焉，惡得為恭儉？恭儉豈可以聲音笑貌為哉？”

Kung sprach: ‚Kiu ist kein Schüler von mir. Kinder, ihr mögt die Trommel schlagen und ihn bekämpfen.‘
Daraus ersieht man, daß, wenn ein Herr nicht milde herrscht und einer ihn dennoch bereichert, dieser Mann von Meister Kung verworfen würde. Wie erst, wenn einer für einen solchen Fürsten harte Kriege führt! Wenn er Krieg führt um Länder, so daß die Getöteten den Anger füllen! Wenn er Krieg führt um Städte, so daß die Getöteten die Stadt erfüllen! Das heißt die Erde dazu bringen, daß sie Menschenfleisch frißt. Dieser Frevel kann selbst durch den Tod nicht gesühnt werden.
Darum: Die, die tüchtig sind im Kampfe, verdienen die oberste Strafe; die, die Landesfürsten zusammenzuschließen suchen, die nächste; die, die Wildnisse roden und gierig sind nach Land, die dritte.[24]“

15. Das Auge des Menschen

Mong Dsï sprach: „Nichts zeigt[25] besser, was im Menschen ist, als das Auge[26]. Das Auge kann nichts Böses verbergen. Ist in der Brust eines Menschen alles richtig, so ist das Auge klar, steht es nicht richtig in der Brust, so ist das Auge glanzlos. Hör, was einer sagt, und sieh ihm ins Auge: Wie kann ein Mensch dir entschlüpfen![27]“

16. Lächelnde Schurken

Mong Dsï sprach: „Achtung zeigt sich darin, daß man die andern nicht geringschätzt. Mäßigkeit darin, daß man den andern nichts wegnimmt. Fürsten, die die Menschen geringschätzen und berauben, sind nur besorgt, die Leute könnten ihnen nicht zu Willen sein. Wie sollten sie wirklich Achtung und Mäßigkeit besitzen! Achtung und Mäßigkeit ist doch nicht etwas, das sich allein in freundlichen Worten und lächelnden Mienen zeigt.“

---

24 Die Verurteilung trifft die Wanderlehrer zu Mongs Zeit, die die Fürsten in allerhand Kriege stürzten.

25 Tsun, „bestehen“, auch tscha, „erforschen“.

26 Wörtlich: „die Pupille“.

27 Vgl. Lun Yü II, 10, wo ein anderer Weg zur Menschenkenntnis genannt ist.

17.

淳于髡曰："男女授受不親，禮與？"孟子曰："禮也。"曰："嫂溺則援之以手乎？"
曰："嫂溺不援，是豺狼也。男女授受不親，禮也；嫂溺援之以手者，權也。"
曰："今天下溺矣，夫子之不援，何也？"
曰："天下溺，援之以道；嫂溺，援之以手。子欲手援天下乎？"

18.

孟子曰："勢不行也。教者必以正；以正不行，繼之以怒；繼之以怒，則反夷矣。'夫子教我以正，夫子未出於正也。'則是父子相夷也。父子相夷，則惡矣。古者易子而教之。父子之間不責善。責善則離，

17. Rettung der Welt

Schun-Yü Kun[28] sprach: „Ist es wahr, daß es die Sitte verlangt, daß ein Mann und eine Frau, wenn sie sich etwas reichen, sich nicht mit der Hand berühren dürfen?"
Mong Dsï sprach: „So ist es Sitte."
Jener sprach: „Wenn die Schwägerin am Ertrinken ist, darf man sie dann an der Hand herausziehen?"
Mong Dsï sprach: „Wer seine Schwägerin, die am Ertrinken ist, nicht rettet, der ist ein Wolf. Daß ein Mann und eine Frau sich nicht berühren, das ist die Regel; daß einer seine Schwägerin, die am Ertrinken ist, an der Hand herauszieht, das ist die Ausnahme."
Jener sprach: „Heutzutage ist die Welt am Ertrinken; was ist der Grund, daß Ihr, Meister, sie nicht rettet?"
Mong Dsï sprach: „Ist die Welt am Ertrinken, so muß man sie retten durch Verkündigung der Wahrheit. Eine Schwägerin, die am Ertrinken ist, kann man an der Hand herausziehen. Wollt ihr denn, daß ich die Welt an der Hand herausziehe?"

18. Erziehungsfragen

Gung-Sun Tschou sprach: „Was ist der Grund, daß der Gebildete seinen Sohn nicht selbst unterrichtet?"
Mong Dsï sprach: „Die Verhältnisse erlauben es nicht. Der Lehrende unterweist gewiß den Schüler im Rechten. Haben die Unterweisungen im Rechten keinen Erfolg, so geht er über zur Strenge. Geht er über zur Strenge, so wird der Schüler innerlich entfremdet und denkt: Der Lehrer unterweist mich im Rechten, aber der Lehrer tut das Rechte noch nicht einmal selber. Auf diese Weise würden Vater und Sohn einander entfremdet; wenn aber Vater und Sohn einander entfremdet werden, so ist das übel. Die Alten tauschten deshalb ihre Söhne aus zum Unterrichten; denn zwischen Vater und Sohn darf es nicht zu tadelndem Richten[29] kommen. Durch solch tadelndes Richten kom-

28 Schun-Yü Kun war ein bekannter Sophist der Zeit. Er stammte aus Tsi. Er scheint am Hofe des Königs Hui von Liang mit Mong zusammengetroffen zu sein. Weniger skrupulös als dieser hat er sich von dem Fürsten gut bezahlen lassen. Hier sucht er die Zurückhaltung des Mong zu verspotten. Doch ist ihm Mong gewachsen.

29 Wörtlich: „Anforderungen im Guten", d.h. „Anlegen moralischer Maßstäbe", „moralische Zumutungen".

則不祥莫大焉。”

19.

孟子曰：“事孰為大？事親為大；守孰為大？守身為大。不失其身而能事其親者，吾聞之矣；失其身而能事其親者，吾未之聞也。孰不為事？事親，事之本也；孰不為守？守身，守之本也。曾子養曾晳，必有酒肉。將徹，必請所與。問有餘，必曰‘有’。曾晳死，曾元養曾子，必有酒肉。將徹，不請所與。問有餘，曰‘亡矣’。將以復進也。此所謂養口體者也。若曾子，則可謂養志也。事親若曾子者，可也。”

20.

孟子曰：“人不足與適也，政不足間也。惟大人為能格君心之非。君仁莫不仁，君義莫不義，君正莫不正。一正君而國定矣。”

men sie auseinander. Wenn Vater und Sohn auseinanderkommen: das ist das größte Unglück."

19. Pietät

Mong Dsï sprach: „Welcher Dienst ist der größte? Der Dienst der Eltern ist der größte. Welche Verantwortung ist die größte? Die Verantwortung für die eigne Person ist die größte. Daß einer, der sich selbst nicht verliert, den Eltern zu dienen vermag, das habe ich schon gehört. Daß einer, der sich selbst verloren, den Eltern zu dienen vermag, das habe ich noch nie gehört. Was heißt nicht alles Dienst? Der Dienst der Eltern ist die Wurzel jedes Dienstes. Was heißt nicht alles Verantwortung? Die Verantwortung für sich selbst ist die Wurzel jeder Verantwortung.
Meister Dsong sorgte für seinen Vater Dsong Si[30] so, daß allezeit Wein und Fleisch vorhanden war. Beim Abräumen fragte er stets, wem er das übrige zugedacht, und wenn der Vater fragte: ‚Ist denn noch etwas übrig?' so bejahte er stets. Dsong Si starb, und der Sohn des Meister Dsong, Dsong Yüan, hatte nun für Meister Dsong zu sorgen. Er sorgte auch dafür, daß stets Wein und Fleisch vorhanden waren. Aber beim Abräumen fragte er nicht, wem er die Überreste zugedacht, und wenn Meister Dsong fragte, ob etwas übrig sei, so sagte er nein, in der Absicht, die Reste das nächste Mal wieder aufzuwarten. Das heißt für Mund und Leib der Eltern sorgen. Was aber Meister Dsong getan hatte, das kann man Sorge für das Gemüt der Eltern nennen. Wer den Eltern dient wie Meister Dsong, der mag gelten."

20. Der Ansatzpunkt der Staatsordnung im Fürsten

Mong Dsï sprach: „Es lohnt sich nicht, die Menschen zu tadeln; es lohnt sich nicht, die Regierung zu verurteilen. Allein der große Mann versteht es, die Fehler im Herzen des Fürsten zurecht zu bringen. Ist der Fürst erst gut, so wird alles gut. Ist der Fürst erst pflichttreu, so wird alles pflichttreu. Ist der Fürst erst recht, so wird alles recht. Sowie der Fürst zurecht gebracht ist, ist das Reich gefestigt."

30 Dsong Si vgl. Lun Yü. Dsong Yüan war der Sohn des Meisters Dsong. Demnach scheint Dsong Si (Buch II, A, 1) der Enkel oder ein jüngerer Sohn von Dsong Schen gewesen zu sein.

21.

孟子曰："有不虞之譽，有求全之毀。"

22.

孟子曰："人之易其言也，無責耳矣。"

23.

孟子曰："人之患在好為人師。"

24.

樂正子從於子敖之齊。樂正子見孟子。孟子曰："子亦來見我乎？"曰："先生何為出此言也？"曰："子來幾日矣？"曰："昔昔。"曰："昔昔，則我出此言也，不亦宜乎？"曰："舍館未定。"曰："子聞之也，舍館定，然後求見長者乎？"曰："克有罪。"

21. Ruhm und Schande sind unsicher

Mong Dsï sprach: „Oft wird einer durch eine Unbesonnenheit berühmt. Oft kommt einer dadurch, daß er alles ganz recht machen will, in Schande."

22. Die Unverantwortlichen

Mong Dsï sprach: „Daß Leute ihre Worte leicht nehmen, kommt, wenn sie keine Verantwortung zu tragen haben."

23. Die Aufdringlichen

Mong Dsï sprach: „Die Menschen stürzen sich in Ungemach, wenn sie als Lehrmeister der andern sich zu gebärden lieben."

24. Besuchsregeln

Yüo-Dschong Dsï[31] kam in Begleitung des Dsï Au nach Tsi. Yüo-Dschong Dsï besuchte den Mong Dsï. Mong Dsï sprach: „Ach, kommt Ihr doch auch, nach mir zu sehen?"
Jener sprach: „Warum sprecht Ihr so, Meister?"
Er sprach: „Wie viele Tage seid Ihr denn schon hier?"
Antwort: „Ein paar Tage."
Er sprach: „Nun, wenn es schon ein paar Tage sind, habe ich dann nicht ganz recht, so zu sprechen?"
Antwort: „Ich war mit meiner Wohnung noch nicht in Ordnung."
Mong Dsï sprach: „Wo habt Ihr denn gelernt, daß man erst seine Wohnung in Ordnung bringen muß, ehe man seine älteren Freunde aufsucht?"
Jener sprach: „Ich bitte um Entschuldigung."[32]

31 Yüo-Dschong Dsï ist der an erster Stelle genannte Jünger Mongs mit Vornamen Ko. Vgl. I, B, 16. Der hier genannte Dsï Au ist der in II, B, 6 genannte Wang Huan. Kein Wunder, daß Mong, wie aus diesem und dem folgenden Abschnitt hervorgeht, etwas eifersüchtig war. Die Geschichte fällt wohl in das Jahr 313. Yüo-Dschong war dem Wang von Lu nach Tsi gefolgt.

32 Wörtlich: „Ich habe mich verfehlt."

25.

孟子謂樂正子曰："子之從於子敖來，徒餔啜也。我不意子學古之道，而以餔啜也。"

26.

孟子曰："不孝有三，無後為大。舜不告而娶，為無後也，君子以為猶告也。"

27.

孟子曰："仁之實，事親是也；義之實，從兄是也。智之實，知斯二者弗去是也；禮之實，節文斯二者是也；樂之實，樂斯二者，樂則生矣；生則惡可已也，惡可已，則不知足之蹈之、手之舞之。"

25. Warnung vor Schmarotzertum

Mong Dsï sprach zu Yüo-Dschong Dsï: „Im Gefolge des Dsï Au müßt Ihr Euch beschränken auf Saufen und Fressen. Ich hätte nicht gedacht, daß ihr dazu die Wege der Alten gelernt habt, um Euch am Ende dem Fressen und Saufen zu widmen."

26. Warum Schun ohne Wissen seiner Eltern geheiratet

Mong Dsï sprach: „Drei Dinge[33] gehen gegen die Pflicht der Kindesehrfurcht: Keine Nachkommen zu haben, ist das schlimmste davon. Schun[34] hat, ohne seinen Eltern Anzeige zu machen, geheiratet, weil er keine Nachkommen hatte. Der Edle schätzt das grade so, als hätte er Anzeige gemacht."

27. Die Früchte

Mong Dsï sprach: „Die Frucht der Gütigkeit[35], das ist, den Eltern zu dienen; die Frucht der Gerechtigkeit, das ist, den Brüdern zu folgen; die Frucht der Weisheit, das ist, diese beiden Dinge zu erkennen und nicht fahren zu lassen; die Frucht der Ordnungen, das ist, diese beiden Dinge in rechter Weise und in Schönheit zu tun; die Frucht der Musik[36], das ist, dieser beiden Dinge sich zu freuen. Wo Freude, da Leben; wo Leben, da Selbsttätigkeit; wo Selbsttätigkeit, da hebt sich, ohne daß man's merkt, der Fuß zum Tanze und die Hand zum Reigen."

---

33 Dschau Ki: „Durch parteiische Schmeicheleien die Eltern vom rechten Weg abbringen und sie dadurch gefährden: ist die erste Pietätlosigkeit; wenn die Familie arm, die Eltern alt sind, nicht um Lohn ein Amt zu übernehmen: ist die zweite Pietätlosigkeit; nicht zu heiraten und durch Kinderlosigkeit die Ahnenopfer zum Stillstand zu bringen: ist die dritte Pietätlosigkeit."

34 Schuns Eltern waren so böse, daß sie ihn am Heiraten gehindert hätten. Darum konnte er, gerade um der Kindespflicht willen, sie nicht fragen, ehe er die beiden Töchter Yaus heiratete. Vgl. V, A, 2.

35 Hier sind die beiden Brennpunkte der konfuzianischen Ethik zusammengestellt. Ein guter Sohn und ein guter Bürger ist das, was der Konfuzianismus aus dem Menschen machen will. Was als Brüderlichkeit bezeichnet zu werden pflegt, ist eben die Gesinnung der Bescheidenheit, die sich in einem umfassenden Organismus einzufügen weiß.

36 Die Gleichsetzung von Musik und Freude, die im Chinesischen mit demselben Zeichen geschrieben werden, ist bei Mong Dsï überaus häufig.

28.

孟子曰：“天下大悅而將歸己。視天下悅而歸己，猶草芥也。惟舜為然。不得乎親，不可以為人；不順乎親，不可以為子。舜盡事親之道而瞽瞍厎豫，瞽瞍厎豫而天下化，瞽瞍厎豫而天下之為父子者定，此之謂大孝。”

28. Wie Schun seinen Vater bekehrte

Mong Dsï sprach: „Nur Schun allein war so, daß, als die ganze Welt ihm freudig zufiel, diese ganze ihm freudig zufallende Welt in seinen Augen nicht mehr war als ein Büschel Stroh. Solange er es nicht erreicht hatte, in Eintracht mit seinem Vater zu leben, vermochte er sich nicht als Menschenkind zu fühlen. Schun erschöpfte alles, was er seinem Vater zuliebe tun konnte, und schließlich brachte er seinen Vater Gu Sou[37] zur Zufriedenheit. Als Gu Sou zufrieden gestellt war, da ward die ganze Welt bekehrt. Als Gu Sou zufrieden gestellt war, da waren auf der ganzen Welt alle Väter und Söhne im rechten Verhältnis zueinander. Das war wahrhaft große Kindesehrfurcht.“

37 Gu Sou, der Blinde, oder – anders geschrieben – der blinde Greis, war der verblendete Vater Schuns, der durch dessen große Liebe schließlich bekehrt ward.

下

1.

孟子曰："舜生於諸馮，遷於負夏，卒於鳴條，東夷之人也。文王生於岐周，卒於畢郢，西夷之人也。地之相去也，千有餘里；世之相後也，千有餘歲。得志行乎中國，若合符節。先聖後聖，其揆一也。"

2.

子產聽鄭國之政，以其乘輿濟人於溱洧。孟子曰："惠而不知為政。

ABSCHNITT B

1. Der Weg ist einer

Mong Dsï sprach: „Schun[1] ist geboren in Dschu Fong, wanderte nach Fu Hia und starb in Ming Tiau: er war ein Mann aus der Gegend der Ostbarbaren. König Wen ist geboren in Dschou am Ki-Berg, er starb in Bi Ying: er war ein Mann aus der Gegend der Westbarbaren. So waren ihre Geburtsorte über tausend Meilen voneinander entfernt, zeitlich waren sie durch über tausend Jahre voneinander getrennt. Sie erreichten ihr Ziel, im Mittleren Reich zu wirken, und sie passen zusammen wie die beiden Hälften eines Talismans[2]. Der Heilige der alten Zeit und der Heilige der späteren Zeit sind in ihren Maßnahmen gleich."

2. Die wahre Freundlichkeit gegen Untertanen

Als Dsï Tschan[3] im Staate Dschong die Regierung führte, da setzte er auf seinem eigenen Wagen die Leute über den Dschen- und We-Fluß. Mong Dsï sprach: „Es war gut gemeint, aber er verstand sich nicht auf die Regierung.

1 Die Orte, die hier für Schun angegeben werden, stimmen mit den im Schu Ging genannten nicht überein. Mong Dsï scheint hier einer anderen Tradition zu folgen, die die Tätigkeit Schuns nach Schantung verlegt. Dschu Fong wird von manchen mit dem heutigen Dschu Tschong westlich der Kiautschoubucht identifiziert; Fu Hia wäre demnach am Golf von Tschïli. Eine Überlieferung verbindet die Tätigkeit Schuns auch mit Tsinanfu, der Provinzhauptstadt von Schantung, in dessen Nähe der Lischan, wo Schun gepflügt habe, gewesen sein soll. Im übrigen ist es müßig, den Details dieser Mythen nachzugehen. Daß die Dschoudynastie aus dem Westen stammt, ist allgemein anerkannt, wenn auch die Kühnheit, mit der Mong Dsï den König Wen als Westbarbaren bezeichnet, frappant ist. Sachlich hat er damit allerdings recht.

2 Chinesisch Fu Dsiä. Es waren Erkennungszeichen, die aus zwei genau zusammenpassenden gleichen Hälften bestanden. Die Fus waren aus Bambus, sie dienten als Erkennungszeichen für Paß- und Torwächter, hier natürlich im allgemeinen Sinn genommen.

3 Über Dsï Tschan oder Gung-Sun Kiau, den Kanzler von Dschong, vgl. Lun Yü V, 15; Liä Dsï VI, 4; VII, 8; Dschuang Dsï V, 2. In Gia Yü (Schulgespräche) IV, 4, wird die hier vorausgesetzte Geschichte von Kung Dsï erzählt. Dsï Yu fragte den Meister über Dsï Tschans Gnädigkeit. Der antwortete, er liebte das Volk, wie eine Mutter ihre Kinder liebt, aber er vermochte die Leute nicht zu erziehen. Er setzte im Winter die Leute, die er beim Durchwaten des Flusses vor Kälte zittern sah, in seinem eigenen Wagen über, aber er sorgte nicht für ihre Belehrung. Mong Dsï führt hier offenbar den Gedanken weiter aus. Die Geschichte wird auch sonst berichtet.

歲十一月徒杠成，十二月輿梁成，民未病涉也。君子平其政，行辟人可也。焉得人人而濟之？故為政者，每人而悅之，日亦不足矣。”

3.

孟子告齊宣王曰：“君之視臣如手足；則臣視君如腹心；君之視臣如犬馬，則臣視君如國人；君之視臣如土芥，則臣視君如寇讎。”
王曰：“禮，為舊君有服，何如斯可為服矣？”
曰：“諫行言聽，膏澤下於民；有故而去，則君使人導之出疆，又先於其所往；去三年不反，然後收其田里。此之謂三有禮焉。如此，則為之服矣。今也為臣。諫則不行，言則不聽；膏澤不下於民；有故而去，則君搏執之，

Wenn man dafür sorgt, daß in der trockenen Jahreszeit[4] die Brücken instand gesetzt werden, so wird den Leuten die Unannehmlichkeit, die Flüsse durchwaten zu müssen, erspart. Wenn der Edle seine Regierung in Ordnung hat, so mag er, wenn er ausgeht, die Leute ausweichen lassen. Wie kann er jeden einzelnen über den Fluß setzen? Wenn der Regierende allen Leuten zu Gefallen sein wollte, so wären die Tage nicht lang genug."

3. Fürsten und Beamte

Mong Dsï warnte den König Süan von Tsi und sprach: „Wenn der Fürst seine Diener betrachtet als seine Hände und Füße, so betrachten die Diener ihren Fürsten als ihr Herz und Inneres. Wenn der Fürst seine Diener betrachtet als Hunde und Pferde, so betrachten seine Diener ihn wie einen fremden Menschen im Lande. Wenn der Fürst seine Diener betrachtet als Gras und Erde, so betrachten seine Diener ihn als Feind und Räuber."[5]
Der König sprach: „Dem Brauche nach legt ein Diener auch für den Fürsten, dem er früher gedient hat, Trauer an. Was muß man tun, daß die früheren Diener um einen Trauer tragen?"
Mong Dsï sprach: „Man muß nach ihrem Rate handeln, auf ihre Worte hören, so daß Segen herabträufelt auf das Volk. Geht einer aus bestimmten Gründen weg, so läßt der Fürst ihm das Geleite geben bis über die Grenze und bereitet ihm eine freundliche Aufnahme in dem Land, wohin er geht. Erst wenn er drei Jahre weg ist ohne zurückzukehren, zieht er sein Feld und seine Wohnung ein. Das heißt der Ordnung folgen. Wer es also hält, für den tragen die früheren Diener sicher Trauer. Nun aber ist einer Diener: er rät, so handelt man nicht darnach; er redet, so hört man nicht darauf; kein Segen fließt auf das Volk herab. Geht er aus bestimmtem Grunde weg, so sucht der Fürst ihn gewaltsam

4 Wörtlich: „daß im elften Monat die Fußsteige fertig werden und im zwölften Monat die Wagenbrücken fertig werden." Der elfte und zwölfte Monat nach der Rechnung der Dschouzeit ist der neunte und zehnte Monat des Hia-Kalenders, der heutzutage noch immer in China gilt, etwa Oktober und November nach europäischer Rechnung. Im Herbst, wenn die Feldarbeiten zu Ende waren, war die Zeit, die Leute zu Fronden für öffentliche Arbeiten, wie Straßen- und Brückenbau, heranzuziehen.

5 Eine ähnliche Unterredung wird zwischen Dsï Sï, dem Enkel Kungs, und dem Fürsten Mu von Lu berichtet. Offenbar hat unsere Stelle jene andere zum Vorbild. Der überaus starke Ausspruch, mit dem Mong Dsï das Gespräch beginnt, hat ihm in neuester Zeit anläßlich der chinesischen Revolution viel Kredit gebracht. Zu Unrecht; denn für die gegenwärtige Revolution kann man sich nicht auf Mong Dsï berufen. Der Vorfall muß wohl in das Jahr 312 fallen.

又極之於其所往；去之日，遂收其田里。此之謂寇讎。寇讎何服之有？”

4.

孟子曰：“無罪而殺士，則大夫可以去；無罪而戮民，則士可以徙。”

5.

孟子曰：“君仁莫不仁，君義莫不義。”

6.

孟子曰：“非禮之禮，非義之義，大人弗為。”

festzuhalten und verfolgt ihn noch in dem Lande, wohin er geht. Am selben Tag, an dem er geht, zieht er sein Feld und seine Wohnung ein. Das heißt als Räuber und Feind handeln. Wie sollte aber jemand daran denken, für einen Feind und Räuber Trauer anzulegen?“

4. Folgen der Willkür der Fürsten

Mong Dsï sprach: „Wenn ohne Schuld ein Ritter getötet wird, so mag der hohe Adel weggehen. Wenn ohne Schuld ein Mann aus dem Volke getötet wird, so mögen die Ritter gehen.“[6]

5. Das Vorbild der Fürsten

(Wiederholung eines Teils von IV A 20).

6. Ordnung und Recht

Mong Dsï sprach: „Unordentliche Ordnung, unrechtes Recht verschmäht der große Mann.“

6 Dschau Ki zitiert hierbei eine Geschichte, die in Schï Gi, Lebensgeschichte des Kung, steht: „Meister Kung war im Begriff, nach Westen zu gehen, um den Dschau Giän Dsï (den Kanzler von Dsin) zu sehen. Als er schon im Flusse angekommen war, hörte er von der Ermordung von Dou Ming Dou und Schun Hua. Er trat vor den Fluß und sagte seufzend: ‚Wie schön ist es doch, dieses Wasser, und wie unendlich! Daß ich nicht hinüberkomme, ist Gottes Wille.‘ Dsï Gung eilte herbei und fragte: ‚Darf ich fragen, was das heißt?‘ Meister Kung sprach: ‚Dou Ming Dou und Schun Hua waren die weisesten Minister im Land … Ich habe sagen hören: Wenn man trächtige und ungeborene Tiere tötet, so kommt das Kilin nicht auf den Anger. Wenn man die Teiche austrocknet, um die Fische zu fangen, so bringt der Drache nicht die Kraft des Lichten und Trüben in Einklang. Wenn man Nester zerstört und Eier ausnimmt, so kommt der Phönix nicht herbei … Warum sollte nicht auch der Edle ausweichen, wo es seinesgleichen ans Leben geht?‘ Vgl. Chavannes, Se-Ma Ts'ien, Vol. V, pag. 351 ff. Übrigens hat einem anderen Bericht nach Kung Dsï sehr recht gehabt; denn er sollte auf der Überfahrt ertränkt werden.

7.

孟子曰：“中也養不中，才也養不才，故人樂有賢父兄也。如中也棄不中，才也棄不才，則賢不肖之相去，其閒不能以寸。”

8.

孟子曰：“人有不為也，而後可以有為。”

9.

孟子曰：“言人之不善，當如後患何？”

10.

孟子曰：“仲尼不為已甚者。”

7. Erziehung, nicht Hochmut

Mong Dsï sprach: „Wo Männer von abgeschlossener Bildung[7] die Unfertigen und Unwissenden erziehen, da freuen sich die Menschen, daß sie tüchtige Väter und Brüder haben. Wenn aber die Fertigen und Gebildeten die Unfertigen und Unwissenden zurückstoßen, dann ist zwischen den Tüchtigen und Untüchtigen kein Zoll breit Abstand mehr."

8. In der Beschränkung zeigt sich erst der Meister

Mong Dsï sprach: „Nur der Mensch, der zu manchen Taten nicht fähig ist, ist fähig, Taten zu vollbringen."[8]

9. Vorsicht im Reden

Mong Dsï sprach: „Wer über andere Leute Übles redet, wie will der künftigem Leid entgehen?"[9]

10. Zurückhaltung des Meisters Kung

Mong Dsï sprach: „Meister Kung hielt sich fern von allen Übertriebenheiten."[10]

7 Wörtlich: „Die Mittleren erziehen die nicht Mittleren" (die „Mittleren" sind die, die zu innerer Harmonie, zum Abschluß gekommen sind), „die Brauchbaren, Geformten erziehen die Ungeformten." Der Sinn ist der in unserer Übersetzung gegebene. Der Abstand zwischen Festgeschnittenen und Ungezogenen wird von den letzten dankbar anerkannt, wenn sie emporgezogen werden, wogegen es Abfall vom höchsten Maßstab ist, wenn die Vorgeschrittenen die anderen verächtlich zurückstoßen. Vgl. Laotse Taoteking 62.

8 Wörtlich: „Der Mensch (muß etwas) haben, (das er) nicht tut, dann erst mag er haben, das er tut."

9 Der Text ist vielleicht verderbt. Ein Vorschlag ist: „Wer es liebt, über anderer Fehler zu reden." Andere mögliche Übersetzung: „Beim Reden über die Fehler anderer soll man sich von der Erwägung leiten lassen, was sie in Zukunft für Schaden anrichten können."

10 Was hier von Kung Dsï ausgesagt ist, bezieht sich darauf, daß er fern von allem Fanatismus war. Es ist das Konziliante, das Goethe von sich aussagt.

11.

孟子曰：“大人者，言不必信，行不必果，惟義所在。”

12.

孟子曰：“大人者，不失其赤子之心者也。”

13.

孟子曰：“養生者不足以當大事，惟送死可以當大事。”

14.

孟子曰：“君子深造之以道，欲其自得之也。自得之，則居之安；居之安，則資之深；資之深，則取之左右

11. Freiheit von Pedanterie

Mong Dsï sprach: „Der große Mann hält[11] sich nicht unter allen Umständen genau an seine Worte und führt nicht unter allen Umständen seine Arbeiten durch: die Pflicht allein ist es, die ihn bestimmt."

12. Das kindliche Herz

Mong Dsï sprach: „Der große Mann bewahrt sein kindliches Herz."[12]

13. Die wahre Pietät

Mong Dsï sprach: „Die Pflege der Eltern, solange sie am Leben sind, ist noch nicht der größte Dienst. Erst das Geleite, das man den Toten gibt: das ist der größte Dienst."[13]

14. Selbständigkeit im Forschen

Mong Dsï sprach: „Ein Edler, der tief eindringen will in die Wahrheit, strebt danach, sie selbständig zu erkennen. Hat er sie selbständig erkannt, so verweilt er bei ihr in Sicherheit. Verweilt er in Sicherheit bei ihr, so hat er sie reichlich zur Verfügung. Hat er sie reichlich zur Verfügung, so mag er nach rechts oder

---

11 Hier kommen Stellen wie Lun Yü IV, 10 oder XIII, 20 in Betracht. Auch dieses Wort ist gegen eigensinnige Pedanterie gerichtet. Keine einzelne Tugend hat einen absoluten Selbstwert. Der absolute Wert wird nur durch Pflichtgemäßheit der betreffenden Handlung bestimmt.

12 Dschau Ki erklärt: „Der große Mann ist der, der nicht das Herz seiner Kindlein (d. i. seiner Untertanen) verliert." Daneben gibt er jedoch auch schon die im Text akzeptierte Auffassung, die auch von Dschu Hi gestützt wird.

13 Der Sinn ist: Die Pflege der lebenden Eltern ist selbstverständlich. Dadurch, daß man die lebenden Eltern immer vor Augen hat, wird einem diese Pflicht von selbst erleichtert. Etwaige Versehen lassen sich zu Lebzeiten der Eltern auch immer wieder gut machen. Anders bei der Bestattung der Toten. Da liegt die ganze Verantwortung auf dem Sohn, auf den die toten Eltern hilflos angewiesen sind. Was dabei versäumt wird, bleibt dauernd als Stachel im Herzen. Die Stimmung der Unwiederbringlichkeit entspricht ungefähr dem Freiligrathschen: O lieb', so lang du lieben kannst ...

逢其原，故君子欲其自得之也。”

15.

孟子曰：“博學而詳說之，將以反說約也。”

16.

孟子曰：“以善服人者，未有能服人者也；以善養人，然後能服天下。天下不心服而王者，未之有也。”

17.

孟子曰：“言無實不祥。不祥之實，蔽賢者當之。”

18.

徐子曰：“仲尼亟稱於水，曰：‘水哉，水哉！’何取於水也？”
孟子曰：“原泉混混，不舍晝夜。盈科而後進，放乎四海，有本者如是，是之取爾。苟為無

links greifen: immer trifft er auf ihre Quelle. Darum strebt der Edle nach selbständiger Erkenntnis."

15. Kürze

Mong Dsï sprach: „Wenn man sich ausgebreitetes Wissen erworben und ausführlich alles besprochen hat: dann muß man dahin kommen, es kurz und bündig auszudrücken."

16. Wie man die Menschen gewinnt

Mong Dsï sprach: „Wer durch seine Tüchtigkeit die Menschen dahin bringen will, ihn anzuerkennen, dem wird es nicht gelingen. Wer aber durch seine Tüchtigkeit den Menschen Gutes zukommen läßt, der erst wird die Welt dahin bringen, ihn anzuerkennen. Wen die Welt nicht im innersten Herzen anerkennt, dem wird es nie gelingen, König der Welt zu werden."

17. Gefährliche Worte

Mong Dsï sprach: „Worte sind nicht wirklich[14] unheilbringend. Als wirklich unheilbringend kann nur gelten, Würdige zu verdunkeln."

18. Das Wasser

Sü Dsï[15] sprach: „Meister Kung hat das Wasser so sehr gelobt, indem er sagte: ‚Das Wasser! Das Wasser!'[16] Was hat er am Wasser Besonderes gefunden?" Mong Dsï sprach: „Die Quelle sprudelt Tag und Nacht ohne Aufhören, sie füllt jede Vertiefung und fließt weiter bis zum Meer. So ist es, wenn es einen Ursprung hat. Das hat der Meister als Gleichnis genommen. Wo aber kein wirk-

14 Dschu Hi hat die andere Auffassung: „Worte, die nicht wahrhaft sind, sind unheilbringend. Wahrhaft unheilbringend aber ist es, die Würdigen zu verdunkeln." Vgl. zur Sache Lun Yü XV, 13.

15 Sü Dsï bzw. Sü Pi, der an neunter Stelle genannte Jünger.

16 Die Stelle bezieht sich auf Lun Yü IX, 16, obwohl der Wortlaut abweicht.

本，七八月之閒雨集，溝澮皆盈；其涸也，可立而待也。故聲聞過情，君子恥之。”

19.

孟子曰：“人之所以異於禽於獸者幾希，庶民去之，君子存之.

20.

舜明於庶物，察於人倫，由仁義行，非行仁義也。”
孟子曰：“禹惡旨酒而好善言。湯執中，立賢無方。文王視民如傷，望道而未之見。武王不泄邇，不忘遠。周公思兼三王，以施四事；其有不合者，

licher Ursprung ist, da sammelt sich im Hochsommer[17] wohl der Regen, und alle Gräben und Kanäle sind voll. Doch kann man stehen und warten, bis alles wieder trocken ist. So schämt sich der Edle dessen, daß sein Ruhm seine Leistungen übertreffe."

19. Der Unterschied zwischen Mensch und Tier

Mong Dsï sprach: „Wie wenig ist es doch, das den Menschen von den Tieren unterscheidet. Die Masse geht darüber hinweg; der Edle hält es fest ...[18]"

20. Die Heiligen

Mong Dsï sprach: „Schun war klar in allen Dingen und kannte die Ordnungen der Menschen. Liebe und Pflicht war für ihn ein Sollen, nicht ein Müssen.[19]
Yü haßte süßen Wein[20] und liebte tüchtige Worte.
Tang hielt fest am Wesentlichen, er beförderte die Würdigen, woher sie auch kamen.
Der König Wen sah voll Erbarmen die Wunden des Volkes, er blickte sehnsüchtig aus nach dem Weg der Rettung, ob er ihn nicht erspähe.
Der König Wu war nicht lässig gegen die Diener in seiner Nähe und vergaß nicht die Lehensfürsten in der Ferne.
Der Fürst von Dschou gedachte es den drei Königen gleich zu tun in der Ausübung der vier Arbeiten.[21] Wo etwas noch nicht zusammenstimmte, da blick-

---

17 Wörtlich: „im siebten und achten Monat". Es ist hier wieder wie in I, A, 6 die Zeitrechung der Dschouzeit zugrunde gelegt.

18 Hier steht in den Ausgaben der erste Satz des nachfolgenden Abschnittes, der von den folgenden durch „Mong Dsï sprach" getrennt ist. Die Bemerkung über Schun gehört aber sachlich mit dem folgenden zusammen; sie ist offenbar abgetrennt wegen der „drei Könige und vier Arbeiten" im Abschnitt über Dschou Gung. Im übrigen fehlt hier ganz sicher ein Abschnitt über Yau, um die sieben Heiligen zusammenzubringen.

19 Wörtlich: „Er ging auf dem Pfad der Liebe und Pflicht, nicht wollte er Liebe und Pflicht gehen machen."

20 Zur Zeit von Yau bereitete I Di Wein. Yü trank davon und fand ihn süß, darauf verbannte er I Di und verbot den Wein. Diese Geschichte ist mit ein Grund, warum Yü von den Jesuiten mit Noah identifiziert wurde.

21 Unter den Kommentaren herrscht viel Unklarheit, wer die drei Könige und was die vier Arbeiten seien. Dschau Ki faßt den Abschnitt: die drei Könige = die drei Dynastien (Hia, Yin, Dschou). Dagegen spricht, daß die Dschoudynastie damals ja eben erst begründet war. Die vier Arbeiten wären dann die von Yü bis König Wu genannten. Eine andere, wohl plausiblere

仰而思之，夜以繼日；幸而得之，坐以待旦。”

21.

孟子曰：“王者之跡熄而詩亡，詩亡然後春秋作。晉之乘，楚之檮杌，魯之春秋，一也。其事則齊桓、晉文，其文則史。孔子曰：‘其義則丘竊取之矣。’”

te er sinnend empor, die Nacht zum Tage fügend, und wenn er es glücklich erlangt hatte, dann saß er da, den Morgen erwartend[22]."

21. Frühling und Herbst

Mong Dsï sprach: „Als die Spuren der heiligen Herrscher erloschen, da verstummten die Lieder. Als die Lieder verstummt waren, da entstand das Werk ‚Frühling und Herbst'. Die Schong-Annalen des Staates Dsin, die Tau-Wu-Annalen des Staates Tschu, die Frühlings- und Herbst-Annalen des Staates Lu waren ursprünglich von derselben Art. Die *Geschichten*, die darin stehen, sind die eines Herzogs Huan von Tsi und eines Herzogs Wen von Dsin, ihr *Stil* ist geschichtlich. Meister Kung sprach: ‚Ihren *Sinn* erlaubte ich mir festzustellen[23].'

Erklärung faßt die drei Könige als die Herrscher von Himmel, Erde und Menschen (san tsai) und die vier Arbeiten als die während der vier Jahreszeiten zu leistenden Arbeiten. Demnach wäre der Sinn: Er suchte die Kräfte der unsichtbaren und sichtbaren Welt mit den Menschen in Einklang zu bringen, um Gedeihen und Segen für das Volk zu erreichen.

22 Vor Ungeduld brennend, es auszuführen.

23 Der Abschnitt reiht Kung unter die Heiligen der Vorzeit ein, als ungekrönten König, der durch die Frühlings- und Herbstannalen das königliche Richteramt über die Welt ausübte (vgl. III, B, 9. Der Gedankengang in den Abschnitten 20–22 ist derselbe wie dort, ein Lieblingsthema Mong Dsïs, wobei er in der Regel im Verfolg der Reihe der Heiligen auf sich selbnst zu sprechen kommt). Der Sinn ist: Mit dem Verfall der Dschoudynastie infolge der Verlegung der Hauptstadt nach Lo Yang im Osten war die Sammlung der Preislieder im Schï Ging abgeschlossen. Nun kommt die Periode des „Frühlings und Herbsts" 722–481, die in den verschiedenen im Text genannten Geschichtswerken aufgezeichnet ist. Es ist die Zeit der sogenannten fünf Hegemonen, deren bedeutendste der Herzog Huan von Tsi und Herzog Wen von Dsi waren. In dieser Zeit gab es keine königliche Autorität mehr. Der ungekrönte König, der in dieser Zeit Recht und Unrecht nach königlichem Maßstab zumaß, war Konfuzius in seinen Frühlings- und Herbstannalen. Was das historische Material anlangt, so schließt er sich an die gegebenen Annalen der anderen Staaten ziemlich übereinstimmend an; was von ihm stammt, ist die Feststellung des Sinns der Ereignisse. Durch Abweichungen im Ausdruck, die er gelegentlich vornimmt, wird über die Handlungsweise der einzelnen Träger der Geschichte ein moralisches Urteil gefällt, das seinen Eindruck auf die Zeitgenossen nicht verfehlt hat. Wir sehen bei dieser Auffassung von der Hypothese Grubes ab, daß das unter dem Namen Dso Dschuan bekannte Geschichtswerk in Wirklichkeit die von Konfuzius geschriebenen Tschun-Tsiu-Annalen repräsentiere. Wir können durch Grubes Gründe, die doch gar zu sehr der Unterstützung chinesischer Quellen entbehren, nicht überzeugt werden, so anziehend der kühne Gedanke auf den ersten Blick auch scheinen mag.

22.

孟子曰：“君子之澤五世而斬，小人之澤五世而斬。予未得為孔子徒也，予私淑諸人也。”

23.

孟子曰：“可以取，可以無取，取傷廉；可以與，可以無與，與傷惠；可以死，可以無死，死傷勇。”

24.

逢蒙學射於羿，盡羿之道，思天下惟羿為愈己，於是殺羿。孟子曰：“是亦羿有罪焉。”公明儀曰：“宜若無罪焉。”曰：“薄乎云爾，惡得無罪？

22. Historische Wirkungen

Mong Dsï sprach: „Der Einfluß des Edlen reicht fünf Geschlechter weit, dann hört er auf; der Einfluß des kleinen Mannes reicht fünf Geschlechter weit, dann hört er auf.
Mir war es nicht vergönnt, Schüler des Meister Kung zu sein. Ich habe durch eigenes Bemühen mich an anderen herangebildet.“[24]

23. Sparsamkeit im Zweifelsfall

Mong Dsï sprach: „Wo man etwas annehmen mag oder auch nicht annehmen mag, ist es uneigennütziger[25], nichts anzunehmen. Wo man etwas schenken mag oder auch nicht schenken mag, da ist es rücksichtsvoller, nichts zu schenken. Wo man sterben mag oder auch nicht sterben mag, da ist es mutiger, nicht zu sterben.“

24. Die Schützen

Pang Mong[26] hatte das Bogenschießen bei J gelernt. Als er die Kunst Js inne hatte, gedachte er, daß nunmehr auf der ganzen Welt nur J ihm überlegen sei; darauf tötete er den J.
Mong Dsï sprach: „Da trifft auch den J eine Schuld. Gung-Ming J hat zwar gesagt, er scheine unschuldig gewesen zu sein, doch wollte er damit nur sagen, daß seine Schuld verhältnismäßig geringer war; unmöglich kann man ihn von aller Schuld freisprechen.

24 Die Dschu Hische Erklärung, nach der der „Edle“ der Heilige auf dem Thron sein soll, der „kleine Mann“ der ungekrönte Heilige, steht doch gar zu sehr im Widerspruch mit dem Sprachgebrauch. Dschau Ki erklärt: „Große Tugend und große Schlechtigkeit wirkt auf fünf Generationen hinaus.“ Wir müssen gestehen, daß der Sinn des Satzes nicht ganz klar ist. Vielleicht kann zur Erklärung VII, B, 38 herangezogen werden, wo wir möglicherweise eine Rezension der hier gemachten Aufstellungen haben. Die „anderen“, an denen Mong sich heranbildet, sind die Schüler des Dsï Sï, des Enkels von Kung, wonach Mong selbst die vierte Generation nach Kung repräsentieren würde.

25 Wörtlich: „Es schadet, d.h. beeinträchtigt die Uneigennützigkeit, etwas anzunehmen“; entsprechend in den beiden anderen Fällen.

26 Die Geschichte von Pang Mong und J, die in Tschun Tsiu Dschuan erzählt ist, erinnert an die ähnliche Geschichte in Liä Dsï V, 15 zwischen Gi Tschang und Fe We. Pang Mong und J sind als geschickte Schützen auch in Dschuang Dsï XX genannt.

鄭人使子濯孺子侵衛，衛使庾公之斯追之。子濯孺子曰：‘今日我疾作，不可以執弓，吾死矣夫！’問其僕曰：‘追我者誰也？’其僕曰：‘庾公之斯也。’曰：‘吾生矣。’其僕曰：‘庾公之斯，衛之善射者也，夫子曰“吾生”，何謂也？’曰：‘庾公之斯學射於尹公之他，尹公之他學射於我。夫尹公之他，端人也，其取友必端矣。’庾公之斯至，曰：‘夫子何為不執弓？’曰：‘今日我疾作，不可以執弓。’曰：‘小人學射於尹公之他，尹公之他學射於夫子。我不忍以夫子之道反害夫子。雖然，今日之事，君事也，我不敢廢。’抽矢扣輪，去其金，發乘矢而後反。”

25.

孟子曰：“西子蒙不潔，則人皆掩鼻而過之。雖有惡人，齊戒沐浴，則可以祀上帝。”

26.

孟子曰：“天下之言性也，則故而已矣。

Der Fürst von Dschong sandte den Dsï-Dscho Ju Dsï, im Staate We einzufallen; der Staat We sandte den Yu-Gung Dschï Sï, ihn zu verfolgen. Dsï-Dscho Ju Dsï sprach: ‚Heute bin ich plötzlich erkrankt, daß ich den Bogen nicht mehr halten kann; ich bin sicher des Todes.' Dann fragte er seinen Knecht: ‚Wer ist's, der mich verfolgt?' Sein Knecht sprach: ‚Es ist Yu-Gung Dschï Sï.' Da sprach er: ‚Dann werde ich am Leben bleiben.' Der Knecht sprach: Jener ist doch der beste Schütze von We. Was meint Ihr damit, daß Ihr saget: ich werde am Leben bleiben?' Da antwortete er: ‚Jener hat das Bogenschießen gelernt bei Yin-Gung Dschï To, der aber war mein Schüler. Er war ein rechter Mann, und wen er zum Freund erkoren, der muß auch ein rechter Mann sein.' Als Yu-Gung Dschï Sï nun herankam, fragte er: ‚Meister, warum haltet Ihr den Bogen nicht in der Hand?' Er sprach: ‚Ich bin heute plötzlich erkrankt, so daß ich den Bogen nicht halten kann.' Jener sprach: ‚Ich habe das Schießen gelernt bei Yin-Gung Dschï To; der aber war Euer Schüler, o Meister. Ich bringe es nicht über mich, durch Eure eigne Kunst Euch zu verletzen, o Meister. Immerhin, ich bin heute hier in meines Fürsten Auftrag, den ich nicht zu übertreten wage.' Damit nahm er einige Pfeile hervor und schlug am Rad ihre metallne Spitze ab; er entsandte vier nach ihm, dann kehrte er um."

25. Was mehr ist als Schönheit

Mong Dsï sprach: „Wenn eine Schönheit wie Si Schï[27] ein schmutziges Kopftuch um hat, so halten sich die Leute die Nase zu, wenn sie an ihr vorüberkommen. Selbst ein häßlicher Mensch aber, wenn er fastet und badet, mag vor Gott zum Opfern treten."

26. Die Natur

Mong Dsï sprach: „Alle Menschen auf Erden, die von der Natur reden, verstehen darunter einfach das Regelmäßige.[28] Aber das Regelmäßige hat zu seiner

27 Über die schöne Si Schï, die chinesische Helena, vgl. Dschuang Dsï XIV, 4.

28 Der Gedankengang von Mong Dsï mutet ganz modern an. Außer dem Regelmäßigen nimmt er ein Wandelbares (Li in dem in J-Ging gebrauchten Sinne) an. Die hier gegebene Ausführung ist zugleich eine Verteidigung gegen die taoistische Verachtung des Wissens. Mong Dsï hält dieser Verachtung, deren relative Berechtigung er bei den sophistischen Spitzfindigkeiten der Zeit vollkommen anerkennt, ein anderes Ideal des Wissens, das sozusagen

故者以利為本。所惡於智者，為其鑿也。如智者若禹之行水也，則無惡於智矣。禹之行水也，行其所無事也。如智者亦行其所無事，則智亦大矣。天之高也，星辰之遠也，苟求其故，千歲之日至，可坐而致也。”

27.

公行子有子之喪，右師往弔，入門，有進而與右師言者，有就右師之位而與右師言者。孟子不與右師言，右師不悅曰：“諸君子皆與驩言，孟子獨不與驩言，是簡驩也。”

孟子聞之，曰：“禮，朝廷不歷位而相與言，不踰階而相揖也。我欲行禮，子敖以我為簡，不亦異乎？”

28.

孟子曰：“君子所以異於人者，以其存心也。”

Wurzel die Anpassungsfähigkeit. Was die Wissenden verächtlich macht, ist ihre Verbohrtheit. Wenn die Wissenden es machten wie Yü, als er den Wassern ihren Lauf gab, so wäre nichts Verächtliches an ihrem Wissen. Yü gab den Wassern dadurch ihren Lauf, daß er sie dahin laufen ließ, wo sie keinen Widerstand fanden. Wenn die Wissenden auch dem Weg folgten, der keinen Widerstand bietet, so wäre ihre Erkenntnis auch groß. Trotz der Höhe des Himmels, trotz der Ferne der Gestirne: wenn man das Gesetz ihrer Regelmäßigkeiten erfaßt hat, so kann man sich hinsetzen und auf tausend Jahre hinaus eine Sonnenwende ausrechnen.“

27. Meinungsverschiedenheit

Gung-Hang Dsï hielt die Leichenfeierlichkeiten für seinen ältesten Sohn ab. Da ging auch der Minister Wang Huan[29] hin, sein Beileid zu bezeugen. Als er eintrat, da kamen ihm manche der Beileidsbezeugenden entgegen, um mit dem Minister zu sprechen. Nachher nahten sich manche dem Platz des Ministers, um mit dem Minister zu sprechen. Mong Dsï sprach nicht mit dem Minister. Da ward der Minister mißvergnügt und sprach: „Alle Herren kamen, mit mir zu reden, nur Mong Dsï allein redete nicht mit mir, er mißachtet mich.“
Mong Dsï hörte es und sprach: „Die Sitte will es, daß man bei Hofe nicht aus der Reihe tritt, um miteinander zu reden, noch daß man hinauf- oder hinuntersteigt, um einander zu begrüßen. Ich wollte dieser Sitte folgen, und Wang Huan denkt darum, ich mißachte ihn. Ist das nicht seltsam?“

28. Verhalten zu Feinden

Mong Dsï sprach: „Wodurch der Edle sich von andern Menschen unterscheidet, ist das, was er im Herzen hegt. Er hegt Gütigkeit im Herzen, er hegt An-

---

dem Natürlichen, der Linie des geringsten Widerstandes folgt, entgegen. Damit kommt er dem Tao sehr nahe.

29 Dieser Wang Huan ist der Feind des Mong Dsï in Tsi. Der Vorgang fällt wohl in die Nähe von II, B, 6. Die Argumentation des Mong Dsï ist, daß anläßlich der Beileidsbezeugung, die auf Befehl des Königs erfolgte, Hofzeremoniell zu herrschen habe, weshalb keine Privatunterhaltungen statthaft seien. In Wirklichkeit handelt es sich bei diesem ganzen Hergang wieder um einen geschickt maskierten Hieb Mong Dsïs gegen seinen Feind. Vielleicht ist es nicht ganz zufällig, daß gerade die Regeln über das Verhalten zu Feinden sich unmittelbar anschließen.

君子以仁存心，以禮存心。仁者愛人，有禮者敬人。愛人者人恆愛之，敬人者人恆敬之。有人於此，其待我以橫逆，則君子必自反也：我必不仁也，必無禮也，此物奚宜至哉？其自反而仁矣，自反而有禮矣，其橫逆由是也，君子必自反也：我必不忠。自反而忠矣，其橫逆由是也，君子曰：'此亦妄人也已矣。如此則與禽獸奚擇哉？於禽獸又何難焉？'是故君子有終身之憂，無一朝之患也。乃若所憂則有之：舜人也，我亦人也。舜為法於天下，可傳於後世，我由未免為鄉人也，是則可憂也。憂之如何？如舜而已矣。若夫君子所患則亡矣。非仁無為也，非禮無行也。如有一朝之患，則君子不患矣。"

29.

禹、稷當平世，三過其門而不入，孔子賢之。顏子當亂世，

stand im Herzen. Der Gütige liebt die Menschen; wer Anstand hat, achtet die Menschen. Wer andre liebt, den lieben die andern immer auch wieder. Ist nun einer da, der mich quer und unfreundlich behandelt, so werde ich, wenn ich edel denke, sicher in mich gehen und mich fragen: Sicher war ich nicht gütig, sicher habe ich den Anstand verletzt. Warum nur mußte das mir zustoßen? Wenn ich in mich gegangen und gütig bin, wenn ich in mich gegangen bin und Anstand habe, und jener fährt fort, mich quer und unfreundlich zu behandeln, so werde ich als Edler sicher in mich gehen und mich fragen: Sicher war ich nicht gewissenhaft. Wenn ich in mich gegangen und gewissenhaft bin, und jener fährt fort, mich quer und unfreundlich zu behandeln, so werde ich als Edler sagen: Dieser Mensch weiß nicht, was er tut. Damit steht er für mich einem Tiere gleich. Was wollte ich aber mit einem Tiere mir für Schwierigkeiten machen?

Darum ist der Edle sein Leben lang besorgt, aber er ist nicht einen Morgen lang betrübt. Was seine Sorge anlangt, so ist es die: Schun war ein Mensch, ich bin auch ein Mensch. Schun war ein Vorbild für die Welt, würdig, auf späte Geschlechter überliefert zu werden. Und ich habe es noch nicht weiter gebracht als ein gewöhnlicher Mensch? Darüber mag man sich sorgen. Man sorge sich darum, wie man werde gleich Schun, und über nichts mehr.

Aber etwas, das den Edlen betrüben könnte, gibt es nicht. Was nicht der Gütigkeit entspringt, das tut er nicht; wie es nicht dem Anstand entspricht, so handelt er nicht. Und wenn er dann doch auf eines Morgens Dauer Betrübnis hätte, so ist der Edle nicht betrübt darüber."

29. Heilige in verschiedener Lage

Yü und Dsi[30] lebten in geordneten Zeiten. Dreimal kamen sie an ihrer Tür vorbei und traten nicht ein. Meister Kung pries sie darob. Yän Hui lebte in wirren

30 Über den Großen Yü und Dsi (Hou Dsi) spricht der Jünger Nan Gung Go in Lun Yü XIV, 6. Über Yüs Einfachheit redet Kung lobend in Lun Yü VIII, 21. Keine der Stellen stimmt mit den hier zitierten Stellen überein. Die Schilderung des Lebens des Yän Hui findet sich mit einigen textlichen Abweichungen in Lun Yü VI, 9. Das Gleichnis von den beiden Schlägereien ist so zu deuten, daß Yü und Hou Dsi, die durch ihre Stellung verpflichtet waren, für das Volk zu sorgen, im Rechte waren, als sie alles andere über ihrer Arbeit vergaßen. Yän Hui aber, der kein Amt hatte, hatte durch aufgedrungene Hilfe in einem Fall, der ihn nichts anging, nur Mißtrauen erregt. Vgl. dazu Lun Yü VII, 10. Zum Bild ist zu bemerken, daß im alten China das Haar auf dem Kopf in einen Knoten geschlungen war, in dem der Hut durch einen Pfeil befestigt war. An der Seite des Hutes hingen geflochtene Bänder herab, die unter dem Kinn gebunden werden konnten.

居於陋巷。一簞食，一瓢飲。人不堪其憂，顏子不改其樂，孔子賢之。孟子曰：“禹、稷、顏回同道。禹思天下有溺者，由己溺之也；稷思天下有飢者，由己飢之也，是以如是其急也。禹、稷、顏子易地則皆然。今有同室之人鬥者，救之，雖被髮纓冠而救之，可也。鄉鄰有鬥者，被髮纓冠而往救之，則惑也，雖閉戶可也。”

30.

孟子曰：“世俗所謂不孝者五：惰其四支，不顧父母之養，一不孝也；博弈好飲酒，不顧父母之養，二不孝也；好貨財，私妻子，不顧父母之養，三不孝也；從耳目之欲，以為父母戮，四不孝也；好勇鬥很，以危父母，五不孝也。

Zeiten. Er wohnte in einer elenden Gasse, *eine* Holzschüssel zum Essen, *eine* Kürbisschale zum Trinken; andere konnten seine trostlose Lage nicht mit ansehen. Aber Yän Hui ließ sich seine Fröhlichkeit nicht rauben. Meister Kung pries ihn darob.

Mong Dsï sprach: „Yü und Dsi und Yän Hui stimmten in den Grundsätzen überein. Wenn irgendwo auf Erden Menschen in Wassersnot waren, so war es Yü, als sei er selbst in Wassersnot. Wenn irgendwo auf Erden Menschen in Hungersnot waren, so war es Dsi, als sei er selbst in Hungersnot. Darum waren sie so eifrig. Wenn Yü und Dsi und Yän Hui ihre Stellen vertauscht hätten, hätte jeder ebenso gehandelt.

Es verhält sich im einen Fall, wie wenn im selben Haus mit uns eine Schlägerei ausbricht. Man kommt zu Hilfe. Man braucht sich nicht erst Zeit zu nehmen, Haar und Kopfbedeckung in Ordnung zu bringen, ehe man zu Hilfe kommt. Im andern Fall ist es, wie wenn in der Nachbarschaft irgendwo eine Schlägerei ist. Wollte man da mit aufgelöstem Haar und ungeordneter Kopfbedeckung hingehen, um zu Hilfe zu kommen, man würde nur Argwohn erregen. Eher mag man die Tür vor dem Lärm schließen."

30. Entfremdung zwischen Vater und Sohn ohne Pietätlosigkeit

Gung-Du Dsï[31] sprach: „Kuang Dschang[32] steht durchs ganze Land im Ruf der Pietätlosigkeit. Ihr geht mit ihm zusammen, Meister, und begegnet ihm mit großer Höflichkeit. Darf ich fragen, was das bedeutet?"

Mong Dsï sprach: „Fünf Dinge[33] gibt es, die man gemeinhin als pietätlos bezeichnet: die erste Pietätlosigkeit ist, seine Glieder nicht zu regen und darüber die Pflege der Eltern zu vernachlässigen; die zweite Pietätlosigkeit ist, zu spielen und zu trinken und darüber die Pflege der Eltern zu vernachlässigen; die dritte Pietätlosigkeit ist, selbstsüchtig das eigene Weib und die eigenen Kinder zu bereichern und darüber die Pflege der Eltern zu vernachlässigen; die vierte Pietätlosigkeit ist, den Lüsten der Sinne zu folgen und dadurch Schande auf die Eltern zu bringen; die fünfte Pietätlosigkeit ist, sich in Wag-

31 Gung-Du-Dsï vgl. III, B, 9.

32 Kuang Dschang vgl. III, B, 10.

33 Es ist bemerkenswert, daß die Aufzählung der pietätlosen Dinge von der Stelle IV, A, 26 abweicht. Über das tadelnde Richten, „Anforderungen im Guten stellen", zwischen Vater und Sohn vgl. IV, A, 18.

章子有一於是乎？夫章子，子父責善而不相遇也。責善，朋友之道也；父子責善，賊恩之大者。夫章子，豈不欲有夫妻子母之屬哉？為得罪於父，不得近。出妻屏子，終身不養焉。其設心以為不若是，是則罪之大者，是則章子已矣。

31.

曾子居武城，有越寇。或曰："寇至，盍去諸？"曰："無寓人於我室，毀傷其薪木。"寇退，則曰："修我牆屋，我將反。"寇退，曾子反。左右曰："待先生，如此其忠且敬也。寇至則先去以為民望，寇退則反，殆於不可。"沈猶行曰："是非汝所知也。昔沈猶有負芻之禍，從先生者七十人，未有與焉。"

halsigkeiten und Streitereien einzulassen und dadurch die Eltern in Gefahr zu bringen. Tut Kuang Dschang auch nur ein einziges von diesen Dingen? Vielmehr liegt es so, daß Kuang Dschang und sein Vater einander tadeln und richten und dadurch einander nicht finden. Tadeln und richten ist zwischen Freunden am Platz. Wenn Vater und Sohn einander tadeln und richten, so beeinträchtigt es aufs schlimmste ihre Zuneigung. (Wie ernst aber Kuang Dschang das Verhältnis zu seinem Vater nimmt, das sieht man aus folgendem:) Sicherlich wäre dem Kuang Dschang ein Leben mit Weib und Kind zusammen auch angenehm gewesen. Aber weil er seinen Vater gekränkt hatte, so daß er ihm nicht mehr sich nähern konnte, verstieß er sein Weib und trennte sich von seinen Kindern und versagte sich sein Leben lang ihre liebende Fürsorge. Wenn er anders gesinnt wäre, dann erst hätte er sich wirklich versündigt. So verhält es sich mit Kuang Dschang.“

31. Verschiedene Handlungsweise bei gleichen Grundsätzen

Meister Dsong wohnte als Lehrer in Wu Tschong[34]. Da brachen Räuber aus dem Süden[35] ein. Jemand sagte zu ihm: „Es sind Räuber eingefallen. Wollt Ihr nicht fliehen?“ Da ordnete Meister Dsong vor seinem Weggehen in seinem Hause an: „Laßt niemand in meinem Hause wohnen oder die Bäume und Sträucher beschädigen!“ Als die Räuber sich zurückgezogen hatten, da sandte er Botschaft: „Setzt Haus und Mauern wieder instand! Ich werde wieder zurückkommen.“

Die Höflinge sprachen: „Nachdem man den Meister mit solcher Gewissenhaftigkeit und Achtung behandelt hat, ist er, wie die Räuber kamen, weggegangen angesichts des ganzen Volkes, und erst nachdem die Räuber sich zurückgezogen, ist er wieder gekommen. Das sieht fast aus, als wäre es nicht angängig.“

Schen-Yu Hing[36] sprach: „Das ist etwas, das ihr nicht versteht. Als einst die Familie Schen-Yu in Schwierigkeiten war mit ihren Holzhauern, da war der Meister mit siebenzig Schülern in der Nähe, ohne sich zu beteiligen.“

34 Die Meinungen über die Lage dieser Stadt gehen auseinander. Manche suchen sie bei Giasiang in Südwestschantung, andere im Bezirk Itschoufu.

35 Wörtlich: aus Yüo. Der Staat Yüo hatte den Staat Wu 473 annektiert und war so Grenznachbar von Lu geworden.

36 Schen-Yu Hing war ein Schüler des Meisters Dsong. Er erklärt die Flucht des Meisters für etwas, das seiner allgemeinen Überzeugung entspreche, eine Anschauung, in der er von Mong Dsï korrigiert wird.

子思居於衛，有齊寇。或曰："寇至，盍去諸？"子思曰："如伋去，君誰與守？"
孟子曰："曾子、子思同道。曾子，師也，父兄也；子思，臣也，微也。曾子、子思易地則皆然。

32.

儲子曰："王使人瞷夫子，果有以異於人乎？"
孟子曰："何以異於人哉？堯舜與人同耳。"

33.

齊人有一妻一妾而處室者，其良人出，則必饜酒肉而後反。其妻問所與飲食者，則盡富貴也。其妻告其妾曰："良人出，則必饜酒肉而後反；問其與飲食者，盡富貴也，而未嘗有顯者來，吾將瞷良人之所之也。"

Dsï Sï[37] weilte als Beamter in We. Da kamen Räuber aus Norden[38]. Jemand sprach zu ihm: „Es sind Räuber eingefallen. Wollt Ihr nicht weggehen?" Dsï Sï erwiderte: „Wenn ich gehe, wer steht dann dem Fürsten bei der Verteidigung zur Seite?"
Mong Dsï sprach: „Meister Dsong und Dsï Sï hatten dieselben Grundsätze. Meister Dsong war Lehrer und geehrtes Familienhaupt. Dsï Sï war Beamter und Untergebener. Meister Dsong und Dsï Sï hätten, wenn einer an der Stelle des andern gestanden, gleich gehandelt."

32. Kein Unterschied im Äußeren

Tschu Dsï[39] sprach: „Der König hat Leute ausgesandt, nach Euch zu spähen, Meister, ob Ihr wirklich anders aussehet als gewöhnliche Menschen."
Mong Dsï sprach: „Warum sollte ich anders sein als andere Menschen? Selbst Yau und Schun waren gleich wie andere Menschen."

33. Der erbärmliche Gatte

Es war einmal ein Mann in Tsi[40], der hatte eine Frau und eine Nebenfrau, die waren immer zu Hause. Wenn ihr Gatte ausging, so kam er immer nach Hause satt von Wein und Fleisch. Wenn seine Frau ihn fragte, mit wem er gegessen und getrunken, so waren es lauter reiche und vornehme Leute. Eines Tages sprach die Frau zur Nebenfrau: „Wenn unser Gatte ausgeht, so kommt er immer satt von Wein und Fleisch zurück, und wenn man ihn fragt, mit wem er gegessen und getrunken, so sind es lauter reiche und vornehme Leute, und doch ist noch nie einer von den angesehenen Leuten zu uns gekommen. Ich will einmal sehen, wo unser Gatte hingeht."
So stand sie frühe auf und schlich heimlich dem Gatten nach, wohin er gehe. In der ganzen Stadt war niemand, der stehen geblieben wäre und mit ihm geplaudert hätte. Schließlich ging er auf den Anger im Osten vor der Stadt, wo

37 Dsï Sï (Kung Gi), der Enkel Kungs und Schüler Dsongs, hat angeblich das Buch von Maß und Mitte (Dschung Yung) verfaßt. Er war in We (östlich) eine Zeitlang Beamter.

38 Wörtlich: aus Tsi.

39 Tschu Dsï war ein Beamter im Staate Tsi. Die Geschichte fällt wohl in die Zeit, als Mong von Liang nach Tsi kam und der König von Tsi ihn nur dem Namen nach kannte. 319 v. Chr.

40 Zum Beginn der Geschichte, die übrigens ein Musterstück chinesischer Prosa ist, fehlt das übliche: „Mong Dsï sprach".

蚤起，施從良人之所之，遍國中無與立談者。卒之東郭墦閒，之祭者，乞其餘；不足，又顧而之他，此其為饜足之道也。其妻歸，告其妾曰：“良人者，所仰望而終身也。今若此。”與其妾訕其良人，而相泣於中庭。而良人未之知也，施施從外來，驕其妻妾。

由君子觀之，則人之所以求富貴利達者，其妻妾不羞也，而不相泣者，幾希矣。

zwischen den Gräbern Leute Opfer darbrachten. Die bettelte er um die Überreste an. Hatte er noch nicht genug, so blickte er sich um und ging zu einem andern. Das war die Art, wie er sich satt aß.

Seine Frau kehrte heim und erzählte es der Nebenfrau und sprach: „Zu unserem Gatten haben wir unser Leben lang hinaufgesehen, und nun macht er's so!“ Dann schalt sie mit der Nebenfrau zusammen auf ihren Gatten, und sie weinten zusammen mitten im Hof. Der Gatte aber, der noch von nichts wußte, kam frohen Mutes von draußen zurück und war hochmütig gegen Frau und Nebenfrau.

Wenn man von einem höheren Standpunkt aus die Menschen betrachtet: Wie selten sind doch die Menschen, die in ihrem Streben nach Reichtum und Ehre, Vorteil und Erfolg sich so benehmen, daß ihre Frauen und Nebenfrauen nicht vor Scham über sie zusammen weinen müßten!

萬章

上

1.

萬章問曰："舜往于田，號泣于旻天，何為其號泣也？"
孟子曰："怨慕也。"
萬章曰："父母愛之，喜而不忘；父母惡之，勞而不怨。然則舜怨乎？"
曰："長息問於公明高曰：'舜往于田，則吾既得聞命矣；號泣于旻天，于父母，則吾不知也。'公明高曰：'是非爾所知也。'夫公明高以孝子之心，為不若是恝，我竭力耕田，共為子職而已矣，父母之不我愛，於我何哉？帝使其子九男二女，百官牛羊倉廩備，以事舜於畎畝之中。天下之士多就之者，帝將胥天下而遷之焉。為不順於父母，如窮人無所歸。天下之士悅之，

BUCH V – WAN DSCHANG

ABSCHNITT A

1. Schuns Klagen

Wan Dschang fragte: „Schun ging hinaus aufs Feld und klagte weinend zum gütigen Himmel.[1] Was war es, das ihn so klagen und weinen machte?"
Mong Dsï sprach: „Es war Enttäuschung und Sehnsucht."
Wan Dschang sprach: „Wenn die Eltern einen lieben, soll man sich freuen und dankbar sein. Wenn die Eltern einen hassen, soll man sich Mühe geben, ohne zu murren. Hat aber nun Schun nicht gemurrt?"
Mong Dsï sprach: „Tschang Si fragte den Gung-Ming Gau[2]: ‚Darüber, warum Schun ins Feld hinausging, habe ich Belehrung empfangen. Daß er aber geklagt und geweint hat zum gütigen Himmel wegen seiner Eltern, das verstehe ich nicht.' – Gung-Ming Gau hat ihm darauf erwidert: ‚Das ist etwas, das du nicht verstehst.'[3] Gung-Ming Gau war der Ansicht, daß ein ehrfürchtiger Sohn sich innerlich nicht nur so leicht zufrieden geben könne: ‚Ich gebe mir alle Mühe, das Feld zu bestellen und meine Pflicht als Sohn zu erfüllen. Was habe ich nur getan, daß Vater und Mutter mich nicht lieben!' Der Herr sandte dem Schun zu Diensten seine Kinder, neun Söhne und zwei Töchter, alle seine Beamten, Rinder und Schafe, die Scheunen und Kornhäuser zumal, während er inmitten der Rieselfelder weilte. Die Männer im ganzen Lande fielen ihm in Menge zu. Der Herr wollte das Weltreich mit ihm teilen und später es ihm übertragen. Aber weil er nicht in Ordnung war mit seinen Eltern, fühlte er sich wie ein hilfloser Mensch, der keine Heimat hat. Daß die Männer im Reich an

1 Vgl. Schu Ging, II, II, 21, wo gesagt ist, daß Schun, während er in seiner Jugend auf dem Lischan pflügte, also geklagt habe. Wan Dschang ist der als dreizehnter genannte Jünger.

2 Der Überlieferung nach ist Gung-Ming Gau ein Schüler des Dsong Dsï, Tschang Si ein Schüler des Gung-Ming Gau.

3 Die im folgenden gegebene Darstellung der Geschichte Schuns beruht nur zum Teil auf dem Text des Schu-Ging. Offenbar hat Mong Dsï noch andere, heute nicht mehr zugängliche Quellen benutzt. Schun hat die beiden Töchter Yaus geheiratet, ein bemerkenswertes Beispiel einer Doppelehe, die in historischer Zeit nicht mehr vorkommt. Die neun Söhne Yaus, deren Namen außer dem ältesten, Dau Dschu, unbekannt sind, haben dem Schun als ihrem Meister gedient.

人之所欲也，而不足以解憂；好色，人之所欲，妻帝之二女，而不足以解憂；富，人之所欲，富有天下，而不足以解憂；貴，人之所欲，貴為天子，而不足以解憂。人悅之、好色、富貴，無足以解憂者，惟順於父母，可以解憂。人少，則慕父母；知好色，則慕少艾；有妻子，則慕妻子；仕則慕君，不得於君則熱中。大孝終身慕父母。五十而慕者，予於大舜見之矣。”

2.

萬章問曰：
“《詩》云：‘娶妻如之何？必告父母。’
信斯言也，宜莫如舜。舜之不告而娶，何也？”

einem Gefallen finden, ist etwas, das sich jeder wünscht, und doch vermochte das nicht seinen Kummer zu stillen. Frauenschönheit ist etwas, das sich jeder wünscht. Er hatte die beiden Töchter des Herrn zur Ehe. Und auch das vermochte nicht seinen Kummer zu stillen. Reichtum ist etwas, das sich jeder wünscht. Er war reich, die ganze Welt gehörte ja ihm. Und auch das vermochte nicht seinen Kummer zu stillen. Ehre ist etwas, das sich jeder wünscht. Ihm ward die Ehre zuteil, Herrscher der Welt zu sein. Und auch das vermochte nicht seinen Kummer zu stillen. Die Zuneigung der Menschen, Schönheit, Reichtum und Ehre: nichts vermochte seinen Kummer zu stillen. Nur daß er in Ordnung kam mit seinen Eltern: das vermochte seinen Kummer zu stillen. In der Kindheit hängt der Mensch an seinen Eltern. Erwacht in ihm die Frauenliebe, so hängt er an seiner jungen Schönen[4]. Hat er Weib und Kind, so hängt er an Weib und Kind. Kommt er ins Amt, so hängt er an seinem Fürsten, und verliert er das Vertrauen des Fürsten, so brennt es ihn in seinem Innern. Höchste Kindlichkeit hängt lebenslang an den Eltern. Mit fünfzig Jahren noch ganz an seinen Eltern zu hängen – das ist es, was ich an Schun, dem Großen, geschaut habe."

2. Schuns Familienverhältnisse

Wan Dschang fragte: „Im Buch der Lieder heißt es:

> ‚Ein Weib zu frei'n, wie fängt man's an? –
> Man geht darum die Eltern an.'

Wenn dies Wort wirklich wahr ist, so sollte man doch denken, daß Schun am ehesten danach gehandelt hätte. Wie kommt es, daß Schun geheiratet hat, ohne es seinen Eltern anzuzeigen?"[5]

---

4 Hier ein hübscher Ausdruck für „Geliebte": schau ai. Ai ist eigentlich Artemisia. Der Vergleichspunkt ist die zarte, weißliche Farbe der Artemisiablätter. Im übertragenem Sinn kann es daher sowohl „Graukopf" als auch „Milchgesicht" heißen. Hier kommt die letztere Bedeutung in Betracht. Der Abschnitt gibt uns einen interessanten Einblick in die chinesische Psychologie. Diese leidenschaftliche Liebe zu den Eltern ist eine Eigentümlichkeit des chinesischen Geistes. Durch sie erst gewinnt die kindliche Ehrfurcht Wärme und Farbe. Man beachte auch die Entwicklung der Treue zum Fürsten aus dieser Liebe heraus. Das Motiv der Liebe wird durch diese Zusammenhänge beziehungsreicher als in der europäischen Poesie. Nur so ist es z.B. zu verstehen, daß ganz ohne Pedanterie ein Diener wegen Trennung von seinem Fürsten klagt in Tönen, die in Europa nur in Liebesliedern üblich sind.

5 Vgl. dazu die Stelle IV, A, 26, wo Mong Dsï diese anscheinende Pietätlosigkeit Schuns eben aus seiner Pietät erklärt. Dort steht auch der Grund, warum Schuns Eltern mit Recht auf ihn unwillig gewesen wären, wenn er nicht geheiratet hätte.

孟子曰：“告則不得娶。男女居室，人之大倫也。如告，則廢人之大倫，以懟父母，是以不告也。”

萬章曰：“舜之不告而娶，則吾既得聞命矣；帝之妻舜而不告，何也？”

曰：“帝亦知告焉則不得妻也。”

萬章曰：“父母使舜完廩，捐階，瞽瞍焚廩。使浚井，出，從而揜之。象曰：‘謨蓋都君咸我績。牛羊父母，倉廩父母，干戈朕，琴朕，弤朕，二嫂使治朕棲。’象往入舜宮，舜在床琴。象曰：‘鬱陶思君爾。’忸怩。舜曰：‘惟茲臣庶，汝其于予治。’不識舜不知象之將殺己與？”

Mong Dsï sprach: „Hätte er es ihnen angezeigt, so hätten sie die Heirat vereitelt. Nun ist das Zusammenleben von Mann und Frau in der Ehe die wichtigste aller menschlichen Beziehungen. Hätte er seinen Eltern Anzeige gemacht, so hätte er diese wichtigste aller menschlichen Beziehungen versäumen müssen und hätte sich dadurch doch auch den Unwillen der Eltern zugezogen. Darum hat er ihnen keine Anzeige gemacht."

Wan Dschang sprach: „Warum Schun heiratete, ohne es seinen Eltern anzuzeigen, darüber habe ich nun Belehrung empfangen. Warum aber hat der Herr den Schun heiraten lassen, ohne es dessen Eltern zu sagen?"

Mong Dsï sprach: „Der Herr hat auch gewußt, daß, wenn er's ihnen gesagt hätte, die Heirat vereitelt worden wäre."

Wan Dschang sprach: „Schuns Eltern befahlen ihm, eine Scheune auszubessern. Sie zogen dann die Leiter weg, und sein Vater Gu Sou zündete die Scheune an. Sie befahlen ihm ein anderesmal, einen Brunnen auszugraben. Er war schon wieder heraus. Sie aber gingen zum Brunnen und schütteten ihn zu.[6] Schuns Bruder Siang sprach: ‚Die Pläne, den Fürsten umzubringen[7], habe alle ich ersonnen. Seine Rinder und Schafe sind für die Eltern, seine Scheunen und Kammern auch für die Eltern, sein Schild und Speer sind für mich, seine Zither für mich, sein geschnitzter Bogen für mich, und die beiden Schwägerinnen müssen mir das Bett machen.' Siang machte sich auf und ging nach dem Schloß des Schun. Da saß Schun auf seinem Bette und spielte die Zither. Siang sprach: ‚Ich dachte sehnsuchtsvoll[7a] an dich, o Fürst.' Dabei errötete er verlegen. Schun sprach: ‚Ich denke, du kannst mit mir zusammen über meine Diener und Untertanen alle herrschen.' – Nun weiß ich eines nicht: Hat Schun wirklich nicht gemerkt, daß Siang ihn hatte töten wollen?"

6 Über diese Nachstellungen, die sich im Schu-Ging nicht erwähnt finden, werden später mancherlei Sagen erzählt. Nach der einen habe er sich mit zwei großen Strohhüten gegen die Flammen geschützt und sei so unversehrt entkommen, während er den Brunnen durch einen verborgenen Nebenausgang verlassen habe. Nach einer alten Version der Liä Nü Dschuan hätten ihm die Töchter Yaus, seine Frauen, die Kräfte von Vögeln und Drachen verschafft. Die Töchter Yaus hießen der Sage nach: Nü Ying und O Huang.

7 Chinesisch: „Mo gai du gün"; Mo, mu, „ersinnen; gai wörtlich „zudecken", hier, hai, „schädigen", umbringen; du wörtlich „Hauptstadt" (vgl. die Übersetzung von Legge und Couvreur), hier gleich yü, eine passivische Präposition; grün, Fürst. Siang (Elefant) ist der jüngere Stiefbruder Schuns, der den Vater Gu Sou (Blinder Greis) zu seiner Verfolgung anstachelte.

7a Die Übersetzungen der beiden Worte des Textes gehen diametral auseinander (vgl. Chavannes a.a.O. I, pag. 75). Ich konnte mich dennoch zu keiner anderen Auffassung entschließen.

曰：“奚而不知也？象憂亦憂，象喜亦喜。”
曰：“然則舜偽喜者與？”
曰：“否。昔者有饋生魚於鄭子產，子產使校人畜之池。校人烹之，反命曰：‘始舍之圉圉焉，少則洋洋焉，攸然而逝。’子產曰‘得其所哉！得其所哉！’校人出，曰：‘孰謂子產智？予既烹而食之，曰：得其所哉？得其所哉。’故君子可欺以其方，難罔以非其道。彼以愛兄之道來，故誠信而喜之，奚偽焉？”

3.

萬章問曰：“象日以殺舜為事，立為天子，則放之，何也？”
孟子曰：“封之也，或曰放焉。”
萬章曰：“舜流共工于幽州，放驩兜于崇山，殺三苗于三危，殛鯀于羽山，四罪而天下咸服，誅不仁也。象至不仁，封之有庳。有庳之人奚罪焉？仁人固如是乎？在他人則誅之，在弟則封之。”

Mong Dsï sprach: „Er muß es ja gemerkt haben. Aber wenn Siang traurig war, so war er mit ihm traurig; wenn Siang fröhlich war, so war er mit ihm fröhlich."
Jener sprach: „Dann hat also Schun sich zur Fröhlichkeit gezwungen?"
Mong Dsï sprach: „Nein. Vor Zeiten schenkte einmal jemand dem Dsï Tschan[8] von Dschong einen lebenden Fisch. Dsï Tschan befahl dem Gärtner, ihn in den Teich zu setzen und zu füttern. Der Gärtner kochte ihn, dann meldete er: ‚Als ich ihn frei ließ, da war er erst noch ganz zag, nach einer Weile begann er umherzuschwimmen, dann schoß er in die Tiefe.' Dsï Tschan sprach: ‚Er hat seinen Platz gefunden, er hat seinen Platz gefunden!' Der Gärtner ging hinaus und sprach: ‚Wer will behaupten, daß Dsï Tschan weise sei? Ich hab den Fisch doch gekocht und aufgegessen, und er sagt: Er hat seinen Platz gefunden, er hat seinen Platz gefunden!' So kann man einen Edlen hintergehen gemäß der Wahrscheinlichkeit, aber nicht ihn verstricken in wesensfremde Art. Jener kam dem Schun entgegen in der Art eines liebevollen Bruders, darum glaubte er ihm aufrichtig und war über ihn erfreut, ganz ohne sich dazu zu zwingen."

3. Wie Schun seinen Bruder behandelte

Wan Dschang fragte: „Siang war täglich darauf aus, den Schun zu töten. Als dieser zum Herrn der Welt eingesetzt ward, da habe er (sagt man) ihn in Gewahrsam getan. Wie steht es damit?"
Mong Dsï sprach: „Er gab ihm ein Lehen; vielleicht kann man auch sagen, daß er ihn in Gewahrsam getan hat."
Wan Dschang sprach: „Schun verbannte den Gung Gung[9] in das Land der Finsternis, er tat den Huan Dou in Gewahrsam auf dem Gespensterberg, er tötete den Fürsten von San Miau auf den drei Klippen und setzte den Kun[10] auf dem Flügelberg gefangen. Die ganze Welt war mit der Bestrafung dieser vier einverstanden, da es schlechte Menschen waren, die beseitigt wurden. Nun war Siang der Allerschlechteste, und doch belehnte Schun ihn mit Yu Bi. Was hatten denn die Leute von Yu Bi verschuldet? Handelt ein gütiger Mann also, daß, wenn es sich um andere Leute handelt, er sie beseitigt, wenn es sich aber um seinen Bruder handelt, ihn belehnt?"

---

8 Über Dsï Tschan (Gung-Sun Kiau), den Minister von Dschong, vgl. IV, B, 2.

9 Vgl. die Beurteilung dieser Vorgänge in Dschuang Dsï XI, 2, wo sie übrigens dem Yau zugeschrieben werden. Die Geschichten stehen im Schu-Ging II, 1, 12.

10 Über Kun, den Vater des Großen Yü – anderweitig mit Gung Gung identifiziert – vgl. Liä Dsï VII, 12.

曰：“仁人之於弟也，不藏怒焉，不宿怨焉，親愛之而已矣。親之欲其貴也，愛之欲其富也。封之有庳，富貴之也。身為天子，弟為匹夫，可謂親愛之乎？”

“敢問或曰放者，何謂也？”

曰：“象不得有為於其國，天子使吏治其國，而納其貢稅焉，故謂之放，豈得暴彼民哉？雖然，欲常常而見之，故源源而來。‘不及貢，以政接于有庳’，此之謂也。”

4.

咸丘蒙問曰：“語云：‘盛德之士，君不得

Mong Dsï sprach: „Ein gütiger Mann steht so zu seinem Bruder, daß er ihm nichts nachträgt und keinen Groll gegen ihn hegt. Er liebt ihn einfach und hat ihn gern. Wen man liebt, dem wünscht man Ehre; wen man gern hat, dem wünscht man Reichtum. Darum belehnte er ihn mit Yu Bi, um ihn geehrt und reich zu machen. Wäre das ein liebevoller Bruder, der, selber der Herr der Welt, es duldete, daß sein Bruder in untergeordneter Stellung lebt?"
Wan Dschang sprach: „Darf ich fragen, was das bedeutet: ‚Vielleicht kann man auch sagen, daß er ihn in Gewahrsam getan hat'?"
Mong Dsï sprach: „Siang hatte keine Freiheit des Handelns in seinem Land. Schun, der Herr der Welt, hatte seinen Dienern befohlen, für ihn das Land zu verwalten, für ihn Abgaben und Steuern einzuziehen. Deshalb kann man sagen, er habe ihn in Gewahrsam gehalten. Denn er durfte es doch nicht geschehen lassen, daß jene Untertanen bedrückt wurden. – Aber dennoch wünschte er ihn häufig bei sich zu sehen, und jener kam unablässig. Darauf bezieht sich die Stelle: ‚Nicht nur wenn Abgaben zu bringen oder Verwaltungsgeschäfte zu erledigen waren, empfing er den Fürsten von Yu Bi.'[11]"

4. Widerlegung von Gerüchten

Hiän Kiu Mong[12] fragte den Mong Dsï und sprach: „Es ist ein Gespräch[13] überliefert, das besagt: ‚Ein Mann von reicher Tugend kann von seinem Fürsten

11 Dieses Zitat stammt nach Dschau Ki aus einem apokryphischen Zusatz zum Schu-Ging (Schang Schu).

12 Hiän Kiu Mong ist der als zehnter genannte Jünger.

13 Dieses „Gespräch" ist eine jener anonymen Geschichten, wie sie in Lü Schï Tschun Tsiu, Liä Dsï usw. in großer Zahl vorkommen. Solche Geschichten wurden nach Bedarf, meist mit kleinen Abweichungen im Text, von den einzelnen Schriftstellern aufgenommen. Auch Dschuang Dsï und Mong Dsï bedienen sich gelegentlich solches herrenlosen Gutes. Sollten vielleicht ähnliche Geschichten auch in der später abgelehnten Rezension der Lun Yü von Tsi gestanden haben? Die hier erwähnte Geschichte steht u. a. bei Mo Di in seiner Streitschrift gegen die Orthodoxen. Ebenso zitiert sie Han Fe Dsï Kap. 51. Dort ist sie etwas umgestellt: „Als Schun den Gu Sou sah, zeigten seine Mienen Verlegenheit. Kung Dsï sprach: ‚Zu jener Zeit lief die Welt Gefahr, in Verwirrung zu geraten. Einen, der den SINN erkannt hat, den darf allerdings sein Vater nicht als Sohn und sein Herrscher nicht als. Untertan behandeln.'" Daran schließt sich bei Han Fe Dsï eine Verurteilung des Konfuzius, der den eigentlichen Sinn von Pietät und Gehorsam nicht verstanden. habe. Mong Dsï übt Kritik an der ganzen Geschichte und zwar eine Kritik pragmatischer Art. Er schiebt die ganze Geschichte einem plumpen Gesellen aus Ost-Tsi zu. Ost-Tsi hatte damals in China denselben Klang wie Ostelbien oder Hinterpommern für manche Leute. Er leugnet, daß Schun zu Yaus Lebzeiten Kaiser gewesen sei, vielmehr sei er nur Regierungsverweser gewesen. Das

而臣，父不得而子。’舜南面而立，堯帥諸侯北面而朝之，瞽瞍亦北面而朝之。舜見瞽瞍，其容有蹙。孔子曰：‘於斯時也，天下殆哉，岌岌乎！’不識此語誠然乎哉？”

孟子曰：“否。此非君子之言，齊東野人之語也。堯老而舜攝也。《堯典》曰：‘二十有八載，放勳乃徂落，百姓如喪考妣，三年，四海遏密八音。’孔子曰：‘天無二日，民無二王。’舜既為天子矣，又帥天下諸侯以為堯三年喪，是二天子矣。”

咸丘蒙曰：“舜之不臣堯，則吾既得聞命矣。《詩》云：‘普天之下，莫非王土；率土之濱，莫非王臣。’而舜既為天子矣，敢問瞽瞍之非臣，如何？”

曰：“是詩也，非是之謂也；勞於王事，

nicht als Untertan und von seinem Vater nicht als Sohn behandelt werden. Schun stand als Fürst da, und Yau führte ihm alle Beamten an seinen Hof als Untertan, und auch sein Vater Gu Sou kam als Untertan an seinen Hof. Als Schun den Gu Sou sah, da zeigten seine Mienen Unbehagen. Meister Kung sagte darüber: Zu jener Zeit war die Welt in großer Gefahr, in Verwirrung zu geraten.' Ich weiß nicht, ob dieses Gespräch die Wahrheit berichtet."

Mong Dsï sprach: „Nein, das sind nicht Worte eines Gebildeten, sondern Geschwätze plumper Gesellen aus dem Osten von Tsi. Als Yau alt war, war Schun für ihn Verweser. Im Kanon des Yau[14] heißt es: ‚Im achtundzwanzigsten Jahr ging der Hoch Erlauchte zur Ruhe ein, und die Leute trauerten um ihn wie um Vater oder Mutter drei Jahre lang, und bis an die Ufer der vier Meere verstummte alle Musik[15].' Meister Kung sprach[16]: ‚Am Himmel gibt es keine zwei Sonnen, im Reich gibt es keine zwei Könige.' Wenn Schun wirklich schon König der Welt gewesen wäre und hätte dennoch an der Spitze aller Fürsten drei Jahre getrauert, dann hätte es ja vorher zwei Könige der Welt gegeben."

Hiän Kiu Mong sprach: „Daß Schun den Yau nicht als Untertan behandelt hat, darüber habe ich nun Belehrung empfangen. In den Liedern heißt es aber[17]:

‚Aus der ganzen weiten Welt
Alles Land gehört dem König,
Bis zum Ende dieser Welt
Ist ihm jeder untertan.'

Wenn nun Schun Herr der Welt war, inwiefern war dann Gu Sou nicht sein Untertan?"

Mong Dsï sprach: „Das ist nicht der Sinn dieses Liedes. Das Lied bezieht sich darauf, daß einer in des Fürsten Dienst sich abmühen muß, daß es ihm nicht

---

Wort, daß ein bedeutender Mann von seinem Vater nicht als Sohn behandelt werden könne, wird von manchen auch dahin gewandt: Ein großer Mann darf dennoch nicht seinen Fürsten als Untertan oder seinen Vater als Sohn behandeln.

14 Diese Stelle steht heute im Kanon des Schun. Offenbar waren die beiden Abschnitte im Altertum vereinigt. (Schu-Ging II, I, 13; doch weicht der Text ein wenig ab.)

15 Wörtlich: die acht Töne.

16 Im Li Gi steht an verschiedenen Stellen ein ähnliches Zitat (vgl. Dsong Dsï Wen).

17 Vgl. Schï-Ging II, VI, Ode 1, Vers 2. Das Lied ist die Klage eines überlasteten Beamten. Die Erklärung Mong Dsïs trifft durchaus Sinn. Das erste Wort des Zitats weicht vom Text des Schï-Ging ab, gibt aber eine bessere Rezension. Übrigens verdient bemerkt zu werden, das in Lü Schï Tschun Tsiu, Buch 14, Abschnitt 6 genau die hier zitierten vier Zeilen als auf Schun sich beziehend erwähnt werden. Ob sie außerhalb des Schï-Ging im Umlauf waren oder erst nachträglich dem Schun in den Mund gelegt wurden, ist fraglich. Auf Grund des Liedes im Schï-Ging allein hätte Hiän Kiu Mong kaum seine Frage stellen können.

而不得養父母也。曰：‘此莫非王事，我獨賢勞也。’故說《詩》者，不以文害辭，不以辭害志。以意逆志，是為得之。如以辭而已矣，《雲漢》之詩曰：‘周餘黎民，靡有孑遺。’信斯言也，是周無遺民也。孝子之至，莫大乎尊親；尊親之至，莫大乎以天下養。為天子父，尊之至也；以天下養，養之至也。《詩》曰：‘永言孝思，孝思維則。’此之謂也。《書》曰：‘祗載見瞽瞍，夔夔齊栗，瞽瞍亦允若。’是為父不得而子也。”

möglich ist, seine Eltern zu pflegen. Der Sinn ist: Die alle sind da zum Dienst des Königs, warum bin nur gerade ich gut genug mich abzumühen? Darum, wer die Lieder zitiert[18], darf nicht um des Buchstabens willen dem Wortlaut Gewalt antun und nicht um des Wortlauts willen dem Geist Gewalt antun. Nur wenn man mit seinen Gedanken dem Geist des Stücks nachgeht, dann trifft man's. Wenn man bloß nach dem Wortlaut geht, dann müßte man aus dem Lied „Die Milchstraße"[19], wo es heißt:

‚Von all der Untertanen Zahl
Kein einz'ger übrig blieben ist'

schließen, daß von den Untertanen der Dschoudynastie heute keiner mehr vorhanden wäre.

Die höchste Ehrfurcht kennt nichts Größeres, als die Eltern zu Ansehen zu bringen. Das höchste Ansehen, das man seinen Eltern verschaffen kann, ist, die ganze Welt zu ihrer Pflege bereit haben. Vater des Herrn der Welt zu sein, ist der Ehren höchste; die ganze Welt zur Pflege zur Verfügung zu halten, ist das höchste, was man an Pflege leisten kann. Das ist gemeint, wenn das Lied sagt[20]:

‚Stets hegend kindlich treuen Sinn
Ward er ein Vorbild treuer Kindlichkeit.'

Im Buch der Urkunden[21] heißt es: ‚Ehrfurchtsvoll dienend erschien er vor Gu Sou, ehrerbietig und eifrig besorgt. Und Gu Sou glaubte ihm und ward versöhnt.' Insofern allerdings stand der Sohn über dem Vater."

---

18 Dieses Wort findet sich in der älteren Literatur verschiedentlich zitiert als Wort von Mong Ko, doch ist der Text schwankend.

19 Vgl. Schï-Ging III, III, Ode 4, Vers 3. Die Ode beginnt mit den Worten:
„Schimmernd steht die Milchstraße
Glitzernd sich drehend am Himmel."
Es ist die Klage des Königs Süan von Dschou anläßlich einer Dürre.

20 Vgl. Schï-Ging III, I, Ode 9, Vers 3. Dort ist von König Wu die Rede:
„Er hat erworben königlich Vertrauen,
Des untern Landes Muster ward er.
Stets hegend kindlich treuen Sinn
Ward er ein Vorbild treuer Kindlichkeit."

21 Vgl. Schu-Ging II, 2, 15.

5.

萬章曰："堯以天下與舜，有諸？"
孟子曰："否。天子不能以天下與人。"
"然則舜有天下也，孰與之？"曰："天與之。"
"天與之者，諄諄然命之乎？"曰："否。天不言，以行與事示之而已矣。"
曰："以行與事示之者如之何？"
曰："天子能薦人於天，不能使天與之天下；諸侯能薦人於天子，不能使天子與之諸侯；大夫能薦人於諸侯，不能使諸侯與之大夫。昔者堯薦舜於天而天受之，暴之於民而民受之，故曰：天不言，以行與事示之而已矣。"
曰："敢問薦之於天而天受之，暴之於民而民受之，如何？"
曰："使之主祭而百神享之，是天受之；使之主事而事治，百姓安之，是民受之也。天與之，人與之，故曰：天子不能以天下與人。舜相堯二十有八載，非人之所能為也，天也。堯崩，

5. Thronfolgefragen

Wan Dschang sprach: „Ist es wahr, daß Yau die Welt dem Schun übergeben hat?“
Mong Dsï sprach: „Nein, der Herr der Welt kann die Welt nicht einem andern geben.“
Jener sprach: „Schun hat aber doch die Herrschaft über die Welt gehabt: wer hat sie ihm dann gegeben?“
„Gott[22] hat sie ihm gegeben.“
„Wenn Gott sie ihm gegeben hat, hat er da mit deutlichen Worten ihm seinen Willen kund gemacht?“
Mong Dsï sprach: „Nein, Gott redet nicht, sondern er unterweist nur durch Wirkungen und Geschehnisse.“
Jener sprach: „Unterweisungen durch Wirkungen und Geschehnisse, was heißt das?“
Mong Dsï sprach: „Der Herr der Welt kann Gott einen Menschen anempfehlen, aber er kann Gott nicht zwingen, daß er ihm die Weltherrschaft gibt, grade wie die Fürsten dem Herrn der Welt einen Mann anempfehlen können, aber ihn nicht zwingen können, ihm ein Fürstentum zu geben, oder die Minister ihrem Fürsten einen Mann anempfehlen können, aber ihn nicht zwingen können, daß er ihm eine Ministerstelle gibt. So hat seinerzeit Yau den Schun Gott anempfohlen, und Gott hat ihn angenommen; er hat ihn dem Volk vorgestellt, und das Volk hat ihn angenommen. Darum sagte ich: Gott redet nicht, sondern er unterweist nur durch Wirkungen und Geschehnisse.“
Jener sprach: „Darf ich fragen, wie das zuging, daß er ihn Gott anempfahl und Gott ihn annahm und dem Volk vorstellte und das Volk ihn annahm?“
Mong Dsï sprach: „Er ließ ihn über die Opfer walten, und alle Geister nahmen sie gnädig auf[23]; so nahm ihn Gott an. Er ließ ihn über die Geschäfte walten, und alles, was geschah, war in Ordnung, die Leute beruhigten sich dabei; so nahm ihn das Volk an. Gott hat es ihm gegeben, die Menschen haben es ihm gegeben, darum sagte ich: Der Herr der Welt kann die Welt nicht einem andern geben.
Schun war der Gehilfe Yaus achtundzwanzig Jahre lang. Das stand nicht in der Menschen Macht. Es kam von Gott. Als Yau abgeschieden war und die drei-

22 Daß „Tiän“ (gewöhnlich mit „Himmel“ wiedergegeben) hier mit „Gott“ übersetzt werden muß, ist zweifellos.

23 Das Zeichen dafür, daß die „Geister“ oder „Götter“ die Opfer gnädig annehmen, ist, daß sie Gedeihen und fruchtbare Witterung geben.

三年之喪畢，舜避堯之子於南河之南。天下諸侯朝覲者，不之堯之子而之舜；訟獄者，不之堯之子而之舜；謳歌者，不謳歌堯之子而謳歌舜，故曰天也。夫然後之中國，踐天子位焉。而居堯之宮，逼堯之子，是篡也，非天與也。《太誓》曰：‘天視自我民視，天聽自我民聽’，此之謂也。”

6.

萬章問曰：“人有言：‘至於禹而德衰，不傳於賢而傳於子。’有諸？

jährige Trauer zu Ende, da zog sich Schun zugunsten von Yaus Sohn zurück in das Land südlich vom Südfluß. Aber die Fürsten der ganzen Welt, die zu Hofe gingen, gingen nicht zu Yaus Sohn, sondern kamen zu Schun. Die Streitigkeiten zu schlichten hatten, gingen nicht zu Yaus Sohn, sondern kamen zu Schun. Die Sänger besangen nicht Yaus Sohn, sondern besangen Schun. Darum sagte ich: Es kam von Gott. Darnach erst kam er ins Reich der Mitte und bestieg den Thron als Herr der Welt. Wenn er Yaus Schloß bezogen hätte und Yaus Sohn vergewaltigt hätte, das wäre Thronraub gewesen, nicht Gabe Gottes. Das ist der Sinn des Wortes im großen Schwur[24]:

‚Gott sieht, wie mein Volk sieht;
Gott hört, wie mein Volk hört.'"

6. Erbfolge[25]

Wan Dschang fragte den Mong Dsï und sprach: „Die Leute sagen, das Reich sei auf Yü gekommen, doch weil er geringer gewesen an Tugend, habe er es nicht dem Würdigsten hinterlassen, sondern seinem Sohne. Ist das wahr?"

24 Vgl. Schu-Ging V, 1, 2, 7.

25 Die in diesem Abschnitt vorkommenden, ähnlich klingenden Namen, die im Chinesischen natürlich alle ihre deutlich geschiedenen Zeichen haben, sind etwas verwirrend für den europäischen Leser. Eine Zusammenstellung mag daher hier folgen:
1. Yau. „Kanzler" und Nachfolger: Schun. Sohn: Dan Dschu.
2. Schun. „Kanzler" und Nachfolger: Yü. Sohn bei Mong Dsï nicht genannt (sonst Schang Gün, vgl. Schï Gi).
3. Yü. 1. Kanzler: Gau Yau, schon unter Schun tätig, stirbt vor Yü. 2. Kanzler: Yih. Sohn und Nachfolger: Ki.
Die Dynastie Yüs heißt die Hiadynastie. Sie setzt sich durch Erbfolge fort bis auf den Tyrannen Giä. Dieser wird entthront. Nun folgt:
4. Tang, der Begründer der Schang- oder Yindynastie. Kanzler: I-Yin. 1. Sohn: Tai Ding, stirbt vor seinem Vater. 2. Sohn: Wai Bing, regiert 2 Jahre und stirbt dann. 3. Sohn: Dschung Fen, regiert 4 Jahre und stirbt dann. Enkel: Tai Gia, Sohn des Tai Ding, wird wegen schlechten Betragens vom Kanzler I-Yin nach Tung beim Grab des Tang relegiert, wo er sich bessert und nach der Hauptstadt Bö zurückberufen wird.
Die Dynastie Tangs setzt sich als Schang (seit Pan Gong Yindynastie genannt) durch Erbfolge fort. Die in dieser Dynastie herrschende Erbfolge war, wie aus obigem Beispiel hervorgeht, nicht die nach der Erstgeburt, sondern nach den Brüdern. Erst nach dem jüngsten Bruder kommt wieder der Sohn des Ältesten auf den Thron (vgl. oben Tai Gia, der Sohn Tai Dings). Daß dabei häufig die älteste Linie nicht mehr an die Reihe kam, sondern der Thron bei der jeweils am Ruder befindlichen Linie blieb, ist begreiflich. Ihr Ende findet diese Dynastie mit dem Tyrannen Dschou Sin oder Schou, der getötet wird. Nun folgt die Dschoudynastie. Ihr Begründer war:

孟子曰：“否，不然也。天與賢，則與賢；天與子，則與子。昔者舜薦禹於天，十有七年，舜崩。三年之喪畢，禹避舜之子於陽城。天下之民從之，若堯崩之後，不從堯之子而從舜也。禹薦益於天，七年，禹崩。三年之喪畢，益避禹之子於箕山之陰。朝覲訟獄者不之益而之啟，曰：‘吾君之子也。’謳歌者不謳歌益而謳歌啟，曰：‘吾君之子也。’丹朱之不肖，舜之子亦不肖。舜之相堯，禹之相舜也，歷年多，施澤於民久。啟賢，能敬承繼禹之道。益之相禹也，歷年少，施澤於民未久。舜、禹、益相去久遠，其子之賢不肖，皆天也，非人之所能為也。莫之為而為者，天也；莫之致而至者，命也。匹夫而有天下者，德必若舜禹，而又有天子薦之者，故仲尼不有天下。

Mong Dsï sprach: „Nein, so war es nicht. Sondern, wenn Gott es dem Würdigsten gibt, so kommt es auf den Würdigsten, wenn Gott es dem Sohne gibt, so kommt es auf den Sohn. Schun stellte den Yü vor Gott siebzehn Jahre, da starb Schun. Als die dreijährige Trauer zu Ende war, da zog sich Yü zugunsten von Schuns Sohn zurück nach der Sonnenstadtı[26], und alles Volk auf Erden zog ihm nach, wie es früher, als Yau gestorben war, nicht dessen Sohn nachgezogen war, sondern dem Schun.
Yü stellte den Yih vor Gott, siebzehn Jahre; da starb Yü. Als die dreijährige Trauer zu Ende war, da zog sich Yih zugunsten von Yüs Sohn zurück auf die Nordseite des Berges Gi[27]. Aber die zu Hofe gingen und Streitigkeiten zu schlichten hatten, gingen nicht zu Yih, sondern kamen zu Ki, dem Sohne Yüs, indem sie sagten: ‚Es ist der Sohn unseres Fürsten.' Die Sänger besangen nicht den Yih, sondern den Ki, indem sie sagten: ‚Es ist der Sohn unseres Fürsten.'
Daß Dan Dschu, der Sohn Yaus, seinem Vater nicht gleich war, daß Schuns Sohn ebenfalls seinem Vater nicht gleich war, daß die Zeit, die Schun dem Yau und Yü dem Schun diente, viele Jahre dauerte und so das Volk lange ihres Segens teilhaftig ward, daß auf der andern Seite Ki würdig war und ehrfürchtig in seines Vaters Yü Wegen wandelte, während Yih dem Yü nur wenige Jahre gedient hatte und so das Volk seines Segens nicht lange teilhaftig geworden war, kurz, die verschiedene Dauer, die Schun, Yü und Yih im Dienst ihrer Fürsten standen, und ihrer Söhne Tauglichkeit: das alles kam von Gott; es war nichts, das Menschen hätten machen können. Was ohne menschliches Zutun geschieht, kommt von Gott; was ohne menschliches Betreiben eintrifft, ist sein Wille.
Damit ein Mann aus dem Volk in den Besitz des Weltreichs kommen kann, muß seine geistige Kraft die eines Schun oder Yü sein, und außerdem muß der vorige Herrscher für ihn eintreten: deshalb kam Kung Dsï nicht auf den

5. „König" Wen, der selbst den Thron noch nicht bestieg. 1. Sohn und Nachfolger: Fa. 2. Sohn: Dan. (Die übrigen Söhne kommen hier nicht in Betracht; vgl. jedoch II, B, 9.). 6. König Wu. König Wens Sohn Fa. Sohn und Nachfolger: König Tschong. Bruder und Erzieher: 7. Fürst von Dschou. König Wens Sohn Dan. Diese sieben sind die sieben Heiligen auf dem Thron. Der Fürst von Dschou gehört zwar nur uneigentlich dazu, da er den Thron nicht inne gehabt, sondern nur als Reichsverweser verwaltet hat, da im Hause Dschou die Erbfolge nach der Erstgeburt die Regel war (doch mit Ausnahmen). Die chinesischen Kommentare bemerken zu dem ganzen Abschnitt: Die Erbfolge ist als Regel zu betrachten, die Übergabe des Reichs an den Würdigsten als durch Zeitumstände bedingte Ausnahme.

26 „Sonnenstadt", chinesisch „Yang tschong", weil südlich von dem Berg Sung, einem der fünf heiligen Berge, gelegen. Bei Bergen ist yang südlich, yin nördlich; bei Flüssen umgekehrt.

27 Der Berg Gi lag südlich von Yang tschong, so daß sich also Yih nach Yang tschong oder dessen Umgebung zurückgezogen hätte, ebenso wie sein Vorgänger.

繼世以有天下，天之所廢，必若桀紂者也，故益、伊尹、周公不有天下。伊尹相湯以王於天下。湯崩，太丁未立，外丙二年，仲壬四年。太甲顛覆湯之典刑，伊尹放之於桐。三年，太甲悔過，自怨自艾，於桐處仁遷義；三年，以聽伊尹之訓己也，復歸于亳。周公之不有天下，猶益之於夏，伊尹之於殷也。孔子曰：‘唐虞禪，夏后、殷、周繼，其義一也。’”

7.

萬章問曰：“人有言‘伊尹以割烹要湯’有諸？”孟子曰：“否，不然。伊尹耕於有莘之野，而樂堯舜之道焉。非其義也，非其道也，祿之以天下，弗顧也；繫馬千駟，弗視也。非其義也，非其道也，一介不以與人，一介不以取諸人，

Thron. Wenn einer das Weltreich von Vätern und Ahnen ererbt hat, so muß er, ehe Gott ihn zugrunde richtet, so schlecht sein wie Giä und Dschou Sin: deshalb kamen Yih, I-Yin und der Fürst von Dschou nicht auf den Thron.
I-Yin half dem Tang, König der Welt zu werden. Als Tang starb, da war sein ältester Sohn Tai-Ding schon tot, ehe er zur Regierung gekommen wäre. Wai-Bing war zwei Jahre, Dschung-Fen vier Jahre Herrscher. Dann kam Tai-Gia, der die Ordnung Tangs in Verwirrung brachte. I-Yin tat ihn in Gewahrsam in Tung drei Jahre lang. Da bereute Tai-Gia seine Fehler. Er bekannte seine Schuld und besserte sich. In Tung ward er beständig in der Liebe und lernte wandeln in der Pflicht; nachdem er drei Jahre auf die Ermahnungen des I-Yin gehört hatte, berief dieser ihn wieder zurück nach der Hauptstadt Bo.
Der Grund, warum der Fürst von Dschou nicht auf den Thron kam, war dasselbe Verhältnis wie das des Yih zum Hause Hia und das des I-Yin zum Hause Yin.
Meister Kung sprach: ‚Yau und Schun haben den Thron abgegeben, die Fürsten von Hia, Yin und Dschou haben ihn auf ihre Söhne vererbt. Sie handelten dabei in gleicher Weise ihrer Pflicht entsprechend.'"

7. Wie I-Yin zu Amt und Würden kam

Wan Dschang fragte den Mong Dsï und sprach: „Die Leute sagen, I-Yin habe den Tang für sich bestochen durch seine Kochkunst.[28] Ist das wahr?"
Mong Dsï sprach: „Nein, so war es nicht. I-Yin pflügte seinen Acker in den Gefilden von Yu-Sin und erbaute sich an den Lehren Yaus und Schuns. Man hätte ihm alle Schätze der Welt anbieten können: wenn es nicht recht und billig gewesen wäre, so hätte er sich nicht darnach umgesehen. Und man hätte ihn nicht mit tausend Viergespannen dazu gebracht, auch nur einen Blick darauf zu werfen. Wenn es nicht recht und billig war, so gab er weder andern auch nur einen Strohhalm, noch nahm er von andern auch nur einen Strohhalm an.

28 Die Legende von I-Yin, der sich als Koch bei Tang, dem Begründer der Schangdynastie, eingeführt habe und auf die auch Dschuang Dsï anspielt (Buch XXIII, Schluß), ist in der uns zugänglichen Literatur am ausführlichsten behandelt in Lü Schï Tschun Tsiu, Band 14, 2 „Über den Geschmack", wo I-Yin dem Tang eine unendliche Liste von Feinschmeckereien aufzählt, zu deren Erlangung es unumgänglich nötig sei, daß er die Weltherrschaft erwerbe. Die Quelle für alle derartigen Geschichten ist in einem jetzt verlorenen Buch: „Geschichte I-Yins" zu suchen, das Ban Gu übrigens unter die belletristische Literatur einreiht. Was Mong Dsï für seine „Rettung" für Quellen gehabt, entzieht sich unserer Kenntnis, doch ist deutlich, daß er solche benutzt hat.

湯使人以幣聘之，囂囂然曰：‘我何以湯之聘幣為哉？我豈若處畎畝之中，由是以樂堯舜之道哉？’湯三使往聘之，既而幡然改曰：‘與我處畎畝之中，由是以樂堯舜之道，吾豈若使是君為堯舜之君哉？吾豈若使是民為堯舜之民哉？吾豈若於吾身親見之哉？天之生此民也，使先知覺後知，使先覺覺後覺也。予，天民之先覺者也；予將以斯道覺斯民也。非予覺之，而誰也？’ 思天下之民匹夫匹婦有不被堯舜之澤者，若己推而內之溝中。其自任以天下之重如此，故就湯而說之以伐夏救民。吾未聞枉己而正人者也，況辱己以正天下者乎？聖人之行不同也，或遠或近，或去或不去，歸潔其身而已矣。吾聞其以堯舜之道要湯，未聞以割烹也。林氏曰：“以堯舜之道要湯者，非實以是要之也，道在此而湯之聘自來耳。猶子貢言夫子之求之，異乎人之求之也”愚謂此語亦猶前章所論父不得而子之意。伊訓曰：‘天誅造攻自牧宮，朕載自亳。’”

Tang sandte Leute, die ihm Geschenke von Seidenstoffen überbrachten, um ihn in seinen Dienst zu bitten. Er sprach gleichgültig: ‚Was soll ich mit den Seidenstoffen Tangs? Tue ich nicht besser, wenn ich in meinen Feldern bleibe und an den Lehren Yaus und Schuns auf diese Weise mich erbaue?' Tang sandte dreimal hin, ihn bitten zu lassen, da änderte er seinen Entschluß, wurde ernst und sprach: ‚Statt daß ich in meinen Feldern bleibe und an den Lehren Yaus und Schuns auf diese Weise mich erbaue, sollte ich da nicht lieber aus diesem Fürsten einen Fürsten wie Yau und Schun machen, sollte ich da nicht lieber aus diesem Volk ein Volk wie Yaus und Schuns machen, sollte ich da nicht lieber in eigner Person hingehen und selber vor ihn treten? Gott hat die Menschen erzeugt, damit die, die früher zur Erkenntnis gelangen, die später zur Erkenntnis Kommenden erwecken, daß die früher Erwachten die später Erwachenden erwecken. Ich bin einer aus Gottes Volk, der früher erwacht ist, ich will durch diese Lehren die Menschen erwecken. Wenn ich sie nicht erwecke, wer soll es dann tun?' Er war der Meinung, daß, wenn unter allem Volk auf Erden auch nur ein Mann oder eine Frau des Segens von Yau und Schun nicht teilhaftig würde, es so wäre, als hätte er sie selbst in einen Graben gestoßen. So groß war sein Gefühl der Verantwortung für die Lasten der ganzen Welt. Darum ging er zu Tang und riet ihm, das Haus Hia zu stürzen und das Volk zu retten.

Ich habe nie gehört, daß einer, der selbst sich krümmt, andre gerade machen kann, wieviel weniger, daß einer, der sich selbst in Schmach bringt, die ganze Welt gerade machen kann. Der Heiligen Handlungen sind verschieden, aber ob sie sich fern halten oder nähern, ob sie gehen oder nicht gehen, alles kommt darauf hinaus, ihre eigne Person rein zu erhalten.

Ich habe gehört, daß I-Yin den Tang bestochen habe durch die Lehren Yaus und Schuns; ich weiß nichts davon, daß er es durch seine Kochkunst getan habe.

Im Rat des I-Yin[29] heißt es: ‚Gott fing in dem Königschloß zu Mu an, den Tyrannen zu vernichten, ich fing an in Bo, der Stadt Tangs.'"

29 Vgl. Schu-Ging IV, 4, 2, wo jedoch der Text abweicht und statt Mu-Palast „Ming Tiau" steht.

8.

萬章問曰："或謂孔子於衛主癰疽，於齊主侍人瘠環，有諸乎？"

孟子曰："否，不然也。好事者為之也。於衛主顏讎由。彌子之妻與子路之妻，兄弟也。彌子謂子路曰：'孔子主我，衛卿可得也。'子路以告。孔子曰：'有命。'孔子進以禮，退以義，得之不得曰'有命'。而主癰疽與侍人瘠環，是無義無命也。

8. Verteidigung des Kung Dsï gegen den Vorwurf schlechter Gesellschaft

Wan Dschang befragte den Mong Dsï und sprach: „Es heißt, Meister Kung habe im Lande We bei dem Höfling Yung Dsü Aufenthalt genommen und im Lande Tsi bei dem Eunuchen Dsi Huan[30]. Ist das wahr?“

Mong Dsï sprach: „Nein, das ist nicht wahr, das sind Geschwätze unruhiger Köpfe. In We hielt er sich auf bei Yän Tschou Yu, dem Bruder[31] von Dsï Lus Frau und Mi Dsïs Frau. Da sagte Mi Dsï zu Dsï Lu: ‚Wenn Meister Kung bei mir wohnen will, so kann ich ihm zur Stellung eines hohen Rats in We verhelfen.‘ Dsï Lu teilte es dem Meister Kung mit. Der sprach: ‚Es gibt eine höhere Fügung.‘

Meister Kung nahm nur an, wo die Ordnung es gestattete, und zog sich sofort zurück, wo die Ehre es gebot. Ob er sein Ziel erreichte oder nicht, das stellte er einer höheren Fügung anheim. Bei einem Manne wie Yung Dsü oder einem Eunuchen Dsi Huan zu wohnen, das wäre gegen die Ehre gewesen und gegen Gottes Fügung.

---

30 Im alten China herrschte Freizügigkeit, doch nicht unbedingt. Jeder Fremdling mußte unter der ortsanwesenden Bevölkerung einen „Wirt“ suchen, der zugleich Bürge für ihn war. Von Kung Dsï gingen nun allerhand Gerüchte, daß er bei niedrigen und gemeinen Höflingen Unterschlupf gesucht habe, um dadurch bei den Fürsten anzukommen. Diese Geschichten waren von den Sophisten der Zeit erfunden, um ihr eigenes Verhalten, das vielfach diese Mittel nicht scheute, mit einem großen Namen der Vergangenheit zu decken. Mong Dsï gibt hier Aufklärung auf Grund einer genauen Kenntnis der Tatsachen. Yung Dsü, dessen Name in den verschiedenen Berichten ganz verschieden geschrieben wird, da es sich nur um eine lautliche Wiedergabe zu handeln scheint, war der unwürdige Eunuch des Fürsten von We, der dabei war, als dieser mit der berüchtigten Fürstin Nan Dsï bei einer Ausfahrt im vorderen Wagen vorausfuhr und Kung Dsï im zweiten Wagen hinterdrein fahren ließ, worauf Kung Dsï den Staat We verließ (vgl. Einleitung zu Lun Yü). Nach einer anderen Erklärung wäre Yung Dsü nicht ein Name, sondern zu übersetzen etwa mit „Beulendoktor“, doch widerspricht dem die verschiedene Schreibweise. Eine ähnliche Kreatur muß der Eunuch Dsi Huan in Tsi gewesen sein.

31 Wir sind in unserer Übersetzung hier dem im Schï-Gi gegebenen Zusammenhang gefolgt. Dort heißt es, daß Kung Dsï in We bei dem Bruder der Frau des Dsï Lu namens Yän Schu Dsou gewohnt habe. Der Name Yän lautet dort allerdings etwas anders, doch scheint das kein schwerwiegender Gegengrund. Unsere Übersetzung ist daher der anderen vorzuziehen, die Legge gibt. Wörtlich heißt es: „Dsï Lus Frau und Mi Dsïs Frau älterer und jüngerer Bruder“, was dann übersetzt wird: „waren Schwestern“. Der hier genannte Schwager des Dsï Lu, Mi Dsï Hia, war ebenfalls ein unwürdiger Günstling des Fürsten Ling von We, während Yän Tschou Yu, bei dem Kung Dsï wohnte, ein guter Charakter war. In Lü Schï Tschun Tsiu (Bd. 15, 1) und Huai Nan Dsï ist übrigens auch das – hier von Mong Dsï widerlegte – Gerücht enthalten, daß Kung Dsï durch die Frau des Min Dsï Hia in We habe ankommen wollen.

孔子悅於魯衛，遭宋桓司馬將要而殺之，微服而過宋。是時孔子當阨，主司城貞子，為陳侯周臣。吾聞觀近臣，以其所為主；觀遠臣，以其所主。若孔子主癰疽與侍人瘠環，何以為孔子？”

9.

萬章問曰：“或曰：‘百里奚自鬻於秦養牲者，五羊之皮，

Als Meister Kung in Lu und We enttäuscht worden war, begab es sich, daß der Marschall Huan[32] von Sung ihn zu überfallen und zu töten trachtete, also daß er in geringer Kleidung sich aus dem Staate Sung flüchten mußte. Damals, als Meister Kung in Lebensgefahr war, hielt er sich bei dem nachmaligen Stadtobersten Dschong Dsï, der damals in den Diensten des Fürsten Dschou von Tschen war, auf. Ich habe sagen hören, daß man einen einheimischen Beamten darnach beurteilen kann, wen er zu Gast hat, und einen auswärtigen darnach, bei wem er zu Gast ist. Wenn Meister Kung bei einem Yung Dsü oder dem Eunuchen Huan zu Gast gewesen wäre: wie wäre er da Meister Kung gewesen?"

9. Wie Be Li Hi in des Fürsten Mu Dienste kam

Wan Dschang befragte den Mong Dsï und sprach: „Es heißt, Be Li Hi[33] habe sich selbst verkauft an den Rinderhirten von Tsin um fünf Schaffelle und habe

32 Die Situation ist die in Lun Yü VII, 22 erwähnte. Kung Dsï verließ Lu und kam nach Sung, wo er mit seinen Schülern unter einem großen Baume Riten übte. Der Marschall von Sung, Huan Tui, wollte Kung Dsï töten und ließ daher den Baum fällen. Kung Dsï entkam, doch mußte er verkleidet durch Sung reisen (vgl. Schï-Gi). Er scheint dann bei dem Torwart von Tschen ein Unterkommen gefunden zu haben. In Tschen scheint er dann drei Jahre geblieben zu sein. Später wurde Tschen von dem Südstaat Tschu annektiert, weshalb hier nach Dschau Ki nur der Name des Fürsten Dschou, kein Tempeltitel gegeben ist. Dschong Dsï wurde dann in Sung Minister und ist unter dem Titel Stadtoberster Dschong Dsï kanonisiert. Er war, wenn auch kein hervorragender, so doch auch kein schlechter Beamter. Über den Namen des Fürsten von Tschen gellen die Quellen auseinander. Mong Dsï und Dso Dschuan gehen zusammen gegen Schi-Gi, das Yüo als Namen angibt.

33 Ähnlich wie über I-Yin waren auch über Be Li Hi, den berühmten Kanzler des Fürsten Mu von Tsin, der ca. 624 als vierter der Hegemonen während der Frühlings- und Herbstzeit genannt wird, allerlei Sagen verbreitet. Er soll sich, da er kein Geschenk zur Einführung bei dem Fürsten Mu gehabt habe, als Rinderhirt verkauft haben, um so Gelegenheit zu finden, mit dem Fürsten zusammenzutreffen, der ihn daraufhin vom Maul der Rinder weg zum Kanzler ernannt habe. Eine andere Version, die der Auffassung des Mong Dsï wenigstens etwas näher kommt, lautet folgendermaßen: Nach der Vernichtung von Yü durch den Staat Dsin sei er seinem Fürsten in die Gefangenschaft nach Dsin gefolgt. Als Diener sei er einer Prinzessin von Dsin, die an den Fürsten von Tsin vermählt wurde, mitgegeben worden. Unzufrieden mit dieser Stellung, habe er sich am Wege verborgen und sei nach Tschu entflohen, wo er als Rinderhirt sich einen Namen gemacht. Der Fürst Mu von Tsin, der von seiner Bedeutung gehört hatte, ließ ihn als entlaufenen Sklaven reklamieren und gab fünf Schaffelle für seine Auslieferung. Diesen niedrigen Preis bot er an, um in Tschu keinen Argwohn zu erregen. Als er seiner habhaft war, machte er ihn sofort zum Kanzler mit dem Erfolg, daß Be Li Hi ihm die Hegemonie im Reich verschaffte. Diese Version paßt auch zu der Bemerkung bei Dschuang Dsï XXIII, Schluß. Mong Dsï hat hier im Unterschied zu den vori-

食牛，以要秦穆公。’信乎？”

孟子曰：“否，不然。好事者為之也。百里奚，虞人也。晉人以垂棘之璧與屈產之乘，假道於虞以伐虢。宮之奇諫，百里奚不諫。知虞公之不可諫而去，之秦，年已七十矣，曾不知以食牛干秦穆公之為汙也，可謂智乎？不可諫而不諫，可謂不智乎？知虞公之將亡而先去之，不可謂不智也。時舉於秦，知穆公之可與有行也而相之，可謂不智乎？相秦而顯其君於天下，可傳於後世，不賢而能之乎？自鬻以成其君，鄉黨自好者不為，而謂賢者為之乎？”

die Rinder gefüttert, um dadurch den Fürsten Mu von Tsin für sich zu bestechen. Ist das glaubhaft?"
Mong Dsï sprach: „Nein, das ist nicht wahr. Das sind Geschwätze unruhiger Köpfe. Be Li Hi war aus dem Lande Yü[34]. Da sandte der Fürst des Staats Dsin einen Nephrit aus Tschui Gi und ein Viergespann aus dem Gestüt von Kü, um von Yü freien Durchzug zu bekommen, den Nachbarstaat Guo zu bekriegen. Der Amtsgenosse Be Li His, Gung Dschï Ki, erhob Einspruch. Be Li Hi erhob keinen Einspruch. Weil er wußte, daß Einspruch bei dem Fürsten von Yü nichts fruchte, darum ging er weg nach Tsin. Damals war er schon siebzig Jahre alt. Wenn er um jene Zeit immer noch nicht gewußt hätte, daß es schmutzig wäre, durch Rinderhüten bei dem Fürsten Mu ankommen zu wollen: könnte man ihn da weise nennen? Wenn er da, wo Einspruch aussichtslos war, keinen Einspruch erhob, kann man ihn da unweise nennen? Wenn er wußte, daß der Fürst von Yü seinem selbstverschuldeten Untergang entgegenging, und ihn vorher verließ, kann man ihn nicht anders als weise nennen. Als er dann in Tsin obenan kam, erkannte er, daß man mit dem Fürsten Mu zusammen etwas durchsetzen könne, und wurde sein Kanzler: kann man das unweise nennen? Er war Kanzler in Tsin und machte seinen Fürsten berühmt auf Erden, also daß sein Name auf die Nachwelt kam: hätte ein Unwürdiger das zuwege gebracht? Sich selbst zu verkaufen, um einem Fürsten zur Vollendung zu helfen, das ist etwas, was in einem Bauerndorf ein Mann, der etwas auf sich hält, nicht tut. Und einem würdigen Mann sollte man es zutrauen?"

---

gen Abschnitten keine historischen Quellen zur Verfügung und schließt nur aus der pragmatischen Wahrscheinlichkeit. Daher das Hin- und Herwenden der Gedanken, das absichtlich ist, um die Evidenzen zu häufen.

34 Die beiden kleinen Staaten Yü und Guo waren der gemeinsamen Gefahr durch das übermächtige Dsin ausgesetzt. Sie waren daher auf gegenseitige Hilfe unbedingt angewiesen. Statt dessen ließ sich Yü durch Gewinnsucht blenden, seine Hand zur Vernichtung Guos zu bieten. Auf den Vorschlag, die genannten Bestechungsgeschenke (Tschui Gi war berühmt wegen seiner Nephrite, Kü wegen seiner Pferde) zu machen, habe übrigens der Fürst von Dsin zunächst nicht eingehen wollen, sein Minister habe ihm aber versichert, daß er alles wiederbekommen werde. In der Tat habe nach der aufeinanderfolgenden Annexion der beiden Kleinstaaten der Minister die Geschenke zurückgebracht, nur die Pferde waren inzwischen älter geworden.

下

1.

孟子曰："伯夷，目不視惡色，耳不聽惡聲。非其君不事，非其民不使。治則進，亂則退。横政之所出，横民之所止，不忍居也。思與鄉人處，如以朝衣朝冠坐於塗炭也。當紂之時，居北海之濱，以待天下之清也。故聞伯夷之風者，頑夫廉，懦夫有立志。

"伊尹曰：'何事非君？何使非民？'治亦進，亂亦進。曰：'天之生斯民也，使先知覺後知，使先覺覺後覺。予，天民之先覺者也；予將以此道覺此民也。'思

ABSCHNITT B

1. Verschiedene Heilige[1]: Be-I, I-Yin, Liu Hia Hui, Kung Dsï

Mong Dsï sprach: „Be-I[2] war so, daß seine Augen nach nichts Schlechtem blickten, seine Ohren auf nichts Schlechtes hörten; wer nicht sein Fürst war, dem diente er nicht; was nicht sein Volk war, dessen bediente er sich nicht. Wo Ordnung war, da ging er hin; wo Wirren herrschten, da zog er sich zurück. Wo eine üble Regierung ausgeübt ward, wo ein übles Volk wohnte, da hielt er es nicht aus. Der Gedanke, mit einem geringen Manne zusammen zu sein, war ihm, gleich als säße er mit Feierkleidung angetan im Kot der Straße. Zur Zeit des Tyrannen Dschou Sin weilte er am Strand des Nordmeers, um abzuwarten, bis der Erdkreis wieder rein geworden. Darum wenn sie von Be-I erzählen hören, da werden die Abgestumpftesten[3] in ihrem Gewissen geschärft, und die Schwächlinge lernen Entschlüsse fassen.

I-Yin[4] sagte: ‚Welcher Fürst, dem ich diene, wäre nicht mein Fürst? Welches Volk, dessen ich mich bediene, wäre nicht mein Volk?' Wo Ordnung war, da ging er hin; wo Wirren herrschten, da ging er auch hin. Er sprach: ‚Gott hat dies Volk erzeugt, daß die, die früher zur Erkenntnis gelangten, die später zur Erkenntnis Kommenden erwecken, daß die früher Erwachten die später Erwachenden erwecken. Ich bin einer aus Gottes Volk, der früher erwacht ist. Ich will durch diese Lehren die Menschen erwecken.' Er war der Meinung,

1 Der Abschnitt hebt die Einzigartigkeit des Meisters Kung hervor, indem er ihn mit anderen Heiligen der Vorzeit zusammenstellt. Während jeder der anderen eine einzelne Tugend zur Vollkommenheit entwickelt und dadurch Anspruch auf das Prädikat der Heiligkeit hat, besitzt Kung eine allseitige Vollkommenheit, die immer das je nach Zeit und Umständen Rechte trifft. Wodurch er sich vor jenen auszeichnet, ist nicht sowohl die Kraft des Charakters als die Weisheit, die diese Kraft harmonisch abzustimmen weiß. Der Abschnitt zerfällt in drei Teile: 1. Eine Schilderung des Wesens der vier Heiligen mit einer angeschlossenen Beurteilung. 2. Das Gleichnis von der Symphonie (Kung) und den Einzelstimmen (die anderen). 3. Das Gleichnis vom Bogenschießen, das ebenso Kraft (Heiligkeit) wie Treffsicherheit (Weisheit) braucht.

2 Die Schilderung von Be-I ist eine Wiederholung früherer Stellen (vgl. II, A, 2 u.–9; IV, A, 13) mit verschiedenen Textvarianten.

3 Chinesisch: wan fu. „Wan" bedeutet „abgestumpft", „unklar"; der Gegensatz „liän" bedeutet in seinem primären Sinn eine Kante, so daß ein ganz guter Zusammenhang sich ergibt. „Liän" heißt weiterhin auch „unbestechlich", „uneigennützig". Das Wort ist übrigens in der alten Literatur häufig zitiert, doch scheint statt „wan" immer „tan", „habgierig" zu stehen, so daß vielleicht diese Lesart vorzuziehen ist.

4 Vgl. II, A, 2 und V, A, 7.

天下之民匹夫匹婦有不與被堯舜之澤者，若己推而內之溝中，其自任以天下之重也。

“柳下惠，不羞汙君，不辭小官。進不隱賢，必以其道。遺佚而不怨，阨窮而不憫。與鄉人處，由由然不忍去也。‘爾為爾，我為我，雖袒裼裸裎於我側，爾焉能浼我哉？’故聞柳下惠之風者，鄙夫寬，薄夫敦。

“孔子之去齊，接淅而行；去魯，曰：‘遲遲吾行也。’去父母國之道也。可以速而速，可以久而久，可以處而處，可以仕而仕，孔子也。”

孟子曰：“伯夷，聖之清者也；伊尹，聖之任者也；柳下惠，聖之和者也；孔子，聖之時者也。

daß, wenn unter allem Volk auf Erden auch nur Ein Mann oder Eine Frau des Segens von Yau und Schun nicht teilhaftig würden, es wäre, als hätte er sie selbst in einen Graben gestoßen. Er nahm die Verantwortung für die Lasten der ganzen Welt auf sich.

Liu Hia Hui[5] schämte sich nicht eines schmutzigen Herren, verschmähte nicht ein kleines Amt. Ward er befördert, so verdunkelte er nicht verdienstvolle Männer und ließ nicht ab von seinem Wege. Ward er vernachlässigt und abgesetzt, so murrte er nicht; kam er in Gefahr und Mißerfolg, so regte er sich nicht auf. War er mit einem geringen Mann zusammen, so blieb er harmlos und brachte es nicht über sich zu gehen. Er sprach: ‚Du bist du, ich bin ich; wenn du auch nackt und bloß an meiner Seite stehst, wie kannst du mich beflecken?' Darum wenn sie von Liu Hia Hui hören, werden Engherzige weit und Kleinliche großartig.

Als Meister Kung aus Tsi wegging[6], hatte er es so eilig, daß er den eben gewaschenen Reis noch feucht mitnahm. Als er aus Lu[7] wegging, sprach er: ‚Langsam, langsam will ich gehen.' Das war die Art, wie er sein Vaterland verließ. Wenn's sich geziemte, schnell zu sein, war er schnell. Wenn sich's geziemte innezuhalten, hielt er inne. Wenn's sich geziemte, ein Amt zu übernehmen, übernahm er ein Amt: so war Meister Kung."

Mong Dsï sprach[8]: „Be-I war der Heilige der Reinheit, I-Yin war der Heilige der Verantwortung, Liu Hia Hui war der Heilige der Eintracht, Meister Kung war der Heilige der rechten Zeit.

5 Vgl. II, A, 9. Auch hier gibt es einige Textabweichungen, die einen Blick in den textlichen Zustand der Werke des Mong Dsï tun lassen.

6 Vgl. VII, B, 17. Tsi war nicht Kungs Vaterland. Darum war er sofort zu gehen bereit, als sein Aufenthalt dort sich als erfolglos erwies. So eilig hatte er es, daß er nicht einmal Zeit ließ, bis der eben gewaschene Reis gekocht war.

7 Über die Gründe seines Wegganges aus Lu vgl. die Einleitung zu Lun Yü. Nachdem das Geschenk von Schauspielerinnen und Pferden aus dem eifersüchtigen Nachbarstaate Tsi die Wirkung gehabt hatte, daß die Erledigung der Regierungsgeschäfte unterblieb, wußte Kung, daß seines Bleibens nicht länger sei. Dennoch zögerte er zu gehen. Die im Text gegebenen Worte sind die Antwort an seinen Jünger Dsï Lu, der ihn zur Eile antrieb. Nach einer sehr wahrscheinlichen Theorie hätte sein Zögern eine zarte Rücksichtnahme auf den Fürsten von Lu bedeutet, für den ein abrupter Weggang Kungs ein schwerer persönlicher Vorwurf hätte sein müssen. Darum wartete er auf einen weniger kompromittierenden Anlaß. Der kam bald, als ihm der gebührliche Anteil vom fürstlichen Opfer nicht zugesandt wurde. Nun war der Anlaß seines Gehens ein unbedeutender, persönlicher; außerdem konnte die Schuld dafür irgendeinem Unterbeamten zugeschoben werden. Nun allerdings ging Kung so schnell, daß er sich nicht mehr die Zeit nahm, die Bänder seines Hutes festzuknüpfen.

8 Diese an sich überflüssigen Worte sind vielleicht ein Zeichen dafür, daß das Vorhergehende aus anderen Zusammenhängen zur Begründung dieses Urteils hier zusammengestellt ist.

孔子之謂集大成。集大成也者，金聲而玉振之也。金聲也者，始條理也；玉振之也者，終條理也。始條理者，智之事也；終條理者，聖之事也。智，譬則巧也；聖，譬則力也。由射於百步之外也，其至，爾力也；其中，非爾力也。”

2.

北宮錡問曰：“周室班爵祿也，如之何？”

Meister Kungs Tun kann man mit einer Symphonie[9] vergleichen. Die Symphonie beginnt mit dem Ton der Glocke und endet mit dem Klang des Klingsteins. Der Ton der Glocke beginnt die durchgehenden Einzelstimmen, der Klang des Klingsteins endet die durchgehenden Einzelstimmen. Die durchgehenden Einzelstimmen zu intonieren, ist Sache der Weisheit, sie durchzuführen bis zum Ende, ist Sache der Heiligkeit.
Die Weisheit[10] kann man auch vergleichen mit der Sicherheit der Hand, die Heiligkeit mit der Kraft. Wenn man beim Bogenschießen auf über hundert Schritt Entfernung schießt und der Pfeil kommt an, so ist das Sache der Kraft; daß er aber trifft, das ist nicht Sache der Kraft."

2. Rang und Einkommen zur Dschouzeit

Be-Gun I[11] befragte den Mong Dsï und sprach: „Wie hat die Dschou-Dynastie Rang und Einkommen im Reich geordnet?"

9 Die alte chinesische Musik bestand aus einem Zusammenspiel der acht Instrumente: 1. Metall, Glocke, 2. Stein, Klangstein, 3. Seide, Saiteninstrumente, 4. Bambus, Holzbläser, 5. Melone, Blasinstrument (eine Art Pansflöte mit gemeinsamem Luftraum), 6. Erde bzw. Ton, Okarina, 7. Leder, Pauke, 8. Holz, Schlaginstrument. Jedes dieser Instrumente hatte in der „Symphonie" (Da Tschong), die aus 3–9 „Sätzen" (Siau Tschong) bestand, eine durchgehende Stimme. Der Anfang wurde durch die kräftig klingende Glocke, der Schluß durch die hell und fein klingenden Klingsteine bezeichnet. Der Sinn des Gleichnisses ist, daß die anderen Heiligen je einer einzelnen Stimme einer Symphonie gleichen. Ihre Heiligkeit besteht eben darin, daß sie sie sachgemäß bis zu Ende durchführen. Kung aber ist ihnen überlegen an Weisheit, die ihn nicht auf eine einseitige Durchführung einer Einzelstimme beschränkt, sondern durch die er alle Stimmen zur Verfügung hat, die jeweils nötig sind. Darum wird von Glocke als Anfang und Klingstein als Ende noch besonders gesprochen. Der Sinn des Gleichnisses ist Kungs Allseitigkeit im Gegensatz zur Einseitigkeit der anderen Heiligen.

10 Ein zweites Gleichnis ergänzt das erste. Beim Bogenschießen kommt es ebensowohl auf Kraft – damit der Pfeil ankommt (dies die Heiligkeit) – als auch auf Geschicklichkeit – damit der Pfeil trifft (dies die Weisheit) – an. Wodurch Kung sich von den anderen Heiligen auszeichnet, ist seine Weisheit.

11 Be-Gung I war ein Mann aus dem Staate We. Die folgenden Ausführungen des Mong Dsï sind historisch interessant aus einem doppelten Grunde. Erstens geht aus daraus hervor, daß keineswegs Tsin Schï Huang Ti, dem gewöhnlich die ganze Schuld an dem verwahrlosten Zustand der chinesischen Literatur zugeschrieben wird, der einzige war, der mit alten Urkunden aufräumte. Er hat Vorgänger – übrigens auch Nachfolger – gehabt. Zweitens zeigen die Angaben Mong Dsïs über das altchinesische Lehenssystem weitgehende Ähnlichkeit mit dem altgermanischen. Vor allem ist die Stellung des Königs – trotz des Titels Himmelssohn – weit entfernt von dem späteren Absolutismus. Er ist eine Rangstufe neben den anderen. Die chinesischen Ausdrücke für die anderen sind: Gung, gewöhnlich übersetzt

孟子曰："其詳不可得聞也。諸侯惡其害己也，而皆去其籍。然而軻也，嘗聞其略也。天子一位，公一位，侯一位，伯一位，子、男同一位，凡五等也。君一位，卿一位，大夫一位，上士一位，中士一位，下士一位，凡六等。

"天子之制，地方千里，公侯皆方百里，伯七十里，子、男五十里，凡四等。不能五十里，不達於天子，附於諸侯，曰附庸。天子之卿受地視侯，大夫受地視伯，元士受地視子、男。

"大國地方百里，君十卿祿，卿祿四大夫，大夫倍上士，上士倍中士，中士倍下士，下士與庶人在官者同祿，

Mong Dsï sprach: „Genaues darüber kann man nicht mehr zu erfahren bekommen. Die Landesfürsten haßten es, daß sie durch jene Regeln selbst geschädigt würden, und haben alle Urkunden darüber vernichtet. Immerhin habe ich über die Grundzüge einiges erfahren. Der Himmelssohn stand auf einer Rangstufe, die Herzöge standen auf einer Rangstufe, die Fürsten standen auf einer Rangstufe, die Grafen standen auf einer Rangstufe, Freiherren und Herren standen zusammen auf einer Rangstufe: das sind zusammen fünf Rangstufen im Reich. In den Einzelstaaten stand der Herrscher auf einer Rangstufe, die Hohen Räte auf einer Rangstufe, die Minister auf einer Rangstufe, die Ritter erster Klasse auf einer Rangstufe, die Ritter zweiter Klasse auf einer Rangstufe, die Ritter dritter Klasse auf einer Rangstufe: zusammen sechs Rangstufen.

Der Himmelssohn hatte zugeteilt an Land tausend Meilen im Geviert, die Herzöge und Fürsten hatten je hundert Meilen im Geviert, die Grafen siebzig Meilen im Geviert, die Freiherren und Herren fünfzig Meilen: zusammen vier Klassen. Wer weniger als fünfzig Meilen hatte, war nicht reichsunmittelbar, sondern wurde von einem Landesfürsten als Suzerän zugeteilt.

Die Hohen Räte des Himmelssohns hatten an Land so viel wie ein Fürst, seine Minister so viel wie ein Graf, seine obersten Ritter so viel wie die Freiherren und Herren.

Die großen Lehnsstaaten hatten an Land hundert Meilen im Geviert. Der Landesherr hatte so viel Einkommen wie zehn Hohe Räte, ein Hoher Rat so viel wie vier Minister, ein Minister doppelt so viel wie ein Ritter erster Klasse, ein Ritter erster Klasse doppelt so viel wie ein Ritter zweiter Klasse, ein Ritter zweiter Klasse doppelt so viel wie ein Ritter dritter Klasse. Ein Ritter dritter

---

mit Herzog. Dieser Titel war ursprünglich auf die Nachkommen früherer Dynastien beschränkt, schon sehr früh aber von den „Hou“ usurpiert. Hou, gewöhnlich übersetzt mit Fürst, entspricht am besten dem deutschen „Markgrafen“. Bo, gewöhnlich übersetzt mit Graf. Dsï, gewöhnlich übersetzt mit Freiherr. Nan, oben übersetzt mit „Herr“, eigentlich, Mann. Die Ämter in den Staaten sind: King, Hohe Räte, Da Fu, Minister (auch Dai Fu gesprochen), Schï, Ritter.

Während alle übrigen Glieder des hohen und niederen Adels mit Land belehnt waren, hatten die Ritter dritter Klasse ebenso wie die beamteten Bürgerlichen nur Naturaleinkommen (Geld war damals noch nicht üblich). Die ganze Einrichtung beruht auf einer Art von Staatskommunismus an Produktionsmitteln (Grund und Dünger, wobei übrigens eine andere Lesart Erwähnung verdient, nach der es sich nicht um Dünger, sondern um die Qualität des Bodens gehandelt hat). Zur Zeit des Mong Dsï und schon vorher trat an die Stelle des Gesamteigentums allmählich das Privateigentum. Deshalb gewinnt die Frage des Lebensunterhalts für ihn eine ganz andere Bedeutung als noch für Kung, zu dessen Zeit die öffentliche Versorgung der Schï (Ritter zugl. Gelehrten) noch zu den Selbstverständlichkeiten gehörte.

祿足以代其耕也。次國地方七十里，君十卿祿，卿祿三大夫，大夫倍上士，上士倍中士，中士倍下士，下士與庶人在官者同祿，祿足以代其耕也。小國地方五十里，君十卿祿，卿祿二大夫，大夫倍上士，上士倍中士，中士倍下士，下士與庶人在官者同祿，祿足以代其耕也。耕者之所獲，一夫百畝。百畝之糞，上農夫食九人，上次食八人，中食七人，中次食六人，下食五人。庶人在官者，其祿以是為差。”

3.

萬章問曰：“敢問友。”

孟子曰：“不挾長，不挾貴，不挾兄弟而友。友也者，友其德也，不可以有挾也。

Klasse hatte ebensoviel Einkommen wie die Bürgerlichen, die ein Amt hatten. Ihr Einkommen war gleich dem Ertrag eines entsprechenden Stückes Land, das für sie bebaut wurde.
Die Lehnsstaaten zweiten Ranges hatten an Land siebzig Meilen im Geviert. Der Landesherr hatte so viel Einkommen wie zehn Hohe Räte, ein Hoher Rat das Dreifache eines Ministers, ein Minister doppelt so viel wie ein Ritter erster Klasse, ein Ritter erster Klasse doppelt so viel wie ein Ritter zweiter Klasse, ein Ritter zweiter Klasse doppelt so viel wie ein Ritter dritter Klasse. Ein Ritter dritter Klasse hatte ebensoviel Einkommen wie die Bürgerlichen, die ein Amt hatten. Ihr Einkommen war gleich dem Ertrag eines entsprechenden Stückes Land, das für sie bebaut wurde.
Ein Kleinstaat hatte an Land hundert Meilen im Geviert. Der Landesherr hatte so viel Einkommen wie zehn Hohe Räte, ein Hoher Rat doppelt so viel wie ein Minister, ein Minister doppelt so viel wie ein Ritter erster Klasse, ein Ritter erster Klasse doppelt so viel wie ein Ritter zweiter Klasse, ein Ritter zweiter Klasse doppelt so viel wie ein Ritter dritter Klasse. Ein Ritter dritter Klasse hatte ebensoviel Einkommen wie die Bürgerlichen, die ein Amt hatten. Ihr Einkommen war gleich dem Ertrag eines entsprechenden Stückes Land, das für sie bebaut wurde.
Die Bauern erhielten jeder hundert Morgen zum Anbau. An Dünger für diese hundert Morgen erhielten die Bauern erster Klasse so viel, daß sie neun Menschen ernähren konnten, die Bauern der unteren ersten Klasse genug für acht Leute, die Bauern der mittleren Klasse genug für sieben Leute, die Bauern der unteren Mittelklasse genug für sechs Leute, die untere Klasse genug für fünf Leute. Die Bürgerlichen, die ein Amt hatten, bezogen ein nach diesem Maßstab abgestuftes Einkommen."

3. Freundschaft

Wan Dschang sprach: „Darf ich nach dem Wesen der Freundschaft fragen?"
Mong Dsï sprach: „In der Freundschaft[12] darf man sich nichts einbilden auf Alter, nichts einbilden auf Rang, nichts einbilden auf seine Verwandtschaft. Sucht man einen zum Freund, so ist es sein Charakter, den man sucht; jeder Gedanke an Äußeres muß fern bleiben.

12 Mong Dsï will die Freundschaft rein von allen äußeren Rücksichten. Er zeigt stufenweise die Freundschaft zwischen Höher- und Niedergestellten bis hinauf zu Kaiser und Bauer (Yau und Schun).

孟獻子，百乘之家也，有友五人焉：樂正裘、牧仲，其三人，則予忘之矣。獻子之與此五人者友也，無獻子之家者也。此五人者，亦有獻子之家，則不與之友矣。非惟百乘之家為然也。雖小國之君亦有之。費惠公曰：'吾於子思，則師之矣；吾於顏般，則友之矣；王順、長息則事我者也。'非惟小國之君為然也，雖大國之君亦有之。晉平公之於亥唐也，入云則入，坐云則坐，食云則食。雖疏食菜羹，未嘗不飽，蓋不敢不飽也。然終於此而已矣。弗與共天位也，弗與治天職也，弗與食天祿也，士之尊賢者也，非王公之尊賢也。舜尚見帝，帝館甥于貳室，亦饗舜，迭為賓主，是天子而友匹夫也。用下敬上，謂之貴貴；用上敬下，謂之尊賢。貴貴、尊賢，其義一也。"

Mong Hiän Dsï[13] war aus einem mächtigen Adelsgeschlecht. Er hatte fünf Freunde: Yüo-Dschong Kiu, Mu Dschung und drei andere, deren Namen ich vergessen habe. Diese fünf waren seine Freunde, weil es für sie Rang und Stand des Mong Hiän Dsï nicht gab. Wenn diese fünf auch Mong Hiän Dsïs Rang und Stand im Auge gehabt hätten, so hätte er nicht mit ihnen Freundschaft geschlossen. Und nicht nur hohe Adlige machten es so, auch Fürsten kleinerer Staaten gab es von dieser Art. Der Fürst Hui von Bi[14] sprach: ‚Ich stehe mit Dsï Sï so, daß ich ihn als Lehrer ehre; ich stehe mit Yän Bau so, daß ich ihn als Freund schätze; Wang Schun und Tschang Si: das sind Untergebene von mir.' Und nicht nur Fürsten kleiner Staaten machten es so, auch Fürsten großer Staaten gab es von dieser Art. Fürst Ping[15] von Dsin stand so zu Hai Tang, daß, wenn dieser ihn eintreten hieß, er eintrat; hieß er ihn sitzen, so setzte er sich; hieß er ihn essen, so aß er. Auch wenn es nur groben Brei und Gemüsesuppe gab, aß er sich immer satt: er würde es für ungehörig gehalten haben, nicht satt zu essen. Doch dabei ließ er es dauernd bewenden. Er teilte nicht mit ihm die von Gott verliehene Stellung, er waltete nicht gemeinsam mit ihm des gottverliehenen Amtes und genoß nicht gemeinsam mit ihm der gottverliehenen Einkünfte. Er ehrte diesen Würdigen nach Art eines Gelehrten, nicht nach Art eines Landesfürsten. Schun trat vor den Herrn[16]. Der Herr wies ihm als seinem Schwiegersohn Wohnung an im zweiten Palast. Er nahm auch teil an Schuns Mählern. Abwechselnd waren sie Wirt und Gast. Das ist ein Beispiel, wie der Herr der Welt mit einem Mann aus dem Volke Freundschaft schloß.
Als Geringer einen Höheren schätzen, heißt Vornehmheit achten; als Höherer einen Geringeren schätzen, heißt Würde ehren. Achtung vor der Vornehmheit und Ehrung der Würde sind in gleichem Maße Pflicht.[17]"

---

13 Mong Hiän Dsï war ein würdiger Minister aus dem Staate Lu, ein Angehöriger der bekannten Adelsfamilie Mong. Im folgenden ist auch nachstehende Übersetzung möglich: „Im freundschaftlichen Verkehr mit diesen Fünfen gab es für Mong Hiän Dsï nicht seinen Rang und Stand. Und auch die Fünf hätten mit ihm nicht Freundschaft geschlossen, wenn für sie der Rang und Stand des Mong Hiän Dsï existiert hätte."

14 Bi ist ein kleiner Stadtstaat in der Nähe von Lu, heute Fehiän in Schantung (vgl. Lun Yü VI, 7). Dsï Sï ist der Enkel von Kung, Yän Bau soll der Sohn von Yän Hui, dem Lieblingsjünger Kungs, gewesen sein.

15 Fürst Ping von Dsin 556–531 v. Chr. Die Geschichte wird auch von Fürst Wen von Dsin erzählt. Hai Tang war ein Weiser aus Dsin. Über die „von Gott verliehene Stellung" sagt Fan: „Gottverliehen heißt Stellung, Amt, Einkommen, weil Gott darauf wartet, daß Würdige Gottes Volk regieren; nicht darf ein Fürst es als sein absolutes Recht betrachten."

16 Der Herr ist natürlich Yau.

17 Warum Mong Dsï hier der Achtung vor vornehmem Stand gegenüber die Ehrung der Würde besonders stark betont, ist, weil gerade diese Seite zu seiner Zeit sehr in den Hintergrund getreten war.

4.

萬章問曰：“敢問交際何心也？”
孟子曰：“恭也。”
曰：“卻之卻之為不恭，何哉？”曰：“尊者賜之，曰‘其所取之者，義乎，不義乎”，而後受之，以是為不恭，故弗卻也。”
曰：“請無以辭卻之，以心卻之，曰‘其取諸民之不義也’，而以他辭無受，不可乎？”
曰：“其交也以道，其接也以禮，斯孔子受之矣。”
萬章曰：“今有禦人於國門之外者，其交也以道，其餽也以禮，斯可受禦與？”
曰：“不可。《康誥》曰：‘殺越人于貨，閔不畏死，凡民罔不譈。’是不待教而誅者也。殷受夏，周受殷，所不辭也。於今為烈，如之何其受之？”
曰：“今之諸侯取之於民也，猶禦也。苟善其禮際矣，斯君子受之，敢問何說也？”

4. Geschenke[18]

Wan Dschang sprach: „Darf ich fragen: welche Gesinnung soll man beim Schenken haben?“

Mong Dsï sprach: „Achtung.“

Wan Dschang sprach: „Ablehnung gilt als Nichtachtung; warum?“

Mong Dsï sprach: „Wenn ein geehrter Mann mir etwas schenkt, und ich spreche: ‚Hat er es auch auf rechtmäßige Weise erworben oder nicht? Ich nehme es nur unter dieser Bedingung an‘, darin liegt ein Mangel an Achtung. Darum weist man Geschenke nicht zurück.“

Wan Dschang sprach: „Wenn[19] jener es aber tatsächlich auf unrechtmäßige Weise vom Volke genommen hat, darf man dann nicht, ohne es ausdrücklich zurückzuweisen, es wenigstens innerlich zurückweisen und unter irgendeinem andern Vorwand es nicht annehmen? Geht das nicht an?“

Mong Dsï sprach: „Wenn das Geschenk aus einem vernünftigen Grunde gegeben wird und auf eine anständige Weise überreicht wird, so hätte Meister Kung es angenommen.“[20]

Wan Dschang sprach: „Angenommen, ein Wegelagerer[21] mache ein Geschenk aus einem vernünftigen Grunde und überreiche es auf eine anständige Weise, darf man dann auch geraubtes Gut annehmen?“

Mong Dsï sprach: „Nein. Im Rat des Kang[22] heißt es: ‚Die da Menschen morden und ausplündern, frech den Tod verachtend, sind bei allem Volk verhaßt.‘ Solche Menschen sind ohne vorherige Warnung hinzurichten[23] ... Wie könnte man von ihnen Geschenke annehmen?“

Wan Dschang sprach: „Die Fürsten von heute berauben das Volk wie die Räuber. Wenn sie aber ihre Geschenke auf geschickte Weise darbringen, so nimmt sie der Edle[24] an. Darf ich fragen, wie das zu erklären ist?“

---

18 Der ganze Abschnitt ist, was den Zustand des Textes anlangt, sehr in Unordnung. Die Übersetzung folgt den anerkannten chinesischen Kommentaren.

19 Hier ist mit Sï Schu Biän I eine Umstellung des Textes vorgenommen worden, wodurch der Zusammenhang deutlicher wird.

20 Als Beispiel wird das Geschenk von Yang Ho angeführt, das Kung Dsï nicht zurückgewiesen hat.

21 Wörtlich: „einer, der vor den Toren der Hauptstadt die Menschen anhält“.

22 Vgl. Schu Ging V, IX, 15, wo der Text jedoch beträchtlich abweicht.

23 Im Text folgt hier eine unverständliche Stelle, die auf entgegengesetzte Weise erklärt werden kann und von Dschu Hi vernünftigerweise aufgegeben wird.

24 Eine Anspielung auf Mong Dsï selbst, der gelegentlich Geschenke vom Fürsten angenommen hatte.

曰："子以為有王者作，將比今之諸侯而誅之乎？其教之不改而後誅之乎？夫謂非其有而取之者盜也，充類至義之盡也。孔子之仕於魯也，魯人獵較，孔子亦獵較。獵較猶可，而況受其賜乎？"曰："然則孔子之仕也，非事道與？"

曰："事道也。""事道奚獵較也？"

曰："孔子先簿正祭器，不以四方之食供簿正。"

曰："奚不去也？"

曰："為之兆也。兆足以行矣，而不行，而後去，是以未嘗有所終三年淹也。孔子有見行可之仕，有際可之仕，有公養之仕也。於季桓子，見行可之仕也；於衛靈公，際可之仕也；於衛孝公，公養之仕也。"

Mong Dsï sprach: „Denkt Ihr, daß, wenn heute ein Herrscher der Welt aufstünde, er alle Fürsten miteinander hinrichten würde, oder daß er sie erst belehren würde und nur, wenn sie sich nicht bessern, sie hinrichten würde? Wenn man alles Raub nennen wollte, was einer nimmt, obschon es nicht sein Eigentum ist, so hieße das die Folgerungen bis zur Sinnlosigkeit[25] treiben. Als Meister Kung im Amt war in Lu, war unter dem Volk von Lu die Gewohnheit, sich um die Jagdbeute zu streiten[26] (um Fleisch für Opferzwecke zu bekommen), und Meister Kung fügte sich auch dieser Gewohnheit. Wenn es sogar angängig ist, das Handgemenge um die Jagdbeute zu dulden, wieviel mehr ein Geschenk anzunehmen."

Wan Dschang sprach: „So war Meister Kung, wenn er im Amt war, nicht allerwege bestrebt, der Wahrheit zu dienen?"

Mong Dsï sprach: „Er wollte der Wahrheit dienen."

Wan Dschang sprach: „Wenn er der Wahrheit dienen wollte, weshalb duldete er dann den Streit um die Jagdbeute?"

Mong Dsï sprach: „Meister Kung ordnete zuerst nach den alten Listen die Opfergefäße und bestimmte, daß in den so geordneten Opfergefäßen nicht Fleisch von allerlei wilden Tieren dargebracht werden dürfe."

Wan Dschang sprach: „Warum ging er nicht lieber weg?"

Mong Dsï sprach: „Er wollte erst eine Probe machen. Als die Probe bewies, daß die Lehren durchführbar waren und dennoch nicht durchgeführt wurden, da ging er weg. Darum ist er in keinem Staate drei volle Jahre geblieben[27] …"

25 Wörtlich: „die Analogien ausfüllen, bis man ankommt am Ende des Sinns", keineswegs wie Legge sagt: „is pushing a point of resemblance to the utmost, and insisting on the most refined idea of righteousness."

26 Die Bedeutung dieser Stelle ist zweifelhaft. Vermutlich ist der Sinn der: In Lu war es Sitte, daß man sich um die Beute der fürstlichen Jagden, die vom Fürsten an seine Hofleute übergeben war, stritt, um möglichst seltene Tiere für die Ahnenopfer zu bekommen. Kung, der das Recht dazu gehabt hätte, ging gegen diese Unsitte nicht direkt vor, sondern suchte sie dadurch zu beseitigen, daß er im Anschluß an das Altertum genaue Anordnungen über Opfergefäße und zu opfernde Tiere aufstellte. Wenn von diesen Listen die seltenen Jagdtiere verpönt waren, mußte die unwürdige Sitte von selbst in Verfall geraten.

27 Am Schluß steht noch eine Bemerkung über die Gründe, aus denen Kung ein Amt angenommen habe, die mit dem Ganzen nur sehr lose zusammenhängt und auch von Dschu Hi angezweifelt wird, da zudem sehr anfechtbare historische Daten (Herzog Hiau von We!) darin enthalten sind.

5.

孟子曰：“仕非為貧也，而有時乎為貧；娶妻非為養也，而有時乎為養。為貧者，辭尊居卑，辭富居貧。辭尊居卑，辭富居貧，惡乎宜乎？抱關擊柝。

5. Zweck der Amtstätigkeit

Mong Dsï sprach: „Man übernimmt ein Amt[28] nicht, weil man arm ist; aber es gibt Umstände, wo man es muß, weil man arm ist, ebenso wie man nicht deshalb heiratet, daß man versorgt ist, aber es doch unter Umständen tut, damit man versorgt ist. Wer aber seiner Armut wegen ein Amt sucht, der soll auf eine geehrte Stellung verzichten und sich zufrieden geben mit einer bescheidenen. Welche Ämter entsprechen dem Grundsatz, daß man auf eine geehrte und reichbesoldete Stellung verzichten und sich mit einer niedrigen und bescheidenen zufrieden geben soll? Nun, etwa der Posten eines Torwarts oder eines Wächters[29]. So

28 Im China der Dschouzeit war ursprünglich für jeden Stand staatlicherseits gesorgt. Wie der Bauer sein Land überwiesen erhielt, so war auch für jeden Beamten gesorgt. Sogenannte freie literarische Berufe gab es nicht. Die Laufbahn der Beamten war insofern von Anfang an geregelt, als sie auch während der Zeit ihrer Vorbildung in den Schulen staatliche Fürsorge genossen. Und die Schulen waren alle staatlich. Die erste Privatschule wurde von Kung Dsï eingerichtet. Noch zu Kung Dsïs Zeit bestand diese Fürsorge. Das hier von Mong Dsï berührte Problem bestand für ihn noch nicht. Er konnte daher – weil der Gelehrte seines Lebensunterhaltes wenigstens in beschränktem Umfange ja sicher war – die Absicht des Gelderwerbes beim Lernen ohne weiteres verurteilen (Lun Yü II, 18). Zur Zeit des Mong Dsï waren die Verhältnisse unsicherer geworden, so daß sich unter Umständen ein Gelehrter genötigt sehen konnte, ein Amt anzutreten, um einen Lebensunterhalt zu gewinnen. Der Ausweg, den Mong Dsï hier vorschlägt, wird der Situation vollkommen gerecht. Im allgemeinen kann man sagen, daß die Beamten im alten China in der Tat den Gelderwerb nicht zur Hauptsache gemacht haben. In alter Zeit waren die Ämter in den Händen einer bestimmten Bevölkerungsschicht, z. T. wie zur Zeit der sechs Dynastien in gewissen Familien erblich. Der Gesichtspunkt des Geldverdienens kam erst mit der Zeit der Tang- und Sungdynastie allmählich auf, im Zusammenhang mit dem Umstand, daß, um eine Anstellung zu erlangen, eine staatliche Prüfung abgelegt werden mußte. Durch diese an sich sehr gerecht erscheinende Maßregel wurde der Zugang zu den Ämtern weitesten Kreisen eröffnet. Das brachte ein Schwinden der Tradition und den Gesichtspunkt des Geldverdienens mit sich. Besonders schlimm wurden die Verhältnisse aber erst seit der Tschingdynastie, da infolge mißlicher öffentlicher Zustände der Amterkauf – bis zum Amt des Tautai hinauf – eingeführt wurde, der seit der Regierung Hiän Fongs sich allmählich zu einer dauernden Einrichtung ausgebildet hat. Seitdem wurde die Beamtenlaufbahn für viele eine finanzielle Unternehmung, bei der es galt, das aufgewandte Kapital sobald wie möglich herauszuwirtschaften. Daß hierbei der Korruption die Tür geöffnet wurde, versteht sich von selbst. Hier liegt der tiefste Grund für den Zusammenbruch der Mandschudynastie.

29 Torwart, eine kleine Beamtenstelle an wichtigen Toren bzw. Pässen. Vgl. den Wächter des Hangupasses (Guan) Yin Hi, auf dessen Veranlassung Laotse den Taoteking geschrieben haben soll, oder den Torwart von J, Lun Yü III, 24. Wächter bzw. Nachtwächter waren ähnliche Stellungen. Der Betreffende hatte nicht selbst den Dienst zu tun, sondern nur die Aufsicht zu führen. Im Dschou Li wird unter den Tsiu Guan die Stelle unter dem Namen Ye Lu Sï erwähnt. Für sie waren Beamte der untersten Rangstufe vorgesehen.

孔子嘗為委吏矣，曰‘會計當而已矣’。嘗為乘田矣，曰‘牛羊茁壯，長而已矣’。位卑而言高，罪也；立乎人之本朝，而道不行，恥也”

6.

萬章曰：“士之不託諸侯，何也？”
孟子曰：“不敢也。諸侯失國，而後託於諸侯，禮也；士之託於諸侯，非禮也。”
萬章曰：“君餽之粟，則受之乎？”
曰：“受之。”
“受之何義也？”

war Meister Kung eine Zeitlang Aufseher der Scheunen.[30] Da sprach er: ‚Ich frage nur darnach, daß meine Rechnungen stimmen.‘ Wieder einmal war er Aufseher der Herden. Da sprach er: ‚Ich frage nur darnach, daß meine Rinder und Schafe fett und stark sind und wachsen.‘ Wer einen niedrigen Posten hat und über hohe Dinge redet, der handelt unrecht. Wer aber am Hofe seines Fürsten bleibt, auch wenn die Wahrheit nicht durchdringt, der handelt schimpflich.“

6. Verhältnis des Weisen zu den Fürsten

Wan Dschang sprach: „Warum läßt der Gelehrte sich nicht von den Landesfürsten versorgen?“[31]

Mong Dsï sprach: „Aus Bescheidenheit. Wenn ein Fürst[32] sein Land verliert, so wird von den andern Fürsten für ihn gesorgt: das ist der Ordnung. Daß aber Gelehrte sich von den Fürsten versorgen lassen, das ist nicht in der Ordnung.“

Wan Dschang sprach: „Wenn ein Fürst einem Korn überweist[33], nimmt man es an?“

Mong Dsï sprach: „Ja.“

„Und mit welchem Recht nimmt man es an?“

30 Die beiden genannten Stellungen des Kung fallen in seine Jugendzeit, solange seine Mutter noch lebte. Nach Sï Ma Tsiän handelte es sich um Stellungen im Dienste der Familie Gi in Lu. Der Aufseher der Scheunen hatte die Listen über das eingelieferte Getreide zu führen. Der Aufseher über die Herden hatte für die zu den Staatsopfern gebrauchten Opfertiere zu sorgen.

31 Zur Zeit des Mong Dsï war es üblich, daß die Fürsten – ähnlich wie in der italienischen Renaissance –namhafte Gelehrte an ihre Höfe zogen, die ein festes Gehalt bezogen, ohne in den Amtsgeschäften Verwendung zu finden. Die Gelehrten der Zeit waren eifrig bestrebt, aus diesen fürstlichen Neigungen Vorteil zu ziehen, und zwar gab es unter ihnen zwei Arten: kriechende Streber, die den Fürsten zur Verfügung standen, und marktschreierische Scharlatane, die die Fürsten zu verblüffen suchten. Dieses ganze Treiben war dem Mong Dsï zuwider. Er suchte daher nach Möglichkeit einen Weg, seine Würde zu wahren.

32 Die Fürsten waren moralisch verpflichtet, den Standesgenossen beizustehen, die durch Aufstände usw. außer Landes fliehen mußten. Vgl. z. B. die Art, wie der Fürst von Lu zur Zeit Kungs im Nachbarstaate Tsi Aufnahme findet.

33 Da es Geld in jener Zeit noch nicht gab, wurden alle Bezahlungen und alle Geschenke in Form von Naturalgaben erledigt. Mong Dsï macht hier den Unterschied zwischen einer einmaligen, zufälligen Gabe, wie auch er sie anzunehmen pflegte – wenn sie mit der nötigen Ehrerbietung dargebracht wurde – und die als Ausfluß der Wohltätigkeit des Fürsten gelten konnte, und dauernden fixierten Gehaltsbezügen, die er ablehnte als Sinekuren.

曰：“君之於氓也，固周之。”
曰：“周之則受，賜之則不受，何也？”
曰：“不敢也。”
曰：“敢問其不敢何也？”
曰：“抱關擊柝者，皆有常職以食於上。無常職而賜於上者，以為不恭也。”
曰：“君餽之，則受之，不識可常繼乎？”
曰：“繆公之於子思也，亟問，亟餽鼎肉。子思不悅。於卒也，摽使者出諸大門之外，北面稽首再拜而不受。曰：‘今而後知君之犬馬畜伋。’蓋自是

Mong Dsï sprach: „Nun, weil der Fürst bedürftige Leute aus dem Volke unterstützt."

Wan Dschang sprach: „Eine gelegentliche Unterstützung also mag man annehmen, eine regelmäßige Bezahlung dagegen nicht. Warum?"

Mong Dsï sprach: „Aus Bescheidenheit."

Wan Dschang sprach: „Darf ich fragen, was der Grund dieser Bescheidenheit ist?"

Mong Dsï sprach: „Selbst ein Torwart oder Wächter hat eine feste Amtspflicht, durch deren Erfüllung er sich sein Brot von seinem Herrn verdient; ohne feste Amtspflicht aber sich von einem Herrn bezahlen zu lassen, das zeigt einen Mangel an Selbstachtung."

Wan Dschang fragte: „Eine gelegentliche Überweisung des Fürsten darf man also annehmen; ich weiß nicht, ob solche Überweisungen sich dauernd wiederholen können?"[34]

Mong Dsï sprach: „Der Fürst Mu[35] pflegte in seinem Umgang mit Dsï Sï häufig nach seinem Befinden zu fragen und ihm häufig Fleisch von der fürstlichen Tafel[36] übersenden zu lassen. Dsï Sï war mißvergnügt. Schließlich schob er den Boten zum Hoftor hinaus, dann berührte er, nach Norden gewandt, mit dem Haupt die Erde, verneigte sich zweimal und wies das Geschenk zurück, indem er sprach: ‚Von heute an sehe ich das so an, als wollte der Fürst mich füttern wie einen Hund oder ein Pferd.' Von da an überbrachte der Kammer-

34 Wan Dschang läßt nicht locker, um das ganze Gebiet ins reine zu bringen. Es ist wichtig, zu beachten, daß das Gespräch hier eine Wendung macht. Bisher war die Frage vom Standpunkt des Gelehrten aus betrachtet, weiterhin wird die Art, wie der Fürst seine Gaben zu überreichen hat, besprochen. Sachlich kommt eine dauernde Wiederholung von Sendungen aus der fürstlichen Kornkammer und Küche und ein fixierter Gehaltsbezug, wie er oben von Mong Dsï abgelehnt ist, auf dasselbe hinaus. Es ist nur ein Unterschied in der Form. In Betracht zu ziehen ist jedoch, daß durch das Beispiel des Dsï Sï die Frage auch insofern verschoben wird, als es sich nicht mehr nur um Versorgung einfacher Gelehrter, sondern um die Ehrung würdiger Weiser handelt. Solche bedeutenden Männer in ihrem Lebensunterhalt sicher zu stellen, hatte einen Sinn, da der moralische Einfluß eines solchen Mannes, auch wenn er kein Amt bekleidete, dem ganzen Lande, wo er war, zugute kam.

35 Fürst Mu von Lu regierte von 409–377. Bei fürstlichen Geschenken mußten stets die vorgeschriebenen Ehrenbezeugungen vollzogen werden, nämlich: niederknien, zweimaliges Neigen des Hauptes auf die gefalteten Hände (bai), zweimaliges Berühren der Erde mit der Stirn (gi schou). Diese dauernden Anstrengungen waren Dsi Sï zu mühsam, darum lehnte er weitere Ehrungen ab.

36 Fleisch von der fürstlichen Tafel, wörtlich „Schüssel-Fleisch". Das Fleisch pflegte im Altertum in ehernen Kesseln (go) gekocht zu werden, dann tat man es in eherne, drei- oder vierbeinige Schüsseln (ding) und brachte es auf die Tafel. Aus diesen Gefäßen erst wurde es in die hölzernen Eßgeräte vorgelegt.

臺無餽也。悅賢不能舉，又不能養也，可謂悅賢乎？”

曰：“敢問國君欲養君子，如何斯可謂養矣？”

曰：“以君命將之，再拜稽首而受。其後廩人繼粟，庖人繼肉，不以君命將之。子思以為鼎肉，使己僕僕爾亟拜也，非養君子之道也。堯之於舜也，使其子九男事之，二女女焉，百官牛羊倉廩備，以養舜於畎畝之中，後舉而加諸上位。故曰：王公之尊賢者也。”

7.

萬章曰：“敢問不見諸侯，何義也？”

孟子曰：“在國曰市井之臣，在野曰草莽之臣，皆謂庶人。庶人

diener keine Gaben mehr. An Würdigen Gefallen finden, ohne imstande zu sein, sie zu befördern, ohne imstande zu sein, sie auch nur zu versorgen: heißt das an Würdigen Gefallen haben?"

Wan Dschang sprach: „Darf ich fragen: Wenn ein Landesfürst einen Edlen versorgen möchte, wie muß er es machen, damit man es wirklich versorgen nennen kann?"

Mong Dsï sprach: „Zuerst wird er ihm eine Gabe in seinem, des Fürsten Auftrag übersenden. Der Empfänger verneigt sich zweimal bis zur Erde und nimmt die Gabe an. Weiterhin schickt dann der Vorsteher der Kornhäuser Getreide, und der Küchenmeister schickt Fleisch von sich aus, nicht im Auftrag des Fürsten[37]. Dsï Sï war der Meinung, daß die Art, wie man ihm wegen des Fleisches von der fürstlichen Tafel fortwährend zumutete, die Belästigung der Kniebeugungen auf sich zu nehmen, nicht die rechte Art, einen Edlen zu versorgen sei. Yau machte es in seinem Verkehr mit Schun anders.[38] Er ließ ihn durch seine neun Söhne bedienen und gab ihm seine zwei Töchter zur Ehe, alle seine Beamten, Rinder und Schafe, Scheunen und Kornhäuser standen wohlbereit zu Schuns Verfügung, während er inmitten der Rieselfelder weilte. Darnach beförderte er ihn und verlieh ihm den höchsten Rang. Darum heißt es: das ist die Art, wie Fürsten und Könige die Würdigen ehren sollen."

7. Verhältnis des Weisen zu den Fürsten. II: Audienzen

Wan Dschang sprach: „Darf ich fragen, was der Grund ist, daß Ihr die Fürsten nicht aufsucht?"

Mong Dsï sprach: „Die städtischen[39] Untertanen heißen Bürger, die ländlichen Untertanen heißen Bauern, sie alle sind Privatleute. Ein Privatmann, der nicht

---

37 Die von Mong Dsï vorgeschriebene Art rücksichtsvoller Beschenkung soll die Belästigung der Beschenkten durch die Empfangszeremonien vermeiden, indem die Gaben nicht vom Fürsten persönlich kommen, sondern von den zuständigen Stellen direkt, wodurch die Dankeszeremonien in Wegfall kommen.

38 Vgl. V, A, I.

39 Wörtlich: „In der Hauptstadt (Guo hat häufig diese Bedeutung) wohnende heißen Markt- und Brunnenuntertanen, auf dem Felde wohnende heißen Gras- und Pflanzenuntertanen". Untertan, tschen, ist dasselbe Wort wie Beamter. Theoretisch waren im alten China alle Staatsangehörige Diener, „Beamte", des Herrschers, da alles Land ihm gehört und dem einzelnen zur Bewirtschaftung zugewiesen wird, weshalb die im öffentlichen Interesse auszuführenden Arbeiten, wie Wegebauten usw., durch allgemeine Fronarbeit zu leisten waren. Der Unterschied zwischen Privatmann (schu jen) und Beamten im eigentlichen Sinne (tschen) bestand eben darin, daß die Beamten durch ein – durch bestimmte Regeln vor-

不傳質為臣，不敢見於諸侯，禮也。”
萬章曰：“庶人，召之役，則往役；君欲見之，召之，則不往見之，何也？”
曰：“往役，義也；往見，不義也。且君之欲見之也，何為也哉？”
曰：“為其多聞也，為其賢也。”
曰：“為其多聞也，則天子不召師，而況諸侯乎？為其賢也，則吾未聞欲見賢而召之也。繆公亟見於子思，曰：‘古千乘之國以友士，何如？’子思不悅，曰：‘古之人有言：曰事之云乎，豈曰友之云乎？’子思之不悅也，豈不曰：‘以位，則子，君也；我，臣也。何敢與君友也？以德，則子事我者也。奚可以與我友？’千乘之君求與之友，而不可得也，而況可召與？齊景公田，招虞人以旌，不至，將殺之。

ein Einführungsgeschenk gemacht hat und Beamter geworden ist, soll es nicht wagen, sich vor dem Fürsten sehen zu lassen. So will's die Ordnung."

Wan Dschang sprach: „Ein Privatmann, der zu Fronden befohlen wird, geht hin und tut den Dienst. Wenn aber der Fürst ihn sehen möchte und ihn zu sich befiehlt, so geht er nicht hin zur Audienz. Wie kommt das?"

Mong Dsï sprach: „Die Fronden abzuleisten ist Pflicht, zur Audienz zu gehen ist keine Pflicht. Und überhaupt: Wenn der Fürst ihn sehen will, warum will er das eigentlich?"

Wan Dschang sprach: „Nun, weil der Mann gelehrt oder würdig ist."

Mong Dsï sprach: „Wenn es wegen seiner Gelehrsamkeit ist, so ist zu sagen, daß selbst der Himmelssohn einen Lehrer nicht herbefiehlt, wieviel weniger ein Fürst! Ist's wegen seiner Würdigkeit, so muß ich sagen, daß ich noch nie gehört habe, daß, wenn man einen Würdigen zu sehen wünscht, man ihn zu sich befiehlt. Fürst Mu machte häufig Besuche bei Dsï Sï und sprach zu ihm: ‚Im Altertum kam es vor, daß Fürsten von Großstaaten Gelehrte zu ihren Freunden machten. Wie verhält es sich damit?' Dsï Sï war mißvergnügt und sprach: ‚Es sind aus dem Altertum solche Geschichten vorhanden; doch heißt es da, daß sie ihnen dienten, wie sollte es heißen, daß sie sie zu Freunden machten!' Der Sinn von Dsï Sïs Mißbehagen war kein anderer als der: ‚Geht's nach dem Stande, so seid Ihr der Fürst, ich bin der Untertan: wie sollte ich es wagen, Euch Freund zu sein! Geht's nach dem inneren Werte, so müßt Ihr mir dienen: wie könntet Ihr mein Freund sein!'

Der Herrscher eines Großstaats strebte danach, ihn zum Freund zu gewinnen, und es ward ihm nicht zuteil. Wieviel weniger hätte er ihn herbefehlen können!

Fürst Ging[40] von Tsi ging auf die Jagd. Da befahl er einen Förster herbei mit einer Federflagge. Der kam nicht, und er hätte ihn beinahe töten lassen.

---

geschriebenes Einführungsgeschenk, das sie vor dem Amtsantritt zu machen hatten, in ein direktes Verhältnis zum Fürsten traten. Ohne ein derartiges Verhältnis bestand für den einzelnen keine Veranlassung zum Verkehr mit dem Fürsten. Nicht „wagen", zum Fürsten zu gehen, ist nicht persönliche Schüchternheit, sondern striktes Innehalten der Schranken. Ein derartiges „Nichtwagen" ist mit großem persönlichem Selbstgefühl sehr wohl vereinbar, wie das hier erwähnte Beispiel des Dsï Sï zeigt.

40 Die Geschichte steht auch III, B, I. Hier sind die verschiedenen Abzeichen aufgezählt, durch deren Überreichung der Befehl des Fürsten beglaubigt werden mußte. Die verschiedenen Flaggen unterscheiden sich dadurch voneinander, daß die einfarbige Flagge, Dschau, aus angemusterter Seide bestand, das Drachenbanner, Ki, hatte Drachenornamente (dieses Banner ist von der unter der Mandschudynastie als Reichsfahne eingeführten Drachenfahne wohl zu unterscheiden. Es war nur eine Art Signal); die Federflagge, Dsing, hatte außerdem oben noch Federquasten.

志士不忘在溝壑，勇士不忘喪其元。孔子奚取焉？取非其招不往也。”

曰：“敢問招虞人何以？”

曰：“以皮冠。庶人以旃，士以旂，大夫以旌。以大夫之招招虞人，虞人死不敢往。以士之招招庶人，庶人豈敢往哉。況乎以不賢人之招招賢人乎？欲見賢人而不以其道，猶欲其入而閉之門也。夫義，路也；禮，門也。惟君子能由是路，出入是門也。《詩》云：‘周道如砥，其直如矢；君子所履，小人所視。’”

萬章曰：“孔子，君命召，不俟駕而行。然則孔子非與？”

曰：“孔子當仕有官職，而以其官召之也。”

Meister Kung sagte über den Fall: ‚Ein entschlossener Mann bleibt dessen eingedenk, daß er eines Tags in Bach und Graben enden kann; ein Mutiger bleibt dessen eingedenk, daß es eines Tages das Haupt verlieren kann.' Was fand er an dem Manne beachtenswert? Er fand beachtenswert, daß er nicht hinging, weil er nicht auf die ihm zustehende Art befohlen worden war."
Wan Dschang sprach: „Darf ich fragen, wodurch ein Förster befohlen wird?"
Mong Dsï sprach: „Durch Übersendung einer Pelzkappe, ein Mann aus dem Volk durch eine einfarbige Flagge, ein Beamter durch ein Drachenbanner, ein Minister durch eine Federflagge. Der Fürst hatte also den Förster auf die für einen Minister bestimmte Weise herbefohlen, und der Förster wollte lieber sterben als hingehen. Wenn nun ein Privatmann nach Art eines Beamten zur Audienz befohlen wird, wie wollte er es wagen hinzugehen? Und noch dazu, wenn auf die Art, wie ein unbedeutender Mann befohlen zu werden pflegt, ein Weiser herbefohlen wird! Wer einen Weisen sehen will auf anderem als dem rechten Wege, der gleicht einem Manne, der wünscht, daß einer zu ihm hereinkommt, und ihm doch die Tür zuschließt. Recht ist der Weg, Anstand die Tür. Nur der Edle aber ist imstande, auf diesem Weg zu wandeln und zu dieser Tür aus- und einzugehen.
Im Buch der Lieder[41] heißt es:

> ‚Der Weg nach Dschou ist eben wie ein Schleifstein,
> Er ist gerade wie die Bahn des Pfeils,
> Die Edlen mögen darauf wandeln,
> Doch auch den niedern Menschen ist er kund.'

Wan Dschang sprach: „Meister Kung[42] pflegte, wenn er den Befehl eines Fürsten zur Audienz erhielt, nicht zu warten, bis der Wagen angespannt war, sondern ging voraus. Da wäre also Meister Kung im Unrecht gewesen?"
Mong Dsï sprach: „Zu jener Zeit war Meister Kung angestellt und hatte Amtspflichten. Er wurde in seiner Eigenschaft als Beamter zur Audienz befohlen."

41 Schï Ging II, V, Ode 9, v. I.
42 Vgl. Lun Yü X, 13.

8.

孟子謂萬章曰：“一鄉之善士，斯友一鄉之善士；一國之善士，斯友一國之善士；天下之善士，斯友天下之善士。以友天下之善士為未足，又尚論古之人。頌其詩，讀其書，不知其人，可乎？是以論其世也。是尚友也。”

9.

齊宣王問卿。孟子曰：“王何卿之問也？”
王曰：“卿不同乎？”

8. Machet euch Freunde![43]

Mong Dsï sagte zu Wan Dschang und sprach: „Der beste Mann in einer Nachbarschaft macht sich alle Guten der Nachbarschaft zu Freunden. Der beste Mann in einem Lande macht sich alle Guten in diesem Lande zu Freunden. Der beste Mann auf Erden macht sich alle Guten auf Erden zu Freunden. Aber selbst alle Guten auf Erden zu Freunden zu haben, ist ihm noch nicht genug. Er steigt empor in seinen Gedanken zu den Männern des Altertums, er rezitiert ihre Lieder, er liest ihre Schriften. Weiß er nicht, ob solch ein Mann des Altertums würdig ist, so beschäftigt er sich mit der Geschichte seiner Zeit. Das heißt emporsteigen mit seiner Freundschaft."

9. Die Minister

Der König Süan von Tsi fragte über die Pflichten der Hohen Räte[44]. Mong Dsï sprach: „Welche Art von Hohen Räten meint Ihr, o König?"
Der König sprach: „Sind die Räte nicht gleich?"

---

43 Die zugrunde liegende Vorstellung ist, daß der geistige Wert eines Menschen auf Gleichgesinnte eine gewisse Anziehungskraft ausübt, die sich je nach der Stärke des Wesens über größere oder kleinere Gebiete erstreckt. Freundschaft ist für den Menschen notwendig zur Erweiterung und Erhöhung seines Wesens.

44 Im chinesischen Altertum gab es zweierlei Lehen bzw. Afterlehen – die hier als „Hohe Räte" bezeichneten Leute standen zum Landesfürsten in einer Art von Lehensverhältnis (vgl. Abschnitt 2) – nämlich Lehen auf Grund von verwandschaftlichen Beziehungen zum Herrscherhaus (eine solche Stellung nahmen z.B. die drei großen Geschlechter Mong, Schu und Gi zur Zeit Kung Dsïs im Staate Lu ein) und außerdem Lehen und Afterlehen, die an verdienstvolle Beamte und deren Familien verliehen wurden. Daß der Titel Hoher Rat (King) zur Zeit des Mong Dsï in Tsi auch nur als Titel – ohne entsprechendes Lehen – verliehen wurde, wie z.B. Mong Dsï selbst eine Zeitlang „King" in Tsi war, ist eine Sache für sich, die hier nicht in Betracht kommt. Daß die Verwandten des Herrschers bei unverbesserlichem Lebenswandel die Pflicht haben, den Herrscher um der Erhaltung der Dynastie willen abzusetzen, entspricht durchaus den altchinesischen Vorstellungen. Die Ahnen gingen dem einzelnen vor, und da mit dem Sturz der Dynastie auch die Ahnenaltäre stürzten, hatten die Familienmitglieder die Pflicht, dem jeweiligen Inhaber der Krone gegenüber das Recht des Hauses zu vertreten. Anders stand es mit den Beamten. Es gibt zwar auch Beispiele von Paladinen, die mit ihren Herrschern sehr souverän umgingen – oft zu deren Bestem. Aber eine derartige Verpflichtung lag nicht vor. Höchstens daß z.B. ein I-Yin die Züchtigung des Enkels des großen Tang durchführte aus alter Anhänglichkeit an den Großvater. Um so eingreifen zu können, mußten die Beamten jedoch eine große Autorität und weitgehendes Vertrauen in ihre gute Absicht besitzen. Im allgemeinen empfahl es sich für sie wohl eher zu gehen.

曰：“不同。有貴戚之卿，有異姓之卿。”
王曰：“請問貴戚之卿。”曰：“君有大過則諫，反覆之而不聽，則易位。”
王勃然變乎色。曰：“王勿異也。王問臣，臣不敢不以正對。”
王色定，然後請問異姓之卿。曰：“君有過則諫，反覆之而不聽，則去。”

Mong Dsï sprach: „Nein, es gibt darunter solche aus fürstlichem Geblüt und solche aus andern Familien.
Der König sprach: „Nun, dann möchte ich über die aus fürstlichem Geblüt fragen."
Mong Dsï sprach: „Wenn der Herrscher schwere Fehler hat, so machen sie ihm Vorstellungen. Wenn er auf wiederholte Vorstellungen nicht hört, so setzen sie einen anderen Herrscher ein." Entsetzt wechselte der Fürst die Farbe.
Mong Dsï sprach: „Wundert Euch des nicht, o König! Wenn Ihr mich fragt, wage ich Euch nicht anders als der Wahrheit gemäß zu antworten."
Nachdem sich der König beruhigt hatte, fragte er über die Räte aus anderen Familien.
Mong Dsï sprach: „Wenn der Herrscher Fehler hat, so machen sie Vorstellungen; wenn er auf wiederholte Vorstellungen nicht hört, so verlassen sie das Land."

告子

上

1.

告子曰："性，猶杞柳也；義，猶桮棬也。以人性為仁義，猶以杞柳為桮棬。"

BUCH VI – GAU DSÏ

ABSCHNITT A

1. Die menschliche Natur. I: Holz und Geräte

Gau Dsï[1] sprach: „Man mag die menschliche Natur mit einer Weide vergleichen und die Pflicht mit Bechern und Schalen. Man formt die menschliche Natur zu Liebe und Pflicht, wie man die Weide zu Bechern und Schalen formt."

1 Gau Dsï ist einer der zeitgenössischen Sophisten, mit denen Mong Dsï gelegentliche Zusammenstöße hatte. Er ist erwähnt II, A, 2, wo von ihm gesagt ist, daß er die Seelenruhe erlangt habe dadurch, daß er, was er nicht in Worte fassen konnte, auch nicht im Gemüt erstrebte, daß, was er nicht im Gemüt zu erfassen vermochte, er auch nicht unter Aufwand von psychischer Kraft erstrebte. Der zweite Grundsatz wird von Mong Dsï gebilligt, der erste verurteilt. Hier haben wir ein Beispiel, wie Gau Dsï mit Hilfe des ersten Grundsatzes seine Seelenruhe wahrt. In den sechs Abschnitten, in denen er direkt oder indirekt mit Mong Dsï disputiert, hält er keine konsequente eigene Theorie über die menschliche Natur fest. Vielmehr ist es ihm nur darum zu tun, Mong Dsï in Verlegenheit zu bringen. So oft einer seiner Angriffe abgewiesen ist, läßt er den Gedanken fallen und wendet sich einem anderen zu, entsprechend dem Grundsatz: „Was sich nicht mit Worten durchbehaupten läßt, soll man auch nicht innerlich festzuhalten streben." Ganz entsprechend der Art dieses Gegners gibt sich Mong Dsï gar nicht die Mühe, ihm gegenüber seine eigene Lehre von der menschlichen Natur zu entwickeln. Er bekämpft Gau Dsï, den Sophisten, mit dessen eigenen Waffen: er führt der Reihe nach die verschiedenen Theorien, die jener gegen ihn ins Feld führt, ad absurdum, ohne sich dann weiter um ihn zu kümmern. Die eigenen Theorien des Mong Dsï über die Güte der menschlichen Natur finden sich später angeführt. Der Kampf mit Gau Dsï zerfällt in sechs Abschnitte:1. Gau Dsï behauptet, daß Liebe und Pflicht etwas der menschlichen Natur Wesensfremdes seien, das erst künstlich ausgebildet werde. (Der Unterschied dieser sophistisch ausgesprochenen Schulmeinung von der ernsten, an Kants radikales Böse erinnernden Theorie von der Schlechtigkeit menschlicher Natur bei Sün King ist evident, obwohl sich die hier vorgebrachten Beispiele bei Sün King fast wörtlich finden.) 2. Gau Dsï behauptet, die menschliche Natur sei gegenüber Gut und Böse indifferent. 3. Gau Dsï identifiziert, wohl durch die etymologische Verwandschaft der chinesischen Zeichen veranlaßt, „Schong", Leben und „Sing", Natur. 4. Gau Dsï nimmt den Hunger und die Liebe als Inbegriff der menschlichen Natur an, darum erklärt er sich bereit, auch die höhere Liebe als dem menschlichen Wesen naturgemäß anzuerkennen, während ihm die Pflicht artfremd bleibt. 5. Gespräch zweier Schüler des Mong Dsï über die letztgenannte Theorie Gau Dsïs mit gelegentlicher Einmischung des Mong Dsï. 6. Verschiedene Theorien werden dem Mong Dsï von einem Schüler zur Entscheidung vorgelegt: a) Gau Dsïs Theorie der moralischen Indifferenz der Natur. b) Veränderlichkeit der Natur je nach dem Milieu. c) Wesentliche Verschiedenheit der Natur verschiedener Menschen: die Guten sind gut von Natur, die Bösen sind böse von Natur ohne Änderungsmöglichkeit. Mong Dsï entscheidet die Fragen von seinem

孟子曰：“子能順杞柳之性而以為桮棬乎？將戕賊杞柳而後以為桮棬也？如將戕賊杞柳而以為桮棬，則亦將戕賊人以為仁義與？率天下之人而禍仁義者，必子之言夫！”

2.

告子曰：“性猶湍水也，決諸東方則東流，袂諸西方則西流。人性之無分於善不善也，猶水之無分於東西也。”

孟子曰：“水信無分於東西。無分於上下乎？人性之善也，猶水之就下也。人無有不善，水無有不下。今夫水，搏而躍之，可使過顙；激而行之，可使在山。是豈水之性哉？其勢則然也。人之可使為不善，其性亦猶是也。”

Mong Dsï sprach: „Könnt Ihr der Natur des Weidenbaums folgen, wenn Ihr Becher und Schalen daraus macht, oder müßt Ihr der Natur des Weidenbaums Gewalt antun, ehe Ihr Becher und Schalen daraus formen könnt? Und wenn Ihr der Natur des Weidenbaums Gewalt antun müßt, um Becher und Schalen daraus formen zu können: dann müßt Ihr also auch der Natur des Menschen Gewalt antun, um Liebe und Pflicht daraus zu bilden. Wahrlich, Eure Worte müssen die Wirkung haben, daß die Menschheit in Liebe und Pflicht ein Unheil sieht."

2. Die menschliche Natur. II: Das Wasser

Gau Dsï sprach: „Die Natur gleicht einem Wasserwirbel[2]: läßt man im Osten einen Ausweg, so fließt das Wasser nach Osten; öffnet man nach Westen einen Ausweg, so fließt es nach Westen. Die Natur kennt keinen Unterschied zwischen Gut und Nichtgut, ebenso wie das Wasser keinen Unterschied zwischen Ost und West kennt."

Mong Dsï sprach: „Sicherlich kennt das Wasser keinen Unterschied zwischen Ost und West; ist aber auch kein Unterschied zwischen oben und unten? Die menschliche Natur neigt zum Guten, wie das Wasser nach unten fließt. Unter den Menschen gibt es keinen, der nicht gut wäre, ebenso wie es kein Wasser gibt, das nicht abwärts fließt. Man kann das Wasser, wenn man hineinschlägt, aufspritzen machen, daß es einem über die Stirn geht; man kann es durch eine Wasserleitung treiben, daß es auf einen Berg hinaufsteigt; aber ist das etwa die Natur des Wassers? Es ist nur die Folge äußerer Bedingungen. Ebenso ist die menschliche Natur so beschaffen, daß man sie dazu bringen kann, nicht gut zu sein."

Standpunkt aus. Daran knüpfen sich die weiteren positiven Ausführungen über das Wesen der menschlichen Natur.

2 Während im ersten Abschnitt Anklänge an Sün King sich finden, so in diesem solche an Yang Dschu, der wie hier Gau Dsï die menschliche Natur jenseits von Gut und Böse fand. Mong Dsï behauptet demgegenüber, daß die menschliche Natur nicht indifferent sei, sondern eine natürliche Neigung zum Guten besitze, so daß das Böse einen künstlich herbeigeführten Abfall von der Natur darstelle. Die Argumente Gau Dsïs und Mong Dsïs wiederholt später Wang Tschung im Lun Hong im Ben Sing Piän (vgl. Forke, Lun Hêng, Bd. I, S. 386), wobei er sich jedoch im wesentlichen der Meinung des Philosophen Schï Dsï anschließt, nach der die menschliche Natur aus einer Mischung von Gut und Böse besteht.

3.

告子曰：“生之謂性。”
孟子曰：“生之謂性也，猶白之謂白與？”曰：“然。”
“白羽之白也，猶白雪之白；白雪之白，猶白玉之白與？”曰：“然。”
“然則犬之性，猶牛之性；牛之性，猶人之性與？”

3. Die menschliche Natur. III: Das Leben

Gau Dsï sprach: „Das Leben[3] ist es, das man als Natur bezeichnet."
Mong Dsï sprach: „Bezeichnet man das Leben als Natur, wie man weiß als weiß bezeichnet?"
Gau Dsï bejahte.
Mong Dsï sprach: „Ist das Weiß einer weißen Feder gleich dem Weiß des weißen Schnees, und ist das Weiß des weißen Schnees gleich dem Weiß des Marmors?"
Gau Dsï bejahte.
Mong Dsï sprach: „Dann ist also die Natur des Hundes gleich der Natur des Ochsen und die Natur des Ochsen gleich der Natur des Menschen?"

3 Hier kommt der Naturalismus des Gau Dsï zum Vorschein. Infolge seiner Konsequenz kann ihn Mong Dsï leicht ad absurdum führen, wobei freilich nicht zu übersehen ist, daß die von Mong Dsï und Gau Dsï gleichermaßen als Absurdität empfundene These von der qualitativen Naturgleichheit zwischen Mensch und Tier von den modernen europäischen Naturalisten mit Freudigkeit akzeptiert würde, ebenso wie in China etwa von einem Yang Dschu. Ein Kommentar bemerkt zu der Diskussion: „Gau Dsï hätte auf die Frage, ob das Weiß der weißen Feder dem Weiß des weißen Schnees gleich sei, antworten sollen: ‚Was die Eigenschaft der Farbe anlangt, sind weiße Federn, Schnee, Steine gleich, doch sind sie Ihrem Wesen (Natur) nach verschieden; die Feder ist ihrem Wesen nach leicht, der Schnee weich, der Stein hart.' Daß Gau Dsï alles bejaht, das bringt ihn nachher in die schwierige Konsequenz der Gleichheit der Natur von Hund, Ochse und Mensch." Eine sehr gute Beurteilung der Sache gibt Dschu Hi, freilich auf Grund eines im Laufe der Zeit feiner ausgebildeten Gedankenapparates. Er sagt: „Die Natur (Wesen ‚Sing') ist die Vernunft, die die Menschen vom Himmel mitbekommen, das Leben (‚Schong') ist die animalische Kraft, die die Menschen vom Himmel mitbekommen. Die Wesensnatur des Menschen ist jenseits der Erscheinung (Noumenon), die animalische Lebenskraft ist diesseits der Erscheinung (Phainomenon). Alle menschlichen Wesen haben diese Wesensnatur und diese animalische Lebenskraft. Was die animalische Lebenskraft anlangt, so äußert sie sich in Empfindung und Bewegung. Hierin sind Mensch und Tier nicht verschieden. Was die Vernunft anlangt, so ist sie die Fähigkeit zu Moral, Ästhetik und Wissenschaft, die den Tieren in ihrer Vollkommenheit abgeht. Dieses menschliche Wesen ist schlechthin gut und die Krone der Schöpfung. Gau Dsï kennt nicht die vernünftige Natur des Menschen, sondern verwechselt sie mit der animalischen Natur. Aus diesem Irrtum entspringen alle die in den übrigen Abschnitten erwähnten Theorien ... Gau Dsï kennt nur das Äußerliche der Empfindungen und Bewegungen, in dem Menschen und Tiere übereinstimmen, er kennt nicht das Geistige von Moral, Ästhetik und Wissenschaft, wodurch sich der Mensch vom Tier unterscheidet."

4.

告子曰：“食色，性也。仁，內也，非外也；義，外也，非內也。”
孟子曰：“何以謂仁內義外也？”
曰：“彼長而我長之，非有長於我也；猶彼白而我白之，從其白於外也，故謂之外也。”
曰：“異於白馬之白也，無以異於白人之白也；不識長馬之長也，無以異於長人之長與？且謂長者義乎？長之者義乎？”
曰：“吾弟則愛之，秦人之弟則不愛也，是以我為悅者也，故謂之內。長楚人之長，亦長吾之長，是以長為悅者也，故謂之外也。”

4. Die menschliche Natur. IV: Der Hunger und die Liebe

Gau Dsï sprach: „Das Verlangen nach Nahrung und Schönheit ist Natur. Darum ist die Liebe etwas Innerliches, das nicht erst von außen hinzukommen muß. Die Pflicht aber ist etwas Äußerliches, nichts Innerliches."[4]

Mong Dsï sprach: „Was heißt das: die Liebe ist innerlich, die Pflicht äußerlich?"

Gau Dsï sprach: „Wenn der andere älter ist, behandle ich ihn als älteren; diese Achtung vor dem Alter entspringt nicht in mir. Es ist gerade so, wie ich ein Ding, das weiß ist, als weiß bezeichne, indem ich mich nach der äußerlichen Tatsache seines Weißseins richte. Darum nenne ich die Pflicht äußerlich."

Mong Dsï sprach: „Ob ich ein weißes Pferd als weiß bezeichne, oder ob ich einen weißen Menschen als weiß bezeichne, das macht keinen Unterschied. Ich weiß nun nicht: Ist auch kein Unterschied, ob ich ein altes Pferd als alt behandle, oder ob ich einen alten Mann als alt behandle? Ferner: Ist das Alter Pflicht oder ist die achtungsvolle Behandlung des Alters Pflicht?"

Gau Dsï sprach: „Meinen eignen Bruder, den liebe ich; den Bruder eines Mannes von Tsin, den liebe ich nicht. Es liegt also an mir, daß ich diese Art Zuneigung empfinde. Darum nenne ich sie innerlich. Dagegen ehre ich den älteren Angehörigen eines Mannes aus Tschu, ebenso wie ich auch meine eigenen älteren Angehörigen ehre. Es liegt also in dem Alter des anderen, daß ich diese Art von Zuneigung empfinde. Darum nenne ich sie äußerlich."

---

4 Der Unterschied, auf den Gau Dsï zur Stützung seiner Theorie, daß die Pflicht ein heteronomes Kulturprodukt sei und nicht der Natur autonom entsprungen, ist in diesem Abschnitt derjenige zwischen subjektiv und objektiv begründeten Gefühlen. Darum ist er bereit, wenigstens die Sympathie als ebenfalls im Subjekt begründet anzuerkennen, insofern sie ein spontanes Gefühl ist wie Hunger und Frauenliebe, wogegen die Achtung – die er als Beispiel für Pflicht anführt – einfach die Anerkennung eines objektiven Tatbestandes in der Art eines synthetischen Urteils a posteriori bedeute. Mong Dsï hat es von hier aus leicht, ihn ad absurdum zu führen, erstens indem er auf den Unterschied zwischen logischer These und Wertsetzung hinweist, und zweitens einer genaueren Präzisierung gegenüber, indem er den Hunger unter Gau Dsïs Definition mit subsumiert. Daß in der Bekämpfung von Gau Dsïs Sophismen ein geschickt verborgener Sophismus auch bei Mong Dsï unterläuft, darauf hat schon Mau Si Ho gelegentlich hingewiesen. Gau Dsï hatte behauptet: „Wo immer das Verhältnis des Jüngeren zum Älteren in Betracht kommt, tritt die Pflicht der Achtungsbezeugung in Kraft, ganz unabhängig von persönlicher Zu- oder Abneigung." Die entsprechende Formulierung müßte auf dem Gebiet der Nahrungsaufnahme heißen: „Wo immer Nahrung in Betracht kommt, tritt Appetit ein, ganz unabhängig von persönlichem Geschmack." Statt dessen begeht Mong Dsï, indem er statt Speise „Braten" setzt, eine Subreption. Wie gesagt, handelt es sich bei diesen Plänkeleien, ähnlich wie bei den Wortgefechten des Dschuang Dsï und Hui Dsï, nicht um wirkliche Auseinandersetzungen, sondern nur um „Abfuhr" des Gegners. Daß Mong Dsï übrigens im höheren Sinn recht hat, da die Pflicht nicht etwas Heteronomes (wie Gau Dsï sagt), sondern etwas Autonomes ist, dürfte seit Kant keinem Zweifel mehr unterliegen.

曰："耆秦人之炙，無以異於耆吾炙。夫物則亦有然者也，然則耆炙亦有外與？"

5.

孟季子問公都子曰："何以謂義內也？"

Mong Dsï sprach: „Ich esse den Braten eines Mannes von Tsi ganz ebenso gern wie ich meinen eigenen Braten esse. Mit derlei Dingen verhält es sich also ganz ebenso. Ist also etwa auch der Geschmack am Braten etwas Äußerliches?"

5. Über die Innerlichkeit der Pflicht

Mong Gi Dsï[5] fragte den Gung-Du Dsï und sprach: „Inwiefern kann man die Pflicht als etwas Innerliches bezeichnen?"

5 Der Abschnitt ist ein Nachspiel der Disputationen zwischen Mong Dsï und Gau Dsï. Gung-Du Dsï ist der unter No. 4 genannte Jünger, Mong Gi Dsï der als No. 20 genannte Schüler, der Bruder von No. 16, aus der weiteren Umgebung des Mong Dsï. Erst wird Gung-Du Dsï von Mong Gi Dsï in die Enge getrieben. Mong Dsï eröffnet ihm dann eine neue Parade, indem er den Unterschied zwischen persönlicher und amtlicher Ehrung einführt. Als Mong Gi Dsï sich damit noch nicht zufrieden gibt, versteht es Gong-Du Dsï, ihn durch geschicktes Konsequenzziehen ad absurdum zu führen; denn daß Essen und Trinken etwas „Innerliches" sei, war ja auch von Gau Dsï zugegeben. Die ganze Beweisführung leidet darunter, daß der Begriff der Pflicht hier ungebührlich verengert wird. Es handelt sich bei der vorliegenden Frage gar nicht um I „Pflicht", sondern um Li „Sitte, Ritus". Daß die Sitte als äußerliche Handlung durch äußerliche Verhältnisse mitbestimmt wird, ist ohne weiteres klar, wenn auch der Imperativ, der Sitte gemäß zu handeln, ein innerer, autonomer ist. Es handelt sich um den Unterschied von prinzipieller Willensrichtung, die „innerlich" ist, und empirischer Anwendung, die „äußerlich" ist. Zu den erwähnten Bräuchen ist folgendes zu bemerken: Nach den Gemeindeopfern pflegte ein gemeinsames Festmahl der Opfergenossen abgehalten zu werden, bei dem die Reihenfolge der Bewirtung streng an den dem Alter entsprechenden Rang sich hielt. Das von Mong Dsï angezogene Beispiel eines jüngeren Gliedes der Familie als Stellvertreter der Ahnen geht auf einen aus der totemistischen Clanverfassung stammenden Brauch bei den Ahnenopfern zurück. Das Hausheiligtum befand sich hinter der Halle. Die dunkle Südwestecke (zur Heiligkeit der Südwestecke vgl. auch Lun Yü III, 13) war der Sitz des Lars, des ältesten Ahnen der Familie. Daran schlossen sich in wechselnder Generationenfolge die übrigen Ahnen an, geschieden in dunkle (mu, vom Eingang, durch den das Licht kam, abgekehrte) und helle (dschau, der Tür zugekehrte). Die Ahnen wurden beim Opfermahl durch einen Knaben aus der Familie, den sogenannten Leichenknaben, vertreten. Da je zwei aufeinander folgende Generationen zwei verschiedenen Clanreihen angehörten, mußte der Ahn jeweils von einem Glied zweitnächster Generation vertreten werden.

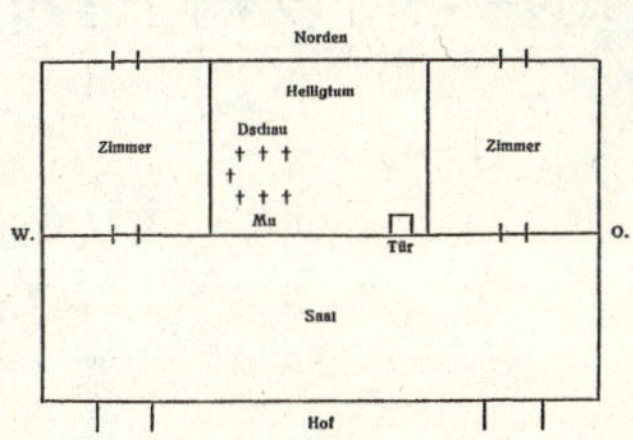

曰：“行吾敬，故謂之內也。”

“鄉人長於伯兄一歲，則誰敬？”曰：“敬兄。”

“酌則誰先？”曰：“先酌鄉人。”

“所敬在此，所長在彼，果在外，非由內也。”

公都子不能答，以告孟子。孟子曰：“敬叔父乎？敬弟乎？彼將曰‘敬叔父’。曰：‘弟為尸，則誰敬？’彼將曰‘敬弟。’子曰：‘惡在其敬叔父也？’彼將曰‘在位故也。’子亦曰：‘在位故也。庸敬在兄，斯須之敬在鄉人。’”

季子聞之曰：“敬叔父則敬，敬弟則敬，果在外，非由內也。”

公都子曰：“冬日則飲湯，夏日則飲水，然則飲食亦在外也？”

6.

公都子曰：“告子曰：‘性無善無不善也。’或曰：‘性可以為善，可以為不善；是故文武興，則民

Gung-Du Dsï sprach: „Sie ist ein Ausdruck meines Gefühls der Achtung; darum nenne ich sie etwas Innerliches."
Jener sprach: „Wenn ein Dorfgenosse um ein Jahr älter ist als mein älterer Bruder, wen achte ich mehr?"
Gung-Du Dsï sagte: „Meinen Bruder."
Jener fuhr fort: „Wem aber gieße ich beim Festmahl zuerst Wein ein?"
Gung-Du Dsï sprach: „Dem Dorfgenossen."
Jener sprach: „Auf der einen Seite ist die Achtung, auf der andern Seite das höhere Alter. Demnach wird der Unterschied in der Ehrenbezeigung tatsächlich durch etwas Äußeres bestimmt und richtet sich nicht nach dem inneren Gefühl."
Gung-Du Dsï konnte darauf nicht antworten und erzählte es dem Mong Dsï.
Mong Dsï sprach: „Auf die Frage: Wen ehrst du mehr, deinen Oheim oder deinen jüngeren Bruder? wird jener antworten: ‚Meinen Oheim ehre ich mehr.' Wenn du dann fragst: ‚Wenn aber dein jüngerer Bruder beim Ahnenopfer den verstorbenen Großvater darstellt, wen ehrst du dann mehr?' dann wird jener antworten: ‚Ich ehre meinen jüngeren Bruder mehr.' Dann magst du fragen: ‚Wo bleibt da die Achtung für den Oheim?' Jener wird antworten: ‚Es kommt in diesem Falle auf die Stellung an.' Dann magst du auch sagen: ‚Es kommt in jenem Falle auf die Stellung an. In der Regel ist die größere Achtung auf seiten meines Bruders, ausnahmsweise bezeuge ich vorübergehend dem Dorfgenossen die höhere Achtung.'"
Mong Gi Dsï hörte es und sprach: „Das eine Mal ehre ich meinen Oheim, weil ihm die Ehre gebührt; das andere Mal ehre ich meinen jüngeren Bruder, weil ihm die Ehre gebührt. Der Grund dafür ist aber doch tatsächlich ein äußerer, er richtet sich nicht nach dem inneren Gefühl."
Gung-Du Dsï sprach: „Im Winter trinkt man heiße Suppe, im Sommer trinkt man kaltes Wasser; somit wäre auch Essen und Trinken etwas Äußerliches."

6. Die menschliche Natur. V: Abschließendes[6]

Gung-Du Dsï sprach: „Gau Dsï behauptet, die Natur sei weder gut noch böse. Andere behaupten, die Natur lasse sich gut machen oder böse machen; darum als die guten Könige Wen und Wu herrschten, sei das Volk dem Guten zu-

6 Hier geht Mong Dsï einem Schüler gegenüber genauer auf seine eigene Theorie ein. Die menschliche Natur ist der Anlage nach gut. Die Äußerungen der Natur, die Gefühle, geben die Grundlage für eine Entwicklung zum Guten. Doch bedürfen sie der Bildung. Ohne diese Bildung verkommen die an sich guten Anlagen. In der Sungzeit ist diese Theorie weiter ausgeführt worden von den Brüdern Tschong und Dschu Hi. Vgl. Anm. 3.

好善；幽厲興，則民好暴。’或曰：‘有性善，有性不善；是故以堯為君而有象，以瞽瞍為父而有舜；以紂為兄之子且以為君，而有微子啟、王子比干。’今曰‘性善’，然則彼皆非與？”

孟子曰：“乃若其情，則可以為善矣，乃所謂善也。若夫為不善，非才之罪也。惻隱之心，人皆有之；羞惡之心，人皆有之；恭敬之心，人皆有之；是非之心，人皆有之。惻隱之心，仁也；羞惡之心，義也；恭敬之心，禮也；是非之心，智也。仁義禮智，非由外鑠我也，我固有之也，弗思耳矣。故曰：‘求則得之，舍則失之。’或相倍蓰而無算者，不能盡其才者也。《詩》曰：‘天生蒸民，有物有則。民之秉夷，好是懿德。’

getan gewesen, als die schlechten Könige Yü und Li herrschten, sei das Volk zu Gewalttätigkeiten geneigt gewesen. Wieder andere behaupten, es gäbe teils solche, die von Natur gut, und teils solche, die von Natur böse seien. So habe es unter einem Yau als Fürsten Menschen wie Siang gegeben. Umgekehrt habe ein Vater wie Gu Sou einen Schun zum Sohne gehabt. Mit einem Dschou Sin[7] als Neffen und gleichzeitig als Herrscher habe es einen We Dsï Ki und einen Königsohn Bi Gan gegeben. Wenn man nun sagt, die Natur sei gut, so haben jene alle Unrecht."

Mong Dsï sprach: „Die natürlichen Triebe tragen den Keim zum Guten in sich; das ist damit gemeint, wenn die Natur gut genannt wird. Wenn einer Böses tut, so liegt der Fehler nicht in seiner Veranlagung. Das Gefühl des Mitleids[8] ist allen Menschen eigen, das Gefühl der Scham und Abneigung ist allen Menschen eigen, das Gefühl der Achtung und Ehrerbietung ist allen Menschen eigen, das Gefühl der Billigung und Mißbilligung ist allen Menschen eigen. Das Gefühl des Mitleids führt zur Liebe, das Gefühl der Scham und Abneigung zur Pflicht, das Gefühl der Achtung und Ehrerbietung zur Schicklichkeit, das Gefühl der Billigung und Mißbilligung zur Weisheit. Liebe, Pflicht, Schicklichkeit und Weisheit sind nicht von außen her uns eingetrichtert, sie sind unser ursprünglicher Besitz, die Menschen denken nur nicht daran.[9] Darum heißt es: ‚Wer sucht, bekommt sie; wer sie liegen läßt, verliert sie.' Daß so große Unterschiede vorhanden sind, daß manche doppelt, fünffach, ja unendlich mehr besitzen als andere, kommt nur davon her, daß diese ihre Anlagen nicht erschöpfend zur Darstellung bringen.

Im Buch der Lieder[10] heißt es:

> ‚Gott schuf die Menschen in der Welt,
> Und jedes Ding hat sein Gesetz,
> Das jeder fest im Herzen trägt,
> Der hehren Tugend zugetan.'

---

7 Nach der gewöhnlichen Überlieferung ist nur Bi Gan der Oheim des Dschou-Sin. We Dsï Ki ist sein älterer Bruder. Vgl. Schï Gi.

8 Vgl. 11, A, 4.

9 Die Worte „(Menschen) denken nur nicht daran" werden von einem alten Zitat nach unten gerückt: „Daß die Naturen der Menschen um das Doppelte, Fünffache, ja Unendliche voneinander verschieden sind, kommt davon her, daß manche ihre Anlagen nicht erschöpfend zur Darstellung zu bringen vermögen. Daß sie ihre Anlagen nicht erschöpfend zur Darstellung zu bringen vermögen, kommt nur davon her, daß sie nicht darüber nachdenken."

10 Vgl. Schi Ging III, III Ode 6.

孔子曰：‘為此詩者，其知道乎！故有物必有則，民之秉夷也，故好是懿德。’”

7.

孟子曰：“富歲，子弟多賴；凶歲，子弟多暴，非天之降才爾殊也，其所以陷溺其心者然也。今夫𪎊麥，播種而耰之，其地同，樹之時又同，浡然而生，至於日至之時，皆熟矣。雖有不同，則地有肥磽，雨露之養，人事之不齊也。故凡同類者，舉相似也，何獨至於人而疑之？聖人與我同類者。故龍子曰：‘不知足而為屨，我知其不為蕢也。’屨之相似，天下之足同也。口之於味，有同耆也。易牙先得我口之所耆者也。如使口之於味也，其性與人殊，若犬馬之與我不同類也，則天下何耆皆從易牙之於味也？至於味，天下期於易牙，

Meister Kung sprach: ‚Der dies Lied gemacht hat, der kannte die Wahrheit. Wo immer eine Fähigkeit im Menschen ist, hat sie ihr festes Gesetz. Und weil den Menschen allen dieses Gesetz ins Herz geschrieben ist, darum lieben sie jene hehre Tugend.'"

7. Die Gleichheit der Menschen

Mong Dsï sprach: „In fetten Jahren sind die jungen Leute meistens gutartig, in mageren Jahren sind die jungen Leute meistens roh. Nicht als ob der Himmel ihnen verschiedene Anlagen gegeben hätte; die Verhältnisse sind schuld daran, durch die ihr Herz verstrickt wird.
Es ist gleich wie mit der Gerste. Sie wird gesät und geeggt. Der Boden sei derselbe. Die Zeit des Pflanzens sei diesselbe. So wächst sie üppig heran, und wenn die Zeit zur Ernte da ist, so ist sie alle reif. Es mögen wohl Unterschiede da sein, wie sie vom fruchtbaren oder unfruchtbaren Boden, vom lebensspendenden Regen und Tau, von der Verschiedenheit der Arbeit der Menschen herkommen. Alle Dinge, die zur selben Art gehören, sind einander ähnlich, warum sollte man das allein beim Menschen bezweifeln? Die Heiligen sind von derselben Art wie wir.[11]
So sprach Lung Dsï[12]: ‚Wenn einer, auch ohne den Fuß eines Menschen zu kennen, eine Strohsandale für ihn macht, so weiß ich, er wird keinen Korb machen. Die Strohsandalen sind einander ähnlich, weil alle Füße auf Erden übereinstimmen.'
So ist es auch mit dem Geschmack. Alle Menschen stimmen in ihrer Vorliebe für gewisse Wohlgeschmäcke überein. Der berühmte Koch I Ya[13] hat nur zuerst unseren Geschmack erraten. Wenn der Geschmack der Menschen gegenüber den Speisen von Natur so verschieden wäre, wie der der Pferde und Hunde von dem unsrigen abweicht, wie würden da alle Menschen auf Erden in Geschmackssachen dem I Ya folgen? Daß in Geschmackssachen alle Welt sich

---

11 In diesem Abschnitt entwirft Mong Dsï ein Bild vom Wesen des Menschen, durch das die grundlegende Übereinstimmung trotz gelegentlicher Abweichungen in der Empirie ans Licht tritt. In Analogie zur Gleichheit der sinnlichen Konstitution wird eine ebensolche Gleichheit des Geistigen vorausgesetzt: Die Menschheit als sinnlich-geistiges Wesen, das in den Einzelmenschen sich denselben gleichartigen Ausdruck verschafft wie die Gerste oder irgendeine andere biologische Einheit.

12 Lung Dsï, nach Dschau Ki unbekannter Weiser aus der alten Zeit. Vgl. III, A, 3.

13 I Ya, berühmter Koch des Fürsten Huan von Tsi (684–642). Vgl. Liä Dsï VIII, 11.

是天下之口相似也惟耳亦然。至於聲，天下期於師曠，是天下之耳相似也。惟目亦然。至於子都，天下莫不知其姣也。不知子都之姣者，無目者也。故曰：口之於味也，有同耆焉；耳之於聲也，有同聽焉；目之於色也，有同美焉。至於心，獨無所同然乎？心之所同然者何也？謂理也，義也。聖人先得我心之所同然耳。故理義之悅我心，猶芻豢之悅我口。”

8.

孟子曰：“牛山之木嘗美矣，以其郊於大國也，斧斤伐之，可以為美乎？是其日夜之所息，雨露之所潤，非無萌櫱之生焉，牛羊

nach dem I Ya richtet, ist ein Beweis, daß alle Welt in Beziehung auf den Geschmack an Speisen übereinstimmt.
Mit dem Gehör ist es genau dasselbe. Alle Welt richtet sich in Fragen des Wohlklangs nach dem Musikmeister Kuang[14], somit stimmt das Gehör auf der ganzen Welt überein. Mit dem Gesicht ist es ebenfalls dasselbe. Es gibt niemand auf der Welt, der einen Dsï Du[15] nicht schön finden würde. Wer einen Dsï Du nicht schön fände, müßte keine Augen haben.
So sehen wir also: Der Geschmack ist so beschaffen, daß alle übereinstimmen in Beziehung auf den Wohlgeschmack der Speisen. Das Gehör stimmt überein in Beziehung auf den Wohlklang der Töne. Das Gesicht stimmt überein in Beziehung auf die Schönheit der Erscheinungen.
Und was das Herz anlangt: nur hier allein sollte es keine solche Übereinstimmung geben? Was ist es nun, worin die Herzen übereinstimmen? Es ist die Vernunft[16], es ist die Gerechtigkeit. Die Heiligen haben zuerst gefunden, worin unsere Herzen übereinstimmen, darum erfreut Vernunft und Gerechtigkeit ganz ebenso unser Herz, wie Mastfleisch[17] unsern Gaumen erfreut."

8. Wie ein Mensch sich selbst verliert[18]

Mong Dsï sprach: „Die Wälder auf dem Kuhberg[19] waren einstens schön. Aber weil er in der Nähe der Markung einer Großstadt lag, wurden sie mit Axt und Beil gefällt. Konnten sie da schön bleiben? Doch wirkte Tag und Nacht die Lebenskraft, Regen und Tau feuchteten den Boden; so fehlte es denn nicht, daß neue Triebe und Sprossen wuchsen. Da kamen die Rinder und Schafe dahin-

14 Über den Musikmeister Kuang vgl. IV, A, 1 und die dort zitierten Stellen.

15 Dsï Du, der chinesische „Adonis". Im Schï Ging I, 7, Ode 10, steht der Vers:
„Ich seh nicht einen Dsï Du,
Ich seh nur einen wilden Kerl."
Er soll identisch sein mit Gung-Sun O, einem Minister in Dschong aus der Zeit ca. 700 v. Chr., der wegen seiner Schönheit berühmt war.

16 Li, Vernunft, bezeichnet ursprünglich die Maserung des Nephrits, dann Streifen, endlich die innere Achtung vor dem Pflichtgesetz. In der Sungzeit ist der Ausdruck im Sinne von Vernunft dann sehr häufig. I, Gerechtigkeit, ist das äußere pflichtmäßige Handeln.

17 Im chinesischen Text sind zwei Arten von Masttieren angegeben: „Tschu", Rinder und Schafe, die mit Gras gemästet werden, und „Huan"; Hunde und Schweine, die mit Korn gemästet werden.

18 Der Abschnitt gibt eine feine psychologische Schilderung der Sünde.

19 Der Kuhberg liegt im Süden der alten Hauptstadt von Tsi, dem heutigen Lin Dschï Hiän in Schantung. Vgl. Liä Dsï VI, 12.

又從而牧之，是以若彼濯濯也。人見其濯濯也，以為未嘗有材焉，此豈山之性也哉？雖存乎人者，豈無仁義之心哉？其所以放其良心者，亦猶斧斤之於木也，旦旦而伐之，可以為美乎？其日夜之所息，平旦之氣，其好惡與人相近也者幾希，則其旦晝之所為，有梏亡之矣。梏之反覆，則其夜氣不足以存；夜氣不足以存，則其違禽獸不遠矣。人見其禽獸也，而以為未嘗有才焉者，是豈人之情也哉？故苟得其養，無物不長；苟失其養，無物不消。孔子曰：‘操則存，舍則亡；出入無時，莫知其鄉。’惟心之謂與？”

9.

孟子曰：“無或乎王之不智也，雖有天下易生之物也，一日暴之、十日寒之，未有能生者也。吾見亦罕矣，吾退而寒之者至矣，吾如有萌焉何哉？

ter und weideten sie ab. Nun steht er kahl da. Und wenn die Menschen ihn in seiner Kahlheit sehen, so meinen sie, er sei niemals mit Bäumen bestanden gewesen. Aber wie will man behaupten, das sei die Natur des Berges?
Und ganz ebenso verhält es sich mit den Menschen. Wie kann man sagen, daß sie nicht Liebe und Pflicht in ihrem Herzen haben? Aber wenn einer sein echtes Herz verloren gehen läßt, so ist das gerade, wie wenn Beil und Axt in den Wald kommen. Wenn er Morgen für Morgen es verwüstet, kann es da gut bleiben? Doch das Leben wächst weiter Tag und Nacht; in der Kraft der Morgenstunden werden seine Neigungen und Abneigungen denen der anderen Menschen wieder ähnlich. Aber wie lange dauert's[20], dann schlagen seine Tageshandlungen sie wieder in Fesseln und zerstören sie. Wenn so seine besseren Regungen immer wieder gefesselt werden, so ist schließlich die Kraft der Natur nicht mehr stark genug, sie zu erhalten, und er sinkt herunter auf eine Stufe, da er vom Tier nicht mehr weit entfernt ist. Wenn nun die Menschen sein tierisches Wesen sehen, so meinen sie, er habe niemals gute Anlagen gehabt. Aber wie will man behaupten, das seien die wirklichen Triebe des Menschen?
Darum: es gibt nichts, das nicht wachsen würde, wenn ihm seine rechte Pflege zuteil wird, und es gibt nichts, das nicht in Verfall geriete, wenn es der rechten Pflege entbehren muß.
Meister Kung[21] sprach: ‚Halt es fest, und du behältst es; laß es los, und du verlierst es. Es kommt und geht; kein Mensch weiß, wo und wann.' Das sagt er vom Herzen."

9. Schwierigkeit der Fürstenbelehrung

Mong Dsï sprach: „Kein Wunder, daß der König nicht verständig wird.[22] Selbst eine Pflanze, die von allen Pflanzen auf Erden am leichtesten wächst, kann nicht gedeihen, wenn man sie einen Tag in die Sonne stellt und dann wieder zehn Tage der Kälte aussetzt. Ich sehe ihn nur selten. Wenn ich gehe, so kommen die andern herbei und machen ihn wieder kalt. Wenn ich dann auch einen Keim in ihm entwickelt habe, was hilft's!

20 Der Text liegt hier in verschiedenen Lesarten vor.

21 Das hier zitierte Wort Kungs wird sonst nirgends erwähnt

22 Es ist unbestimmt, wer der König ist, von dem hier die Rede ist. Vermutlich König Süan von Tsi.

今夫弈之為數，小數也；不專心致志，則不得也。弈秋，通國之善弈者也。使弈秋誨二人弈，其一人專心致志，惟弈秋之為聽。一人雖聽之，一心以為有鴻鵠將至，思援弓繳而射之，雖與之俱學，弗若之矣。為是其智弗若與？曰非然也。”

10.

孟子曰：“魚，我所欲也；熊掌，亦我所欲也，二者不可得兼，舍魚而取熊掌者也。生，亦我所欲也；義，亦我所欲也，二者不可得兼，舍生而取義者也。生亦我所欲，所欲有甚於生者，故不為苟得也；死亦我所惡，所惡有甚於死者，故患有所不辟也。如使人之所欲莫甚於生，則凡可以得生者，何不用也？使人之所惡莫甚於死者，則凡可以辟患者，何不為也？由是則生而有不用也，由是則可以辟患而有不為也。是故所欲有甚於生者，所惡有甚於死者，非獨賢者有是心也，人皆有之，賢者能勿喪耳。一簞食，

Das Schachspiel ist als Kunst nur eine kleine Kunst. Aber wer nicht mit ganzem Herzen und festem Willen dabei ist, lernt es nicht. Der Schachspieler Tsiu ist der beste Schachspieler im ganzen Land.[23] Angenommen, der Schachspieler Tsiu unterrichtet zwei Leute im Schachspiel. Der eine ist mit ganzem Herzen und festem Willen dabei und hört nur auf die Worte des Schachspielers Tsiu. Der andere hört wohl auch hin, aber in seinem Herzen denkt er nur daran, daß jetzt ein Schwan käme; er stellt sich vor, wie er den Bogen spannt, den Pfeil auflegt und nach ihm schießt. Obwohl er mit dem andern zugleich lernt, kommt er ihm doch nicht gleich. Ist es etwa, daß sein Verstand geringer wäre? Ich sage: Nein!“

10. Wie man seine Seele verliert[24]

Mong Dsï sprach: „Ich liebe Fische, und ich liebe auch Bärentatzen. Wenn ich nicht beides vereinigen kann, so lasse ich die Fische und halte mich an die Bärentatzen.
Ich liebe das Leben, und ich liebe auch die Pflicht. Wenn ich nicht beides vereinigen kann, so lasse ich das Leben und halte mich an die Pflicht. Ich liebe wohl auch das Leben, aber es gibt etwas, das ich mehr liebe als das Leben; darum suche ich es nicht mit allen Mitteln zu erhalten. Ich hasse wohl auch den Tod, aber es gibt etwas, das ich noch mehr hasse als den Tod; darum gibt es Nöte, denen ich nicht ausweiche.
Wenn es nichts gäbe, das der Mensch mehr liebte als das Leben, warum sollte ihm dann nicht jedes Mittel recht sein, um sein Leben zu behalten? Wenn es nichts gäbe, das der Mensch mehr haßte als den Tod, warum sollte er nicht alles tun, um der Not zu entgehen? Darum daß er etwas, das ihm das Leben erhalten könnte, doch nicht benützt und etwas, das ihn der Not entgehen ließe, doch nicht tut, muß es etwas geben, das man mehr liebt als das Leben und etwas, das man mehr haßt als den Tod. Nicht nur die Weisen haben diese Gesinnung; sie ist allen Menschen gemeinsam. Die Weisen verstehen es nur, sie nicht zu verlieren. Angenommen, es handle sich um einen Korb Reis oder eine

23 Das genannte Schachspiel ist dasselbe wie das in Liä Dsï VIII, 19 genannte. Es wird mit zwölf Steinen gespielt, ein Mittelding zwischen Schach- und Würfelspiel. Über den Schachspieler Tsiu ist sonst nichts bekannt. Wörtlich heißt er der Schach-Tsiu.

24 Dieser Abschnitt geht davon aus, daß das Ehrgefühl eine ursprüngliche menschliche Eigenschaft ist, die sich selbst in der Todesnot bewährt. Dagegen geht das Ehrgefühl nur zu leicht verloren in Zeiten der Ruhe und des Behagens. Dieser Umstand enthält eine Mahnung zu dauernder Selbstprüfung.

一豆羹，得之則生，弗得則死。嘑爾而與之，行道之人弗受；蹴爾而與之，乞人不屑也。萬鍾則不辨禮義而受之。萬鍾於我何加焉？為宮室之美、妻妾之奉、所識窮乏者得我與？鄉為身死而不受，今為宮室之美為之；鄉為身死而不受，今為妻妾之奉為之；鄉為身死而不受，今為所識窮乏者得我而為之，是亦不可以已乎？此之謂失其本心。”

11.

孟子曰：“仁，人心也；義，人路也。舍其路而弗由，放其心而不知求，哀哉！人有雞犬放，則知求之；有放心，而不知求。學問之道無他，求其放心而已矣。”

Schüssel Suppe. Leben oder Tod hängen davon ab, ob man sie bekomme oder nicht bekomme. Wenn sie unter Scheltworten angeboten werden, so wird selbst ein Landstreicher sie nicht annehmen; wenn sie mit einem Fußtritt hingeworfen werden, so wird selbst ein Bettler sich nicht herablassen, sie anzunehmen. Aber wenn es sich um Millionen[25] handelt, dann nimmt man sie an, ohne allzu genau nach Ordnung und Recht zu fragen. Aber wie könnten die Millionen mein Ich bereichern! Ja, ich kann mir schöne Häuser und Paläste bauen, kann mir von Frauen und Mägden dienen lassen, und meine notleidenden Bekannten haben an mir einen Halt.
Was ich vorhin nicht angenommen hätte, da es ums Leben ging, das tue ich jetzt den schönen Häusern und Palästen zuliebe. Was ich vorhin nicht angenommen hätte, da es ums Leben ging, das tue ich jetzt dem Dienst von Frauen und Mägden zuliebe. Was ich vorhin nicht angenommen hätte, da es ums Leben ging, das tue ich jetzt der Retterrolle zuliebe gegenüber den notleidenden Bekannten. Aber einem solchen Manne ist nicht mehr zu helfen, denn sein eigenes Herz ist verloren gegangen."

11. Das verloren gegangene Herz[26]

Mong Dsï sprach: „Menschenliebe[27] ist die natürliche Gesinnung des Menschen. Pflicht ist der natürliche Weg[28] des Menschen. Wie traurig ist es, wenn einer seinen Weg verläßt und nicht darauf wandelt, wenn einer sein Herz verloren gehen läßt und nicht weiß, wie er es wieder finden kann!
Wenn einem Menschen ein Huhn oder ein Hund verloren geht, so weiß er, wie er sie wieder finden kann; aber sein Herz geht ihm verloren, und er weiß nicht, wie suchen. Die Bildung dient uns zu nichts anderem als nur dazu, unser verloren gegangenes Herz zu suchen.[29]"

---

25 Wörtlich 10000 Dschung. Ein Dschung ist gleich 30 Pfund. Vgl. II, B, 10.

26 Vgl. hierzu die Gleichnisse vom verlorenen Groschen und vom verlorenen Schaf.

27 Menschenliebe, Jen, Ist die innerliche Gesinnung, Sympathie; Ai ist die auf ein bestimmtes äußeres Objekt gerichtete Äußerung dieser Gesinnung

28 Der Weg ist im Laufe des Gleichnisses nicht mehr genannt. Denn erst wenn das Herz wiedergefunden ist, so folgt es von selbst dem Weg.

29 Über das Ziel der Bildung herrscht große Meinungsverschiedenheit zwischen der Schule Dschu His und der Schule Wang Yang Mings. Während Dschu Hi lehrt: das Ziel der Bildung ist nichts anderes, als die ursprüngliche Güte des Herzens wieder zu erlangen (dazu bedarf es aber als Mittel der Aneignung von Kenntnissen), lehrt Wang Yang Ming: die Bildung besteht in gar nichts anderem, als die ursprüngliche Güte des Herzens in sich wieder zu entdecken. Erkennen und Handeln sind eins. Sie dulden zwischen sich keinerlei Vermitt-

12.

孟子曰：“今有無名之指，屈而不信，非疾痛害事也，如有能信之者，則不遠秦楚之路，為指之不若人也。指不若人，則知惡之；心不若人，則不知惡，此之謂不知類也。”

13.

孟子曰：“拱把之桐梓，人苟欲生之，皆知所以養之者。至於身，而不知所以養之者，豈愛身不若桐梓哉？弗思甚也。”

14.

孟子曰：“人之於身也，兼所愛。兼所愛，則兼所養也。無尺寸之膚不愛焉，則無尺寸之膚不養也。所以考其善不善者，豈有他哉？

12. Der krumme Finger

Mong Dsï sprach: „Angenommen, mein Goldfinger[30] sei gekrümmt und lasse sich nicht strecken. Es tut nicht weh, und es stört nicht bei der Arbeit. Aber wenn es einen gibt, der ihn strecken kann, so scheut man nicht den Weg von Tsin nach Tschu[31], weil der Finger nicht ist wie die der andern Leute. Wenn ein Finger nicht ist wie die eines normalen Menschen, so ist man ungehalten darüber. Wenn aber das Herz nicht ist wie das eines normalen Menschen, so ist man nicht ungehalten darüber: das heißt nicht wissen, worauf es ankommt.[32]"

13. Baumpflege und Pflege des Lebens

Mong Dsï sprach: „Wenn den Leuten wirklich daran liegt, Paulownia- oder Katalpenbäume[33], die ein oder zwei Spannen im Umfang haben, zu ziehen, so wissen alle, wie man sie pflegen muß. Das eigne Leben aber, das wissen sie nicht zu pflegen. Lieben sie etwa das eigene Leben weniger als jene Bäume? Nein, es ist nur Gedankenlosigkeit."

14. Pflege des Leibes

Mong Dsï sprach: „Der Mensch liebt alle Teile seines Leibes. Weil er alle seine Körperteile liebt, darum pflegt er sie alle. Wenn er keinen Fußbreit oder Zollbreit Haut hat, den er nicht liebt, dann vernachlässigt er in seiner Pflege auch nicht das kleinste Stückchen Haut.

Wenn man erkennen will, ob einer tüchtig ist oder untüchtig, so braucht man auf nichts anderes zu sehen als darauf, welchen Teil er besonders wichtig

---

lung. Letzten Endes dreht es sich in diesem Kampf um das Problem der Kulturübertragung. Man wird sagen müssen, das *was* ist Natur, das *wie* jedoch ist Kultur.

30 Wörtlich: der namenlose Finger, so genannt, weil er keinem besonderen Zweck dient

31 Wörtlich: man hält den Weg zwischen Tsin (im äußersten Nordwesten) und Tschu (im äußersten Süden) nicht für weit.

32 Wörtlich: das heißt, die Klassen nicht kennen.

33 Der Tung-Baum ist identifiziert mit der Paulownia imperialis. Das Holz wird zu Lauten verwandt. Der Dsï-Baum ist heutzutage Lindern tsïmu. Doch wird das klassische Dsï mit Katalpa Kaempferi identifiziert. Das Holz dient zu Holzplatten für den Druck. Interessant ist der Vergleich des Abschnittes mit Dschuang Dsï IV, 6. Dort ist gesagt, daß die Leute solche Bäume als Stäbe für Affenkäfige benutzen wollen.

於己取之而已矣。體有貴賤，有小大。無以小害大，無以賤害貴。養其小者為小人，養其大者為大人。今有場師，舍其梧檟，養其樲棘，則為賤場師焉。養其一指而失其肩背，而不知也，則為狼疾人也。飲食之人，則人賤之矣，為其養小以失大也。飲食之人無有失也，則口腹豈適為尺寸之膚哉？”

15.

公都子問曰：“鈞是人也，或為大人，或為小人，何也？”

孟子曰：“從其大體為大人，從其小體為小人。”

曰：“鈞是人也，或從其大體，或從其小體，何也？”

曰：“耳目之官不思，而蔽於物，物交物，則引之而已矣。心之官則

nimmt. Der Leib hat edle Teile und unedle, hat wichtige Teile und geringe. Man darf nicht um des Geringen willen das Wichtige schädigen und nicht um des Unedlen willen das Edle schädigen. Wer seine geringen Teile pflegt, ist ein geringer Mensch, wer seine edlen Teile pflegt, ist ein edler Mensch.[34]
Wenn ein Gärtner seine Sterkulien und Katalpen vernachlässigte und pflegte seine Dornen und Schlehen, so wäre das ein unnützer Gärtner. Wenn ein Arzt nur an dem einen Finger herumkuriert und dabei den ganzen Arm zugrunde gehen läßt, ohne es zu merken, so ist das ein Quacksalber. Einen Fresser und Säufer verachten die Menschen, weil er das Geringe auf Kosten des Wichtigen pflegt. Wenn ein Fresser und Säufer richtig handelte, da wäre ja Mund und Magen mehr wert als sonst ein Stück Haut, das einen Fuß oder Zoll breit ist."

15. Wie die Unterschiede unter den Menschen entstehen[35]

Gung-Du-Dsï[36] fragte den Mong Dsï und sprach: „Es sind doch alle in gleicher Weise Menschen. Wie kommt's, daß manche große Menschen sind und manche kleine?"
Mong Dsï sprach: „Wer dem Großen in sich folgt, wird groß; wer dem Kleinen in sich folgt, wird klein."
Jener sprach: „Es sind doch alle in gleicher Weise Menschen. Wie kommt es, daß manche dem Großen in sich folgen und manche dem Kleinen?"
Mong Dsï sprach: „Die Sinne des Gehörs und Gesichts werden ohne das Denken von dem Sinnlichen umnachtet. Wenn Sinnliches außer ihm auf Sinnliches in ihm trifft, so wird der Mensch einfach mitgerissen. Das Gemüt ist der

34 Die Pflege des Herzens als des wichtigsten Teiles der Persönlichkeit wird an zwei Gleichnissen vom Gärtner und vom Arzt erläutert. Das chinesische Schen kann sowohl die Bedeutung ‚Leib' als ‚Persönlichkeit' haben, so daß das Herz, wenn auch als edelster Teil, doch ein Teil davon ist. Die Bäume werden von vielen mit den im letzten Abschnitte genannten identifiziert. Genauere Definition ergibt, daß es sich um ähnliche, doch nicht gleiche handelt. Wu ist Sterkulia platanifolia, Gia ist Katalpa boyeana, die kleinere Blätter hat als die andere. Die Dornbüsche sind wohl auch zwei: Dauerdorn und Schlehe (Zizyphus). Das mit Quacksalber wiedergegebene Wort scheint im Chinesischen ein Schreibfehler zu sein. Wörtlich heißt es Wolf-kranker Mensch oder Wolfs-eiliger Mensch. Das Wort „dsi" muß nach Mong Dsï Dschong I so korrigiert werden, daß es den im Text gegebenen Sinn bekommt.

35 Der hier gegebene Unterschied der Wichtigkeit der geistigen Seite des Menschen gegenüber der leiblichen ist zu vergleichen mit Hufelands Ausführungen in der Einleitung zu Kants „Macht des Gemüts".

36 Gung-Du Dsï ist der unter No. 2 genannte Jünger.

思，思則得之，不思則不得也。此天之所與我者，先立乎其大者，則其小者弗能奪也。此為大人而已矣。”

16.

孟子曰：“有天爵者，有人爵者。仁義忠信，樂善不倦，此天爵也；公卿大夫，此人爵也。古之人修其天爵，而人爵從之。今之人修其天爵，以要人爵；既得人爵，而棄其天爵，則惑之甚者也，終亦必亡而已矣。”

17.

孟子曰：“欲貴者，人之同心也。人人有貴於己者，弗思耳。人之所貴者，非良貴也。趙孟之所貴，趙孟能賤之。《詩》云：‘既醉以酒，既飽以德。’

Sitz des Denkens. Wenn es denkt, so erfüllt es seine Aufgabe, wenn es nicht denkt, so erfüllt es sie nicht.
Beides zusammen ist uns von Gott verliehen. Wenn wir zuerst das Höhere in uns festigen, so kann es uns durch das Niedrigere nicht geraubt werden. Die das tun, das eben sind die großen Menschen."

16. Der göttliche und der menschliche Adel

Mong Dsï sprach: „Es gibt einen göttlichen Adel und einen menschlichen Adel. Gütigkeit, Gerechtigkeit, Gewissenhaftigkeit, Zuverlässigkeit, unermüdliche Liebe zum Guten: das ist der göttliche Adel. Fürst sein oder Hoher Rat oder Minister: das ist der menschliche Adel. Die Alten pflegten ihren göttlichen Adel[37], und der menschliche Adel kam danach von selber. Heutzutage pflegt man seinen göttlichen Adel, um den menschlichen zu erlangen. Wenn man den menschlichen Adel erreicht, so wirft man den göttlichen Adel weg. Das aber ist die schlimmste Verblendung. Und schließlich führt es doch zum sicheren Untergang."

17. Die wahre Ehre

Mong Dsï sprach: „Der Wunsch nach Ehre liegt allen Menschen am Herzen. Alle Menschen haben Ehre in sich selbst, ohne daß sie daran denken. Die Ehre bei den Menschen ist nicht die echte Ehre. Wen ein Herrscher[38] ehren kann, den kann ein Herrscher auch erniedrigen.
Im Buch der Lieder[39] heißt es:

‚Er gibt uns süßen Weins genug
Und sättigt uns durch seine Güte.'

37 Zur Zeit der streitenden Reiche war zwar der Geist der Moral entwichen, doch hielt manimmer noch einigermaßen den Schein aufrecht; daher lohnte es sich noch, moralisch zu sein. Später hörte auch das auf, und es hat noch lange Zeit gedauert, bis die öffentliche Moral wieder einigermaßen sich hob.

38 Wörtlich: Dschau-Mong, Dschau, der Älteste. Dschau war der Titel von mehreren Geschlechtshäuptern aus der Familie Dschau im Staate Dsin. Dschau Giän Dsï, der auch in Litä Dsï und Dschuang Dsï erwähnt ist, war der berühmteste unter ihnen. Die Familie war sprichwörtlich wegen ihrer Macht.

39 Vgl. Schï Ging III, 2, Ode 3.

言飽乎仁義也，所以不願人之膏粱之味也；令聞廣譽施於身，所以不願人之文繡也。”

18.

孟子曰：“仁之勝不仁也，猶水勝火。今之為仁者，猶以一杯水，救一車薪之火也；不熄，則謂之水不勝火，此又與於不仁之甚者也。亦終必亡而已矣。”

19.

孟子曰：“五穀者，種之美者也；苟為不熟，不如荑稗。夫仁亦在乎熟之而已矣。”

20.

孟子曰：“羿之教人射，必志於彀；學者亦必志於彀。大匠誨人，必以規矩；學者亦必以規矩。”

Damit ist gesagt, daß, wer sich sättigt an Güte und Gerechtigkeit, nicht mehr nach anderer Leute Fett und feinem Reis begehrt. Wer so lebt, daß weit und breit sein Name einen guten Klang hat, der begehrt nicht nach anderer Leute Schmuck und Stickerei."

18. Güte im ungleichen Kampf mit Ungüte

Mong Dsï sprach: „Güte siegt über Ungüte wie Wasser über Feuer siegt. Aber heutzutage übt man die Güte so, als wollte man mit einem Becher Wasser einen brennenden Wagen voll Reisig löschen, und wenn die Flammen nicht erlöschen, dann sagen, daß Wasser Feuer nicht löschen könne. Dadurch wird gerade die Ungüte aufs äußerste gefördert, und das Ende ist, daß die Güte zugrunde geht.[40]"

19. Die Reife

Mong Dsï sprach: „Das Korn[41] ist am wertvollsten unter allen Samen. Wenn es aber nicht reif ist, so ist es nicht einmal so viel wert wie Samen von Gras und Quecken[42]. Auch bei der Güte kommt alles auf die Reife an."

20. Der Schütze und der Maurer

Mong Dsï sprach: „Der Schütze I[43] verlangte, als er die Leute im Bogenschießen unterrichtete, daß sie den Bogen voll anspannten. Der Lernende muß auch seinen Willen voll anspannen. Ein rechter Maurer lehrt seine Schüler Zirkel und Winkelmaß gebrauchen. Der Lernende muß auch Zirkel und Winkelmaß gebrauchen.[44]"

---

40 Das Übel entsteht daraus, daß man die Schuld an seinem mangelnden Erfolg nicht bei sich selber sucht, sondern an der Möglichkeit des Erfolgs schlechthin verzweifelt.

41 Das Korn, wörtlich die fünf Getreidearten, nämlich Reis, Hirse, klebrige Hirse, Weizen und Bohnen.

42 Die beiden Unkräuter Di und Bai sind Panicum crusgalli und eine verwandte Art.

43 Der Schütze I ist der in IV, B, 24 erwähnte.

44 Interessant ist die in der chinesischen Literatur übrigens sehr häufige Anspielung auf die Freimaurerembleme Zirkel und Winkelmaß als Symbole des Lernens.

下

1.

任人有問屋廬子曰：“禮與食孰重？”曰：“禮重。”

“色與禮孰重？”曰：“禮重。”

曰：“以禮食，則飢而死；不以禮食，則得食，必以禮乎？親迎，則不得妻；不親迎，則得妻，必親迎乎！”屋廬子不能對，明日之鄒以告孟子。孟子曰：“於答是也何有？不揣其本而齊其末，方寸之木可使高於岑樓。金重於羽者，豈謂一鉤金與一輿羽之謂哉？取食之重者，

ABSCHNITT B

1. Falsche Vergleiche[1]

Ein Mann aus Jen[2] fragte den Schüler Wu-Lu Dsï[3]: „Was ist wichtiger: der Anstand oder die Nahrung?"
Wu-Lu Dsï sagte: „Der Anstand ist wichtiger."
Jener fuhr fort: „Was ist wichtiger: der Anstand oder die Befriedigung des Geschlechtstriebs?"
Der Jünger sprach: „Der Anstand ist wichtiger."
Da sprach jener: „Wenn du Hungers sterben müßtest, falls du nur mit Anstand essen wolltest, aber zu essen bekämst, wenn du nicht mit Anstand essen wolltest: würdest du dann auf dem Anstand bestehen?
Wenn du keine Frau bekämst, falls du die Anstandsregel, sie selbst abzuholen, befolgen wolltest, aber eine Frau bekämst, wenn du sie nicht selbst abholen wolltest: würdest du darauf bestehen, sie selbst abzuholen?"
Wu-Lu Dsï konnte darauf nichts entgegnen.
Am andern Tag ging er nach Dsou, um es Mong Dsï zu erzählen.
Mong Dsï sprach: „O, das ist doch nicht schwer, eine Antwort darauf zu geben! Wenn man zwei Dinge nicht auf denselben Boden stellt und nur die oberen Enden vergleicht, so kann man ein zollgroßes Stückchen Holz einen Dachfirst überragen lassen. Gold ist schwerer als Federn, aber damit ist nicht gesagt, daß eine goldene Gürtelspange schwerer sei als ein ganzer Wagen voll Federn. Wenn man das dringendste Bedürfnis nach Nahrung mit der unwichtigsten Anstandsregel zusammenhält, da ist natürlich die Nahrung weit wichtiger. Wenn man die wichtigste Befriedigung des Geschlechtstriebs mit der unwich-

1 Es handelt sich hier bei dem chinesischen Ausdruck Li nicht um moralische oder religiöse Ordnungen, sondern um die äußerlichen Regeln des Anstandes. Es ist sozusagen die äußere empirische Erscheinung der Ordnung. Sowie es sich um die Erscheinung handelt, ist man auf dem Gebiet des Relativen. Mong Dsï verläßt dieses Gebiet nicht, sondern bringt nur die relative Wichtigkeit der Formen gegenüber der Sinnlichkeit durch eine andere Gruppierung der Vergleichspunkte in eine andere Reihenfolge. Dschu Hi bemerkt sehr richtig dazu, daß, wo es sich um die religiösen und moralischen Gesetze in ihren überempirischen Anforderungen handele, die absolute Bedeutung derselben feststehe, so daß man keinen Zoll beugen dürfe, um zehn Fuß gerade zu machen.

2 Jen ist das heutige Tsiningdschou in Südwest-Schantung, Dsou der Heimatsort des Mong Dsï im heutigen Dsou-Hiän in Süd-Schantung.

3 Wu-Lu Liän ist der unter No. 14 genannte Schüler. Er muß wohl von dem als Taoist bekannten Wu-Lu Dsï unterschieden werden.

與禮之輕者而比之，奚翅食重？取色之重者，與禮之輕者而比之，奚翅色重？往應之曰：‘紾兄之臂而奪之食，則得食；不紾，則不得食，則將紾之乎？踰東家牆而摟其處子，則得妻；不摟，則不得妻，則將摟之乎？’”

2.

曹交問曰：“人皆可以為堯舜，有諸？”
孟子曰：“然。”
“交聞文王十尺，湯九尺，今交九尺四寸以長，食粟而已，如何則可？”曰：“奚有於是？亦為之而已矣。有人於此，

tigsten Anstandsregel zusammenhält, da ist natürlich die Befriedigung des Geschlechtstriebs weit wichtiger. Geh hin und entgegne ihm: Wenn du deinem älteren Bruder den Arm verrenken und ihm sein Essen wegreißen müßtest, um essen zu können, aber nichts zu essen hättest, wenn du deinem Bruder den Arm nicht verrenktest: würdest du ihm dann seinen Arm verrenken? Wenn du deinem Nachbar über die Mauer steigen und seine jungfräuliche Tochter wegschleppen müßtest, um ein Weib zu bekommen, aber kein Weib bekämst, wenn du sie nicht wegschlepptest: würdest du sie dann wegschleppen?"

2. Abweisung eines unangenehmen Schülers

Giau von Tsau[4] fragte den Mong Dsï und sprach: „Es heißt, alle Menschen können Yaus und Schuns sein. Ist das wahr?"
Mong Dsï sprach: „Ja."
Jener fuhr fort: „Ich hörte, König Wen sei zehn Fuß hoch gewesen und Tang neun Fuß; ich bin neun Fuß vier Zoll lang, aber ich kann weiter nichts als Hirse essen. Was kann ich tun, um es fertig zu bringen?"
Mong Dsï sprach: „Was hat das für Schwierigkeiten?[5] Es braucht weiter nichts, als auch so zu handeln wie jene. Angenommen, ein Mann sei nicht stark ge-

4 Glau war nach Dschau Ki ein jüngerer Bruder des (damals mediatisierten) Fürsten von Tsau (im heutigen Tsaudschoufu, Schantung). Daß er von vornehmer Herkunft war, läßt er durchblicken, indem er sein freundschaftliches Verhältnis zu dem Landesfürsten von Dsou, der Heimat des Mong Dsï, nicht ganz unabsichtlich erwähnt. Damit hat er einen fremden Mißton in den Verkehr gebracht, trotz der wohlwollenden Gutmütigkeit, mit der er sich als „langer Kerl, der nichts kann als Hirse essen" bezeichnet. Mong Dsï schickt ihn darum freundlich, aber bestimmt nach Hause. Er ist nicht für bloße interessante Unterhaltungen zu haben.

5 Die Übersetzung Legges „Was hat die Körpergröße mit der Sache zu tun?" entspricht nicht der idiomatischen Bedeutung des chinesischen Ausdrucks (vgl. Mong Dsï Dschong I). Mong Dsï ignoriert diese Einleitung einfach. (Die alten Fuß hatten übrigens nur sechs Zoll). Das folgende Gleichnis ist nicht besonders deutlich herausgearbeitet. Es bewegt sich in demselben Gedankengang vom Heben des Taischans und der Verbeugung vor den Älteren wie Buch I, A, 7. Sein Zweck ist wohl weiter nichts, als zu zeigen, daß einer, der erst schwach war, allmählich stark werden kann wie der stärkste Riese. (Wu Huo ein zeitgenössischer Athlet aus Tsin, der angeblich dreihundert Zentner heben konnte!) Die beiden anderen Deutungen: „Wenn einer kein Küchlein (nach anderen Entlein) heben kann und sagt: ‚Ich kann dreißig Zentner heben', so genügt das noch nicht; um ein Wu Huo zu sein, muß man auch Wu Huos Leistungen vollbringen ..." und: „Körperstärke ist nicht allen Menschen eigen; um ein Wu Huo zu sein, bedarf es besonderer Stärke; so aber ist es mit der Nachfolge Yaus und Schuns nicht, die ist so leicht wie ein Entchen zu heben ..." tun dem Text Gewalt an.

力不能勝一匹雛，則為無力人矣；今曰舉百鈞，則為有力人矣。然則舉烏獲之任，是亦為烏獲而已矣。夫人豈以不勝為患哉？弗為耳。徐行後長者謂之弟，疾行先長者謂之不弟。夫徐行者，豈人所不能哉？所不為也。堯舜之道，孝弟而已矣。子服堯之服，誦堯之言，行堯之行，是堯而已矣；子服桀之服，誦桀之言，行桀之行，是桀而已矣。”

曰：“交得見於鄒君，可以假館，願留而受業於門。”

曰：“夫道，若大路然，豈難知哉？人病不求耳。子歸而求之，有餘師。”

3.

公孫丑問曰：“高子曰：‘《小弁》，小人之詩也。’”

孟子曰：“何以言之？”曰：“怨。”

nug, ein Küchlein zu heben, so ist das ein Mann ohne Kraft. Wenn er nun sagt: Ich kann dreißig Zentner heben, so ist er ein kräftiger Mann geworden. Wenn nun also einer ebenso schwere Lasten heben kann wie der starke Wu Huo, so ist er ganz einfach auch zum Wu Huo geworden. Was brauchen sich die Menschen darum zu kümmern, daß sie der Sache nicht gewachsen sind: sie handeln nur nicht! Wenn einer sachte hinter dem Älteren hergeht, so nennt man ihn bescheiden. Wenn einer aber voreilig den Älteren überholt, so nennt man ihn unbescheiden. Sachte zu gehen, das ist doch nicht etwas, das die Menschen nicht können! Sie tun's nur nicht! Die Art von Yau und Schun ist nichts weiter als kindliche Ehrfurcht und Bescheidenheit. Wenn Ihr Euch kleidet wie Yau und Schun, wenn Ihr redet die Worte Yaus und Schuns, wenn Ihr auf Yaus und Schuns Wegen wandelt: dann seid Ihr ja Yau und Schun. Wenn Ihr Euch aber kleidet wie der Tyrann Giä und redet die Worte von Giä und wandelt in den Wegen von Giä, dann seid Ihr Giä, nichts weiter."

Jener sprach: „Ich habe Gelegenheit, den Fürsten von Dsou zu sehen. Ich will mir eine Wohnung von ihm anweisen lassen und hier bleiben, um bei Euch Belehrung zu empfangen."

Mong Dsï sprach: „Der rechte Sinn ist wie eine große Straße, er ist ganz leicht zu finden. Das Übel ist nur, daß die Leute ihn nicht suchen. Kehrt nur heim und suchet ihn: Ihr werdet Lehrer genug und übergenug finden."

3. Echte Kindesliebe ist nicht gleichgültig, doch bescheiden

Gung-Sun Tschou fragte den Mong Dsï und sprach: „Der Meister Gau[6] sagt, das Lied Siau Pan[7] – in dem ein Sohn sich über ungerechte Behandlung seines Vaters und seiner Stiefmutter beklagt – sei von einem gemeinen Manne gemacht."

Mong Dsï sprach: „Warum sagt er so?"

Der Schüler sprach: „Weil der Sohn murre."

---

6 Der hier erwähnte „alte" Gau ist weder zu verwechseln mit dem Gau Dsï von VI, A, 1 ff. (das Wort wird im Chinesischen ganz verschieden geschrieben), noch mit dem Schüler Gau, der in II, B, 12 genannt wird.

7 Die Siau-Pan-Ode steht Schï Ging II V, 3. Die vorausgesetzte Situation ist, daß es die Klagen I Kius, des Sohnes des Königs Yu, enthält. Yu hatte ihn zum Thronfolger bestimmt. Dann aber verliebte er sich in die schöne Bau Sï. Die rechte Königin ward verstoßen und der Thronfolger I-Kiu in die Verbannung geschickt. In dem Liede beklagt er in beweglichen Tönen sein Los.

曰：“固哉，高叟之為《詩》也！有人於此，越人關弓而射之，則己談笑而道之；無他，疏之也。其兄關弓而射之，則己垂涕泣而道之；無他，戚之也。小弁之怨，親親也。親親，仁也。固矣夫，高叟之為《詩》也！”

曰：“《凱風》何以不怨？”

曰：“《凱風》，親之過小者也；《小弁》，親之過大者也。親之過大而不怨，是愈疏也；親之過小而怨，是不可磯也。愈疏，不孝也；不可磯，亦不孝也。孔子曰：‘舜其至孝矣，五十而慕。’”

Mong Dsï sprach: „Der alte Gau ist wirklich beschränkt in seiner Behandlungsweise der Lieder. Angenommen, hier sei ein Mann[8], nach dem ein Fremder seinen Bogen spanne, um ihn zu schießen, so wird er ihn davon abzuhalten suchen mit freundlichen und ruhigen Worten – aus keinem anderen Grund, als weil er ihm ferne steht. Wenn aber sein Bruder nach ihm den Bogen spannte, um ihn zu schießen, so würde er ihn abzuhalten suchen unter Tränen und Klagen – aus keinem andern Grund, als weil er ihm so nahe steht. Aus dem Groll jenes Liedes spricht die Liebe zu den Eltern. Die Liebe zu den Eltern ist reinste Liebe. Er ist beschränkt, dieser alte Gau, wie er mit den Liedern umgeht!"

Der Schüler sprach: „Wie kommt es dann, daß im Kai-Fong-Lied[9] – wo sieben Söhne die Schuld an dem Verlassen des Witwenstandes durch ihre Mutter sich selbst zuschreiben – kein Groll zum Ausdruck kommt?"

Mong Dsï sprach: „Das Unrecht der Mutter in dem Kai-Fong-Lied war klein. Das Unrecht der Eltern im Siau-Pan-Lied war groß. Wenn der Eltern Unrecht groß ist und man grollt nicht, so ist das Gleichgültigkeit. Ist der Eltern Unrecht klein und man grollt, so ist das Reizbarkeit[10]. Die Gleichgültigkeit ist gegen die kindliche Liebe, und Reizbarkeit ist ebenso gegen die kindliche Liebe.

Meister Kung sprach: ‚Schun hat es doch am weitesten gebracht in der Kindesliebe: mit fünfzig Jahren noch hing er an seinen Eltern.'"

---

8 Der Sinn des Gleichnisses ist, daß, während man einen Fremden (im Text steht: Mann aus Yüo) mit freundlichen Worten von einem Unrecht abzuhalten sucht, das er einem antun will – da man keinen Anspruch an ihn hat – wird man Verwandten gegenüber, an die man ein Anrecht hat, durch solche Lieblosigkeit zugleich gekränkt und betrübt. Diese zürnende Liebe darf nicht fehlen, sonst würde man sich den Vorwurf der Entfremdung und Gleichgültigkeit mit Recht zuziehen.

9 Die Kai-Fong-Ode steht in Schï Ging I, III, 7. Der von Mong Dsï übernommenen Tradition nach ist sie von sieben Söhnen einer Witwe gedichtet, der es keine Ruhe ließ, bis sie eine zweite Heirat geschlossen. Die Söhne drücken ihr Mitleid mit der Ruhelosigkeit der Mutter aus und nehmen alle Schuld auf sich. Die geplante zweite Heirat der Mutter ist der – verhältnismäßig – kleine Fehler, von dem Mong Dsï spricht. Als ungehörig wird eine zweite Ehe einer Witwe noch heute in China empfunden.

10 Das Wort „Reizbarkeit" entspricht den drei chinesischen Worten: bu ko gi. Die Erklärungen, was diese Worte bedeuten, sind zahlreich. Legge schließt sich der Auffassung an, daß „gi" das Aufspritzen des Wassers ist. Auch diese Auffassung teilt sich wieder in verschiedene Erklärungen. Der Sinn ist so oder so der in unserer Übersetzung wiedergegebene.

4.

宋牼將之楚，孟子遇於石丘。曰：“先生將何之？”
曰：“吾聞秦楚構兵，我將見楚王說而罷之。楚王不悅，我將見秦王說而罷之，二王我將有所遇焉。”
曰：“軻也請無問其詳，願聞其指。說之將何如？”
曰：“我將言其不利也。”
曰：“先生之志則大矣，先生之號則不可。先生以利說秦楚之王，秦楚之王悅於利，以罷三軍之師，是三軍之士樂罷而悅於利也。為人臣者懷利以事其君，為人子者懷利以事其父，為人弟者懷利以事其兄。是君臣、父子、兄弟終去仁義，懷利以相接，然而不亡者，未之有也。先生以仁義說秦楚之王，秦楚之王悅於仁義，而罷三軍之師，

4. Utilitarismus und Idealismus

Sung Kang[11] war im Begriff, nach Tschu zu gehen, Mong Dsï traf ihn in Steinberg und sprach: „Wo wollt Ihr hin, Herr?"
Jener sprach: „Ich höre, Tsin und Tschu betreiben Rüstungen; ich will vor den König von Tschu treten und ihm zureden, davon abzustehen. Wenn der König von Tschu nicht einverstanden ist, so will ich vor den König von Tsin treten und ihm zureden, davon abzustehen. Unter den beiden Königen werde ich sicher einen treffen, der auch mich hört."
Mong Dsï sprach: „Darf ich, ohne über das Einzelne zu fragen, etwas über Eure allgemeinen Richtlinien hören? Auf welche Weise wollt Ihr ihnen zureden?"
Jener sprach: „Ich werde darüber sprechen, wie unvorteilhaft die Sache ist."
Mong Dsï sprach: „Euer Ziel, Meister, ist gewiß edel. Eure Begründung ist nicht zu billigen. Wenn Ihr vom Standpunkt des Vorteils aus den Königen von Tsin und Tschu redet, und die Könige von Tsin und Tschu lassen sich aus Lust am Vorteil bestimmen, ihre Heere abzurüsten, so werden alle Soldaten dieser Heere die Abrüstung gerne sehen aus Lust am Vorteil. Die Beamten werden den Vorteil im Sinn haben beim Dienst des Fürsten. Die Söhne werden den Vorteil im Sinn haben beim Dienst der Eltern. Die Jugend wird den Vorteil im Sinn haben beim Dienst des Alters. So werden alle Verhältnisse zwischen Fürst und Untertan, Vater und Sohn, Alter und Jugend des sittlichen Haltes beraubt, und die Rücksicht auf Vorteil beherrscht die gegenseitigen Beziehungen. Daß diese Zustände aber nicht den Zusammenbruch nach sich ziehen sollten, ist ganz undenkbar.
Wenn Ihr aber vom Standpunkt der Liebe und Pflicht aus den Königen von Tsin und Tschu zuredet, und die Könige von Tsin und Tschu werden aus Freude an der Pflicht ihre Heere abrüsten, so werden alle Soldaten dieser Heere

11 Bei Dschuang Dsï wird unter den zeitgenössischen Wanderphilosophen ein gewisser Sung Giän oder Sung Yung Dsï genannt. Vgl. Dschuang Dsï a. a. O., pag. XVIII f. Von seiner Richtung heißt es unter anderem: „Sie verboten den Angriff und wollten Niederlegung der Waffen, um die Menschen vom Krieg zu erlösen. Mit diesen Lehren durchzogen sie die ganze Welt. Sie ermahnten die Fürsten und belehrten die Untertanen … Es hieß von ihnen, daß hoch und niedrig es vermied, mit ihnen zusammenzukommen, daß sie aber mit Gewalt sich Zutritt verschafften." Offenbar nimmt Dschu Hi mit Recht an, daß es sich in unserer Stelle um dieselbe Persönlichkeit handelt. Sachlich ist zu vergleichen I, A, I. Wie dort, so ist auch hier der Utilitarismus (Vorteil) dem moralischen Idealismus („Liebe und Pflicht" : in der Übersetzung ist aus stilistischen Gründen nur Pflicht gesetzt) gegenübergestellt. Der letztere Standpunkt ist für Mong Dsï der einzige, der eine dauernde Organisation der menschlichen Gesellschaft ermöglicht.

是三軍之士樂罷而悅於仁義也。為人臣者懷仁義以事其君，為人子者懷仁義以事其父，為人弟者懷仁義以事其兄，是君臣、父子、兄弟去利，懷仁義以相接也。然而不王者，未之有也。何必曰利？”

5.

孟子居鄒，季任為任處守，以幣交，受之而不報。處於平陸，儲子為相，以幣交，受之而不報。

die Abrüstung gerne sehen aus Freude an der Pflicht. Die Beamten werden die Pflicht im Sinne haben beim Dienst des Fürsten, die Söhne werden die Pflicht im Sinne haben beim Dienst der Eltern. Die Jugend wird die Pflicht im Sinne haben beim Dienst des Alters. So wird aus allen Verhältnissen zwischen Fürst und Untertan, Vater und Sohn, Alter und Jugend die Rücksicht auf Vorteil entfernt, und die Pflicht beherrscht die gegenseitigen Beziehungen. Daß solche Zustände nicht die Weltherrschaft nach sich ziehen sollten, ist ganz undenkbar. Warum nur durchaus vom Vorteil reden?"

5. *Verschiedene Gaben und verschiedener Dank*[12]

Als Mong Dsï einst in Dsou weilte, hatte ihm der jüngere Bruder des Fürsten von Jen, der für seinen Bruder stellvertretend die Regierung führte, ein Geschenk von Seidenstoffen gemacht. Er hatte es angenommen, ohne es zu erwidern. Ein andermal, als er sich in Ping Lu – einer Grenzstadt von Tsi – aufhielt, hatte ihm Tschu Dsï, der damals Kanzler in Tsi war, auch ein Geschenk von Seidenstoffen gemacht. Auch das hatte er angenommen, ohne es zu erwidern.

12 Der Abschnitt ist einer von denen, die die ängstliche Bemühung Mong Dsïs, seine Würde zu wahren, zeigen. Gerade je mehr er äußerlich das Leben eines der vielen Wanderphilosophen führte, die für ihren Lebensunterhalt auf die Gaben der Landesfürsten angewiesen waren, desto sorgsamer wachte er darüber, daß er in seinem Benehmen keine Konzessionen machte (vgl. die entsprechenden Abschnitte V, B, 4 ff). Bei Überreichung einer Gabe an einen geehrten Fremden – und ein solcher war Mong Dsï damals – war es üblich, seine persönliche Aufwartung zu machen; erst dadurch erhielt die Gabe den Ausdruck persönlicher Hochachtung. Beide Gaben kamen durch Boten von auswärts, darum machte auch Mong Dsï seinerseits keinen Dankesbesuch. Die Gaben, auch die des Kanzlers, waren wohl unter Wahrung der Form dargebracht, so daß er keinen Grund hatte zur Zurückweisung, wie er das der Gabe des Königs von Tsi gegenüber tat. Ein Gegenbesuch war unter den vorhandenen Umständen nicht nötig. Als sich Gelegenheit bietet, macht Mong Dsï jedoch bei dem Prinzregenten von Jen einen Dankesbesuch, da es bei diesem nicht ein Mangel an Respekt, sondern Abhaltung durch die Umstände gewesen war, was sein persönliches Erscheinen bei Mong Dsï verhinderte. Da sein Bruder der Fürst von Jen, zurzeit bei einer Audienz auswärts war, konnte der stellvertretende Regent den Platz nicht verlassen. Zudem war Dsou für Jen Ausland. Dagegen hätte der Kanzler Tschu Dsï von Tsi sehr wohl nach Pinglu, das eine Exklave von Tsi im Süden war (bei Yändschoufu In Schantung), kommen können. Immerhin, es war mehrere Tagereisen weit. Das aber sah Mong Dsï als Mangel an Achtung an, daß der Kanzler sich durch diese Erwägung abhalten ließ; darum macht er ihm keinen Dankesbesuch.

他日由鄒之任，見季子；由平陸之齊，不見儲子。屋廬子喜曰："連得閒矣。"問曰："夫子之任見季子，之齊不見儲子，為其為相與？"

曰："非也。《書》曰：'享多儀，儀不及物曰不享，惟不役志于享。'為其不成享也。"

屋廬子悅。或問之。屋廬子曰："季子不得之鄒，儲子得之平陸。"

6.

淳于髡曰："先名實者，為人也；後名實者，

Als er später von Dsou nach Jen kam, suchte er den Prinzen von Jen auf; als er dagegen von Ping Lu nach der Hauptstadt von Tsi kam, suchte er den Kanzler nicht auf.
Da sprach der Jünger Wu-Lu Dsï[13] erfreut: „Da habe ich eine Spalte, durch die ich einen Einblick in des Meisters Art gewinnen kann."
Er befragte den Mong Dsï und sprach: „Als Ihr nach Jen kamt, Meister, habt Ihr dort den Prinzen von Jen aufgesucht. Als Ihr nach Tsi kamt, da habt Ihr den Kanzler Tschu Dsï nicht aufgesucht. War's, weil er nur ein Kanzler ist?"
Mong Dsï sprach: „Nein. Aber im Buch der Urkunden[14] steht geschrieben: ‚Bei einem Geschenk kommt das meiste auf die Bezeugung der Achtung an. Wenn diese Achtungserweisung bei dem Geschenk fehlt, so ist's als sei es nicht geschenkt, weil die Gesinnung nicht beim Schenken beteiligt war.' Ich habe jenen nicht besucht – weil er nicht fertig geschenkt hat."
Wu-Lu Dsï war erfreut. Als ihn jemand über die Sache fragte, da sprach er: „Der Prinz von Jen konnte nicht weg, um selbst nach Dsou zu kommen, wohl aber hätte der Kanzler Tschu Dsï nach Ping Lu kommen können."

6. Abweisung eines Sophisten

Schun-Yü Kun[15] sprach: „Wer Namen und Leistungen wichtig nimmt, der lebt für andere; wer Namen und Leistungen gleichgültig nimmt, der lebt nur für

13 Über Wu-Lu Dsï vgl. Abschnitt 1.

14 Vgl. Schu Ging V, 13, 12.

15 Schun-Yü Kun ist der Sophist aus dem Staate Tsi, mit dem Mong Dsï schon IV, A, 17 ein Redegefecht gehabt hat. Die Gegner rücken einander hier ziemlich unverblümt zu Leibe. Schun-Yü Kun geht vom Grundsatz aus: „Der Worte sind genug gewechselt, laßt mich auch endlich Taten sehn", während Mong Dsï ihm zu verstehen gibt, daß ein Banause und Herdenmensch natürlich die eigentlichen Motive eines höheren Menschen nicht verstehen könne, so daß es nicht zu verwundern sei, wenn seinesgleichen keine Weisen „merken". Der Abschnitt ist nicht ohne Humor. Schon der Anfang, wo Schun-Yü Kun als richtiger Realpolitiker verlangt, daß ein Mann darauf aus sein müsse, sich einen Namen zu machen und etwas zu leisten, um als nützliches Glied der menschlichen Gesellschaft gelten zu können, ist sehr ergötzlich. Die Heiligen, die Mong Dsï zitiert, um nachzuweisen, daß jeder auf seine Façon selig werden könne, sind alle früher schon ausführlicher erwähnt (vgl. V, B, 1). Der Zug, daß I-Yin fünfmal zu Giä und fünfmal zu Tang gegangen sei, ist nur hier erwähnt. Der Sage nach soll Tang den I-Yin so oft zu Giä geschickt haben, um diesen von seinem gottlosen Wandel zu bekehren. Auf die Zitate des Mong Dsï wartet der andere mit anderen Zitaten auf, aus denen hervorgehen soll, daß die sogenannten Weisen für das Staatswohl unnütz seien; denn trotz aller Weisen und Schüler des Kung Dsï, die Fürst Mu von Lu in seinen Dienst gezogen (Gung-I Hiu, ein Mann von Geist und Grundsätzen, war zu jener Zeit

自為也。夫子在三卿之中，名實未加於上下而去之，仁者固如此乎？”

孟子曰：“居下位，不以賢事不肖者，伯夷也；五就湯，五就桀者，伊尹也；不惡汙君，不辭小官者，柳下惠也。三子者不同道，其趨一也。一者何也？曰：仁也。君子亦仁而已矣，何必同？”

曰：“魯繆公之時，公儀子為政，子柳、子思為臣，魯之削也滋甚。若是乎賢者之無益於國也！”曰：“虞不用百里奚而亡，秦穆公用之而霸。不用賢則亡，削何可得與？”

曰：“昔者王豹處於淇，而河西善謳；綿駒處於高唐，而齊右善歌；華周、杞梁之妻善哭其夫，

sich selbst. Ihr wart unter den höchsten Räten – in Tsi –, und ehe Ihr noch für Fürst oder Volk etwas geleistet habt, das Euch einen Namen macht, habt Ihr das Land verlassen. Ist das eigentlich die Art eines sittlichen Mannes?"
Mong Dsï sprach: „Einer lebte in niedriger Stellung, er wollte nicht seine Fähigkeit im Dienst untauglicher Menschen verbrauchen: das war Be I. Ein anderer ging fünfmal zu Tang, dem Befreier, und fünfmal zu Giä, dem Tyrannen: das war I-Yin. Ein anderer verschmähte nicht einen schmutzigen Fürsten, lehnte selbst ein niedriges Amt nicht ab: das war Hui von Liu-Hia. Von den dreien hatte jeder wieder eine andere Art, aber ihr Streben war Eines. Und was war dies eine? Es war die Sittlichkeit. So genügt es auch für den Edlen, sittlich zu sein; was braucht er es immer zu machen wie die andern?"
Der andre sprach: „Zur Zeit des Fürsten Mu von Lu war der Meister Gung-I mit der Leitung des Staates betraut, die Meister Dsï Liu und Dsï Sï waren Beamte, und doch wurde der Gebietsverlust von Lu immer schlimmer. Daran sieht man ja, daß Eure Weisen dem Staat nichts nützen."
Mong Dsï sprach: „Der Staat Yü wußte den Bai-Li Hi nicht zu verwenden und ging deshalb zugrunde, der Herzog Mu von Tsin verstand ihn zu verwenden und erreichte deshalb die Vorherrschaft. Weil jener Staat also einen Weisen nicht zu verwenden wußte, so ging er zugrunde; von bloßem Gebietsverlust konnte da schon gar nicht mehr die Rede sein."
Jener fuhr fort: „Einst weilte der Sänger Wang Bau am Ki-Fluß, und bis zum heutigen Tag sind die Leute westlich vom Fluß gute Sänger. Der Musiker Miän Gü weilte in Gau Tang, daher sind die Leute im Westen von Tsi so gute Musikanten. Die Frauen von Hua Dschou und Ki Liang beweinten ihre Gatten auf so

---

Kanzler in Lu; Dsï Liu, der mit dem Siä Liu in II, B, 11 identisch ist, und Dsï Sï, der Enkel Kung Dsïs, waren Beamte), sei Lu immer mehr von habgierigen Nachbarn verkleinert worden. Mong Dsï gibt sich gar nicht die Mühe, diese anfechtbare Behauptung näher zu untersuchen, sondern antwortet mit einer anderen Anekdote von Bai Li Hi, der auch oben schon vorkam, aus der hervorgeht, wieviel schlimmer es einem Lande ohne Weise gehen kann. Die Argumentation des „gesunden Menschenverstandes", daß jede Ursache an ihren Folgen erkennbar sein müsse, die Schun-Yü Kun nun ins Treffen führt, wird ebenfalls durch verschiedene historische Beispiele belegt. Der Sänger Wang Bau, der die Leute im Westen des (gelben) Flusses so gut singen lehrte, stammt aus We. Die Musik, die er einführte, sind die von Kung Dsï in den Lun Yü so sehr gescholtenen „lasziven Töne von Dschong". Das chinesische Zeichen, das hier für Gesang steht, bedeutet einen volksliedmäßigen Gesang ohne Instrumentalbegleitung, während das bei Miän Gü genannte Zeichen einen Gesang mit Instrumentalbegleitung meint. Der Gi-Fluß ist westlich vom gelben Fluß in seinem Nordlauf. Gau Tang ist ein noch heute bestehender Platz westlich von Tsinanfu in Schantung. Die beiden Frauen, die genannt sind, beweinten ihre im Kampf gefallenen Gatten so heftig, daß die Stadtmauern der Hauptstadt unter ihren Tränen barsten, weshalb die ganze Bevölkerung es ihnen gleichzutun suchte und die Trauersitten sich verschärften.

而變國俗。有諸內必形諸外。為其事而無其功者，髡未嘗睹之也。是故無賢者也，有則髡必識之。”曰：“孔子為魯司寇，不用，從而祭，燔肉不至，不稅冕而行。不知者以為為肉也。其知者以為為無禮也。乃孔子則欲以微罪行，不欲為苟去。君子之所為，眾人固不識也。”

7.

孟子曰：“五霸者，三王之罪人也；今之諸侯，五霸之罪人也；

schöne Art, daß die Frauensitten im ganzen Land sich von da ab änderten. Was im Inneren vorhanden ist, verschafft sich sicher einen äußeren Ausdruck. Ich habe es noch nie gesehen, daß eine Arbeit nicht den entsprechenden Erfolg gehabt hätte. Darum sage ich: es gibt gar keine solchen Weisen. Gäbe es welche, so würde ich es sicher merken."

Mong Dsï sprach: „Meister Kung war Justizminister in Lu.[16] Der Fürst hörte nicht auf ihn. Kurz darauf war ein Opferfest, und das – ihm zustehende – Opferfleisch ward ihm nicht gesandt. Da ging er weg, ohne erst seine Festmütze abzunehmen. Unwissende meinten, es sei um des Fleisches willen gewesen. Die es besser wußten, dachten, es sei wegen der Verletzung der Form gewesen. Aber Meister Kung, der wollte aus einem geringfügigen Anlaß gehen. Er wollte nicht durch seinen Weggang den wahren Sachverhalt ans Licht bringen. Was ein Edler tut, das können die Herdenmenschen natürlich nicht merken."

7. Stufen des Verfalls

Mong Dsï sprach: „Die fünf Bundeshäupter[17] waren Verbrecher an den drei Königsgeschlechtern, die heutigen Landesfürsten sind Verbrecher an den

16 Die Geschichte vom Weggang Kungs aus Lu ist auch in Lun Yü erzählt. Bei Mong Dsï sind ausführlichere Darstellungen gegeben. Kung merkte, daß seines Bleibens in Lu nicht sein werde, nachdem das Geschenk an Musikantinnen aus Tsi, dem auf Kungs Verdienste eifersüchtigen Nachbarstaat, in Lu eingetroffen war und der Meister erkennen mußte, daß er gegen diese Konkurrenz nicht aufkommen konnte. Dennoch geht er nicht gleich, um nicht durch sein Gehen den Fürsten ins Unrecht zu setzen. Vielmehr wartet er einen anderen, geringfügigeren Anlaß ab. Beim Herbstopfer wurden von dem gebratenen Opferfleisch an die höheren Beamten Portionen verteilt. Die Zusendung dieser Gabe war unterblieben. Deshalb geht Kung Dsï abrupt weg, ohne sich Zeit zu nehmen, die Opfermütze abzunehmen. So war ein äußerlicher Anlaß für sein Gehen vorhanden, der nicht ohne weiteres den Fürsten als Vorwurf berühren mußte. Es war ja in erster Linie Nachlässigkeit der beim Opfer beteiligten Angestellten. Durch die abrupte Art seines Wegganges nimmt der Meister außerdem einen Teil der Schuld auf sich, so daß selbst die Wissenden nicht den wahren Grund durchschauten. Es liegt hier eine zarte Rücksicht auf den Landesfürsten bei dem Meister vor, die sich auch sonst bei ihm beobachten läßt.

17 Die fünf Bundeshäupter, die zur Zeit der Frühlings- und Herbstannalen die Hegemonie im Reich hatten, sind: Huan von Tsi 684–642, Siang von Sung 650–636, Wen von Dsin 635–620, Dschuang von Tschu 613–590. Diese Bundeshäupter entsprachen ungefähr den japanischen Schogunen, die auch „im Namen des Kaisers" die Regierung führten. Die drei Königsgeschlechter sind: die Hia-, Schang- und Dschoudynastie. Der Abschnitt gibt einen Einblick in die Verhältnisse der alten Zeit. In der Dschouzeit war das Lehenswesen bis in die Details geordnet. Alle fünf Jahre fand eine Kaiserliche Inspektionsreise statt, je in eine

今之大夫，今之諸侯之罪人也。天子適諸侯曰巡狩，諸侯朝於天子曰述職。春省耕而補不足，秋省斂而助不給。入其疆，土地辟，田野治，養老尊賢，俊傑在位，則有慶，慶以地。入其疆，土地荒蕪，遺老失賢，掊克在位，則有讓。

fünf Bundeshäuptern, die heutigen herrschenden Familien sind Verbrecher an den heutigen Landesfürsten.

In alter Zeit ging der Großkönig in die Gebiete der Landesfürsten zur Inspektion, die Fürsten kamen an den Hof des Großkönigs zum Bericht über ihre Amtsführung. Im Frühling wurde das Pflügen kontrolliert, und wem es an Samen fehlte, der wurde unterstützt. Im Herbst wurde die Ernte kontrolliert, und wer zu wenig geerntet hatte, dem wurde geholfen. Wenn der Großkönig in ein Gebiet kam, wo Neuland in Angriff genommen wurde, die Felder und Wiesen gut bestellt, die Alten gepflegt, die Weisen geehrt wurden und hervorragende Männer auf den wichtigen Posten saßen, so ward der Fürst belohnt. Der Lohn bestand in einer Erweiterung seines Gebiets. Wenn der Großkönig dagegen in ein Land kam, wo das Feld brach und mit Unkraut bedeckt lag, die Alten verlassen, die Weisen verloren waren und harte und habgierige Leute auf den wichtigen Posten saßen, so ward der Fürst gerügt. Wenn ein Fürst einmal ver-

---

der vier Himmelsrichtungen. In den übrigen vier Jahren mußten die Fürsten zur Audienz am Kaiserhof erscheinen und zwar im ersten Jahr die des Nordens, im zweiten Jahr die des Ostens usw., so daß, die Inspektionsjahre eingerechnet, jeder Fürst alle fünf Jahre bei Hofe erscheinen mußte. Außer dem verteilten Land gab es noch große Ödländereien, die an Fürsten mit guter Regierung überwiesen wurden. Die bestehenden Lehen wurden nach Möglichkeit erhalten und nach Erlöschen des regierenden Hauses neu vergeben. Sie wurden nicht zur Belohnung anderer Fürsten verwendet. Das Nichterscheinen bei Hofe war ein Zeichen von Insubordination und wurde daher im Wiederholungsfalle mit Absetzung bestraft, und zwar wurden vom Kaiser jeweils die Nachbarfürsten mit Vollziehung der Exekution beauftragt. Der Kaiser erließ nur die Verfügung, er selbst griff nicht ein. Übrigens waren diese Ordnungen nicht sehr lange in Kraft. Von dem Zeitpunkte an, als die Dschoudynastie ihre Hauptstadt nach Loyang im Osten des Reiches verlegte, erlosch ihre Macht zur Durchführung dieser Ordnungen. In die daraus entspringende Unordnung brachten die Bundeshäupter wenigstens einigermaßen gewisse völkerrechtliche Beziehungen. Zeitweise hatten sie die Regierung des Reiches fast vollständig in der Hand. Doch hing die Sache immer an der Person eines Einzelnen, der gerade zufällig die tüchtigsten Kräfte zur Verfügung hatte. Der hervorragendste unter diesen Schogunen war Fürst Huan von Tsi, der im Jahre 650 einen großen Reichstag in Kuikiu (Malvenberg), vermutlich im heutigen Honan – es gab mehrere Orte dieses Namens – zusammenbrachte und im Namen des Kaisers eine Art Gottesfrieden durchsetzte. Bei solchen Bundeseiden war es Sitte, daß eine quadratische Grube (für die chthonischen Gottheiten) gegraben wurde, über der das Opferrind geschlachtet wurde. Das linke Ohr ward abgeschnitten (der Bundespräsident heißt daher auch der Ochsenohrhalter, ein Ausdruck, der heutzutage in den Zeitungen auf den König von Preußen in seiner Eigenschaft als deutscher Bundespräsident angewandt wird). Das Blut wurde in einer Schale aufgefangen. Sämtliche Eidgenossen mußten sich zur Befestigung ihres Schwures die Lippen mit dem Blut bestreichen, dann ward das Opfertier in die Grube versenkt, das Bundesbuch daraufgelegt, und das ganze mit Erde bedeckt. Fürst Huan sah von dem Blutstreichen ab als unnötig für die Wahrhaftigkeit der Bundesgenossen. Die Zeit war offenbar über die archaische Sitte schon hinweggeschritten.

一不朝，則貶其爵；再不朝，則削其地；三不朝，則六師移之。是故天子討而不伐，諸侯伐而不討。五霸者，摟諸侯以伐諸侯者也，故曰：五霸者，三王之罪人也。

“五霸，桓公為盛。葵丘之會諸侯，束牲、載書而不歃血。初命曰：‘誅不孝，無易樹子，無以妾為妻。’再命曰：‘尊賢育才，以彰有德。’三命曰：‘敬老慈幼，無忘賓旅。’四命曰：‘士無世官，官事無攝，取士必得，無專殺大夫。’五命曰：‘無曲防，無遏糴，無有封而不告。’曰：‘凡我同盟之人，既盟之後，言歸于好。’今之諸侯，皆犯此五禁，故曰：今之諸侯，五霸之罪人也。

“長君之惡其罪小，逢君之惡其罪大。今之大夫，皆逢君之惡，故曰：今之大夫，今之諸侯之罪人也。”

säumte, zu Hof zu gehen, so ward er im Rang erniedrigt; wenn er es zweimal unterließ, so wurde sein Gebiet beschnitten; wenn er das dritte Mal nicht erschien, so entfernten ihn die Heere des Reiches aus seinem Lehen. Darum verfügte der Großkönig die Strafe, aber er griff nicht selber an. Die Nachbarfürsten griffen – den Schuldigen – an, aber sie verfügten nicht seine Bestrafung.

Die fünf Bundeshäupter dagegen schleppten die Landesfürsten mit sich, um andere Landesfürsten anzugreifen. Darum sage ich, daß die fünf Bundeshäupter Verbrecher waren an den drei Königsgeschlechtern.

Unter den fünf Bundeshäuptern nun war der Fürst Huan von Tsi der bedeutendste. Er versammelte die Fürsten um sich auf dem Reichstag von Malvenberg. Er ließ das Opfertier binden und legte ihm die Worte des Bundes auf das Haupt, ohne jedoch zu verlangen, daß die Fürsten sich den Mund mit dem Blut bestrichen. Das erste Gebot dieses Bundes hieß: Die widerspenstigen Söhne sollen ausgerottet werden. Kein rechtmäßiger Erbe soll beiseite gesetzt werden, keine Nebenfrau die Hauptfrau verdrängen dürfen. Das zweite Gebot lautete: Die Weisen sollen geehrt, die Begabungen gepflegt und so geistiger Wert ausgezeichnet werden. Das dritte Gebot lautete: Das Alter soll man ehren, die Jugend lieben, und Fremdlinge und Gäste soll man nicht vergessen. Das vierte Gebot lautete: Der niedrige Adel soll keine erblichen Ämter haben, es sollen nicht mehrere Ämter in einer Hand vereinigt sein, bei der Auswahl der Leute suche man die geeignetsten zu finden, ein Mann aus einem herrschenden Geschlecht soll nicht eigenmächtig getötet werden. Das fünfte Gebot lautet: Es sollen keine Flußdämme zum Schaden des Nachbarn angelegt, es soll der Verkauf von Korn nicht behindert werden, es sollen keine Afterlehen ohne Anzeige errichtet werden.

Dann sprachen sie: ‚Wir Eidgenossen alle wollen, nachdem wir diesen Eid geschworen, ausdrücklich in Fried und Freundschaft leben.'

Die Landesfürsten nun von heute übertreten diese fünf Gebote; darum sage ich: die heutigen Landesfürsten sind Verbrecher an den fünf Bundeshäuptern.

Wer das Böse eines Fürsten fördert, dessen Verbrechen ist noch klein; wer aber dem Bösen seines Fürsten entgegenkommt, dessen Verbrechen ist groß. Die herrschenden Familien nun von heute kommen alle dem Bösen ihrer Fürsten entgegen; darum sage ich: die heutigen herrschenden Geschlechter sind Verbrecher an den heutigen Landesfürsten."

8.

魯欲使慎子為將軍。孟子曰：“不教民而用之，謂之殃民。殃民者，不容於堯舜之世。一戰勝齊，遂有南陽，然且不可。”

慎子勃然不悅曰：“此則滑釐所不識也。”

曰：“吾明告子。天子之地方千里；不千里，不足以待諸侯。諸侯之地方百里；不百里，不足以守宗廟之典籍。周公之封於魯，為方百里也；地非不足，而儉於百里。太公之封於齊也，亦為方百里也；地非不足也，而儉於百里。今魯方百里者五，子以為有王者作，則魯在所損乎？在所益乎？徒取諸彼以與此，然且仁者不為，況於殺人以求之乎？君子之事君也，務引其君以當道，志於仁而已。”

8. Warnung vor dem Krieg

Der Fürst von Lu wollte den Schen Gu Li[18] als Feldherrn anstellen. Mong Dsï sprach zu ihm: „Ein Volk ununterwiesen in den Krieg führen, heißt das Volk verderben. Ein Volksverderber wäre nicht geduldet worden zur Zeit des Yau und Schun. Wenn man in einer Schlacht Tsi besiegen könnte und das Südland[19] wiedergewinnen, so wäre es noch immer nicht recht."
Schen Dsï wurde ärgerlich und sagte mißvergnügt: „Das verstehe ich nicht."
Mong Dsï sprach: „Ich will es Euch klar heraussagen. Das Gebiet des Großkönigs beträgt tausend Meilen im Geviert. Wenn es nicht tausend Meilen betrüge, so wären seine Einkünfte nicht genug zur Bewirtung der Bundesfürsten. Das Gebiet der Lehnsfürsten betrug hundert Meilen im Geviert. Wenn es nicht hundert Meilen betrüge, so wären seine Einkünfte nicht genug zur Aufrechterhaltung der im Ahnentempel niedergelegten Sitten und Bräuche.[20] Der Fürst von Dschou wurde mit Lu belehnt. Das Gebiet betrug hundert Meilen im Geviert. Es war vollkommen ausreichend, aber es waren nicht mehr als hundert Meilen. Der große Herzog wurde belehnt mit Tsi. Sein Gebiet betrug ebenfalls hundert Meilen im Geviert. Es war vollkommen ausreichend, aber es waren nicht mehr als hundert Meilen. Heute nun hat Lu von hundert Meilen im Geviert das Fünffache. Wenn heute wieder ein wahrer Beherrscher der Welt aufkäme, was denkt Ihr, daß er tun würde: würde er Lu verkleinern oder würde er es vergrößern? – Wenn man ganz ohne Widerstand dem einen ein Stück Land nehmen könnte, um es dem andern zu geben, so ließe ein gütiger Mann sich dennoch nicht dazu herbei; wieviel weniger, wenn man Menschen morden muß, um es zu erreichen! Der Edle dient seinem Fürsten dadurch, daß er sich allein bemüht, ihn auf den rechten Weg zu bringen und seinen Willen auf das Gute zu richten."

---

18 Schen Gu Li, der offenbar ein tüchtiger Soldat war, ist nicht weiter bekannt. Er ist weder identisch mit dem Schüler des Mo Di, Kin Gu Li, noch mit dem bei Dschuang Dsï XIX f. genannten Skeptiker und Quietisten Schen Dau.

19 Das „Südland", Nan Yang, ist das Gebiet südlich vom Taischan, das ursprünglich zu Lu gehört hatte, aber von Tsï annektiert worden war. Es war das Gebiet, wo sich die Lichthalle fand (vgl. I, B, 5). Fürst Ping von Lu will offenbar die Verlegenheit, in die Tsi durch seine Händel mit Yän gekommen war, benutzen, um das strittige Land zurückzugewinnen. Mong Dsï hält aber nichts von Revanchekriegen.

20 Die Ordnungen der Opfer und Feste waren im Ahnentempel des fürstlichen Hauses aufbewahrt, der zugleich eine Art Archiv bildete. Vgl. den Tempel in Jerusalem!

9.

孟子曰：“今之事君者曰：‘我能為君辟土地，充府庫。’今之所謂良臣，古之所謂民賊也。君不鄉道，不志於仁，而求富之，是富桀也。‘我能為君約與國，戰必克。’今之所謂良臣，古之所謂民賊也。君不鄉道，不志於仁，而求為之強戰，是輔桀也。由今之道，無變今之俗，雖與之天下，不能一朝居也。”

10.

白圭曰：“吾欲二十而取一，何如？”

孟子曰：“子之道，貉道也。萬室之國，一人陶，則可乎？”

曰：“不可，器不足用也。”

曰：“夫貉，五穀不生，惟黍生之。無城郭、宮室、宗廟、祭祀之禮，無諸侯幣帛饔飧，無百官有司，故二十取一而足也。

9. Verkehrter Fürstendienst

Mong Dsï sprach: „Die Fürstendiener[21] von heute sprechen: ‚Ich kann für meinen Fürsten Land gewinnen, ich kann ihm seine Kammern und Schatzhäuser füllen.' Was man heute ehrliche Diener nennt, nannte man in alten Zeiten Verbrecher am Volk. Einem Fürsten, der nicht auf rechtem Wege wandelt und seinen Willen nicht auf Güte richtet, einen solchen dennoch zu bereichern streben: das heißt das Scheusal Giä bereichern. – ‚Ich kann für meinen Fürsten Bündnisse schließen mit anderen Staaten, so daß wir im Kriege sicher sind.' Was man heute ehrliche Diener nennt, nannte man in alten Zeiten Verbrecher am Volk. Einem Fürsten, der nicht auf rechtem Wege wandelt und seinen Willen nicht auf Güte richtet, einen solchen dennoch zu bereichern streben: das heißt das Scheusal Giä bereichern. – Wenn man einem, der auf dem Weg von heute wandelt, ohne die Sitten von heute zu ändern, selbst den ganzen Erdkreis gäbe: er könnte ihn nicht einen Morgen lang behaupten."

10. Kultur und Staatseinkünfte

Bai Gui[22] sprach: „Ich möchte nur den Zwanzigsten erheben. Wie wäre das?"
Mong Dsï sprach: „Eure Art ist die Art der mongolischen Nomaden. Wenn eine Stadt von zehntausend Häusern nur einen Töpfer hätte, ginge das an?"
Jener sprach: „Nein, das Geschirr würde da nicht ausreichen."
Mong Dsï sprach: „In der Mongolei wachsen nicht die fünf Kornarten; nur Hirse gedeiht dort. Es gibt dort keine ummauerten Städte, keine Gebäude und Tempel, nicht die Bräuche der Opfer; es gibt keine Fürsten, keine Geschenke an Seide, keine Hoffeste; es gibt keine Beamten und Angestellten: darum kommt man dort mit dem Zwanzigsten aus.

---

21 Auch dieser Abschnitt ist einer von denen, in denen sich Mong Dsï mit einer gewissen Erregtheit über die Fürsten seiner Zeit ausspricht. Dieser Ton der Rede unterscheidet ihn von Kung Dsï. Mehr als gegen die Fürsten sind die Worte jedoch gegen die herumziehenden Abenteurer unter Mong Dsïs Zeitgenossen gerichtet, die eine wahre Landplage gewesen sein müssen und wohl der vornehmlichste Anlaß waren für die bitteren Worte, die auch ein Dschuang Dsï „Wider die Kultur" gefunden hat.

22 Bai Gui, mit Vornamen Dau, war ein Mann aus Dschou, der den üblichen Zehnten in den Zwanzigsten umwandeln wollte. Er scheint seiner ganzen Art nach dem Mo Di nahe gestanden zu haben und größte Einfachheit und Beschränkung der Ausgaben betont zu haben. Mong Dsï tritt ihm im Namen der Kultur entgegen, deren Ende die beabsichtigte Einfachheit bedeuten würde.

今居中國，去人倫，無君子，如之何其可也？陶以寡，且不可以為國，況無君子乎？欲輕之於堯舜之道者，大貉小貉也；欲重之於堯舜之道者，大桀小桀也。”

11.

白圭曰：“丹之治水也愈於禹。”
孟子曰：“子過矣。禹之治水，水之道也。是故禹以四海為壑，今吾子以鄰國為壑。水逆行，謂之洚水。洚水者，洪水也，仁人之所惡也。吾子過矣。”

12.

孟子曰：“君子不亮，惡乎執？”

13.

魯欲使樂正子為政。
孟子曰：“吾聞之，喜而不寐。”

Nun leben wir aber im Reich der Mitte: wie ließe es sich machen, auf alle gesellschaftlichen Rücksichten zu verzichten, alle höher gebildeten Männer zu entbehren? Wenn zu wenig Töpfer in einem Lande sind, kann man nicht auskommen; wie erst, wenn es keine Gebildeten gibt! Wer die Abgaben leichter machen will, als es Yaus und Schuns Art war, der kommt schließlich auf eine größere oder kleinere Mongolei hinaus, wie der, der sie schwerer machen will, schließlich auf eine größere oder kleinere Tyrannei hinauskommt."

11. Ordnung der Wasser einst und jetzt

Bai Gui sprach: „Ich verstehe mich noch besser darauf, die Wasserläufe zu ordnen, als der große Yü (denn ich war rascher fertig als er)[23]."
Mong Dsï sprach: „Ihr seid im Irrtum, Freund! Der große Yü ordnete die Wasser entsprechend den Gesetzen des Wasserlaufs. Darum machte er die Meere zum Aufnahmebecken. Ihr, lieber Freund, machtet die Nachbarländer zum Aufnahmebecken. Wasser, das man in andere als die natürlichen Wege zwingt, macht eine Überschwemmung. Überschwemmungen sind ja aber eben jener Zustand der Sintflut (den Yü beseitigt hat); der aber ist einem gütigen Manne verhaßt. Mein Freund, Ihr seid im Irrtum!"

12. Zuverlässigkeit

Mong Dsï sprach: „Einem Edlen, der nicht zuverlässig ist, ist nicht beizukommen."[24]

13. Die Liebe zum Guten

In Lu wollte man den Yo-Dschong Dsï[25] mit der Verwaltung betrauen. Mong Dsï sprach: „Als ich das hörte, konnte ich vor Freude nicht schlafen."

23 Die praktische Art, wie Bai Gui mit den Wasserläufen fertig wurde, scheint darin bestanden zu haben, daß er Dämme bauen ließ, durch die die Überschwemmungen in benachbarte Staaten abgeleitet wurden, eine Praxis, die übrigens noch heute vielfach üblich ist. Nicht ohne Humor weist Mong Dsï darauf hin, daß er, weit entfernt, dem großen Yü in seinen Taten überlegen zu sein, vielmehr gerade das herbeiführe, was jener beseitigt habe: die große Flut.

24 Vgl. dazu die Bemerkung Kungs über die Wahrhaftigkeit in Lun Yü.

25 Yo-Dschong Dsï war in Lu angestellt, vermutlich zur Zeit, als Mong Dsï zur Trauer für seine Mutter dort weilte, und Mong Dsï hatte offenbar große Hoffnungen auf seinen Einfluß gesetzt. über die Art, wie diese Hoffnungen enttäuscht wurden, vgl. I, B, 16.

公孫丑曰："樂正子強乎？"曰："否。"
"有知慮乎？"曰："否。"
"多聞識乎？"曰："否。"
"然則奚為喜而不寐？"曰："其為人也好善。"
"好善足乎？"曰："好善優於天下，而況魯國乎？夫苟好善，則四海之內，皆將輕千里而來告之以善。夫苟不好善，則人將曰：'訑訑，予既已知之矣。'訑訑之聲音顏色，距人於千里之外。士止於千里之外，則讒諂面諛之人至矣。與讒諂面諛之人居，國欲治，可得乎？"

14.

陳子曰："古之君子何如則仕？"
孟子曰："所就三，所去三。迎之致敬以有禮，言將行其言也，則就之；禮貌未衰，言弗行也，則去之。其次，

Gung-Sun Tschou sprach: „Ist denn Yo-Dschong Dsï besonders tatkräftig?"
Mong Dsï verneinte.
„Ist er weise im Rat?"
Mong Dsï verneinte.
„Hat er vielseitige Erfahrung?"
Mong Dsï verneinte.
„Ja, warum freutet Ihr Euch dann so, daß Ihr nicht schlafen konntet?"
Mong Dsï sprach: „Er ist ein Mensch, der das Gute liebt."
Gung-Sun Tschou sprach: „Ist die Liebe zum Guten schon genug?"
Mong Dsï sprach: „Die Liebe zum Guten ist mehr als genug für die Regierung der ganzen Welt, geschweige des Staates Lu. Wenn einer wirklich das Gute liebt, so sind allen Leuten innerhalb der vier Weltmeere auch Tausende von Meilen nicht zu weit; sie kommen herbei, ihm zu sagen, was gut ist. Wenn einer nicht das Gute liebt, so reden die Leute über ihn: Das ist einer von den Selbstgewissen, die da sprechen: ‚Ich weiß es schon.' Selbstgewißheit in Wort und Mienen hält die Leute tausend Meilen weit entfernt. Wenn die Gebildeten tausend Meilen weit wegbleiben, so kommen die Speichellecker und Liebediener herbei. Wer unter Speichelleckern und Liebedienern wohnt und möchte sein Land in Ordnung bringen, kann es ihm denn gelingen?"

14. Gründe für amtliche Tätigkeit[26]

Tschen Dsï[27] sprach: „Unter welchen Bedingungen nahmen die Edlen der alten Zeit ein Amt an?"
Mong Dsï sprach: „Aus drei Gründen nahmen sie ein Amt an, aus drei Gründen gaben sie es auf. Wenn ein Fürst sie mit Achtung und höflichen Formen empfing, und es hieß, er werde nach ihren Worten tun, so nahten sie sich ihm. Wenn dann später die Höflichkeit noch immer nichts zu wünschen übrig ließ, aber ihre Worte nicht befolgt wurden, so verließen sie ihn. Die nächste Stufe war, daß, obwohl von vorneherein es sich nicht darum handeln konnte, daß

26 Diese Auseinandersetzung erinnert an die ähnlichen in Buch V, B, 3–5. Bei der letzten Art, eine Bezahlung des Fürsten anzunehmen – infolge von äußerer Not –, fügt Mong Dsï nicht bei, unter welchen Umständen man auf diesen Lebensunterhalt wieder zu verzichten habe. Diese letzte Möglichkeit, daß ein Gelehrter in die bare Not des Verhungerns kommen konnte, war erst eine Folge der Verhältnisse zur Zeit der streitenden Reiche. Zu Konfuzius' Zeit war diese Not noch nicht zu fürchten. Die Gelehrten hatten damals noch ihr gesichertes Auskommen.

27 Tschen Dsï ist der II, B, 3 genannte Tschen Dschen.

雖未行其言也，迎之致敬以有禮，則就之；禮貌衰，則去之。其下，朝不食，夕不食，飢餓不能出門戶。君聞之曰：‘吾大者不能行其道，又不能從其言也，使飢餓於我土地，吾恥之。’周之，亦可受也，免死而已矣。”

15.

孟子曰：“舜發於畎畝之中，傅說舉於版築之間，膠鬲舉於魚鹽之中，管夷吾舉於士，孫叔敖舉於海，百里奚舉於市。故天將降大任於是人也，必先苦其心志，勞其筋骨，餓其體膚，空乏其身，行拂亂其所為，所以動心忍性，曾益其所不能。人恒過，然後能改；困於心，衡於慮，而後作；徵於色，發於聲，而後喻。入則無法家拂士，出則無敵國外患者，

ihre Worte befolgt würden, sie doch empfangen wurden mit Achtung und höflichen Formen. Wenn dann später die Höflichkeit zu wünschen übrig ließ, so verließen sie ihn. Die letzte Auskunft war, wenn einer morgens nichts zu essen hatte und abends nichts zu essen hatte und vor Hunger nicht mehr zur Tür hinauskonnte, und ein Fürst hört davon und sagt: ‚Für mich ist's zu groß. Ich kann seine Grundsätze nicht durchführen und kann auch seinen Worten nicht folgen; aber daß er in meinem Lande verhungern sollte, das wäre mir eine Schande. Ich will ihm helfen.' Das mag man auch annehmen, aber nur, um dem Hungertod zu entgehen."

15. Die Schule der Trübsal

Mong Dsï sprach[28]: „Schun war Bauer, ehe er emporstieg. Fu Yüo ward berufen von seinen Brettern und Balken weg. Giau Go ward berufen von den Fischen und der Salzgewinnung weg. Guan I-Wu ward berufen vom Kerker weg. Sun-Schu Au ward berufen vom Meeresstrand weg. Bai-Li Hi ward berufen vom Marktplatz weg. Also, wem Gott ein großes Amt anvertrauen will, dem schafft er sicher erst Bitternis in Herz und Willen, er schafft Mühsal seinen Nerven und Knochen, er läßt durch Hunger seinen Leib leiden und bringt sein Leben in äußerste Not. Er verwirrt und stört ihm seine Werke. So erregt er seinen Geist und macht duldsam sein Wesen und legt ihm zu, was ihm an Fähigkeit gebricht. Stets müssen die Menschen irren, ehe sie klug werden. Sie müssen verzweifeln in ihrem Herzen und ratlos werden in ihren Gedanken, ehe sie sich erheben zu kraftvoller Tat. Die Wahrheit muß ihnen entgegentreten in dem, was vor Augen ist; sie muß ihnen tönen in dem, was sie hören, ehe sie sie verstehen können.

Ein Volk, das im Innern keine mächtigen Geschlechter und aufrechten Männer hat und draußen keine feindlichen Nachbarn und äußeren Kämpfe, das wird

28 Eine der kräftigsten Stellen in Mong Dsï. Von den genannten historischen Beispielen ist Schun schon häufig genannt. Fu Yüo ist im Schu Ging IV, 7 genannt. Der Herrscher Gau Dsung hatte ihn im Traum erblickt und so lange suchen lassen, bis er in der Wildnis von Fu Yän gefunden wurde. Giau Go ist in II, A, 1 erwähnt. Er war Verkäufer von Salz und Fischen, als ihn König Wu entdeckte und empfahl. Er war eine der stärksten Säulen der sinkenden Yindynastie. Guan I-Wu ist Guan Dschung, der bekannte und mehrfach genannte Kanzler des Fürsten Huan von Tsi, des ersten der fünf Bundeshäupter. Sun Schu Au war Kanzler des letzten der fünf Bundeshäupter, Dschuang von Tschu. Vgl. über ihn und seine Bescheidenheit Liä Dsï VIII, 17. Bai-Li Hi Ist ebenfalls schon ausführlich besprochen worden.

國恒亡。然後知生於憂患而死於安樂也。”

16.

孟子曰：“教亦多術矣，予不屑之教誨也者，是亦教誨之而已矣。”

stets zugrunde gehen. Daran erkennt man, daß das Leben geboren wird in Trauer und Schmerzen und der Tod geboren wird in Wohlsein und Lust.“

16. Verschiedene Belehrung

Mong Dsï sprach: „Die Belehrung hat vielerlei Mittel. Wenn ich mich nicht hergebe, einen zu belehren, so gebe ich ihm eben dadurch auch eine Lehre.“

盡心

上

1.

孟子曰：“盡其心者，知其性也。知其性，則知天矣。存其心，養其性，所以事天也。殀壽不貳，修身以俟之，所以立命也。”

2.

孟子曰：“莫非命也，順受其正。是故知命者，不立乎巖牆之下。盡其道而死者，正命也。桎梏死者，非正命也。”

BUCH VII – DSIN SIN

ABSCHNITT A

1. Der Mensch und sein Schicksal. I

Mong Dsï sprach: „Wer seiner Seele auf den Grund kommt, der erkennt sein eigentliches Wesen. Erkenntnis dieses eigentlichen Wesens ist Gotteserkenntnis. Wer seine Seele bewahrt, der nährt sein eigentliches Wesen und dient dadurch Gott. Früher Tod oder langes Leben machen für ihn keinen Unterschied. Er veredelt sein Leben und erwartet, was kommt. Dadurch verwirklicht er das ihm bestimmte Geschick.“[1]

2. Der Mensch und sein Schicksal. II

Mong Dsï sprach: „Alles ist Gottes Wille. Man soll gehorsam entgegennehmen, was für einen recht ist. Wer Gottes Willen kennt, der wird sich nicht mutwillig unter eine dem Einsturz nahe Mauer stellen. Daß der Mensch seinen Weg vollendet und dann stirbt, das ist der ihm bestimmte Wille Gottes. Daß aber einer in Fesseln und Banden stirbt, das ist nicht der ihm bestimmte Wille Gottes.“[2]

1 Man vergleiche zu diesem Abschnitt die entsprechenden Stücke in Da Hüo und Dschung Yung. Mong Dsï geht in diesem und den folgenden Abschnitten, die er in seinem höheren Alter gleichsam als Nachtrag verfaßt haben soll, mehr in die Tiefe der Kontemplation als sonst. „Seele“ (wörtlich: Herz), „eigentliches Wesen“ (wörtlich: Natur) und „Gott“ (wörtlich: Himmel) gehören zusammen. „Seele“ ist soviel wie das bewußte Geistesleben, das „eigentliche Wesen“ ist das zugrunde liegende, nicht in die Erscheinung tretende, aber das ganze Leben gesetzmäßig bestimmende „Ding an sich“ des Menschen. Mit Beziehung auf den Menschen heißt es „sing“ Natur, mit Beziehung auf Gott „ming“ Befehl, Wille Gottes. Vgl. die folgenden Abschnitte. Der erste Satz handelt vom Erkennen, der zweite vom Handeln.

2 Hier ist ein Versuch gemacht, die Allmacht und Allwissenheit Gottes mit der menschlichen Freiheit zu versöhnen. Alles ist Bestimmung, aber es gibt direkte und indirekte Vorsehung. Direkt von Gott bestimmt ist nur, was der Mensch in Verfolgung seiner ihm vorgezeichneten Laufbahn erfährt. Was ihn trifft, wenn er von dieser Bahn abweicht, ist zwar auch nach göttlichen Gesetzen, aber nicht direkt (dschong) von Gott so geordnet.

3.

孟子曰："求則得之，舍則失之，是求有益於得也，求在我者也。求之有道，得之有命，是求無益於得也，求在外者也。"

4.

孟子曰："萬物皆備於我矣。反身而誠，樂莫大焉。強恕而行，求仁莫近焉。"

5.

孟子曰："行之而不著焉，習矣而不察焉，終身由之而不知其道者，眾也。"

6.

孟子曰："人不可以無恥。無恥之恥，無恥矣。"

3. Das rechte Suchen

Mong Dsï sprach: „‚Suchet, so werdet ihr finden; lasset ab, so werdet ihr verlieren!‘ Das Suchen nützt also etwas zum Finden: wenn wir in uns selber suchen.
‚Das Suchen geht seinen Weg, das Finden aber ist vom Geschick bestimmt.‘ Das Suchen nützt also nichts zum Finden: wenn wir draußen suchen.“[3]

4. Warum in die Ferne schweifen

Mong Dsï sprach: „Alles ist in uns selbst vorhanden. Wenn wir in uns gehen und sind wahrhaftig: das ist die höchste Freude. Wenn wir stark sind in der Nächstenliebe und darnach handeln: das ist der nächste Weg zur Vollkommenheit.“[4]

5. Dumpfheit

Mong Dsï sprach: „Sie handeln und wissen nicht, was sie tun; sie haben ihre Gewohnheiten und wissen nicht, warum; sie wandeln ihr ganzes Leben lang und kennen doch nicht ihren Weg: so sind sie, die Leute der Masse.“[5]

6. Das Schamgefühl. I

Mong Dsï sprach: „Der Mensch kann nicht ohne Scham sein. Wer sich der Schamlosigkeit schämt, braucht sich nicht zu schämen.“[6]

---

3 Zwei einander widersprechende Sprichwörter, die auf die Wirkung des Gebets und sonstiger Versuche, das Schicksal zu beeinflussen, sich beziehen, werden auf die Gebiete ihrer Geltung verteilt. Das zweite entspricht dem: „Der Mensch denkt und Gott lenkt“.

4 Die erste Hälfte betont die Seligkeit des: „omnia mea mecum porto“, die stoische Selbstgenügsamkeit von der Seite des Erkennens, es ist das chinesische γνωθι σεαυτον, die zweite Hälfte bezieht sich wieder auf das Handeln.

5 Vgl. Lun Yü VIII, 9. Neuerdings erheben manche der europäisch gebildeten jungen Leute gegen den Konfuzianismus den Vorwurf, daß er volksverdummend wirke, eben aufgrund jener Lun-Yü-Stelle. Wenn man den vorliegenden Abschnitt, wie man das muß, mit jener Stelle zusammennimmt, so zeigt es sich, wie unberechtigt jener Vorwurf ist.

6 Ein ähnliches Wortspiel wie im Taoteking Kap. 71.

7.

孟子曰："恥之於人大矣。為機變之巧者，無所用恥焉。不恥不若人，何若人有？"

8.

孟子曰："古之賢王好善而忘勢，古之賢士何獨不然？樂其道而忘人之勢。故王公不致敬盡禮，則不得亟見之。見且由不得亟，而況得而臣之乎？"

9.

孟子謂宋句踐曰："子好遊乎？吾語子遊。人知之，亦囂囂；人不知，亦囂囂。"
曰："何如斯可以囂囂矣？"
曰："尊德樂義，則可以囂囂矣。故士窮不失義，達不離道。窮不失義，故士得己焉；達不離道，故民不失望焉。古之人，得志，澤加於民；

7. Das Schamgefühl. II

Mong Dsï sprach: „Das Schamgefühl ist das wichtigste am Menschen. Wenn einer gewandt ist in allerhand Kniffen und Auskünften, der kommt ohne Schamgefühl aus. Wer sich aber durch Schamlosigkeit von den Menschen unterscheidet, was hat der noch mit den Menschen gemein?“[7]

8. Das Selbstgefühl der Alten

Mong Dsï sprach: „Die weisen Könige des Altertums liebten den Wert und vergaßen darüber den Rang. Und warum hätten die weisen Gelehrten es nicht auch so machen sollen? Sie freuten sich ihrer Grundsätze und vergaßen darüber den Rang der anderen Menschen. Darum wenn Könige und Fürsten ihnen nicht mit großer Achtung und äußerster Höflichkeit begegneten, so wurde es denselben nicht zu teil, sie öfters zu sehen. Nicht einmal jene Weisen öfter zu besuchen gelang ihnen, geschweige denn sie anzustellen.“[8]

9. Vom Wandern

Mong Dsï sagte zu Sung Gou-Tsiän: „Ihr liebt zu wandern? Ich will Euch sagen, wie man wandern muß: Wenn uns die Leute kennen, dann fröhlich seine Straße ziehen; wenn uns die Leute nicht kennen, dann ebenso fröhlich seine Straße ziehen.“
Jener sprach: „Wie kann man diese Fröhlichkeit erlangen?“
Mong Dsï sprach: „Tugend schätzen und sich der Gerechtigkeit freuen: so kann man diese Fröhlichkeit erlangen. Darum wenn der Gebildete Mißerfolg hat, so verliert er seine Gerechtigkeit nicht; hat er Erfolg, so weicht er nicht von seinem Weg. Wenn er im Mißerfolg nicht die Gerechtigkeit verliert, so bleibt er sich selber treu. Wenn er im Erfolg nicht von seinem Weg weicht, so enttäuscht er nicht die andern. Im Altertum machten es die Männer so, daß wenn sie ihr Ziel erreichten, sie dem ganzen Volke Segen spendeten; wenn sie

7 Diese Warnung vor der Schamlosigkeit ist besonders an die Wanderphilosophen der Zeit gerichtet, die durch ihre List jede beschämende Situation zu überwinden verstanden. Ihre Abnormität bestand infolge davon in einer Atrophie des Schamgefühls, die zu den schlimmsten Verkümmerungen gehört, die einem Menschen zustoßen können.

8 Vgl. das Horazische: „Ich wickle mich in meine Tugend ein.“

不得志，脩身見於世。窮則獨善其身，達則兼善天下。”

10.

孟子曰：“待文王而後興者，凡民也。若夫豪傑之士，雖無文王猶興。”

11.

孟子曰：“附之以韓魏之家，如其自視欿然，則過人遠矣。”

12.

孟子曰：“以佚道使民，雖勞不怨；以生道殺民，雖死不怨殺者。”

ihr Ziel nicht erreichten, so veredelten sie ihr Leben, daß es auf Erden strahlte. Im Mißerfolg erhöhten sie nur ihr eigenes Leben; hatten sie Erfolg, so erhöhten sie gleichzeitig die ganze Welt."[9]

10. Selbsttätigkeit

Mong Dsï sprach: „Die auf einen König Wen warten müssen, um sich zu Höherem zu erheben, das sind die Massenmenschen. Der höhere Mensch wird sich zu Höherem erheben auch ohne König Wen."[10]

11. Verhalten zum Reichtum

Mong Dsï sprach: „Gib einem Menschen den Reichtum der Häuser Han und We. Wenn er trotzdem nicht eingebildet wird, dann ist er den andern Menschen weit voraus."[11]

12. Der Wert des Zwecks

Mong Dsï sprach: „Wer auf dem Weg zur Ruhe die Leute arbeiten läßt, dem werden sie nicht gram trotz aller Mühsal. Wenn man auf dem Weg des Lebens Menschen töten läßt, dann sterben sie, ohne daß sie murren gegen den, der sie tötet."[12]

---

9 Zu diesem Abschnitt über das Wandern vergleiche die ähnliche Umdeutung des Begriffs in Liä Dsï IV, 7 und das erste Buch des Dschuang Dsï, das den Titel trägt: „Wandern in Muße". Sung Gou-Tsiän oder nach andern Gou Tsiän aus dem Staate Sung ist ein sonst nicht bekannter Wandersophist. Er war wohl nicht so schlimm wie die berüchtigten Wandersophisten, die sich an den Höfen eingenistet hatten.

10 König Wen steht hier als Beispiel für einen Heiligen auf dem Thron. Wenn von oben her der Wind so weht, daß es Mode wird, sich für ideale Dinge zu interessieren, dann ist jedermann dabei. Der höhere Mensch aber findet die Kraft zu einer solchen Erhebung in sich selbst.

11 Han, We und Dsdiau waren die drei Adelsgeschlechter, in die der Staat Dsin sich auflöste und die für ihren Reichtum sprichwörtlich waren. Solch plötzliches Reichwerden, wie es hier vorausgesetzt ist, war erst seit der Zeit der Streitenden Mächte möglich. In früherer Zeit – noch zu Kungs Tagen – war die gesellschaftliche Struktur noch fester geordnet, so daß eine solche abenteuerliche Schicksalsänderung nicht vorkam.

12 Der erste Absatz ist ohne weiteres verständlich. Der zweite Absatz wird darauf bezogen, daß um einer Abschreckung der andern willen Hinrichtungen stattfinden, daß aber selbst

13.

孟子曰：“霸者之民，驩虞如也；王者之民，皞皞如也。殺之而不怨，利之而不庸，民日遷善而不知為之者。夫君子所過者化，所存者神，上下與天地同流，豈曰小補之哉？”

14.

孟子曰：“仁言，不如仁聲之入人深也。善政，不如善教之得民也。善政民畏之，善教民愛之；善政得民財，善教得民心。”

13. Höchste Wirkung

Mong Dsï sprach: „In einem Militärstaat sind die Bürger stolz und hochgemut, im Staat eines wahren Herrschers sind die Bürger ruhig und zufrieden. Er mag sie töten, und sie murren nicht; er mag ihnen Vorteil bringen, und sie denken nicht an sein Verdienst; die Leute machen täglich Fortschritte im Guten und wissen nicht, wer sie dazu bringt. Der Herrscher wirkt, wo er vorüberkommt, schöpferisch, wo er weilt, göttlich; seine Wirkungen breiten sich aus nach allen Richtungen wie die der Natur. Wie kann man von ihm berichten, er habe da oder dort eine kleine Verbesserung eingeführt!“[13]

14. Die Wirkung der Güte

Mong Dsï sprach: „Gütige Worte gehen den Menschen nicht so tief zu Herzen wie ein gütiger Ton. Eine geschickte Regierung gewinnt die Leute nicht so völlig wie eine geschickte Belehrung. Eine geschickte Regierung lehrt die Leute Furcht, eine geschickte Belehrung lehrt die Leute Liebe. Eine geschickte Regierung gewinnt das Geld der Leute, eine geschickte Belehrung gewinnt das Herz der Leute.“[14]

---

die Hingerichteten mit ihrem Los zufrieden sind, wenn die allgemeine Stimmung dem Herrscher mit überwältigender Mehrheit recht gibt.

13 Der Unterschied zwischen den militärischen Bundeshäuptern (ba) und einem wahren Menschenkönig (wang) wird hier in Ausdrücken geschildert, die an die goldene Zeit, wie sie in Lau Dsï (Laotse), Liä Dsï und Dschuang Dsï vorkommt, erinnern. Der Militarismus bewirkt Patriotismus und stolzes Bewußtsein. Seine Wirkungen sind alle erkennbar und aufzählbar, wie das Begießen der trockenen Pflanzen bei trockenem Wetter, während die Wirkungen des Herrschers im höchsten Sinn naturartig sind, so daß sie den Leuten gar nicht ausdrücklich zu Bewußtsein kommen. Vgl. dazu das Liedchen der Bauern unter dem Herrscher Yau:

> Die Sonne geht auf, und ich gehe an die Arbeit,
> Die Sonne geht unter, und ich zur Ruhe.
> Ich grabe meinen Brunnen und habe zu trinken,
> Ich pflüge mein Feld und habe zu essen.
> Des Herren Kraft – was ist sie mir?

14 Statt „ein gütiger Ton“ geben die alten Kommentare „ein gütiger Ruf“, so daß der Sinn wäre: „Mehr als gelegentliche freundliche Worte macht es Eindruck auf die Leute, wenn der Herrscher im Ruf eines gütigen Mannes steht.“ Vgl. Lun Yü II, 3.

15.

孟子曰：“人之所不學而能者，其良能也；所不慮而知者，其良知也。孩提之童，無不知愛其親者；及其長也，無不知敬其兄也。親親，仁也；敬長，義也。無他，達之天下也。”

16.

孟子曰：“舜之居深山之中，與木石居，與鹿豕遊，其所以異於深山之野人者幾希。及其聞一善言，見一善行，若決江河，沛然莫之能禦也。”

17.

孟子曰：“無為其所不為，無欲其所不欲，如此而已矣。”

15. Allgemeinheit der guten Anlagen

Mong Dsï sprach: „Was die Menschen können, ohne es gelernt zu haben, das ist ihr eigentliches Können. Was die Menschen wissen, ohne sich darüber zu besinnen, das ist ihr eigentliches Wissen. Jedes Kind, das man auf den Arm nimmt, weiß seine Eltern zu lieben, und wenn es ein wenig größer ist, so weiß es seinen älteren Bruder zu achten. Anhänglichkeit an die Nächsten ist die Liebe, Achtung vor den Älteren ist die Pflicht. Es handelt sich um nichts anderes, als diese Gefühle auszudehnen auf die ganze Welt."[15]

16. Schun in den Bergen

Mong Dsï sprach: „Als Schun in den tiefen Bergen weilte, da wohnte er zusammen mit Bäumen und Felsen, da ging er umher unter den Hirschen und Schweinen; wie klein war doch der Unterschied, der ihn von den wilden Menschen in jenen tiefen Bergen trennte! Aber wenn er ein einziges gutes Wort hörte, eine einzige gute Tat sah, da war er darauf aus wie ein Strom, der seinen Damm zerreißt und dahinströmt unaufhaltsam."[16]

17. Autonomie

Mong Dsï sprach: „Tue nichts, was dir nicht entspricht zu tun; wünsche nichts, was dir nicht entspricht zu wünschen. Das ist es, worauf es allein ankommt."[17]

---

15 Das „eigentliche" Können ist das intuitive, von selbst vorhandene. Der letzte Satz wird auch anders erklärt: „Es gibt keinen andern Grund dafür, als daß diese Gefühle auf der ganzen Welt zu finden sind." Wir haben uns im Text an Dschau Ki angeschlossen.

16 Die Sage von Schun in den Bergen bezieht sich wohl auf seinen Aufenthalt auf dem Li-Berge. Man könnte das Gleichnis mit derselben Berechtigung auchdi anwenden auf die ersten Menschen unter den Anthropoiden.

17 Dschau Ki faßt den Sinn anders: „Laß keinen tun, was du nicht tust usw." Doch scheint die Erklärung Dschu His den Vorzug zu verdienen.

18.

孟子曰："人之有德慧術知者，恒存乎疢疾。獨孤臣孽子，其操心也危，其慮患也深，故達。"

19.

孟子曰："有事君人者，事是君則為容悅者也。有安社稷臣者，以安社稷為悅者也。有天民者，達可行於天下而後行之者也。有大人者，正己而物正者也。"

20.

孟子曰："君子有三樂，而王天下不與存焉。父母俱存，兄弟無故，一樂也。仰不愧於天，俯不怍於人，二樂也。得天下英才而教育之，三樂也。君子有三樂，而王天下不與存焉。"

18. Die Frucht der Trübsal

Mong Dsï sprach: „Männer von Charakter, Scharfsinn, Klugheit und Weisheit haben in der Regel lange in Not und Elend gelebt. Da sind die verlassenen Diener ihres Herrn und die ungeliebten Söhne, die immer in ihrem Herzen auf der Hut sein müssen vor Gefahren und tief in Sorgen und Leid sind: darum bringen sie es zu etwas."[18]

19. Verschiedene Art des Wirkens

Mong Dsï sprach: „Es gibt Fürstendiener[19a]: sie dienen einem einzelnen Fürsten und freuen sich, wenn er sie freundlich ansieht. Es gibt Staatsdiener[19b]: sie freuen sich darüber, wenn es ihnen gelingt, einen Staat in Ruhe und Ordnung zu bringen.

Es gibt Männer Gottes, die wirken nicht eher, als bis sie gewiß sind, daß wenn sie Erfolg haben, ihr Wirken der ganzen Welt zugute kommen kann.

Endlich gibt es die ganz großen Männer, die selber recht sind und dadurch die andern recht machen."

20. Die drei Freuden

Mong Dsï sprach: „Der Edle kennt drei Freuden, und die Herrschaft über die Welt ist nicht darunter. Wenn Vater und Mutter beide noch leben und er bei seinen Brüdern im Frieden wohnt; das ist die erste Freude. Wenn er zu Gott emporblicken kann mit gutem Gewissen und den Menschen ins Auge sehen kann, ohne erröten zu müssen: das ist die zweite Freude. Wenn er die bestbegabten Jünglinge auf Erden zum Unterricht und zur Belehrung anvertraut bekommt: das ist die dritte Freude. Der Edle kennt drei Freuden, und die Herrschaft über die Welt ist nicht darunter."[20]

---

18 Vgl. VI. B, 151 „Not und Elend" wörtlich „Fieber und Krankheit".

19a Die Fürstendiener: die Übersetzung „sie freuen sich, wenn er sie freundlich ansieht" gibt die wahrscheinlichere Konstruktion wieder. Eine andere Erklärung ist: „sie handeln, damit der Fürst sie gnädig ansieht und sich ihrer freut."

19b Staatsdiener: wörtlich „Beamte der Erd- und Kornaltäre". Der Altar für die Götter des Bodens (Schä) und Korns (Dsi) repräsentiert den Bestand des Staates.

20 Vgl. dazu die Freuden des Kung Dsi in Lun Yü I, 1.

21.

孟子曰：“廣土眾民，君子欲之，所樂不存焉。中天下而立，定四海之民，君子樂之，所性不存焉。君子所性，雖大行不加焉，雖窮居不損焉，分定故也。君子所性，仁義禮智根於心。其生色也，睟然見於面，盎於背，施於四體，四體不言而喻。”

22.

孟子曰：“伯夷辟紂，居北海之濱，聞文王作興，曰：‘盍歸乎來！吾聞西伯善養老者。’太公辟紂，居東海之濱，聞文王作興，曰：‘盍歸乎來！吾聞西伯善養老者。’天下有善養老，則仁人以為己歸矣。五畝之宅，樹牆下以桑，匹婦蠶之，則老者足以衣帛矣。五母雞，二母彘，無失其時，老者足以無失肉矣。

21. Das höchste Ziel

Mong Dsï sprach: „Ein großes Land und viele Untertanen: der Edle ließe sich's gefallen, aber seine Freude ist es nicht. Im Mittelpunkt der Welt zu stehen und alles Volk auf Erden zur Ruhe zu bringen: dem Edlen würde das Freude geben, aber sein eigentliches Wesen ist es nicht. Was der Edle als sein eigentliches Wesen erkennt, dem kann nichts hinzugefügt werden, auch wenn er noch so großen Erfolg hat; dem kann nichts entzogen werden, und wenn er auch in Armut und Mißerfolg lebt: denn es ist sein ihm bestimmtes Teil. Worin der Edle sein eigentliches Wesen sieht, das ist Liebe und Pflicht und Ordnung und Weisheit. Die wurzeln ihm im Herzen, und die Wirkungen, die sie nach außen hervorbringen, zeigen sich in der milden Heiterkeit seines Gesichts, in der Würde, die man ihm selbst von hinten ansieht, und der ganzen Art seiner Bewegungen. Er braucht seine Bewegungen nicht vorher einzuüben, und doch drücken sie sein Inneres aus."[21]

22. Sorge für das Alter

Mong Dsï sprach: „Be-I war von Dschou-Sin gewichen und weilte am Strand des Nordmeers. Als er hörte, daß König Wen seine Wirksamkeit begonnen, erhob er sich und sprach: ‚Warum nicht hingehen und ihm mich anschließen? Der Markgraf des Westens verstehe es ja, für die Alten zu sorgen.'
Tai Gung war von Dschou-Sin gewichen und weilte am Strand des Ostmeers. Als er hörte, daß König Wen seine Wirksamkeit begonnen, erhob er sich und sprach: ‚Warum nicht hingehen und ihm mich anschließen? Der Markgraf des Westens verstehe es ja, für die Alten zu sorgen.'"
Wenn auf Erden es jemand versteht, für das Alter zu sorgen, so sind alle gütigen Männer bereit, ihm zuzufallen. Wenn bei jedem Hof von fünf Morgen an den Mauern Maulbeerbäume gepflanzt sind, auf denen die Bäuerin Seidenzucht treibt, so reicht es für die Alten, seidengefütterte Kleider zu tragen. Wenn fünf Hühner und zwei Mutterschweine da sind, denen man ihre Zeit läßt, so reicht es für die Alten, daß sie des Fleisches nicht entbehren. Ein Feld

21 Das erste Ziel ist ein Lehenstaat, das zweite die unbeschränkte Wirkungsmöglichkeit auf Erden, das dritte und höchste die eigene Vervollkommnung. Der Schluß heißt wörtlich: „Ihre äußere Erscheinung erscheint milde im Antlitz, strömt über im Rücken und wirkt auf die vier Glieder. Den vier Gliedern braucht nichts gesagt zu werden, und doch verstehen sie."

百畝之田，匹夫耕之，八口之家足以無飢矣。所謂西伯善養老者，制其田里，教之樹畜，導其妻子，使養其老。五十非帛不煖，七十非肉不飽。不煖不飽，謂之凍餒。文王之民，無凍餒之老者，此之謂也。”

23.

孟子曰：“易其田疇，薄其稅斂，民可使富也。食之以時，用之以禮，財不可勝用也。民非水火不生活，昏暮叩人之門戶，求水火，無弗與者，至足矣。聖人治天下，使有菽粟如水火。菽粟如水火，而民焉有不仁者乎？”

von hundert Morgen, das der Bauer pflügt, reicht aus, daß eine Familie von acht Köpfen nicht zu hungern braucht.
Wenn es hieß, der Markgraf des Westens verstehe es, die Alten zu pflegen, so war damit gemeint, daß er Feld und Hof seiner Leute in Ordnung brachte, daß er sie unterwies im Pflanzen und in der Viehzucht, daß er die Frauen und Kinder anhielt, für die Alten in ihrer Familie zu sorgen. Ein Fünfziger wird nicht warm, wenn er keine seidengefütterten Kleider hat, ein Siebziger wird nicht satt, wenn er kein Fleisch hat. Nicht warm und nicht satt sein heißt man frieren und hungern. Unter dem Volk des Königs Wen gab es keine frierenden und hungernden Greise.[22]

23. Wohlstand und Sittlichkeit

Mong Dsï sprach: „Wenn man dafür sorgt, daß das Land gut bestellt wird und die Abgaben nicht zu schwer sind, so macht man, daß das Volk reich wird. Wenn man nur ißt, was an der Zeit ist, und nur aufwartet, was der Anstand erfordert, so werden die Güter unerschöpflich. Wasser und Feuer zum Beispiel sind unumgänglich nötige Lebensbedürfnisse. Aber wenn jemand noch spät am Abend seinem Nachbar an die Tür klopft und ihn um Wasser oder Feuer bittet, so wird keiner sie ihm versagen, weil ja im Überfluß davon vorhanden ist. Wenn ein berufener Heiliger den Erdkreis ordnet, so sorgt er dafür, daß die Nahrungsmittel ebenso reichlich vorhanden sind wie Wasser und Feuer. Wie sollte es da unter den Leuten noch Ungüte geben!“[23]

---

22 Vgl. dazu Buch I, A, 3 und Buch IV, A, 13, wo auch das Nähere über Be-I und Tai Gung zu finden ist. – Von den fünf Morgen, die zu einem Hof gehörten, waren zweieinhalb Gartenland und zweieinhalb für die Gebäude im Dorf bestimmt. Außerdem hatte jede Familie noch hundert Morgen Feld. – In alten Zeiten gab es in China noch keine Baumwolle. Sie ist erst unter der Yüandynastie aufgekommen. Im Sommer trug man leinene Kleider, im Winter trugen wenigstens die alten Leute, statt der jetzt üblichen wattierten, seidene, die mit Seidenwatte gefüttert waren.

23 Der Weg, wie ein Herrscher nach Mong Dsï sein Volk bereichern kann, ist einfach genug. Er sorgt nur dafür, daß die Produktion ihren geordneten Gang geht und nicht durch Abgaben zu sehr belastet wird und daß die Konsumtion sich in den naturgemäßen Grenzen hält. Grade dem übertriebenen und geschmacklosen Luxus seiner Zeit gegenüber strebt Mong Dsï auf eine gewisse Einfachheit der Lebenshaltung hin, wie sie mit jeder wahren Kultur verbunden ist.

24.

孟子曰：“孔子登東山而小魯，登太山而小天下。故觀於海者難為水，遊於聖人之門者難為言。觀水有術，必觀其瀾。日月有明，容光必照焉。流水之為物也，不盈科不行；君子之志於道也，不成章不達。”

25.

孟子曰：“雞鳴而起，孳孳為善者，舜之徒也。雞鳴而起，孳孳為利者，蹠之徒也。欲知舜與蹠之分，無他，利與善之閒也。”

24. Die Wahrheit und der Weg zu ihr

Mong Dsï sprach: „Meister Kung stieg auf den Ostberg: da ward das Land Lu klein vor seinen Augen. Er stieg auf den Großen Berg: da ward der Erdkreis klein vor seinen Augen. So geht es dem, der das Meer ansieht: es wird ihm schwer, von andern Wassern noch etwas zu halten. Und dem, der mit den Heiligen verkehrt: es wird ihm schwer, von andern Worten noch etwas zu halten.

Es gibt ein Mittel zu erkennen, ob ein Wasser eine Quelle hat. Man muß auf sein Plätschern achten. Sonne und Mond haben eigenes Licht. Wo man ihren Schein hereinläßt, wird es hell.

Fließendes Wasser ist von besonderer Art. Ehe es eine Vertiefung ausgefüllt hat, geht es nicht weiter. Der Gebildete steckt sich dasselbe Ziel bei der Erkenntnis der Wahrheit. Ehe er auf einer Stufe volle Meisterschaft erreicht, geht er nicht weiter.“[24]

25. Der Heilige und der Räuber

Mong Dsï sprach: „Wer beim Hahnenruf aufsteht und an nichts anderes denkt als an Gutestun, der ist ein Genösse des heiligen Schun. Wer beim Hahnenruf aufsteht und an nichts anderes denkt als an seinen Nutzen, der ist ein Genosse des Räubers Dschï. Wollt ihr den Unterschied zwischen dem heiligen Schun und dem Räuber Dschï wissen? Er liegt nirgends sonst als in dem Abstand zwischen gut und nützlich.“[25]

24 Der Abschnitt hat drei Teile. Erstens die unvergleichlich überragende Bedeutung der Wahrheit. Vgl. dazu das Gleichnis von der kostbaren Perle. Zweitens die Prüfung dieser Wahrheit. Vgl. dazu: „An ihren Früchten sollt ihr sie erkennen“. Drittens der Weg zur Wahrheit ist stufenweiser Fortschritt. – Der Ostberg ein Hügel bei der Hauptstadt von Lu. Der Große Berg ist der Taischan, der berühmteste der Heiligen Berge Chinas. Die Taischanbesteigung des Konfuzius spielt in der späteren Sage eine große Rolle. – Vgl. übrigens zu dem Satz, daß wenn man das Meer gesehen, man nichts mehr von anderen Wassern hält, Dschuang Dsï Buch XVII.

25 Der Räuber Dschï (Sohle) ist eine sagenhafte Gestalt, die auch bei Dschuang Dsï häufig erwähnt wird. Er ist in der chinesischen Literatur der Zeit so ungefähr der Schinderhannes. Er soll auf eine historische Gestalt aus dem Staate Tsin zurückgehen. Die Sagen, die ihn zum Bruder von Liu-Hia Hui und zum Bekannten von Kung Dsï machen, entbehren der historischen Begründung.

26.

孟子曰：“楊子取為我，拔一毛而利天下，不為也。墨子兼愛，摩頂放踵利天下，為之。子莫執中，執中為近之，執中無權，猶執一也。所惡執一者，為其賊道也，舉一而廢百也。”

27.

孟子曰：“飢者甘食，渴者甘飲，是未得飲食之正也，飢渴害之也。豈惟口腹有飢渴之害？人心亦皆有害。人能無以飢渴之害為心害，則不及人不為憂矣。”

26. Einseitigkeiten

Mong Dsï sprach: „Yang Dschu war Egoist. Sich auch nur ein Härchen ausziehen, um der ganzen Welt zu nützen: selbst das hätte er nicht getan. Mo Di war Philanthrop. Sich von Kopf bis zu Fuß den ganzen Leib kahl scheuern, um der Welt zu nützen: auch dazu war er bereit. Dsï Mo hielt sich an den Mittelweg. Sich an den Mittelweg halten, kommt ja der Wahrheit näher. Aber wenn man sich nur an den Mittelweg hält ohne eigenes Urteil, so ist das auch Einseitigkeit. Warum ich die Einseitigkeit hasse, das ist, weil sie der Wahrheit Eintrag tut, indem sie einen einzelnen Punkt betont auf Kosten von hundert anderen."[26]

27. Der Hunger

Mong Dsï sprach: „Dem Hungrigen ist jede Speise recht, dem Durstigen ist jeder Trank recht. Aber sie kommen gar nicht zum rechten Geschmack an Speise und Trank, weil Hunger und Durst sie beeinträchtigen. Aber nicht nur Mund und Magen werden durch Hunger und Durst beeinträchtigt, auch das Herz der Menschen wird dadurch beeinträchtigt. Wenn jemand es fertig bringt, sein Herz frei zu halten von der Beeinträchtigung durch Hunger und Durst, so macht es ihm keinen Schmerz, wenn er es andern Menschen nicht gleichtun kann."[27]

26 Yang Dschu ist der in Liä Dsï VII und sonst oft genannte skeptische Pessimist. Mong Dsi hat ihm die Namen geprägt, unter denen er in der chinesischen Geschichte geht, ebenso wie seinem Antipoden Mo Di, dem Mann der allgemeinen gleichmäßigen Menschenliebe. Vgl. III, A, 5 und II, B, 9. Mo Di hatte sich den Großen Yü zum Vorbild genommen, von dem es hieß, daß er sich die Haare an den Beinen abgescheuert habe, während er die Wasserläufe geordnet – in ähnlicher Weise wie Mong Dsï in Schun sein Ideal verehrt. Über den dritten Philosophen Dsï Mo ist weiter nichts bekannt, als daß er aus Lu stammte. Er scheint eine Art eklektischer Vermittlungsphilosophie vertreten zu haben. Vielleicht zeigt sich nirgends besser als hier, wie weit der konfuzianische Weg von Maß und Mitte von einer bloß mechanischen bürgerlichen Mittelmäßigkeit entfernt ist. Der zentrale Punkt ist das Urteil, das immer das trifft, was unter Erwägung der Lage am Platz ist.

27 Wer frei werden kann von dem Durst nach Gütern, der erlangt Zufriedenheit und Freiheit, auch wenn er an Besitz andern Menschen nicht gleichkommt. Wer aber von der Gier verblendet ist, dem ist jedes Mittel recht, um Reichtum zu erraffen. Damit wird aber sein inneres Leben geschädigt, weil er die Fähigkeit zur Beurteilung seiner Handlungen verloren hat, wie der Hungrige die Fähigkeit zur Beurteilung der Speisen.

28.

孟子曰：“柳下惠不以三公易其介。”

29.

孟子曰：“有為者辟若掘井，掘井九軔而不及泉，猶為棄井也。”

30.

孟子曰：“堯舜，性之也；湯武，身之也；五霸，假之也。久假而不歸，惡知其非有也。”

31.

公孫丑曰：“伊尹曰：‘予不狎于不順。’放太甲于桐，民大悅。太甲賢。又反之，民大悅。賢者之為人臣也，其君不賢，則固可放與？”

28. Unabhängigkeit

Mong Dsï sprach: „Liu-Hia Hui hätte nicht um der höchsten Ehrenämter willen seine Art zu leben aufgegeben.“[28]

29. Der Brunnen

Mong Dsï sprach: „Wenn's eine Tat zu vollbringen gilt, ist's wie beim Graben eines Brunnens. Hat man auch neun Klafter tief gegraben: wenn man nicht auf die Quelle kommt, so war die ganze Arbeit am Brunnen weggeworfen.“[29]

30. Verschiedene Arten des Besitzes

Mong Dsï sprach: „Yau und Schun besaßen's von Natur, die Könige Tang und Wu machten's sich zu eigen. Die Herrscher der Großmächte hatten's geborgt. Wenn jemand etwas lange geborgt hat und gibt es nicht zurück, wer merkt dann noch, daß es nicht sein Eigentum ist?“[30]

31. Fürst und Diener

Gung-Sun Tschou sprach: „I-Yin soll gesagt haben: ‚Ich halte es nicht aus mit einem so Widerspenstigen‘ und habe den Tai Gia nach Tung verbannt, und alles Volk sei sehr zufrieden gewesen. Als Tai Gia sich gebessert, habe er ihn zurückgerufen, und auch damit sei das Volk sehr zufrieden gewesen. Wenn ein Weiser im Dienst eines Herrschers steht und der Herrscher ist unwürdig, darf er ihn dann wirklich verbannen?“

28 Über Liu-Hia Hui vgl. II, A, 9; V, B, 6; VI, B, 6. Seine Haupteigenschaft war die Nachgiebigkeit. Hier ist darauf hingewiesen, wie er trotz dieser äußerlichen Anpassung innere Festigkeit besaß, sodaß er sich durch keine äußere Erwägung aus seiner Bahn bringen ließ. „Höchste Ehrenämter“ wörtlich: „die drei Herzöge“; gemeint sind die höchsten Ministerposten am Kaiserhof.

29 Klafter = 8 Fuß. Die Anwendung des Gleichnisses ergibt sich von selbst.

30 Das Gut, von dem die Rede ist, ist die zur Ausübung der Weltherrschaft nötige Gesinnung. Sie war angeboren bei den ganz großen Herrschern des Altertums, erworben bei den großen Herrschern des chinesischen Mittelalters und geborgt bei den fünf Bundeshäuptern. Doch wußten diese konsequent zu heucheln, so daß niemand hinter ihre Schliche kam.

孟子曰：“有伊尹之志，則可；無伊尹之志，則篡也。”

32.

公孫丑曰：“《詩》曰：‘不素餐兮’，君子之不耕而食，何也？”
孟子曰：“君子居是國也，其君用之，則安富尊榮；其子弟從之，則孝弟忠信。‘不素餐兮’，孰大於是？”

33.

王子墊問曰：“士何事？”
孟子曰：“尚志。”曰：“何謂尚志？”
曰：“仁義而已矣。殺一無罪，非仁也；非其有而取之，非義也。居惡在？仁是也；路惡在？義是也。居仁由義，大人之事備矣。”

Mong Dsï sprach: „Wenn einer I-Yins Zweck dabei verfolgt, so darf er es. Wenn er nicht I-Yins Zweck im Auge hat, so darf er es nicht.“[31]

32. Wohlverdientes Brot

Gung-Sun Tschou sprach: „Im Buch der Lieder heißt es[32]:

‚Iß kein unverdientes Brot!‘

Wie ist es danach zu verstehen, daß die Gebildeten, ohne zu pflügen, ihre Nahrung finden?“
Mong Dsï sprach: „Wenn ein Gebildeter in einem Lande wohnt und der Fürst auf ihn hört, so kommt das Land zu Ruhe, Reichtum, Ehre, Ruhm. Wenn die jungen Leute ihm nachfolgen, so werden sie ehrfürchtig, bescheiden, gewissenhaft und zuverlässig. Wer handelt mehr nach dem Grundsatz: ‚Iß kein unverdientes Brot!‘ als er?“

33. Die Arbeit des Gelehrten

Der Prinz Diän fragte den Mong Dsï und sprach: „Was haben die Gelehrten zu tun?“
Mong Dsï sprach: „Sich ein hohes Ziel zu stecken.“
Der Prinz sprach: „Was heißt das, sich ein hohes Ziel zu stecken?“
Mong Dsï sprach: „Nichts anderes als Liebe und Pflicht. Auch nur einen einzigen Unschuldigen zu töten, ist wider die Liebe; etwas, das nicht dein eigen ist, zu nehmen, ist wider die Pflicht. Wo ist unsere Heimat? In der Liebe. Was ist unser Weg? Die Pflicht. In der Liebe zu Hause sein und nach der Pflicht wandeln, das ist alles, was zu einem großen Manne gehört.“[33]

---

31 Über I-Yin vgl. V, A, 6. Die Worte des I-Yin, die Gung-Sun Tschou hier zitiert, stammen aus dem Schu Ging IV, V, 1. 9.

32 Vgl. Schï Ging I, IX Ode 6.

33 Ping Diän war ein Sohn des Königs von Tsi. Die Frage, die er stellt, kann wohl allgemein gemeint gewesen sein. Die Bevölkerung wird in China in vier Klassen geteilt: Gelehrte, Bauern, Handwerker, Kaufleute. Während bei den drei anderen ihr Beruf ohne weiteres klar war, konnte man bei den Gelehrten wirklich fragen, worin ihre eigentliche Aufgabe im Staate bestehe. Daß dabei der Blick auf die vielen wandernden Gelehrten der Frage noch einen besonderen Beigeschmack gegeben haben kann, ist leicht verständlich. Mong Dsï antwortet vom höchsten Standpunkt aus.

34.

孟子曰："仲子，不義與之齊國而弗受，人皆信之，是舍簞食豆羹之義也。人莫大焉亡親戚、君臣、上下。以其小者信其大者，奚可哉？"

35.

桃應問曰："舜為天子，皋陶為士，瞽瞍殺人，則如之何？"
孟子曰："執之而已矣。""然則舜不禁與？"
曰："夫舜惡得而禁之？夫有所受之也。""然則舜如之何？"
曰："舜視棄天下，猶棄敝蹝也。竊負而逃，遵海濱而處，終身訢然，樂而忘天下。"

34. Kleine Vorzüge und große Fehler

Mong Dsï sprach: „Tschen Dschung Dsï hätte selbst den Besitz des Staates Tsi abgelehnt, wenn man ihn auf unrechtmäßige Weise ihm angeboten hätte. Darum genoß er allgemeines Vertrauen. Aber das Verdienst, das darin lag, ist nicht größer, als wenn er einen Korb Reis oder einen Teller Suppe abgelehnt hätte. Gegen die größten Pflichten der Menschen aber, die aus den Beziehungen zu den nächsten Verwandten, zwischen Fürst und Untertan, zwischen Hoch und Niedrig sich ergeben, hat er gesündigt. Einem um kleiner Vorzüge willen große Verfehlungen zu gute halten: wie ginge das an?"[34]

35. Konflikt der Pflichten

Tau Ying[35] fragte den Mong Dsï und sprach: „Wenn zur Zeit als Schun Weltherrscher war und Gau Yau sein Strafrichter, Schuns Vater Gu Sou einen Menschen getötet hätte, wie hätte Gau Yau da handeln müssen?"
Mong Dsï sprach: „Er hätte ihn einfach festnehmen lassen müssen."
Der Schüler fragte: „Ja, hätte Schun das nicht verhindert?"
Mong Dsï sprach: „Wie hätte Schun das verhindern können? Gau Yau war doch im Besitz einer ihm übertragenen Vollmacht."
Der Schüler fragte: „Ja, was blieb für Schun da zu tun?"
Mong Dsï sprach: „In Schuns Augen war es nicht schwerer, das Weltreich wegzuwerfen als einen alten Schuh wegzuwerfen. Er hätte heimlich seinen Vater auf den Rücken genommen, wäre mit ihm entflohen und hätte sich mit ihm irgendwo am Strande des Ostmeers niedergelassen; da wäre er seiner Lebtage geblieben, heiter und fröhlich, und hätte das Weltreich vergessen."

---

34 Tschen Dschung Dsï ist der wunderliche Heilige von III, B, 10, wo das Nähere über ihn zu finden ist. Die zweite Hälfte des Abschnittes wird grammatikalisch verschieden aufgefaßt. Wir haben den unzweifelhaften Sinn der Stelle wiedergegeben, ohne uns auf eine der beiden Auffassungen festzulegen.

35 Tau Ying ist ein Schüler des Mong Dsï, über den nichts Näheres bekannt ist. Der Pflichtenkonflikt zwischen der Stellung des Herrschers, der für unparteiische Durchführung des Rechts zu sorgen hat, und der Stellung des Sohns, der unter allen Umständen seinen Vater retten muß, ist von Mong Dsï hier nicht ohne Humor gelöst. Übrigens geht die Sohnespflicht korrekterweise allen anderen Pflichten vor, so daß von einer wirklichen Kollision der Pflichten nicht die Rede sein kann. Eine Folge dieser klar bestimmten Rangordnung der Pflichten ist es auch, daß dem chinesischen Leben die Tragik fremd ist.

36a.

孟子自范之齊，望見齊王之子。喟然歎曰：“居移氣，養移體，大哉居乎！夫非盡人之子與？”

36b.

孟子曰：“王子宮室、車馬、衣服多與人同，而王子若彼者，其居使之然也；況居天下之廣居者乎？魯君之宋，呼於垤澤之門。守者曰：‘此非吾君也，何其聲之似我君也？’此無他，居相似也。”

37.

孟子曰：“食而弗愛，豕交之也；愛而不敬，獸畜之也。恭敬者，幣之未將者也。恭敬而無實，君子不可虛拘。”

36a. Der Königssohn

Mong Dsï ging von Fan[36a] nach Tsi. Da sah er von weitem den Sohn des Königs von Tsi. Mit einem tiefen Seufzer sprach er: „Die Stellung hat denselben Einfluß auf die Seele wie die Nahrung auf den Leib! Sind wir denn nicht alle Menschenkinder?"

36b. Der Adel und sein Einfluß

Mong Dsï[36b] sprach: „Als der Fürst von Lu nach Sung kam, rief er am Hügelteichtor um Einlaß. Der Torwart sprach: ‚Es ist nicht unser Fürst; wie kommt's, daß seine Stimme so der unseres Fürsten gleicht?'
Das hatte keinen andern Grund als die Gemeinsamkeit der Stellung. Die Prinzen haben größtenteils dieselben Wohnungen, dieselben Kleider wie andere Leute. Und doch haben die Prinzen so etwas Besonderes an sich. Das kommt von der Stellung, in der sie weilen. Wie muß erst einer sich zeigen, der weilt in dem weiten Haus der Welt!"

37. Achtung ist wichtiger als Gaben

Mong Dsï sprach: „Einen füttern, ohne ihn zu lieben, das heißt, ihn wie ein Schwein behandeln. Einen lieben, ohne ihn zu ehren, das heißt, ihn wie ein Haustier halten. Ehrfurcht und Achtung muß da sein, ehe man einem Geschenke darbringt. Wenn man einen nur mit den Zeichen der Ehrfurcht und Achtung abspeisen will, ohne daß sie wirklich vorhanden wären, so läßt sich ein anständiger Mensch dadurch nicht festhalten."[37]

36a Fan ist ein Ort im Westen von Schantung. Nach Dschau Ki soll es eine Apanage der spätgeborenen Prinzen von Tsi gewesen sein.

36b Dschu Hi nimmt diesen Abschnitt mit dem vorigen zusammen, dem er ja auch inhaltlich sehr nahe steht, und streicht infolge davon das „Mong Dsï sprach". Wir haben den letzten Satz, das Beispiel von dem Fürsten von Lu, der dieselbe Stimme hatte wie der Fürst von Sung, vorausgesetzt, da er sonst nachhinkt. Die Nutzanwendung ist eine Anspielung auf III, B, 3.

37 Wieder einer der Abschnitte, in denen sich Mong Dsi mit dem Verhältnis zu den Fürsten auseinandersetzt.

38.

孟子曰：“形色，天性也；惟聖人，然後可以踐形。”

39.

齊宣王欲短喪。公孫丑曰：“為期之喪，猶愈於已乎？”

孟子曰：“是猶或紾其兄之臂，子謂之姑徐徐云爾，亦教之孝弟而已矣。”

王子有其母死者，其傅為之請數月之喪。公孫丑曰：“若此者，何如也？”

曰：“是欲終之而不可得也。雖加一日愈於已，謂夫莫之禁而弗為者也。”

38. Der Leib

Mong Dsï sprach: „Auch der Leib ist uns von Gott verliehen, aber nur der vollkommene Mensch vermag seinen Leib zu verklären.“[38]

39. Die Trauerzeit

Der König Suän von Tsi wollte die Trauerzeit abkürzen. Gung-Sun Tschou sprach: „Ist's nicht immer noch besser, ein Jahr lang zu trauern als gar nicht?“

Mong Dsï sprach: „Das wäre gerade, als wenn einer seinem älteren Bruder den Arm verrenkte und du würdest zu ihm sagen: ‚Aber bitte, mach's wenigstens sachte!‘ Dem Mann muß man Ehrfurcht und Bescheidenheit beibringen, das ist alles!“ –

Unter den Königssöhnen war einer, dessen Mutter gestorben war. Sein Lehrer bat für ihn um die Erlaubnis, wenigstens einige Monate trauern zu dürfen.

Gung-Sun Tschou sprach: „Was ist davon zu halten?“

Mong Dsï sprach: „Der hätte gerne die volle Zeit getrauert, aber es wurde ihm nicht erlaubt. In diesem Fall ist jeder Tag länger besser als gar nichts. Ich redete davon, wenn einer, ohne verhindert zu werden, die Trauer unterläßt.“[39]

---

38 Über die Bedeutung dieses Abschnittes sind manche Ansichten unter den Kommentaren im Umlauf. Tschong Dsï sagt: Der Heilige erst ist ein völliger Mensch und vermag die leiblichen Anlagen zu erfüllen. Der Mensch entsteht aus der zentralen Kraft von Himmel und Erde und unterscheidet sich dadurch von den übrigen Geschöpfen. Wer Mensch ist, muß daher die menschliche Vernunft zur völligen Darstellung bringen. Dann erst verdient er den Namen eines Menschen. Alle Menschen haben diese Anlagen, aber unbewußt. Die Weisen suchen sie zu verwirklichen, aber es gelingt ihnen nicht völlig. Erst der Heilige vermag seine Leiblichkeit zu voller Darstellung zu bringen.

39 Die vorgeschriebene Trauerzeit für Eltern waren 27 Monate. Eine Konzession war nicht möglich. Vgl. auch die Ansicht des Kung Dsï über die Sache in Lun Yü XVIII, 21. Daß Ausnahmen vorkommen konnten, wenn durch höhere Gewalt, wie z. B. den Willen des Vaters, eine Abkürzung der Trauerzeit nötig wurde, gibt Mong Dsï zu. In diesem Falle tut man eben soviel man kann. Dschu Hi nimmt an, daß der betreffende Prinz, der Sohn einer Nebenfrau, infolge der Eifersucht der Hauptfrau seine Sohnespflicht nicht habe gänzlich erfüllen können.

40.

孟子曰：“君子之所以教者五：有如時雨化之者，有成德者，有達財者，有答問者，有私淑艾者。此五者，君子之所以教也。”

41.

公孫丑曰：“道則高矣，美矣，宜若登天然，似不可及也。何不使彼為可幾及而日孳孳也？”
孟子曰：“大匠不為拙工改廢繩墨，羿不為拙射變其彀率。君子引而不發，躍如也。中道而立，能者從之。”

42.

孟子曰：“天下有道，以道殉身；天下無道，以身殉道。未聞以道殉乎人者也。”

40. Fünffache Art der Belehrung

Mong Dsï sprach: „Auf fünf verschiedene Arten spendet der Edle Belehrung. Auf manche wirkt er befruchtend wie ein Regen, der zur Zeit fällt, manche vollendet er in ihrem Wesen, manche bildet er aus in ihren Fähigkeiten, manchen beantwortet er ihre Fragen, und für manche ist er ein Vorbild für einsame Nachfolge. Diese fünf Arten sind es, wie der Edle Belehrung spendet."[40]

41. Erziehungsgrundsätze

Gung-Sun Tschou sprach: „Die Wahrheit ist wohl hoch und schön, aber als ob man in den Himmel steigen müßte; sie erscheint unerreichbar. Wäre es nicht besser, man ließe die Leute erst das, was sie etwa fertig bringen können, tun und feuerte sie dann von Tag zu Tag an?"

Mong Dsï sprach: „Ein Handwerksmeister schafft nicht wegen eines ungeschickten Gesellen Lot und Richtlinie ab. Ein guter Schießmeister ändert nicht wegen eines ungeschickten Schützen die Regel des Bogenspannens. Der Meister spannt, aber er schießt nicht ab, er gibt nur sozusagen Anregungen. Er steht in der Mitte des Weges, und wer es vermag, der folgt ihm nach."[41]

42. Die Wahrheit und ihr Jünger

Mong Dsï sprach: „Wenn Ordnung auf Erden ist, so steht die Wahrheit unserem Leben zur Verfügung. Wenn keine Ordnung auf Erden ist, so muß unser Leben der Wahrheit zur Verfügung stehen. Ich habe aber nie davon gehört, daß man die Wahrheit andern zur Verfügung stellen könne."[42]

---

40 Die erste Art des Einflusses ist nach Dschu Hi die, wie Kung Dsï auf seine Jünger Yän Hui und Dsong Schen, die zweite die, wie er auf Jan Niu und Min Dsï Kiän, die dritte die, wie er auf Dsï Lu und Dsï Gung gewirkt hat. Die vierte Art findet ihr Beispiel in der Art, wie Kung dem Fan Tschï oder Mong Dsï dem Wan Dschang seine Fragen beantwortete, während für die fünfte, indirekte Art der Einwirkung das Verhältnis von Kung Dsï und Mong Dsï ein Beispiel ist.

41 Gegen Konnivenz in moralischen Dingen. Der Schießmeister ist im Text als Schütze J bezeichnet, der eine sprichwörtliche Rolle spielte. Sehr gut ist die maieutische Art der Erziehung hier geschildert.

42 Das Wort, das mit „zur Verfügung stehen" wiedergegeben ist, heißt wörtlich „mit einem in den Tod gehen". Der Sinn des Abschnittes ist, daß die Wahrheit, die Grundsätze, etwas Persönliches sind. Herrscht Ordnung, so kann man sie ohne weiteres durchführen.

43.

公都子曰：“滕更之在門也，若在所禮。而不答，何也？”

孟子曰：“挾貴而問，挾賢而問，挾長而問，挾有勳勞而問，挾故而問，皆所不答也。滕更有二焉。”

44.

孟子曰：“於不可已而已者，無所不已；於所厚者薄，無所不薄也。其進鋭者，其退速。”

45.

孟子曰：“君子之於物也，愛之而弗仁；於民也，仁之而弗親。親親而仁民，仁民而愛物。”

43. Der eingebildete Jünger

Gung-Du Dsï sprach: „Als Prinz Gong von Tong Euern Unterricht besuchte, da schien es billig, ihm höflich zu begegnen, und doch habt Ihr ihm nicht geantwortet. Weshalb?"

Mong Dsï sprach: „Wenn einer beim Fragen sich auf seinen Stand etwas einbildet, wenn einer beim Fragen sich auf seine Weisheit etwas einbildet, wenn einer beim Fragen sich auf sein Alter etwas einbildet, wenn einer beim Fragen sich auf seine Verdienste etwas einbildet, so antworte ich ihm nicht. Zwei von diesen Dingen hatte Gong von Tong, auf die er sich etwas einbildete."[43]

44. Fehler und ihre Folgen

Mong Dsï sprach: „Wer preisgibt, was man nicht preisgeben darf, der gibt alles preis. Wer Wichtiges unwichtig nimmt, für den gibt es nichts, das er nicht unwichtig nähme. Wer beim Vordringen allzu scharf ist, der ist beim Rückzug flink."[44]

45. Stufen der Sympathie

Mong Dsï sprach: „Der Edle ist freundlich zu Tieren, aber er liebt sie nicht. Er liebt die Menschen, aber er ist nicht anhänglich an sie. An die Nächsten ist er anhänglich und liebt die Menschen. Er liebt die Menschen und ist freundlich zu den Tieren."[45]

Herrscht keine Ordnung, sodaß man sie nicht durchführen kann, so darf man sie doch nicht aufgeben, sondern muß ihnen zuliebe in die Verborgenheit des Privatlebens sich zurückziehen. Daß man aber seine Grundsätze andern aufopfert und ihnen nachfolgt, das ist unwürdig.

43 Gong von Tong war der Bruder des Fürsten von Tong und hatte sich auch herbeigelassen, bei Mong Dsï zu hören. Offenbar konnte er dabei aber nicht umhin, seinen hohen Stand und seine eigene Weisheit unausgesprochen geltend zu machen, weshalb denn Mong Dsï ihn auch nicht weiter beachtete. Vgl. VI, B, 2.

44 Drei Aphorismen über die üblen Folgen gewisser Fehler. Die beiden ersten Fehler sind negativer Art: das Sichgehenlassen und die Gleichgültigkeit. Der dritte Fehler ist positiver Art: Eiligkeit und Flüchtigkeit im Vordringen. Die beiden ersten Fehler sind Schwächen des Phlegmatikers, der dritte ist das Strohfeuer des Sanguinikers.

45 Die Abstufung der Sympathie. „Freundlich sein" (ai) ist die Äußerung der Liebe, „Liebe" (jen) ist die innere Empfindung (φιλια). Anhänglichkeit (tsin) ist die affektvolle Liebe. Die-

46.

孟子曰：“知者無不知也，當務之為急；仁者無不愛也，急親賢之為務。堯舜之知而不遍物，急先務也；堯舜之仁不遍愛人，急親賢也。不能三年之喪，而緦小功之察；放飯流歠，而問無齒決，是之謂不知務。”

46. Das Wichtigste

Mong Dsï sprach: „Der Weise macht mit seinem Wissen vor nichts halt; aber er wendet sich zunächst seinen Pflichten zu. Der Gütige macht mit seiner Liebe vor nichts halt; aber zunächst steht ihm die Anhänglichkeit an die Würdigen als Pflicht vor Augen. Die Weisheit Yaus und Schuns selbst erstreckte sich nicht auf alle Dinge, aber sie taten zunächst ihre ersten Pflichten. Selbst die Güte eines Yau und Schun erstreckte sich nicht auf alle Menschen gleichmäßig, aber sie waren zunächst an die Würdigen anhänglich. Die dreijährige Trauerzeit nicht aushalten, aber genaue Untersuchungen über die Halbtrauer anstellen, die Suppe unmäßig hinunterschlürfen, aber sich überlegen, wann man das Fleisch nicht mit den Zähnen zerkleinern darf: das heißt Wichtiges und Unwichtiges nicht unterscheiden."[46]

---

se Abstufungen macht Mong Dsï im Gegensatz zu Mo Di, in dessen allgemeinem Philanthropismus die feinen Unterschiede verschwanden, sodaß die Liebe ein allgemeiner aber dünner Schleier war, der sich über die Menschheit deckte.

46 Dieser Abschnitt bezieht sich auf das „Mücken seihen und Kamele verschlucken". Bei der Ausdehnung des Wissens und des Gefühls ist es von Schaden, wenn vager Dilettantismus an die Stelle einer sachgemäßen Reihenfolge tritt. Vgl. Lun Yü XII, 22. – Die Gleichnisse beziehen sich auf Trauerregeln und Eßregeln. Von den Trauerregeln war die wichtigste die der dreijährigen (genauer 27 Monate dauernden) Trauerzeit für die nächsten Angehörigen. Die „Halbtrauer" (siau gung, eine Trauerzeit von fünf Monaten, und sï, eine Trauerzeit von drei Monaten) kam ihr gegenüber an Wichtigkeit nicht in Betracht. Ähnlich verhält es sich mit den Eßregeln, die in Li Gi I, I, 3 bezeichnet sind. Die erste ist eine allgemeine Anstandsregel, die gieriges Essen verbietet, die zweite eine Spezialregel, die sich darauf bezog, in welchen Fällen man das Fleisch mit den Händen, in welchen man es mit den Zähnen zerkleinerte.

下

1.

孟子曰：“不仁哉，梁惠王也！仁者以其所愛及其所不愛，不仁者以其所不愛及其所愛。”
公孫丑問曰：“何謂也？”
“梁惠王以土地之故，糜爛其民而戰之，大敗，將復之，恐不能勝，故驅其所愛子弟以殉之，是之謂以其所不愛及其所愛也。”

2.

孟子曰：“《春秋》無義戰。彼善於此，則有之矣。征者上伐下也，敵國不相征也。”

3.

孟子曰：“盡信《書》，則不如無《書》。吾於《武成》，取二三策而已矣。仁人

ABSCHNITT B

1. Lieblosigkeit des Königs Hui von Liang

Mong Dsï sprach: „Ungütig fürwahr war König Hui von Liang! Der Gütige läßt die Art, wie er einen geliebten Menschen behandelt, auch den Ungeliebten zuteil werden. Der Ungütige behandelt auch die, die er liebt, wie Ungeliebte."
Gung-Sun Tschou fragte: „Was heißt das?"
Mong Dsï sprach: „König Hui von Liang ließ um eines Stück Landes willen seine Leute zu Brei zermalmen in den Schlachten, in die er sie schickte. Er erlitt eine schwere Niederlage, da wollte er es wiederholen; aber aus Furcht, er könne nicht den Sieg erringen, trieb er seinen eigenen Sohn mit in Schlacht und Tod. – Das heißt es, wenn ich sagte, er habe seine Geliebten behandelt wie die, die er nicht liebte."[1]

2. Die Kriege der Frühlings- und Herbstannalen

Mong Dsï sprach: „In dem Buch vom Auf- und Niedergang der Staaten sind keine gerechten Kriege erzählt, wenn auch der eine besser sein mochte als der andere. Eine Züchtigung kann nur vom obersten Herrn angeordnet werden gegen einen untertänigen Staat zu dessen Strafe. Gleichgeordnete Staaten[2] können keine Züchtigungen gegeneinander unternehmen."

3. Das Buch der Urkunden

Mong Dsï sprach: „Wenn man in allen Stücken dem Buch der Urkunden trauen wollte, da wäre es besser, wenn das ganze Buch der Urkunden nicht vorhanden wäre. In dem ganzen Abschnitt von der ‚Vollendung des Kriegs' nehme ich nur zwei, drei Stellen als glaubwürdig an. Denn ein gütiger Mann hat

1 Hier zum Schluß noch einmal ein Rückblick auf den König Hui von Liang, der in Buch I, A, 1 die Schriften des Mong Dsï eröffnet. Der hier genannte Vorfall ist in I, A, 5 vom König Hui selbst erwähnt worden.

2 Das Buch von dem Auf- und Niedergang der Staaten, die sogenannten Tschun Tsiu (Frühlings- und Herbstannalen), behandelt die Zeit, da nach dem Niedergang der Zentralgewalt der Reihe nach die fünf Schogune oder Ba die Vorherrschaft im Reiche ausübten. Vgl. zur Sache VI, B, 7.

無敵於天下。以至仁伐至不仁，而何其血之流杵也？”

4.

孟子曰：“有人曰：‘我善為陳，我善為戰。’大罪也。國君好仁，天下無敵焉。南面而征北狄怨，東面而征西夷怨。曰：‘奚為後我？’武王之伐殷也，革車三百兩，虎賁三千人。王曰：‘無畏！寧爾也，非敵百姓也。’若崩厥角稽首。征之為言正也，各欲正己也，焉用戰？”

keinen Feind auf Erden. Wenn nun der Gütigste den Grausamsten züchtigt, wie sollte es da möglich sein, daß soviel Blut vergossen wird, daß es bis an den Rand der Mörser geht?"[3]

4. Gegen den Krieg

Mong Dsï sprach: „Es gibt Leute, die sagen: ‚Ich bin geschickt im Aufstellen der Schlachtordnung. Ich bin geschickt im Schlagen.' Das ist die größte Sünde. Wenn ein Landesfürst Milde liebt, so findet er auf Erden keinen Feind. Als Tang sich nach Süden wandte, um die Fürsten zu züchtigen, da beklagten sich die Grenzvölker im Norden. Als er sich nach Osten wandte, um die Fürsten zu züchtigen, da beklagten sich die Grenzvölker im Westen und sprachen: ‚Warum nimmt er uns zuletzt dran?' Als König Wu das Haus Yin strafte, da hatte er nur 300 Kriegswagen und an Leibgarden 3000 Mann. Der König sprach: ‚Fürchtet euch nicht! Ich will euch Ruhe geben, ich komme nicht als Feind des Volks.' Da war es, als fielen ihre Hörner ab, und sie verneigten sich vor ihm. Züchtigen kommt von Zucht. Aber jedermann will, daß er in Zucht und Ordnung kommt. Was bedarf es dazu des Krieges?"[4]

3 Diese kritische Bemerkung des Mong Dsï über den Schu Ging ist sehr interessant; denn sie zeigt, daß auch schon vor der Bücherverbrennung durch Tsin Schï Huang gegen den Text des Schu Ging Bedenken geltend gemacht wurden. Nun ist allerdings das Bedenken des Mong Dsï mehr von der Art eines moralischen Postulats als eine textkritische Untersuchung. Und es zeigt in erster Linie eine ähnlich freie Stellung gegenüber der „Schrift", wie sie Luther manchen neutestamentlichen Briefen gegenüber einnahm. Eine Nachprüfung der Bemerkung des Mong Dsï ist übrigens heute nicht mehr möglich, da der genannte Abschnitt im heutigen Schu Ging nicht zu den 28 gehört, die mit einiger Wahrscheinlichkeit als genuin bezeichnet werden können. Heute ist in Schu Ging V Buch III die Sache so dargestellt, als ob das Blutvergießen durch die eigenen Soldaten des Dschou-Sin hervorgerufen worden wäre, indem die vorderen Reihen sich gegen ihre eigenen Hintermänner gewandt. Es ist aber nicht ausgeschlossen, daß diese Darstellung eine Folge der Kritik des Mong Dsï ist.

4 Vgl. zu den verschiedenen Sätzen IV, A, 14; I, A, 5; I, B, 11. Noch nicht vorgekommen ist die Schilderung des Vorgehens des Königs Wu gegen Dschou-Sin. Eine Parallele, die aber sehr stark abweicht, findet sich in Schu Ging V, I, II, 9. Am Schluß steht ein Wortspiel mit dschong (hier übersetzt mit Züchtigung) und dschong (recht machen, in Ordnung bringen, hier übersetzt mit Zucht).

5.

孟子曰：“梓匠輪輿能與人規矩，不能使人巧。”

6.

孟子曰：“舜之飯糗茹草也，若將終身焉；及其為天子也，被袗衣，鼓琴，二女果，若固有之。”

7.

孟子曰：“吾今而後知殺人親之重也：殺人之父，人亦殺其父；殺人之兄，人亦殺其兄。然則非自殺之也，一閒耳。”

8.

孟子曰：“古之為關也，將以禦暴。今之為關也，將以為暴。”

5. *Was sich überliefern läßt*

Mong Dsï sprach: „Ein Zimmermann und ein Wagner können ihrem Lehrling wohl Zirkel und Richtmaß in die Hand geben; aber Geschicklichkeit können sie ihm nicht geben."[5]

6. *Der Lage entsprechend*

Mong Dsï sprach: „Schun aß seinen Hirsebrei und sein Gemüse, als gäbe es für ihn sein Leben lang nichts anderes. Als er dann Herr der Welt geworden war und gestickte Kleider hatte, die Laute spielte und zwei Prinzessinnen ihm aufwarteten, da nahm er alles hin, als habe er es von jeher besessen."[6]

7. *Die Folgen des Tötens*

Mong Dsï sprach: „Von nun an weiß ich, welch' schwere Folgen es hat, die Nächsten anderer Leute zu töten. Wenn einer den Vater eines andern tötet, so wird der andere auch seinen Vater töten. Wenn einer den Bruder eines andern tötet, so wird der andere auch seinen Bruder töten. Wie gering ist der Unterschied, als wenn er selbst sie getötet hätte!"[7]

8. *Defensive und Offensive*

Mong Dsï sprach: „In alter Zeit befestigte man Pässe, um Gewalttat abzuhalten. Heutzutage befestigt man die Pässe, um selbst Gewalttat zu üben."[8]

---

5 Vgl. VII, A, 41 und auch die Geschichte von Wagner Flach in Dschuang Dsï XIII, 10. Über die genannten Handwerker vgl. III, B, 4.

6 Hirsebrei, aus Sorghum oder Negerhirse bereitete Nahrung, die geringste, die es gibt. Die gestickten Kleider sind die Kaiserlichen Obergewänder. Die Untergewänder waren bemalt. Die beiden Prinzessinnen waren die Töchter Yaus. Sie kommen ebenso wie die Laute Schuns in Buch V, A, 2 vor.

7 Der Ausspruch ist wohl aus einem bestimmten, heute nicht mehr feststellbaren Anlaß getan. Der letzte Satz hat die Bedeutung: Er ist davon, daß er seine eignen Verwandten getötet hat, nur durch ein Zwischenglied geschieden. Er hat sie also indirekt tatsächlich getötet.

8 Der Sinn ist ohne weiteres klar. Und es ist höchst überflüssig, daß Legge dem Mong Dsï hier wieder etwas am Zeug flickt. Vgl. zur Sache I, B, 5 und II, A, 6. Die Untersuchung der Ankömmlinge hatte eben den Zweck, zweifelhafte und gewalttätige Menschen fern zu halten,

9.

孟子曰：“身不行道，不行於妻子；使人不以道，不能行於妻子。”

10.

孟子曰：“周于利者，凶年不能殺；周于德者，邪世不能亂。”

11.

孟子曰：“好名之人，能讓千乘之國；苟非其人，簞食豆羹見於色。”

12.

孟子曰：“不信仁賢，則國空虛。無禮義，則上下亂。

9. Vernunft als Bedingung für Gehorsam

Mong Dsï sprach: „Wenn man selbst nicht der Vernunft gemäß handelt, so bringt man nicht einmal Weib und Kind dazu, danach zu tun. Wenn man andern Befehle gibt, die der Vernunft widersprechen, so können sie nicht einmal von Weib und Kind ausgeführt werden.“[9]

10. Nutzen des Vorrats

Mong Dsï sprach: „Wer wohl versorgt ist mit irdischen Gütern, den kann auch ein böses Jahr nicht töten. Wer wohl versorgt ist mit geistigen Gütern, den kann auch ein verkehrtes Geschlecht nicht verwirren.“

11. Unmöglichkeit der Verstellung in kleinen Dingen

Mong Dsï sprach: „Ein ehrgeiziger Mensch kann wohl den Thron eines Großstaates ausschlagen. Wenn er aber nicht der Mann dazu ist, so wird es bei einer Schale Reis oder einem Teller Suppe zum Vorschein kommen.“[10]

12. Was einem Staate nottut

Mong Dsï sprach: „Wenn man den Guten und Weisen nicht traut, so ist alles eitel im Staate.
Ohne Ordnung und Recht kommen Hoch und Niedrig in Verwirrung.

---

während zu Mong Dsïs Zeit die eingeforderten Abgaben eben eine Gewalttätigkeit waren. Aber man muß diese Punkte zugleich in ihrer strategischen Bedeutung ins Auge fassen. In alter Zeit waren es Defensivstellungen gegen feindliche Überfälle, zu Mong Dsïs Zeit waren sie Ausfallstore zur Bedrohung der Nachbarn.

9 Der erste Satz bezieht sich darauf, daß man die Befolgung von Prinzipien, die man selbst nicht befolgt, auch nicht bei andern durchsetzen kann, nicht einmal bei den Nächsten, bei Weib und Kind – weil einem die sittliche Autorität fehlt. Der zweite Satz geht einen Schritt weiter. Wenn man Unvernünftiges von andern verlangt, so können sie gar nicht gehorchen, selbst wenn sie den besten Willen dazu hätten.

10 Ehrgeizig ist in schlechtem Sinn gebraucht. Dschu Hi bemerkt sehr gut dazu: „Man darf die Leute nicht beurteilen nach Dingen, bei denen sie sich Mühe geben, sondern nach solchen, die ihnen unwichtig sind. Da erst wird man herausfinden, wie es ihnen wirklich zumute ist.“

無政事，則財用不足。”

13.

孟子曰：“不仁而得國者，有之矣；不仁而得天下，未之有也。”

14.

孟子曰：“民為貴，社稷次之，君為輕。是故得乎丘民而為天子，得乎天子為諸侯，得乎諸侯為大夫。諸侯危社稷，則變置。犧牲既成，粢盛既潔，祭祀以時，然而旱乾水溢，則變置社稷。”

Ohne gesetzliche Einrichtungen reichen die Güter nicht aus zum Gebrauch."[11]

13. Grenzen der Möglichkeit

Mong Dsï sprach: „Daß ein Ungütiger sich in den Besitz eines Landes gesetzt hat, das kam schon vor, daß aber ein Ungütiger das Erdreich gewonnen, das hat es noch nie gegeben."[12]

14. Woraus ein Staat besteht

Mong Dsï sprach: „Das Volk ist am wichtigsten, die Götter des Landes und Kornes kommen in zweiter Linie, und der Fürst ist am unwichtigsten. Darum wer die Gunst des Landvolks erlangt, der wird der Herr der Welt; wer die Gunst des Herrn der Welt erlangt, wird Landesfürst. Wer die Gunst eines Landesfürsten erlangt, wird hoher Rat. Wenn ein Landesfürst die Altäre des Landes und Korns in Gefahr bringt, so wird er abgesetzt und ein anderer für ihn eingesetzt. Wenn die Opfertiere vollkommen waren, wenn die Opferhirse und die Opfergefäße rein waren, wenn das Opfer zur Zeit dargebracht war, und es tritt dennoch Dürre oder Hungersnot ein, so werden die Götter des Landes und Kornes abgesetzt und andere für sie eingesetzt."[13]

---

11 Drei Aphorismen von losem Zusammenhang. Der erste bezieht sich auf die Menschen, der zweite auf die Sitten, der dritte auf die staatlichen Einrichtungen. Die chinesische Staatswirtschaft beruhte auf dem Grundsatz, daß die Einkünfte das Maß für die Ausgaben abgeben müssen. Die moderne Staatswirtschaft sieht in der Beschaffung der Mittel immer erst die zweite Frage. China war bis in die neueste Zeit Agrarstaat, wo sich die regulären Einnahmen nicht beliebig vermehren ließen.

12 Die Usurpation des Staates Tsi durch das Haus Tiän, die Aufteilung des Staates Dsin unter die Geschlechter Dschau, We und Han (letztere der Anfang der „streitenden Reiche") waren zu Mong Dsïs Zeit schon Tatsache. Sie stritten nun um die Weltherrschaft, und Mong Dsï hielt es für unmöglich, daß sie einem von ihnen durch bloße politische Machenschaften zufallen könnte. Durch Tsin Schï Huang wurde dieser Glaube Mong Dsïs zerstört. Immerhin bemerken chinesische Kommentare mit Recht, daß keine Dynastie, die ohne innere Berechtigung auf den Thron kam, sich lange gehalten habe.

13 Einer der demokratischen Aussprüche des Mong Dsï. Eigentlicher Souverän im Staate ist das Volk, dessen Gnade auch dem Himmelssohn erst die Herrschaft verleiht, denn Gottes Gnade zeigt sich eben in des Volkes Gnade. Eben deshalb, weil die Stellung des Fürsten die am meisten abgeleitete ist, kann er am leichtesten entfernt werden, wo es höhere Gesichtspunkte wie das Staatswohl erfordern. Der Grundsatz: „l'état c'est moi" widerspricht der chinesischen

15.

孟子曰：“聖人，百世之師也，伯夷、柳下惠是也。故聞伯夷之風者，頑夫廉，懦夫有立志；聞柳下惠之風者，薄夫敦，鄙夫寬。奮乎百世之上。百世之下，聞者莫不興起也。非聖人而能若是乎，而況於親炙之者乎？”

16.

孟子曰：“仁也者，人也。合而言之，道也。”

15. Der Einfluß der Heiligen

Mong Dsï sprach: „Ein Heiliger ist der Lehrer von hundert Geschlechtern. So steht es mit Be-I und Liu-Hia Hui.[14] Darum wenn sie von Be-I erzählen hören, so werden die Abgestumpftesten in ihrem Gewissen geschärft, und die Schwächlinge lernen Entschlüsse fassen; wenn sie von Liu-Hia Hui erzählen hören, werden Kleinliche großartig und Engherzige weit. Sie taten sich hervor vor hundert Geschlechtern, und hundert Geschlechter nach ihnen werden gestärkt und erhoben, wenn sie von ihnen hören. Könnte außer einem Heiligen sonst noch jemand solche Wirkungen ausüben? Und wie muß erst ihre Wirkung auf die gewesen sein, die sich unmittelbar an ihrem Feuer wärmen konnten!"

16. Die Menschlichkeit

Mong Dsï sprach: „Menschlichkeit ist Menschenart. Menschlichkeit ist der Weg des Menschen."[15]

Auffassung diametral. Vollziehendes Organ des Volkswillens ist allerdings nicht ein Parlament, sondern hohe Räte, die mit der Volksautorität bekleidet vorgehen. – Die Götter des Bodens und Korns sind die geistigen Repräsentanten der Naturbasis eines Staates. Jeder Berg, jeder Fluß, jede Gemarkung und so auch jedes Land hat außer der sichtbaren, äußeren Seite auch noch ein Seelisches, Bewußtes. Die himmlischen Genien heißen Schen (die Aktiven, die Ausdehnenden), die chthonischen Gottheiten heißen Ki, die menschlichen Ahnen heißen Gui (die sich Zusammenziehenden, Passiven), doch kommt auch Gui-Schen (Dämonen und Götter) in allgemeiner Bedeutung vor. Jeder himmlische oder irdische Gott nun, der an sich dem Menschlichen zu fremd und unfaßbar wäre (ein Berggott z. B. hat nicht eine besondere Leiblichkeit wie in Griechenland die Naturgeister, sein Leib ist vielmehr eben der Berg, in dem sein Seelisches wohnt, wie die Menschenseele in ihrem Leib), erhält von den Ahnengeistern einen beigeordnet, der die Vermittlung zwischen ihm und den Menschen herstellt. So ist der Ahn des Weltherrschers dem Himmelsgott beigeordnet, weshalb der Herrscher den Namen Himmelssohn führt, und so sind auch den Naturgeistern eines Landes menschliche Vertreter beigegeben. Wenn nun trotz gewissenhafter Erfüllung der religiösen Pflichten Störungen im Naturverlauf eintreten, so werden zunächst die Altäre niedergerissen und an einem andern Platz errichtet. Der Bund mit den Überirdischen wird gleichsam aufgelöst und neu geschlossen. Schon darin liegt eine gewisse Remonstration. In schlimmen Fällen endlich wird der menschliche Vertreter abgesetzt und dem Naturgeist ein neuer beigegeben, wie das einmal mindestens unter dem Vollender Tang geschah, als infolge schlechter Jahre der dem Korn beigeordnete Geist abgesetzt und Gou Dsï, der Ahn der späteren Dschoudynastie, an seine Stelle gesetzt wurde.

14 Über Be-I und Liu-Hia Hui vgl. V, B, 1.

15 Der Text ist etwas dunkel. Wörtlich heißt es: „Menschlichkeit" (Jen) kommt von „Mensch" (jen). Zusammengefaßt in einem Wort heißen sie ‚Weg' (dau). Die Erklärung des Tschong Dsï ist: Die Menschlichkeit als Ideal zusammengenommen mit dem Menschen als Erschei-

17.

孟子曰：“孔子之去魯，曰：‘遲遲吾行也。’去父母國之道也。去齊，接淅而行，去他國之道也。”

18.

孟子曰：“君子之戹於陳蔡之閒，無上下之交也。”

19.

貉稽曰：“稽大不理於口。”
孟子曰：“無傷也。士憎茲多口。《詩》云：‘憂心悄悄，慍于群小。’孔子也。‘肆不殄厥慍，亦不隕厥問。’文王也。”

17. Kung Dsï in Lu und Tsi

Mong Dsï sprach: „Als Meister Kung von Lu wegging, da sprach er: ‚Langsam, langsam will ich gehen.‘ Das ist die Art, wie man sein Vaterland verläßt. Als er von Tsi wegging, nahm er den gewaschenen Reis ungetrocknet mit und ging. Das ist die Art, wie man ein fremdes Land verläßt.“[16]

18. Kung Dsï in Tschen und Tsai

Mong Dsï sprach: „Warum der Edle in solche Gefahr kam zwischen Tschen und Tsai, das ist, weil weder Obere noch Untere sich um ihn kümmerten.“[17]

19. Trost bei Verkennung

Mo Gi sprach: „Alle Menschen haben etwas an mir zu tadeln.“ Mong Dsï sprach: „Das tut nichts. Die Gebildeten haben meist unter dem Gerede der Menge zu leiden. Im Buch der Lieder heißt es:

‚Mein Herz ist traurig und unruhig in mir,
Die Rotte der Narren, sie trachtet nach mir.‘

So ist es Meister Kung gegangen.

‚Konnt’ er auch ihren Groll nicht stillen,
So gab er doch nicht seine Ehre preis.‘

So ist es König Wen gegangen.“[18]

---

nung, als empirischem Individuum, wird der „Weg“ genannt. Dschu Hi erwähnt eine auswärtige Mong Dsï-Ausgabe, in der noch ein Einschub enthalten ist, der den ganzen Zusammenhang aufklärt: „Menschlichkeit ist Menschenart, Gerechtigkeit ist, was recht ist, Ordnung ist, was unsere Schritte ordnet, Weisheit ist Wissen, Wahrhaftigkeit ist Wirklichkeit: alle zusammen werden sie als Weg bezeichnet.“

16 Vgl. V, B, 1.

17 Der „Edle“ ist Kung Dsï. Über die Not in Tschen und Tsai vgl. Lun Yü XI, 2.

18 Von Mo Gi ist weiter nichts bekannt. Die Übersetzung der Antwort des Mong Dsï folgt der Konjektur des Dschau Ki, die auch Dschu Hi übernommen hat und die in den Zusammenhang paßt. Wörtlich würde es heißen: „Der Gebildete haßt diese Schwätzer“. Das erste Zitat steht Schï-Ging I, III, 1 v. 4; es bezieht sich dort auf einen viel verleumdeten Mann (oder Frau) aus We. Das zweite Zitat steht Schï-Ging III, I, 3 v. 8, wo es sich auf den großen König und sein Verhältnis zu den Kun-Barbaren bezieht.

20.

孟子曰："賢者以其昭昭，使人昭昭；今以其昏昏，使人昭昭。"

21.

孟子謂高子曰："山徑之蹊閒，介然用之而成路。為閒不用，則茅塞之矣。今茅塞子之心矣。"

22.

高子曰："禹之聲，尚文王之聲。"
孟子曰："何以言之？"曰："以追蠡。"
曰："是奚足哉？城門之軌，兩馬之力與？"

20. Verschiedene Aufklärung

Mong Dsï sprach: „Die Weisen machen durch ihre eigene Erleuchtung die Menschen erleuchtet. Heutzutage macht man durch die eigene Umnachtung die Menschen erleuchtet."

21. Der Bergpfad

Mong Dsï sagte zu dem Schüler Gau Dsï: „Auf den Bergpfaden sind die Fußspuren selten. Werden sie aber in einer bestimmten Richtung begangen, so wird ein richtiger Weg daraus. Nach einer Weile kommt der etwa wieder außer Gebrauch, dann überwuchert ihn das Gras wieder. So hat das Gras dein Herz überwuchert."[19]

22. Falscher Schluß

Gau Dsï sprach: „Die Musik des Yü ist der des Königs Wen überlegen."
Mong Dsï sprach: „Woraus schließt du das?"
Gau Dsï sprach: „Weil der Glockenhenkel des Yü schon ganz durchgerieben ist."
Mong Dsï sprach: „Daraus folgt noch nichts. Die Geleise in einem Torweg sind auch nicht von einem einzelnen Zweigespann so tief geworden."[20]

---

19 Der Schüler Gau Dsï, der, wie Dschau Ki zu berichten weiß, dem Mong Dsï untreu wurde, ist nicht zu verwechseln mit dem alten Gau, über den Mong Dsï in VI, B, 3 redet, noch mit dem Sophisten Gau Dsï, der im Chinesischen ganz anders geschrieben wird. Die Übersetzung gründet sich auf Mong Dsï Dschong I.

20 Es ist hier derselbe Gau Dsï genannt wie im letzten Abschnitt, von dessen Torheit wohl ein Beispiel gebracht werden soll. Er schließt daraus, daß die Glocke des großen Yü mehr abgenützt sei als die des Königs Wen, darauf, daß die Musik des ersteren besser sei, während Mong Dsï darauf hinweist, daß sie älter sei, daher die Abnützung sich erkläre. Im übrigen wird man sich bei dem Abschnitt mit dem Ausspruch des Dschu Hi zufrieden zu geben haben: „Der Text dieses Abschnittes ist aus sich selbst vollkommen unverständlich. Die wiedergegebene Erklärung beruht auf der seit alters überlieferten Tradition. Wir geben sie wieder, ohne zu wissen, ob sie richtig ist oder nicht."

23.

齊饑。陳臻曰：“國人皆以夫子將復為發棠，殆不可復。”

孟子曰：“是為馮婦也。晉人有馮婦者，善搏虎，卒為善士。則之野，有眾逐虎。虎負嵎，莫之敢攖。望見馮婦，趨而迎之。馮婦攘臂下車。眾皆悅之，其為士者笑之。”

24.

孟子曰：“口之於味也，目之於色也，耳之於聲也，鼻之於臭也，四肢之於安佚也，性也，有命焉，君子不謂性也。仁之於父子也，義之於君臣也，禮之於賓主也，智之於賢者也，聖人之於天道也，命也，有性焉，君子不謂命也。”

23. Tempora mutantur

In Tsi war eine Hungersnot. Tschen Dschen sprach zu Mong Dsï: „Die Leute im Land denken alle, Ihr würdet wieder für sie die Kornspeicher von Tang öffnen lassen, Meister. Aber so etwas läßt sich wohl nicht wiederholen?"
Mong Dsï sprach: „Da würde ich es machen wie Fong Fu, der geschickt war mit Tigern zu kämpfen. Schließlich aber war er ein bekannter Gelehrter geworden. Da kam er einmal in eine wilde Gegend; da war eine Menge Menschen, die einen Tiger verfolgten. Der Tiger zog sich in einen Felswinkel zurück, und niemand wagte sich an ihn heran. Da sahen sie den Fong Fu in der Ferne; sie eilten ihm entgegen. Und wirklich, Fong Fu schwang die Arme und stieg vom Wagen. Die Masse war sehr zufrieden mit ihm. Aber die Gebildeten lachten ihn aus."[21]

24. Notwendigkeit und Freiheit

Mong Dsï sprach: „Das Bedürfnis des Geschmacksinns nach Leckerbissen, das Bedürfnis des Gesichtsinns nach schönen Farben, das Bedürfnis des Gehörsinns nach schönen Tönen, das Bedürfnis des Geruchsinns nach Wohlgerüchen, das Bedürfnis des Leibes nach Ruhe und Behagen: das alles sind Bedürfnisse unserer Natur. Aber sie werden beschränkt durch den göttlichen Willen; darum redet der Edle nicht von schrankenlosem Ausleben seiner Natur. – Daß die Liebe walte zwischen Vater und Sohn, daß die Pflicht walte zwischen Herrscher und Diener, daß der Anstand walte zwischen Gast und Wirt, daß die Weisheit walte zur Erkenntnis der Würdigen, daß der Heilige walte über des Himmels Weg: das alles sind Gebote des göttlichen Willens. Aber der Mensch besitzt in seiner Natur die Freiheit zu ihrer Erfüllung. Darum redet der Edle nicht untätig von der Notwendigkeit, mit der der göttliche Wille herrsche."[22]

---

21 Tschen Dschen ist ein schon mehrfach genannter Jünger des Mong Dsï. Dieser hatte anläßlich einer Hungersnot in Tsi einmal den König veranlaßt, die Kornspeicher in Tang (im heutigen Kreis Tsimo) öffnen zu lassen. Eine Wiederholung lehnt er ab. Aus welchem Grunde, sagt er nicht. Statt dessen erzählt er zur Befriedigung des Schülers eine Anekdote. Der Abschnitt ist ein Beispiel, wie Mong Dsï gelegentlich auch redend schweigen konnte.

22 Der Abschnitt behandelt das Verhältnis zwischen Freiheit bzw. Naturanlage (sing) und Notwendigkeit bzw. Gottes Wille (ming). Auf der einen Seite steht die sinnliche Natur mit ihren Bedürfnissen. Aber diese Natur bedarf, um nicht das Ziel zu überschreiten, der Beherrschung durch das Sollen. Auf der andern Seite stehen die Gebote des Sollens, die als

25.

浩生不害問曰：“樂正子，何人也？”
孟子曰：“善人也，信人也。”
“何謂善？何謂信？”
曰：“可欲之謂善，有諸己之謂信。充實之謂美，充實而有光輝之謂大，大而化之之謂聖，聖而不可知之之謂神。樂正子，二之中，四之下也。”

26.

孟子曰：“逃墨必歸於楊，逃楊必歸於儒。歸，斯受之而已矣。今之與楊墨辯者，如追放豚，既入其苙，又從而招之。”

27.

孟子曰：“有布縷之征，粟米之征，力役之征。君子

25. Stufen des Menschenwesens

Hau-Schong Bu-Hai fragte den Mong Dsï und sprach: „Was für ein Mensch ist Yo-Dschong Dsï?"

Mong Dsï sprach: „Ein guter Mensch, ein wahrer Mensch."

Jener sprach: „Was heißt gut, was heißt wahr?"

Mong Dsï sprach: „Einer, der liebenswürdig ist, heißt gut; wer das Gute in sich selbst besitzt, heißt wahr; wer das Gute in voller Wirklichkeit besitzt, heißt schön; wer es in voller Wirklichkeit besitzt, sodaß es von ihm ausstrahlt und leuchtet, heißt groß; wer groß ist und Schöpferkräfte entfaltet, heißt heilig; wer heilig ist und unerforschlich, heißt göttlich. Yo- Dschong Dsï ist in der Mitte zwischen den beiden ersten und unterhalb der vier letzten Stufen."[23]

26. Behandlung von Konvertiten

Mong Dsï sprach: „Wer dem Mo Di entgangen ist, fällt sicher dem Yang Dschu anheim. Wer auch dem Yang Dschu entgangen ist, der fällt sicher der rechten Lehre anheim. Wenn er uns zufällt, so soll man ihn einfach ohne weiteres aufnehmen. Aber die Leute, die mit den Anhängern von Yang Dschu und Mo Di disputieren, die machen es, als liefen sie einem davongegangenen Schweine nach. Wenn's in ihren Stall gegangen ist, so kommen sie noch und binden es an."[24]

27. Vorsicht in Auferlegung von Abgaben

Mong Dsï sprach: „Es gibt Leistungen an Linnen und Seide, es gibt Leistungen an Korn und Schrot, es gibt Leistungen an Fronarbeit. Der Fürst sollte jeweils

---

Ausdruck göttlichen Willens mit der Macht von Naturgesetzen sich auswirken. Aber ihre Erfüllung ist zugleich in der menschlichen Natur angelegt; der Mensch besitzt die Freiheit, nach ihnen zu handeln. Darum steht er ihnen nicht quietistisch gegenüber. Vgl. dazu: „Schaffet, daß ihr selig werdet mit Furcht und Zittern; denn Gott ists, der in euch wirket beides, das Wollen und das Vollbringen."

23 Hau-Schong Bu-Hai war nach Dschau Ki ein Mann aus Tsi. Der Vorname Bu-Hai kommt auch sonst vor. Yo-Dschong Dsï ist der Jünger, auf dessen Anstellung in Tsi Mong Dsï so große Hoffnungen gesetzt hatte. Vgl. VI, B, 13 und I, B, 16.

24 Mong Dsï redet hier nicht ohne Humor über die Schuldisputationen mit den Ketzern, deren man sich nach ihrer Bekehrung noch besonders versichern wollte.

用其一，緩其二。用其二而民有殍，用其三而父子離。”

28.

孟子曰：“諸侯之寶三：土地，人民，政事。寶珠玉者，殃必及身。”

29.

盆成括仕於齊。孟子曰：“死矣盆成括！”
盆成括見殺。門人問曰：“夫子何以知其將見殺？”
曰：“其為人也小有才，未聞君子之大道也，則足以殺其軀而已矣。”

30.

孟子之滕，館於上宮。有業屨於牖上，館人求之弗得。或問之曰：“若是乎從者之廋也？”

nur eine beanspruchen und die beiden andern verschieben. Verlangt man zwei zur selben Zeit, so kommt das Volk in Not; verlangt man alle drei, so lösen sich alle gesellschaftlichen Bande auf."[25]

28. Der Reichtum der Fürsten

Mong Dsï sprach: „Drei Schätze haben die Fürsten: ihr Land, ihr Volk und ihre gesetzlichen Einrichtungen. Wer aber Perlen und Edelsteine für seine Schätze hält, dem naht das Unheil sicher."[26]

29. Voraussage

Als Pen-Tschong Guo im Lande Tsi Beamter wurde, da sagte Mong Dsï: „Pen-Tschong Guo ist ein toter Mann."
Als Pen-Tschong Guo später wirklich getötet wurde, da fragten den Mong Dsï seine Jünger und sprachen: „Woher wußtet Ihr, Meister, daß Pen- Tschong-Guo getötet werden würde?"
Mong Dsï sprach: „Er war ein Mensch mit kleinlicher Schlauheit; da er aber keine Ahnung hatte von den großen Grundsätzen eines höheren Menschen, so besaß er gerade genug, um sich den Tod zuzuziehen."[27]

30. Erlebnis in Tong

Als Mong Dsï nach Tong kam, wurde ihm eine Wohnung angewiesen im Obergeschoß des Schlosses. Dort hatte ein halbfertiger Schuh unter dem Fenster gelegen, der Hausmeister suchte ihn und fand ihn nicht. Da fragte einer den Mong Dsï: „So, so? Den hat wohl einer von denen, die mit Euch gekommen sind, weggenommen."

---

25 Der Frühling, die Zeit der Feldarbeit, war frei von Abgaben und sonstigen Leistungen für den Staat. Leinwand und Seide mußten im Sommer geliefert werden, ungeschältes und geschältes Korn im Herbst (mi ist ursprünglich Hirse, erst später im Sinn von Reis gebraucht), die Fronarbeiten waren für den Winter aufgespart. „So lösen sich alle gesellschaftlichen Bande" wörtlich: „Vater und Sohn verlassen einander".

26 Vgl. „Der, reichste Fürst" von J. Kerner.

27 Pen-Tschong Guo soll einmal eine Zeitlang Schüler des Mong Dsï gewesen sein. Er gehörte zu der Klasse von Leuten, von der Kung in Lun Yü XV, 16 spricht.

曰：“子以是為竊屨來與？”曰：“殆非也。”“夫子之設科也，往者不追，來者不距。苟以是心至，斯受之而已矣。”

31.

孟子曰：“人皆有所不忍，達之於其所忍，仁也；人皆有所不為，達之於其所為，義也。人能充無欲害人之心，而仁不可勝用也；人能充無穿踰之心，而義不可勝用也。人能充無受爾汝之實，無所往而不為義也。士未可以言而言，是以言餂之也；可以言而不言，是以不言餂之也，是皆穿踰之類也。”

Mong Dsï sprach: „Denkt Ihr, wir seien gekommen, um Schuhe zu stehlen?" Jener sprach: „Allerdings wohl nicht. – Ja, Meister, Ihr lehrt die Leute und sucht keinen zu halten, der gehen will, und weiset keinen ab, der kommen will. Wenn einer redlichen Herzens kommt, den nehmt Ihr einfach ohne weiteres an."[28]

31. Die Anlage zum Guten

Mong Dsï sprach: „Alle Menschen haben Dinge, die sie nicht mit ansehen können – ohne daß sich ihr Mitleid regt. Diese Gesinnung auch übertragen auf die Dinge, die sie ruhig mitansehen, ergibt die Liebe. Alle Menschen haben Dinge, die sie unter keinen Umständen tun. Diese Gesinnung übertragen auf die Dinge, die sie ohne Bedenken tun, ergibt das pflichtmäßige Handeln. Wenn die Menschen die Gesinnung, die andern keinen Schaden zufügen möchte, zu voller Entfaltung bringen würden, so könnte man die Liebe gar nicht alle aufbrauchen. Wenn die Menschen die Gesinnung, die ihnen verbietet, einen Einbruchsdiebstahl zu begehen, zu voller Entfaltung bringen würden, so könnte man die Pflichttreue gar nicht alle aufbrauchen. Wenn die Menschen das Gefühl, sich nicht in frecher Weise duzen zu lassen, zu voller Wirklichkeit entfalteten, so würden sie nirgends, wohin sie gehen, von ihrer Pflicht abweichen. Aber wenn ein herumziehender Gelehrter Dinge schwätzt, die er nicht sagen sollte, leckt er schwätzend mit seiner Zunge nach Gewinn. Wenn er Dinge verschweigt, die er sagen sollte, so leckt er schweigend mit seiner Zunge nach Gewinn. Das alles gehört in dieselbe Klasse wie der Einbruchsdiebstahl."[29]

---

28 Eine Anekdote aus dem Aufenthalt des Mong Dsï bei dem Herzog Wen von Tong. Die Geschichte wurde wohl aufgezeichnet wegen der Schlußwendung, wo der Hausmeister von der Art, wie Mong Dsï seine Schüler um sich sammelte, eine Beschreibung machte, die dieser als treffend akzeptierte. Vgl. Lun Yü VII, 28. – Statt „Obergeschoß des Schlosses" findet sich auch die Auffassung, daß „Schang gung" ein Ortsname gewesen sei. Eine alte Lesart macht ferner aus dem „Meister" im letzten Satz ein „Ich". Danach wäre es ein Ausspruch des Mong Dsï über sich selbst. Doch paßt diese Auffassung nicht so recht in den Zusammenhang.

29 Hier ist der Grundsatz von II, A, 6 in mehr humorvoller Weise ausgeführt. Die Entstehung der Pflichttreue ist an zwei Instanzen gezeigt, einer ganz groben, dem Einbruchsdiebstahl (Durchgraben und Übersteigen der Mauern), dessen sich jedermann schämt, und einer ganz unbedeutenden, dem Unbehagen, sich duzen zu lassen. Dieses Schamgefühl wird zu dauernder Selbstachtung führen. Der Schluß bezieht sich auf die Wandersophisten, die durch ihr Geschwätz oder unter Umständen durch ihre Geheimniskrämerei den Fürsten zu imponieren suchten, um dadurch „mit ihrer Zunge (Gewinn) aufzulecken". Die Übersetzung Speichellecker liegt nahe, trifft aber den Sinn nicht ganz genau.

32.

孟子曰："言近而指遠者，善言也；守約而施博者，善道也。君子之言也，不下帶而道存焉。君子之守，修其身而天下平。人病舍其田而芸人之田，所求於人者重，而所以自任者輕。"

33.

孟子曰："堯舜，性者也；湯武，反之也。動容周旋中禮者，盛德之至也；哭死而哀，非為生者也；經德不回，非以干祿也；言語必信，非以正行也。君子行法，以俟命而已矣。"

34.

孟子曰："說大人，則藐之，勿視其巍巍然。堂高數仞，榱題數尺，我得志弗為也；食前方丈，侍妾數百人，我得志弗為也；般樂飲酒，驅騁田獵，後車

32. In der Beschränkung zeigt sich erst der Meister

Mong Dsï sprach: „Worte, die von Nahem handeln und doch auf Fernes deuten, sind gute Worte. Sich auf das Wichtigste beschränken und doch ins Breite wirken, das ist ein guter Grundsatz. Die Worte des Edlen gehen nicht über den Gürtel hinunter, und doch ist die ganze Wahrheit darin enthalten. Woran der Edle sich hält, das ist die Veredlung seines eigenen Lebens; dadurch kommt die ganze Welt zum Frieden.
Der Fehler der Menschen ist, daß sie ihre eigenen Fehler liegen lassen und auf anderer Leute Felder Unkraut jäten, daß sie Schweres von andern verlangen und sich selbst nur Geringes zumuten."[30]

33. Ziel der Sittlichkeit

Mong Dsï sprach: „Wenn jede Miene und jede Bewegung dem Anstand entspricht, das ist die höchste Stufe völliger Herrschaft des Geistes. Man soll die Toten beweinen aus aufrichtiger Trauer, nicht um der Lebenden willen. Man soll unentwegt der Tugend folgen ohne Rücksicht auf äußere Beförderung. Man soll in seinen Worten stets zuverlässig sein, ohne die Absicht, sich in den Ruf eines gerechten Wandels zu bringen. Der Edle handelt nach dem Sittengesetz und nimmt sein Schicksal gelassen entgegen."[31]

34. Verkehr mit Fürsten

Mong Dsï sprach: „Wer den Großen raten will, der muß sie verachten und darf nicht ihr vornehmes Gepränge ansehen. Ein Saal, viele Klafter hoch mit einem viele Fuß weit hervorragenden Dach; wenn ich alle meine Wünsche erfüllt bekäme, ich fragte nichts danach. Eine reichbesetzte Tafel und Hunderte von Knechten und Mägden: wenn ich alle meine Wünsche erfüllt bekäme, ich fragte nichts danach. Große festliche Weingelage und der Lärm der Jagden mit

30 „Die Worte des Edlen gehen nicht über den Gürtel hinunter." Dazu bemerkt Dschu Hi: „Im Altertum richteten die Leute ihre Blicke nicht tiefer als den Gürtel. Was also oberhalb des Gürtels ist, das sind die alltäglichen, immer vor Augen liegenden Dinge, in denen aber auch die höchste Vernunft zum Ausdruck kommt."

31 Sittlichkeit um ihrer selbst willen ohne äußere Triebfeder wird hier gefordert. Im chinesischen Text stehen zu Beginn noch die Worte: „Yau und Schun hatten es von Natur, Tang und Wu bekehrten sich dazu", die aus VII, A, 30 hierher versprengt zu sein scheinen.

千乘，我得志弗為也。在彼者，皆我所不為也；在我者，皆古之制也，吾何畏彼哉？”

35.

孟子曰：“養心莫善於寡欲。其為人也寡欲，雖有不存焉者，寡矣；其為人也多欲，雖有存焉者，寡矣。”

36.

曾晳嗜羊棗，而曾子不忍食羊棗。公孫丑問曰：“膾炙與羊棗孰美？”
孟子曰：“膾炙哉！”
公孫丑曰：“然則曾子何為食膾炙而不食羊棗？”
曰：“膾炙所同也，羊棗所獨也。諱名不諱姓，姓所同也，名所獨也。”

Tausenden von Wagen im Gefolge: wenn ich alle meine Wünsche erfüllt bekäme, ich fragte nichts danach. Alles, was sie haben, ist etwas, nach dem ich nichts frage. Was ich habe, das sind alles die Werke der Alten. Warum also sollte ich ehrfürchtige Scheu vor ihnen haben?"

35. Wunschlosigkeit

Mong Dsï sprach „Um sein Gemüt zu bilden, gibt es nichts Besseres als seine Wünsche wenig zu machen. Ein Mann, der wenig Wünsche hat, wird wohl auch einmal die Gewalt über sein Herz verlieren, aber doch selten. Ein Mann, der viele Wünsche hat, wird wohl auch einmal die Gewalt über sein Herz behalten, aber doch selten."

36. Meister Dsongs Trauer um seinen Vater

Dsong Si aß gerne Schafdatteln. Sein Sohn, der Meister Dsong, brachte es – nach dem Tode seines Vaters – nicht mehr fertig, Schafdatteln zu essen.
Gung-Sun Tschou befragte den Mong Dsï darüber und sprach: „Was schmeckt besser, gehackter Braten oder Schafdatteln?"
Mong Dsï sprach: „Gehackter Braten, natürlich."
Gung-Sun Tschou sprach: „Warum aß dann der Meister Dsong gehackten Braten, während er sich der Schafdatteln enthielt?"
Mong Dsï sprach: „Gehackter Braten ist eine gemeinsame Speise aller Menschen, während Schafdatteln eine besondere Lieblingsspeise seines Vaters gewesen waren. Nach dem Tode des Vaters vermeidet man ja auch den Rufnamen auszusprechen, während man den Geschlechtsnamen nicht vermeidet, weil der Geschlechtsnahme etwas Gemeinsames, der Rufname aber etwas Besonderes ist."[32]

32 Schafdatteln sind eine Art von kleinen wilden Parsimonen, die in Nordchina wachsen. Dsong Dsï wurde durch diese Lieblingsspeise seines verstorbenen Vaters an ihn erinnert und vermochte sie daher nicht zu essen. Zu dem Beispiel des Mong Dsï ist zu bemerken, daß, ähnlich wie im alten Israel der Gottesname, so in China der persönliche Name des jeweiligen Kaisers, sowie innerhalb der einzelnen Familien der Vorname des verstorbenen Vaters, vermieden wird.

37.

萬章問曰："孔子在陳曰：'盍歸乎來！吾黨之士狂簡，進取，不忘其初。'孔子在陳，何思魯之狂士？"

孟子曰："孔子'不得中道而與之，必也狂獧乎！狂者進取，獧者有所不為也'。孔子豈不欲中道哉？不可必得，故思其次也。"

"敢問何如斯可謂狂矣？"曰："如琴張、曾皙、牧皮者，孔子之所謂狂矣。"

"何以謂之狂也？"

曰："其志嘐嘐然，曰'古之人，古之人'。夷考其行而不掩焉者也。狂者又不可得，欲得不屑不潔之士而與之，是獧也，是又其次也。孔子曰：'過我門而不入我室，我不憾焉者，其惟鄉原乎！鄉原，德之賊也。'"

曰："何如斯可謂之鄉原矣？"

曰："'何以是嘐嘐也？言不顧行，行不顧言，則曰：古之人，古之人。行何為踽踽涼涼？生斯世也，為斯世也，善斯可矣。'閹然媚於世也者，是鄉原也。"

萬子曰："一鄉皆稱原人焉，無所往而不為原人，

37. Die Jünger der Wahrheit und die Weltmenschen

Wan Dschang fragte den Mong Dsï und sprach: „Als Meister Kung in Tschen war, sagte er: ‚Warum gehe ich denn nicht heim? Meine jungen Freunde zu Hause sind enthusiastisch und großartig, sie machen Fortschritte und sind aufnahmefähig und vergessen nicht, was sie früher gelernt.' Als Meister Kung in Tschen war, warum gedachte er da der enthusiastischen Jünglinge von Lu?"
Mong Dsï sprach: „Da Meister Kung keine Leute fand, die in der Mitte wandelten, um mit ihnen zu sein, so wollte er wenigstens Leute von Enthusiasmus und Entschiedenheit. Die Enthusiasten machen Fortschritte und sind aufnahmefähig. Die Entschiedenen haben Grenzen, die sie nicht überschreiten. Es war keineswegs so, daß Meister Kung Leute, die in der Mitte wandelten, nicht wünschte! Aber er konnte keine finden, darum gedachte er derer auf der nächsten Stufe."
Der Schüler sprach: „Darf ich fragen: Wie waren die, die man als Enthusiasten bezeichnen kann?"
Mong Dsï sprach: „Es sind die Leute wie Kiu Dschang, Dsong Si und Mu Pi, die Meister Kung als Enthusiasten bezeichnete."
Wan Dschang fragte: „Weshalb bezeichnete er sie als Enthusiasten?"
Mong Dsï sprach: „Sie hatten großartige Ziele. Sie sagten: ‚Die Alten, die Alten!' Aber wenn man ihren Wandel daraufhin abwog, so entsprach er ihren hohen Reden nicht. Und wenn er selbst keine Enthusiasten finden konnte, so wünschte er Leute zu finden, die Unreines unter ihrer Würde hielten, um mit ihnen zusammen zu sein. Das sind die Entschiedenen, sie stehen noch eine Stufe tiefer.
Meister Kung sprach: ‚Von allen, die an meiner Tür vorbeigehen, ohne in mein Haus zu kommen, sind es nur die Gerechten im Lande, die ich nicht vermisse. Die Gerechten im Lande sind Räuber der Tugend.'"
Wan Dschang fragte darüber: „Was sind das für Leute, die man die Gerechten im Lande nennt?"
Mong Dsï sprach: „Sie reden über die Enthusiasten: ‚Warum so hoch hinaus? Ihre Worte stimmen nicht zu ihrem Wandel, und ihr Wandel stimmt nicht zu ihren Worten. Immer sagen sie: Die Alten, die Alten!' – Und über die Entschiedenen reden sie: ‚Warum sind sie solche Sonderlinge und so kühl und zurückhaltend? Wer in dieser Welt lebt, muß auch mit dieser Welt mitmachen. Wenn man nur anständig ist.' So schmeicheln sie wie Eunuchen um die Welt herum, diese Gerechten im Lande!"
Wan Dschang sprach: „Die ganze Gegend nennt sie gerechte und anständige Leute; wohin sie gehen, immer sind sie die gerechten und anständigen

孔子以為德之賊，何哉？”

曰：“非之無舉也，刺之無刺也；同乎流俗，合乎汙世；居之似忠信，行之似廉潔；眾皆悅之，自以為是，而不可與入堯舜之道，故曰德之賊也。孔子曰：‘惡似而非者：惡莠，恐其亂苗也；惡佞，恐其亂義也；惡利口，恐其亂信也；惡鄭聲，恐其亂樂也；惡紫，恐其亂朱也；惡鄉原，恐其亂德也。’君子反經而已矣。經正，則庶民興；庶民興，斯無邪慝矣。”

Leute. Und dennoch hielt sie Meister Kung für die Räuber der Tugend. Weshalb?"

Mong Dsï sprach: „Will man sie verurteilen, so weiß man nicht wo einsetzen; will man sie verspotten, so ist nichts Komisches an ihnen. Sie schwimmen im breiten Strom der Mode und stimmen überein mit der schmutzigen Welt, und doch heucheln sie in ihrem Dasein Gewissenhaftigkeit und Treue und in ihren Handlungen Unbestechlichkeit und Reinheit. Die Masse ist mit ihnen zufrieden. Sie selbst halten sich für recht, und doch kann man nicht gemeinsam mit ihnen auf den Wegen Yaus und Schuns wandeln. Darum heißen sie Räuber der Tugend.

Meister Kung sprach: ‚Ich hasse den falschen Schein, der der Wahrheit gleicht; ich hasse den Lolch, weil er mit Korn verwechselt werden könnte; ich hasse die Redegewandten, weil sie mit Pflichttreuen verwechselt werden könnten; ich hasse die falschen Zungen, weil sie mit Wahrhaftigen verwechselt werden könnten; ich hasse die Klänge von Dschong, weil sie mit Musik verwechselt werden könnten; ich hasse die violette Farbe, weil sie mit Scharlach verwechselt werden könnte; ich hasse die Gerechten im Lande, weil sie mit Tugendhaften verwechselt werden könnten.' Der Edle kehrt einfach zurück zum geraden Weg. Ist der gerade Weg in Ordnung, so erheben sich die Massen zum Guten. Erheben sich die Massen zum Guten, so muß Falschheit und eitler Schein verschwinden."[33]

33 Es sind hier mehrere Stellen aus Lun Yü im Zusammenhang besprochen, die in den heutigen Lun Yü an ganz verschiedenen Stellen stehen. Der Text, den Mong Dsï gibt, weicht in beträchtlicher Weise ab. Auch ist nicht die leiseste Andeutung vorhanden, daß die Stellen aus einem vorliegenden Werke zitiert seien, wie dies bei den Zitaten aus dem Schï-Ging, Schu-Ging und sonst bei verschiedenen Zitaten der Fall ist. Die Zitate sind vielmehr ganz in derselben Art gegeben, wie solche, die nur auf grund einer mündlichen Tradition überliefert waren. Die entsprechenden Stellen aus Lun Yü sind: a) V, 21: Der Meister sprach in Tschen: „Ich muß heim! Ich muß heim! Meine jungen Freunde zu Hause sind enthusiastisch und großartig. Sie sind bewandert in allen Künsten. Aber sie wissen noch nicht, sich zu mäßigen." b) XIII, 21: Der Meister sprach: „Wenn ich keine Leute finde, die in der Mitte wandeln, um mit ihnen zu sein, so will ich wenigstens Leute von Enthusiasmus und Entschiedenheit. Die Enthusiasten schreiten fort und sind aufnahmefähig. Die Entschiedenen haben Grenzen, die sie nicht überschreiten." c) XVII, 13: Der Meister sprach: „Jene ehrbaren Leute im Lande sind Räuber der Tugend." d) XVII, 18: Der Meister sprach: „Ich hasse es, wie das Violett den Scharlach beeinträchtigt; ich hasse es, wie die Klänge von Dschong die Festlieder verwirren; ich hasse es, wie die scharfen Mäuler Staat und Familien umstürzen."

38.

孟子曰："由堯舜至於湯，五百有餘歲，若禹、皋陶，則見而知之；若湯，則聞而知之。由湯至於文王，五百有餘歲，若伊尹、萊朱則見而知之；若文王，則聞而知之。由文王至於孔子，五百有餘歲，若太公望、散宜生，則見而知之；若孔子，則聞而知之。由孔子而來至於今，百有餘歲，去聖人之世，若此其未遠也；近聖人之居，若此其甚也，然而無有乎爾，則亦無有乎爾。"

38. Die Überlieferung der Wahrheit

Mong Dsï sprach: „Von Yau und Schun bis auf Tang waren's über fünfhundert Jahre. Ein Yü und ein Gau Yau haben sie gesehen und erkannt. Tang hat von ihnen gehört und sie erkannt. Von Tang bis auf den König Wen waren's über fünfhundert Jahre. Ein I Yin und Lai Dschu haben ihn gesehen und erkannt; ein König Wen hat von ihm gehört und ihn erkannt. Von König Wen bis auf den Meister Kung waren's über fünfhundert Jahre. Ein Tai Gung Wang und San I Schong haben ihn gesehen und erkannt. Meister Kung hat von ihm gehört und ihn erkannt. Von Meister Kung an bis heute sind's etwas über hundert Jahre. So nahe sind wir noch der Zeit des Heiligen, und so benachbart sind wir dem Ort, wo er geweilt. Und dennoch sollten wir nichts von ihm besitzen, ja, wirklich nichts von ihm besitzen?"[34]

34 Mong Dsï entwirft hier ein Schema, wie der Weg des Lebens und seine Kenntnis von einem Heiligen auf den andern kam. Jedem Heiligen sind zwei Paladine beigegeben, die Augenzeuge seiner Werke waren, und der nächste, der nach Hunderten von Jahren sein Werk fortsetzte. Die Paladine von Yau und Schun sind die beiden Minister Schuns Yü und Gau Yau. Die beiden Paladine des Tang sind der bekannte I Yin und Lai Dschu, den die meisten Kommentare mit dem Minister Tangs, Dschung Hui, identifizieren. Bei König Wen werden Tai Gung Wang genannt, über den man Buch IV, A, 13 vergleiche, und San I Schong, einer seiner Minister, von dem weiter nichts bekannt ist. Wer der Nachfolger Kungs sei, die Frage läßt Mong Dsï offen, doch nicht ohne so deutlich, als es die Bescheidenheit erlaubte, die Verantwortung für die Fortführung seiner Lehren ähnlich wie in II, B, 18 selbst zu übernehmen.

WEITERFÜHRENDE LITERATURHINWEISE

- Brooks, Bruce / Brooks, Takeo: The Original Analects, New York 1998.
- Chan, Alan Kam-leung: Mencius. Contexts and Interpretations; edited by Alan K. L. Chan Honolulu 2002.
- Ess, Hans van: Der Konfuzianismus, München 2003.
- Gardner, Daniel K.: Chu Hsi and the Ta-hsueh. Neo-Confucian Reflection on the Confucian Canon, Cambridge, Mass. 1986.
- Gardner, Daniel K.: Zhu Xis Reading of the Analects. Canon, Commentary, and the Classical Tradition, New York 2003.
- Gerber, Lydia: Von Voskamps heidnischem Treiben und Wilhelms höherem China. Die Berichterstattung deutscher protestantischer Missionare aus dem deutschen Pachtgebiet Kiautschou 1898–1914, Hamburg, 2002.
- Jensen, Lionel: Manufacturing Confucianism, Durham/Oxford 1997.
- Legge, James: The Chinese Classics Bd. 1 und 2, London 1861 und 1862.
- Lühmann, Werner: Konfuzius. Aufgeklärter Philosoph oder reaktionärer Moralapostel?, Wiesbaden 2003.
- Makeham, John: Transmitters and Creators. Chinese commentators and commentaries an the Analects, Cambridge, Mass. 2003.
- Moritz, Ralf: Gespräche des Konfuzius, Frankfurt am Main 1983.
- Moritz, Ralf: Das große Lernen (Daxue), Ditzingen 2003.
- Mungello, David: Curious Land. Jesuit Accomodation and the Origins of Sinology, Stuttgart 1985.
- Norden, Bryan William van (Hg.): Confucius and the Analects, Oxford 2002.
- Roetz, Heiner: Konfuzius, München 1998.
- Schumacher, Jörg: Über den Begriff des Nützlichen bei Mengzi, Bern 1993.
- Schwarz, Ernst: Gespräche des Meisters Kung. Mit der Biographie des Meisters Kung aus den „Historischen Aufzeichnungen", München 1994.
- Simson, Wojciech Jan: Die Geschichte der Aussprüche des Konfuzius (Lunyu), Bern 2006.

VERZEICHNIS DER [illegible] LITERATUR

Hardin, [illegible] of the [illegible]
[illegible]
Herman, [illegible] von [illegible]
[illegible]
[illegible]
[illegible]
Kerr, [illegible]
Kafka, [illegible]
[illegible]
[illegible]
[illegible]
[illegible]
[illegible]
Mooney, [illegible]
[illegible]
[illegible]
[illegible]
[illegible]
Schumacher, [illegible]
[illegible]
[illegible]
[illegible]
[illegible]

"Wir bräuchten jemanden, der die Situation des Kapitalismus am Beginn des 21. Jahrhunderts in intellektuell ähnlich beeindruckender Weise wie Marx auf den Begriff bringt." Paul Nolte

Karl Marx Kapital und Politik.

Als im 19. Jahrhundert eine rasante Entwicklung in den Bereichen Technik und Naturwissenschaften einsetzt, ahnt ein junger Journalist, welcher gesellschaftliche Sprengstoff hier entsteht. Der erst 24-jährige Karl Marx ist Chefredakteur der liberalen Rheinischen Zeitung in Köln, die er zum Wortführer der demokratischen Opposition Deutschlands macht. Wiederholt hatte Marx vom Elend der deutschen Arbeiter berichtet, bis das Blatt 1843 verboten wird.

Marx hatte festgestellt: Die neuen Fabrikationsmethoden, die durch die technische Revolution entstehen, bieten Gelegenheit zu Bereicherung in bislang unbekanntem Ausmaß. Der Profit eines Unternehmers entsteht vor allem dadurch, dass er seinen Beschäftigten nur einen Bruchteil von dem zahlt, was sie mit ihrer Arbeit an Werten schaffen. Diesen „Mehrwert" investiert er unter anderem in neue Technik, wodurch sich sein Gewinn weiter vergrößert und die Kluft zwischen Arm und Reich weiter wächst.

Teile seiner Gesellschaftsanalysen bieten auch heute noch Material zur Interpretation unserer politischen Situation. „Seit sich der Kapitalismus ungehemmt und global entfalten kann, wächst die Systemkritik wieder", hat Der Spiegel beobachtet. Wir haben die Hauptwerke der Marxschen Wirtschafts- und Gesellschaftstheorie ohne einen bevormundenden Kommentar zu einem kompakten Reader zusammengestellt: Das Kapital Band 1, Die Einleitung zu den Grundrissen der Ökonomie, Das Manifest der Kommunistischen Partei. Der achtzehnte Brumaire des Louis Bonaparte u.a. Mit einem Vorwort von Dr. Hans-Peter Harstick, dem Herausgeber der Marx-Engels-Gesamtausgabe. Karl Marx „Kapital und Politik". 1.360 Seiten. Broschur. 7,99 € . Nummer 105 624.

Was ist ein Staat? Was ist legitime Herrschaft? Dürfen Politiker Geld verdienen?

Max Weber Politik und Gesellschaft.

Max Weber zählt zu den Gründervätern und Meisterdenkern der modernen Soziologie und Kulturwissenschaft. Seine Werke, oft als bürgerlicher Gegenentwurf zu Marx' gesellschaftlicher Großtheorie interpretiert, sind längst Klassiker, von denen noch heute wichtige Impulse und Anregungen für den Diskurs der Kulturwissenschaften ausgehen, seine Rede „Politik als Beruf" ist der unverzichtbare Schlüsseltext der modernen Politikwissenschaft. Darin entwirft Weber eine bis heute gültige Typologie der politisch Handelnden.

Dieser Band versammelt neben Webers Zeitungsartikeln und Reden zu Politik und sozialpolitischen Themen auch die berühmten Reden „Politik als Beruf" und „Wissenschaft als Beruf". Den politischen Texten nachgestellt sind weitere Arbeiten, die die Vielfalt seiner Interessen und die Breite seines Werkes belegen, darunter auch den von Adorno gerühmten Entwurf einer Musiksoziologie. Max Weber „Politik und Gesellschaft". 1.140 Seiten. Broschur. 7,99 €. Nummer 103 616

Preisänderungen und Lieferungen vorbehalten

ge Welt den Kosmos Homers kennengelernt hat. Voß wollte den griechischen Vers so genau wie möglich nachbilden. Durch ihre zahlreichen sprachlichen Neuschöpfungen hat diese Übertragung längst den Rang eines eigenständigen Sprachmonuments gewonnen. Nur bei uns erscheint sie jetzt zusammen mit dem parallel gedruckten altgriechischen Originaltext. Homer „Ilias & Odyssee". Aus dem Altgriechischen von Johann Heinrich Voß. Mit drei Karten und einem Nachwort von Joachim Latacz, Leiter der Arbeitsstelle zum Ilias-Kommentar der Universität Basel. 1.456 Seiten. Broschur. 7,99 €. Nummer 105 584.